KB058142

민사소송 절차를 알기 쉽게

나홀로 민사소송 개시에서 종결까지

편저 : 김 만 기

간이구제절차와 소송종류별 소장작성밥법, 소송비용계산 방법과 상소 및 재심신청 방법 등에 대한 자세한 정보 제공

머리말

인간은 사회적인 동물이라 공동생활을 영위하다 보면 개인간의 다툼이 있게 마련입니다. 지금과 같이 문화가 발달하지 못하였던 옛날의 국가에서는 사권(私權)의 침해에 대한 해결방법은 권리자 자신의 자력구제(自力救濟)에 의존하였습니다.

그러나 이는 강자에게만 유리하고 약자에게는 불리할 뿐 아니라 사회적 불안을 가져올 우려가 있었습니다. 따라서 근대 국가에서는 사회질서를 유지하기 위해 자력구제를 인정하지 않고 국가기관인 법원에 사권의 보호를 일임함으로써 민사소송제도가 성립하였습니다.

오늘날 민사소송이란 개인 사이에 일어나는 사법상의 권리 또는 법률관계에 대한 다툼을 법원이 국가의 재판권에 의하여 법률적·강제적으로 해결하기 위한 절차를 말합니다. 그런데 이 민사소송은 전문적인 법률지식이 필요한 어렵고 복잡한 절차입니다. 그래서 일반인인 비법률가로서는 좀처럼 손대기가 쉽지 않은 어려운 점이 있습니다.

이 책에서는 이러한 민사소송 절차를 알기 쉽고, 저렴하게 진행할 수 있는 간이구제절차와 소송종류별 소장작성방법, 소송비용계산방법, 상소 및 재심신청방법 등에 대한 자세한 정보를 제공합니다. 또한 소송진행 상 피고의 답변서 제출방법, 반소제기방법, 준비서면 등의 작성방법, 증거 등의 신청방법도 기술하여 전반적인 민사소송절차에 관한 모든 사항을 사안별 소장작성례와 함께 수록하여 누구나 민사소송절차를 이해할 수 있도록 엮었습니다.

이러한 자료들은 대법원의 판결례 자료와 법제처의 생활법령 및 대한법률구조공단의 법률서식들을 참고하여 이를 체계적으로 정리, 분석하여 이를 이해하기 쉽게 나열하였습니다,

이 책이 복잡한 민사분쟁을 해결하고자 하는 모든 분들에게 큰 도움이 되리라 믿으며, 열악한 출판시장임에도 불구하고 흔쾌히 출간에 응해 주신 법문북스 김현호 대표에게 감사를 드립니다.

편저자 드림

목 차

제1장 민사소송(民事訴訟)이란 무엇인가?

제2장 민사소송은 어떻게 진행되는가?

제3장 민사소송을 하기 위해 어떤 점을 검토해야 하는지?

제4장 민사분쟁의 간이구제절차는 어떤 것이 있는가?

제5장 각종 소장은 어떻게 작성하는가?

제6장 소송제기 및 진행은 어떤 절차를 밟아야 하는가?

제7장 소송은 어떻게 종결되는가?

제8장 상소 및 재심은 어떻게 진행되는가?

제 1장
민사소송이란 무엇인가?

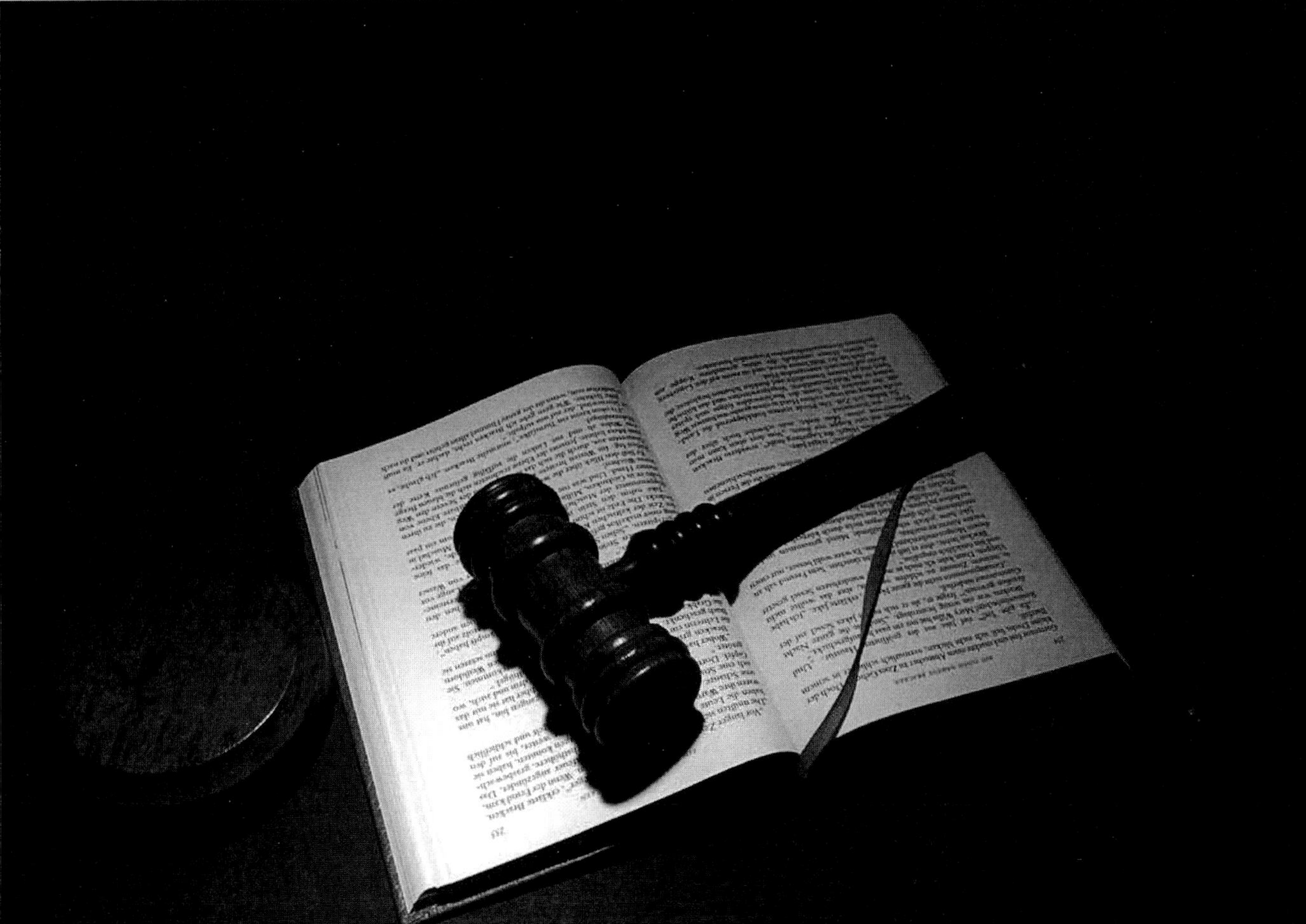

제1장 민사소송(民事訴訟)이란 무엇인가?

1. 민사소송의 개념 및 종류

① 민사소송이란 사법상의 권리 또는 법률관계에 대한 다툼을 법원이 국가의 재판권에 의해 법률적·강제적으로 해결·조정하기 위한 일련의 절차를 말합니다.

② "사법상의 권리 또는 법률관계에 대한 다툼"이란 「민법」·「상법」 등 사법(私法)에 의해 규율되는 대등한 주체 사이의 신분상 또는 경제상 생활관계에 관한 다툼을 말합니다.

③ 민사소송과 같이 법원에서 다툼을 해결하기 위해 진행하는 절차로는 형사소송·행정소송·가사소송 등이 있으며, 민사소송보다 간이한 절차로 분쟁을 해결하는 제도로는 민사조정절차· 화해절차·지급명령제도·공시최고절차·소액심판소송 등이 있습니다.

2. 민사소송과 다른 소송과의 구분

2-1. 형사소송

① '형사소송'이란 국가형벌권의 행사에 관한 일체의 절차를 말합니다.

② 민사소송은 민사사건을 대상으로 하고, 형사소송은 국가 형벌권의 행사에 관한 사건을 대상으로 한다는 점에서 차이가 납니다.

③ 형사소송과 민사소송의 구분

예컨대, A씨는 B씨를 사랑했으나, B씨가 다른 사람을 좋아한다는 사실을 알고는 격분해 인터넷에 B씨가 행실이 좋지 않고 B씨를 사랑한 자신을 이용해 허영심을 채우는 등 자신을 고통스럽게 했다는 내용의 험담을 올렸습니다. 이로 인해 결혼이 깨지는 등 고통받던 B씨가 A씨를 명예훼손죄로 고소한 경우, A씨는 명예를 훼손한 범죄에 대해 형사소송을 통해 처벌을 받게 됩니다.

이와는 별개로 B씨가 그동안 받은 정신적인 고통과 그 외 발생한 손해 등에 대해 금전적인 배상을 받고자 하는 경우에는 민사소송을 제기해 배상을 받을 수 있습니다.

2-2. 행정소송

① '행정소송'이란 행정기관의 위법한 처분, 그 밖에 공권력의 행사·불행사 등으로 인한 국민의 권리 또는 이익의 침해를 구제하고 공법상의 권리관계 또는 법적용에 관한 다툼을 해결하는 소송절차를 말합니다.

② 민사소송은 민사사건을 대상으로 하고, 행정소송은 공법상의 권리관계를 대상으로 한다는 점에서 차이가 납니다.

③ 행정소송과 민사소송의 구분

예컨대, 다가구 주택을 경매를 통해 사게 된 C씨, 소유권이전등기를 마친 후 그간 임차인들이 내지 않았던 수도요금을 한꺼번에 납부하란 통지서를 받았습니다. 자신이 소유권을 취득하기 이전 주택의 임차인들이 체납한 수도요금까지도 내는 것은 부당하다고 생각한 C씨가 관할 수도사업소를 상대로 처분의 취소를 구하는 청구를 하는 것이 행정소송입니다.

만약, C씨가 행정소송을 통해 이 처분에 대해 다투지 않고 수도요금을 모두 낸 후 이전 임차인들을 상대로 자신에게 수도요금을 주도록 제기하는 소송(구상금 청구)이 민사소송입니다.

2-3. 가사소송

① '가사소송'이란 가정법원에서 가족 및 친족 간의 분쟁사건 기타 가정에 관한 사건을 해결하는 소송절차를 말합니다.

② 가사소송은 민사사건 중 신분관계에 관한 분쟁을 대상으로 하고, 민사소송은 그 외의 분쟁을 대상으로 한다는 점이 다릅니다.

③ 가사소송과 민사소송의 구분

예컨대, D씨는 결혼기간 5년 동안 끊임없이 바람을 피우고, 폭력을 행사하는 남편으로 인해 고통 받다가 결국 이혼소송을 제기하였습니다. 이렇듯 가정에 관한 사건을 해결하는 소송이 가사소송입니다.

D씨가 남편에게 맞는 것을 말리는 도중 이웃사촌인 E씨가 재산적인 손해를 입어 D씨의 남편을 상대로 손해배상을 청구하는 소송이 민사소송입니다.

2-4. 비송사건

① '비송사건'이란 법원의 관할에 속하는 민사사건 중 소송절차로 처리하지 않는 사건을 말합니다.

② 민사소송은 민사사건을 대상으로 분쟁을 강제적으로 해결하는 절차이고, 비송사건은 법규적용 또는 강제적인 요소를 결여한 절차라는 점이 다릅니다.

③ 비송사건과 민사소송의 구분

예컨대, 남편 때문에 고통받던 D씨는 이혼소송을 제기하였으나 담당재판부가 조정에 회부하여 조정절차를 통해 이혼이 성립되었습니다. 이렇게 소송절차가 아닌 조정 등의 절차로 문제를 해결하는 사건을 비송사건이라고 합니다.

그러나 조정 등의 절차로 합의가 이루어지지 않아 이혼소송을 계속 진행해 법원의 종국판결을 받는 것은 민사소송입니다.

3. 민사분쟁의 간이구제절차

3-1. 민사조정

① '조정'이란 분쟁의 당사자 사이에서 제3자가 그 분쟁을 해결하려는 노력을 하는 것을 말합니다.

② 조정의 개시

민사조정절차는 민사에 관한 분쟁의 당사자가 법원에 조정을 신청하면 개시됩니다(민사조정법 제2조).

3-2. 화해

① '화해'란 당사자가 상호 양보하여 당사자 사이의 분쟁을 종지할 것을 약정함으로써 성립하는 계약을 말합니다(민법 제731조 및 제732조).

② 화해의 종류

1. 제소전화해 ; 민사상 다툼에 대해 당사자가 청구의 취지 · 원인과 다투는 사정을 밝혀 상대방의 보통재판적이 있는 곳의 지방법원에 신청하는 것을 제소전화해라고 합니다(민사소송법 제385조제1항).

2. 소송상 화해 : 소송계속 중 화해가 이루어지는 것을 소송상 화해라고 합니다(민사소송법 제220조 참조).

3-3. 지급명령

'지급명령'이란 금전, 그 밖에 대체물(代替物)이나 유가증권의 일정한 수량의 지급을 목적으로 채권자가 법원에 신청을 하면 채무자를 신문하지 않고 채무자에게 그 지급을 명하는 간이·신속한 재판절차를 말합니다.

3-4. 공시최고(제권판결)

'공시최고'란 법률이 정한 경우 법원이 당사자의 신청에 의해 공고의 방법으로 미지의 불분명한 이해관계인에게 실권 기타 불이익의 경고를 첨부해 권리신고의 최고를 하고 누구한테서도 권리 신고가 없을 때에는 제권판결을 하는 절차를 말합니다.

3-5. 소액심판제도

① '소액심판제도'란 소송물가액이 3,000만원을 초과하지 않는 제1심 민사사건을 일반 민사사건에서 보다 훨씬 신속하고 간편한 절차에 따라 심판, 처리하는 제도를 말합니다(소액사건심판법 제1조 및 소액사건심판규칙 제1조의2).

② 이행권고결정

소액사건 소송절차의 회부에 앞서 법원이 직권으로 행하는 전치절차를 말합니다. 소액심판의 신청이 있는 경우 법원이 결정으로 소장부본이나 제소조서 등본을 첨부해 피고에게 청구취지대로 이행할 것을 권고하는 결정을 말합니다(소액사건심판법 제5조의3 제1항).

4. 민사소송의 요건

① 민사소송 요건에는 법원의 관할, 당사자, 소송물이 있습니다.

② 소송물이란 심판의 대상이 되는 기본단위로 소송의 객체를 말하며, 「민사소송법」은 소송목적이 되는 권리나 의무라는 용어를 사용하고 있습니다.

4-1. 소송요건의 개념

'소송요건'이란 법원이 판결을 하기 위한 요건을 말하고, 소송요건의 주요사항은 다음과 같습니다.

1. 법원이 재판권과 관할권을 가질 것
2. 당사자가 현재하며 당사자능력과 당사자적격을 가질 것
3. 판결을 받을 법률상의 이익 내지 필요(권리보호의 이익)가 있을 것

4-2. 법원의 관할

4-2-1. 관할의 개념

'관할'이란 재판권을 현실적으로 행사함에 있어서 각 법원이 특정사건을 재판할 수 있는 권한을 말합니다.

4-2-2. 관할의 종류

① 사물관할

㉮ '사물관할'이란 제1심 소송사건에서 지방법원 단독판사와 지방법원 합의부 사이에서 사건의 경중을 따져 재판권의 분담관계를 정해 놓은 것을 말합니다.

㉯ 지방법원과 그 지원의 합의부는 다음의 사건을 제1심으로 심판합니다(법원조직법 제32조제1항).

1. 합의부에서 심판할 것으로 합의부가 결정한 사건(법원조직법 제32조 제1항 제1호)
2. 소송목적의 값이 2억원을 초과하는 민사사건(민사 및 가사소송의 사물관할에 관한 규칙 제2조 본문)

※ "소송목적의 값"이란 원고가 소송으로 달성하려는 목적이 갖는 경제적 이익을

화폐단위로 평가한 금액으로 소송으로 얻으려는 이익을 말합니다(민사소송법 제26조 제1항).

3. 재산권에 관한 소송으로 그 소송목적의 값을 계산할 수 없는 소송(민사 및 가사소송의 사물관할에 관한 규칙 제2조 본문 및 민사소송 등 인지법 제2조제4항)
4. 비(非)재산권을 목적으로 하는 소송(민사 및 가사소송의 사물관할에 관한 규칙 제2조 본문 및 민사소송 등 인지 법 제2조제4항). 다만, 위 "2", "3" 및 "4" 중 다음에 해당하는 사건은 제외됩니다(민사 및 가사소송의 사물관할에 관한 규칙 제2조 단서).
   가. 수표금·약속어음금 청구사건
   나. 은행·농업협동조합·수산업협동조합·축산업협동조합·산림조합·신용협동조합·신용보증기금·기술신용보증기금·지역신용보증재단·새마을금고·상호저축은행·종합금융회사·시설대여회사·보험회사·신탁회사·증권회사·신용카드회사·할부금융회사 또는 신기술사업금융회사가 원고인 대여금·구상금·보증금 청구사건
   다. 「자동차손해배상보장법」에서 정한 자동차·원동기장치자전거·철도차량의 운행 및 근로자의 업무상재해로 인한 손해배상 청구사건과 이에 관한 채무부존재확인사건
   라. 단독판사가 심판할 것으로 합의부가 결정한 사건
5. 지방법원판사에 대한 제척·기피사건
6. 다른 법률에 의해 지방법원합의부의 권한에 속하는 사건

② 토지관할

'토지관할'이란 소재지를 달리하는 같은 종류의 법원 사이에 재판권(특히 제1심 소송사건)의 분담관계를 정해 놓은 것을 말합니다. 즉 제1심 소송사건을 어느 곳의 지방법원이 담당하느냐는 토지관할에 의해 정해집니다. 이 토지관할의 발생원인이 되는 곳을 재판적이라고 합니다.

4-2-3. 관할에 관련된 서식 작성례

① 관할합의서

관 할 합 의 서

○○○ (주민등록번호)
○○시 ○○구 ○○길 ○○(우편번호 ○○○-○○○)

◇◇◇ (주민등록번호)
○○시 ○○구 ○○길 ○○(우편번호 ○○○-○○○)

위 당사자 사이에 200○. ○. ○.자 체결한 임대차계약에 관한 소송행위는 ○○지방법원을 제1심의 관할법원으로 할 것을 합의합니다.

첨 부 : 임대차계약서 1 통.

20○○년 ○월 ○일

위 합의자 ○○○ (서명 또는 날인)
◇◇◇ (서명 또는 날인)

■ 참 고 ■

합의범위	관할합의는 제1심 법원의 관할만 가능함	관련법규	민사소송법 제29조
기 타	관할합의는 서면으로 하여야 함. 전속관할이 정하여진 소(訴)에는 관할합의를 하여도 그 효력이 없음(민사소송법 제31조)		

② 소송이송신청서(관할위반에 의한 직권이송의 촉구신청)

소 송 이 송 신 청 서

사 건 20○○가합○○○ 물품대금
원 고 ○○○
피 고 ◇◇◇

위 사건에 관하여 피고는 다음과 같이 관할위반에 의한 소송이송을 신청합니다.

신 청 취 지

이 사건을 ◎◎지방법원으로 이송한다.
라는 결정을 구합니다.

신 청 이 유

1. 원고는 피고와 이 사건 물품대금청구사건과 관련된 물품공급계약을 체결하면서 공급된 물품의 대금은 원고가 직접 ◎◎지방법원 관내인 피고의 주소지에 와서 받아 가기로 특약을 한 사실이 있습니다.
2. 그럼에도 불구하고 원고는 이 사건 소를 원고의 주소지 관할법원인 귀원에 제기하였습니다.
3. 그러므로 이 사건에 있어서 민사소송법 제2조 및 제3조에 따른 보통재판적으로 보면 당연히 피고의 주소지를 관할하는 ◎◎지방법원에 관할권이 있을 뿐만 아니라, 민사소송법 제8조에 따른 특별재판적인 의무이행지의 관할법원도 역시 ◎◎지방법원이라고 하여야 할 것입니다. 따라서 이 사건을 ◎◎지방법원으로 이송하여 주시기 바랍니다.

소명방법 및 첨부서류

1. 물품공급계약서 1통
1. 주민등록표등본(피고) 1통
1. 송달료납부서 1통

20○○. ○. ○.
위 피고 ◇◇◇ (서명 또는 날인)

○○지방법원 제○○민사부 귀중

■참 고 ■

제출법원	소송이 제기된 법원(수소법원)		
제출부수	신청서 1부	관련법규	민사소송법 제34조 제1항
불복절차 및 기간	·수소법원에 재판관할권이 있고 없음은 원래 법원의 직권조사사항으로서 법원은 그 관할에 속하지 아니함을 인정한 때에는 직권으로 이송결정을 하는 것이고, 소송당사자에게 관할위반을 이유로 하는 이송신청권이 있는 것이 아니므로, 관할위반을 이유로 한 이송신청은 단지 법원의 직권발동을 촉구하는 의미밖에 없으며, 법원은 이에 대한 재판을 할 필요가 없고, 법원이 이송신청을 거부하는 재판을 하였다고 하여도 항고는 물론 특별항고도 허용되지 않음(대법원 1993.12.6.자 93마524 전원합의체 결정, 1996. 1. 12.자 95그59 결정).		
비 용	·인지액 : 인지는 붙이지 않음. ·송달료 : ○○○원(☞적용대상사건 및 송달료 예납기준표)		
기 타	·이송신청은 기일에 출석하여 하는 경우가 아니면 서면으로 하여야 함(민사소송규칙 제10조 제2항).		

③ 소송이송신청서(손해·지연회피 목적의 소송이송신청)

소 송 이 송 신 청 서

사　　건　20○○가단○○○　아파트 분양대금
원　　고　○○주식회사
피　　고　◇◇◇

위 사건에 관하여 피고는 다음과 같이 소송의 이송을 신청합니다.

신 청 취 지

이 사건을 ◎◎지방법원으로 이송한다.
라는 결정을 구합니다.

신 청 이 유

1. 피고는 ○○시에 주된 사무소를 둔 원고회사가 피고가 거주하는 ◎◎시에 건축하는 아파트 1세대를 분양 받기로 하는 아파트분양계약을 원고회사와 체결하고 아파트를 분양 받았는데, 위 아파트분양계약서에는 "본 계약에 관한 소송은 ○○지방법원을 관할법원으로 한다."라고 정하고 있으며, 원고회사는 피고가 위 아파트 분양계약을 적법하게 해제하였음에도 불구하고 아파트 분양대금 청구의 이 사건 소를 귀원에 제기하였습니다.

2. 그러나 위 아파트분양계약서상의 "본 계약에 관한 소송은 ㅇㅇ지방법원을 관할법원으로 한다."라는 관할합의조항은 약관의규제에관한법률 제2조 소정의 약관으로서 민사소송법상의 관할법원 규정보다 고객에게 불리한 관할법원을 규정한 것이어서 사업자인 원고회사에게는 유리할지언정 원거리에 사는 경제적 약자로서 고객인 피고에게는 제소 및 응소에 큰 불편을 초래할 우려가 있으므로 약관의규제에관한법률 제14조 소정의 '고객에 대하여 부당하게 불리한 재판관할의 합의조항'에 해당하여 무효라고 보아야 할 것입니다(대법원 1998. 6. 29.자 98마863 결정).

3. 따라서 이 사건을 피고의 주소지를 관할하는 ◎◎지방법원으로 이송하여 주시기 바랍니다.

소명방법 및 첨부서류

1. 아파트분양계약서 1통
1. 주민등록표등본(피고) 1통
1. 송달료납부서 1통

20○○. ○. ○.

위 피고 ◇◇◇ (서명 또는 날인)

○○지방법원 제○○민사단독 귀중

④ 소송이송신청서(손해·지연회피 목적의 소송이송신청)

소 송 이 송 신 청 서

사 건 20○○가단○○○ 손해배상(자)
원 고 ○○○
피 고 ◇◇◇

위 사건에 관하여 피고는 아래와 같이 소송이송을 신청합니다.

신 청 취 지

이 사건을 ◎◎지방법원 ◎◎지원으로 이송한다.
라는 재판을 구합니다

신 청 이 유

1. 원고가 피고를 상대로 20○○년 ○월 ○○일 귀원에 제소한 이 사건 소송은 20○○년 ○월 ○○일 ○○:○○경 ◎◎지방법원 ◎◎지원 앞 인도에서 발생한 교통사고로 인하여 피해자인 이 사건 원고가 손해배상을 청구함에 있어서 원고의 주소지인 귀원에 소를 제기하였던 것입니다.
2. 그런데 위 사건에 있어서는 교통사고의 발생지가 ◎◎시 ◎◎지방법원 ◎◎지원 앞 인도이고, 위 교통사고의 목격자인 증인이 ◎◎시에 거주하고 있으며, 양 당사자의 근무처가 ◎◎시내에 있으므로 향후 소송진행 과정에서 예상되는 현장검증 등을 고려하여 볼 때, 이 사건을 귀원에서 심리하는 것은 쌍방 당사자에게 소송수행상 부담을 줄 수 있음은 물론 소송의 지연을 초래할 염려가 있다 할 것입니다.
3. 따라서 피고는 민사소송법 제35조에 의하여 이 사건 소송을 불법행위지로서의 관할권이 있는 ◎◎지방법원 ◎◎지원으로 소송이송의 결정을 구하기 위하여 이 사건 신청에 이른 것입니다.

소명방법 및 첨부서류

1. 교통사고사실확인원 1통
1. 참고인 진술조서 1통
1. 송달료납부서 1통

20○○. ○. ○.
위 피고 ◇◇◇ (서명 또는 날인)

○○지방법원 제○○민사단독 귀중

⑤ 즉시항고장(이송신청 기각결정에 대한)

즉 시 항 고 장

사　　　건 20○○카기○○○ 소송이송
항고인(피고) ◇◇◇ (주민등록번호)
○○시 ○○구 ○○길 ○○(우편번호 ○○○-○○○)
전화.휴대폰번호:
팩스번호, 전자우편(e-mail)주소:

위 항고인은 ○○지방법원 20○○가단○○○ 손해배상(자) 청구사건에 관하여 항고인이 같은 법원 20○○카기○○○호로 제기한 소송이송신청에 대하여 같은 법원이 20○○. ○. ○.자로 한 이송신청 기각결정에 대하여 불복이므로 즉시항고를 제기합니다.

원 결 정 의 표 시

주문 : 피고의 이 사건에 대한 이송신청을 기각한다.
(항고인이 결정문을 송달 받은 날 : 20○○. ○. ○.)

항 고 취 지

1. 원 결정을 취소한다.
2. 이 사건을 ◎◎지방법원으로 이송한다.

라는 결정을 구합니다.

항 고 이 유

이 사건은 원고가 교통사고의 피해자로서 손해배상을 청구하고 있는 사건인바, 이 건 교통사고의 발생지도 ◎◎시이고, 피고의 주소지도 ◎◎시이므로 ◎◎지방법원에 관할권이 있다고 할 것이고, 또한 ◎◎지방법원에서 재판하는 것이 소송의 지연.손해를 피하기 위하여 필요하다고 할 것이므로 원 결정을 취소하고 소송이송 결정을 하여 주시기 바랍니다.

첨 부 서 류

1. 송달료납부서　　　　　　　　1통.

20○○. ○. ○.
위 항고인(피고) ◇◇◇ (서명 또는 날인)

○○지방법원 항소부 귀중

■ 참 고 ■

제 출 법 원	원심법원	제출기간	결정문정본을 수령한 날로부터 1주 이내
제 출 부 수	항고장 1부	관련법규	민사소송법 제39조, 제445조
불복절차 및 기간	.재항고(민사소송법 제442조) .즉시항고의 각하·기각결정에 대한 재항고는 즉시항고이므로 결정문정본을 수령한 날로부터 1주 이내 재항고하여야 함(민사소송법 제444조)		
비 용	.인지액 : ○○○원(☞민사접수서류에 붙일 인지액) .송달료 : ○○○원(☞적용대상사건 및 송달료 예납기준표)		
기 타	.이송결정에 대한 항고시에는 상대방 수 만큼에 해당하는 항고장부본 제출 .지방법원 합의부의 이송신청기각 또는 각하결정에 대한 즉시항고의 경우에는 ○○**고등법원 귀중**으로 표기함		

4-3. 당사자

4-3-1. 당사자능력

'당사자능력'은 당사자가 될 수 있는 소송법상의 능력으로 원고로 소송하고, 피고로 소송당하는 능력을 말합니다.

4-3-2. 당사자적격

당사자적격은 당사자로서 소송을 수행하고 판결을 받기 위해 필요한 자격으로 청구를 할 수 있는 정당한 당사자가 누구냐는 문제입니다.

4-3-3. 소송능력

'소송능력'은 당사자로서 스스로 유효하게 소송행위를 하거나 상대방 또는 법원의 소송행위를 받는데 필요한 능력을 말하며, 행위능력자는 모두 소송능력을 가집니다. 다만, 제한능력자인 미성년자·피한정후견인·피성년후견인의 소송능력은 제한될 수 있습니다(민법 제5조, 제10조 및 제13조).

4-3-4. 당사자에 대한 서류 작성례

① 소송능력 보정서

소 송 능 력 보 정 서

사　건　20○○가단○○○○ 손해배상(자)
원　고　○○○
피　고　◇◇◇

1. 위 사건의 원고는 미성년자인바, 미성년자는 법정대리인에 의하여서만 소송행위를 할 수 있으므로(민사소송법 제55조 본문), 원고는 소송능력이 없습니다. 그럼에도 불구하고 원고는 법정대리인에 의하지 않고 이 사건 소송을 제기하였습니다.
2. 그러므로 원고의 법정대리인 부 ◐◐◐, 모 ◑◑◑는 위 원고가 미성년자로서 한 소송행위를 추인함과 동시에 원고의 표시정정을 아래와 같이 하고 이 건 보정서류를 제출합니다.

아　　래

「**원고 ○○○**」를「**원고 ○○○ 법정대리인 부 ◐◐◐ 모 ◑◑◑**」로 정정.

첨 부 서 류

1. 가족관계증명서　　1통

20○○. ○. ○.

위 원고 ○○○
법정대리인 부 ◐◐◐ (서명 또는 날인)
모 ◑◑◑ (서명 또는 날인)

○○지방법원 제○○민사단독 귀중

② 당사자선정서(소를 제기하면서 선정하는 경우)

당 사 자 선 정 서

원　고　◎◎◎ 외 3명
피　고　◇◇◇

위 당사자 사이의 퇴직금 청구 사건에 관하여 원고들은 민사소송법 제53조 제1항에 의하여 원고들 모두를 위한 당사자로 아래의 자를 선정합니다.

아　　래

원고(선정당사자) ◎◎◎ (주민등록번호)
○○시 ○○구 ○○길 ○○(우편번호 ○○○-○○○)
전화.휴대폰번호:
팩스번호, 전자우편(e-mail)주소:

20○○. ○. ○.

선 정 자(원 고) 1. ◎◎◎ (주민등록번호) (서명 또는 날인)
○○시 ○○구 ○○길 ○○

2. ○○○ (주민등록번호) (서명 또는 날인)
○○시 ○○구 ○○길 ○○

3. ○○○ (주민등록번호) (서명 또는 날인)
○○시 ○○구 ○○길 ○○

4. ○○○ (주민등록번호) (서명 또는 날인)
○○시 ○○구 ○○길 ○○

○○지방법원 제○민사부　귀중

③ 당사자선정서(소제기 후에 선정하는 경우)

당 사 자 선 정 서

사　건　20○○가합○○○　건물철거등
원　고　◎◎◎ 외 3명
피　고　◇◇◇

위 사건에 관하여 원고들은 민사소송법 제53조 제1항에 의하여 원고들 모두를 위한 당사자로 아래의 자를 선정합니다.

아　　　래

원고(선정당사자) ◎◎◎ (주민등록번호)
○○시 ○○구 ○○길 ○○(우편번호 ○○○-○○○)
전화.휴대폰번호:
팩스번호, 전자우편(e-mail)주소:

20○○. ○. ○.

선 정 자(원 고) 1. ◎◎◎ (주민등록번호) (서명 또는 날인)
○○시 ○○구 ○○길 ○○

2. ○○○ (주민등록번호) (서명 또는 날인)
○○시 ○○구 ○○길 ○○

3. ○○○ (주민등록번호) (서명 또는 날인)
○○시 ○○구 ○○길 ○○

4. ○○○ (주민등록번호) (서명 또는 날인)
○○시 ○○구 ○○길 ○○

○○지방법원 제○민사부　귀중

④ 당사자선정취소서

당 사 자 선 정 취 소 서

사　건　20○○가합○○○　건물철거등
원　고　(선정당사자) ◎◎◎
피　고　◇◇◇

위 사건에 관하여 선정자들은 민사소송법 제53조 제1항에 의하여 ◎◎◎에 대한 당사자선정을 취소합니다.

20○○.　○.　○.

선　정　자(원 고) 2. ○○○ (서명 또는 날인)
○○시 ○○구 ○○길 ○○
3. ○○○ (서명 또는 날인)
○○시 ○○구 ○○길 ○○
4. ○○○ (서명 또는 날인)
○○시 ○○구 ○○길 ○○

○○지방법원 제○○민사부　귀중

■ 참 고 ■

제출법원	소송이 제기된 법원(수소법원)		
제출부수	당사자선정취소서 1부	관련법규	민사소송법 제53조 제1항, 제58조
기　　타	·선정당사자나 선정자가 상대방에게 취소사실을 통지해야만 효력발생(민사소송법 제63조 제2항) ·선정당사자를 선정한 소송에서 선정당사자 모두가 자격을 잃은 때에는 소송절차는 중단되며, 이 경우 선정자 모두 또는 새로 선정당사자로 선정된 사람이 소송절차를 수계하여야 함(민사소송법 제237조 제2항)		

⑤ 선정당사자변경서

선 정 당 사 자 변 경 서

사 건 20○○가합○○○ 건물철거등
원 고 (선정당사자) ◎◎◎
피 고 ◇◇◇

위 사건에 관하여 선정자들은 민사소송법 제53조 제1항에 따라 선정당사자 ◎◎◎에 대한 당사자선정을 취소하고, 아래의 사람을 선정자들 모두를 위한 당사자로 선정합니다.

아 래

원고(선정당사자) ◉◉◉ (주민등록번호)
○○시 ○○구 ○○길 ○○(우편번호 ○○○-○○○)
전화.휴대폰번호:
팩스번호, 전자우편(e-mail)주소:

20○○. ○. ○.

선정자(원고) 1. ◎◎◎ (서명 또는 날인)
○○시 ○○구 ○○길 ○○
2. ◉◉◉ (서명 또는 날인)
○○시 ○○구 ○○길 ○○
3. ○○○ (서명 또는 날인)
○○시 ○○구 ○○길 ○○
4. ○○○ (서명 또는 날인)
○○시 ○○구 ○○길 ○○

○○지방법원 제○○민사부 귀중

⑥ 당사자 표시정정 신청서(원고 표시의 정정)

당사자(원고) 표시정정 신청서

사 건 20○○가합○○○ 대여금
원 고 ○○○ 주식회사
피 고 ◇◇◇

위 사건에 관하여 원고는 다음과 같이 원고 표시 정정을 신청합니다.

정정한 원고의 표시

○○○ 주식회사 (000000-0000000)
○○시 ○○구 ○○길 ○○번지
대표이사 □□□

신 청 이 유

원고는 착오로 인하여 원고표시를 잘못 표기한 것이므로 정정을 신청합니다.

첨 부 서 류

1. 등기사항전부증명서(법인) 1통
1. 당사자(원고) 표시정정 신청서 부본 1통

20○○. ○. ○.

위 원고 ○○○ 주식회사
대표이사 □□□ (서명 또는 날인)

○○지방법원 제○○민사부 귀중

⑦ 당사자 표시정정 신청서(피고 표시의 정정)

당사자(피고) 표시정정 신청서

사　건　20○○가단○○○ 대여금
원　고　○○○
피　고　◇◇◇

위 사건에 관하여 원고는 다음과 같이 피고표시 정정을 신청합니다.

정정한 피고의 표시

피 고 □ □ □ (000000-0000000)
○○시 ○○구 ○○길 ○○번지

신 청 이 유

원고는 ◇◇◇를 상대로 대여금 청구의 소를 제기한 바 있으나, ◇◇◇는 20○○. ○. ○. 이미 사망하였으나 원고는 이 사실을 모르고 소를 제기하였으므로 ◇◇◇의 상속인 □□□으로 피고표시를 정정하고자 위와 같이 신청합니다.

첨 부 서 류

1. 가족관계증명서 1통
1. 당사자(피고) 표시정정 신청서 부본 1통

20○○. ○. ○.

위 원고 ○○○ (서명 또는 날인)

○○지방법원 제○민사단독 귀중

⑧ 예비적 공동소송인 추가신청서(피고의 추가)

예비적 공동소송인 추가신청서

사 건 20○○가단○○○ 대여금
원 고 ○○○
피 고 ◇◇◇

위 사건에 관하여 원고는 다음과 같이 예비적 공동소송인(피고)의 추가를 신청합니다.

신 청 취 지

이 사건의 피고로 ◈◈◈ (주민등록번호, 주소: ○○시 ○○구 ○○길 ○○)을 추가함을 허가한다.
라는 결정을 구합니다.

추가한 피고에 대한 청구취지

예비적으로,
1. 피고 ◈◈◈는 원고에게 금 ○○○원을 지급하라.

2. 소송비용은 피고 ◈◈◈이 부담한다.

3. 제1항은 가집행할 수 있다.
라는 판결을 구합니다.

신청이유 및 변경한 청구원인

1. 원고는 피고 ◇◇◇의 대리인인 피고 ◈◈◈을 통하여 피고 ◇◇◇에게 금 ○○○원을 대여하였습니다.

2. 그러나, 피고 ◇◇◇은 피고 ◈◈◈에게 대리권을 수여한 사실이 없다고 다투고 있는바, 만에 하나 피고 ◇◇◇의 위 주장이 사실이라면, 피고 ◈◈◈는 그

대리권을 증명하지 못하고 또 피고 ◇◇◇의 추인을 받지 못한 이상 민법 제135조 제1항에 따라 무권대리인으로서 책임을 져야 할 것입니다.

3. 따라서, 원고는 예비적으로 피고 ◈◈◈에 대하여 계약이행책임을 묻고자 하는 바, 피고 ◈◈◈에 대한 대여금 청구는 피고 ◈◈◈의 행위가 무권대리임을 전제로 하는 것이어서, 피고 ◈◈◈의 행위가 유권대리임을 전제로 한 피고 ◇◇◇에 대한 청구와 법률상 양립할 수 없습니다.

4. 이에 원고는 피고 ◈◈◈를 이 사건 예비적 공동소송인으로 추가하고자 민사소송법 제70조 제1항 본문, 제68조 제1항에 따라 이 사건 신청에 이른 것입니다.

첨 부 서 류

1. 소장 부본	1통
1. 예비적 공동소송인 추가신청서 부본	2통

20○○. ○. ○.

위 원고 ○○○ (서명 또는 날인)

○○지방법원 제○민사단독 귀중

4-4. 소송물

'소송물'이란 심판의 대상이 되는 기본단위로 소송의 객체를 말하며, 「민사소송법」은 소송목적이 되는 권리나 의무라는 용어를 사용하고 있습니다(민사소송법 제25조 제2항).

제 2장
민사소송은 어떻게 진행되는가?

제2장 민사소송은 어떻게 진행되는가?

우리나라는 원칙적으로 3심제를 채택하고 있고, 1심·2심은 사실심이고, 3심은 법률심입니다.

1. 민사소송절차

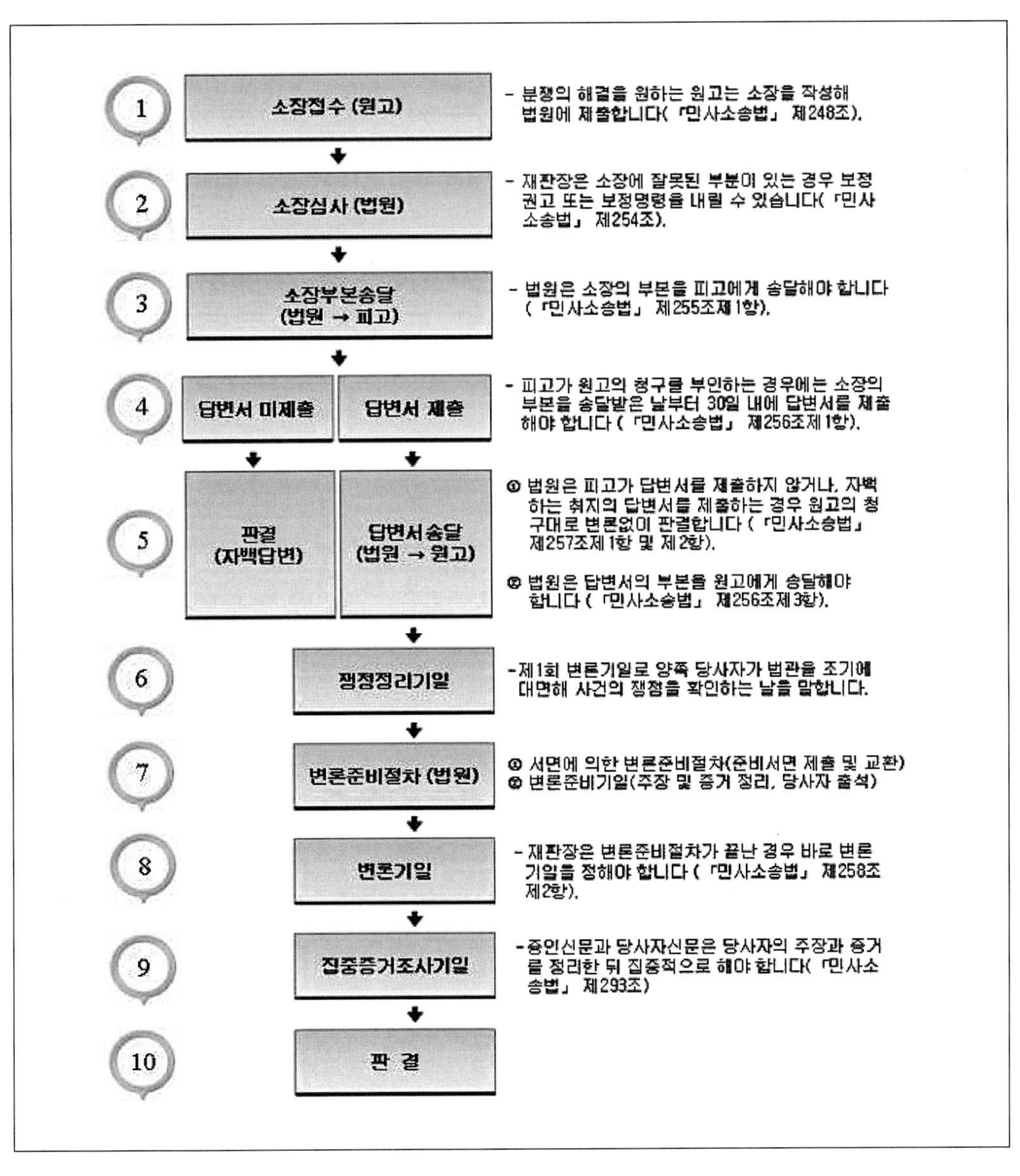

① 송달장소와 송달영수인 선정신고서

송달장소와 송달영수인 선정신고

사 건 20○○가합○○○○ 손해배상(기)
원 고 ○○○
피 고 ◇◇◇

위 사건에 관하여 원고는 다음과 같이 송달 받을 장소와 송달영수인을 정하였으므로 연서하여 신고합니다.

다 음

1. 송달 받을 장소 신고
원고 ○○○
주소: ○○시 ○○구 ○○길 ○○
송달장소: ◎◎시 ◎◎구 ◎◎길 ◎◎(우편번호 ◎◎◎-◎◎◎)
2. 송달 영수인 신고
원고의 송달영수인: ◎◎◎(주민등록번호)
◎◎시 ◎◎구 ◎◎길 ◎◎(우편번호 ◎◎◎-◎◎◎)

20○○. ○. ○.

위 원 고 ○○○ (서명 또는 날인)
송달영수인 ◎◎◎ (서명 또는 날인)

○○지방법원 제○민사부 귀중

※ 당사자·법정대리인 또는 소송대리인은 주소등 외의 장소(대한민국 안의 장소로 한정)를 송달받을 장소로 정하여 법원에 신고할 수 있고, 이 경우에는 송달영수인을 정하여 신고할 수 있음.

② 공휴일 특별송달신청서

특 별 송 달 신 청 서

사 건 20○○가단○○○ 손해배상(기)
원 고 ○○○
피 고 ◇◇◇

위 사건에 관하여 소장부본 및 변론기일소환장을 피고에게 송달하였으나 폐문부재로 송달불능인바, 피고는 생업관계로 평일에는 소장기재 피고의 주소지에 전혀 거주하지 않고 공휴일에만 소장기재 피고의 주소지에 거주하므로 귀원소속 집행관으로 하여금 공휴일에 소장부본 및 변론기일소환장을 피고에게 송달하도록 하여 주시기 바랍니다.

첨 부 서 류

1. 집행관수수료납부서 1통

20○○. ○. ○.

위 원고 ○○○ (서명 또는 날인)

○○지방법원 제○○민사단독 귀중

③ 야간송달신청서

야 간 송 달 신 청 서

사 건 20○○가합○○○ 대여금
원 고 ○○○
피 고 ◇◇◇

위 사건에 관한 귀원의 피고 주소지(장기폐문 부재) 보정명령에 의하여 확인한 바, 피고 ◇◇◇는 현 주소지에 거주하는 것이 확실하나 낮에는 직장관계로 부재하는 경우가 대부분이므로 오후 9시 이후에 원고가 집행관과 동행하여 야간송달을 할 수 있도록 하여 주시기 바랍니다.

1. 피고 ◇◇◇
송달장소 : ○○시 ○○구 ○○길 ○○(우편번호 ○○○-○○○)

첨 부 서 류

1. 집행관수수료납부서 1통

20○○. ○. ○.

위 원고 ○○○ (서명 또는 날인)

○○지방법원 제○민사부 귀중

④ 재송달신청서

재 송 달 신 청 서

사 건 20○○가합○○○ 임금 등

원 고 ○○○ 외 12

피 고 ◇◇◇ 외 1

위 사건에 관하여 귀원의 송달문서를 피고 1. ◇◇◇에게 송달하였으나 이사불명으로 송달불능되어 확인한 결과 피고1은 소장기재 주소지(○○시 ○○구 ○○길 ○○)에 거주하고 있으므로 재송달하여 주시기 바랍니다.

20○○. ○. ○.

위 원고들의 소송대리인
변호사 ◎◎◎ (서명 또는 날인)

○○지방법원 제○민사부 귀중

⑤ 공시송달신청서

공 시 송 달 신 청 서

사　　건　20○○가합○○○　손해배상(기)
원　　고　○○○
피　　고　◇◇◇

위 사건에 관하여, 원고는 피고에 대하여 공시송달을 신청합니다.

1. 피　고　◇◇◇
　　○○시 ○○구 ○○길 ○○(우편번호 ○○○-○○○)

2. 피고는 위 주소지에 주민등록은 되어 있으나 실제로 거주하지 아니하며, 행방불명된 상태이고, 달리 주소.거소를 알 수 없으므로 공시송달을 신청합니다.

첨 부 서 류

1. 주민등록표등본　　1통
1. 불거주확인서　　1통(통장·이장)
1. 재직증명서 또는 위촉장사본　　1통(통장·이장)

20○○.　○.　○.

위 원고　○○○　(서명 또는 날인)

○○지방법원 제○민사부 귀중

※ 당사자의 주소 또는 근무장소를 알 수 없는 경우 또는 외국에서 하여야 할 송달에 관하여 제191조(외국에서 하는 송달방법)의 규정에 따를 수 없거나 이에 따라도 효력이 없을 것으로 인정되는 경우에는 재판장은 직권으로 또는 당사자의 신청에 따라 공시송달을 명할 수 있음(민사소송법 제194조)

⑥ 공시송달신청서(소장제출과 함께 하는 경우)

공 시 송 달 신 청

사　　건　　대여금
원　　고　　○○○
피　　고　　◇◇◇

위 사건에 관하여 원고는 피고가 주소를 ○○시 ○○구 ○○길 ○○에 두고 있으나 장기간 거주하지 아니하고 주민등록이 말소되었을 뿐만 아니라, 현재 소재불명으로 더 이상 피고의 거주지나 송달장소를 알 수 없어 공시송달의 방법에 의하지 않고서는 송달이 불가능하므로 소장제출과 함께 공시송달을 신청하오니 허가하여 주시기 바랍니다.

첨부 : 직권 말소된 주민등록표등본(피고) 1부

20○○. ○. ○.

위 원고 ○○○ (서명 또는 날인)

○○지방법원 귀중

⑦ 판결경정신청서(당사자)

판 결 경 정 결 정 신 청

사　건　20○○가단○○○ 손해배상(자)
원　고　○○○
피　고　◇◇◈

위 사건에 관하여 20○○. ○. ○. 선고한 판결의 당사자 표시 중 피고 ◇◇◈는 소송기록상 피고 ◇◇◇ (주민등록번호)의 잘못표시임이 명백하므로 이의 경정을 신청합니다.

첨 부 서 류

1. 주민등록표등본　　1통.
1. 송달료납부서　　1통.

20○○. ○. ○.

위 원고　○○○ (서명 또는 날인)

○○지방법원 귀중

■ 참 고 ■

※ (1) 제출법원 : 소송기록보관법원

※ (2) 제출부수 : 신청서 1부

※ (3) 불복절차 및 기간 : 즉시항고(민사소송법 제211조 제3항)를 결정문정본을 수령한 날부터 2주이내(민사소송법 제443조 제2항, 제425조, 제396조)에 제기해야 합니다.

※ 판결에 잘못된 계산이나 기재, 그밖에 이와 비슷한 잘못이 있음이 분명한 때에 법원은 직권으로 또는 당사자의 신청에 따라 경정결정(更正決定)을 할 수 있습니다.

⑧ 판결경정신청서(주소)

판 결 경 정 결 정 신 청

사　　　건　20○○드단○○○(본소) 이혼, 20○○드단○○○(반소) 이혼등
원고(반소피고)　○○○
　　등록기준지 및 주소 ○○시 ○○구 ○○길 ○○
　　　(우편번호 ○○○-○○○)
피고(반소원고)　◇◇◇
　　등록기준지　원고(반소피고)와 같다
　　주소　○○시 ○○구 ○○길 ○○ - ○○
　　　(우편번호 ○○○-○○○)

신 청 취 지

○○가정법원 20○○드단○○○(본소) 이혼, 20○○드단○○○(반소) 이혼등 사건의 판결문 중 원고의 등록기준지 및 주소 "○○시 ○○구 ○○동 ○○"를, "○○시 ○○구 ◎◎동 ○○"로 경정한다.
라는 결정을 구합니다.

신 청 이 유

위 사건에 관하여 원고의 등록기준지 및 주소지는 위 경정 결정하여야 할 "◎◎동"의 잘못 표기임이 분명하므로 신청취지와 같이 경정하여 주시기 바랍니다.

소명방법 및 첨부서류

1. 판결문정본　1통.
1. 기본증명서(원고)　1통.
1. 주민등록등본　1통.
1. 송달료납부서　1통.

20○○. ○. ○.
위 피고(반소원고)　◇◇◇ (날인 또는 서명)

○○가정법원 귀중

⑨ 추가재판신청서

추 가 재 판 신 청 서

사　건　20○○가단○○○　사해행위취소 등
원　고　○○○ 외 2
피　고　◇◇◇ 외 1

위 사건에 관하여, 원고는 다음과 같이 누락된 재판에 대하여 민사소송법 제212조에 의하여 추가재판을 신청합니다.

신청취지 및 이유

원고들의 이 사건 청구 중 피고 ◇◇◇에 대한 별지목록 기재 각 부동산에 관한 사해행위취소청구 가운데 원고 ○○○ 부분에 대한 판결이 누락되었으므로 원고 ○○○의 피고 ◇◇◇에 대한 위 청구부분에 대하여 추가재판을 하여 주시기 바랍니다.

첨 부 서 류

1. 판결문정본　1통
1. 소장　1통
1. 송달료납부서　1통

20○○.　○.　○.
위 원고　○○○　(서명 또는 날인)

○○지방법원 제○민사단독　귀중

[별지]

부 동 산 의 표 시

1. ○○시 ○○구 ○○동 ○○-○○ 대 157.4㎡.
2. 위 지상 벽돌조 평슬래브 지붕 2층주택
   1층 74.82㎡
   2층 74.82㎡
   지층 97.89㎡. 끝.

2. 민사전자소송제도

우리나라 법원은 2011년 5월 2일부터 민사전자소송을 실시하고 있습니다(민사소송 등에서의 전자문서 이용 등에 관한 법률 제2조, 민사소송 등에서의 전자문서 이용 등에 관한 규칙 제2조).

전자민사소송은 다음과 같은 절차로 진행됩니다.

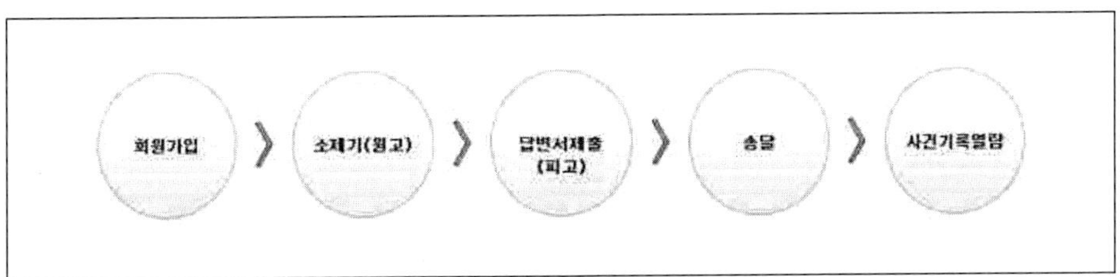

2-1. 사용자 등록

① 전자소송시스템을 이용하려는 사람은 전자소송시스템에 접속하여 본인이 해당하는 회원유형에 맞게 일반 회원가입(개인, 법인) 또는 자격자 회원가입(변호사, 법무사, 회생·파산 사건의 절차관계인회원, 집행관 등)을 합니다(민사소송 등에서의 전자문서 이용 등에 관한 법률 제6조 제1항, 민사소송 등에서의 전자문서 이용 등에 관한 규칙 제4조).

② 법원행정처장은 다음의 어느 하나에 해당하는 경우 등록사용자의 사용을 정지하거나 사용자등록을 말소할 수 있습니다(민사소송 등에서의 전자문서 이용 등에 관한 법률 제6조 제4항, 민사소송 등에서의 전자문서 이용 등에 관한 규칙 제6조제1항).

1. 등록사용자의 동일성이 인정되지 않는 경우
2. 사용자등록을 신청하거나 사용자정보를 변경할 때 거짓의 내용을 입력한 경우
3. 다른 등록사용자의 사용을 방해하거나 그 정보를 도용하는 등 전산정보처리시스템을 이용한 민사소송 등의 진행에 지장을 준 경우
4. 고의 또는 중대한 과실로 전산정보처리시스템에 장애를 일으킨 경우
5. 사용자등록이 소송 지연 등 본래의 용도와 다른 목적으로 이용되는 경우
6. 등록사용자에게 소송능력이 없는 경우
7. 그 밖에 위의 사유에 준하는 경우

③ 등록사용자가 전자소송시스템을 마지막으로 이용한 날부터 5년이 지나면 사용자 등록은 효력을 상실합니다(민사소송 등에서의 전자문서 이용 등에 관한 규칙 제6조 제4항).

④ 사용자 등록 방법 및 자격에 관한 자세한 내용은 대한민국 법원 전자소송 홈페이지 <전자소송안내, 전자소송준비, 회원가입 >에서 보실 수 있습니다.

2-2. 소제기

① 대한민국 법원 전자소송 홈페이지에서 전자소송절차 진행에 동의한 후 소장을 작성하고 전자서명을 하여 제출합니다.

② 전자서명은 보통 행정전자서명 또는 공인전자서명을 말합니다(민사소송 등에서의 전자문서 이용 등에 관한 규칙 제7조제1항).

2-3. 답변서 제출

소장부본을 우편으로 송달받은 피고는 소송절차안내서에 표시된 전자소송인증번호와 사건번호로 전자소송 동의를 한 후 온라인으로 답변서를 제출할 수 있습니다.

2-4. 송달

① 전자소송에 동의한 당사자 및 대리인은 대법원 전자소송 홈페이지를 통해 전자문서를 송달 받고, 내용을 확인할 수 있습니다.

② 전자문서 등재사실의 통지는 등록사용자가 전자소송시스템에 입력한 전자우편주소로 전자우편을 보내고, 휴대전화번호로 문자메시지를 보내는 방법으로 합니다. 다만, 문자메시지는 등록사용자의 요청에 따라 보내지 않을 수 있습니다(민사소송 등에서의 전자문서 이용 등에 관한 법률 제11조 제3항 및 민사소송 등에서의 전자문서 이용 등에 관한 규칙 제26조 제1항).

③ 전자문서는 송달받을 자가 등재된 전자문서를 확인한 때에 송달된 것으로 봅니다. 다만, 그 등재사실을 통지한 날부터 1주 이내에 확인하지 않은 때에는 등재사실을 통지한 날부터 1주가 지난 날에 송달된 것으로 봅니다(민사소송 등에서의 전자문서 이용 등에 관한 법률 제11조제4항).

2-5. 사건기록열람

① 전자소송에 동의한 당사자 및 대리인은 해당 사건의 소송기록을 언제든지 온라인 상에서 열람 및 출력할 수 있습니다. 진행 중 사건에 대해 대법원 전자소송홈페이지에서 열람하는 경우는 수수료가 부과되지 않습니다.

② 등록사용자로서 전자소송 동의를 한 당사자, 사건 본인, 소송대리인 또는 법정대리인, 특별대리인, 보조참가자, 공동소송적 보조참가인, 경매사건의 이해관계인, 과태료 사건의 검사가 전자기록을 열람, 출력 또는 복제하는 방법은 전자소송시스템에 접속한 후 전자소송홈페이지에서 그 내용을 확인하고 이를 서면으로 출력하거나 해당사항을 자신의 자기디스크 등에 내려받는 방식으로 합니다(민사소송 등에서의 전자문서 이용 등에 관한 규칙 제38조제1항).

③ 가사사건이나 회생·파산사건의 전자기록도 위와 같은 방법으로 열람, 출력 등을 할 수 있습니다(민사소송 등에서의 전자문서 이용 등에 관한 규칙 제38조의2).

3. 민사소송절차의 심급제도

3-1. 심급제도

① '심급제도'란 법원에 상하의 계급을 두고 하급법원의 재판에 대해 상급법원에 불복신청이 가능하도록 법원간의 심판순서 또는 상하관계를 정해놓은 제도를 말합니다.

② 3심제도

우리나라는 원칙적으로 3심제를 채택하고 있고, 1심과 2심은 사실심이고, 3심은 법률심입니다.

1. 항소(제1심판결 불복)

'항소'란 제1심 종국판결에 대해 상급법원에 하는 불복신청을 말합니다(민사소송법 제390조 제1항).

2. 상고(제2심판결 불복)

'상고'란 고등법원이 선고한 종국판결과 지방법원 합의부가 제2심으로 선고한 종국판결에 대한 불복신청을 말합니다(민사소송법 제422조 제1항).

상고심은 법률심으로 판결에 영향을 미친 헌법·법률·명령 또는 규칙의 위반이 있는 경우에만 제기할 수 있습니다(민사소송법 제423조).

3. 항고 및 재항고(결정·명령 불복)

'항고'란 소송절차에 관한 신청을 기각한 결정이나 명령에 대한 불복신청을 말합니다(「민사소송법」 제439조).

'재항고'란 항고법원·고등법원 또는 항소법원의 결정 및 명령에 대한 불복신청을 말합니다(민사소송법 제442조).

재항고는 상고심과 같은 법률심으로 재판에 영향을 미친 헌법·법률·명령 또는 규칙의 위반이 있는 경우에만 제기할 수 있습니다(민사소송법 제442조).

※ 판결, 결정, 명령의 구분

① '판결'이란, 법원이 변론주의에 근거해 「민사소송법」에서 정한 일정한 방식에 따라 판결원본을 작성하고 선고라는 엄격한 방법으로 당사자에게 고지하는 재판을 말합니다.

② 결정의 개념

'결정'이란, 임의적 변론(판결에는 반드시 변론이 필요하나 결정에서는 법관의 재량으로 정할 수 있는데 이를 임의적 변론이라 한다) 또는 서면심리에 의해 법원이 행하는 재판을 말합니다)].

결정은 소송절차상의 사항(제척·기피의 재판, 참가허가 여부에 대한 재판, 청구변경의 불허가 재판 등)이나 집행절차에서의 법원의 처분(지급명령, 추심명령, 전부명령 등)에 대한 판결입니다.

③ 명령의 개념

'명령'이란, 재판장·수명법관(법원합의부의 재판장으로부터 법률에 정해진 일정한 사항의 처리를 위임받은 합의부원인 법관)·수탁판사(소송이 계속되고 있는 법원의 촉탁을 받아 일정한 사항의 처리를 하는 판사)가 행하는 재판을 말합니다. 명령은 법관이 행하는 재판이지 법원이 행하는 재판이 아닙니다. 이 점이 법원이 행하는 판결이나 결정과 구별됩니다.

3-2. 재심절차

① 재심절차는 확정판결에 중대한 오류가 있을 경우 당사자의 청구에 의해 그 판결의 당부를 다시 재심하는 절차를 말합니다.

② 재심절차는 확정된 종국판결에 대한 불복신청이므로 법률에 기재된 재심사유에 해당하는 경우에만 제기할 수 있습니다(민사소송법 제451조 제1항).

4. 민사소송 법제 개관

민사소송에는 「민사소송법」을 기준으로 「민사조정법」, 「민사소송 등에서의 전자문서 이용 등에 관한 법률」, 「민사소송 등 인지법」, 「민사소송비용법」, 「소액사건심판법」 등이 적용됩니다.

4-1. 「민사소송법」

① 민사소송의 원칙
법원은 소송절차가 공정하고 신속하며 경제적으로 진행되도록 노력해야 하고, 당사자와 소송관계인은 신의에 따라 성실하게 소송을 수행해야 합니다(제1조).

② 법원의 관할
소송은 피고의 보통재판적이 있는 곳의 법원이 관할합니다(제2조). 「민사소송법」은 보통재판적에 대해 제3조부터 제6조까지, 특별재판적에 대해서는 제7조부터 제25조까지 규정하고 있습니다.

③ 소송의 제기
소송은 법원에 소장을 제출하면 제기됩니다(제248조).

④ 소송 절차
변론은 집중되어야 하며, 당사자는 변론을 서면으로 준비해야 합니다(제272조 제1항).

⑤ 변론준비절차
변론준비절차에서는 변론이 효율적이고 집중적으로 실시될 수 있도록 당사자의 주장

과 증거를 정리해야 합니다(제279조 제1항).

⑥ 변론기일 및 종결

법원은 변론준비절차를 마친 경우 첫 변론기일을 거친 뒤 바로 변론을 종결할 수 있도록 해야 하며, 당사자는 이에 협력해야 합니다(제287조 제1항).

4-2. 「민사조정법」

① 목적

「민사조정법」은 민사에 관한 분쟁을 간이한 절차에 따라 당사자 사이의 상호 양해를 통해 조리(條理)를 바탕으로 실정에 맞게 해결함을 목적으로 합니다(제1조).

② 조정신청

민사에 관한 분쟁의 당사자는 법원에 조정을 신청할 수 있습니다(제2조).

③ 조정기관

조정사건은 조정담당판사 스스로 조정을 하거나, 상임으로 조정에 관한 사무를 처리하는 조정위원 또는 조정위원회로 하여금 조정을 하게 할 수 있습니다(제7조 제2항).

④ 조정의 효력

조정은 재판상의 화해와 동일한 효력이 있습니다(제29조).

4-3. 「민사소송 등에서의 전자문서 이용 등에 관한 법률」

① 목적

민사소송 등에서 전자문서 이용에 대한 기본 원칙과 절차를 규정함으로써 민사소송 등의 정보화를 촉진하고 신속성, 투명성을 높여 국민의 권리 실현에 이바지함을 목적으로 합니다(제1조).

② 전자문서

전자문서란 컴퓨터 등 정보처리능력을 가진 장치에 의해 전자적 형태로 작성되거나 변환되어 송신·수신 또는 저장되는 정보를 말합니다(제2조 제1호).

③ 전산정보처리시스템의 운영

법원행정처장은 전사정보처리시스템을 설치·운영합니다(제4조).

4-4. 「민사소송 등 인지법」

① 인지

다음과 같이 소장 등에는 특별한 규정이 있는 경우를 제외하고「민사소송 등 인지법」에서 정하는 인지를 붙여야 합니다(제1조).

1. 민사소송절차에서 소장이나 신청서 또는 신청의 취지를 적은 조서
2. 행정소송절차에서 소장이나 신청서 또는 신청의 취지를 적은 조서
3. 그 밖에 법원에서의 소송절차에서 소장이나 신청서 또는 신청의 취지를 적은 조서
4. 비송사건절차에서 소장이나 신청서 또는 신청의 취지를 적은 조서

② 소송목적의 값에 따른 인지액 산정

소장[반소장(반소장) 및 대법원에 제출하는 소장 제외]에는 소송목적의 값에 따라 다음의 금액에 해당하는 인지를 붙여야 합니다(제2조제1항).

1. 소송목적의 값이 1천만원 미만인 경우에는 그 값에 1만분의 50을 곱한 금액
2. 소송목적의 값이 1천만원 이상 1억원 미만인 경우에는 그 값에 1만분의 45를 곱한 금액에 5천원을 더한 금액
3. 소송목적의 값이 1억원 이상 10억원 미만인 경우에는 그 값에 1만분의 40을 곱한 금액에 5만5천원을 더한 금액
4. 소송목적의 값이 10억원 이상인 경우에는 그 값에 1만분의 35를 곱한 금액에 55만5천원을 더한 금액

4-5. 「민사소송비용법」

① 소송비용의 산정방법

「민사소송비용법」에서는 「민사소송법」의 규정에 의한 소송비용의 산정방법을 다음과 같이 규정하고 있습니다(제1조)

1. 서기료 및 도면의 작성료 : 대법원규칙이 정한 금액(제3조)
2. 법관과 법원서기의 일당·여비 및 숙박료 : 실비액(제5조)
3. 감정, 통역, 번역과 측량에 관한 특별요금 : 법원이 정한금액(제6조)
4. 통신과 운반 비용 : 실비액(제7조)
5. 관보, 신문지에 공고한 비용 : 그 정액(제8조)
6. 기타 비용 : 실비액(제9조)

4-6.「소액사건심판법」

① 목적

「소액사건심판법」은 지방법원 및 지방법원지원에서 소액의 민사사건을 간이한 절차에 따라 신속히 처리하기 위해「민사소송법」에 대한 특례를 규정함을 목적으로 합니다(제1조).

② 결정에 의한 이행권고

법원은 소액사건심판소송이 제기되면 결정으로 소장부본이나 제소조서등본을 첨부해 피고에게 청구취지대로 이행할 것을 권고할 수 있습니다(제5조의3 제1항).

③ 이의제기

피고는 이행권고결정서의 등본을 송달받은 날부터 2주일 내에 서면으로 이의신청을 할 수 있습니다. 다만, 그 등본이 송달되기 전에도 이의신청을 할 수 있습니다(제5조의4 제1항).

④ 이행권고결정의 효력

이행권고결정은 확정판결과 같은 효력을 가집니다(제5조의7 제1항).

제 3장
민사소송을 하기 위해 어떤 점을 검토해야 하는지?

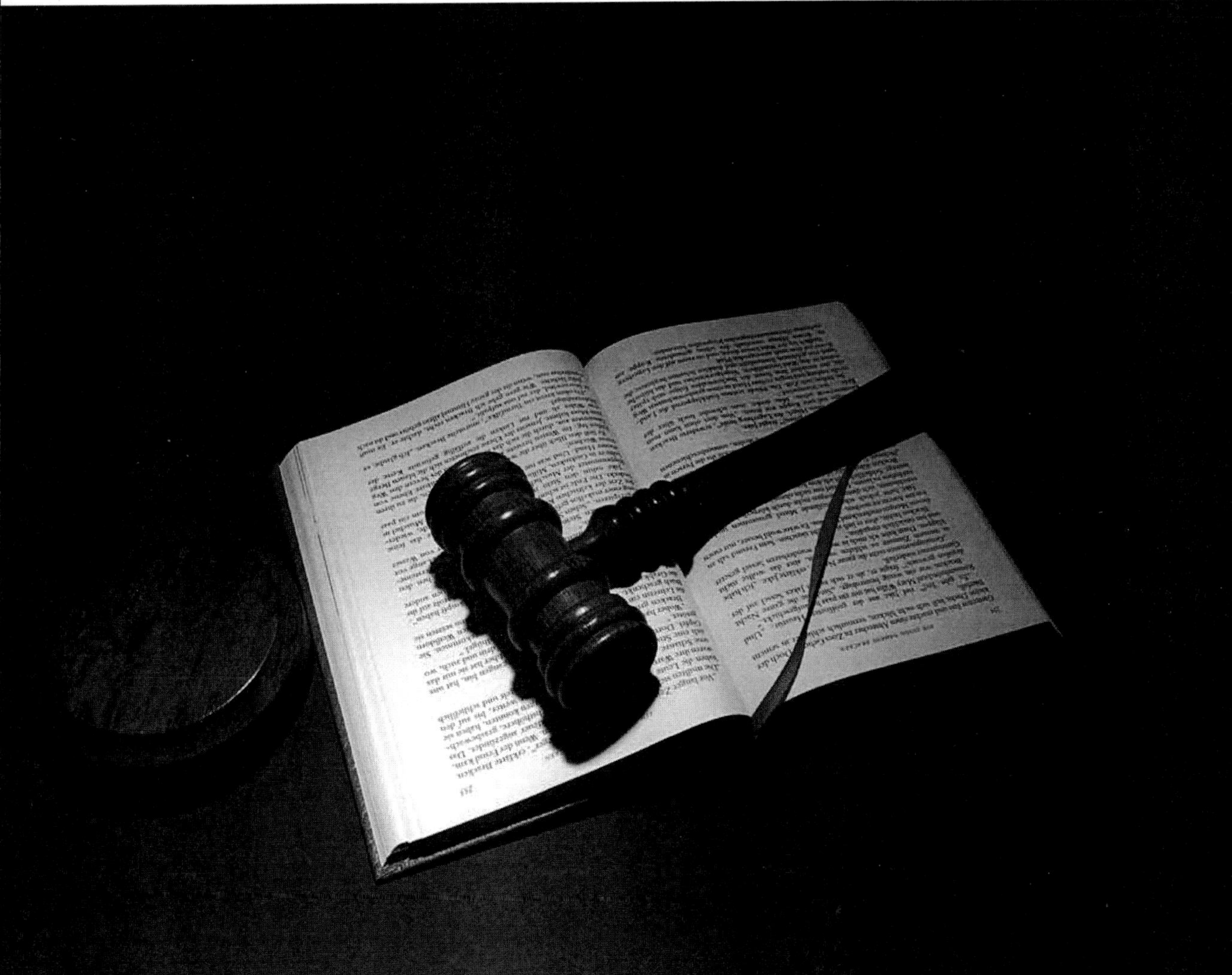

제3장 민사소송을 하기 위해 어떤 점을 검토해야 하는지?

제1절 소송제기의 가능 여부 판단 및 증거자료의 준비

1. 소 제기의 가능 여부 판단

소송을 제기하기 위해서는 ① 구체적인 권리 또는 법률관계에 관한 쟁송일 것, ② 사법심사의 대상일 것, ③ 부제소(不提訴) 합의가 없을 것, ④ 다른 구제절차가 없을 것, ⑤ 중복소송의 금지, ⑥ 재소(再訴)금지의 요건을 갖추어야 합니다.

1-1 구체적인 권리 또는 법률관계에 관한 쟁송일 것

① 민사소송은 청구취지가 특정되어야 하고, 구체적인 권리 또는 법률관계에 관한 쟁송이어야 합니다.

② 예를 들어 단순히 종중의 대동보나 세보에 기재된 사항의 변경이나 삭제를 구하는 청구와 같이 구체적인 권리관계 또는 법률관계에 대한 쟁송이 아닐 경우에는 소송이 성립되지 않습니다.

1-2. 사법심사의 대상일 것

① 법원에서 심사할 수 없는 종교 교리의 해석문제나 통치행위 같은 부분은 소송의 대상이 되지 않습니다.

② 예를 들어 교회의 내부 문제로 인해 발생한 목사, 장로의 자격에 관한 시비는 구체적인 권리 또는 법률관계와 무관하므로 원칙적으로 사법심사의 대상이 아닙니다.

1-3. 부제소(不提訴) 합의가 없을 것

① 부제소 합의(소송제기를 금지하는 합의)는 다음과 같은 요건을 충족하는 경우에 한해 인정됩니다.

1. 합의 당사자가 처분할 수 있는 권리 범위 내의 것일 것
2. 그 합의 시에 예상할 수 있는 상황에 관한 것일 것

② 예를 들어, 퇴직을 전제로 퇴직금 또는 퇴직위로금 등을 수령하면서 향후 퇴직 또는 퇴직금과 관해 회사에 어떠한 소송청구나 이의도 하지 않겠다는 내용의 합의를 하는 것은 부제소 합의가 허용되는 경우입니다.

1-4. 다른 구제절차가 없을 것

① 소송이 아닌 더 간편한 절차를 이용해 권리를 구제받을 수 있다면 소송은 성립하지 않습니다.

② 예를 들어, 피해자가 법원의 감정명령에 따라 신체감정을 받으면서 지출한 검사비용은 소송비용으로 소송비용확정 절차를 거쳐 상환받을 수 있으므로, 이를 이유로 소송을 제기할 수는 없습니다.

1-5. 중복소송의 금지

① 법원에 계속되어 있는 사건에 대해 당사자는 다시 소송을 제기하지 못합니다(민사소송법 제259조).

② 예를 들어, 재판부에 대한 불만으로 또는 더 나은 결과를 위해 다른 법원에 소송을 제기하지 못합니다.

1-6. 재소(再訴)금지

① 본안에 대한 종국판결이 있은 뒤에 소송을 취하한 사람은 같은 소송을 제기하지 못합니다(민사소송법 제267조 제2항).

② 재소금지원칙은 소송물, 권리보호의 이익이 동일한 경우에만 인정됩니다.

③ 예를 들어 A(토지 소유주)가 B(무단 점유자)에게 소유권 침해를 중지할 것을 요구하는 소송을 제기했다가 합의가 이루어져 취하한 후 토지를 C에게 매각했으나 여전히 B가 무단 점유를 하고 있어 C가 다시 B를 상대로 소송제기를 한 것은 별개의 권리보호 이익이 있어 재소금지원칙이 적용되지 않습니다.

2. 증거자료의 준비

2-1. 증거의 개념

법원은 법률의 적용에 앞서 당사자가 주장한 사실을 조사하고 그 사실의 진위를 판단해야 하는데, 이 사실의 진위를 판단하기 위한 자료를 증거라 합니다.

2-2. 증거의 확보

① 법원은 증거조사의 결과를 참작해 원고와 피고가 주장하는 사실이 진실인지의 여부를 판단하므로(민사소송법 제202조), 증거를 확보하는 것은 중요합니다.

② 증거자료가 될 수 있는 것은 다음과 같은 것이 있습니다.

1. 증인 : 법원 또는 법관에게 자기가 과거에 실험(견문)한 사실을 진술하는 제3자(민사소송법 제303조)
2. 감정 : 법관의 지식·경험을 보충하기 위해 학식·경험있는 제3자의 의견을 청취함을 목적으로 하는 증거조사(민사소송법 제334조)
4. 서증 : 서면에 기재된 내용이 증거로 되는 것(민사소송법 제343조)
5. 검증 : 법관이 다툼있는 사실의 판단 기초로 하기 위해 그 사실에 관계되는 물체를 자기의 감각으로 스스로 실험하는 증거조사(민사소송법 제366조 제1항)
6. 당사자신문 : 당사자 본인이나 그를 대신해 소송을 수행하는 법정대리인을 증거방법의 하나로 하여 그가 경험한 사실에 대해 신문하는 증거조사(민사소송법 제367조)
7. 도면·사진·녹음테이프·비디오테이프·컴퓨터용 자기디스크, 그 밖에 정보를 담기 위해 만들어진 물건으로서 문서가 아닌 증거(민사소송법 제374조)

2-3. 증거화 하기

① 내용증명 보내기

'내용증명'이란 등기취급을 전제로 우체국창구 또는 정보통신망을 통해 발송인이 수취인에게 어떤 내용의 문서를 언제 발송하였다는 사실을 우체국이 증명하는 특수취급제도를 말합니다('우편법 시행규칙' 제25조 제1항 제4호).

② 내용증명제도는 기재된 내용의 진실을 추정해주지는 않지만 내용의 발송사실, 발송일자 및 전달사실까지 증명될 수 있습니다. 따라서 계약의 해지를 통보했다거나 변

제의 독촉을 했다거나 하는 등의 주장을 증명할 수 있는 방법으로 사용됩니다.

2-4. 증거에 대한 서류 작성례

① 증인신청서(법원 비치서식)

증 인 신 청 서

1. 사건 : 20○○가단○○○ 대여금
2. 증인의 표시

<table>
<tr><td>성 명</td><td>◉◉◉</td><td colspan="2">직 업</td><td colspan="3">농 업</td></tr>
<tr><td>주민등록번호</td><td colspan="6">○○○○○○-○○○○○○</td></tr>
<tr><td>주 소</td><td colspan="6">○○시 ○○구 ○○로 ○○-○○</td></tr>
<tr><td>전화번호</td><td>자택</td><td>(○○)
○○○-○○○○</td><td>사무실</td><td>(○○)
○○○-○○○○</td><td>휴대폰</td><td>○○○-
○○○-○○○○</td></tr>
<tr><td>원.피고와의 관계</td><td colspan="6">원고 및 피고와 이웃에 거주</td></tr>
</table>

3. 증인이 이 사건에 관여하거나 그 내용을 알게 된 경위
   증인은 원고 및 피고와 이웃에 거주하고 있으며, 평소에 원고 및 피고의 집에 자주 드나들면서 가까이 지나는 사이였음. 그러던 중 20○○. ○.경 원고의 집에서 피고가 금 ○○○원을 차용할 때 함께 있었으며, 또한 20○○. ○○.경 피고의 집에서 피고가 원고에게 위 차용금을 갚을 때도 함께 있었음.
4. 신문할 사항의 개요
   ①증인은 원고와 피고를 아는지
   ②증인은 20○○. ○.경 피고가 원고의 집에서 원고로부터 금 ○○○원을 차용한 사실을 아는지
   ③증인은 20○○. ○○.경 피고가 피고의 집에서 원고에게 위 차용금을 갚은 사실을 아는지
5. 기타 참고사항

20○○. ○. ○.
위 피고 ◇◇◇ (서명 또는 날인)

○○지방법원 제○○민사단독 귀중

1. 증인이 이 사건에 관여하거나 그 내용을 알게 된 경위는 구체적이고 자세히 적어야 합니다.
2. 여러 명의 증인을 신청할 때에는 증인별로 따로 증인신청서를 작성하여야 합니다.
3. 신청한 증인이 채택된 경우에는 법원이 명하는 바에 따라 증인진술서나 증인신문사항을 미리 제출하여야 하고 지정된 신문기일에 증인이 틀림없이 출석할 수 있도록 필요한 조치를 취하시기 바랍니다.

■ 참 고 ■

제출법원	본안소송 계속법원	신청기간	증인신문신청을 하기 위해서는 기일 전에 미리 증인신청을 하여야 함.
제출부수	신청서 1부 ※ 증인신문이 채택된 때에는 신청한 당사자는 법원이 정한 기한까지 상대방의 수에 3(다만, 합의부에서는 상대방의 수에 4)을 더한 통수의 증인신문사항을 적은 서면을 제출하여야 함. 다만, 민사소송규칙 제79조의 규정에 따라 증인진술서를 제출하는 경우로서 법원이 증인신문사항을 제출할 필요가 없다고 인정하는 때에는 그러하지 아니함(민사소송규칙 제80조 제1항).		
증거조사 비 용	법원이 증거조사의 결정을 한 때에는 바로 민사소송규칙 제19조 제1항 제3호 또는 같은 조 제2항의 규정에 따라 그 비용을 부담할 당사자에게 필요한 비용을 미리 내게 하여야 하고, 증거조사를 신청한 사람은 위 명령이 있기 전에도 필요한 비용을 미리 낼 수 있으며, 법원은 당사자가 위 명령에 따른 비용을 내지 아니하는 경우에는 증거조사결정을 취소할 수 있음(민사소송규칙 제77조).		
기 타	증인신문은 부득이한 사정이 없는 한 일괄하여 신청하여야 함(민사소송규칙 제75조 제1항 본문)		
	법률에 의하여 선서한 증인이 허위의 진술을 한 때에는 5년 이하의 징역 또는 1천만원 이하의 벌금에 처하고, 형사사건 또는 징계사건에 관하여 피고인, 피의자 또는 징계혐의자를 모해할 목적으로 위의 죄를 범한 때에는 10년 이하의 징역에 처함{형법 제152조(위증, 모해위증)}.		
	증인·감정인·통역인의 거짓 진술 또는 당사자신문에 따른 당사자나 법정대리인의 거짓 진술이 판결의 증거가 된 때 확정된 종국판결에 대하여 재심의 소를 제기할 수 있음. 다만, 당사자가 상소에 의하여 그 사유를 주장하였거나, 이를 알고도 주장하지 아니한 때에는 그러하지 아니함(민사소송법 제451조 제1항 7호).		
	증인신문과 당사자신문은 당사자의 주장과 증거를 정리한 뒤 집중적으로 하여야 함(민사소송법 제293조).		
	증인신문조서의 기재에 관하여 불복이 있으면 민사소송법 제164조의 규정에 의한 이의의 방법에 의하여야 함. 따라서 증인신문조서에 증인들의 증언내용과 현저히 다르게 기재되어 있고, 증언한 바 없는 내용도 기재되어 있어 잘못이라는 이유를 상고이유로 삼을 수는 없음(대법원 1981. 9. 8. 선고 81다86 판결).		

② 증인신문신청(피고)

증 인 신 문 신 청

사 건 20○○가단○○○○ 대여금
원 고 ○○○
피 고 ◇◇◇

위 사건에 관하여 피고는 그 주장사실을 입증하기 위해 별지 신문사항을 첨부하여 다음과 같이 증인신문을 신청합니다.

다 음

1. 증인의 표시
성 명 : ▣▣▣
주 소 : ○○시 ○○구 ○○로 ○○ (우편번호 ○○○-○○○)
주민등록번호 : ○○○○○○-○○○○○○○
전화.휴대폰번호 :
직 업 : 농업

2. 증인이 이 사건에 관여하거나 그 내용을 알게 된 경위
증인은 원고 및 피고와 이웃에 거주하고 있으며, 평소에 원고 및 피고의 집에 자주 드나들면서 가까이 지나는 사이였음. 그러던 중 20○○. ○.경 원고의 집에서 피고가 금 ○○○원을 차용할 때 함께 있었으며, 또한 20○○. ○○.경 피고의 집에서 피고가 원고에게 위 차용금을 갚을 때도 함께 있었음.

3. 증인신문사항(별첨)

20○○. ○. ○.

위 피고 ◇◇◇ (서명 또는 날인)

○○지방법원 제○○민사단독 귀중

③ 증인 구인신청서

증 인 구 인 신 청

사 건 20○○가단○○○ 소유권이전등기
원 고 ○○○
피 고 ◇◇◇

아래의 증인이 고의로 변론기일 소환장 수령을 거부하다가 20○○. ○. ○○. 23:00 야간특별송달로 변론기일에 적법한 절차에 의한 소환장을 받아 출석할 의무가 있음에도 불구하고 정당한 사유 없이 출석하지 아니하므로 구인하여 주시기 바랍니다.

증인의 표시

성 명 : ▣▣▣
주 소 : ○○시 ○○구 ○○로 ○○ (우편번호 ○○○-○○○)
주민등록번호 : ○○○○○○-○○○○○○○
전화.휴대폰번호 :
직 업 : 농업

20○○. ○. ○.

위 피고 ◇◇◇ (서명 또는 날인)

○○지방법원 제○○민사단독 귀중

■ 참 고 ■

제출법원	본안소송 계속법원	제출부수	신청서 1부
구인사유	법원은 정당한 사유 없이 출석하지 아니한 증인을 구인(拘引)하도록 명할 수 있음(민사소송법 제312조 제1항).		
증인의 의무	증인은 출석의무, 진술의무, 선서의 의무가 있음(민사소송법 제311조, 제318조, 제319조).		
증인의 의무 위반에 대한 제재	①증인이 정당한 사유 없이 출석하지 아니한 때에 법원은 결정으로 증인에게 이로 말미암은 소송비용을 부담하도록 명하고 500만원 이하의 과태료에 처한다. ②법원은 증인이 제1항의 규정에 따른 과태료의 재판을 받고도 정당한 사유 없이 다시 출석하지 아니한 때에는 결정으로 증인을 7일 이내의 감치(監置)에 처한다(민사소송법 제311조 제1항, 제2항). •증언의 거부에 정당한 이유가 없다고 한 재판이 확정된 뒤에 증인이 증언을 거부한 때에는 법원은 결정으로 증인에게 이로 말미암은 소송비용을 부담하도록 명하고 500만원 이하의 과태료에 처함(민사소송법 제318조, 제311조 제1항). •증인이 선서를 거부하는 경우에는 법원은 결정으로 증인에게 이로 말미암은 소송비용을 부담하도록 명하고 500만원 이하의 과태료에 처함(민사소송법 제326조, 제318조).		

④ 수기명령신청서

수기명령신청서

사　　건　20○○가합○○○○ 소유권이전등기
원　　고　○○○
피　　고　◇◇◇

위 사건에 관하여 을 제1호증의 진정성립을 입증하기 위하여 증인 ■■■에게 다음과 같이 손수 쓰기 하도록 명하여 줄 것을 신청합니다.

1. 손수 써야 할 문서의 표시
   을 제1호증　부동산매매계약서

2. 손수 쓰기 할 것을 구하는 문자
   위 매매계약의 입회인 ■■■

3. 위 문자를 흑색볼펜으로 손수 쓰기 하도록 명하여 주시기 바랍니다.

20○○.　○.　○.
위 피고　◇◇◇ (서명 또는 날인)

○○지방법원 제○민사부　귀중

제출법원	수소법원	제출부수	신청서 1부
손수 써야 하는 의무	•문서가 진정하게 성립된 것인지 어떤지는 필적 또는 인영(印影)을 대조하여 증명할 수 있음(민사소송법 제359조). •대조하는 데에 적당한 필적이 없는 때에는 법원은 상대방에게 그 문자를 손수 쓰도록 명할 수 있음. 상대방이 정당한 이유 없이 제1항의 명령에 따르지 아니한 때에는 법원은 문서의 진정여부에 관한 확인신청자의 주장을 진실한 것으로 인정할 수 있고, 필치(筆致)를 바꾸어 손수 쓴 때에도 또한 같음(민사소송법 제361조).		
기　타	필적감정을 위해 사용하는 방법임.		

⑤ 필적감정신청서

필 적 감 정 신 청

사 건 20○○가단○○○ 소유권이전등기
원 고 ○○○
피 고 ◇◇◇

위 사건에 관하여 원고는 원고의 주장사실을 입증하기 위하여 필적감정을 신청하니 감정인에게 감정을 명하여 주시기 바랍니다.

1. 감정대상
   피고의 시필(試筆)과 부동산매매계약서 상의 "○○시 ○○면 ○○리 ○○○ 임야 소유주 ◇◇◇, 476㎡"이라는 필적이 동일인의 필적인지 여부

2. 감정인 및 감정기일
   귀원에서 적의 지정해 주시기 바랍니다.

3. 피고의 시필 채취
   피 고 ◇◇◇의 시필을 채취하여 주시기 바랍니다.

20○○. ○. ○.

위 원고 ○○○ (서명 또는 날인)

○○지방법원 제○민사단독 귀중

■ 참 고 ■

※ (1) 신청기간 : 증거의 신청과 조사는 변론기일 전에도 할 수 있습니다(민사소송법 제289조).

※ (2) 감정의 대상 : ① 법규 : 외국법규, 관습, ② 사실판단 : 교통사고원인, 노동능력의 상실정도, 필적·인영의 동일성, 토지.가옥의 임대료, 공사비, 혈액형, 정신장애의 유무 및 정도 등

(관련판례 1)

매도인이 서증인 자필내역서에 대하여 부지 또는 부인으로 다투면서 그 문서를 작성한 사실이 없다고 주장하고 있으며, 필적감정결과에 의하더라도 위 문서의 필적은 매도인의 필적과 상이하다는 것인데도 위 감정결과에 대한 합리적 이유에 의한 배척의 설시도 없이 선뜻 변론의 전취지만에 의하여 위 문서의 진정성립을 인정한 것은 문서의 진정성립에 대한 증거판단에 있어 위법을 저지른 것임(대법원 1991. 11. 8. 선고 91다26935 판결).

(관련판례 2)

시중에서 인장, 명함, 인재도매 등의 영업을 하는 상인이라 하여 필적감정에 관한 특별지식이 없다 할 수 없고, 또 국립과학수사연구소만이 필적의 동일 여부를 감정할 수 있는 것이라고 할 수 없음(대법원 1966. 1. 31. 선고 65다2540 판결).

⑥ 서증조사신청서

서 증 조 사 신 청

사 건 20○○가단○○○ 손해배상(자)
원 고 ○○○
피 고 ◇◇◇

위 사건에 관하여 원고는 다음과 같이 형사사건기록의 서증조사를 신청합니다.

다 음

1. 문서보관 장소
   ○○지방법원 제○형사단독

2. 서증조사할 목적물
   20○○고합○○○ 피고인 ○○○에 대한 교통사고처리특례법위반 피고사건의 수사기록 및 공판기록 일체

3. 서증조사의 목적
   피고인에게 교통사고의 과실이 있음을 입증

20○○. ○. ○.
위 원고 ○○○ (서명 또는 날인)

○○지방법원 제○민사단독 귀중

제출법원	수소법원	제출부수	신청서 1부
기 타	①제3자가 가지고 있는 문서를 민사소송법 제343조(서증신청의 방식) 또는 민사소송법 제352조(문서송부의 촉탁)가 규정하는 방법에 따라 서증으로 신청할 수 없거나 신청하기 어려운 사정이 있는 때에는 법원은 그 문서가 있는 장소에서 서증의 신청을 받아 조사할 수 있음. ②제1항의 경우 신청인은 서증으로 신청한 문서의 사본을 법원에 제출하여야 함(민사소송규칙 제112조).		

⑦ 문서제출명령신청서

문 서 제 출 명 령 신 청

사 건 20○○가합○○○ 손해배상(기) 등
원 고 ○○○
피 고 ◇◇◇

위 사건에 관하여 원고의 주장사실을 입증하기 위하여 아래의 문서에 대하여 제출명령을 하여 줄 것을 신청합니다.

1. 문서의 표시 및 소지자
피고가 소지하고 있는 원고와 피고간에 20○○. ○. ○. 체결한 물품매매계약서 1통

2. 문서의 취지
20○○. ○. ○. 원고가 피고로부터 방망이 등 물품을 금 500만원을 주고 매수하였을 때 피고는 방망이 등을 매매대금과 동시이행으로 제공하기로 하는 내용의 계약문서입니다.

3. 입증취지
이 사건 매매계약에 의하여 원고는 매수인으로서 매매대금을 지급하였으므로 매도인인 피고의 의무불이행으로 인하여 원고에게 손해가 발생하였음을 입증하고자 합니다.

20○○. ○. ○.
위 원고 ○○○ (서명 또는 날인)

○○지방법원 ○○지원 제○민사부 귀중

(관련판례 1)

문서제출명령신청에 대해서, 별다른 판단을 하지 아니한 채 변론을 종결하고 판결을 선고한 것은 문서제출명령신청을 묵시적으로 기각한 취지라고 할 것이니 이를 가리켜 판단유탈에 해당한다고는 볼 수 없다(대법원 2001. 5. 8. 선고 2000다35955 판결).

(관련판례 2)

피고가 문서제출명령에 불구하고 제출명령받은 문서를 제출하지 아니하였다고 하더라도, 그렇다고 하여 문서제출의 신청에 문서의 표시와 문서의 취지로 명시된 위 문서들의 성질·내용·성립의 진정에 관한 원고의 주장을 진실한 것으로 인정할 수 있음은 별론으로 하고, 그 문서들에 의하여 입증하려고 하는 원고의 주장사실이 바로 증명되었다고 볼 수는 없다(대법원 1993. 11. 23. 선고 93다41938 판결).

⑧ 현장검증신청서

현 장 검 증 신 청

사 건 20○○가단○○○ 손해배상(기)
원 고 ○○○
피 고 ◇◇◇

위 사건에 관하여 원고는 그 주장사실을 입증하기 위하여 다음과 같이 현장검증을 신청합니다.

다 음

1. 검증할 사실

원고들 경작농지의 상태 및 경작보리의 피해현황

2. 검증할 목적물

○○시 ○○구 ○○동 ○○ 외 4필지 및
○○시 ○○구 ○○동 ○○ 외 17필지

3. 검증으로 명백히 하려는 사항

제초제의 사용으로 인한 보리피해의 현황

20○○. ○. ○.
위 원고 ○○○ (서명 또는 날인)

○○지방법원 ○○지원 제○민사단독 귀중

■참고■

제출법원	수소법원	관련조문	민사소송법 제364조 내지 제366조
제출부수	신청서 1부		
검증의 의의	법관이 그 오관의 작용에 의하여 직접적으로 사물의 성상, 현상을 검사하여 그 결과를 증거자료로 하는 증거조사임.		
검증의 대상	검증의 대상이 되는 사물을 검증물이라고 하며, 검증은 자동차 사고현장, 각종 공사장 또는 기계로 인한 사고 현장 등		
기 타	현장검증을 함에 있어서는 검증에 필요한 물건이나 사진기 등을 미리 준비하여야 함.		
	법원이 검증을 하는 경우 타인의 주거에 들어가는 등 강제력을 행사할 수 있고, 필요한 경우 경찰공무원의 원조를 요청할 수 있음(민사소송법 제366조 제3항, 제342조 제1항).		

⑨ 검증신청서

검 증 신 청 서

사 건 20○○가단○○○○(본소), 20○○가단○○○○(반소)
원 고(반소피고) ○○○
피 고(반소원고) (주)◇◇◇

위 사건에 관하여 원고(반소피고)는 주장사실을 입증하기 위하여 아래와 같이 검증신청을 합니다.

- 아 래 -

1. 검증장소
   ○○시 ○○구 ○○길 ○○(피고회사 본사 사무실)

2. 검증의 목적물
   ㅇ피고가 원고에게 20○○. ○. ○. 우편으로 송부한 이 사건 웹사이트 및 관리프로그램의 검수용 컴팩트디스크(CD)
   ㅇ원고 보관중이며 검증기일에 현장에서 제출할 예정임

3. 검증에 의하여 명확하게 하려는 사항
   원고가 이 사건 용역계약의 해제통보 후 피고가 우편으로 송부한 위 검증 목적물도 이 사건 용역계약에 따른 완성품이 아니라는 사실

4. 첨부 : 검증장소약도

20○○. ○. ○.

위 원고(반소피고) ○○○ (서명 또는 날인)

○○지방법원 제○○민사단독 귀중

⑩ 진료기록 감정신청서

진료기록 감정 신청

사 건 00가합000호 손해배상(의)
원 고 000
피 고 00병원

위 사건에 관하여 원고는 주장사실을 입증하기 위하여 아래와 같이 진료기록 감정촉탁을 신청합니다.

- 아 래 -

1. 피감정 진료기록의 표시
 별첨과 같음

2. 감정 촉탁 희망지
 대한의사협회 신경외과학회

3. 감정 사항 : 별지기재와 같음

* 첨부 서류 : 1. 진료기록 사본 1부.

2007. . .

원고 000

00 지방법원 귀중

[별지]

감 정 사 항

1. 2007. 0. 00.자 진료기록과 관련하여
  의무기록(의사처방, 경과기록, 간호기록 등)에 대한 피고의 번역이 정확한지 여부 및 부정확하다면 피고의 번역문과 올바른 번역문과의 구체적인 차이는

2. 2007. 0. 00.자 진료기록에 기재된 진료과정과 관련하여
  가. 2007. 0. 00.자 내원 당시의 임상의학수준(의학문헌)에 기초하여 내원 당시의 증상에 대한 일반적인 치료방법의 내용 및 필요성, 예후 및 예상되는 위험과 부작용, 그 발생확률(%)
  나. 2007. 0. 00.자 진료기록을 기초로 피고병원 의사들이 환자에 대하여 시행한 외과적, 내과적 치료를 포함한 모든 진료행위의 경과(특히 위 진료행위 중 이 사건의 의학적 핵심이 되는 부분에 관하여 시간적 순서에 따라 기재 요망)
  다. 위 진료과정(진단, 검사, 치료, 경과관찰 등)에서 일반적으로 의사들이 주의하여야 할 점(특히 위 진료행위 중 이 사건의 의학적인 핵심이 되는 부분에 관하여 중점적으로 설명 요망)
  라. 위 가, 나, 다항에 비추어 볼 때, 결과적으로 피고병원 의사들의 진료가 적절하였는지 여부, 부적절하였다면 구체적으로 어떠한 지적을 할 수 있는지
  마. 긴급성의 유무(치료가 시간적으로 긴급을 요하였는지, 또는 치료과정이 극히 위험하기는 하나 그대로 방치할 수 없어 치료를 시작한 것인지 여부) 및 그 정도

3. 본건 진료행위 중 발생한 나쁜 결과 및 현재의 나쁜 결과와 관련하여
  가. 위 각 나쁜 결과에 대한 의학적 진단명, 일반적인 발생원인, 각 원인별 발생 가능성 및 정도(%)
  나. ①위 원인 중 본건 진료행위와 관련성이 있는 것, 그 이유
    ②본건 진료행위로 인하여 나쁜 결과가 발생할 가능성 및 그 정도(%)
  다. 2007. 0. 00자 진료당시의 의학수준에 비추어
    ①진료 당시 위 각 나쁜 결과의 발생을 예견할 수 있는지 여부, 예견 가능하였다면 이를 예방할 가능성이 있는지 여부, 있다면 어떠한 조치를 취하여야 하는지
    ②위와 같은 예방조치를 취하였을 경우 위 각 나쁜 결과의 발생을 막을 수 있었는지 여부 및 막을 수 있는 확률(%)

제2절 법률구조제도

1. 개념

① 법률구조란 경제적으로 어렵거나 법을 몰라서 법의 보호를 충분히 받지 못하는 사람에게 변호사나 공익법무관에 의한 소송대리, 그 밖에 법률 사무에 관한 모든 지원을 하는 것을 말합니다.

② 법률구조기관으로는 대한법률구조공단과 한국가정법률상담소가 있습니다.

2. 대상 사건

법률구조의 대상이 되는 사건은 다음과 같습니다.

1. 민사·가사사건
2. 국가를 상대로 하는 소송 중 「국가배상법」의 따른 손해배상사건
3. 개인회생·파산 및 면책사건
4. 형사사건
5. 행정심판사건(국무총리행정심판위원회 및 각 시·도 행정심판위원회의 행정심판사건으로 한정)
6. 행정소송사건
7. 헌법소원사건

3. 법률구조기관

① 법률구조를 효율적으로 추진하기 위해 대한법률구조공단이 설립되었습니다(법률구조법 제8조).

② 한국가정법률상담소는 법률구조업무를 하고자 자산, 법률구조업무 종사자 등에 관한 요건을 갖추어 법무부장관에게 등록을 한 법인입니다(법률구조법 제3조).

4. 신청절차

① 법률구조는 신청인이 자신의 주민등록등본, 법률구조 대상자임을 소명할 수 있는 자료, 주장 사실을 입증할 자료 등을 가지고 가까운 대한법률구조공단 사무실 지부에 내방해 상담을 신청하면 됩니다.

② 상담을 마치고 법률구조 대상자에 해당되면 대한법률구조공단 소정의 신청서와 구비서류 등을 공단 사무실에 제출하면 됩니다.

③ 법률구조 신청서가 접수되면 대한법률구조공단에서는 곧바로 사실조사에 착수한 후 구조의 타당성, 승소가능성, 집행가능성 등을 판단해 소송을 할 것인지를 결정합니다.

5. 법률구조제도와 소송구조제도의 비교

법률구조는 대한법률구조공단과 같은 기관이 소송대리 등의 법률사무에 관한 지원을 하는 것이고, 소송구조는 법원이 소송비용을 내지 않고 재판을 받을 수 있도록 배려해 주는 제도라는 점에서 차이가 있습니다.

구분	법률구조제도	소송구조제도
기관	① 대한법률구조공단 ② 한국가정법률상담소	법원
신청시점	소송제기에 대한 판단 전	① 소송제기와 동시 ② 소송제기 후
신청요건	월평균 수입 260만원 이하의 국민 또는 국내 거주 외국인 등의 생활이 어렵고 법을 몰라 스스로 법적 수단을 강구하지 못하는 국민	소송비용을 지출할 자금능력이 부족하고 패소할 것이 명백하지 않은 자
대상사건	① 민사·가사사건 ② 형사사건 ③ 행정심판사건 ④ 행정소송사건 ⑤ 헌법소원사건 ⑥ 개인회생·파산 및 면책사건	소송사건(비송사건 제외)

제3절 소송구조제도

1. 개념

'소송구조(訴訟救助)'란 소송비용을 지출할 자금능력이 부족한 사람에 대해 법원이 신청 또는 직권으로 재판에 필요한 일정한 비용의 납입을 유예 또는 면제시킴으로써 그 비용을 내지 않고 재판을 받을 수 있도록 하는 제도를 말합니다.

2. 요건

① 소송사건일 것

「비송사건절차법」에서 「민사소송법」의 개별 규정을 준용하고 있으나 소송구조에 관한 규정은 준용하지 않고 있으므로(비송사건절차법 제8조, 제10조 참조), 「비송사건절차법」이 적용 또는 준용되는 비송사건은 소송구조의 대상이 아닙니다.

② 신청인

소송구조는 다음에 해당하는 자가 신청할 수 있습니다.

1. 소송을 제기하려는 사람
2. 소송계속 중의 당사자
3. 외국인
4. 법인

③ 소송구조를 신청하는 신청인은 다음의 요건을 갖추어야 합니다(민사소송법 제128조).

1. 소송비용을 지출할 자금능력이 부족할 것

※ 소송구조의 사유 소명방법
소송구조 신청서에는 신청인 및 그와 같이 사는 가족의 자금능력을 적은 서면을 붙여야 합니다).

2. 자금능력에 대한 서면 제출은 신청인이 소송비용을 지출할 자금능력이 부족한 사람이라는 점을 소명하기 위한 하나의 예시이므로 신청인은 다른 방법으로 자금능력의 부족에 대해 소명을 할 수 있습니다. 법원은 자유심증에 따라 그 소명 여부를 판단합니다.

④ 자금능력이 부족한 소송구조 신청인

다음 중 어느 하나에 해당하는 사람은 자금능력이 부족한 것으로 보고 다른 요건의 심사만으로 소송구조 여부를 결정할 수 있습니다(소송구조제도의 운영에 관한 예규 제3조의 2).

1. 「국민기초생활 보장법」에 따른 수급자
2. 「한부모가족지원법」에 따른 지원대상자
3. 「기초연금법」에 따른 기초연금 수급자
4. 「장애인연금법」에 따른 수급자
5. 「북한이탈주민의 보호 및 정착지원에 관한 법률」에 따른 보호대상자

⑤ 소명의 정도

패소할 것이 명백하지 않다는 것은 소송구조신청의 소극적 요건이므로 신청인이 승소 가능성을 적극적으로 진술하고 소명해야 하는 것은 아니고, 법원이 당시까지의 재판절차에서 나온 자료를 기초로 패소할 것이 명백하다고 판단할 수 있는 경우가 아니면 됩니다.

⑥ 1심 패소 후 항소신청을 하며 소송구조를 신청하는 경우

비록 제1심에서는 패소했지만, ㉮ 제1심판결에 사실상·법률상의 하자가 있어서 그 판결이 취소될 개연성이 있다거나, ㉯ 자신이 제출할 새로운 공격방어방법이 새로운 증거에 의해 뒷받침됨으로써 제2심에서는 승소할 가망이 있는 점 등을 구체적으로 명시하여 그 사유를 소명해야 합니다.

3. 범위

① 객관적 범위

소송과 강제집행에 대한 소송구조의 범위는 다음과 같습니다. 다만, 법원은 상당한 이유가 있는 경우 다음 중 일부에 대한 소송구조를 할 수 있습니다(민사소송법 제129조 제1항).

1. 재판비용의 납입유예
2. 변호사 및 집행관의 보수와 체당금(替當金)의 지급유예
3. 소송비용의 담보면제
4. 그 밖의 비용의 유예나 면제

② 주관적 범위

소송구조는 이를 받은 사람에게만 효력이 미치므로, 법원은 소송승계인에게 미루어 둔 비용의 납입을 명할 수 있습니다(민사소송법 제130조).

4. 신청

① 신청방법

소송구조신청은 서면으로 해야 하고, 신청서에는 신청인 및 그와 같이 사는 가족의 자금능력을 적은 서면을 붙여야 합니다(민사소송규칙 제24조).

② 소송구조신청서 양식

수 입 인 지
1,000원
송달료2회분

소송구조신청서

구조대상사건 : 20○○가합○○○ 손해배상(자)
신청인(원고, 피고) ○○○
주소 :
전화, 휴대폰, 팩스번호 :
상대방(원고, 피고) ○○○
주소 :

신청인은 위 사건에 관하여 아래와 같은 사유로 소송구조를 신청합니다.

1. 구조를 신청하는 범위
□ 인지대 [□ 소장 □ 상소장 □ 기타( )]
□ 변호사비용
□ 기타 ( )
□ 위 각 사항 등을 포함한 소송비용 전부
2. 구조가 필요한 사유
가. 사건 내용 : 별첨 기재와 같다(소장 사본의 첨부로 갈음 가능).
나. 신청인의 자력 :
□ 「국민기초생활보장법」에 따른 수급자(수급자 증명서)
□ 「한부모가족지원법」에 따른 지원대상자(한부모가족증명서)
□ 「기초연급법」에 따른 수급자(기초연금수급자 증명서 또는 기초노령연금 지급내역이 나오는 거래은행통장 사본)
□ 「장애인연금법」에 따른 수급자(장애인연금수급자 증명서 또는 장애인연금 지급내역이 나오는 거래은행통장 사본)
□ 「북한이탈주민의 보호 및 정착지원에 관한 법률」에 따른 보호대상자(북한이탈주민등록 확인서)
□ 위 대상자 외의 자 : 재산관계진술서 및 그 밖의 소명자료 첨부

신청인은 소송진행 중이나 완결 후에 신청인의 직업이나 재산에 중대한 변동이 생긴 때, 소송의 결과 상대방으로부터 이행을 받게 된 때에는 법원에 즉시 그 내용을 신고하겠습니다.

20 . . .

신청인 ○○○ ________________(서명 또는 날인)

○○지방법원 제○부(단독) 귀중

③ 재산관계진술서 양식

소송구조 재산관계진술서

<table>
<tr><td rowspan="2">신 청 인</td><td>이 름</td><td></td><td colspan="2">주민등록번호</td><td colspan="2"></td></tr>
<tr><td>직 업</td><td></td><td>주 소</td><td colspan="3"></td></tr>
<tr><td rowspan="5">가족관계</td><td>이 름</td><td>신청인과 관계</td><td>나 이</td><td>직 업</td><td>월수입</td><td>동거여부</td></tr>
<tr><td></td><td></td><td></td><td></td><td></td><td></td></tr>
<tr><td></td><td></td><td></td><td></td><td></td><td></td></tr>
<tr><td></td><td></td><td></td><td></td><td></td><td></td></tr>
<tr><td></td><td></td><td></td><td></td><td></td><td></td></tr>
<tr><td rowspan="2">신청인의 월 수 입</td><td>금 액</td><td colspan="5"></td></tr>
<tr><td>내 역</td><td colspan="5"></td></tr>
<tr><td>수급권자 여 부</td><td colspan="6">□ 국민기초생활보장법상의 수급권자임
□ 한부모가족지원법상의 지원대상자임
□ 기초연금법상의 수급권자임
□ 장애인연금법상의 수급권자임
□ 북한이탈주민의 보호 및 정착지원에 관한 법률상의 보호대상자임
□ 수급권자·지원대상자 · 보호대상자 아님</td></tr>
<tr><td rowspan="2">신청인의 주 거</td><td>형 태</td><td colspan="5">아파트, 단독주택, 다가구주택, 연립주택, 다세대주택
기타( )</td></tr>
<tr><td>소유관계</td><td colspan="5">신청인 또는 가족 소유 (소유자 :)
임대차(전세, 월세 : 보증금 원, 월세 원)
기타( )</td></tr>
<tr><td rowspan="5">신청인과 가족들이 보유한 재산내역</td><td>부동산</td><td colspan="5"></td></tr>
<tr><td>예금</td><td colspan="5"></td></tr>
<tr><td>자동차</td><td colspan="5"></td></tr>
<tr><td>연금</td><td colspan="5"></td></tr>
<tr><td>기타</td><td colspan="5"></td></tr>
</table>

신청인은 이상의 기재사항이 모두 사실과 다름이 없음을 확약하며 만일 다른 사실이 밝혀지는 때에는 구조결정이 취소되더라도 이의가 없습니다.

20 . . .

신청인 ○○○ (서명 또는 날인)

○○지방법원 제○부(단독) 귀중

※ 작성시 유의사항

1. 가족관계 : 배우자, 부모, 동거 중인 형제자매
2. 재산내역
   ① 부동산 : 등기 여부에 관계없이 권리의 종류, 부동산의 소재지, 지목, 면적(㎡), 실거래가액을 기재
   (예시) 임차권, 서울 서초구 서초동 ○○번지 ○○아파트 ○동 ○호 50㎡, 임대차보증금 ○○○만원
   ② 예금 : 50만원 이상인 예금의 예금주, 예탁기관, 계좌번호, 예금의 종류를 기재
   (예시) 예금주 ○○○, △△은행 서초지점 계좌번호00-00-00, 보통예금, ○○○만원
   ③ 자동차 : 차종, 제작연도, 배기량, 차량등록번호, 거래가액을 기재
   (예시) 캐피탈 1993년식, 1500cc, 서울○○두1234, ○○○만원
   ④ 연금 : 액수 관계없이 연금의 종류, 정기적으로 받는 연금 액수, 기간을 기재
   (예시) 유족연금 매월 30만원, 20○○. . .부터 20○○. . .까지
   ⑤ 기타 : 소유하고 있는 건설기계, 선박 또는 50만원 이상의 유가증권, 회원권, 귀금속 등을 기재

※ 첨부서면

1. 가족관계를 알 수 있는 주민등록등본 또는 가족관계증명서, 재산내역을 알 수 있는 등기부등본, 자동차 등록원부등본, 예금통장사본, 위탁잔고현황, 각종 회원증 사본
2. 다음에 해당하는 서류가 있는 경우에는 이를 제출하시기 바랍니다.
   - 근로자 및 상업 종사자 : 근로소득원천징수영수증 또는 보수지급명세서, 국민건강보험료부과내역서, 국민연금이력요약/가입증명서, 소득금액증명서
   - 공무원 : 재직증명서 또는 공무원증 사본
   - 국가보훈대상자 : 국가유공자임을 증명하는 서면
   - 국민기초생활보장법상 기초생활 수급권자 : 기초생활수급권자 증명서
   - 한부모가족지원법상의 지원대상자 : 한부모가족 증명서
   - 기초연금법상의 수급권자 : 기초연금수급 증명서 또는 기초연금 지급내역이

나오는 거래은행통장 사본
- 장애인연금법상의 수급권자 : 수급자 증명서 또는 장애인연금 지급내역이 나오는 거래은행통장 사본
- 북한이탈주민의 보호 및 정착지원에 관한 법률상 보호대상자 : 북한이탈주민 등록확인서
- 소년·소녀가장 : 가족관계증명서
- 국민기초생활보장법상 차상위자 : 국민건강보험료부과내역서, 국민연금이력요약/가입증명서, 소득금액증명서, 지방세세목별과세증명서, 주택임대차계약서
- 외국인 : 여권사본 또는 외국인등록증사본
- 법인 : 대차대조표, 재산목록, 영업보고서, 손익계산서

5. 결정

① 통보

소송구조결정이 있는 경우에는 법원서기관, 법원사무관, 법원주사 또는 법원주사보(이하 '법원사무관등'이라 한다)가 소송구조를 받은 당사자에게 소송구조결정에 따른 안내문을 교부합니다(민사소송법 제40조제2항 및 소송구조제도의 운영에 관한 예규 제3조 제2항).

② 지급요청

구조결정을 한 사건에 관해 다음의 비용을 지출할 사유가 발생한 경우 법원사무관등이 서면이나 재판사무시스템을 이용한 전자적인 방법으로 경비출납공무원에게 그 소송비용의 대납지급을 요청하게 됩니다(민사소송규칙 제25조).

1. 증거조사
2. 서류의 송달을 위한 비용
3. 그 밖에 당사자가 미리 내야 할 소송비용

6. 취소

① 법원은 소송구조를 받은 사람에게 다음의 사유가 발생하면 직권으로 또는 이해관계인의 신청에 따라 언제든지 소송구조를 취소하고, 납입을 미루어 둔 소송비용을 지급하도록 명할 수 있습니다(민사소송법 제131조).

1. 소송비용을 납입할 자금능력이 있다는 것이 판명된 경우
2. 자금능력이 있게 된 경우

② 소송구조의 취소는 구조결정을 한 대상사건의 절차가 판결의 확정, 그 밖의 사유로 종료된 뒤 5년이 지나면 할 수 없습니다(민사소송규칙 제27조제1항).

③ 소송구조를 받은 사람이 자금능력이 있게 된 경우에는 구조결정을 한 법원에 그 사실을 신고해야 합니다(민사소송규칙 제27조 제2항). 다만, 구조결정을 한 대상사건의 절차가 종료된 뒤 5년이 지난 경우에는 그렇지 않습니다(민사소송규칙 제27조 제2항).

(관련판례 1)

「비송사건절차법」에서 「민사소송법」의 개별 규정을 준용하고 있으나 소송구조에 관한 규정은 준용하지 않고 있으므로(「비송사건절차법」 제8조, 제10조 참조), 「비송사건절차법」이 적용 또는 준용되는 비송사건은 소송구조의 대상이 되지 아니하고, 이러한 비송사건을 대상으로 하는 소송구조 신청은 부적법하다(대법원 2009. 9. 10, 결정 2009스89).

(관련판례 2)

[1] 민사소송법상 소송상 구조는 소송비용을 지출할 자금능력이 부족한 사람의 신청에 따라 혹은 법원 직권으로 할 수 있는데 이 경우 그 신청은 서면에 의하여 하여야 하고, 신청인은 구조의 사유를 소명하여야 하며, 그 신청서에는 신청인 및 그와 같이 사는 가족의 자금능력을 적은 서면을 붙여야 하는데 이와 같은 자금능력에 대한 서면의 제출은 신청인이 소송비용을 지출할 자금능력이 부족한 사람이라는 점을 소명하기 위한 하나의 방법으로 예시된 것으로 봄이 상당하므로 신청인으로서는 다른 방법으로 자금능력의 부족에 대한 소명을 하는 것도 가능하다고 할 것이고, 법원은 자유심증에 따라 그 소명 여부를 판단하여야 한다.

[2] 소송구조는 이를 받은 사람에게만 효력이 미치는 것이므로 여러 선정자가 그 중의 여러 사람을 선정당사자로 선정하고 그 선정당사자가 소송구조를 신청한 경우에 있어서는, 그 선정당사자와 선정자와의 관계를 밝히고 어느 선정자에 대하여 어느 범위에서 소송구조를 하는 것인지를 명백히 하여야 한다(대법원 2003. 5. 23. 결정 2003마89).

(관련판례 3)

[1] 「민사소송법」 제118조 제1항의 규정에서 패소할 것이 명백하지 않다는 것은 소송상 구조신청의 소극적 요건이므로 신청인이 승소의 가능성을 적극적으로 진술하고 소명하여야 하는 것은 아니고 법원이 당시까지의 재판절차에서 나온 자료를 기초로 패소할 것이 명백하다고 판단할 수 있는 경우가 아니라면 그 요건은 구비되었다고 할 것이며, 항소심은 속심으로서 원칙적으로 제1심에서 제출하지 않았던 새로운 주장과 증거를 제출할 수 있으므로 제1심에서 패소하였다는 사실만으로 항소심에서도 패소할 것이 명백하다고 추정되는 것은 아니어서 제1심에서 패소한 당사자가 항소심에서 소송상구조를 신청하는 경우에도 신청인이 적극적으로 항소심에서 승소할 가능성을 진술하고 소명하여야 하는 것은 아니고 법원은 신청인의 신청이유와 소명자료는 물론 본안소송에서의 소송자료 및 증거자료도 함께 종합하여 항소심에서 신청인이 패소할 것이 확실한지를 판단하여야 할 것이다.

[2] 민사소송법 제119조의 구조의 범위는 일부 구조도 가능하다(대법원 2001. 6. 9. 결정 2001마1044).

(관련판례 4)

소송상 구조는 수구조자가 소송비용을 지출할 자력이 없고 패소할 것이 명백하지 아니할 것을 요건으로 하고 있으므로 소송상 구조의 신청을 하는 데 있어서는 무자력과 승소의 가망이 없지 않다는 것을 주장하고 그것을 소명하여야 할 것이고, 특히 제1심에서 패소한 항소인이 제2심에서 구조신청을 하는 경우에는, 비록 제1심에서는 패소하였지만, 제1심판결에 사실상·법률상의 하자가 있어서 그 판결이 취소될 개연성이 없지 않다거나, 자신이 제출할 새로운 공격방어방법이 새로운 증거에 의하여 뒷받침됨으로써 제2심에서는 승소할 가망이 없다고 할 수 없다는 점 등을 구체적으로 명시하여 그 사유를 소명하지 않으면 안된다(대법원 1994. 12. 10. 결정 94마2159).

제4절 소송비용의 산정방법

1. 소송비용의 산정방법

① 소송비용이란 소송을 하면서 사용하게 되는 비용을 말합니다. 소송에는 적지 않은 비용이 소요되므로, 소송 제기 전 소송비용과 소송시간을 판단해 실익이 있을 경우 진행하는 것이 좋습니다.

② 소가(소송목적의 값)란 소송물, 즉 원고가 소송으로 달성하려는 목적이 갖는 경제적 이익을 화폐단위로 평가한 금액을 말하며, 물건, 권리, 제기하려는 소송의 종류에 따라 산정방법이 달라집니다.

2. 소송비용의 개념

2-1. 소송비용이란 ?

'소송비용'이란 소송을 하면서 사용하게 되는 비용을 말합니다. 소송에는 적지 않은 비용이 소요되므로, 소송 제기 전 소송비용과 소송시간을 판단해 실익이 있을 경우 진행하는 것이 좋습니다.

2-2. 소송비용의 종류

소송비용에는 다음과 같은 것들이 있습니다.

① 인지액(소가를 기준으로 산출)

② 송달료

③ 증인여비(증인을 세운 경우)

④ 검증·감정비용(검증·감정을 했을 경우)

⑤ 변호사 선임비용

⑥ 부수절차에서 소요되는 각종 비용들

3. 물건 등의 소가 산정방법

3-1. 소가의 개념

① '소가(소송목적의 값)'란 소송물, 즉 원고가 소로써 달성하려는 목적이 갖는 경제적 이익을 화폐단위로 평가한 금액을 말합니다.

② 소가는 소송을 제기한 때를 기준으로 산정합니다(민사소송 등 인지규칙 제7조).

3-2. 소가의 산정방법

① 물건의 산정방법

물건의 종류	소 가
토 지 (민사소송등 인지규칙 제9조제1항)	개별공시지가에 100분의 50을 곱한 금액
건 물 (민사소송등 인지규칙 제9조제2항)	시가표준액에 100분의 50을 곱한 금액(개별주택, 공동주택, 일반주택 구분 확인)
선박·차량·기계장비·입목·항공기·광업권·어업권·골프회원권·콘도미니엄회원권· 종합체육시설이용회원권 등(민사소송 등 인지규칙 제9조제3항)	시가표준액
유가증권(민사소송 등 인지규칙 제9조제4항)	액면금액 ※ 증권거래소에 상장된 증권의 가액: 소 제기 전날의 최종거래가격
유가증권 이외 증서의 가액(민사소송 등 인지규칙 제9조제5항)	200,000원

※ 개별주택의 시가표준액은 <전자정부 민원24, 개별주택가격확인>에서 확인하실 수 있습니다.

※ 공동주택의 시가표준액은 <전자정부 민원24, 공동주택가격확인>에서 확인하실 수 있습니다.

※ 서울시의 주택외 건물 시가표준액은 <서울시 지방세 인터넷 납부시스템>에서 확인하실 수 있습니다. 그 외 지역은 해당 구청 등에서 확인하셔야 합니다.

※ 부동산의 개별공시지가 조회는 <국토교통부, 온나라부동산정보통합포털>에서 확인하실 수 있습니다.

※ 서울시의 항공기, 시설물, 선박, 입목, 광업권, 어업권, 회원권의 시가표준액 조회

는 <서울특별시 홈페이지-세금-세금자료실-시가표준액표(건물, 기타)>에서 확인하실 수 있습니다. 그 외 지역은각 시청과 군청 등에서 확인하시기 바랍니다.

※ 골프회원권의 기준시가 조회는 <홈텍스-기타 조회-기준시가 조회>에서 확인하실 수 있습니다.

② 권리의 산정방법

권리의 종류	소 가
소유권	물건가액
점유권	물건가액의 3분의 1
지상권 또는 임차권	물건가액의 2분의 1
지역권	승역지(편익을 제공하는 토지) 가액의 3분의 1
담보물권	피담보채권의 원본액(물건가액이 한도) ※ 근저당권의 경우:채권최고액
전세권	전세금액(물건가액의 한도 내)

③ 기타 물건 또는 권리의 산정방법

기타 물건 또는 권리의 가액 : 소송을 제기할 당시의 시가(시가를 알기 어려운 경우 그 물건 또는 권리의 취득가격 또는 유사한 물건 또는 권리의 시가)(민사소송 등 인지규칙 제11조)

4. 소송의 종류에 따른 소가 산정방법

4-1. 소송의 종류

① 확인의 소

'확인의 소'란 권리, 법률관계의 존재·부존재의 확정을 요구하는 소송을 말합니다.

② 이행의 소

'이행의 소'란 원고가 피고에게 '…할 것(급부)을 요구한다'고 하는 소송을 말합니다.

③ 형성의 소

'형성의 소'란 법률관계의 변동을 요구하는 소송을 말합니다.

4-2. 이행의 소 소장 작성방법

소　　　장 ①

원　고　○○○ (주민등록번호) ②
　　　○○시 ○○구 ○○로 ○○(우편번호 ○○○-○○○)③
　　　　위 소송대리인 변호사　◎◎◎ ④
　　　○○시 ○○구 ○○로 ○○(우편번호 ○○○-○○○)③
　　　　전화번호.휴대폰번호:　　　　팩시밀리번호:
　　　　전자우편주소:
피　고　◇◇◇ (주민등록번호) ②
　　　○○시 ○○구 ○○로 ○○(우편번호 ○○○-○○○) ③
　　　　전화번호.휴대폰번호:　　　　팩시밀리번호:
　　　　전자우편주소:

대여금청구의 소 ⑤

청 구 취 지 ⑥

1. 피고는 원고에게 금○○○원 및 이에 대하여 이 사건 소장부본 송달 다음날부터 다 갚는 날까지 연 15%의⑦ 비율로 계산한 돈을 지급하라.

2. 소송비용은 피고가 부담한다. ⑧

3. 위 제1항은 가집행 할 수 있다. ⑨

라는 판결을 구합니다.

청 구 원 인 ⑩

1. 원고는 피고에게 20○○. ○. ○. 금○○○원을 대여하면서 20○○. ○. ○○. 에 변제 받기로 하였습니다.

2. 그런데 피고는 위 대여금 중 20○○. ○.경 금○○○원, 20○○. ○.경 금○○만원, 합계금 ○○○원을 변제하였으나, 나머지 금○○○원을 변제기가 지난 현재에 이르기까지 지불하지 아니하고 있습니다.

3. 따라서 원고는 피고로부터 청구취지와 같은 돈을 지급받기 위하여 이 사건 청구에 이르게 되었습니다.

입 증 방 법 ⑪

1. 갑 제1호증 무통장입금증
1. 갑 제2호증 차용증서

첨 부 서 류 ⑫

1. 위 입증방법 각 1통
1. 소장부본 1통
1. 송달료납부서 1통

20○○. ○. ○.⑬

위 원고 소송대리인

변호사 ◎◎◎ (서명 또는 날인) ⑭

○○지방법원 귀중 ⑮

※ **[소장작성요령]**

① **표제**

소장이라고 표제를 기재한다.

② **당사자의 표시**

- 원고와 피고의 성명을 기재하고, 당사자의 성명으로부터 한 칸 띄어 괄호하고 그 안에 주민등록번호를 기재하며, 주민등록번호를 알 수 없는 경우에는 괄호안에 한자성명을 기재한다.
- 법인이나 단체의 경우에는 통칭이나 약칭은 피하고 정식명칭을 기재한다. 예를 들면, (주)A상사라든가 (재)B회 등으로 기재할 것이 아니라 주식회사 A상사, 재단법인 B회 등과 같이 등기된 명칭을 정확히 기재한다.
- 법인인 단체 등의 대표자 기재는 그 자격을 표시하여 정확히 기재한다. 예를 들면 「위 대표자 ○○○」라고 표시할 것이 아니라 「대표이사 ○○○」, 또는 「대표자 이사장 ○

ㅇㅇ」라고 기재한다.

- 또한, 미성년자로서 단독으로 소송행위를 할 수 없는 자는

"원 고 ㅇㅇㅇ
법정대리인 친권자 부 ㅇㅇㅇ
모 ㅇㅇㅇ"라고 기재한다.

③ **주소**

- 주소의 기재는 '서울 서초구 서초대로 300-1' 과 같이 번지까지 기재하고, 우편번호를 괄호 안에 기재하며, 연락처(전화번호, 팩시밀리번호 또는 전자우편주소)를 기재한다.
- 피고의 주소도 위와 같이 기재하며, 연락처(전화번호, 팩시밀리번호 또는 전자우편주소)를 알고 있으면 기재한다.

④ **소송대리인**

소송대리인이 있는 때에는 소송대리인의 이름과 주소, 연락처를 기재한다.

⑤ **사건명**

대여금청구의 소, 손해배상(자)청구의 소, 소유권이전등기청구의 소 등으로 기재한다.

⑥ **청구의 취지**

- 청구의 취지란 원고가 당해 소송제기로써 청구하는 판결의 내용을 말하는 것으로서 청구의 결론부분이고, 청구원인의 결론부분이다.
- 청구의 취지는 원고가 어떠한 내용의 판결을 청구하는가를 명확하게 하는 것이므로 그 내용, 범위 등이 명확하여야 하고, 단순·특정되어야 한다. 다만, 제1의 청구가 인용될 것을 해제조건으로 하는 차순위의 청구로 생각되는 예비적 청구는 허용된다.
- 청구의 취지는 이행의 소, 확인의 소, 형성의 소 등 그 성질에 의하여 약간의 차이는 있지만 이른바 이행의 소에서는 누가 누구에 대하여 무엇을 얼마나 어떻게 하라는 것을 알 수 있도록 구성한다.

⑦ **법정이율**

금전채무의 전부 또는 일부의 이행을 명하는 판결(심판을 포함)을 선고할 경우에 금전채무불이행으로 인한 손해배상액산정의 기준이 되는 법정이율은 그 금전채무의 이행을 구하는 소장 또는 이에 준하는 서면이 채무자에게 송달된 날의 다음날부터는 대통령령으로 정하는 이율(연 15%)에 의한다(예외: 민사소송법 제251조 장래의 이행을 청구하는 소). 그리고 채무자가 그 이행의무의 존재를 선언하는 사실심판결이 선고되기까지 그 존부나 범위에 관하여 항쟁함이 상당하다고 인정되는 때에는 그 상당한 범위 안에서 위와 같은 규정을 적용하지 아니한다(소송촉진등에관한특례법 제3조).

⑧ **소송비용부담의 신청**

소송비용은 패소한 당사자가 부담한다(민사소송법 제98조).

⑨ **가집행 선고의 신청**

사건의 성질이 가집행을 허용할 수 있는 것에 한한다.

⑩ **청구원인**

- 청구원인이란 소송상의 청구로써 원고가 주장하는 소송물인 권리 내지 법률관계를 일정한 법률적 주장으로서 구성하는데 필요한 사항을 말한다.
- 청구의 원인 기재에 있어, 물권과 같이 동일인이 동일물에 대하여 같은 내용의 권리를 중복해서 가질 가능성이 희박할 경우에는 권리자와 대상물 및 권리의 내용을 기재하면 충분하나, 채권 그 밖의 청구권이 소송의 목적으로 되어 있는 경우에는 동일 당사자간에 동일내용의 권리의무가 여러 개 병존할 가능성이 있으므로 당해 청구권의 발생원인에 의하여 이를 특정하여야 한다.

⑪ **증거방법**

청구하는 이유에 대응하는 증거방법을 적으면 된다. 증거부호의 표시는 원고가 제출하는 것은 갑 제○호증, 피고가 제출하는 것은 을 제○호증, 독립당사자참가인이 제출하는 것은 병 제○호증과 같이 적고, 서증을 제출하는 때에는 상대방의 수에 1을 더한 수의 사본을 함께 제출하여야 하며, 서증 사본에 원본과 틀림이 없다는 취지를 적고 기명날인 또는 서명하여야 한다.

⑫ **첨부서류**

대리권을 증명하는 서면(가족관계증명서 등, 법인등기사항증명서 등), 증거방법 등을 열거해 두면 제출누락을 방지하고 법원에서도 확인하기 쉬우며 후일 문제를 일으킬 염려가 없다.

⑬ **제출년월일**

⑭ **날인 또는 서명**

당사자 또는 대리인이 기명날인 또는 서명하여야 한다(민사소송법 제249조 제2항, 제274조 제1항, 민사소송규칙 제2조).

⑮ **제출법원의 기재**

정확하게 기재하여야 불변기간의 도과 등 소송상 불의의 손해를 방지할 수 있다.

4-3. 소송의 종류에 따른 소가 산정방법

소송의 종류	소 가
확인의 소	물건 및 권리의 종류에 따라 결정(위 '권리의 산정방법' 참조)
증서진부확인의 소	유가증권:액면금액의 2분의 1 기타 증권 : 200,000원
금전지급청구의 소	청구금액(이자는 불산입)
정기금청구의 소 (기간 미확정)	기발생분 및 1년분의 정기금 합산액
물건의 인도·명도 또는 방해배제를 구하는 소	소유권 : 목적물건 가액의 2분의 1 지상권·전세권·임차권·담보물권 : 목적물건 가액의 2분의 1 계약의 해지·해제·계약기간의 만료를 원인으로 하는 경우: 목적물건 가액의 1/2 점유권: 목적물건 가액의 3분의 1 소유권의 이전을 목적으로 하는 계약에 기한 동산인도청구 : 목적물건의 가액
상린관계상의 청구	부담을 받는 이웃 토지 부분의 가액의 3분의 1
공유물분할 청구의 소	목적물건 가액에 원고의 공유 지분 비율을 곱해 산출한 가액의 3분의 1
경계확정의 소	다툼이 있는 범위의 토지부분의 가액
사해행위취소의 소	취소되는 법률행위 목적의 가액을 한도로 한 원고의 채권액
기간 미확정의 정기금 판결과 변경의 소	소송으로 증액 또는 감액을 구하는 부분의 1년간 합산액
명예회복을 위한 처분 청구의 소	처분에 통상 소요되는 비용을 산출할 수 있는 경우 : 그 비용 처분에 소요되는 비용을 산출할 수 없는 경우 : 5천만 원(비재산권에 관한 소)
무체재산권에 관한 소	금전의 지급이나 물건의 인도를 목적으로 하지 않는 소 : 1억 원
소가를 산출할 수 없는 재산권상의 소 및 비재산권상의 소	5천만 원 단, 회사관계소송, 소비자단체소송, 특허소송 등은 1억 원

4-4. 등기·등록 등 절차에 관한 소송의 소가 산정방법

등기 또는 등록 등 절차의 이행을 구하는 소의 소가는 다음의 기준에 의합니다(민사소송 등 인지규칙 제13조제1항).

등기·등록의 종류	절차의 이행을 구하는 소의 소가
소유권이전등기	물건가액
제한물권의 설정등기 또는 이전등기	지상권 또는 임차권 : 물건가액의 2분의 1 담보물권 또는 전세권 : 피담보채권액(물건가액이 한도)※ 근저당권의 경우 : 채권최고액 지역권 : 승역지 가액의 3분의 1
가등기 또는 그에 기한 본등기	권리의 종류(소유권, 전세권 등)에 따른 가액의 2분의 1
말소등기 또는 말소회복등기	설정계약 또는 양도계약의 해지나 해제에 기한 경우 : 등기의 종류(소유권, 전세권설정·이전등기 등)에 따른 가액 등기원인의 무효 또는 취소에 기한 경우 : 등기의 종류(소유권, 전세권설정·이전등기 등)에 따른 가액의 2분의 1
등기의 인수를 구하는 소	물건가액의 10분의 1

4-5. 병합청구의 원칙

① 합산의 원칙

1개의 소장에 여러 개의 청구를 신청하는 경우 그 여러 청구의 경제적 이익이 독립한 별개의 것인 때에는 합산하여 소가를 산정합니다(민사소송 등 인지규칙 제19조).

② 흡수의 원칙

1개의 소장에 여러 개의 청구를 신청하는 경우 그 여러 청구의 경제적 이익이 동일하거나 중복되는 때에는 중복되는 범위 내에서 흡수되고, 그중 가장 다액인 청구의 가액을 소가로 합니다(민사소송 등 인지규칙 제20조).

5. 인지액 및 송달료의 산정방법

5-1. 인지액 산정방법

소장(반소장 및 대법원 제출 소장 제외)에는 소가에 따라 다음 금액의 인지를 붙여야 합니다(민사소송 등 인지법 제2조 제1항).

① 1심 소가에 따른 인지액

소 가	인 지 대
소가 1천만원 미만	소가× 50/10,000
소가 1천만원 이상 1억원 미만	소가×45/10,000+5,000
소가 1억원 이상 10억원 미만	소가×40/10,000+55,000
소가 10억원 이상	소가×35/10,000+ 55,000
※ 인지액이 1천원 미만이면 그 인지액은 1천원으로 하고, 1천원 이상이면 100원 미만은 계산하지 않습니다(「민사소송 등 인지법」 제2조제2항).	

② 항소 시 인지액 : 1심 소가에 따른 인지액 × 1.5

③ 상고 시 인지액 : 1심 소가에 따른 인지액 × 2

④ 항고 및 재항고 시 인지액 : 해당 신청서에 붙이는 인지액 × 2(「민사소송 등 인지법」 제11조)

5-2. 인지액 납부방법

① 현금납부

소장·상소장 기타의 신청서(이하 “소장등”이라 한다)에 첩부하거나 보정해야 할 인지액(이미 납부한 인지액이 있는 경우에는 그 합산액)이 1만원 이상인 경우에는 그 인지의 첩부 또는 보정에 갈음해 인지액 상당의 금액 전액을 현금으로 납부해야 합니다(민사소송 등 인지규칙 제27조제1항).

인지액 상당 금액을 현금으로 납부할 경우에는 송달료 수납은행에 내야 합니다(민사소송 등 인지규칙 제28조).

② 신용카드납부

신청인은 인지액 상당의 금액을 현금으로 납부할 수 있는 경우 이를 수납은행 또는

인지납부대행기관의 인터넷 홈페이지에서 인지납부대행기관을 통해 신용카드·직불카드 등(이하 “신용카드등”이라 한다)으로도 납부할 수 있습니다(민사소송 등 인지규칙 제28조의2제1항).

③ "인지납부대행기관"이란 정보통신망을 이용해 신용카드등에 의한 결제를 수행하는 기관으로서 인지납부대행기관으로 지정받은 자를 말합니다(민사소송 등 인지규칙 제28조의2 제2항).

④ 인지납부대행기관은 신청인으로부터 인지납부 대행용역의 대가로 납부대행수수료를 받을 수 있고, 납부대행수수료는 전액 소송비용으로 봅니다(민사소송 등 인지규칙 제28조의2 제4항 및 제5항).

⑤ 인지납부일

인지액 상당의 금액을 신용카드 등으로 납부하는 경우에는 인지납부대행기관의 승인일을 인지납부일로 봅니다(민사소송 등 인지규칙 제28조의2 제3항).

⑥ 원고·상소인 기타의 신청인(이하 “신청인등”이라 한다)은 수납은행이나 인지납부대행기관으로부터 교부받거나 출력한 영수필확인서를 소장에 첨부하여 법원에 제출해야 합니다(민사소송 등 인지규칙 제29조 제2항).

5-3. 송달료 계산방식

사 건	송 달 료
민사 소액사건	당사자수 × 3,700원 × 10회분
민사 제1심 단독사건	당사자수 × 3,700원 × 15회분
민사 제1심 합의사건	당사자수 × 3,700원 × 15회분
민사 항소사건	당사자수 × 3,700원 × 12회분
민사 상고사건	당사자수 × 3,700원 × 8회분
민사 (재)항고사건	[(재)항고인+상대방 수]×송달료 2~5회분
민사조정사건	당사자수 × 3,700원 × 5회분
부동산 등 경매사건	(신청서상의 이해관계인 수+3)×3,700원 × 10회분

5-4. 송달료 납부방법

① 송달료는 우표가 아닌 현금으로 납부해야 합니다(송달료규칙의 시행에 따른 업무처리요령 제8조 제1항 본문). 다만, 법원장은 사건 수, 법원과 송달료 수납은행과의 거리 등을 감안해 당사자 1인당 송달료납부기준이 2회 이하인 사건의 전부 또는 일부에 대해 법원 내규로써 송달료를 우표로 납부할 수 있도록 정할 수 있습니다(송달료규칙의 시행에 따른 업무처리요령 제8조 제1항 단서).

② 송달료는 대법원장이 지정하는 각 법원별 해당 송달료 수납은행에 이를 납부해야 합니다(송달료규칙의 시행에 따른 업무처리요령 제8조 제2항).

③ 송달료는 반드시 송달료납부서로 납부해야 합니다(송달료규칙의 시행에 따른 업무처리요령 제8조3항 본문). 다만, 현금지급기(CD) 또는 현금입·출금기(ATM)를 이용해 송달료를 납부하는 경우에는 이용명세표로 송달료납부서에 갈음할 수 있습니다(송달료규칙의 시행에 따른 업무처리요령 제8조 제3항 단서).

④ 각 법원에서 지정한 송달료 수납은행에 송달료납부서가 비치되어 있으니 그 은행에서 서류를 받아 기재하면 됩니다.

⑤ 송달료 추납(추가납부)의 경우

송달료를 납부한 사실이 있는 납부인이 송달료를 추가로 납부할 경우 송달료추가납부통지서(법원에서 별도의 통지서를 발송함)의 내용에 따라 납부해야 합니다(송달료규칙의 시행에 따른 업무처리요령 제8조 제4항).

추가납부인 경우에는 송달료납부서에 반드시 법원의 사건번호를 기재해야 합니다(송달료규칙의 시행에 따른 업무처리요령 제8조 제5항).

5-5. 송달료납부서의 제출

① 소장 등을 제출하는 경우에는 해당 수납은행으로부터 교부받은(모사전송·전산망으로 수령한 경우 포함) 송달료납부서를 첨부해 관할법원에 제출해야 합니다(송달료규칙의 시행에 따른 업무처리요령 제13조 본문).

② 다만, 항소장, 상고장, 항고(준항고 포함)장, 재항고(특별항고 포함)장을 제출하는 경우에는 송달료납부서를 첨부해 원심법원에 제출해야 합니다(송달료규칙의 시행에 따른 업무처리요령 제13조 단서).

6. 패소자의 부담인 소송비용의 산정방법

① 인지액, 서기료, 관보, 신문지에 공고한 비용, 송달료, 변호사 비용 등의 소송비용은 패소한 당사자가 부담하는 것이 원칙입니다.

② 패소자가 부담하는 변호사 비용은 승소자가 변호사와 맺은 보수계약에 의한 금액이 아니라 「변호사보수의소송비용산입에관한규칙」에 규정된 기준에 의해 산정된 금액입니다.

6-1. 패소 시 변제해야 하는 소송비용

① 소송비용 부담의 원칙

소송비용은 패소한 당사자가 부담하는 것이 원칙입니다(민사소송법 제98조).

② 원칙의 예외

법원은 다음의 소송비용을 승소자에게 부담하도록 할 수 있습니다(민사소송법 제99조 및 100조).

1. 승소자가 그 권리를 늘리거나 지키는 데 필요하지 않은 행위로 발생한 소송비용
2. 상대방의 권리를 늘리거나 지키는 데 필요한 행위로 인한 소송비용의 전부나 일부
3. 승소자가 적당한 시기에 공격이나 방어의 방법을 제출하지 않아 소송이 지연되어 발생한 소송비용
4. 승소자가 기일이나 기간의 준수를 게을리해 소송이 지연되어 발생한 소송비용
5. 그 밖에 승소자가 책임져야 할 사유로 소송이 지연된 경우 지연으로 말미암은 소송비용의 전부나 일부

6-2. 패소자가 부담하는 소송비용의 종류

패소자가 부담해야 하는 소송비용은 다음과 같은 것이 있습니다.

1. 인지액(민사소송비용법 제2조)
2. 서기료(민사소송비용법 제3조)
3. 당사자, 증인, 감정인, 통역인과 번역인에 대한 일당, 여비 등(민사소송비용법 제4조)

4. 법관과 법원서기의 증거조사에 요하는 일당·여비와 숙박료(민사소송비용법 제5조)
5. 감정, 통역, 번역과 측량에 관한 특별요금(민사소송비용법 제6조)
6. 통신과 운반에 쓰인 비용(민사소송비용법 제7조)
7. 관보, 신문지에 공고한 비용(민사소송비용법 제8조)
8. 송달료(민사소송비용법 제9조)
9. 변호사 비용 또는 소송서류의 작성비용 등(민사소송법 제109조)

6-3. 패소자가 부담하는 변호사 비용의 산정

패소자가 부담하는 변호사 비용은 승소자가 변호사와 맺은 보수계약에 의한 금액이 아니라 다음의 기준에 의해 산정된 금액을 말합니다(변호사보수의소송비용산입에관한 규칙 제3조 및 별표).

소 송 물 가 액	소송비용 산입비율
1,000만원까지 부분	8%
1,000만원을 초과하여 2,000만원까지 부분 [80만원+(소송목적의 값-1,000만원)x 7/100]	7%
2,000만원을 초과하여 3,000만원까지 부분 [150만원+(소송목적의 값-2,000만원)x 6/100]	6%
3,000만원을 초과하여 5,000만원까지 부분 [210만원+(소송목적의 값-3,000만원)x5/100]	5%
5,000만원을 초과하여 7,000만원까지 부분 [310만원+(소송목적의 값 5,000만원)x4/100]	4%
7,000만원을 초과하여 1억원까지 부분 [390만원+(소송목적의 값-7,000만원)x3/100]	3%
1억원을 초과하여 2억원까지 부분 [480만원+(소송목적의 값-1억원)x2/100]	2%
2억원을 초과하여 5억원까지 부분 [680만원+(소송목적의 값-2억원)x1/100]	1%
5억원을 초과하는 부분 [980만원+(소송목적의 값-5억원)x0.5/100]	0.5%

6-4. 소송비용액확정결정

① 소송비용액확정결정은 실무상 재판에서 소송비용을 정확히 결정해 주지 않으므로, 이를 확실히 하기 위해 당사자가 신청을 통해 받는 결정을 말합니다.

② 소송비용의 부담을 정하는 재판에서 그 액수가 정해지지 않은 경우 제1심 법원은 그 재판이 확정되거나, 소송비용부담의 재판이 집행력을 갖게 된 후 당사자의 신청을 받아 결정으로 그 소송비용액을 확정합니다(민사소송법 제110조제1항).

6-5. 소송비용에 대한 서류 작성례

① 소송비용액확정결정신청서

소송비용액확정결정신청서

신청인(원고) ○○○ (주민등록번호)
○○시 ○○구 ○○길 ○○(우편번호 ○○○-○○○)
전화.휴대폰번호:
팩스번호, 전자우편(e-mail)주소:
피신청인(피고) ◇◇주식회사
○○시 ○○구 ○○길 ○○(우편번호 ○○○-○○○)
대표이사 ◈◈◈
전화.휴대폰번호:
팩스번호, 전자우편(e-mail)주소:

위 당사자간 귀원 20○○. ○. ○.자 20○○가소○○○ 손해배상(자)청구사건에 관하여 같은 사건이 신청인의 승소로 확정되었으므로 민사소송법 제110조에 따라 피신청인이 부담하여야 할 소송비용액을 별첨 소송비용계산서를 첨부하여 신청하오니 확정하여 주시기 바랍니다.

첨 부 서 류

1. 소송비용계산서 4통
1. 판결문사본 1통
1. 확정증명원 1통
1. 송달료납부서 1통

20○○. ○. ○.

위 신청인(원고) ○○○ (서명 또는 날인)

○○지방법원 귀중

[별 지]

소 송 비 용 계 산 서

비 용 액	비 용 종 목	비 고
금 10,000원	소장인지대	
금 20,000원	소장서기료(정.부본)	
금 1,200원	법인등기사항증명서교부청구수수료	
금 1,200원	토지등기사항증명서교부청구수수료	
금 2,960원	변론기일소환장 및 소장부본송달료	
금 6,500원	변론기일(5.2) 출석여비	
금 10,500원	증인신청서 및 신문사항서기료(각 2통)	
금 30,000원	법원출장여비 등	
금 100,000원	감정료(문서)	
금 6,500원	변론기일(6.2) 출석여비 등	
금 2,960원	증인소환장 송달	
금 19,800원	증인여비 등	
금 5,920원	판결정본송달료(원.피고)	
합 계	금 217,540 원	

② 소송비용액확정결정신청서

소송비용액확정결정신청서

신청인(원고) ○○○ (주민등록번호)
○○시 ○○구 ○○길 ○○(우편번호 ○○○-○○○)
전화.휴대폰번호:
팩스번호, 전자우편(e-mail)주소:
피신청인(피고) ◇◇◇(주민등록번호 또는 한자)
○○시 ○○구 ○○길 ○○(우편번호 ○○○-○○○)
전화.휴대폰번호:
팩스번호, 전자우편(e-mail)주소:

신청인은 피신청인에 대하여 ○○지방법원(○○지원, ○○시.군법원) 20○○ 가(소,단,합)○○○호로서 ○○○청구소송을 제기하여 승소판결을 받았고 위 판결은 20○○. ○. ○. 확정되었으므로 피신청인이 신청인에 대하여 부담하여야 할 소송비용액의 확정을 구하고자 합니다.

첨 부 서 류

1. 소송비용계산서 4통
1. 판결문사본 1통
1. 확정증명원 1통
1. 영수증 1통

20○○. ○. ○.

위 신청인 ○○○ (서명 또는 날인)

○○지방법원 귀중

③ 소송비용부담 및 확정신청서

소송비용부담 및 확정신청서

신 청 인 ○○○ (주민등록번호)
○○시 ○○구 ○○길 ○○
피신청인 ◇◇◇ (주민등록번호)
○○시 ○○구 ○○로 ○○

신 청 취 지

1. 신청인과 피신청인 사이의 □□법원 20○○가단○○○○ ◎◎◎ 사건의 소송비용은 피신청인이 부담한다.
2. 위 사건에 관하여 피신청인이 신청인에게 상환하여야 할 소송비용액은 ○○○원임을 확정한다.

라는 결정을 구합니다.

신 청 이 유

1. 피신청인은 신청인을 상대로 □□법원 20○○가단○○○○호로 ◎◎◎ 청구의 소를 제기하였으나, 위 사건은 피신청인이 20○○. ○. ○. 소를 취하하고, 같은 날 신청인이 이에 동의함으로써 끝났습니다.
2. 그렇다면 위 사건은 재판에 의하지 아니하고 끝난 경우에 해당하고, 피신청인이 신청인에게 상환하여야 할 소송비용액은 별지 계산서와 같으므로, 민사소송법 제114조에 따라 피신청인으로 하여금 위 소송비용을 부담할 것을 명하여 주시기 바랍니다.

소 명 방 법

1. 소갑 제1호증 사건위임계약서
1. 소갑 제2호증 영수증(변호사비용)

첨 부 서 류

1. 위 소명방법 각 1통
1. 비용계산서 2통
1. 납부서 1통

20○○. ○. ○.
위 신청인 ○○○ (서명 또는 날인)

○○지방법원 귀중

④ 소송비용액확정결정신청에 대한 진술서

진 술 서

사 건 20○○카기○○○ 소송비용액확정결정신청
신 청 인(원고) ○○○
피신청인(피고) ◇◇주식회사

위 사건에 관하여 피신청인(피고)은 민사소송법 제111조 제1항에 따라 별지와 같이 소송비용계산서에 대한 의견을 진술하고 피신청인(피고)의 소송비용계산서 및 소명자료를 제출합니다.

첨 부 서 류

1. 소송비용계산서 등본에 대한 진술내용 1통
1. 소송비용계산서(피고) 1통
1. 소명자료 ○통

20○○. ○. ○.

위 피신청인(피고) ◇◇주식회사
대표이사 ◇◇◇ (서명 또는 날인)

○○지방법원 귀중

[별지]

① 소송비용계산서 등본에 대한 진술내용

비 용 액	비 용 종 목	의견
금 10,000원	소장인지대	인정
금 20,000원	소장서기료(정.부본)	인정
금 1,200원	법인등기사항증명서교부청구수수료	인정
금 1,200원	토지등기사항증명서교부청구수수료	부인(위 신청의 전제가 된 소송과 무관함)
금 2,960원	변론기일소환장 및 소장부본송달료	인정
금 6,500원	변론기일(5.2) 출석여비	인정
금 10,500원	증인신청서 및 신문사항서기료(각 2통)	인정
금 30,000원	법원출장여비 등	인정
금 100,000원	감정료(문서)	인정
금 6,500원	변론기일(6.2) 출석여비 등	인정
금 2,960원	증인소환장 송달	인정
금 19,800원	증인여비 등	인정
금 5,920원	판결정본송달료(원.피고)	인정
합 계	금 217,540 원	

② 소송비용계산서 : 피신청인(피고분)

비 용 액	비 용 종 목	참고사항
금 18,500원	답변서서기료(정.부본)	
금 6,500원	변론기일(5.2) 출석여비 등	
금 10,500원	증인신청서 및 신문사항서기료(각 2통)	
금 13,000원	변론기일(6.2) 출석여비 등	
금 2,960원	증인소환장 송달	
금 19,800원	증인여비 등	
금 4,000원	소송비용에 관한 진술서 및 비용계산서 서기료(원본.등본 계4매)	
합 계	금 75,260 원	

※피신청인(피고)의 [소송비용계산서]는 소송비용을 신청인(원고)도 일부 부담하도록 소송비용부담의 판결이 있는 경우에만 제출함.

⑤ 즉시항고장

즉 시 항 고 장

항고인(피신청인, 피고) ◇◇◇ (주민등록번호)
○○시 ○○구 ○○길 ○○(우편번호 ○○○-○○○)
전화.휴대폰번호:
팩스번호, 전자우편(e-mail)주소:

○○지방법원 20○○카기○○○ 소송비용액확정결정신청사건에 관하여 20○○. ○. ○. 같은 법원이 소송비용액확정을 명한 결정을 하였으나, 항고인은 위 결정에 대하여 불복하므로 민사소송법 제110조 제3항에 의하여 즉시항고를 제기합니다.

원결정의 표시

○○지방법원 20○○가합○○○ 청구이의사건의 판결에 의하여 피신청인이 상환하여야 할 소송비용액은 금 884,580원(팔십팔만사천오백팔십원)임을 확정한다.(항고인은 위 결정정본을 20○○. ○. ○. 송달받았습니다.)

항 고 취 지

원 결정을 취소하고 다시 적절한 재판을 구합니다.

항 고 이 유

항고인(피신청인, 피고)이 부담한 감정료를 포함하여 상환을 결정한 원 결정은 부당하므로 이에 대한 취소를 구하기 위하여 이 건 즉시항고에 이른 것입니다.

20○○. ○. ○.
위 항고인(피신청인, 피고) ◇◇◇ (서명 또는 날인)

○○고등법원 귀중

■ 참 고 ■

제출법원	원심법원	제출기간	결정문정본을 수령한 날로부터 1주 이내
제출부수	항고장 1부 및 상대방수 만큼의 부본	관련법규	민사소송법 제110조 제3항
불복절차 및 기간	•항고기각 결정에 대한 재항고(민사소송법 제442조) •즉시항고의 각하·기각결정에 대한 재항고는 즉시항고이므로 결정문정본을 수령한 날로부터 1주 이내 재항고하여야 함(민사소송법 제444조)		
기 타	소송비용액확정신청의 각하결정에 대하여는 통상항고(민사소송법 제439조)		

⑥ 소송비용담보제공신청서

소송비용담보제공신청서

신 청 인 ○○○ (주민등록번호)
○○시 ○○구 ○○길 ○○
피신청인 ◇◇◇ (주민등록번호)
○○국 ○○시 ○○로 ○○

신 청 취 지

피신청인에게 이 법원 20○○가단○○○○ ◎◎◎ 사건의 소송비용의 담보로서 이 결정 확정일부터 7일 이내에 신청인을 위하여 금 ○○○원을 공탁할 것을 명한다.
라는 결정을 구합니다.

신 청 이 유

1. 피신청인은 신청인을 상대로 귀원 20○○가단○○○○호로 ◎◎◎ 청구의 소를 제기하였으나, 신청인은 위 사건에서 변호사를 선임하여 응소한 터이므로, 만일 신청인이 위 사건에서 승소할 경우 신청인은 피신청인으로부터 변호사비용 ○○○원을 상환받을 수 있습니다.
2. 그러나, 피신청인은 대한민국에 주소.사무소와 영업소를 두지 아니하고 있으므로, 신청인이 승소하더라도 피신청인으로부터 소송비용을 상환받지 못할 염려가 있사오니, 피신청인에게 위 금액을 소송비용의 담보로서 제공하도록 명하여 주시기 바랍니다.

소 명 방 법

1. 소갑 제1호증 사건위임계약서
1. 소갑 제2호증 영수증(변호사비용)

첨 부 서 류

1. 위 소명방법 각 1통
1. 비용계산서 2통
1. 납부서 1통

20○○. ○. ○.
위 신청인 ○○○ (서명 또는 날인)

○○지방법원 귀중

⑦ 제3자에 대한 소송비용액상환신청서

제3자에 대한 소송비용액상환신청서

신 청 인 ○○○ (주민등록번호)
○○시 ○○구 ○○길 ○○(우편번호 ○○○-○○○)
전화.휴대폰번호:
팩스번호, 전자우편(e-mail)주소:
피신청인 ◇◇◇ (주민등록번호)
○○시 ○○구 ○○길 ○○(우편번호 ○○○-○○○)
전화.휴대폰번호:
팩스번호, 전자우편(e-mail)주소:

신 청 취 지

피신청인은 신청인에게 별지 소송비용계산서 기재의 소송비용 금 ○○○원을 상환하라.
라는 결정을 구합니다.

신 청 이 유

1. 신청인은 ○○지방법원 20○○가합○○○ 토지소유권이전등기청구사건의 원고로서 20○○. ○. ○. 피신청인에게 소송을 위임하였는데, 피신청인은 변론기일(20○○. ○. ○○. ○시)에 위임의 취지에 위반하는 변론을 하였고 더욱이 변론기일(20○○. ○. ○. ○시)에 출석조차 하지 아니하여 위 사건에 적절한 공격.방어방법을 제출할 기회가 상실되었고, 그로 인하여 피고의 주장이 모두 인정되고 신청인이 패소하는 결과를 초래하였습니다.

2. 피신청인의 위와 같은 행위는 고의 또는 중대한 과실로서 이로 인하여 신청인으로 하여금 무익한 소송비용을 지급하게 한 것이고 그 무익한 소송비용액은 별지 소송비용계산서 기재의 금○○○원이라고 할 것이므로 위 상당액을 상환할 의무가 있습니다. 따라서 신청인은 민사소송법 제107조 제1항에 따라 이 사건 신청에 이르렀습니다.

첨 부 서 류

1. 변론조서등본 1통
1. 송달료납부서 1통

20○○. ○. ○.
위 신청인 ○○○ (서명 또는 날인)

○○지방법원 귀중

7. 소송대리인 선임 및 보전처분

① 변호사가 아닌 사람도 소송대리인이 될 수는 있으나, 법원의 허가를 받아야 합니다.

② 보전처분이란 소송의 확정 또는 집행 전까지 법원이 명하는 잠정적인 처분으로, 가압류, 가처분이 있습니다.

7-1. 소송대리인 선임 원칙

법률에 따라 재판상 행위를 할 수 있는 대리인 외에는 변호사가 아니면 소송대리인이 될 수 없습니다(「민사소송법」 제87조).

7-2. 소송대리인 선임 예외

① 단독판사가 심리·재판하는 사건으로서 다음의 어느 하나에 해당하는 사건에서 변호사가 아닌 사람도 법원의 허가를 받아 소송대리인이 될 수 있습니다(민사소송규칙 제15조 제1항).

㉮ 다음에 해당하는 사건(민사 및 가사소송의 사물관할에 관한 규칙 제2조 단서)

1. 수표금·약속어음금 청구사건
2. 은행·농업협동조합·수산업협동조합·축산업협동조합·산림조합·신용협동조합·신용보증기금·기술신용보증기금·지역신용보증재단·새마을금고·상호저축은행·종합금융회사·시설대여회사·보험회사·신탁회사·증권회사·신용카드회사·할부금융회사 또는 신기술사업금융회사가 원고인 대여금·구상금·보증금 청구사건
3. 「자동차손해배상 보장법」에서 정한 자동차·원동기장치자전거·철도차량의 운행 및 근로자의 업무상재해로 인한 손해배상 청구사건과 이에 관한 채무부존재확인사건
4. 단독판사가 심판할 것으로 합의부가 결정한 사건

㉯ 위의 사건 외의 사건으로서 다음 어느 하나에 해당하지 않는 사건(민사소송규칙 제15조제1항제2호)

1. 소송목적의 값이 제소 당시 또는 청구취지 확장(변론의 병합 포함) 당시 1억원을 초과한 민사소송사건
2. 위의 1. 의 사건을 본안으로 하는 민사신청사건 및 이에 부수하는 신청사건(가압류, 다툼의 대상에 관한 가처분 신청사건 및 이에 부수하는 신청사건은 제외)

② 법원의 허가를 받아 소송대리인이 될 수 있는 사람은 다음 중 어느 하나에 해당해야 합니다(민사소송규칙 제15조제2항).

1. 당사자의 배우자 또는 4촌 안의 친족으로서 당사자와의 생활관계에 비추어 상당하다고 인정되는 경우
2. 당사자와 고용, 그 밖에 이에 준하는 계약관계를 맺고 그 사건에 관한 통상사무를 처리·보조하는 사람으로서 그 사람이 담당하는 사무와 사건의 내용 등에 비추어 상당하다고 인정되는 경우

③ 법원이 소송대리 허가를 한 후 사건이 다음에 해당하게 된 때에는 법원은 허가를 취소하고 당사자 본인에게 통지를 하여야 합니다(민사소송규칙 제15조 제4항).

1. 소송목적의 값이 제소 당시 또는 청구취지 확장(변론의 병합 포함) 당시 1억원을 초과한 민사소송사건
2. 위의 1. 의 사건을 본안으로 하는 민사신청사건 및 이에 부수하는 신청사건(가압류, 다툼의 대상에 관한 가처분 신청사건 및 이에 부수하는 신청사건은 제외)
3. 재산권에 관한 소(訴)로서 그 소송목적의 값을 계산할 수없는 것과 비(非)재산권을 목적으로 하는 소송(민사소송 등인지법 제2조제4항)

④ 다만, 위의 1. 과 2.의 경우 「민사 및 가사소송의 사물관할에 관한 규칙」 제2조 각 호의 사건은 제외됩니다.

8. 보전처분

'보전처분(保全處分)'이란 소송의 확정 또는 집행 전까지 법원이 명하는 잠정적인 처분으로, 가압류·가처분이 있습니다.

8-1. 처분의 필요성

① 보전처분은 이를 하지 않으면 판결을 집행할 수 없거나 현상이 바뀌면 당사자가 권리를 실행하지 못할 수도 있는 상황을 방지하기 위한 절차입니다(민사집행법 제277조 및 제300조 제1항).

② 예를 들어 채권자가 매매대금 청구소송을 제기하자 채무자가 자신의 재산을 다른 사람의 명의로 변경하는 등의 행위를 하여 채권자가 승소하더라도 채무자 명의의 재산이 없어 매매대금을 받지 못하는 상황을 방지하기 위한 제도입니다.

8-2. 가압류

8-2-1. 가압류란?

'가압류'란 금전채권이나 금전으로 환산할 수 있는 채권(예컨대 매매대금, 대여금, 어음금, 수표금, 양수금, 공사대금, 임료, 손해배상청구권 등)의 집행을 보전할 목적으로 미리 채무자의 재산을 동결시켜 채무자로부터 그 재산에 대한 처분권을 잠정적으로 빼앗는 집행보전제도(執行保全制度)를 말합니다(민사집행법 제276조 제1항).

8-2-2.가압류절차

① 신청

신청인은 가압류신청서를 비롯한 관련 서류를 가압류할 물건이 있는 곳을 관할하는 지방법원이나 본안(이미 민사소송을 제기한 경우)의 관할법원 민사신청과에 제출합니다(민사집행법 제278조).

② 재판

법원은 가압류로 생길 수 있는 채무자의 손해에 대해 담보제공을 명령할 수 있으며, 채권자가 정해진 기일(보통 7일) 내에 담보를 제공하면 가압류 명령을 하게 됩니다(민사집행법 제280조).

③ 집행

가압류에 대한 재판의 집행은 채권자에게 재판을 고지한 날부터 2주 이내에 해야 하며, 이는 채무자에게 송달하기 전에도 할 수 있습니다(민사집행법 제292조 제2항 및 제3항).

8-3. 가처분

8-3-1. 가처분이란 ?

'가처분'이란 금전채권 이외의 청구권에 대한 집행을 보전하기 위해 또는 다투어지고 있는 권리관계에서 임시의 지위를 정하기 위해 법원이 행하는 일시적인 명령을 말합니다.

8-3-2. 절차

① 신청

신청인은 가압류신청서를 비롯한 관련 서류를 다툼의 대상이 있는 곳을 관할하는 지방법원 또는 본안(이미 민사소송을 제기한 경우)의 관할법원 민사신청과에 제출합니다(민사집행법 제301조 및 제303조).

② 재판

법원은 가처분으로 생길 수 있는 채무자의 손해에 대해 채권자에게 담보제공을 명령할 수 있으며, 채권자가 정해진 기일(보통 7일) 내에 담보를 제공하면 가처분 명령을 하게 됩니다(민사집행법 제280조 및 제301조).

③ 집행

가처분에 대한 재판의 집행은 채권자에게 재판을 고지한 날부터 2주 이내에 해야 하며, 이는 채무자에게 송달하기 전에도 할 수 있습니다(민사집행법」 제292조 제2항 , 제3항 및 제301조).

제 4장
민사분쟁의 간이구제절차는 어떤 것이 있는가?

제4장 민사분쟁의 간이구제절차는 어떤 것이 있는가?

제1절 민사조정

1. 민사조정의 개념

① 민사조정이란 민사에 관한 분쟁을 당사자 사이의 상호 양해를 통해 조리를 바탕으로 실정에 맞게 해결하는 간이한 절차를 말합니다.
② 민사조정절차는 당사자가 신청하거나 수소법원이 필요하다고 인정하여 결정으로 조정에 회부한 경우 진행됩니다.

2. 신청인

① 당사자에 의한 신청
민사에 관한 분쟁의 당사자는 법원에 조정을 신청할 수 있습니다(민사조정법 제2조).
② 법원에 의한 회부
수소법원은 필요하다고 인정하면 항소심 판결 선고 전까지 소송이 진행 중인 사건을 결정으로 조정에 회부할 수 있습니다(민사조정법 제6조).

3. 대리인 선임

① 법원의 허가
조정담당판사의 허가를 받으면 변호사가 아닌 사람을 대리인 또는 보조인으로 할 수 있습니다(민사조정규칙 제6조 제2항 본문).
② 소액사건의 경우
조정사건이 소액사건일 경우 조정 당사자의 배우자·직계혈족 또는 형제자매는 법원의

허가 없이 소송대리인이 될 수 있습니다(민사조정규칙 제6조 제2항 단서).

4. 조정기관 및 조정장소

4-1. 조정기관

① 조정담당판사

조정담당판사는 스스로 조정을 할 수 있습니다(민사조정법 제7조제2항 본문).

② 조정위원회

조정담당판사는 상임조정위원(상임으로 조정에 관한 사무를 처리하는 조정위원)이나 조정위원회가 조정을 하도록 할 수 있습니다(민사조정법 제7조 제2항 본문). 다만, 당사자의 신청이 있을 경우 조정위원회가 조정을 하도록 해야 합니다(민사조정법 제7조 제2항 단서).

조정위원회는 조정장(調停長) 1명과 조정위원 2명 이상으로 구성됩니다(민사조정법 제8조).

③ 수소법원

수소법원이 조정에 회부한 사건으로 수소법원 스스로 조정하는 것이 적절하다고 인정한 사건은 직접 조정을 할 수 있습니다(민사조정법 제7조 제3항).

수소법원은 재판장과 배석판사 중 1인을 수명법관으로 지정하거나 2인을 공동수명법관으로 지정해 조정을 담당하게 할 수 있습니다(민사 및 가사조정의 사무처리에 관한 예규 제8조).

4-2. 조정장소

조정은 판사실, 조정실, 심문실 또는 분쟁에 관련된 현장 기타 적당한 장소에서 할 수 있습니다(민사 및 가사조정의 사무처리에 관한 예규 제14조 제1항).

5. 민사조정 신청

① 조정은 신청인이 서면이나 구술로 신청할 수 있고, 법원은 조정신청서나 조정신청조

서를 지체 없이 피신청인에게 송달해야 합니다.

② 조정기일에 당사자 쌍방 또는 일방이 출석하지 않은 경우 법원은 조정기일을 다시 지정해 통지하고, 신청인이 2회 불출석한 경우에는 조정신청이 취하되며, 피신청인이 조정기일에 1회 출석하지 않은 경우 직권으로 조정에 갈음하는 결정을 할 수 있습니다.

※ 민사조정 신청 절차

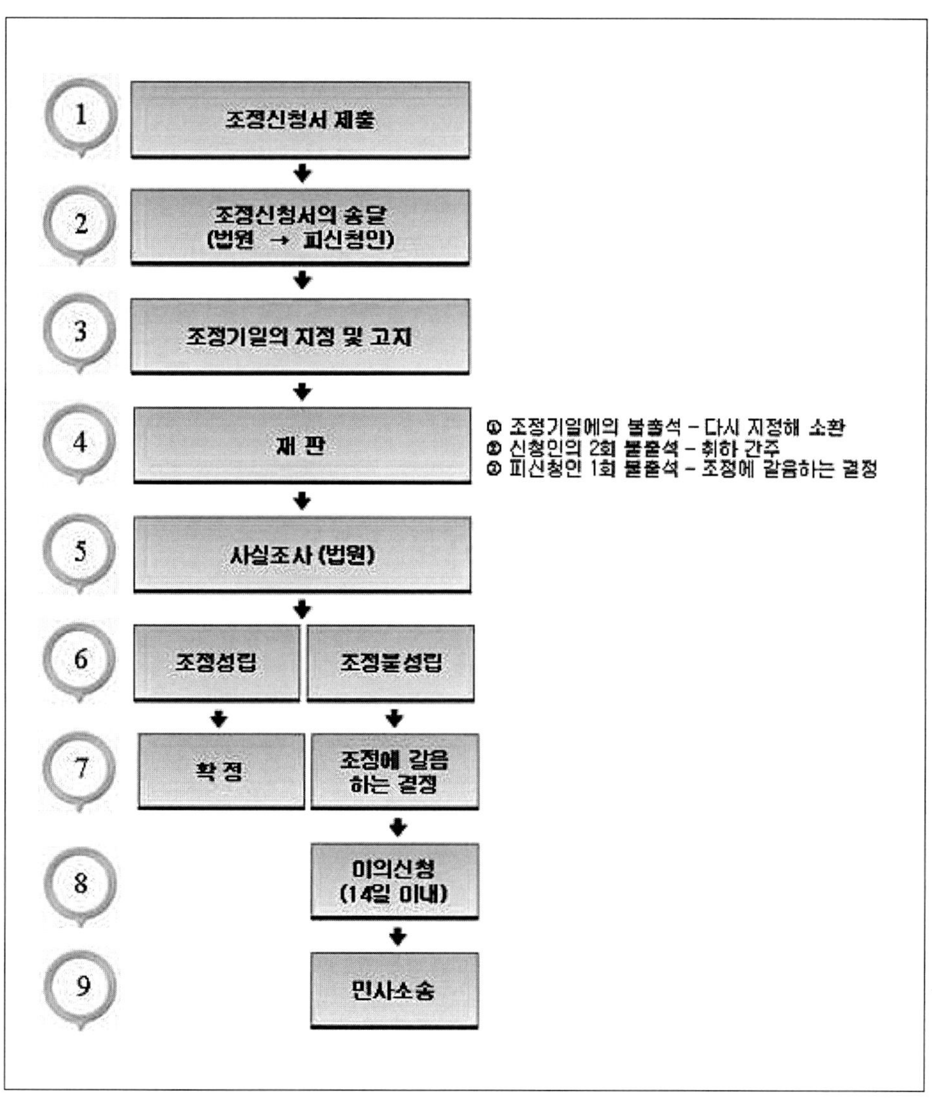

5-1 신청방법

① 조정은 서면이나 구술로 신청할 수 있습니다(「민사조정법」 제5조제1항).

② 구술로 신청할 경우 법원서기관, 법원사무관, 법원주사 또는 법원주사보(이하 '법원사무관등'이라 한다)의 앞에서 진술해야 합니다(「민사조정법」 제5조제2항).

③ 이 경우 법원사무관등은 조정신청조서를 작성하고 조서에 기명날인해야 합니다(「민사조정법」 제5조제3항).

5-2. 조정신청서의 제출

① 조정신청서의 기재내용

조정신청서나 조정신청조서에는 당사자, 대리인, 신청 취지와 분쟁 내용을 명확히 기재해야 합니다(민사조정규칙 제2조 제1항).

② 첨부서류

증거서류가 있는 경우에는 신청과 동시에 이를 제출해야 합니다(민사조정규칙 제2조 제1항).

조정을 서면으로 신청하는 경우 피신청인 수만큼의 부본을 제출해야 합니다(민사조정규칙 제2조 제2항).

③ 관할

조정신청서는 다음을 관할하는 지방법원, 지방법원지원, 시법원 또는 군법원의 민사접수과에 제출하면 됩니다(민사조정법 제3조 제1항). 또한 조정사건은 그에 상응하는 소송사건의 전속관할법원이나 당사자 사이에 합의로 정한 법원에 제출할 수도 있습니다(민사조정법 제3조 제2항).

1. 피신청인의 주소지 또는 거소지
2. 대사(大使)·공사(公使), 그 밖에 외국의 재판권 행사대상에서 제외되는 대한민국 국민이 주소지 또는 거소지가 없는 경우 대법원이 있는 곳
3. 법인, 그 밖의 사단 또는 재단일 경우 사무소 또는 영업소 소재지(만약 사무소와 영업소가 없는 경우에는 주된 업무담당자의 주소)
4. 국가가 피신청인일 경우에는 해당 건과 관련해 국가를 대표하는 관청 또는 대법원이 있는 곳
5. 피신청인의 근무지

6. 분쟁 목적물 소재지
7. 손해 발생지

6. 송달

조정신청서나 조정신청조서는 지체 없이 피신청인에게 송달해야 합니다(민사조정법 제14조).

7. 조정기일의 지정

7-1. 조정기일의 지정 및 고지

① 조정담당판사는 가능한 한 미리 특정한 요일을 조정기일로 정해 각 민사 재판부와 조정사건을 담당하는 법원사무관에게 통보해야 합니다(민사 및 가사조정의 사무처리에 관한 예규 제13조 제1항).

② 수소법원이 변론기일에 조정회부결정을 하는 경우 당사자 쌍방이 출석한 때에 재판장은 조정담당판사로부터 통보받은 기일 중 적당한 기일을 당사자에게 알려주고 그 날 출석할 것을 권고해야 합니다(민사 및 가사조정의 사무처리에 관한 예규 제13조 제2항 본문).

③ 다만, 수소법원이 조정사건을 스스로 처리하는 경우에는 변론기일에 바로 조정을 하거나 즉시 조정기일을 지정해 고지해야 합니다(민사 및 가사조정의 사무처리에 관한 예규 제13조 제2항 단서).

7-2. 조정기일에의 출석여부 및 처리

① 조정담당판사 또는 조정위원회는 수소법원의 재판장이 권고한 기일에 당사자 쌍방이 출석한 경우에는 그 날 조정기일을 열어야 합니다(민사 및 가사조정의 사무처리에 관한 예규 제13조 제3항).

② 조정담당판사 또는 조정위원회는 수소법원의 재판장이 권고한 기일에 당사자 쌍방 또는 일방이 출석하지 않은 경우에는 조정기일을 다시 지정해 소환해야 합니다(민사 및 가사조정의 사무처리에 관한 예규 제13조 제3항).

③ 신청인이 2회 조정기일에 불출석한 경우 조정신청이 취하된 것으로 봅니다(민사조정법 제31조 제2항).

④ 피신청인이 조정기일에 1회 출석하지 않은 경우 조정담당판사는 상당한 이유가 없으면 직권으로 조정에 갈음하는 결정을 해야 합니다(민사조정법 제32조).

8. 법원의 사실조사

8-1. 사실조사기관

조정담당판사 또는 조정위원회는 사실의 조사 또는 증거조사를 지방법원 판사에게 촉탁하거나, 소속법원의 조정위원에게 하게 할 수 있습니다(민사조정규칙 제8조 제1항 및 제3항).

8-2. 사실조사기관의 보고서 제출

건축사, 의사 등 전문가 조정위원이 사실조사를 하게 된 경우 법원의 요청이 있으면 간이한 형식의 사실조사보고서를 제출해야 합니다(민사 및 가사조정의 사무처리에 관한 예규 제16조 제1항).

8-3. 사실조사비용

조정위원에게 지급할 사실조사비용은 사건 당 30만원을 최고한도로 하나, 조정담당판사 또는 조정위원회가 상당하다고 인정하는 경우 이를 증액할 수 있습니다(민사 및 가사조정의 사무처리에 관한 예규 제16조 제2항).

8-4. 사실조사비용의 예납명령

① 조정담당판사 또는 조정위원회는 조정위원에게 지급할 사실조사비용을 당사자 쌍방이 균분해 예납할 것을 명해야 합니다(민사 및 가사조정의 사무처리에 관한 예규 제16조 제3항 본문).

② 다만, 사정에 따라 예납할 금액의 비율을 다르게 정하거나 사실조사를 신청한 당사자 일방에게 전액 예납할 것을 명할 수 있습니다(민사 및 가사조정의 사무처리에 관한 예규 제16조 제3항 단서).

9. 조정의 성립 또는 불성립

9-1. 조정의 성립

① 법원은 당사자 사이에 조정이 성립하면 합의된 사항을 조서에 기재해 그 정본(正本)을 당사자에게 각각 송달해야 합니다(민사조정법 제28조 및 제33조 제2항).

② 조정의 효력

조정은 확정판결과 동일한 효력이 있습니다(민사조정법 제29조 및 민사소송법 제220조).

9-2. 조정의 불성립

① 조정담당판사는 다음에 해당하는 경우 조정에 갈음하는 결정을 하거나 조정이 성립되지 않은 것으로 사건을 종결시켜야 합니다(민사조정법 제27조).

1. 당사자 사이에 합의가 성립되지 않은 경우
2. 성립된 합의의 내용이 적당하지 않다고 인정하는 경우

② 조정에 갈음하는 결정

조정에 갈음하는 결정이란 합의가 성립되지 않는 등의 사유가 있는 경우 당사자의 이익이나 그 밖의 모든 사정을 고려해 신청인의 신청 취지에 반하지 않는 한도에서 법원이 직권으로 내리는 결정을 말합니다(민사조정법 제30조).

③ 법원은 법원조정담당판사가 작성하고 기명날인한 결정서의 정본을 당사자에게 송달해야 합니다(민사조정규칙 제15조의2제2항).

10. 이의신청

10-1. 이의신청기간

① 당사자는 조정에 갈음하는 결정에 대해 조서의 정본이 송달된 날부터 2주일 내에 이의를 신청할 수 있습니다(민사조정법 제34조제1항 본문).

② 다만, 조서의 정본이 송달되기 전에도 이의를 신청할 수 있습니다(민사조정법 제34조 제1항 단서).

10-2. 이의신청의 통지

이의신청이 있을 경우 조정담당판사는 이의신청의 상대방에게 지체 없이 이를 통지해야 합니다(민사조정법 제34조 제2항).

10-3. 이의신청의 효력

다음의 경우에는 조정을 신청한 때에 소송이 제기된 것으로 봅니다(민사조정법 제36조 제1항).

1. 조정담당판사가 조정사건이 그 성질상 조정을 하기에 적당하지 않다고 인정해 조정을 하지 않는 결정으로 사건을 종결한 경우(민사조정법 제26조 제1항 및 제36조 제1항 제1호)
2. 조정담당판사가 당사자가 부당한 목적으로 조정신청을 한 것으로 인정해 조정을 하지 않는 결정으로 사건을 종결한 경우(민사조정법 제26조 제1항 및 제36조 제1항 제1호)
3. 조정이 성립되지 않은 것으로 사건이 종결된 경우(민사조정법 제27조 제1항 및 제36조 제1항 제2호)
4. 조정에 갈음하는 결정조서의 정본이 송달된 날부터 2주일내에 이의를 신청한 경우(민사조정법 제34조 제1항 및 제36조 제1항 제3호)

10-4. 이의신청의 취하

이의신청을 한 당사자는 해당 심급(審級)의 판결이 선고될 때까지 상대방의 동의를 받아 이의신청을 취하할 수 있습니다(민사조정법 제34조 제3항).

10-5. 이의신청서 작성 사례

① 조정에 갈음하는 결정에 대한 이의신청서(원고)

이 의 신 청 서

사　　건　20○○머○○○○(20○○가단○○○○) 손해배상(자)
원　　고　○○○ 외5
피　　고　◇◇버스주식회사

위 사건에 관하여 20○○. ○. ○○.자 조정에 갈음하는 결정정본이 20○○. ○○. ○. 원고들에게 송달되었으나, 원고들은 위 결정에 불복하므로 이의를 신청합니다.

첨 부 서 류

1. 이의신청서부본　　　　　1통

20○○.　○○.　○○.

위 원고 ○○○ (서명 또는 날인)

○○지방법원 제○민사단독　귀중

<table>
<tr><td>제출법원</td><td>수소법원</td><td>출소기간</td><td colspan="2">조정정본이 송달된 날부터 2주일 이내(민사조정법 제34조)</td></tr>
<tr><td>제출부수</td><td colspan="2">신청서 1부 및 상대방 수만큼의 부본제출</td><td>관련 법규</td><td>민사조정법 제34조</td></tr>
<tr><td>불복절차 및 기간</td><td colspan="4">·각하결정에 대한 즉시항고(민사조정규칙 제16조)
·재판이 고지된 날부터 1주 이내(민사소송법 제444조)</td></tr>
<tr><td>기타</td><td colspan="4">· 민사조정법 제30조, 제32조에 의하여 조정담당판사가 한 조정에 갈음한 결정은 같은 법 제34조 제4항에 정한 바와 같이 이의신청이 없거나 이의신청이 취하 또는 각하되어 확정된 때에는 당사자 사이에 다투어졌던 권리관계에 관하여 재판상의 화해와 동일한 효력이 있어, 당사자 사이에 기판력이 생기는 것이므로, 그 결정에 확정판결의 당연무효사유와 같은 사유가 없는 한 재심(준재심)의 소에 의하여만 그 효력을 다툴 수 있음(대법원 2000. 9. 29. 선고 2000다33690 판결).
· 재판상의 화해를 조서에 기재한 때에는 그 조서는 확정판결과 동일한 효력이 있고 당사자간에 기판력이 생기는 것이므로 확정판결의 당연무효사유와 같은 사유가 없는 한 재심(준재심)의 소에 의하여만 효력을 다툴 수 있는 것이나, 당사자 일방이 화해조서의 당연무효사유를 주장하며 기일지정신청을 한 때에는 법원으로서는 그 무효사유의 존재여부를 가리기 위하여 기일을 지정하여 심리를 한 다음 무효사유가 존재한다고 인정되지 아니한 때에는 판결로써 소송종료선언을 하여야 하고, 이러한 이치는 재판상 화해와 동일한 효력이 있는 조정조서에 대하여도 마찬가지라 할 것임. 당사자 일방이 조정조서에 대하여 불복하면서 제출한 서면의 제목이 「이의신청서」이고 조정에 갈음한 결정에 대한 이의절차를 규정하고 있는 민사조정법 제34조가 그 불복신청의 근거조문으로 기재되어 있다고 하더라도, 조정조서에 대하여는 이의신청이 허용되지 않고 서면에 기재된 불복사유가 조정자체가 성립된 바 없는데도 마치 조정이 성립된 것처럼 조정조서가 작성되어 있어 조정조서가 무효라는 취지이므로 위 서면은 조정조서의 당연무효사유를 주장하며 한 기일지정신청으로 보아 처리하는 것이 상당함(대법원 2001. 3. 9. 선고 2000다58668 판결).</td></tr>
</table>

② 조정에 갈음하는 결정에 대한 이의신청서(피고)

이 의 신 청 서

사　　건　20○○머○○○○(20○○가단○○○○) 임금
원　　고　○○○
피　　고　◇◇◇

위 사건에 대하여 피고는 귀원의 20○○. ○. ○.자 조정에 갈음하는 결정에 불복하므로 이의를 신청합니다.
(결정정본을 송달받은 날 : 20○○. ○○. ○.)

20○○.　○○.　○○.
위 피고 ◇◇◇ (서명 또는 날인)

○○지방법원 제○민사단독　귀중

③ 조정에 갈음하는 결정에 대한 이의신청(피신청인)

이 의 신 청 서

사　　건　20○○머○○○○ 공사대금
신 청 인　○○○
피신청인　◇◇◇

위 사건에 대하여 피신청인은 귀원의 20○○. ○. ○.자 조정에 갈음하는 결정에 불복하므로 이의를 신청합니다.
(결정정본을 송달받은 날 : 20○○. ○○. ○.)

20○○.　○○.　○○.
위 피신청인 ◇◇◇ (서명 또는 날인)

○○지방법원 ○○지원　귀중

11. 조정에 갈음하는 결정의 효력

다음의 경우 조정에 갈음하는 결정은 확정판결과 동일한 효력이 있습니다(민사조정법 제34조 제4항).

1. 조서의 정본이 송달된 날부터 2주일 내에 이의신청이 없는경우
2. 이의신청이 취하된 경우
3. 이의신청이 적법하지 않아 각하결정이 확정된 경우

12. 신청서 작성

① 민사조정신청서는 소장과 비슷하며 신청취지, 신청이유, 입증방법, 첨부서류를 자세히 기재합니다.

② 민사조정 신청수수료(인지액)는 소송 진행 시 첨부하는 인지액의 1/10 에 해당하는 금액입니다.

12-1. 민사조정 신청서 서식

조 정 신 청 서

신 청 일 20○○. ○○. ○○.
사 건 명 ○○○
신 청 인 ○○○(주민등록번호)
○○시○○구○○로○○(우편번호○○○-○○○)
전화.휴대폰번호:
팩스번호, 전자우편(e-mail)주소:
피신청인 ◇◇◇(주민등록번호)
○○시○○구○○로○○(우편번호○○○-○○○)
전화.휴대폰번호:
팩스번호, 전자우편(e-mail)주소:

소송목적의 값	원	인 지	원

※ 조정비용은 소장에 첨부하는 인지액의 1/10 입니다.

(인지첩부란)

송달료 계산 방법 : 당사자 수(신청인+피신청인)×5×3,550원(1회 송달료)
※1회 송달료는 추후 변동될 수 있습니다.

휴대전화를 통한 정보수신 신청

위 사건에 관한 재판기일의 지정.변경.취소 및 문건접수 사실을 예납의무자가 납부한 송달료 잔액 범위 내에서 아래 휴대전화를 통하여 알려주실 것을 신청합니다.

■ **휴대전화 번호** :

20 . . .
신청인 원고 (날인 또는 서명)

※ 문자메시지는 재판기일의 지정.변경.취소 및 문건접수 사실이 법원재판사무시스템에 입력되는 당일 이용 신청한 휴대전화로 발송됩니다.
※ 문자메시지 서비스 이용금액은 메시지 1건당 17원씩 납부된 송달료에서 지급됩니다(송달료가 부족하면 문자메시지가 발송되지 않습니다).
※ 추후 서비스 대상 정보, 이용금액 등이 변동될 수 있습니다.

○○ 지방법원 귀중

◇유의사항◇

1. 연락처란에는 언제든지 연락 가능한 전화번호나 휴대전화번호, 그 밖에 팩스번호.이메일 주소 등이 있으면 함께 기재하여 주시기 바랍니다. 피신청인의 연락처는 확인이 가능한 경우에 기재하면 됩니다.

2. 첨부할 인지가 많은 경우에는 뒷면을 활용하시기 바랍니다.

신 청 취 지

1.
2.
라는 조정을 구합니다.

신 청 원 인

1.
2.

입 증 방 법

1.
2.

첨 부 서 류

1. 위 입증방법 각 1통
1. 신청서부본 1통
1. 송달료납부서 1통

200 . . .

위 신청인 (서명 또는 날인)

○○지방법원 귀중

12-2. 조정신청서 작성례

① 조정신청서(임차보증금 감액청구)

조 정 신 청 서

신 청 인 ○○○(주민등록번호)
○○시 ○○구 ○○로 ○○(우편번호 ○○○-○○○)
전화.휴대폰번호:
팩스번호, 전자우편(e-mail)주소:
피신청인 ◇◇◇(주민등록번호)
○○시 ○○구 ○○로 ○○(우편번호 ○○○-○○○)
전화.휴대폰번호:
팩스번호, 전자우편(e-mail)주소:

임차보증금감액청구

신 청 취 지

피신청인은 신청인에게 금 15,000,000원을 지급한다.
라는 조정을 구합니다.

분 쟁 내 용

1. 신청인은 20○○. ○. ○. 피신청인으로부터 그의 소유인 ○○시 ○○구 ○○로 ○○ 소재 건물을 임대차보증금 30,000,000원으로 하면서 임대차보증금 전액을 지급하였습니다. 그 뒤 20○○. ○○. ○. 신청인은 피신청인과 위 임대차계약을 갱신하기로 합의하고 임대차보증금 50,000,000원, 임대차기간 20○○. ○○. ○.부터 2년간으로 하는 재계약을 체결하고, 증액된 임대차보증금 20,000,000원을 지급하였습니다.
2. 그런데 최근 경제불황과 부동산가격의 하락 및 임대료의 하락에 따라 위 아파트와 유사한 인근 아파트의 임대차보증금이 금 35,000,000원까지 떨어진 상황입니다.
그에 따라 신청인은 피신청인에 대하여 위 아파트에 대한 임대차보증금을 현 시세와 같은 금 35,000,000원으로 감액해줄 것을 청구하였으나 피신청인은 이에 응하지 않고 있습니다.

3. 따라서 신청인은 피신청인으로부터 현재의 임대차보증금과 현 시세와의 차액인 금 15,000,000원을 반환 받고자 조정을 신청합니다.

입 증 방 법

1. 갑 제1호증	임대차계약서
1. 갑 제2호증	주민등록표등본
1. 갑 제3호증	영수증
1. 갑 제4호증	부동산중개업자확인서

첨 부 서 류

1. 위 입증방법	각 1통
1. 신청서부본	1통
1. 송달료납부서	1통

20○○. ○○. ○○.

위 신청인 ○○○ (서명 또는 날인)

○○지방법원 귀중

■ 참 고 ■

※ (1) 관할법원(민사조정법 제3조)

가. 조정사건은 다음 각 호의 1에 해당하는 곳을 관할하는 지방법원, 지방법원지원, 시법원 또는 군법원의 관할로 함.

1. 피신청인에 대한 민사소송법 제3조 내지 제6조의 규정에 의한 보통재판적 소재지
2. 피신청인의 사무소 또는 영업소 소재지
3. 피신청인의 근무지
4. 분쟁의 목적물 소재지
5. 손해발생지

나. 조정사건은 위의 규정에 불구하고 그에 상응하는 소송사건의 전속관할법원 또는 당사자간의 합의에 의하여 정하여진 법원의 관할로 할 수 있음.

다. 따라서 신청인은 피신청인의 주소지 관할법원 등에 조정신청을 할 수 있음.

※ (2) 불복절차 및 기간 : 조정에 갈음하는 결정에 대하여 이의신청은 조정정본이 송달된 날부터 2주일이내(민사조정법 제34조)

(관련판례 1)

민사조정법 제30조, 제32조에 의하여 조정담당판사가 한 조정에 갈음한 결정은 같은 법 제34조 제4항에 정한 바와 같이 이의신청이 없거나 이의신청이 취하 또는 각하되어 확정된 때에는 당사자 사이에 다투어졌던 권리관계에 관하여 재판상의 화해와 동일한 효력이 있어, 당사자 사이에 기판력이 생기는 것이므로, 그 결정에 확정판결의 당연무효 사유와 같은 사유가 없는 한 재심의 소에 의하여만 그 효력을 다툴 수 있다(대법원 2000. 9. 29. 선고 2000다33690 판결).

(관련판례 2)

임대차계약에 있어서 차임불증액의 특약이 있더라도 그 약정 후 그 특약을 그대로 유지시키는 것이 신의칙에 반한다고 인정될 정도의 사정변경이 있다고 보여지는 경우에는 형평의 원칙상 임대인에게 차임증액청구를 인정하여야 한다(대법원 1996. 11. 12. 선고 96다34061 판결).

(관련판례 3)

민법 제628조에 의하여 장래에 대한 차임의 증액을 청구하였을 때에 그 청구가 상당하다고 인정되면 그 효력은 재판시를 표준으로 할 것이 아니고 그 청구시에 곧 발생한다고 보는 것이 상당하고 그 청구는 재판외의 청구라도 무방하다(대법원 1974. 8. 30. 선고 74다1124 판결).

(관련판례 4)

전세보증금 증감청구권의 인정은 이미 성립된 계약의 구속력에서 벗어나 그 내용을 바꾸는 결과를 가져오는 것인 데다가, 보충적인 법리인 사정변경의 원칙, 공평의 원칙 내지 신의칙(信義則)에 터 잡은 것인 만큼 엄격한 요건 아래에서만 인정될 수 있으므로, 기본적으로 사정변경의 원칙의 요건인 ①계약 당시 그 기초가 되었던 사정이 현저히 변경되었을 것, ②그 사정변경을 당사자들이 예견하지 않았고 예견할 수 없었을 것, ③그 사정변경이 당사자들에게 책임 없는 사유로 발생하였을 것, ④당초의 계약 내용에 당사자를 구속시키는 것이 신의칙상 현저히 부당할 것 등의 요건이 충족된 경우로서, 전세보증금 시세의 증감 정도가 상당한 수준(일반적인 예로서, 당초 약정금액의 20% 이상 증감하는 경우를 상정할 수 있음)에 달하고, 나머지 전세기간이 적어도 6개월 이상은 되어야 전세보증금의 증감청구권을 받아들일 정당성과 필요성이 인정될 수 있고, 증감의 정도도 시세의 등락을 그대로 반영할 것이 아니라 그밖에 당사자들의 특수성, 계약의 법적 안정성 등의 요소를 고려하여 적절히 조정되어야 한다(서울지법동부지원 1998. 12. 11. 선고 98가합19149 판결).

② 조정신청서(대여금반환청구)

조 정 신 청 서

신 청 인 ○○○(주민등록번호)
○○시 ○○구 ○○길 ○○(우편번호 ○○○-○○○)
전화.휴대폰번호:
팩스번호, 전자우편(e-mail)주소:
피신청인 ◇◇◇(주민등록번호)
○○시 ○○구 ○○길 ○○(우편번호 ○○○-○○○)
전화.휴대폰번호:
팩스번호, 전자우편(e-mail)주소:

대여금반환청구

신 청 취 지

피신청인은 신청인에게 금 ○○○원 및 이에 대한 20○○. ○○. ○.부터 다 갚는 날까지 연 25%의 비율에 의한 돈을 지급한다.
라는 조정을 구합니다.

신 청 이 유

1. 신청인은 20○○. ○○. ○. 피신청인에게 아래와 같이 돈을 대여하였습니다.

- 아 래 -

(1) 대 여 금 : 금 ○○○원
(2) 이 자 : 연 25%
(3) 변제기일 : 20○○. ○○. ○○.

2. 그러나 피신청인은 사정이 어렵다면서 갚을 날짜가 지나도록 원리금을 갚지 아니하므로, 신청인은 대여금 ○○○원 및 이에 대한 지연손해금 등을 지급 받기 위

하여 이 사건 조정신청을 하게 되었습니다.

입 증 방 법

1. 갑 제1호증 차용증
1. 갑 제2호증 각서

첨 부 서 류

1. 위 입증방법 각 1통
1. 조정신청서부본 1통
1. 송달료납부서 1통

20○○. ○○. ○○.

위 신청인 ○○○ (서명 또는 날인)

ㅇㅇ지방법원 귀중

③ 조정신청서{손해배상(자)청구}

조 정 신 청 서

신 청 일 20○○. ○○. ○○.

사 건 명 손해배상(자)

신 청 인 ○○○(주민등록번호)
○○시○○구○○길○○(우편번호)
전화.휴대폰번호:
팩스번호, 전자우편(e-mail)주소:
피신청인 ◇◇◇(주민등록번호)
○○시○○구○○길○○(우편번호)
전화.휴대폰번호:
팩스번호, 전자우편(e-mail)주소:

조정신청사항가액	금 3,736,876원	수수료	금 1,800원	송달료	금 32,500원
(인지첩부란)					

신 청 취 지

1. 피신청인은 신청인에게 금 3,736,876원 및 이에 대한 20○○. ○. ○.부터 이 사건 신청서부본 송달일까지는 연 5%의, 그 다음날부터 다 갚는 날까지는 연 15%의 각 비율에 의한 돈을 지급한다.

2. 조정비용은 피신청인의 부담으로 한다.
라는 조정을 구합니다.

신 청 원 인

1. 신분관계

신청인은 이 사건 교통사고의 직접 피해자이고, 피신청인은 울산○○다○○○○호 베스타 승합자동차의 소유자겸 이 사건 교통사고를 야기한 불법행위자입니다.

2. 손해배상책임의 발생

신청인은 ○○시 ○○구 ○○길 소재 올림피아호텔 뒤편 소방도로를 걸어가고 있을 즈음, 피신청인이 울산○○다○○○○호 베스타 승합차를 운행하여 위 호텔 주차장 쪽에서 호텔 뒤편 공터로 진행하게 되었는바, 이러한 경우 운전업무에 종사하는 피신청인으로서는 전후 좌우를 잘 살펴 안전하게 운전함으로써 사고를 미리 방지하여야 할 주의의무가 있음에도 불구하고 이를 게을리 한 채 운전한 과실로 위 차량 운전석 앞 백밀러 부위로 보행 중이던 신청인을 충격, 전도케 하여 신청인으로 하여금 염좌, 견관절, 좌상 등의 중상해를 입게 하였습니다.

그렇다면 피신청인은 자기를 위하여 자동차를 운행하는 자로서, 위 교통사고를 발생시킨 불법행위자로서 신청인이 입게 된 모든 손해를 배상할 책임이 있다 할 것입니다.

3. 손해배상의 범위

가. 일실수입

신청인은 이 사고로 치료를 위하여 통원치료 47일간 아무런 일에도 종사하지 못하여 금 1,736,876원의 일실손해를 입었습니다.

【계 산】

20○○. 9.경. 도시일용노임(건설업보통인부) : 금 50,683원

월평균 가동일수 : 22일

47일의 호프만지수 : 1.5577[=1개월의 호프만지수(0.9958)+{2개월의 호프만지수(1.9875)-1개월의 호프만지수(0.9958)}×17/30]

금 1,736,876원[=금 50,683원×22일×1.5577, 원미만 버림]

나. 치료비

치료비는 피신청인이 가입한 책임보험회사에서 전액 지급하였으므로 향후 치료비 금 1,000,000원을 청구합니다.

다. 위자료

신청인의 나이, 이 사건 사고의 경위 및 그 결과, 치료기간 등 신청인의 모든 사정을 감안하여 금 1,000,000원은 지급되어야 할 것입니다.

4. 결론

그렇다면 피신청인은 신청인에게 금 3,736,876원(일실수입금 1,736,876원+향후치료비 금 1,000,000원+위자료 금 1,000,000원) 및 이에 대하여 이 사건 사고발생일

인 20○○. ○. ○.부터 이 사건 신청서부본 송달일까지는 민법에서 정한 연 5%의, 그 다음날부터 다 갚는 날까지는 소송촉진등에관한특례법에서 정한 연 15%의 각 비율에 의한 지연손해금을 지급할 의무가 있다 할 것이므로 이 사건 신청에 이른 것입니다.

입 증 방 법

1. 갑 제1호증	주민등록표등본
1. 갑 제2호증	진단서
1. 갑 제3호증	치료확인서
1. 갑 제4호증	향후치료비추정서
1. 갑 제5호증	자동차등록원부
1. 갑 제6호증의1, 2	월간거래가격표지 및 내용

첨 부 서 류

1. 위 입증방법	각 1통
1. 신청서부본	1통
1. 송달료납부서	1통

20○○. ○○. ○○.

위 신청인 ○○○ (서명 또는 날인)

○○지방법원 귀중

④ 조정신청서{손해배상(기)청구}

민 사 조 정 신 청 서

신 청 인 ○○○(주민등록번호)
○○시 ○○구 ○○길 ○○(우편번호)
전화.휴대폰번호:
팩스번호, 전자우편(e-mail)주소:
피신청인 ◇◇◇(주민등록번호)
○○시 ○○구 ○○길 ○○(우편번호)
전화.휴대폰번호:
팩스번호, 전자우편(e-mail)주소:

손해배상(기)청구

신 청 취 지

1. 피신청인은 신청인에게 금 1,622,252원 및 이에 대한 이 사건 신청서부본 송달 다음날부터 다 갚는 날까지 연 15%의 비율에 의한 돈을 지급한다.
2. 조정비용은 피신청인의 부담으로 한다.

라는 조정을 구합니다.

신 청 이 유

1. 손해배상책임의 발생

신청인은 피신청인과 절친한 친구사이로서 20○○. ○. ○. ○○시 ○○구 ○○길 소재 소주방에서 함께 술을 마시던 중 피신청인이 신청인에게 ○○은행에서 신용대출을 받을 수 있도록 연대보증을 해달라고 부탁하여 신청인은 비록 친한 친구사이였지만 평소 피신청인의 무분별한 씀씀이를 잘 알고 있어 거절하였는데, 이에 불만을 품은 피신청인이 느닷없이 심한 욕설을 하면서 탁자를 내리쳐 신청인이 자리에서 일어났고 그 순간 피신청인이 주먹으로 신청인의 안면부를 수회 강타하여 신청인에게 3주간의 치료를 요하는 안면부좌상 및 뇌진탕 등의 상해를 입게 하였습니다.

2. 손해배상책임의 범위

1) 일실수입

신청인은 사고당시 건설공사현장에서 미장공으로 일을 하면서 일당 금 70,000원의 소득을 올리고 있었으나 이 사건 사고로 인하여 20일간 일을 하지 못했습니다. 따라서 신청인의 일실수입손해는 금 1,022,252원입니다.

【계 산】

금 1,022,252원{=금 70,000원×22일×0.6638(1개월의 호프만수치 0.9958×20/30)}

2) 치료비

신청인은 이 사건 사고로 ○○시 ○○구 ○○동 소재 ◎◎의원에서 14일간의 입원과 6일간의 통원치료를 받으면서 치료비 금 600,000원을 지출하였습니다.

3. 결론

그렇다면 피신청인은 신청인에게 금 1,622,252원(일실수입 금 1,022,252원 + 치료비 금 600,000원)을 지급하여야 할 것인바, 친구사이에 우발적으로 일어난 사건임을 감안하여 위자료는 청구하지 않고 위 청구금액에 대하여만 원만한 조정을 구하고자 이 사건 신청에 이른 것입니다.

입 증 방 법

1. 갑 제1호증 진단서
1. 갑 제2호증 치료비영수증
1. 갑 제3호증 노임명세서

첨 부 서 류

1. 위 입증방법 각 1통
1. 신청서부본 1통
1. 송달료납부서 1통

20○○. ○○. ○○.

위 신청인 ○○○ (서명 또는 날인)

○○지방법원 귀중

⑤ 조정신청서(공사대금청구)

조 정 신 청 서

신 청 일 20○○. ○○. ○○.

사 건 명 공사대금

신 청 인 ○○○(주민등록번호)
○○시○○구○○길○○(우편번호)
전화.휴대폰번호:
팩스번호, 전자우편(e-mail)주소:
피신청인 ◇◇◇(주민등록번호)
○○시○○구○○길○○(우편번호)
전화.휴대폰번호:
팩스번호, 전자우편(e-mail)주소:

조정신청사항가액	금 1,923,708원	수수료	금 1,000원	송달료	금 32,500원
(인지첩부란)					

신 청 취 지

1. 피신청인은 신청인에게 금 1,923,708원 및 이에 대한 20○○. ○. ○.부터 이 사건 신청서부본 송달일까지는 연 5%의, 그 다음날부터 다 갚는 날까지는 연 15%의 각 비율에 의한 돈을 지급한다.

2. 조정비용은 피신청인의 부담으로 한다.
라는 조정을 구합니다.

신 청 원 인

1. 공사제공내역

(1)공사한 분야 : 신축건물의 미장공사(노임하도급)
(2)공사현장 : ○○시 ○○구 ○○길 ○○ 상가건물신축공사장
(3)공사제공기간 : 20○○. ○. ○.부터 20○○. ○. ○○.까지
(4)공사대금 : 금 1,923,708원
(내역: 약정공사대금 5,000,000원 중 미지급 공사대금 1,923,708원)
(5)기타 약정 : 위 건물의 사용검사를 마치면 위 공사대금 잔액을 지급하기로 하였음.

2. 기타
피신청인은 위 건물의 사용검사를 마치면 위 총공사대금 5,000,000원 중 미지급된 공사대금 1,923,708원을 지급하기로 하고서도 위 건물의 사용검사가 끝난 지급까지 위 금 1,923,708원을 지급하지 않고 있음.

입 증 방 법

1. 갑 제1호증 공사계약서
1. 갑 제2호증 사실확인서(사용검사)

첨 부 서 류

1. 위 입증방법 각 1통
1. 신청서부본 1통
1. 송달료납부서 1통

20○○. ○○. ○○.

위 신청인 ○○○ (서명 또는 날인)

○○지방법원 귀중

⑥ 조정신청서(건물인도 등 청구)

조 정 신 청 서

신 청 일 20○○. ○○. ○○.

사 건 명 건물인도 등

신 청 인 ○○○(주민등록번호)
○○시○○구○○길○○(우편번호○○○-○○○)
전화.휴대폰번호:
팩스번호, 전자우편(e-mail)주소:
피신청인 ◇◇◇(주민등록번호)
○○시○○구○○길○○(우편번호○○○-○○○)
전화.휴대폰번호:
팩스번호, 전자우편(e-mail)주소:

조정신청사항가액	금 6,000,000원	수수료	금 3,000원	송달료	금 32,500원
(인지첩부란)					

신 청 취 지

1. 피신청인은 신청인에게 ○○시 ○○구 ○○길 ○○ 지상 벽돌조 기와지붕 단층 상가 ○○○.○㎡ 중 별지도면 표시 가, 나, 다 ,라 가, 각 점을 차례로 연결한 선내 17.59㎡를 인도하고 20○○. ○. ○.부터 명도 할 때까지 매월 금 500,000원을 지급한다.
2. 조정비용은 피신청인의 부담으로 한다.

라는 조정을 구합니다.

신 청 원 인

1. 신청인은 20○○. ○. ○. 피신청인과 ○○시 ○○구 ○○길 ○○ 소재 건물 중

별지기재 도면과 같이 좌측 방1칸, 사무실1칸을 임차보증금 5,000,000원, 월임료 금 400,000원, 임대차기간 2년으로 한 임대차계약을 체결하고 피신청인은 이를 임차한 뒤 ○○부동산이라는 상호로 부동산중개업을 하고 있습니다.

2. 그런데 피신청인은 20○○. ○. ○.부터 신청인에게 지급하기로 한 월임료 금 400,000원을 지급하지 않고 있으며, 신청인은 지금까지 임차보증금에서 월임료를 충당하기로 하고 20○○. ○. ○.까지 신청인에게 위 임차목적물을 인도하라고 20○○. ○. ○.자 내용증명으로 최고한 바 있으나, 피신청인은 그 기간이 지난 지금까지도 위 임차목적물의 인도 및 임료의 지급을 명백히 거절하고 있습니다.

3. 따라서 신청인은 피신청인에게 위 임차부동산의 인도를 구함과 동시에 이는 많은 시일이 걸리므로 20○○. ○. ○.부터 인도 받을 때까지 임차보증금 5,000,000원을 월세로 환산한 매월 임료 금 500,000원 상당액을 그 손해로 청구하고자 합니다.

입 증 방 법

1. 갑 제1호증 임대차계약서
1. 갑 제2호증 통고서(내용증명우편)
1. 갑 제3호증 월임료미납확인서

첨 부 서 류

1. 위 입증방법 각 1통
1. 부동산등기사항증명서 1통
1. 건축물대장 1통
1. 신청서부본 1통
1. 송달료납부서 1통

20○○. ○○. ○○.

위 신청인 ○○○ (서명 또는 날인)

○○지방법원 귀중

[별지] 생략

⑦ 조정신청서(공사이행청구 등)

조정신청서

신 청 인 ○○○(주민등록번호)
○○시 ○○구 ○○길 ○○(우편번호)
전화.휴대폰번호:
팩스번호, 전자우편(e-mail)주소:
피신청인 ◇◇◇(주민등록번호)
○○시 ○○구 ○○길 ○○(우편번호)
전화.휴대폰번호:
팩스번호, 전자우편(e-mail)주소:

공사이행청구 등

신 청 취 지

1. 피신청인은 선택적으로, ○○ ○○군 ○○면 ○○리 ○○ 전 838㎡ 중 신청인 소유의 분묘부분 33㎡(별지도면 표시 ㄱ, ㄴ, ㄷ, ㄹ, ㄱ의 각 점을 차례로 연결한 선내 부분)가 무너지지 않도록 축대설치공사를 이행하라, 또는 신청인에게 금 27,070,751원 및 이에 대한 이 사건 조정성립일부터 다 갚는 날까지 연 15%의 비율에 의한 돈을 지급하라.
2. 조정비용은 피신청인의 부담으로 한다.

라는 조정을 구합니다.

신 청 원 인

1. 당사자의 신분관계
신청인은 20○○. ○. ○. 신청외 ◉◉◉에게 ○○ ○○군 ○○면 ○○리 ○○ 전 838㎡(다음부터 '이 사건 토지'라 함)을 대금 ○○○원에 매도하면서 이 사건 토지 중 신청인의 선친의 분묘가 있는 부분인 별지도면 표시 ㄱ, ㄴ, ㄷ, ㄹ, ㄱ의 각 점을 차례로 연결한 부분 33㎡(다음부터 '이 사건 분묘부분'이라고 함)는 매매목적물에서 제외하기로 약정하였습니다(갑 제1호증의 1 매매계약서). 이후 신청외 ◉◉◉는 20○○. ○. ○○. 피신청인에게 이 사건 토지를 대금 40,000,000원에 매도하면서 역시 매매목적물에서 이 사건 분묘부분을 제외하기로 약정하였습니다(갑 제1호증의 2 매매계약서, 갑 제2호증 부동산등기부등본).
2. 피신청인의 의무의 발생
그 뒤 피신청인이 이 사건 토지 위에 주택건축을 목적으로 중장비 등을 동원하여 땅파기 작업 및 터고르기 작업을 하면서 이 사건 분묘 주위가 무너질 상황에 처하였습니다(갑 제2호증의 1 내지 6 각 사진).

이에 신청인은 피신청인에게 위와 같은 피해상황에 대해 대책을 요구하였는바, 20○○. ○○. ○. 피신청인은 20○○. ○○. ○○.까지 이 사건 분묘 주위에 축대를 쌓아서 어떠한 피해도 발생하지 않도록 할 것이라고 약정하였습니다(갑 제3호증 서약서).

3. 축대공사비용

위와 같은 약정에도 불구하고 피신청인이 축대(옹벽)공사를 이행하지 않자, 신청인은 이 사건 분묘 주위에 축대(옹벽)설치공사비용에 대한 견적을 뽑아보니, 그 비용이 합계 금 27,070,751원에 이릅니다(갑 제6호증 견적서).

4. 결론

그렇다면 피신청인은 선택적으로, ○○ ○○군 ○○면 ○○리 ○○ 전 838㎡ 중 신청인 소유의 분묘 부분 33㎡(별지도면 표시 ㄱ, ㄴ, ㄷ, ㄹ, ㄱ의 각 점을 차례로 연결한 선내 부분)이 무너지지 않도록 축대설치공사를 이행하든지, 또는 신청인에게 축대설치공사대금 27,070,751원 및 이에 대한 이 사건 조정 성립일로부터 다 갚는 날까지 소송촉진등에관한특례법에서 정한 연 15%의 비율에 의한 지연손해금을 지급할 의무가 있으므로 신청인은 위와 같은 조정을 신청하였습니다.

입 증 방 법

1. 갑 제1호증의 1, 2 각 매매계약서
1. 갑 제2호증 부동산등기사항증명서
1. 갑 제3호증의 1 내지 6 현장사진
1. 갑 제4호증 서약서
1. 갑 제5호증 지적도등본
1. 갑 제6호증 견적서

첨 부 서 류

1. 위 입증방법 각 1통
1. 신청서부본 1통
1. 송달료납부서 1통

20○○. ○○. ○○.

위 신청인 ○○○ (서명 또는 날인)

○○지방법원 ○○지원 귀중

[별지] 생략

⑧ 조정신청(임금청구)

조 정 신 청 서

신 청 인 ○○○(주민등록번호)
○○시 ○○구 ○○길 ○○(우편번호 ○○○-○○○)
전화.휴대폰번호:
팩스번호, 전자우편(e-mail)주소:
피신청인 ◇◇◇(주민등록번호)
○○시 ○○구 ○○길 ○○(우편번호 ○○○-○○○)
전화.휴대폰번호:
팩스번호, 전자우편(e-mail)주소:

임금청구

신 청 취 지

1. 피신청인은 신청인에게 금 1,200,000원 및 이에 대한 200○. ○. ○.부터 이 사건 신청서부본 송달일까지는 연 5%의, 그 다음날부터 다 갚는 날까지는 연 20%의 각 비율에 의한 돈을 지급한다.
2. 조정비용은 피신청인의 부담으로 한다.

라는 조정을 구합니다.

신 청 원 인

1. 신청인은 20○○. ○. ○.부터 20○○. ○. ○○.까지 ○○시 ○○구 ○○길 ○○ 소재 피신청인이 경영하는 '○○○학원'에서 수학강사로 근로를 제공하고 피신청인으로부터 20○○. ○월분 임금 1,200,000원을 지급 받지 못하였습니다.
2. 그러므로 신청인은 신청취지와 같은 조정결정을 구하고자 이 사건 신청에 이르렀습니다.

입 증 서 류

1. 갑 제1호증 체불금품확인원(○○지방노동사무소)

첨 부 서 류

1. 위 입증방법 1통

20○○. ○○. ○○.
위 신청인 ○○○ (서명 또는 날인)

○○지방법원 ○○지원 귀중

13. 신청비용

13-1. 소가 산정

임차보증금감액 청구소송과 같이 금전의 지급을 청구하는 소송일 경우 소가는 청구금액(이자는 불산입)이 됩니다.

13-2. 인지액

① 민사조정 신청수수료(인지액)는 소송 진행 시 첨부하는 인지액의 10분의 1로 합니다(민사조정규칙 제3조 제1항).

② 즉, 다음과 같이 1심 소가에 따른 인지액 산정방법에 따라 인지액을 산정한 후 그 금액에서 1/10을 하면 조정신청 수수료가 나옵니다.

소 가	인 지 대
소가 1천만원 미만	소가 × 50 / 10,000
소가 1천만원 이상 1억원 미만	소가 × 45 / 10,000 + 5,000
소가 1억원 이상 10억원 미만	소가×40 / 10,000 + 55,000
소가 10억원 이상	소가× 35 / 10,000 + 555,000
※ 인지액이 1천원 미만이면 1천원으로 하고, 수수료 중 100원 미만은 계산하지 않습니다(「민사조정규칙」 제3조제2항).	

※ 예를 들어, 위 신청서 기재내용의 인지액을 계산해 보면
{(30,000,000원 × 0.0045) + 5,000} × 0.1 = 14,000 이 인지액이 됩니다.

13-3. 인지액의 납부방법

① 인지액은 수입인지로 납부해야 합니다. 그러나 따로 대법원규칙이 정하는 경우 이를 현금으로 납부하게 할 수 있습니다(민사조정규칙 제3조 제4항).

② 현금납부

소장에 첨부하거나 보정해야 할 인지액(이미 납부한 인지액이 있는 경우에는 그 합산액)이 1만원 이상인 경우에는 그 인지의 첨부 또는 보정에 갈음해 인지액 상당의 금액 전액을 현금으로 납부해야 합니다(민사소송 등 인지규칙 제27조 제1항).

인지액 상당 금액을 현금으로 납부할 경우에는 송달료 수납은행에 내야 합니다(민사소송 등 인지규칙 제28조).

③ 신용카드납부

신청인은 인지액 상당의 금액을 현금으로 납부할 수 있는 경우 이를 수납은행 또는 인지납부대행기관의 인터넷 홈페이지에서 인지납부대행기관을 통해 신용카드·직불카드 등(이하 “신용카드등”이라 한다)으로도 납부할 수 있습니다(민사소송 등 인지규칙 제28조의2 제1항).

※ "인지납부대행기관"이란 정보통신망을 이용해 신용카드등에 의한 결제를 수행하는 기관으로서 인지납부대행기관으로 지정받은 자를 말합니다(민사소송 등 인지규칙 제28조의2 제2항).

※ 인지납부대행기관은 신청인으로부터 인지납부 대행용역의 대가로 납부대행수수료를 받을 수 있고, 납부대행수수료는 전액 소송비용으로 봅니다(민사소송 등 인지규칙 제28조의24항 및 제5항).

④ 인지납부일

인지액 상당의 금액을 신용카드등으로 납부하는 경우에는 인지납부대행기관의 승인일을 인지납부일로 봅니다(민사소송 등 인지규칙 제28조의2 제3항).

⑤ 신청인은 수납은행이나 인지납부대행기관으로부터 교부받거나 출력한 영수필확인서를 소장에 첨부하여 법원에 제출해야 합니다(민사소송 등 인지규칙 제29조 제2항).

13-4. 송달료 납부

민사조정사건의 송달료는 (당사자수 × 3,700원 × 5회분)입니다(송달료규칙의 시행에 따른 업무처리요령 별표 1)

제2절 제소전화해

① 제소전화해란 민사분쟁에 대한 소송을 제기하기 전 화해를 원하는 당사자의 신청으로 지방법원 단독판사 앞에서 행해지는 화해를 말합니다.
② 제소전화해가 성립되면 법원이 화해조서를 작성하는데 이 화해조서는 확정판결과 같은 효력을 가집니다.

1. 제소전화해의 개념

'제소전화해'란 민사분쟁에 대한 소송을 제기하기 전 화해를 원하는 당사자의 신청으로 지방법원 단독판사 앞에서 행해지는 화해를 말합니다.

2. 제소전화해의 효력

① 제소전화해는 당사자가 서로 합의된 내용을 적어 법원에 미리 화해신청을 하는 제도로 화해가 성립되면 법원이 화해조서를 작성하는데 이 화해조서는 확정판결과 같은 효력을 가집니다. 따라서 화해조서를 기초로 강제집행을 할 수 있습니다(민사집행법 제56조 제5호).
② 제소전화해는 재판상 화해로서 확정판결과 동일한 효력이 있고 창설적 효력을 가지므로 화해가 이루어지면 종전의 법률관계를 바탕으로 한 권리의무 관계는 소멸됩니다.

(관련판례 1)

「가등기담보 등에 관한 법률」 시행 당시 채권담보를 위한 소유권이전등기청구권보전의 가등기에 기한 본등기가 제소전화해조서에 기해 이루어진 경우, 채무자가 세소전화해조서의 삭성 이후에 그 피담보채무원리금을 채권자에게 모두 변제하였음을 이유로 가등기 및 그에 기한 본등기의 말소를 청구하는 것은 제소전화해조서의 기판력과 저촉된다고 볼 수 없다(대법원 1995. 2. 24. 선고 94다53501 판결).

(관련판례 2)

제소전화해는 재판상 화해로서 확정판결과 동일한 효력이 있고 창설적 효력을 가지는 것이므로 화해가 이루어지면 종전의 법률관계를 바탕으로 한 권리의무 관계는 소멸한다(대법원 1988. 1. 19. 선고 85다카1792 판결).

3. 신청 절차

① 제소전화해 신청서가 접수되면 법원은 지체 없이 피신청인에게 이를 송달해야 합니다.

② 제소전화해가 성립되지 않으면 당사자는 소송을 제기할 수 있습니다.

※ 제소전화해 신청 절차도

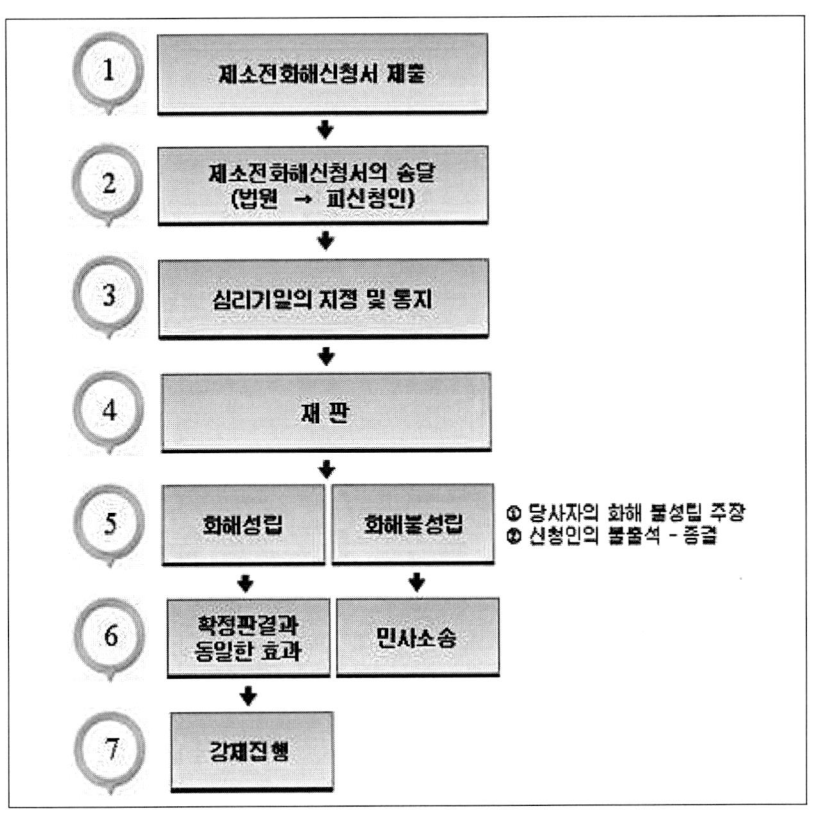

3-1. 제소전화해 신청서의 제출

① 제소전화해 신청서에는 민사상 다툼에 관한 청구 취지·원인과 다투는 사정을 밝혀야 합니다(민사소송법 제385조 제1항).

② 관할

신청인은 다음과 같이 상대방의 보통재판적이 있는 곳의 지방법원에 화해를 신청하면 됩니다(민사소송법 제385조 제1항).

1. 피신청인의 주소지 또는 거소지
2. 대사(大使)·공사(公使), 그 밖에 외국의 재판권 행사대상에서 제외되는 대한민국 국민이 주소지 또는 거소지가 없는 경우 대법원이 있는 곳
3. 법인, 그 밖의 사단 또는 재단일 경우 사무소 또는 영업소 소재지(만약 사무소와 영업소가 없는 경우에는 주된 업무담당자의 주소)
4. 국가가 피신청인일 경우에는 해당 건과 관련해 국가를 대표하는 관청 또는 대법원이 있는 곳

③ 대리인 선임

당사자는 화해를 위해 대리인을 선임할 수 있으나, 대리인을 선임하는 권리를 상대방에게 위임할 수는 없습니다(민사소송법 제385조 제2항).

3-2. 송달

제소전화해 신청서는 지체 없이 피신청인에게 송달해야 합니다(민사소송법 제385조 제4항 및 제178조제1항).

3-3. 심리기일의 지정

① 재판장은 바로 심리기일을 정해야 합니다(민사소송법 제385조 제4항 및 제258조제1항).

② 법원은 필요한 경우 대리권의 유무를 조사하기 위해 당사자본인 또는 법정대리인의 출석을 명할 수 있습니다(민사소송법 제385조3항).

3-4. 제소전화해의 성립 또는 불성립

① 제소전화해의 성립

화해가 성립되면 법원의 법원서기관·법원사무관·법원주사 또는 법원주사보(이하 '법원사무관등'이라 한다)는 조서에 당사자, 법정대리인, 청구 취지와 원인, 화해조항, 날짜와 법원을 표시하고 판사와 법원사무관등이 기명날인합니다(민사조정법 제28조 및 제33조제2항).

② 제소전화해 조서의 효력

제소전화해 조서는 확정판결과 동일한 효력이 있습니다(민사소송법 제220조).

③ 제소전화해의 불성립

㉮ 화해가 성립되지 않은 경우 법원사무관등은 그 사유를 조서에 적어야 합니다(민사소송법 제387조 제1항).

㉯ 신청인 또는 상대방이 기일에 출석하지 않은 경우 법원은 이들의 화해가 성립되지 않은 것으로 볼 수 있습니다(민사소송법 제387조 제2항).

㉰ 법원사무관등은 제소전화해 불성립조서 등본을 당사자에게 송달해야 합니다(민사소송법 제387조 제3항).

3-5. 소송의 제기

① 제소전화해가 불성립 된 경우 당사자는 소송을 제기할 수 있습니다(「민사소송법」 제388조제1항).

② 소송제기 시점

㉮ 적법한 소송제기의 신청이 있으면 화해신청을 한 때에 소송이 제기된 것으로 봅니다(민사소송법 제388조 제2항).

㉯ 소송이 제기되면 법원사무관등은 바로 소송기록을 관할법원에 보냅니다(민사소송법 제388조 제2항).

③ 소송제기 기한

소송의 제기는 제소전화해 불성립조서 등본이 송달된 날부터 2주 이내에 해야 합니다(민사소송법 제388조3항 본문). 다만, 조서등본이 송달되기 전에도 신청할 수 있습니다(민사소송법 제388조 제3항 단서).

4. 신청서 작성

① 제소전화해 신청서에는 신청취지, 신청원인, 화해조항, 입증방법, 첨부서류를 자세히 기재해야 합니다.

② 제소전화해 신청수수료(인지액)는 소송 진행 시 첨부하는 인지액의 1/5 에 해당하는 금액입니다.

※ 제소전화해 신청서 서식

제 소 전 화 해 신 청 서

사 건 명

신 청 인 (이름) (주민등록번호 -)

(주소) (연락처)

피신청인 (이름) (주민등록번호 -)

(주소) (연락처)

소송목적의 값	원	인 지	원

※제소전화해비용은 소장에 첨부하는 인지액의 1/5 입니다.

(인지첩부란)

송달료 계산 방법 : 당사자 수(신청인+피신청인)×5×1회분

※1회 송달료는 추후 변동될 수 있습니다.

휴대전화를 통한 정보수신 신청

위 사건에 관한 재판기일의 지정.변경.취소 및 문건접수 사실을 예납의무자가 납부한 송달료 잔액 범위 내에서 아래 휴대전화를 통하여 알려주실 것을 신청합니다.

▣ **휴대전화 번호** :

20 . . .

신청인 원고 (날인 또는 서명)

※ 문자메시지는 재판기일의 지정.변경.취소 및 문건접수 사실이 법원재판사무시스템에

입력되는 당일 이용 신청한 휴대전화로 발송됩니다.
※ 문자메시지 서비스 이용금액은 메시지 1건당 17원씩 납부된 송달료에서 지급됩니다 (송달료가 부족하면 문자메시지가 발송되지 않습니다).
※ 추후 서비스 대상 정보, 이용금액 등이 변동될 수 있습니다.

○○ 지방법원 귀중

◇유의사항◇

1. 연락처란에는 언제든지 연락 가능한 전화번호나 휴대전화번호, 그 밖에 팩스번호.이메일 주소 등이 있으면 함께 기재하여 주시기 바랍니다. 피신청인의 연락처는 확인이 가능한 경우에 기재하면 됩니다.
2. 첨부할 인지가 많은 경우에는 뒷면을 활용하시기 바랍니다.

신 청 취 지

1.
2.

라는 화해를 구합니다.

화 해 조 항

1.
2.
3.

입 증 방 법

1.
2.
3.
4.

첨 부 서 류

1. 위 입증방법 각 1통
1. 신청서부본 1통
1. 송달료납부서 1통
1. 신청원인, 화해조항 각 1통

200 . . .

위 신청인 (서명 또는 날인)

5. 신청비용

5-1. 소가 산정

대여금 청구와 같이 금전의 지급을 청구하는 화해신청일 경우 소가는 청구금액(이자는 불산입)이 됩니다.

5-2. 인지액

① 제소전화해 신청수수료(인지액)는 소송 진행 시 첨부하는 인지액의 1/5로 합니다(민사소송 등 인지법 제7조 제1항).

② 즉 다음과 같이 1심 소가에 따른 인지액 산정방법에 따라 인지액을 산정한 후 그 금액에서 1/5을 하면 제소전화해신청 수수료가 나옵니다.

소 가	인 지 대
소가 1천만원 미만	소가 × 50 / 10,000
소가 1천만원 이상 1억원 미만	소가 × 45 / 10,000 + 5,000
소가 1억원 이상 10억원 미만	소가×40 / 10,000 + 55,000
소가 10억원 이상	소가× 35 / 10,000 + 555,000
※ 인지액이 1천원 미만이면 1천원으로 하고, 수수료 중 100원 미만은 계산하지 않습니다(「민사조정규칙」 제3조제2항).	

※ 예를 들어 위 신청서 기재내용의 인지액을 계산해 보면(이자는 불산입, 원금이 소가),
{(30,000,000원 × 0.0045) + 5,000} × 0.2 = 28,000 이 인지액이 됩니다.

5-3. 인지액의 납부방법

① 현금납부

소장에 붙이거나 추가해야 할 인지액(이미 납부한 인지액이 있는 경우에는 그 합산액)이 1만원 이상인 경우에는 그 인지의 첩부 또는 보정에 갈음해 인지액 상당의 금액 전액을 현금으로 납부해야 합니다(민사소송 등 인지규칙 제27조 제1항).

인지액 상당 금액을 현금으로 납부할 경우에는 송달료 수납은행에 내야 합니다(민사소송 등 인지규칙 제28조).

② 신용카드납부

신청인은 인지액 상당의 금액을 현금으로 납부할 수 있는 경우 이를 수납은행 또는

인지납부대행기관의 인터넷 홈페이지에서 인지납부대행기관을 통해 신용카드·직불카드 등(이하 "신용카드등"이라 한다)으로도 납부할 수 있습니다(민사소송 등 인지규칙 제28조의2 제1항).

※ '인지납부대행기관'이란 정보통신망을 이용해 신용카드등에 의한 결제를 수행하는 기관으로서 인지납부대행기관으로 지정받은 자를 말합니다(민사소송 등 인지규칙 제28조의2 제2항).

※ 인지납부대행기관은 신청인으로부터 인지납부 대행용역의 대가로 납부대행수수료를 받을 수 있고, 납부대행수수료는 전액 소송비용으로 봅니다(민사소송 등 인지규칙 제28조의2 제4항 및 제5항).

③ 인지납부일

인지액 상당의 금액을 신용카드등으로 납부하는 경우에는 인지납부대행기관의 승인일을 인지납부일로 봅니다(민사소송 등 인지규칙 제28조의2 제3항).

신청인은 수납은행이나 인지납부대행기관으로부터 교부받거나 출력한 영수필확인서를 소장에 첨부하여 법원에 제출해야 합니다(민사소송 등 인지규칙 제29조 제2항).

5-4. 송달료 납부

제소전화해 신청 시의 송달료는 (당사자수 × 3,700원 × 4회분)입니다(송달료규칙의 시행에 따른 업무처리요령 별표 1).

제3절 지급명령

1. 지급명령의 개념

① 지급명령이란 금전, 그 밖에 대체물(代替物)이나 유가증권의 일정한 수량의 지급을 목적으로 하는 채권자의 청구에 대해 이유가 있다고 인정되면 변론을 거치지 않고 채무자에게 일정한 급부를 명하는 재판을 말합니다.
② 지급명령결정은 확정판결과 같은 효력이 인정됩니다.

2. 지급명령의 요건

① 지급명령은 금전, 그 밖에 대체물이나 유가증권의 일정한 수량의 지급을 목적으로 하는 청구에 한정됩니다(민사소송법 제462조 본문).
② 또한 대한민국에서 공시송달 외의 방법으로 송달할 수 있는 경우에 한합니다(민사소송법 제462조 단서). 예를 들어 채무자가 외국에 있거나 소재가 파악되지 않는 등의 경우는 지급명령의 대상이 되지 못합니다.

3. 지급명령의 효력

지급명령에 대해 이의신청이 없거나, 이의신청을 취하하거나, 각하결정이 확정된 경우 확정판결과 같은 효력이 인정됩니다(민사소송법 제474조 본문).

4. 신청 절차

① 법원은 지급명령 신청서가 접수되면 채무자를 심문하지 않고 바로 지급명령을 결

정합니다.

② 지급명령 정본은 독촉절차안내서와 함께 채무자에게 먼저 송달해야 하고, 채무자가 이의신청을 하면 지급명령은 그 범위 안에서 효력을 잃습니다.

4-1. 지급명령 신청 절차도

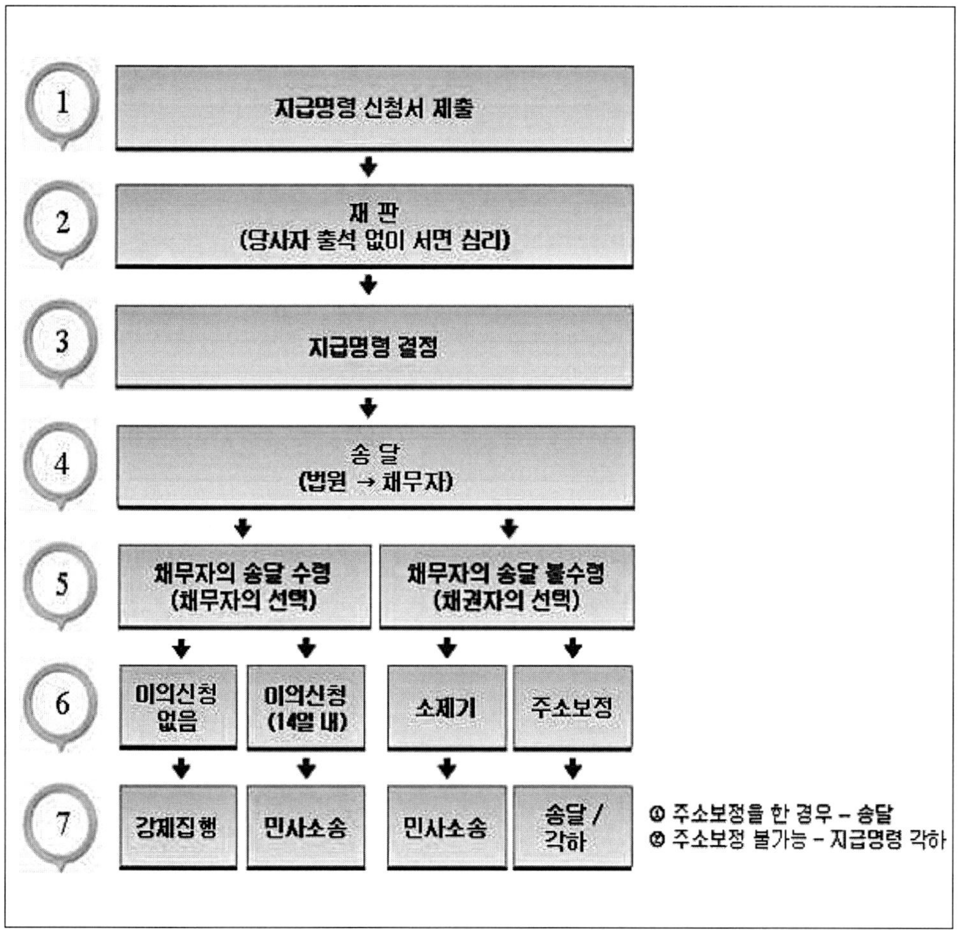

4-2. 지급명령 신청서 제출

① 지급명령 신청서에는 당사자와 법정대리인, 청구 취지와 원인을 적어야 합니다(민사소송법 제464조 및 제249조제1항).

② 관할

㉮ 신청인은 다음과 같이 채무자의 보통재판적이 있는 곳의 지방법원에 지급명령을 신청하면 됩니다(민사소송법 제463조).

1. 채무자의 주소지 또는 거소지
2. 대사(大使)·공사(公使), 그 밖에 외국의 재판권 행사대상에서 제외되는 대한민국 국민이 주소지 또는 거소지가 없는 경우 대법원이 있는 곳
3. 법인, 그 밖의 사단 또는 재단일 경우 사무소 또는 영업소 소재지(만약 사무소와 영업소가 없는 경우에는 주된 업무담당자의 주소)
4. 국가가 채무자일 경우에는 해당 건과 관련해 국가를 대표하는 관청 또는 대법원이 있는 곳

㉯ 신청인은 그 외 다음의 지방법원, 지방법원 지원, 시·군법원에 지급명령을 신청할 수 있습니다(민사소송법 제463조).

1. 사무소 또는 영업소에 계속해서 근무하는 사람이 채무자일 경우 그 사무소 또는 영업소가 있는 곳을 관할하는 법원(민사소송법 제7조)
2. 채무자의 거소지 또는 의무이행지의 법원(민사소송법 제8조)
3. 채무자에게 어음·수표를 지급한 경우에는 지급지의 법원(민사소송법 제9조)
4. 사무소 또는 영업소가 있는 사람이 채무자일 경우에는 그 사무소 또는 영업소가 있는 곳의 법원(민사소송법 제12조)
5. 불법행위지의 법원(민사소송법 제18조)

4-3. 지급명령 신청서 작성례

① 지급명령신청서(대여금청구의 독촉사건)

지 급 명 령 신 청

채권자 ○○○(주민등록번호)
○○시 ○○구 ○○길 ○○(우편번호 ○○○-○○○)
전화.휴대폰번호:
팩스번호, 전자우편(e-mail)주소:
채무자 ◇◇◇(주민등록번호)
○○시 ○○구 ○○길 ○○(우편번호 ○○○-○○○)
전화.휴대폰번호:
팩스번호, 전자우편(e-mail)주소:

대여금청구의 독촉사건
청구금액 : 금 5,000,000원

신 청 취 지

채무자는 채권자에게 금 5,000,000원 및 이에 대한 20○○. ○. ○.부터 이 사건 지급명령결정정본을 송달 받는 날까지는 연 18%, 그 다음날부터 다 갚는 날까지는 연 15%의 각 비율에 의한 금액 및 아래 독촉절차비용을 합한 금액을 지급하라는 지급명령을 구합니다.

아 래

금 원 독촉절차비용

내 역

금 원 인 지 대
금 원 송 달 료

신 청 이 유

1. 채권자는 채무자에게 20○○. ○. ○. 금 5,000,000원을 대여해주면서 변제기한은 같은 해 ○○. ○, 이자는 월 1.5%를 지급 받기로 한 사실이 있습니다.

2. 그런데 채무자는 위 변제기일이 지났음에도 불구하고 원금은 고사하고 약정한 이자까지도 채무이행을 하지 아니하므로 채권자는 채무자에게 위 원금 및 지연이자를 변제할 것을 여러 차례에 걸쳐 독촉하자 채무자는 원금 및 지연이자를 20○○. ○. ○○.까지 지급하겠다며 지불각서까지 작성하여 주고서도 이마저도 전혀 이행치 않고 있습니다.

3. 따라서 채권자는 채무자로부터 위 대여금 5,000,000원 및 이에 대한 20○○. ○. ○.부터 이 사건 지급명령결정정본을 송달 받는 날까지는 약정한 이자인 연 18%(계산의 편의상 월 1.5%를 연단위로 환산함), 그 다음날부터 다 갚는 날까지는 소송촉진등에관한특례법에서 정한 연 15%의 각 비율에 의한 이자, 지연손해금 및 독촉절차비용을 합한 금액의 지급을 받기 위하여 이 사건 신청을 하기에 이르게 된 것입니다.

첨 부 서 류

1. 지불각서 1통
1. 송달료납부서 1통

20○○. ○○. ○○.
위 채권자 ○○○ (서명 또는 날인)

○○지방법원 귀중

■ 참 고 ■

※ (1)관할법원(민사소송법 제463조, 제7조 내지 제9조, 제12조, 제18조)

가. 채무자의 보통재판적이 있는 곳의 지방법원

나. 사무소 또는 영업소에 계속하여 근무하는 사람에 대하여 소를 제기하는 경우에는 그 사무소 또는 영업소가 있는 곳을 관할하는 법원

다. 재산권에 관한 소를 제기하는 경우에는 거소지 또는 의무이행지의 법원

라. 어음.수표에 관한 소를 제기하는 경우에는 지급지의 법원
마. 사무소 또는 영업소가 있는 사람에 대하여 그 사무소 또는 영업소의 업무와 관련이 있는 소를 제기하는 경우에는 그 사무소 또는 영업소가 있는 곳의 법원
바. 불법행위에 관한 소를 제기하는 경우에는 행위지의 법원. 선박 또는 항공기의 충돌이나 그 밖의 사고로 말미암은 손해배상에 관한 소를 제기하는 경우에는 사고선박 또는 항공기가 맨 처음 도착한 곳의 법원.

※ (2) 인지액

지급명령신청서에는 민사소송등인지법 제2조의 규정액의 10분의 1의 인지를 붙여야 합니다(민사소송등인지법 제7조 제2항).

※ (3) 지급명령과 집행(민사집행법 제58조)

① 확정된 지급명령에 기한 강제집행은 집행문을 부여받을 필요 없이 지급명령 정본에 의하여 행한다. 다만, 다음 각 호 가운데 어느 하나에 해당하는 경우에는 그러하지 아니하다.
1. 지급명령의 집행에 조건을 붙인 경우
2. 당사자의 승계인을 위하여 강제집행을 하는 경우
3. 당사자의 승계인에 대하여 강제집행을 하는 경우

② 채권자가 여러 통의 지급명령 정본을 신청하거나, 전에 내어준 지급명령 정본을 돌려주지 아니하고 다시 지급명령 정본을 신청한 때에는 법원사무관등이 이를 부여한다. 이 경우 그 사유를 원본과 정본에 적어야 한다.

③ 청구에 관한 이의의 주장에 대하여는 제44조제2항의 규정을 적용하지 아니한다.

④ 집행문부여의 소, 청구에 관한 이의의 소 또는 집행문부여에 대한 이의의 소는 지급명령을 내린 지방법원이 관할한다.

⑤ 제4항의 경우에 그 청구가 합의사건인 때에는 그 법원이 있는 곳을 관할하는 지방법원의 합의부에서 재판한다.

② 지급명령신청서(임금 및 퇴직금청구 독촉사건)

지 급 명 령 신 청

채권자 ○○○(주민등록번호)
　　　○○시 ○○구 ○○길 ○○(우편번호 ○○○-○○○)
　　　전화.휴대폰번호:
　　　팩스번호, 전자우편(e-mail)주소:
채무자 주식회사 ◇◇◇◇
　　　○○시 ○○구 ○○길 ○○(우편번호 ○○○-○○○)
　　　대표이사 ◈◈◈
　　　전화.휴대폰번호:
　　　팩스번호, 전자우편(e-mail)주소:

임금 및 퇴직금청구 독촉사건

청구금액 : 금 7,500,000원

신 청 취 지

채무자는 채권자에게 금 7,500,000원 및 이에 대한 20○○. ○○. ○○.부터 20○○. ○○. ○○.까지는 연 5%, 그 다음날부터 다 갚는 날까지는 연 20%의 각 비율에 의한 금액 및 아래 독촉절차비용을 합한 금액을 지급하라는 지급명령을 구합니다.

아 래

금 원 독촉절차비용

내 역

금 원 인 지 대
금 원 송 달 료

신 청 이 유

1. 채권자는 20○○. ○. ○.부터 20○○. ○○. ○.까지 ○○시 ○○구 ○○길 소재에서 식육 도소매업을 하는 피고회사에서 유통판매사원으로 근무하다가 퇴직하였는데, 20○○. ○월분부터 ○월분까지 체불임금 5,500,000원과 위 기간 동안의 퇴직금 2,000,0000원 등 합계 금 7,500,000원을 지금까지 지급을 받지 못한 사실이 있습니다.

2. 따라서 채무자는 채권자에게 위 체불임금 5,500,000원과 위 기간 동안의 퇴직금 2,000,000원 등 합계 금 7,500,000원 및 이에 대하여 퇴직한 다음날인 20○○. ○○. ○○.부터 14일째 되는 날인 20○○. ○○. ○○.까지는 민법에서 정한 연 5%, 그 다음날부터 다 갚는 날까지는 근로기준법 제37조 및 동법 시행령 제17조에서 정한 연 20%의 각 비율에 의한 지연손해금 및 독촉절차비용을 합한 금액을 지급할 의무가 있으므로 이 사건 신청에 이르게 된 것입니다.

첨 부 서 류

1. 체불금품확인원(○○지방노동사무소) 1통
1. 송달료납부서 1통

20○○. ○○. ○○.

위 채권자 ○○○ (서명 또는 날인)

○○지방법원 귀중

③ 지급명령신청서(임차보증금반환청구의 독촉사건)

지 급 명 령 신 청

채권자 ○○○(주민등록번호)
○○시 ○○구 ○○길 ○○(우편번호 ○○○-○○○)
전화.휴대폰번호:
팩스번호, 전자우편(e-mail)주소:
채무자 ◇◇◇(주민등록번호)
○○시 ○○구 ○○길 ○○(우편번호 ○○○-○○○)
전화.휴대폰번호:
팩스번호, 전자우편(e-mail)주소:

임차보증금반환청구의 독촉사건
청구금액 : 금 35,000,000원

신 청 취 지

채무자는 채권자에게 금 35,000,000원 및 이에 대한 20○○. ○○. ○○.부터 이 사건 지급명령정본을 송달 받는 날까지는 연 5%, 그 다음날부터 다 갚는 날까지는 연 15%의 각 비율에 의한 금액 및 아래 독촉절차비용을 합한 금액을 지급하라는 지급명령을 구합니다.

아 래

금 원 독촉절차비용

내 역

금 원 인 지 대
금 원 송 달 료

신 청 이 유

1. 채권자와 채무자는 20○○. ○. ○. 피고 소유 ○○시 ○○구 ○○길 ○○ 소재

목조기와지붕 평가건물 단층주택 47,36㎡ 중 방 1칸 및 부엌에 대하여 임차보증금 35,000,000원, 임대차기간은 2년으로 하는 임대차계약을 체결하고 점유. 사용하여 오다가 20○○. ○○. ○. 임대차계약기간의 만료로 인하여 임대인인 채무자에게 건물을 명도 하였습니다.

2. 그렇다면 채무자는 채권자에게 위 임차보증금을 지급할 의무가 있음에도 불구하고 지급하지 아니하여 채권자는 채무자에게 임차보증금을 반환하여 줄 것을 여러 차례에 걸쳐 독촉하였음에도 채무자는 지금까지 위 임차보증금을 반환하지 않고 있습니다.

3. 따라서 채권자는 채무자로부터 위 임차보증금 35,000,000원 및 이에 대한 20○○. ○○. ○○.부터 이 사건 지급명령결정정본을 송달 받는 날까지는 민법에서는 연 5%, 그 다음날부터 다 갚는 날까지는 소송촉진등에관한특례법에서 정한 연 15%의 각 비율에 의한 지연손해금 및 독촉절차비용을 합한 금액의 지급을 받기 위하여 이 사건 신청을 하기에 이르게 된 것입니다.

첨 부 서 류

1. 부동산임대차계약서 1통
1. 부동산등기사항증명서 1통
1. 송달료납부서 1통

20○○. ○○. ○○.

위 채권자 ○○○ (서명 또는 날인)

○○지방법원 귀중

④ 지급명령신청(구상금청구의 독촉사건)

지 급 명 령 신 청

채권자 ○○○(주민등록번호)
　　　○○시 ○○구 ○○길 ○○(우편번호 ○○○-○○○)
　　　전화.휴대폰번호:
　　　팩스번호, 전자우편(e-mail)주소:
채무자 ◇◇◇(주민등록번호)
　　　○○시 ○○구 ○○길 ○○(우편번호 ○○○-○○○)
　　　전화.휴대폰번호:
　　　팩스번호, 전자우편(e-mail)주소:

구상금청구의 독촉사건
청구금액 : 금 ○○○원

신 청 취 지

채무자는 채권자에게 금 ○○○원 및 이에 대한 20○○. ○○. ○○.부터 이 사건 명령 송달일까지는 연 ○○%의, 그 다음날부터 다 갚는 날까지는 연 15%의 각 비율에 의한 지연손해금과 독촉절차비용을 지급하라는 재판을 구합니다.

독촉절차비용　금 ○○○원

- 내　역 -

금 ○○○원　(첩용인지대)
금 ○○○원　(송 달 료)

신 청 이 유

1. 채권자는 채무자가 20○○. ○. ○. 신청외 ◈◈◈로부터 금 ○○○원을 이자는 월 ○%로 정하여 차용함에 있어서, 차용금증서상 연대보증인으로 기명.날인하여 채권자는 위 대여금채무의 연대보증인이 되었습니다.

2. 그 뒤 20○○. ○.경부터 채무자가 위 대여금 이자의 지급을 연체하여 위 대여금채무에 대한 기한의 이익을 상실하자 위 신청외 ◈◈◈는 연대보증인인 채권자에게 원리금 전액의 상환을 요청하여 채권자는 20○○. ○○. ○. 위 대여금의 원금 및 20○○. ○. ○.부터 20○○. ○. ○○.까지 ○○개월간의 월 ○%의 이자 금 ○○원 등 합계 금 ○○○원을 채무자를 대위하여 변제하였습니다.

3. 따라서 채권자는 채무자에 대하여 대위 변제한 금 ○○○원 및 이에 대한 20○○. ○○. ○○.부터 이 사건 명령 송달일까지는 약정이자율인 연 ○○%의, 그 다음날부터 다 갚는 날까지는 소송촉진등에관한특례법에서 정한 연 15%의 각 비율에 의한 지연손해금과 독촉절차비용을 지급 받고자 이 사건 신청에 이른 것입니다.

첨 부 서 류

1. 대위변제 확인서	1통
1. 영수증	1통
1. 송달료납부서	1통

20○○. ○○. ○○.

위 채권자 ○○○ (서명 또는 날인)

○○지방법원 귀중

5. 지급명령의 결정

① 법원은 지급명령 신청서가 접수되면 이를 신속하게 심사한 후 특별한 사정이 없으면 바로 지급명령을 결정합니다(독촉절차관련 재판업무처리에 관한 지침 제4조 제1항).

② 지급명령은 채무자를 심문하지 않고 결정합니다(민사소송법 제467조).

③ 지급명령에는 당사자, 법정대리인, 청구의 취지와 원인을 적고, 채무자가 지급명령이 송달된 날부터 2주 이내에 이의신청을 할 수 있다는 것을 덧붙여 적어야 합니다(민사소송법 제468조).

6. 송달

6-1. 채무자에 대한 송달

지급명령 정본은 독촉절차안내서와 함께 채무자에게 먼저 송달해야 합니다(독촉절차관련 재판업무처리에 관한 지침 제4조제2항).

6-2. 보정명령

채무자에게 지급명령 정본의 송달이 불가능한 경우(다만, 법원이 직권으로 사건을 소송절차에 부친 경우 제외) 법원은 채권자에게 보정명령을 합니다(독촉절차관련 재판업무처리에 관한 지침 제4조 제3항).

6-3. 채권자에 대한 송달

법원의 법원서기관·법원사무관·법원주사 또는 법원주사보(이하 '법원사무관등'이라 한다)는 지급명령이 채무자에게 적법하게 송달되어 지급명령이 확정판결과 같은 효력을 가지게 되면 송달일자와 확정일자가 표시된 지급명령 정본을 바로 채권자에게 송달합니다(독촉절차관련 재판업무처리에 관한 지침 제5조제2항).

7. 이의신청

① 채무자가 이의신청서를 접수하면 법원사무관등은 채권자에게 이의신청통지서를 발송합니다(독촉절차관련 재판업무처리에 관한 지침 제8조제1항).

② 채무자가 지급명령을 송달받은 날부터 2주 이내에 이의신청을 한 경우 지급명령은 그 범위 안에서 효력을 잃습니다(민사소송법 제470조제1항).

※ 이의신청서 작성례

이 의 신 청 서

사 건 20○○차○○○ 물품대금
신 청 인(채무자) ◇◇◇
피신청인(채권자) ○○○

위 사건에 관하여 신청인은 피신청인으로부터 물건을 구입한 사실이 있으나 그 대금을 6개월에 걸쳐 완납하여 채무가 존재하지 아니하므로 이의합니다.
(신청인은 지급명령 정본을 20○○. ○. ○. 송달 받았음)

20○○. ○○. ○○.

위 신청인(채무자) ◇◇◇ (서명 또는 날인)

○○지방법원 귀중

제출법원	지급명령을 한 법원	제출기간	지급명령을 송달 받은 날부터 2주 이내(민사소송법 제470조)
제출부수	신청서 1부 및 상대방 수만큼의 부본 제출	관련법규	민사소송법 제462조 내지 제474조
불복절차 및 기 간	· 이의신청 각하결정에 대한 즉시항고(민사소송법 제471조 제2항) · 재판이 고지된 날부터 1주 이내(민사소송법 제444조)		
기 타	민사소송등인지법 제7조 제3항은 "민사소송법 제388조 또는 제472조의 규정에 의하여 화해 또는 지급명령신청시에 소의 제기가 있는 것으로 보는 때에는 당해 신청인은 소를 제기하는 경우에 소장에 붙여야 할 인지액으로부터 당해 신청서에 붙인 인지액을 공제한 액의 인지를 보정하여야 한다."라고 규정하고 있는바, 이의신청에 의하여 소송절차로 이행될 때에 지급명령신청인은 인지를 보정하여야 함.		

이 의 신 청 서

사 건 번 호 20○○차○○○
신 청 인(채무자) ◇◇◇
피신청인(채권자) ○○○

신 청 취 지

위 당사자간 귀원 대여금청구의 독촉사건에 관한 지급명령 결정정본을 채무자는 20○○. ○. ○.에 송달 받았으나 이에 불복하므로 이의신청합니다.

20○○. ○○. ○○.

위 신청인(채무자) ◇◇◇ (서명 또는 날인)

○○지방법원 귀중

8. 소송의 제기

8-1. 채권자에 의한 소송제기

채권자는 법원으로부터 채무자의 주소를 보정하라는 명령을 받은 경우 소송 제기를 신청할 수 있습니다(민사소송법 제466조제1항).

8-2. 법원에 의한 소송제기

① 법원은 지급명령을 공시송달에 의하지 않고는 송달할 수 없거나 외국으로 송달해야 할 경우 직권에 의한 결정으로 사건을 소송절차에 부칠 수 있습니다(민사소송법 제466조 제2항).

② '공시송달'이란 법원사무관등이 송달한 서류를 보관해 두고 송달을 받아야 할 자가 나오면 언제라도 그것을 그 자에게 교부한다는 것을 법원의 게시판에 게시하는 송달방법으로 다른 송달방법을 취할 수 없는 경우 최후 수단으로써 인정되는 제도입니다.

③ 법원이 직권으로 사건을 소송절차에 부치는 결정을 한 경우 법원사무관등은 바로 채권자에게 소송절차회부결정서를 발송해야 합니다(독촉절차관련 재판업무처리에 관한 지침 제7조제1항).

8-3. 채무자에 의한 소송제기

채무자가 적법한 이의신청을 하면 채권자가 지급명령을 신청한 때에 이의신청된 소가로 소송이 제기된 것으로 봅니다(민사소송법 제472조2항).

9. 인지 등의 보정

① 소송이 제기되면 지급명령을 결정한 법원은 채권자에게 상당한 기간을 정해 다음의 금액만큼의 인지를 더 첨부하도록 명령합니다(민사소송법 제473조제1항).

- 소장에 붙여야 할 인지액 지급명령 신청서에 붙인 인지액

② 채권자가 기간 이내에 인지를 보정하지 않은 경우 법원은 결정으로 지급명령 신청서를 각

하해야 합니다(민사소송법 제473조 제2항 전단).

③ 이 결정에 대해서는 즉시항고를 할 수 있습니다(민사소송법 제473조 제2항 후단).

10. 전자소송의 신청

① 2014년 12월 전자독촉시스템을 이용한 신청에 대해 규정해 놓은 「독촉절차에서의 전자문서 이용 등에 관한 규칙」이 폐지됨에 따라 지급명령신청도 다른 민사소송과 같이 「민사소송 등에서의 전자문서 이용 등에 관한 법률」 및 「민사소송 등에서의 전자문서 이용 등에 관한 규칙」에 따라 신청하게 되었습니다.

② 다만, 2014년 11월 이전에 「독촉절차에서의 전자문서 이용 등에 관한 규칙」에 따라 신청한 지급명령에 관해서는 종전의 규칙에 따라 소송이 진행됩니다(민사소송 등에서의 전자문서 이용 등에 관한 규칙 부칙 제4조).

11. 신청서 작성

① 지급명령 신청서에는 청구취지, 청구원인, 입증방법, 첨부서류를 자세히 기재해야 합니다.

② 지급명령 신청수수료(인지액)는 소송 진행 시 첨부하는 인지액의 1/10에 해당하는 금액입니다.

11-1. 지급명령 신청서 서식

지급명령 신청서

채 권 자 (이름) (주민등록번호 -)
(주소) (연락처)
채 무 자 (이름) (주민등록번호 -)
(주소)

청 구 취 지

채무자는 채권자에게 아래 청구금액을 지급하라는 명령을 구함

1. 금 원
2. 위 1항 금액에 대하여 이 사건 지급명령정본이 송달된 다음날부터 갚는 날까지 연 %의 비율에 의한 지연손해금

독촉절차비용

금 원(내역 : 송달료 원, 인지대 원)

청 구 원 인

첨 부 서 류

1.
2.

20 . . .

채권자 (날인 또는 서명)
(연락처)

지방법원 귀중

◇ 유 의 사 항 ◇

1. 채권자는 연락처란에는 언제든지 연락 가능한 전화번호나 휴대전화번호(팩스번호, 이메일 주소 등도 포함)를 기재하기 바랍니다.
2. 이 신청서를 접수할 때에는 당사자 1인당 6회분의 송달료를 현금으로 송달료수납은행에 예납하여야 합니다.

12. 신청비용

12-1. 소가 산정

금전의 지급을 청구하는 지급명령 신청의 경우 소가는 청구금액(이자는 불산입)이 됩니다.

12-2. 인지액

① 지급명령 신청서에는 소송 진행 시 첨부하는 인지액의 1/10에 해당하는 금액의 인지액을 붙이면 됩니다(민사소송 등 인지법 제7조제2항).

② 즉, 다음과 같이 1심 소가에 따른 인지액 산정방법에 따라 인지액을 산정한 후 그 금액에서 1/10을 하면 지급명령신청 수수료가 나옵니다.

소 가	인 지 대
소가 1천만원 미만	소가 × 50 / 10,000
소가 1천만원 이상 1억원 미만	소가 × 45 / 10,000 + 5,000
소가 1억원 이상 10억원 미만	소가×40 / 10,000 + 55,000
소가 10억원 이상	소가× 35 / 10,000 + 555,000
※ 인지액이 1천원 미만이면 1천원으로 하고, 수수료 중 100원 미만은 계산하지 않습니다(「민사조정규칙」 제3조제2항).	

※ 예를 들어, 위 신청서 기재내용의 인지액을 계산해 보면(이자는 불산입, 원금이 소가) (3,000,000원 × 0.005)× 0.1 = 1,500 이 인지액이 됩니다.

12-3. 인지액의 납부방법

① 현금납부

소장에 첩부하거나 보정해야 할 인지액(이미 납부한 인지액이 있는 경우에는 그 합산액)이 1만원 이상인 경우에는 그 인지의 첩부 또는 보정에 갈음해 인지액 상당의 금액 전액을 현금으로 납부해야 합니다(민사소송 등 인지규칙 제27조제1항).
인지액 상당 금액을 현금으로 납부할 경우에는 송달료 수납은행에 내야 합니다(민사소송 등 인지규칙 제28조).

② 신용카드납부

신청인은 인지액 상당의 금액을 현금으로 납부할 수 있는 경우 이를 수납은행 또는

인지납부대행기관의 인터넷 홈페이지에서 인지납부대행기관을 통해 신용카드·직불카드 등(이하 “신용카드등”이라 한다)으로도 납부할 수 있습니다(민사소송 등 인지규칙 제28조의2 제1항).

※ "인지납부대행기관"이란 정보통신망을 이용해 신용카드등에 의한 결제를 수행하는 기관으로서 인지납부대행기관으로 지정받은 자를 말합니다(민사소송 등 인지규칙 제28조의2 제2항).

※ 인지납부대행기관은 신청인으로부터 인지납부 대행용역의 대가로 납부대행수수료를 받을 수 있고, 납부대행수수료는 전액 소송비용으로 봅니다(민사소송 등 인지규칙 제28조의2 제4항 및 제5항).

12-4. 인지납부일

① 인지액 상당의 금액을 신용카드등으로 납부하는 경우에는 인지납부대행기관의 승인일을 인지납부일로 봅니다(민사소송 등 인지규칙 제28조의2 제3항).

② 신청인은 수납은행이나 인지납부대행기관으로부터 교부받거나 출력한 영수필확인서를 소장에 첨부하여 법원에 제출해야 합니다(민사소송 등 인지규칙 제29조 제2항).

12-5. 송달료 납부

지급명령 신청 시의 송달료는 (당사자수 × 3,700원 × 6회분)입니다(송달료규칙의 시행에 따른 업무처리요령 별표 1)

제4절 공시최고(제권판결)

① 공시최고란 법원이 당사자의 신청에 의해 공고의 방법으로 불분명한 이해관계인에게 권리신고의 최고를 하고 누구한테서도 권리의 신고가 없을 경우 제권판결을 하는 절차를 말합니다.
② 제권판결이란 공시최고절차를 거쳐 기존에 발행된 유가증권인 어음 · 수표의 실효를 선고하고 상실자에게 자격을 회복시켜주는 판결을 말합니다.

1. 공시최고 및 제권판결의 개념

1-1. 공시최고(公示催告)의 개념

'공시최고"란 법률이 정한 경우에 법원이 당사자의 신청에 의해 공고의 방법으로 미지의 불분명한 이해관계인에게 실권 기타 불이익의 경고를 첨부하여 권리신고의 최고를 하고 누구한테서도 권리의 신고가 없을 때에는 제권판결을 하는 절차를 말합니다.

1-2. 제권판결의 개념

'제권판결(除權判決)'이란 공시최고절차를 거쳐 기존에 발행된 유가증권인 어음·수표의 실효를 선고하고 상실자에게 자격을 회복시켜주는 판결을 말합니다.

2. 신청인

① 증권 또는 증서의 무효선고를 위한 공시최고
무기명증권 또는 배서(背書)로 이전할 수 있거나 약식배서(略式背書)가 있는 증권 또는 증서의 최종소지인이 공시최고절차를 신청할 수 있습니다(민사소송법 제493조).
② 그 밖의 증서는 증서의 종류에 따라서 권리를 주장할 수 있는 사람이 공시최고절차를 신청할 수 있습니다(민사소송법 제493조).

3. 신청요건

① 공시최고는 권리 또는 청구의 신고를 하지 않으면 그 권리를 잃게 될 것을 법률로 정한 경우에만 할 수 있습니다(민사소송법 제475조).

② 등기·등록의 말소를 위한 공시최고

1. 등기권리자가 등기의무자의 소재불명으로 등기의 말소를 신청할 수 없을 경우 공시최고를 신청할 수 있습니다(부동산등기법 제56조 제1항).
2. 공시최고를 신청해 제권판결을 받으면 등기권리자가 그 사실을 증명해 단독으로 등기의 말소를 신청할 수 있습니다(부동산등기법 제56조 제2항).

③ 증권 또는 증서의 무효선고를 위한 공시최고

1. 멸실한 증서나 소지인의 점유를 이탈한 증서는 공시최고 절차에 의해 무효가 됩니다(민법 제521조).
2. 증권이나 증서는 수표, 어음, 화물상환증, 창고증권, 주권, 사채권, 선하증권, 채권 등의 유가증권의 성질을 가진 대부분의 증권을 말합니다.

4. 제권판결의 효력

제권판결이 내려진 경우 신청인은 증권 또는 증서에 따라 의무를 지는 사람에게 증권 또는 증서에 따른 권리를 주장할 수 있습니다(민사소송법 제497조).

5. 공시최고 신청 절차

공시최고 신청서 제출 단계를 시작으로 공시최고 결정/공고/최고기일 이후 권리 또는 청구의 신고로 민사소송으로 진행될 수 있으며 신고하지 않은 경우에는 재권판결 신청하며 각하된 경우 불복소송을 할 수 있습니다.

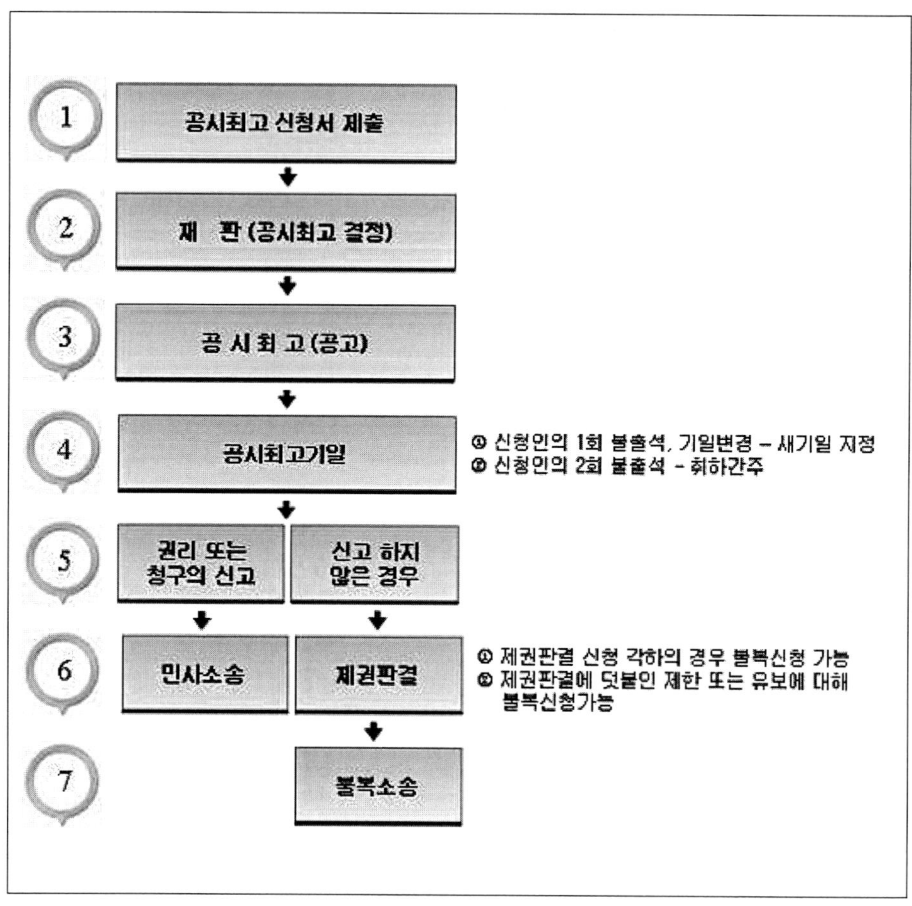

5-1. 공시최고 신청서 제출

공시최고 신청은 서면으로 해야 하고, 신청서에는 신청 이유와 제권판결을 청구하는 취지를 밝혀야 합니다(민사소송법 제477조 제1항 및 제2항).

5-1-1. 소명자료

① 신청인은 증서의 등본을 제출하거나 또는 증서의 존재 및 그 중요한 취지를 충분히 알리기에 필요한 사항을 제시해야 합니다(민사소송법 제494조 제1항).

② 신청인은 증서가 도난·분실되거나 없어진 사실과, 그 밖에 공시최고절차를 신청할 수 있는 이유가 되는 사실 등을 소명해야 합니다(민사소송법 제494조 제2항).

5-1-2. 관할

① 공시최고는 법률에 다른 규정이 있는 경우를 제외하고는 권리자의 보통재판적이 있는 곳의 지방법원에 합니다(민사소송법 제476조 제1항 본문).

1. 권리자의 주소지 또는 거소지
2. 대사(大使)·공사(公使), 그 밖에 외국의 재판권 행사대상에서 제외되는 대한민국 국민이 주소지 또는 거소지가 없는 경우 대법원이 있는 곳
3. 법인, 그 밖의 사단 또는 재단일 경우 사무소 또는 영업소 소재지(만약 사무소와 영업소가 없는 경우에는 주된 업무담당자의 주소)
4. 국가가 권리자일 경우에는 해당 건과 관련해 국가를 대표하는 관청 또는 대법원이 있는 곳

② 다만, 등기 또는 등록을 말소하기 위한 공시최고는 그 등기 또는 등록을 한 공공기관이 있는 곳의 지방법원에 신청할 수 있습니다(민사소송법 제476조 제1항 단서).

③ 무효선고를 청구하는 공시최고 신청의 관할

1. 도난·분실되거나 없어진 증권, 그 밖에 「상법」에서 무효로 할 수 있다고 규정한 증서의 무효선고를 청구하는 공시최고 신청은 증권이나 증서에 표시된 이행지의 지방법원에 합니다(민사소송법 제476조 제2항 본문).
2. 다만, 증권이나 증서에 이행지의 표시가 없는 경우에는 발행인의 보통재판적이 있는 곳의 지방법원에 합니다(민사소송법 제476조 제2항 단서).
3. 그러나 발행인의 보통재판적이 있는 곳의 지방법원이 없는 경우에는 발행 당시에 발행인의 보통재판적이 있었던 곳의 지방법원에 합니다(민사소송법 제476조2항 단서).

5-2. 재판

① 공시최고의 허가여부에 대한 재판은 신청인을 심문할 수 있습니다(민사소송법 제478조 제2항).

② 공시최고의 허가여부에 대한 재판은 결정으로 합니다(민사소송법 제478조 제1항).

③ 허가하지 않는 결정에 대해서는 즉시항고 할 수 있습니다(민사소송법 제478조 제1항).

5-3. 공시최고

공시최고의 신청을 허가한 경우 법원은 공시최고를 해야 합니다(민사소송법 제479조 제1항).

① 기재사항

공시최고에는 다음의 사항을 적어야 합니다(민사소송법 제479조 제2항 및 제495조).

1. 신청인의 표시
2. 신고최고 : 공시최고기일까지 권리 또는 청구의 신고를 해야 한다는 최고
3. 실권경고 : 신고를 하지 않으면 권리를 잃게 되어 증서의 무효가 선고된다는 사항
4. 공시최고기일 : 공고가 끝난 날부터 3개월 뒤(민사소송법 제481조)

② 공고

공시최고의 공고는 다음 중 어느 하나의 방법으로 합니다. 필요하다고 인정하는 경우에는 적당한 방법으로 공고사항의 요지를 공시할 수 있습니다(민사소송규칙 제142조 제1항).

1. 법원게시판 게시
2. 관보·공보 또는 신문 게재
3. 전자통신매체를 이용한 공고

5-4. 공시최고기일

① 공시최고의 신청인은 공시최고기일에 출석해 그 신청을 하게 된 이유와 제권판결을 청구하는 취지를 진술해야 합니다(민사소송법 제486조).

② 신청인이 불출석 하는 경우

㉮ 신청인이 공시최고기일에 출석하지 않거나, 기일변경신청을 하는 경우 법원은 1회에 한해 새 기일을 정합니다(민사소송법 제483조 제1항).

㉯ 새 기일은 공시최고기일부터 2개월을 넘기지 않아야 하며, 공고는 필요하지 않습니다(민사소송법 제483조 제2항).

㉰ 신청인이 새 기일에도 출석하지 않은 경우에는 공시최고신청을 취하한 것으로 봅니다(민사소송법 제484조).

5-5. 권리 또는 청구의 신고

① 공시최고기일이 끝난 뒤에도 제권판결에 앞서 권리 또는 청구의 신고를 하면 그 권리를 잃지 않습니다(민사소송법 제482조).

② 신청이유로 내세운 권리 또는 청구를 다투는 신고가 있는 경우 법원은 다음과 같이 처리해야 합니다(민사소송법 제485조).

1. 그 권리에 대한 재판이 확정될 때까지 공시최고절차를 중지
2. 신고한 권리를 유보하고 제권판결을 결정

5-6. 제권판결

① 법원은 신청인이 진술을 한 뒤에 제권판결 신청에 정당한 이유가 있다고 인정할 경우에는 제권판결을 선고합니다(민사소송법 제487조 제1항). 그러나, 제권판결 신청에 정당한 이유가 없다고 인정할 경우에는 결정으로 신청을 각하합니다(민사소송법 제487조제1항).

② 제권판결에서는 증권 또는 증서의 무효를 선고합니다(민사소송법 제496조).

③ 공고

제권판결의 요지에 대한 공고는 다음 중 어느 하나의 방법으로 합니다(민사소송규칙 제143조 및 제142조 제1항).

1. 법원게시판 게시
2. 관보·공보 또는 신문 게재
3. 전자통신매체를 이용한 공고

5-7. 제권판결에 대한 즉시항고

신청인은 제권판결의 신청을 각하한 결정이나, 제권판결에 덧붙인 제한 또는 유보에 대해서 즉시항고를 할 수 있습니다(민사소송법 제488조).

5-8. 불복소송의 제기

5-8-1. 소송제기 요건

제권판결에 대해서는 상소를 하지 못하므로 다음 중 어느 하나에 해당하면 신청인에 대한 소송으로 최고법원에 불복할 수 있습니다(민사소송법 제490조 제1항, 제2항 및 제451조 제1항 제4호부터 제8호까지).

1. 법률상 공시최고절차를 허가하지 않는데도 제권판결이 내려진 경우
2. 공시최고의 공고를 하지 않은 경우
3. 법령이 정한 방법으로 공고를 하지 않은 경우
4. 공시최고기간을 지키지 않은 경우
5. 판결을 한 판사가 법률에 따라 직무집행에서 제척된 경우
6. 전속관할에 관한 규정에 어긋난 채로 제권판결이 내려진 경우
7. 권리 또는 청구의 신고가 있음에도 법률에 어긋나는 판결을 한 경우
8. 거짓 또는 부정한 방법으로 제권판결을 받은 경우
9. 재판에 관여한 법관이 그 사건에 관해 직무에 관한 죄를 범한 경우
10. 형사상 처벌을 받을 다른 사람의 행위로 말미암아 자백을 했거나 판결에 영향을 미칠 공격 또는 방어방법의 제출에 방해를 받은 경우
11. 판결의 증거가 된 문서, 그 밖의 물건이 위조되거나 변조된 것인 경우
12. 증인·감정인·통역인의 거짓 진술 또는 당사자신문에 따른 당사자나 법정대리인의 거짓 진술이 판결의 증거가 된 경우
13. 판결의 기초가 된 민사나 형사 판결, 그 밖의 재판 또는 행정처분이 다른 재판이나 행정처분에 따라 바뀐 경우

5-8-2. 소송제기 기간

① 제권판결에 대한 불복소송은 원고가 제권판결이 있다는 것을 안 날부터 1개월 이내에 제기해야 합니다(민사소송법 제491조 제1항 및 제3항 본문).

② 제권판결에 대한 불복소송은 제권판결이 선고된 날부터 3년이 지나면 제기하지 못합니다(민사소송법 제491조 제4항).

③ 다만, 다음의 사유로 소송을 제기하는 경우에는 원고가 제권판결이 있다는 것을 안 날이 아니라 이러한 사유가 있음을 안 날부터 1개월 이내에 제기해야 합니다(민사소송법 제491조제3항 단서).

1. 판결을 한 판사가 법률에 따라 직무집행에서 제척된 경우
2. 거짓 또는 부정한 방법으로 제권판결을 받은 경우
3. 재판에 관여한 법관이 그 사건에 관해 직무에 관한 죄를 범한 경우
4. 형사상 처벌을 받을 다른 사람의 행위로 말미암아 자백을 했거나 판결에 영향을 미칠 공격 또는 방어방법의 제출에 방해를 받은 경우
5. 판결의 증거가 된 문서, 그 밖의 물건이 위조되거나 변조된 것인 경우
6. 증인·감정인·통역인의 거짓 진술 또는 당사자신문에 따른 당사자나 법정대리인의 거짓 진술이 판결의 증거가 된 경우
7. 판결의 기초가 된 민사나 형사 판결, 그 밖의 재판 또는 행정처분이 다른 재판이나 행정처분에 따라 바뀐 경우

5-8-3. 제권판결에 대한 불복소장 작성례

소 장

원 고 ○○○
○○시 ○○구 ○○길 ○○(우편번호 ○○○-○○○)
전화.휴대폰번호:
팩스번호, 전자우편(e-mail)주소:
피 고 ◇◇◇
○○시 ○○구 ○○길 ○○(우편번호 ○○○-○○○)
전화.휴대폰번호:
팩스번호, 전자우편(e-mail)주소:

제권판결에 대한 불복청구의 소

청 구 취 지

1. ○○지방법원이 20○○카공○○○○호 공시최고신청사건에서 20○○. ○○. ○○. 별지목록 기재 약속어음에 대하여 선고한 제권판결을 취소한다.

2. 위 약속어음에 대한 제권판결신청을 각하한다.

3. 소송비용은 피고가 부담한다.
라는 판결을 구합니다.

청 구 원 인

1. 피고는 20○○. ○○. ○. ○○지방법원 20○○카공○○○○호로 별지목록 기재의 약속어음을 도난 당하였음을 이유로 공시최고신청을 하여 ○○지방법원이 20○○. ○○. ○○. 같은 수표에 대하여 제권판결을 선고하였습니다.

2. 그러나 원고는 20○○. ○. ○.경 돈을 빌려주고 별지목록 기재 약속어음을 취득하였는데, 별지목록 기재 약속어음은 분실되거나 도난 당한바 없음에도 불구하고, 피고는 20○○. ○○. ○. ○○지방법원 20○○카공○○○○호로 별지목록 기재 약속어음을 피고가 최종소지 하다가 20○○. ○. ○○.경 서울 ○○구 ○○길 ○○ ○○○사무실에서 분실하였다는 허위의 사실을 내세워 공시최고신청을 하여,

○○지방법원은 공시최고절차를 거친 뒤 아무런 권리신고가 없자 20○○. ○○. ○○. 별지목록 기재 약속어음을 무효로 한다는 제권판결을 선고하였는바, 위 제권판결은 민사소송법 제490조 제2항 제7호 소정의 "거짓 또는 부정한 방법으로 제권판결을 받은 때"에 해당되어 취소되어야 한다고 할 것입니다.

3. 원고는 별지목록 기재 약속어음을 발행인인 ○○은행 ○○지점에 지급제시 하였으나 지급거절 되었고, 그 때 비로소 별지목록 기재 약속어음에 관하여 위 제권판결을 선고받은 사실을 알게 되었습니다.

4. 따라서 원고는 ○○지방법원이 20○○카공○○○○호 공시최고신청사건에서 20○○. ○○. ○○. 별지목록 기재 약속어음에 대하여 선고한 제권판결을 취소하고, 별지목록 기재 약속어음에 대한 제권판결신청을 각하하여 줄 것을 청구하여 이 사건 소를 제기합니다.

입 증 방 법

1. 갑 제1호증	약속어음의 표면 및 이면
1. 갑 제2호증	공시최고신청서
1. 갑 제3호증	사고인지경위서
1. 갑 제4호증	제권판결정본

첨 부 서 류

1. 위 입증방법	각 1통
1. 소장부본	1통
1. 송달료납부서	1통

20○○. ○. ○.

위 원고 ○○○ (서명 또는 날인)

○○지방법원 귀중

6. 신청서 작성

① 공시최고 신청서에는 신청취지, 신청이유, 소명방법, 첨부서류를 자세히 기재해야 합니다.

② 공시최고 신청수수료(인지액)는 1,000원이나, 공시최고 접수증명원을 받아 공시최고 신청대상의 지급은행에 제출해야 하는데 이 접수증명원(지급은행당 1장씩)의 인지액은 500원입니다.

6-1. 공시최고 신청서 작성례

① (임차권설정등기)

공 시 최 고 신 청 서

신 청 인 ○○○
○○시 ○○구 ○○길 ○○(우편번호 ○○○-○○○)
전화.휴대폰번호:
팩스번호, 전자우편(e-mail)주소:

실권되어야 할 권리의 표시

신청인 소유의 서울 ○○구 ○○동 ○○○ 대 300㎡에 관하여 서울 ○○구 ○○길 ○○○ ◇◇◇를 위한 ○○지방법원 등기과 20○○. ○. ○. 접수 제○○○호 임차권설정계약 존속기간 20○○. ○. ○.부터 20○○. ○○. ○○.까지의 2년간, 임차료 1개월 금 300,000원, 지급기일 매월 말일로 하는 임차권설정등기

신 청 취 지

위 권리에 관하여 공시최고절차를 거쳐 제권판결을 하여 주시기 바랍니다.

신 청 이 유

위 임차권은 존속기간의 만료로 인하여 소멸하였으므로 신청인은 위 임차권설정

등기의 말소등기절차이행을 신청하고자 하나, 등기의무자인 위 ◇◇◇는 행방불명이므로 등기절차에 협력을 구할 수가 없습니다.
그러므로 공시최고를 거쳐 제권판결을 구하고자 이 사건 신청을 합니다.

소 명 방 법

1. 소갑 제1호증 부동산등기사항증명서
1. 소갑 제2호증 임대차계약서
1. 소갑 제3호증 해지통고서
1. 소갑 제4호증 주민등록말소자등본

첨 부 서 류

1. 위 소명방법 각 1통
1. 실권되어야할 권리의 목록 10통

20○○. ○○. ○○.

위 신청인 ○○○ (서명 또는 날인)

○○지방법원 귀중

관할법원	※ 아래(1)참조		
제출부수	신청서 1부	관련법규	민사소송법 제475 내지 제497조
불복절차 및 기 간	· 공시최고의 불허결정 및 제권판결의 각하결정이나 제권판결에 덧붙인 제한 또는 유보에 대하여 즉시항고(민사소송법 제478조, 제488조) · 재판이 고지된 날부터 1주 이내(민사소송법 제444조)		
비 용	· 인지액 : ○○○원(☞민사접수서류에 붙일 인지액) · 송달료 : ○○○원(☞적용대상사건 및 송달료 예납기준표) · 신문공고료 : ○○○원		
의 의	공시최고의 절차는 법원이 당사자의 신고에 의하여 공시의 방법으로 누구인지 분명하지 아니한 이해관계인에 대하여 법률상 어떤 청구를 할 수 있는 지위나 권리가 있으면 이를 신고하라는 최고를 하고, 아무도 그 신고를 하지 아니한 때에는 일정한 절차를 거쳐서 그 지위나 권리를 소멸시키는 절차를 말하며, 법률로 정한 경우에만 할 수 있음(민사소송법 제475조).		
기 타	① 등기권리자가 등기의무자의 소재불명으로 인하여 공동으로 등기의 말소를 신청할 수 없는 때에는 민사소송법에 따라 공시최고의 신청을 할 수 있음. ② 이 경우에 제권판결이 있으면 등기권리자가 그 사실을 증명하여 단독으로 등기의 말소를 신청할 수 있음(부동산등기법 제56조).		

※ (1) 관 할 법 원(민사소송법 제476조)

① 공시최고는 법률에 다른 규정이 있는 경우를 제외하고는 권리자의 보통재판적이 있는 곳의 지방법원이 관할한다. 다만, 등기 또는 등록을 말소하기 위한 공시최고는 그 등기 또는 등록을 한 공공기관이 있는 곳의 지방법원에 신청할 수 있다.

② 증권의 무효선고를 위한 공시최고(민사소송법 제492조)의 경우에는 증권이나 증서에 표시된 이행지의 지방법원이 관할한다. 다만, 증권이나 증서에 이행지의 표시가 없는 때에는 발행인의 보통재판적이 있는 곳의 지방법원이, 그 법원이 없는 때에는 발행 당시에 발행인의 보통재판적이 있었던 곳의 지방법원이 각각 관할한다.

③제1항 및 제2항의 관할은 전속관할로 한다.

② (자기앞수표)

공 시 최 고 신 청

신 청 인 ○○○
○○시 ○○구 ○○길 ○○(우편번호 ○○○-○○○)
전화.휴대폰번호:
팩스번호, 전자우편(e-mail)주소:

자기앞수표 공시최고

증서의 중요한 취지: 별지목록 기재와 같음.

신 청 취 지

별지목록 기재 증서에 관하여 공시최고를 한 뒤 공시최고에서 정한 기일까지 권리신고 등이 없으면 위 증서의 무효를 선고한다는 재판을 구합니다.

신 청 원 인

1. 신청인은 별지목록 기재 자기앞수표의 최후 소지인이었는데, 20○○. ○. ○. 15:30분경 ○○시 ○○구 ○○길 ○○ 소재 ○○역에 기차표를 예매하러 갔다가 역 대합실에서 가방 속에 넣어둔 손 지갑을 분실하면서 지갑 속에 들어있던 위 수표를 함께 분실하고서는 현재까지 증서를 회수하지 못하고 있습니다.

2. 따라서 위 증서의 무효를 선고하는 제권판결을 받고자 이 사건 공시최고를 신청합니다.

소 명 방 법

1. 소갑 제1호증 미지급증명서(◉◉은행)
1. 소갑 제2호증 분실신고접수증명서(◎◎경찰서)

첨 부 서 류

1. 소갑 제1호증(미지급증명서) 7통
1. 소갑 제2호증(분실신고접수증명서) 1통
1. 송달료납부서 1통

20○○. ○○. ○○.
위 신청인 ○○○ (서명 또는 날인)

○○지방법원 귀중

[별 지]

증서의 중요한 취지

1. 종 류 : 자기앞수표
1. 번 호 : 나가○○○○○○○○
1. 액 면 : 금 300,000원
1. 발행일 : 20○○. ○. ○○.
1. 발행인겸지급인 : ○○은행 ○○지점
1. 최종소지인 : ○○○. 끝.

③ (약속어음)

공 시 최 고 신 청 서

신 청 인 ○○○
　　　　○○시 ○○구 ○○길 ○○(우편번호 ○○○-○○○)
　　　　전화.휴대폰번호:
　　　　팩스번호, 전자우편(e-mail)주소:

증서의 중요한 취지 : 별지목록 기재와 같음

신 청 취 지

별지목록 기재의 약속어음에 관하여 공시최고를 한 뒤 공시최고에서 정한 기일까지 권리신고 등이 없으면 위 약속어음의 무효를 선고한다는 재판을 구합니다.

신 청 원 인

1. 신청인은 별지목록 기재 약속어음의 최후 소지인이었는데, 20○○. ○. ○. ○○시 ○○구 ○○길 ○○ 소재 신청인의 집에서 분실하고 현재까지 회수를 하지 못하고 있습니다.

2. 따라서 위 약속어음의 무효를 선고하는 제권판결을 받고자 이 사건 신청에 이른 것입니다.

소 명 방 법

1. 소갑 제1호증　　　미지급증명서(◉◉은행)
1. 소갑 제2호증　　　분실신고접수증명서(◎◎경찰서)

첨 부 서 류

1. 소갑 제1호증(미지급증명서)　　　7통

1. 소갑 제2호증(분실신고접수증명서) 1통
1. 송달료납부서 1통

20○○. ○○. ○○.

위 신청인 ○○○ (서명 또는 날인)

○○지방법원 귀중

[별 지]

증서의 중요취지

1. 종류 및 수량 : 약속어음 1매
2. 액 면 : 금 5,000,000원
3. 지급기일 : 20ㅇㅇ. ㅇㅇ. ㅇㅇ.
4. 지급지 : 서울특별시
5. 지급장소 : ㅇㅇ은행 ㅇㅇ지점
6. 수취인 : ㅇㅇㅇ
7. 발행지 : 서울특별시
8. 발행인 : ㅇㅇ무역주식회사
9. 발행일 : 20ㅇㅇ. ㅇ. ㅇ.
10. 최종소지인 : ㅇㅇㅇ. 끝.

④ 권리신고서(공시최고에 대한)-(수표)

권 리 신 고 서

사　　　건 20○○카○○○○ 공시최고
권리신고인 ○○○
　　　　　○○시 ○○구 ○○길 ○○(우편번호 ○○○-○○○)
　　　　　전화.휴대폰번호:
　　　　　팩스번호, 전자우편(e-mail)주소:

위 사건에 관하여 권리자 ○○○는 아래와 같이 권리신고 합니다.

아　　　래

1. 이 사건 공시최고 수표는 20○○. ○. ○. 신고인이 경영하는 ○○정육점에서 식육을 판매한 대금으로 신청외 ◉◉◉로부터 받은 것으로 선의취득 하였습니다.

2. 신고인은 이 수표의 적법한 지급제시기간 내에 제시하고 지급을 구하였으나 사고수표라는 이유로 지급이 거절되어 신고인은 발행인을 상대로 수표금청구소송을 제기 중에 있으므로 이에 권리신고합니다.

첨 부 서 류

1. 소제기증명원　　　　1통

20○○.　○○.　○○.

위 권리신고인　○○○ (서명 또는 날인)

○○지방법원　귀중

6-2. 신청비용

공시최고 신청서에는 1,000원의 인지를 붙이면 됩니다(민사소송 등 인지법 제9조 제5항 제1호).

6-3. 인지액의 납부방법

6-3-1. 현금납부

① 소장에 첩부하거나 보정해야 할 인지액(이미 납부한 인지액이 있는 경우에는 그 합산액)이 1만원 이상인 경우에는 그 인지의 첩부 또는 보정에 갈음해 인지액 상당의 금액 전액을 현금으로 납부해야 합니다(민사소송 등 인지규칙 제27조1항).

② 인지액 상당 금액을 현금으로 납부할 경우에는 송달료 수납은행에 내야 합니다(민사소송 등 인지규칙 제28조).

6-3-2. 신용카드납부

① 신청인은 인지액 상당의 금액을 현금으로 납부할 수 있는 경우 이를 수납은행 또는 인지납부대행기관의 인터넷 홈페이지에서 인지납부대행기관을 통해 신용카드·직불카드 등(이하 “신용카드등”이라 한다)으로도 납부할 수 있습니다(민사소송 등 인지규칙 제28조의2 제1항).

② "인지납부대행기관"이란 정보통신망을 이용해 신용카드등에 의한 결제를 수행하는 기관으로서 인지납부대행기관으로 지정받은 자를 말합니다(민사소송 등 인지규칙 제28조의2 제2항).

③ 인지납부대행기관은 신청인으로부터 인지납부 대행용역의 대가로 납부대행수수료를 받을 수 있고, 납부대행수수료는 전액 소송비용으로 봅니다(민사소송 등 인지규칙 제28조의2 제4항 및 제5항).

6-3-3. 인지납부일

① 인지액 상당의 금액을 신용카드등으로 납부하는 경우에는 인지납부대행기관의 승인일을 인지납부일로 봅니다(민사소송 등 인지규칙 제28조의2 제3항).

② 신청인은 수납은행이나 인지납부대행기관으로부터 교부받거나 출력한 영수필통지서 및 영수필확인서를 소장에 첨부하여 법원에 제출해야 합니다(민사소송 등 인지규칙 제29조 제2항).

③ 공시최고 신청서를 제출하면 해당 법원으로부터 접수증명원을 발급받아 지급은행에 제출해야 합니다. 접수증명원은 지급은행당 1장씩 받아야 하며(지급은행이 2곳이면 2장), 인지액은 500원입니다.

6-4. 송달료 납부

공시최고 신청 시의 송달료는 (당사자수 × 3,700원 × 3회분)입니다(송달료규칙의 시행에 따른 업무처리요령 별표 1).

제5절 소액사건심판 및 이행권고

① 소액사건심판이란 소송을 제기한 때의 소송물가액이 3,000만원 이하인 민사사건을 일반 민사사건에서 보다 훨씬 신속하고 간편한 절차에 따라 심판, 처리하는 제도를 말합니다.

② 이행권고란 소액사건이 제기되었을 때 특별한 사정이 없으면 직권으로 원고의 청구취지대로 의무를 이행하라는 권고를 하는 결정을 말합니다.

1. 소액사건심판 및 이행권고의 개념

1-1. 소액사건심판의 개념

'소액사건심판'이란 소송을 제기한 때의 소송물가액이 3,000만원을 초과하지 않는 금전 기타 대체물이나 유가증권의 일정한 수량의 지급을 목적으로 하는 제1심의 민사사건에 대해 일반 민사사건에서 보다 훨씬 신속하고 간편한 절차에 따라 심판, 처리하는 제도를 말합니다(소액사건심판규칙 제1조의2).

1-2. 이행권고의 개념

'이행권고'란 소액사건이 제기되었을 때 특별한 사정이 없으면 직권으로 원고가 낸 소장부본을 첨부하여 피고에게 원고의 청구취지대로 의무를 이행하라는 권고를 하는 결정을 말합니다.

2. 소액사건의 범위

2-1. 소액사건의 범위

다음의 사건은 소액사건에서 제외합니다(소액사건심판규칙 제1조의2)

1. 소송의 변경으로 소액사건에 해당하지 않게 된 사건
2. 당사자참가, 중간확인소송 또는 반소의 제기 및 변론의 병합으로 소액사건에 해당하지 않는 사건과 병합심리하게 된 사건

2-2. 일부 청구의 금지

① 채권자는 「소액사건심판법」의 적용을 받을 목적으로 금전 기타 대체물이나 유가증권의 일정한 수량을 분할해 그 일부만을 청구할 수 없습니다(소액사건심판법 제5조의2 제1항).

② 이를 위반한 신청은 판결로 각하(却下)됩니다(소액사건심판법 제5조의2 제2항).

3. 이행권고결정의 효력

3-1. 효력

이행권고결정은 다음 중 어느 하나에 해당하면 확정판결과 같은 효력을 가집니다(소액사건심판법 제5조의7)

1. 피고가 이행권고결정서의 등본을 송달받은 날부터 2주일 내에 이의신청을 하지 않은 경우
2. 이의신청에 대한 각하결정이 확정된 경우
3. 이의신청이 취하된 경우

3-2. 강제집행

① 이행권고결정이 확정되면 원고는 강제집행을 할 수 있습니다(소액사건심판법 제5조의8 제1항 참조).

② 원고는 집행문을 부여받지 않고도 이행권고결정의 결정서 정본만을 가지고 강제집행을 할 수 있습니다. 다만, 다음 중 어느 하나에 해당하는 경우에는 그렇지 않습니다(소액사건심판법 제5조의8 제1항).

1. 이행권고결정의 집행에 조건을 붙인 경우
2. 당사자의 승계인을 위해 강제집행을 하는 경우
3. 당사자의 승계인에 대해 강제집행을 하는 경우

4. 신청 절차

① 법원은 소액사건심판이 제기되면 결정으로 피고에게 원고의 청구취지대로 이행할 것을 권고할 수 있는데 송달불능 등의 사유가 발생하면 변론기일을 지정해야 합니다.

② 소액사건심판의 판결 선고는 주문을 낭독하고 주문이 정당함을 인정할 수 있는 범위 안에서 그 이유의 요지를 구술로 설명합니다.

4-1. 소액사건심판 신청 절차

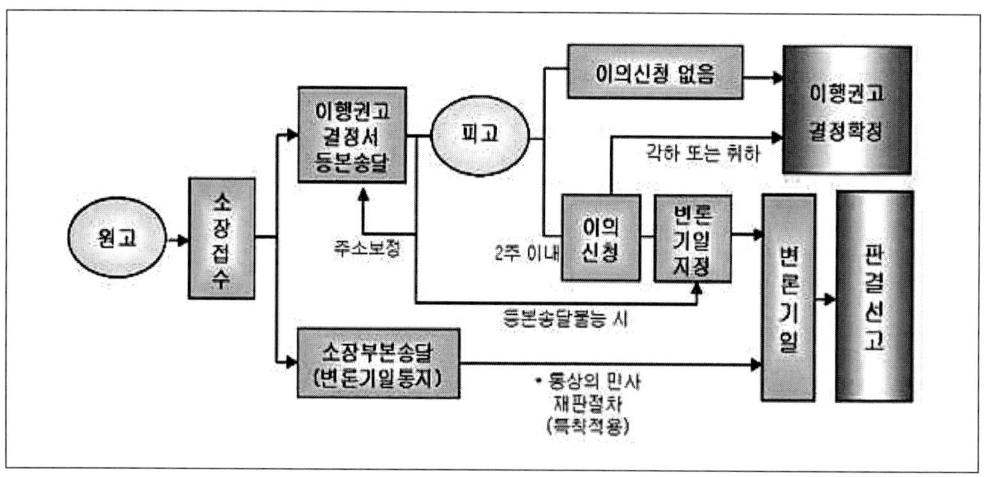

4-2. 소장 제출

① 소송은 법원에 소장을 제출함으로써 제기합니다(민사소송법 제248조).

② 소액사건심판의 경우에는 당사자 또는 당사자 쌍방이 법원에 출석해서 구술을 통해 소송을 제기할 수 있습니다(소액사건심판법 제4조 제1항 및 제5조제2항).

③ 구술로 소송을 제기하는 경우에는 법원서기관·법원사무관·법원주사 또는 법원주사보(이하 '법원사무관등'이라 한다)의 면전에서 진술해야 합니다(소액사건심판법 제4조 제2항).

④ 신청인이 구술로 신청하면 법원사무관등이 제소 조서를 작성하고 기명날인 합니다(소액사건심판법 제4조 제3항).

⑤ 관할

소액사건심판에 대해서는 특별한 규정이 있는 경우를 제외하고 「민사소송법」의 규정을 적용하므로(소액사건심판법 제2조제2항), 일반적인 소송과 같이 관할은 피고의 보통 재판적이 있는 곳의 법원이 합니다(민사소송법 제2조 ~ 제6조).

1. 피고의 주소지 또는 거소지
2. 대사(大使)·공사(公使), 그 밖에 외국의 재판권 행사대상에서 제외되는 대한민국 국민이 주소지 또는 거소지가 없는 경우 대법원이 있는 곳
3. 법인, 그 밖의 사단 또는 재단일 경우 사무소 또는 영업소 소재지(만약 사무소와 영업소가 없는 경우에는 주된 업무담당자의 주소)
4. 국가가 피고일 경우에는 해당 건과 관련해 국가를 대표하는 관청 또는 대법원이 있는 곳

4-3. 송달

① 소장부본이나 제소조서등본은 지체 없이 피고에게 송달해야 합니다(소액사건심판법 제6조 본문).

② 다만, 피고에게 이행권고결정서의 등본이 송달된 경우에는 소장부본이나 제소조서 등본이 송달된 것으로 봅니다(소액사건심판법 제6조 단서).

4-4. 이행권고결정

① 법원은 소액사건심판이 제기되면 결정으로 소장부본이나 제소조서 등본을 첨부해 피고에게 청구취지대로 이행할 것을 권고할 수 있습니다(소액사건심판법 제5조의3 제1항 본문).

② 다만, 다음 중 어느 하나에 해당하는 경우에는 그렇지 않습니다(소액사건심판법 제5조의3 제1항 단서).

1. 독촉절차 또는 조정절차에서 소송절차로 이행된 경우
2. 청구취지나 청구원인이 불명한 경우
3. 그 밖에 이행권고를 하기에 적절하지 않다고 인정하는 경우

③ 송달

법원사무관등은 이행권고결정서의 등본을 피고에게 송달해야 합니다(소액사건심판법

제5조의3 제3항 본문). 다만, 피고에게 송달할 수 없는 경우에 하는 등기우편송달이나 송달함 송달, 발송한 때에 송달한 것으로 보는 등의 송달은 인정되지 않습니다(소액사건심판법 제5조의3 제3항 단서).

④ 이의신청

피고는 이행권고결정서의 등본을 송달받은 날부터 2주일 내에 서면으로 이의신청을 할 수 있습니다. 다만, 그 등본이 송달되기 전에도 이의신청을 할 수 있습니다(소액사건심판법 제5조의4 제1항).

이행권고결정에 대한 이의신청서

사　　건　20○○가소○○○○ 대여금
원　　고　○○○
피　　고　◇◇◇

위 사건에 관하여 피고는 20○○. ○. ○. 이행권고결정을 송달 받았으나 다음과 같은 이유로 이의신청을 합니다.

이 의 사 유

1.
2.

20○○.　○○.　○○.
위 피고 ◇◇◇ (서명 또는 날인)

○○지방법원　귀중

4-5. 변론기일의 지정

① 이행권고가 송달 불능인 경우

법원은 피고에게 이행권고결정서의 등본을 송달할 수 없는 경우에는 지체없이 변론기일을 지정해야 합니다(소액사건심판법 제5조의3 제4항).

② 이행권고결정에 대한 이의신청이 있는 경우
법원은 피고가 이행권고결정에 대해 이의신청을 하면 지체없이 변론기일을 지정해야 합니다(소액사건심판법 제5조의4 제3항).
③ 판사가 지정한 경우
소액사건심판이 제기되면 판사는 바로 변론기일을 정할 수 있습니다(소액사건심판법 제7조 제1항).

4-6. 변론기일

① 판사는 되도록 1회의 변론기일로 심리를 마치도록 해야 합니다(소액사건심판법 제7조 제2항).
② 판사는 1회로 심리를 마치기 위해 변론기일 전이라도 당사자에게 증거신청을 하도록 하는 등 필요한 조치를 할 수 있습니다(소액사건심판법 제7조 제3항).

4-7. 판결 선고

① 판결 선고는 변론종결 후 즉시 할 수 있습니다(소액사건심판법 제11조의2 제1항).
② 판결 선고는 주문을 낭독하고 주문이 정당함을 인정할 수 있는 범위 안에서 그 이유의 요지를 구술로 설명합니다(소액사건심판법 제11조의2 제2항).

5. 신청서 작성

① 소액사건심판 소장에는 청구취지, 청구원인, 증거방법, 부속서류를 자세히 기재해야 합니다.
② 소액사건 인지액은 일반소송의 인지액의 계산방법과 동일하고 송달료는 당사자 수 (신청인 + 피신청인) × 10 × 3,700원에 해당하는 금액입니다.

5-1. 소액사건심판 신청서 양식

소 장

사 건 명 노임청구

원 고 (이름) 김 철 수 (주민등록번호 ○○○○○○ - ○○○○○○○)

(주소) ○○시 ○○구 ○○동 ○○ (연락처)

피 고 (이름) 신 수 요 (주민등록번호 ○○○○○○ - ○○○○○○○)

(주소) ○○시 ○○구 ○○동 ○○ (연락처)

소송목적의 값	5,280,000 원 청구금액(이자불산입)	인 지	26,400 원 5,280,000(청구금액) X 0.005

(인지첩부란)

송달료 계산 방법 : 당사자 수(신청인 + 피신청인) × 10 × 3,020원(1회 송달료)

※ 1회 송달료는 추후 변동될 수 있습니다.

서울중앙 지방법원 귀중

◇유의사항◇

1. 연락처란에는 언제든지 연락 가능한 전화번호나 휴대전화번호, 그 밖에 팩스번호 · 이메일 주소 등이 있으면 함께 기재하여 주시기 바랍니다. 피신청인의 연락처는 확인이 가능한 경우에 기재하면 됩니다.
2. 첨부할 인지가 많은 경우에는 뒷면을 활용하시기 바랍니다.

청 구 취 지

신청인이 판결받기 원하는 내용을 기재합니다.

1. 청구금액: (원 금) 금 5,280,000 원
   (가산금) 기 간 2010. 9. 1. 부터 소장부본 송달일까지
   비 율 연 5 %
   기 간 소장부본 송달다음날부터 완제일까지
   비 율 연 2 할

청 구 원 인

노임청구의 경우에는 기재된 내용에 따라 기재하면 되지만 그 외의 신청인 경우에는 신청을 하게 된 이유를 최대한 자세히 기재합니다.

1. 노무제공의 내역
   (1) 노무의 종류: 아르바이트
   (2) 노무제공기간 : 2010. 7. 1. 부터 2010. 8. 31. 까지
   (3) 노임액 : 월 5,000,000 원
   (4) 기타 약정 : 식대(7,000원)는 별도로 지급

2. 기타 보충할 내용

식대(7,000원)는 별도로 지급한다고 했으나 이 역시 지급하지 않았으므로 2개월분의 식대도 청구원금에 포함합니다.

2010. 11. 11.

원고 김 철 수 (인)

증 거 방 법

1. 갑 제1호증 내용증명서(2010. 10. 1. 발송)
1. 갑 제2호증 합의각서(지방노동청 발급)

부 속 서 류

1. 위 입증방법	각 1통
1. 소장 부본	1통
1. 송달료납부서	1통

5-2. 신청비용

5-2-1. 소가 산정

금전의 지급을 청구하는 소액사건심판 신청의 경우 소가는 청구금액(이자는 불산입)이 됩니다.

5-2-2. 인지액

소장에는 소송목적의 값에 따라 다음의 금액에 해당하는 인지를 붙여야 합니다(민사소송 등 인지법 제2조제1항).

소 가	인 지 대
소가 1천만원 미만	소가 × 50 / 10,000
소가 1천만원 이상 1억원 미만	소가 × 45 / 10,000 + 5,000
소가 1억원 이상 10억원 미만	소가×40 / 10,000 + 55,000
소가 10억원 이상	소가× 35 / 10,000 + 555,000
※ 인지액이 1천원 미만이면 1천원으로 하고, 수수료 중 100원 미만은 계산하지 않습니다(「민사조정규칙」 제3조제2항).	

※ 예를 들어 위 신청서 기재내용의 인지액을 계산해 보면(이자는 불산입, 원금이 소가), (5,280,000원 × 0.005) = 26,400원이 인지액이 됩니다.

5-3. 인지액의 납부방법

5-3-1. 현금납부

① 소장에 첩부하거나 보정해야 할 인지액(이미 납부한 인지액이 있는 경우에는 그 합산액)이 1만원 이상인 경우에는 그 인지의 첩부 또는 보정에 갈음해 인지액 상당의 금액 전액을 현금으로 납부해야 합니다(민사소송 등 인지규칙 제27조제1항).

② 인지액 상당 금액을 현금으로 납부할 경우에는 송달료 수납은행에 내야 합니다(민사소송 등 인지규칙 제28조).

5-3-2. 신용카드납부

① 신청인은 인지액 상당의 금액을 현금으로 납부할 수 있는 경우 이를 수납은행 또

는 인지납부대행기관의 인터넷 홈페이지에서 인지납부대행기관을 통해 신용카드·직불카드 등(이하 “신용카드등”이라 한다)으로도 납부할 수 있습니다(민사소송 등 인지규칙 제28조의2 제1항).

② "인지납부대행기관"이란 정보통신망을 이용해 신용카드등에 의한 결제를 수행하는 기관으로서 인지납부대행기관으로 지정받은 자를 말합니다(민사소송 등 인지규칙 제28조의2 제2항).

③ 인지납부대행기;'관은 신청인으로부터 인지납부 대행용역의 대가로 납부대행수수료를 받을 수 있고, 납부대행수수료는 전액 소송비용으로 봅니다(민사소송 등 인지규칙 제28조의24항 및 제5항).

5-3-3. 인지납부일

① 인지액 상당의 금액을 신용카드등으로 납부하는 경우에는 인지납부대행기관의 승인일을 인지납부일로 봅니다(민사소송 등 인지규칙 제28조의2 제3항).

② 신청인은 수납은행이나 인지납부대행기관으로부터 교부받거나 출력한 영수필확인서를 소장에 첨부하여 법원에 제출해야 합니다(민사소송 등 인지규칙 제29조 제2항).

5-4. 송달료 납부

민사소액사건 신청 시의 송달료는 (당사자수 × 3,700원 × 10회분)입니다(송달료규칙의 시행에 따른 업무처리요령 별표 1).

제 5장
각종 소장은 어떻게 작성하는가?

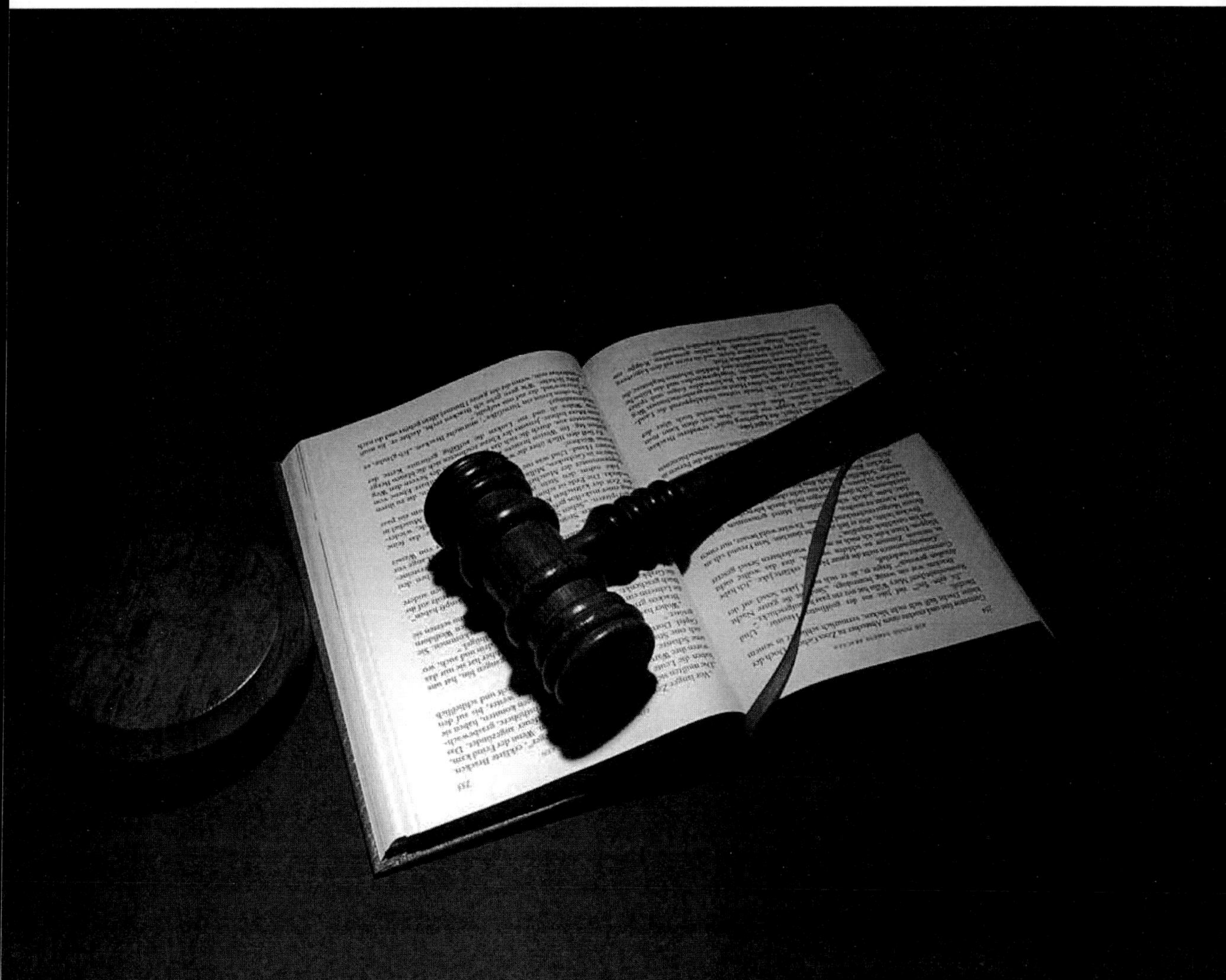

제5장 각종 소장은 어떻게 작성하는가?

① 확인의 소는 권리, 법률관계의 존재 · 부존재의 확정을 요구하는 소송이고, 이행의 소는 원고가 피고에게 무언가를 하도록 청구하는 소송이며, 형성의 소는 법률관계의 변동을 요구하는 소송을 말합니다.

② 소장에는 당사자의 성명, 청구취지, 청구원인과 같은 필수적 기재사항과 청구의 정당성을 증명할 수 있는 입증방법 등의 임의적 기재사항을 적으면 됩니다.

1. 소송의 종류

1-1. 확인의 소

① '확인의 소'란 권리, 법률관계의 존재·부존재의 확정을 요구하는 소송을 말합니다.

㉮ 적극적 확인의 소 : '어디 몇 번지에 소재하는 토지 100평은 원고의 소유임을 확인한다.'라고 하는 소송.

㉯ 소극적 확인의 소 : '원고와 피고간의 1995년 10월 10일자의 일금 500만원의 소비대차에 기인한 채무는 존재하지 않는다는 확인을 구함'이라고 하는 소송.

㉰ 중간확인의 소 : B가 A의 카메라를 깨뜨린 후 A가 손해배상 청구를 해 소송이 진행되는 동안 A의 카메라가 누구의 것인지에 대해 논란이 생겨 이에 대한 판단을 제기하는 경우와 같이 소송 도중에 선결이 되는 사항에 대한 확인을 구하는 소송.

② 확인의 소에는 채무부존재확인소송, 임차권확인소송, 해고무효확인소송 등이 있습니다.

1-2. 각종 확인의 소, 형성의 소 소장 작성례

① 공유물분할청구의 소(공동매수, 임야)

소 장

원 고 ○○○ (주민등록번호)
○○시 ○○구 ○○길 ○○(우편번호 ○○○-○○○)
전화.휴대폰번호:
팩스번호, 전자우편(e-mail)주소:
피 고 ◇◇◇ (주민등록번호)
○○시 ○○구 ○○길 ○○(우편번호 ○○○-○○○)
전화.휴대폰번호:
팩스번호, 전자우편(e-mail)주소:

공유물분할청구의 소

청 구 취 지

1. 별지목록 기재 토지를, 그 중 별지도면 표시 ㄱ, ㄴ, ㄷ, ㄹ, ㄱ의 각 점을 차례로 연결한 선내 ㉮부분 ○○○㎡는 원고의 소유로, 같은 도면 표시 ㄹ, ㄷ, ㅂ, ㅁ, ㄹ의 각 점을 차례로 연결한 선내 ㉯부분 ○○○㎡는 피고의 소유로 각 분할한다.
2 소송비용은 피고의 부담으로 한다.
라는 판결을 구합니다.

청 구 원 인

1. 원고와 피고는 별지목록 기재 임야를 20○○. ○. ○○. 소외인 ◉◉◉로부터 금 10,000,000원에 매수하면서 3 : 2 비율로 출연하고, 지분등기도 원고가 3/5, 피고가 2/5로 하였습니다.
2. 원고는 피고에게 여러 차례에 걸쳐 별지목록 기재 임야의 분할을 청구하였으나, 피고는 별지목록 기재 임야가 분할되면 형질을 변경하여 위락시설로 개발하기에는 부적합한 작은 필지가 되어 임야의 시가가 떨어진다는 이유로 분할에 응하지 않고 있습니다.

3. 그러나 원.피고 사이에는 매수할 때부터 분할 할 수 없다는 특약이 없었으므로 피고가 원고의 청구에 응하지 아니할 아무런 이유도 없습니다.
4. 그런데도 피고는 원고의 청구에 응하지 아니하므로 원고로서는 부득이 청구취지와 같은 판결을 구하고자 이 사건 소송을 제기하기에 이른 것입니다.

입 증 방 법

1. 갑 제1호증	부동산등기사항전부증명서
1. 갑 제2호증	토지대장등본
1. 갑 제3호증	공유에 관한 계약서
1. 갑 제4호증	지적도등본
1. 갑 제5호증	현황측량도

첨 부 서 류

1. 위 입증방법	각 1통
1. 소장부본	1통
1. 송달료납부서	1통

20○○. ○. ○.
위 원고 ○○○ (서명 또는 날인)

○○지방법원 귀중

■ 참 고 ■

※ (1) 관 할
1. 소(訴)는 피고의 보통재판적(普通裁判籍)이 있는 곳의 법원의 관할에 속하고, 사람의 보통재판적은 그의 주소에 따라 정하여지나, 대한민국에 주소가 없거나 주소를 알 수 없는 경우에는 거소에 따라 정하고, 거소가 일정하지 아니하거나 거소도 알 수 없으면 마지막 주소에 따라 정하여 집니다.
2. 부동산에 관한 소를 제기하는 경우에는 부동산이 있는 곳의 법원에 제기할 수 있습니다.
3. 따라서 위 사안에서 원고는 피고의 주소지를 관할하는 법원이나 부동산이 있는 곳의 관할 법원에 소를 제기할 수 있습니다.

※ (2) 공유물분할청구권의 소멸시효
공유물분할청구권은 공유관계에서 수반되는 형성권이므로 공유관계가 존속하는

한, 그 분할청구권만이 독립하여 시효에 의하여 소멸될 수 없다고 할 것이며, 따라서 그 분할청구의 소 내지 공유물분할을 명하는 판결도 형성의 소 및 형성판결로서 소멸시효의 대상이 될 수 없다(대법원 1981. 3. 24. 선고 80다1888, 1889 판결).

※ (3) 인 지

소장에는 소송목적의 값에 따라 민사소송등인지법 제2조 제1항 각 호에 따른 금액 상당의 인지를 붙여야 합니다. 다만, 대법원 규칙이 정하는 바에 의하여 인지의 첩부에 갈음하여 당해 인지액 상당의 금액을 현금이나 신용카드·직불카드 등으로 납부하게 할 수 있는바, 현행 규정으로는 인지첩부액이 1만원 이상일 경우에는 현금으로 납부하여야 하고 또한 인지액 상당의 금액을 현금으로 납부할 수 있는 경우 이를 수납은행 또는 인지납부대행기관의 인터넷 홈페이지에서 인지납부대행기관을 통하여 신용카드 등으로도 납부할 수 있습니다(민사소송등인지규칙 제27조 제1항 및 제28조의 2 제1항).

(관련판례 1)

공유물분할의 소(訴)에 있어서 법원은 공유관계나 그 객체인 물건의 제반상황을 종합적으로 고려하여 합리적인 방법으로 지분비율에 따른 분할을 명하여야 하는 것이고, 여기에서 지분비율이란 원칙적으로 지분에 따른 가액(교환가치)의 비율을 말하는 것이므로, 법원은 분할대상 목적물의 형상이나 위치, 이용상황이나 경제적 가치가 균등하지 아니할 때에는 원칙적으로 경제적 가치가 지분비율에 상응하도록 조정하여 분할을 명하여야 하는 것이며, 또한 재판에 의한 공유물분할은 현물분할의 방법에 의함이 원칙이나, 현물분할이 불가능하거나 그것이 형식상 가능하다고 하더라도 그로 인하여 현저히 가격이 감손될 염려가 있을 때에는 공유물의 경매를 명하여 대금을 분할하는, 이른바 대금분할의 방법에 의하여야 하고, 여기서 '현물분할로 인하여 현저히 가격이 감손된다.'라고 함은 공유물전체의 교환가치가 현물분할로 인하여 현저하게 감손될 경우뿐만 아니라 공유자들 중 한 사람이라도 현물분할에 의하여 단독으로 소유하게 될 부분의 가액이 공유물분할 전의 소유지분 가액보다 현저하게 감손될 경우도 포함된다(대법원 1999. 6. 11. 선고 99다6746 판결).

(관련판례 2)

공유물분할청구는 공유자의 일방이 그 공유지분권에 터 잡아서 하는 것이므로, 공유지분권을 주장하지 아니하고 목적물의 특정부분을 소유한다고 주장하는 자는 그 부분에 대하여 신탁적으로 지분등기를 가지고 있는 자를 상대로 하여 그 특정 부분에 대한 명의신탁해지를 원인으로 한 지분이전등기절차의 이행을 구하면 되고, 이에 갈음하여 공유물분할청구를 할 수는 없다(대법원 1996. 2. 23. 선고 95다8430 판결).

② 공유물분할청구의 소(대금분할)

소 장

원 고 ○○○ (주민등록번호)
○○시 ○○구 ○○길 ○○(우편번호 ○○○-○○○)
전화.휴대폰번호:
팩스번호, 전자우편(e-mail)주소:

피 고 1. 김◇◇ (주민등록번호)
○○시 ○○구 ○○길 ○○(우편번호 ○○○-○○○)
전화.휴대폰번호:
팩스번호, 전자우편(e-mail)주소:
2. 이◇◇ (주민등록번호)
○○시 ○○구 ○○길 ○○(우편번호 ○○○-○○○)
전화.휴대폰번호:
팩스번호, 전자우편(e-mail)주소:

공유물분할청구의 소

청 구 취 지

1. 별지목록1 기재의 부동산을 경매하고, 그 매각대금에서 경매비용을 공제한 금액을 분할하여 별지목록2 기재의 공유지분 비율에 따라 원.피고들에게 각 배당한다.

2. 소송비용은 피고들이 부담한다.

라는 판결을 구합니다.

청 구 원 인

1. 원고는 피고들과 별지목록1 기재의 부동산을 20○○. ○. ○. 경매절차에서 공동으로 매수신청하여 매각허가결정을 받아 별지목록2 기재 지분으로 공유하고 있으며, 위 부동산에 관하여 공유자 사이에는 분할하지 않는다는 특약을 한 바 없습니다.

2. 그 뒤 원고는 20○○. ○. 초순경 별지목록1 기재의 부동산을 팔아서 매각대금을 지분대로 분할하려고 하였으나 피고들은 이 요구에 응하지 않고 있습니다.

3. 위와 같이 원고와 피고들 사이에 공유물분할에 관한 합의가 이루어지지 아니하고, 이 사건 부동산은 성질상 현물로 분할할 수 없으므로 별지목록1 기재의 부동산을 경매하여 그 매각대금을 공유지분비율에 따라 분할을 하는 것이 최선이라고 생각합니다.

4. 따라서 원고는 별지목록1 기재의 부동산을 경매에 붙여서 그 매각대금 중에서 경매비용을 공제한 다음 별지목록2 기재의 공유지분 비율에 따라 원.피고들에게 배당되도록 하여 공유관계를 해소하기 위하여 이 사건 청구에 이른 것입니다.

입 증 방 법

1. 갑 제1호증	부동산등기사항증명서
1. 갑 제2호증	토지대장등본
1. 갑 제3호증	공유에 관한 계약서
1. 갑 제4호증	통고서
1. 갑 제5호증	지적도등본

첨 부 서 류

1. 위 입증방법	각 1통
1. 소장부본	2통
1. 송달료납부서	1통

20○○. ○. ○.

위 원고 ○○○ (서명 또는 날인)

○○지방법원 귀중

③ 공유관계부인의 소

소 장

원 고 ○○○ (주민등록번호)
○○시 ○○구 ○○길 ○○(우편번호 ○○○-○○○)
전화.휴대폰번호:
팩스번호, 전자우편(e-mail)주소:
피 고 ◇◇◇ (주민등록번호)
○○시 ○○구 ○○길 ○○(우편번호 ○○○-○○○)
전화.휴대폰번호:
팩스번호, 전자우편(e-mail)주소:

공유관계부인의 소

청 구 취 지

1. 원고가 소외 ◈◈◈에 대한 ○○지방법원 20○○가소○○호 약정금사건의 집행력있는 판결정본에 의하여 압류한 별지목록 기재의 동산에 대하여 피고는 공유지분 1/2을 가지지 아니함을 확인한다.

2. 소송비용은 피고의 부담으로 한다.
라는 판결을 구합니다.

청 구 원 인

1. 원고는 소외 ◈◈◈(다음부터 소외인이라고 함)에 대한 ○○지방법원 20○○가소○○호 약정금사건의 집행력있는 판결정본에 기하여 20○○. ○. ○○. 소외인 점유의 별지목록 기재 동산에 대하여 압류를 하였습니다.

2. 그런데 피고는 위 소외인의 법률상 처이고 위 압류동산의 공유점유자라는 이유로 매각대금의 1/2에 해당하는 금액을 지급하라고 요구하고 있습니다.

3. 그러나 피고는 불과 1개월 전에 소외인과 재혼하였고 별지목록 기재 동산은 소외인이 전부인(사망)과 혼인 중에 취득한 물건이므로 피고의 공유지분 주장은

잘못된 것입니다.

4. 그러므로 원고는 청구취지와 같은 판결을 구하고자 이 사건 소제기에 이른 것입니다.

입 증 방 법

1. 갑 제1호증	판결문사본
1. 갑 제2호증	동산압류조서
1. 갑 제3호증	지급요구서
1. 갑 제4호증	혼인관계증명서

첨 부 서 류

1. 위 입증방법	각 1통
1. 소장부본	1통
1. 송달료납부서	1통

20○○. ○. ○.

위 원고 ○○○ (서명 또는 날인)

○○지방법원 귀중

[별지] 생략

④ 대지경계확정의 소

소 장

원 고 ○○○ (주민등록번호)
○○시 ○○구 ○○길 ○○(우편번호 ○○○-○○○)
전화.휴대폰번호:
팩스번호, 전자우편(e-mail)주소:

피 고 ◇◇◇ (주민등록번호)
○○시 ○○구 ○○길 ○○(우편번호 ○○○-○○○)
전화.휴대폰번호:
팩스번호, 전자우편(e-mail)주소:

대지경계확정의 소

청 구 취 지

1. 원고 소유의 별지목록 제1기재 토지와, 피고 소유의 별지목록 제2기재 토지사이의 경계선은 위 별지목록 제1기재 토지상의 별지도면 표시 (가)건물의 동쪽 후면인 별지 도면 표시 ㉠, ㉡을 연결한 직선으로부터 동쪽으로 2.5m 거리인 같은 도면 표시 ㉢, ㉣을 연결한 직선으로 확정한다.

2. 소송비용은 피고의 부담으로 한다.

라는 판결을 구합니다.

청 구 원 인

1. 원고는 별지목록 제1기재 토지의 소유자이고, 피고는 별지목록 제2기재 토지의 소유자입니다.

2. 원고소유 토지와 피고소유 토지상의 경계는 약 1m 낮은 토담이 있었으나 훼손되어 그 경계가 불분명한 바, 여러 차례 그 경계를 확정하기 위하여 피고와 측량 등을 통한 경계확정을 협의하였으나 피고는 이에 불응하므로 그 경계를 확정하고자 이 사건 소제기에 이른 것입니다.

입 증 방 법

1. 갑 제1호증 부동산등기사항전부증명서
1. 갑 제2호증 토지대장등본
1. 갑 제3호증 지적도등본
1. 갑 제4호증 측량성과도

첨 부 서 류

1. 위 입증방법 각 1통
1. 소장부본 1통
1. 송달료납부서 1통

20○○. ○. ○.

위 원고 ○○○ (서명 또는 날인)

○○지방법원 ○○지원 귀중

[별지] 생략

⑤ 동업관계 및 부동산공유관계 확인의 소

소 장

원 고 ○○○ (주민등록번호)
○○시 ○○구 ○○길 ○○(우편번호 ○○○-○○○)
전화.휴대폰번호:
팩스번호, 전자우편(e-mail)주소:
피 고 ◇◇◇ (주민등록번호)
○○시 ○○구 ○○길 ○○(우편번호 ○○○-○○○)
전화.휴대폰번호:
팩스번호, 전자우편(e-mail)주소:

동업관계 및 부동산공유관계확인의 소

청 구 취 지

1. 원고와 피고 사이에 2010. 8. 20.자 동업계약은 유효함을 확인한다.
2. 별지 목록 기재 부동산에 관하여, 원고가 3분의 2, 피고 각 3분의 1의 각 지분 비율로 공유하고 있음을 확인한다.
2. 소송비용은 피고의 부담으로 한다.

라는 판결을 구합니다.

청 구 원 인

1. 동업관계존재확인청구부분

가 원고와 피고의 동업관계 성립

원고와 피고는 2010. 8. 20.자부터 건축공사를 도급 받아 각자 자금을 출자하고 공동으로 공사를 시공하여 그 이익을 반분하기로 하되, 원고는 공사시공과 관련된 일을 맡고 피고는 자금관리와 대외적 업무처리를 맡기로 하는 동업약정을 하고(갑 제1호증 동업약정서 참조), 위와 같이 건축공사를 동업으로 시공함에 있어 그 때마다 편의에 따라 원.피고 일방의 명의로 도급 받아 동업으로 시공하고, 공사완료 후 건축주로부터 지급 받은 공사대금에서 각자 출자한 공사자금을 공제하고 원.피고 중 공사자금을 더 많이 출자한 어느 일방에게 그 차액에 대한 월 3% 상당의 이자를 가산지급하고 남은 이익금을 반분하는 방식으로 동업을 운영하여 왔습니다.

나. 이 사건 사업의 경위

(1) ○○시 ○○구 ○○길에 있는 ○○교회의 목사로 있던 소외 김◈◈는 서울시로부터 위 같은 구 ○○동 택지개발사업지구 내 종교용지 826㎡(다음부터 이 사건 토지라 함)를 불하받았으나 그 불하대금을 납부할 자력이 없어 소외 박◈◈에게 이를 양도하였고, 소외 박◈◈는 1998. 8. 29. 소외 이◈◈와 사이에 이 사건 토지 위에 지하 1층, 지상 3층의 건물(다음부터 이 사건 건물이라 함)을 신축하는 도급계약을 체결하였습니다. 그리고 그 뒤 소외 이◈◈가 소외 김◈◈ 명의로 이 사건 건물에 대한 건축허가를 받아 다시 그 일부 공사를 소외 정◈◈에게 하도급을 주었는데, 원.피고는 소외 정◈◈로부터 위 공사 중 골조공사를 다시 하도급 받아 종전과 같은 동업방식으로 이를 시공하기로 하고 같은 해 11. 18. 원고 명의로 골조공사 하도급계약을 체결하였습니다.

(2) 그러나 소외 정◈◈가 자금부족 등의 문제로 인하여 위 공사를 포기하자 원.피고는 원수급인인 소외 이◈◈의 하수급인으로서 공사를 계속하기로 하여 1999. 3.경 3층까지의 골조공사를 완공하였으나, 소외 이◈◈마저 그 무렵 공사를 포기하기에 이르자 원.피고는 원도급인인 소외 박◈◈로부터 위 신축공사 전부를 직접 도급 받기로 하고 같은 달 28. 피고의 명의로 소외 박◈◈와 사이에 이 사건 건물을 지하 1층, 지상 4층 연면적 572평으로 평당 공사대금 825,000원에 건축하기로 하는 도급계약을 체결하였습니다(갑 제2호증 도급계약서 참조).

이에 따라 원.피고는 공사비용 중 일부는 각자의 부동산을 처분하는 등의 방법으로 마련한 자금으로 지불하고 나머지는 이 사건 건물을 임대하여 임차인으로부터 받은 임대보증금으로 지불하여 같은 해 7.경 유리공사 등 마무리 공사를 제외한 전체 공정의 약 95%를 완공하였으나, 소외 박◈◈가 공사대금 중 일부를 지급하지 아니하자, 피고가 소송당사자가 되어 소외 김◈◈과 소외 박◈◈를 상대로 ○○지방법원 ○○가합 ○○○호로 이 사건 건물에 대한 소유권확인소송을 제기하였습니다.

소외 김◈◈는 위 소송에서 피고의 청구를 인낙한 뒤(소외 박◈◈에 대하여는 피고가 1999. 9. 27. 승소판결을 받았음) 여러 차례 절충 끝에 1999. 11. 1. 피고와 사이에 피고가 이 사건 건물을 완공하면 금 472,000,000원을 투자한 것으로 계산하고, 자신이 이 사건 토지의 대금을 서울시에 완납하고 소외 박◈◈와의 양도계약을 해약하면 금 337,500,000원을 투자한 것으로 계산하여 위 투자비율에 따라 이 사건 토지와 건물을 공동 관리하기로 하고, 건축주 명의 및 등기 명의도 공동으로 마치기로 합의하였고, 같은 해 12. 1. 소외 박◈◈와 사이에 소외 박◈◈는 금 20,000,000원을 지급 받는 대신 이 사건 토지 및 건물에 대한 권리를 포기하기로 합의하였습니다(갑 제3호증 청구인낙서, 갑 제4호증 판결정본, 갑 제5호증 약정서 참조).

(3) 그 뒤 원.피고는 위 신축공사를 완료하여 2000. 3. 14. 이 사건 건물에 대한 준공검사를 받았고, 이 사건 건물에 관하여 ○○교회 명의의 소유권보존등기를 거쳐 같은 해 4. 1. 피고와 소외 김◈◈ 사이에 합의된 지분비율에 따라 2/5지분은 피고 명의로, 3/5지분은 소외 김◈◈ 명의로 소유권이전등기를 마쳤습니다(갑 제6호증 등기부등본 참조).

다. 피고의 정산요구거부

원고와 피고는 위와 같은 동업약정에 의하여 사업을 하여 왔으므로, 원고와 피고의 동업관계는 민법상의 조합에 해당한다고 할 것이므로 이익을 반분하기로 한 약정에 비추어 원고는 피고에게 피고 명의로 되어 있는 지분 중 1/2에 해당하는 부분에 대한 합유지분이 있다고 할 것입니다. 그리하여 원고는 피고에게, 피고가 위와 같이 마친 소유권이전등기 중 원고의 지분에 상당하는 부분에 대하여 원고에게 등기를 하여 줄 것을 요구하였지만, 피고는 현재 원고의 정산요구를 거부하고 있습니다. 또한, 피고는 이 사건 사업이 진행되어 위와 같이 피고 앞으로 이전등기가 될 무렵부터 소외 박◈◈와의 도급계약 체결시에도 원고와의 동업관계는 숨긴 채 피고 단독으로 사업을 영위하고 있는 것처럼 행동하는 등 원고와의 동업관계를 부인하는 듯한 태도를 보여 왔습니다. 반면, 피고는 아직 원고에게는 명시적으로 동업관계를 부정하지는 않고 있는바, 원고도 아직은 피고와의 동업관계가 유효한 것으로 신뢰하고 있습니다.

이에 원고는 이 사건에 있어서 피고는 원고와 동업관계에 있음의 확인을 구하는 바입니다.

2. 부동산공유관계확인청구 부분

가. 원고와 피고는 위와 같이 동업관계를 유지하던 중인 2000. 1. 12.경 사업과는 관계없이 원고와 피고가 개인적으로 사용하기 위한 주택을 신축하기 위하여 소외 최◈◈로부터 ○○시 ○○구 ○○동 ○○ 대 200㎡를 대금 300,000,000원에 매수하기로 하였습니다. 그리고 원고와 피고 내부적으로 위 토지의 지분은 원고 2/3, 피고 1/3로 정하기로 하고 원고는 금 200,000,000원을, 피고는 금 100,000,000원을 각 분담하기로 하였습니다. 그리하여 원고와 피고가 공동매수인으로서 소외 최◈◈로부터 위 토지를 매수하였습니다(갑 제7호증 부동산매매계약서 참조).

나. 그런데 위 매매계약에 기한 원고와 피고 명의로의 소유권이전등기 신청시 등기신청서에 원고와 피고의 공유지분을 표시하지 않고 단순히 공유자로서 등

기신청을 한 이유로 인하여 등기부에도 원고와 피고의 공유지분이 등기되지 않아 원고와 피고가 균등지분을 공유하는 것으로 추정되게 되었습니다. 그러나 별문제 없이 지내오다가 원고와 피고는 도시계획의 변경으로 위 토지를 처분하기로 하였는바, 이제 와서 피고는 위 토지에 대한 1/2지분을 주장하고 있습니다. 이에 원고는 청구취지와 같은 공유지분확인청구에 이르게 된 것입니다.

3. 결론

앞에서 살펴본 바와 같이 피고는 원고와 동업관계에 있다고 할 것이고, 제2항에서 살펴본 바와 같이 원고와 피고가 동업중인 사업과는 관계없이 매수한 토지는 원고 2/3, 피고 1/3의 지분비율에 의한 공유관계에 있다고 할 것입니다. 위와 같은 이유로 귀 원은 원고의 각 확인청구를 인용하여 주시기 바랍니다.

입 증 방 법

1. 갑 제1호증	동업약정서
1. 갑 제2호증	도급계약서
1. 갑 제3호증	청구인낙서
1. 갑 제4호증	판결정본
1. 갑 제5호증	약정서
1. 갑 제6호증	등기사항전부증명서
1. 갑 제7호증	부동산매매계약서
1. 갑 제8호증	입금표

첨 부 서 류

1. 위 입증방법	각 1통
1. 소장부본	1통
1. 송달료납부서	1통

20○○. ○. ○.

위 원고 ○○○ (서명 또는 날인)

○○지방법원 귀중

[별지] 생략

⑥ 사해행위취소 등 청구의 소(사해행위취소 및 원상회복, 채무병합청구)

소 장

원 고 ○○○ (주민등록번호)
○○시 ○○구 ○○로 ○○(우편번호)
전화.휴대폰번호:
팩스번호, 전자우편(e-mail)주소:

피 고 1. 김◇◇ (주민등록번호)
○○시 ○○구 ○○로 ○○(우편번호)
전화.휴대폰번호:
팩스번호, 전자우편(e-mail)주소:
2. 이◇◇ (주민등록번호)
○○시 ○○구 ○○로 ○○(우편번호)
전화.휴대폰번호:
팩스번호, 전자우편(e-mail)주소:

사해행위취소 등 청구의 소

청 구 취 지

1. 피고 김◇◇와 피고 이◇◇ 사이에 별지 목록 기재 부동산에 관하여 20○○. ○. ○. 체결한 매매계약을 취소한다.
2. 피고 이◇◇는 원고에 대하여 위 부동산에 관하여 ○○지방법원 ○○○등기소 20○○. ○. ○○. 접수 제○○○○호로 마친 소유권이전등기의 말소등기절차를 이행하라.
3. 피고 김◇◇는 원고에게 금 15,000,000원 및 이에 대한 이 사건 소장 부본 송달일 다음날부터 다 갚는 날까지 연 15%의 비율로 계산한 돈을 지급하라.
4. 소송비용은 피고들의 부담으로 한다.
5. 위 제3항은 가집행 할 수 있다.

라는 판결을 구합니다.

청 구 원 인

1. 원고는 20○○. ○. ○. 피고 김◇◇에게 금 15,000,000원을 변제기 20○○. ○

○. ○.로 정하여 빌려 준 사실이 있습니다. 한편, 피고 김◇◇는 ○○시 ○○구 ○○동 ○○ 대 762㎡(다음부터 위 부동산이라 함)외에 별다른 재산이 없고 오히려 채무가 많은 상태이면서 20○○. ○. ○. 피고 이◇◇에게 시가 금 83,000,000원 상당의 위 부동산을 매매대금 50,000,000원에 매도하고 20○○. ○. ○○. ○○지방법원 ○○○등기소 20○○. ○. ○○. 접수 제○○○○호로 소유권이전등기를 해주었습니다. 그렇다면 피고 김◇◇와 피고 이◇◇ 사이의 위 매매계약은 채권자인 원고를 해함을 알고 한 법률행위로서 사해행위에 해당한다고 할 것입니다.

2. 따라서 피고 김◇◇와 피고 이◇◇ 사이의 위 부동산에 관한 매매계약은 사행행위로서 취소되어야 할 것이고, 이에 따른 원상회복으로, 피고 이◇◇는 위 부동산에 관하여 자신 명의의 위 소유권이전등기의 말소등기절차를 이행하여야 할 것입니다. 또한 피고 김◇◇는 원고에게 위 대여금 15,000,000원 및 이에 대하여 이 사건 소장 부본 송달일 다음날부터 다 갚는 날까지 소송촉진 등에 관한 특례법이 정한 연 15%의 비율로 계산한 돈을 지급할 의무가 있다고 할 것입니다.

입 증 방 법

1. 갑 제1호증	차용증서
1. 갑 제2호증	부동산등기사항전부증명서
1. 갑 제3호증	토지대장등본

첨 부 서 류

1. 위 입증방법	각 1통
1. 소장부본	2통
1. 송달료납부서	1통

20○○. ○. ○.

위 원고 ○○○ (서명 또는 날인)

○○지방법원 귀중

⑦ 주주총회결의 무효확인의 소

소 장

원 고 1. ○①○ (주민등록번호)
○○시 ○○구 ○○로 ○○(우편번호 ○○○-○○○)
전화.휴대폰번호:
팩스번호, 전자우편(e-mail)주소:
2. ○②○ (주민등록번호)
○○시 ○○구 ○○로 ○○(우편번호 ○○○-○○○)
전화.휴대폰번호:
팩스번호, 전자우편(e-mail)주소:

피 고 ◇◇주식회사
○○시 ○○구 ○○로 ○○(우편번호 ○○○-○○○)
이사장 ◈◈◈
전화.휴대폰번호:
팩스번호, 전자우편(e-mail)주소:

주주총회결의무효확인의 소

청 구 취 지

1. 20○○. ○. ○. 개최한 피고회사 임시 주주총회에서 소외 ◈◈◈를 이사로 선임한 결의는 무효임을 확인한다.

2. 소송비용은 피고의 부담으로 한다

라는 판결을 구합니다.

청 구 원 인

1. 원고들은 피고회사의 주주들입니다.

2. 20○○. ○. ○. 개최된 피고회사의 임시주주총회에서는 소외 ◉◉◉를 이사로 선임하는 주주총회 결의가 있었습니다.

3. 그러나 위 결의는 그 내용에 있어서 정관에 위배하고 있습니다. 즉, 피고회사의 정관은 이사의 수를 5명 이내로 정하고 있었으며, 위 결의 당시 피고회사에 이미 이사 5명이 있었으므로 위 결의에 의하여 다시 1명의 이사가 선임된다고 하면 이사의 수는 6명이 되어 정관 소정의 수를 초과하게 되는 것입니다.

4. 따라서 이 사건 임시주주총회에서의 소외 ◉◉◉를 이사로 선임하는 결의는 무효라 할 것이므로 원고는 청구취지와 같은 판결을 구하기 위하여 이 사건 청구에 이르렀습니다.

입 증 방 법

1. 갑 제1호증 정관
1. 갑 제2호증 법인등기사항증명서

첨 부 서 류

1. 위 입증방법 각 1통
1. 소장부본 1통
1. 송달료납부서 1통

20○○. ○. ○.

위 원고 1. ○①○ (서명 또는 날인)
2. ○②○ (서명 또는 날인)

○○지방법원 귀중

⑧ 임차보증금반환채권 부존재확인의 소

소　　　장

원　고　○○○ (주민등록번호)
　　　　○○시 ○○구 ○○로 ○○(우편번호 ○○○-○○○)
　　　　전화.휴대폰번호:
　　　　팩스번호, 전자우편(e-mail)주소:
피　고　◇◇◇ (주민등록번호)
　　　　○○시 ○○구 ○○로 ○○(우편번호 ○○○-○○○)
　　　　전화.휴대폰번호:
　　　　팩스번호, 전자우편(e-mail)주소:

임차보증금반환채권부존재확인의 소

청 구 취 지

1. 피고의 소외 ◈◈◈에 대한 별지목록 기재 부동산에 대한 20○○. ○. ○.자 임대차계약에 기한 금 20,000,000원의 임차보증금반환청구채권은 존재하지 아니함을 확인한다.

2. 소송비용은 피고의 부담으로 한다.
라는 판결을 구합니다.

청 구 원 인

1. 피고는 원고가 근저당권자로서 소외 ◈◈◈ 소유의 별지목록 기재 부동산에 대한 근저당권실행을 위한 경매신청을 하여 귀원 20○○타경○○○○호로 계류중이던 경매절차에 20○○. ○. ○.자로 매각대금에 대한 배당요구신청을 하면서 피고가 소외 ◈◈◈와의 사이에 별지목록 기재 부동산에 관하여 임차보증금을 금 20,000,000원으로 한 임대차계약을 체결한 뒤 약정된 임차보증금을 소외 ◈◈◈에게 지급하고 별지목록 기재 부동산 소재지로 주민등록을 옮긴 뒤 거주하고 있으므로 피고가 주택임대차보호법상의 소액보증금우선변제청구권자라고 주장하고 있습니다.

2. 그러나 피고와 별지목록 기재 부동산의 소유자인 소외 ◈◈◈는 숙부와 조카간으로 비록 임대차계약서를 작성하고 주민등록을 전입하였다 하더라도 이제까지 피고는 별지목록 기재 부동산에 거주한 사실이 전혀 없으며, 또한 피고는 별지목록 기재 부동산 소재지와는 아주 먼 다른 시에서 직장생활을 하고 있고, 그곳에 피고의 처 명의로 주택을 임차하여 자녀들과 거주하고 있는 점 등으로 보아 피고가 주장하는 임대차계약은 가공의 허위계약으로서 피고는 위 경매절차에서 근저당권자인 원고에 우선하여 배당금을 수령할 아무런 권원이 없는 사람임에도 피고 주장의 임차보증금채권의 변제를 위하여 매각대금 일부가 배당될 형편에 이르게 되었습니다.

3. 따라서 원고는 피고가 주장하는 소액임차보증금반환채권이 존재하지 아니함을 즉시 확정하여야 할 법률상의 이익이 있어 이 사건 청구에 이르게 된 것입니다.

입 증 방 법

1. 갑 제1호증 주민등록등본(피고의 처)
1. 갑 제2호증 불거주사실확인서

첨 부 서 류

1. 위 입증방법 각 1통
1. 소장부본 1통
1. 송달료납부서 1통

20○○. ○. ○.

위 원고 ○○○ (서명 또는 날인)

○○지방법원 귀중

[별지] 생략

⑨ 가계수표금채무 부존재확인의 소

소 장

원 고 ○○○ (주민등록번호)
○○시 ○○구 ○○로 ○○(우편번호 ○○○-○○○)
전화.휴대폰번호:
팩스번호, 전자우편(e-mail)주소:
피 고 ◇◇◇ (주민등록번호)
○○시 ○○구 ○○로 ○○(우편번호 ○○○-○○○)
전화.휴대폰번호:
팩스번호, 전자우편(e-mail)주소:

가계수표금채무부존재확인의 소

청 구 취 지

1. 원고가 발행한 별지목록 기재 가계수표금채무는 존재하지 아니함을 확인한다.
2. 소송비용은 피고의 부담으로 한다.

라는 판결을 원합니다.

청 구 원 인

1. 피고는 20○○. ○. ○. 원고에게 피고가 ○○시 ○○구 ○○로 ○○ 소재에서 ○○골재라는 상호로 납품 및 운송업 등을 하고 있으며 스카이나 덤프트럭 4대를 소유하고 사업을 하고 있다고 과시하며 원고를 속이고 원고에게 골재를 운반하여 준다고 선수금으로 금 5,000,000원을 지급할 것을 요구하였습니다.
2. 이에 속은 원고는 피고의 말과 피고의 인품이나 사업규모로 보아 믿어도 되겠다고 판단하여 골재운반대금 선수금의 명목으로 피고에게 금 5,000,000원을 주게 되면 자기가 운영하는 위 덤프트럭으로 골재를 운반하여 줄 것으로 믿고 원고 명의로 거래하고 있는 별지목록 기재와 같은 ○○중앙회 ○○지점 가계수표 20○○. ○. ○.자 액면 금 5,000,000원권 1매(○호○○0123456)를 작성하여 피고에게 교부하였습니다.
3. 그런데 피고는 원고로부터 위 가계수표 액면 금 5,000,000원권 1매를 교부받은 후 위 골재를 운반하여 주겠다고 하였으나 이행하지 아니함으로 원고가 현장을 답사한 바, 골재판매장은 물론 덤프트럭도 전부 타인 소유로서 원고를 기망하고 가계수표 금 5,000,000원권 1매를 사취한 후 행방을 감추고 말았습니다.
4. 그렇다면 원고가 피고에게 골재를 납품 받기로 하고 선수금으로 가계수표 1매를

발행한 것인데, 피고는 골재를 운반하지 아니하고 가계수표 1매를 사취한 것이므로 원인 없이 발행한 별지목록 기재 가계수표상 수표금은 피담보채무의 부존재 내지 소멸로 인하여 존재하지 아니한다고 할 것입니다.

5. 그러므로 원고는 이 사건 수표에 대하여 피사취계를 ○○중앙회 ○○지점에 제출하고 보증으로 금 5,000,000원을 예탁하였으나, 이 사건 수표의 지급기일이 지났음에도 이 사건 수표의 지급제시는 물론 수표금청구도 하지 아니하고 있으며, 나아가 원고는 피고에 대하여 ○○경찰서에 사기죄로 고소를 제기하여 수사가 진행 중에 있습니다.
6. 따라서 원고는 원고가 발행한 별지목록 기재 가계수표금채무가 존재하지 아니함을 확인 받기 위하여 이 사건 청구에 이른 것입니다.

입 증 방 법

1. 갑 제1호증 가계수표
1. 갑 제2호증 고소장
1. 갑 제3호증 명함

첨 부 서 류

1. 위 입증방법 각 1통
1. 소장부본 1통
1. 송달료납부서 1통

20○○. ○. ○.
위 원고 ○○○ (서명 또는 날인)

○○지방법원 귀중

[별 지]

수표의 표시

1. 금액 : 금 5,000,000원
1. 수표번호 : ○호○○0123456
1. 발행일 : 20○○. ○. ○.
1. 발행지 및 지급지 : ○○시
1. 지급장소 : ○○중앙회 ○○지점. 끝.

⑩ 토지임차권 확인의 소

소 장

원 고 ○○○ (주민등록번호)
○○시 ○○구 ○○로 ○○(우편번호 ○○○-○○○)
전화.휴대폰번호:
팩스번호, 전자우편(e-mail)주소:
피 고 ◇◇◇ (주민등록번호)
○○시 ○○구 ○○로 ○○(우편번호 ○○○-○○○)
전화.휴대폰번호:
팩스번호, 전자우편(e-mail)주소:

토지임차권확인의 소

청 구 취 지

1. 원고와 피고 사이의 20○○. ○. ○.자 임대차계약에 기해 ○○시 ○○동 ○○○ 대 300㎡에 대하여 월임료 금 1,000,000원, 임차기간 20○○. ○. ○.부터 20○○. ○. ○.까지 ○년간으로 하는 임차권이 존재함을 확인한다.

2. 소송비용은 피고의 부담으로 한다.
라는 판결을 구합니다.

청 구 원 인

1. 원고는 ○○시 ○○동 ○○ 원고 소유 건물에서 식당을 경영하고 있는데 위 식당을 찾는 고객의 주차장이 없었으므로, 20○○. ○. ○. 피고의 아버지 소외 망 ◉◉◉가 관리하는 피고 소유의 같은 동 ○○○ 대 300㎡를 월차임 금 100만원, 기간은 20○○. ○. ○.부터 20○○. ○○. ○○.까지 ○년간으로 임차하여 주차장으로 사용하되 별다른 의사표시가 없으면 같은 조건으로 갱신되는 것으로 하는 토지임대차계약을 피고의 대리인 소외 망 ◉◉◉와 맺은 사실이 있습니다.

2. 그런데 피고의 아버지 소외 망 ◉◉◉가 지난 20○○. ○. ○○. 사망한 뒤로 그의 외아들인 피고는 원고가 경영하는 위 식당에서 음식냄새가 난다, 손님들 차량으로 피고의 주거에 통행하기가 불편하다는 등의 불만을 토로하다가 위 임대차계약이 20○○. ○○. ○○. 종료하였다고 주장하며 원고에게 위 토지를 주차장으로 사용하지 말 것을 요구하고 있습니다.

3. 그러므로 원고의 위 토지에 대한 임대차권리관계에 법적인 불안, 위험이 있고 그 불안, 위험을 제거함에 있어서 확인판결을 받는 것이 가장 유효, 적절한 법적인 수단이라 할 것이어서 이 사건 소를 제기하게 된 것입니다.

입 증 방 법

1. 갑 제1호증 토지임대차계약서
1. 갑 제2호증 부동산등기사항전부증명서
1. 갑 제3호증 기본증명서(망 ◉◉◉)
(단, 2007.12.31. 이전 사망한 경우 제적등본)
1. 갑 제4호증 가족관계증명서(망 ◉◉◉)
(또는, 상속관계를 확인할 수 있는 제적등본)

첨 부 서 류

1. 위 입증방법 각 1통
1. 소장부본 1통
1. 송달료납부서 1통

20○○. ○. ○.
위 원고 ○○○ (서명 또는 날인)

○○지방법원 ○○지원 귀중

⑪ 토지소유권 확인의 소

소 장

원 고 ○○○ (주민등록번호)
○○시 ○○구 ○○길 ○○(우편번호 ○○○-○○○)
전화.휴대폰번호:
팩스번호, 전자우편(e-mail)주소:
피 고 대한민국
위 법률상 대표자 법무부장관 ◇◇◇

토지소유권확인의 소

청 구 취 지

1. ○○시 ○○구 ○○동 ○○ 대 200㎡는 원고의 소유임을 확인한다.

2. 소송비용은 피고의 부담으로 한다.

라는 재판을 구합니다.

청 구 원 인

1. ○○시 ○○구 ○○동 ○○ 대 200㎡(다음부터 '이 사건 부동산'이라고 함)는 원고의 피상속인인 소외 망 ◉◉◉가 사정 받은 소외 망 ◉◉◉의 소유의 토지였는데, 소외 망 ◉◉◉는 19○○. ○. ○. 사망하여 소외 망 ◉◉◉의 아들로서 단독상속인인 원고가 상속하였습니다.

2. 그런데 피고 산하 토지대장 소관청은 토지대장에 소유자 성명 ◉◉◉만 기재되어 있고 소외 망 ◉◉◉의 주소가 등록되어 있지 아니하다는 이유로 이 사건 부동산이 원고의 소유임을 다투고 있습니다.

3. 따라서 원고는 피고에 대하여 이 사건 부동산이 원고의 소유임의 확인을 청구하여 이 사건 소를 제기합니다.

입 증 방 법

1. 갑 제1호증 기본증명서(망 ◉◉◉)
   (단, 2007.12.31. 이전 사망한 경우 제적등본)
1. 갑 제2호증 가족관계증명서(망 ◉◉◉)
   (또는, 상속관계를 확인할 수 있는 제적등본)
1. 갑 제3호증 토지대장등본

첨 부 서 류

1. 위 입증방법 각 1통
1. 소장부본 1통
1. 송달료납부서 1통

20○○. ○. ○.

위 원고 ○○○ (서명 또는 날인)

○○지방법원 귀중

⑫ 해고무효확인 및 임금청구의 소

소 장

원 고 ○○○ (주민등록번호)
○○시 ○○구 ○○길 ○○(우편번호 ○○○-○○○)
전화.휴대폰번호:
팩스번호, 전자우편(e-mail)주소:
피 고 ◇◇◇ (주민등록번호)
○○시 ○○구 ○○길 ○○(우편번호 ○○○-○○○)
전화.휴대폰번호:
팩스번호, 전자우편(e-mail)주소:

해고무효확인 및 임금청구의 소

청 구 취 지

1. 피고가 원고에 대하여 한 20○○. ○. ○○.자 해고는 무효임을 확인한다.
2. 피고는 원고에게 금 ○○○원 및 20○○. ○○. ○○.부터 원고가 복직하는 날까지 매월 말일에 금 ○○○원의 비율에 의한 돈을 지급하라.
3. 소송비용은 피고의 부담으로 한다.
4. 위 제2항은 가집행 할 수 있다.

라는 판결을 구합니다.

청 구 원 인

1. 피고는 ○○정보신문, 월간○○ 등의 농업관련 월간지 발행 및 판매업체를 운영하고 있는바, 원고는 19○○. ○월경 피고에게 고용되어 근무하다가 20○○. ○. 초순경 퇴직하고, 20○○. ○. ○. 다시 고용되어 영업부장으로 근무하던 중 20○○. ○. ○○. 피고로부터 해고를 당하였습니다.
2. 그러나 위 해고는 정당한 이유 없는 해고로서 근로기준법 제23조 제1항에 위반하는 것으로 무효라 할 것입니다.

   즉, 피고는 원고가 거래업체로부터 광고비 등을 수금하여 피고에게 입금시키지 않고 횡령하였음을 해고사유로 하였으나, 원고는 20○○. ○. ○. 다시 고용되기 이전에는 수금한 광고비 중 합계 금 ○○○원을 피고에게 입금시키지 않은 사실이 있어 이를 시인하고 퇴직한 사실이 있으나 다시 고용된 이후에는 업무를 충실히 수행해왔고 수금한 광고비 등을 횡령한 사실이 전혀 없습니다. 오히려 피고가 원고에게 근로계약에 따른 급여 및 영업수당을 제대로 지급하지 않고 원고의 광고수주 및 수금을 방해하는 잘못을 하였습니다.
3. 또한 원고는 ○○지방노동위원회에 부당해고 구제신청을 하여 20○○. ○○.

○. 같은 위원회로부터 "부당 해고가 인정되니 원고를 지체 없이 원직에 복직시키고 해고기간 중 정상적으로 근로하였더라면 받을 수 있었던 임금 상당액을 지급하여야 한다"는 명령이 내려진 사실이 있고(갑 제2호증 ○○지방노동위원회 명령서), 같은 명령에 대해 피고가 불복을 제기하지 않음으로써 같은 명령이 확정된 사실이 있습니다.

이에 원고는 위 명령 후 피고 업체에 다시 복직하고자 출근을 시도하고 여러 차례에 걸쳐 피고에게 전화하여 복직의사를 밝혔음에도 피고의 복직거부로 지금까지 복직하지 못하고 있습니다.{갑 제3호증 통고서(내용증명우편)}.

4. 한편, 원고는 20○○. ○. ○. 피고와 근로계약을 체결하며 임금에 관하여 매월 고정급으로 금 ○○○원을 지급 받고, ○○정보신문, 월간○○지의 정기구독 및 광고수당으로 원고가 수주한 금액의 30% 상당을 지급 받기로 약정하였습니다.(갑 제1호증 근로계약서).

그리고 원고가 피고로부터 부당해고를 당한 20○○. ○. ○○. 이전 3개월 동안 원고가 수주한 위 광고비 및 정기구독료 합계액이 금 ○○○원이므로 원고의 위 근로계약에 따른 월평균 정기구독 및 광고수당은 금 ○○○원(금 ○○○원×1/3)이 됩니다.

따라서 월 고정급과 위 정기구독 및 광고수당을 합하면 채권자의 해고 당시 월평균 임금은 금 ○○○원이라 할 것입니다.

5. 그러므로 원고는 피고에게 20○○. ○. ○○.자 해고는 무효임을 확인하고, 위 해고처분일 다음날부터 20○○. ○○. ○.까지 ○개월간의 미지급 임금 ○○○원(= ○○○원×○개월) 및 그 다음날인 20○○. ○○. ○○.부터 복직하는 날까지 매월 말일에 금 ○○○원의 비율에 의한 임금을 지급할 것을 구하기 위하여 이 사건 소제기에 이르렀습니다.

입 증 방 법

1. 갑 제1호증	노동위원회 명령서
1. 갑 제2호증	근로계약서
1. 갑 제3호증	통고서(내용증명우편)

첨 부 서 류

1. 위 입증방법	각 1통
1. 소장부본	1통
1. 송달료납부서	1통

20○○. ○. ○.

위 원고 ○○○ (서명 또는 날인)

○○지방법원 귀중

1-3. 이행의 소

① '이행의 소'란 원고가 피고에게 '…할 것(급부)을 요구한다'고 하는 소송을 말합니다.

② 청구를 법원이 인정하는 경우 법원은 '피고는 원고에게 ~(급부)를 지급하라'와 같이 급부를 명하는 형식의 판결을 하는 것이 보통이며 이를 급부판결이라고 합니다.

③ 이행의 소에는 건물명도 청구소송, 소유권이전등기 청구소송, 손해배상 청구소송, 부당이득반환 청구소송, 임차보증금반환 청구소송 등이 있습니다.

1-4. 각종 이행의 소 소장 작성례

① 매매대금청구의 소(토지임차인의 건물철거소송 패소 후)

소 장

원 고 ○○○ (주민등록번호)
○○시 ○○구 ○○길 ○○(우편번호)
전화.휴대폰번호:
팩스번호, 전자우편(e-mail)주소:
피 고 ◇◇◇ (주민등록번호)
○○시 ○○구 ○○길 ○○(우편번호)
전화.휴대폰번호:
팩스번호, 전자우편(e-mail)주소:

매매대금청구의 소

청 구 취 지

1. 피고는 원고에게 금 ○○○원 및 이에 대하여 이 사건 소장 부본 송달 다음날부터 판결선고일까지는 연 5%, 그 다음날부터 다 갚는 날까지는 연 15%의 각 비율에 의한 돈을 지급하라.
2. 소송비용은 피고가 부담한다.
3. 위 제1항은 가집행 할 수 있다.

라는 판결을 구합니다.

청 구 원 인

1. 원고는 피고로부터 별지1 목록기재 토지를 건물소유를 목적으로 임차료는 매월 금 ○○○원, 임차기한은 20○○. ○. ○.로 정하여 임차한 후, 별지1 목록기재 토지 위에 별지2 목록기재 건물을 건축하였습니다.

2. 그 후 피고는 20○○. ○. ○.로 위 임대차기간이 만료되기 1개월 전에 계약갱신거절의사를 내용증명우편으로 통고하였으며, 임대차기간이 만료되자 원고를 상대로 ○○지방법원 20○○가단○○○ 토지인도 및 건물철거소송을 제기하여

원고패소로 확정되었으며, 원고는 위 판결이 확정되었으므로 별지1 목록기재 토지 및 별지2 목록기재 건물을 피고에게 내주었는데, 피고는 별지2 목록기재 건물을 철거하지 않고 자기가 사용하고 있습니다.

3. 따라서 원고는 비록 ○○지방법원 20○○가단○○○ 토지인도 등 청구소송에서는 토지임차인으로서 민법 제643조 및 제283조에 따른 건물매수청구항변을 하지 못하고 패소하여 판결이 확정되었지만, 피고가 아직 별지2 목록기재 건물을 철거하지 않고 자기가 사용하고 있으므로, 이 사건 소장부본의 송달로써 별지2 목록기재 건물의 매수청구의사표시를 하고 청구취지와 같은 매매대금을 지급받기 위하여 이 사건 소송제기에 이른 것입니다.

입 증 방 법

1. 갑 제1호증 임대차계약서
1. 갑 제2호증 부동산등기사항증명서

첨 부 서 류

1. 위 입증방법 각 1통
1. 소장부본 1통
1. 송달료납부서 1통

20○○. ○. ○.

위 원고 이○○ (서명 또는 날인)

○○지방법원 귀중

[별지] 생략

■ 참 고 ■

※ (1) 관 할

1. 소(訴)는 피고의 보통재판적(普通裁判籍)이 있는 곳의 법원의 관할에 속하고, 사람의

보통재판적은 그의 주소에 따라 정하여지나, 대한민국에 주소가 없거나 주소를 알 수 없는 경우에는 거소에 따라 정하고, 거소가 일정하지 아니하거나 거소도 알 수 없으면 마지막 주소에 따라 정하여집니다.

2. 부동산에 관한 소를 제기하는 경우에는 부동산이 있는 곳의 법원에 제기할 수 있습니다.
3. 따라서 위 사안에서 원고는 피고의 주소지를 관할하는 법원이나 부동산이 있는 곳의 관할 법원에 소를 제기할 수 있습니다.

※ (2) 인 지

소장에는 소송목적의 값에 따라 민사소송등인지법 제2조 제1항 각 호에 따른 금액 상당의 인지를 붙여야 합니다. 다만, 대법원 규칙이 정하는 바에 의하여 인지의 첩부에 갈음하여 당해 인지액 상당의 금액을 현금이나 신용카드·직불카드 등으로 납부하게 할 수 있는바, 현행 규정으로는 인지첩부액이 1만원 이상일 경우에는 현금으로 납부하여야 하고 또한 인지액 상당의 금액을 현금으로 납부할 수 있는 경우 이를 수납은행 또는 인지납부대행기관의 인터넷 홈페이지에서 인지납부대행기관을 통하여 신용카드 등으로도 납부할 수 있습니다(민사소송등인지규칙 제27조 제1항 및 제28조의 2 제1항).

(관련판례)

건물의 소유를 목적으로 하는 토지임대차에 있어서, 임대차가 종료함에 따라 토지임차인이 임대인에 대하여 건물매수청구권을 행사할 수 있음에도 불구하고 이를 행사하지 아니한 채, 토지임대인이 임차인에 대하여 제기한 토지인도 및 건물철거청구소송에서 패소하여 그 패소판결이 확정되었다고 하더라도, 그 확정판결에 의하여 건물철거가 집행되지 아니한 이상 토지임차인으로서는 건물매수청구권을 행사하여 별소로써 임대인에 대하여 건물매매대금의 지급을 구할 수 있다(대법원 1995. 12. 26. 선고 95다42195 판결).

② 건물철거 및 토지인도청구의 소

소 장

원 고 ○○○ (주민등록번호)
○○시 ○○구 ○○길 ○○(우편번호 ○○○-○○○)
전화.휴대폰번호:
팩스번호, 전자우편(e-mail)주소:
피 고 ◇◇◇ (주민등록번호)
○○시 ○○구 ○○길 ○○(우편번호 ○○○-○○○)
전화.휴대폰번호:
팩스번호, 전자우편(e-mail)주소:

건물철거 및 토지인도청구의 소

청 구 취 지

1. 피고는 원고에게 ○○시 ○○구 ○○동 ○○ 전 ○○○㎡ 중, 별지도면 표시 1, 2, 3, 4, 1의 각 점을 차례로 연결하는 선내 (ㄱ)부분 지상 목조 스레트지붕 단층 무허가 주택1동 30㎡ 및 같은 도면표시 5, 6, 7, 8, 5의 각 점을 차례로 연결하는 선내 (ㄴ)부분 지상 시멘트블록조 스레트지붕 단층 무허가 주택1동 21㎡를 각 철거하고, 위 토지 ○○○㎡를 인도하라.

2. 소송비용은 피고가 부담한다.

3. 위 제1항은 가집행 할 수 있다.
라는 판결을 구합니다.

청 구 원 인

1. 원고는 원고의 소유인 ○○시 ○○구 ○○동 ○○ 전 ○○○㎡를 199○. ○. ○. 피고에게 농작물을 재배를 목적으로 임대차기간 2년으로 정하여 임대한 바 있습니다.

2. 그러나 피고는 원고의 동의를 받지 않고 임차목적과 다르게 청구취지 제1항 기재

와 같은 무허가 건물을 각각 건축하여 점유.사용하고 있습니다.

3. 그런데 원고와 피고의 위 토지의 임대차기간이 20○○. ○. ○. 종료하였으므로, 원고는 피고에게 청구취지 제1항 기재와 같은 무허가 건물의 철거 및 토지의 인도를 여러 차례에 걸쳐 청구하였으나, 피고는 지금까지도 이를 이행하지 않고 있습니다.

4. 따라서 원고는 피고에 대하여 ○○시 ○○구 ○○동 ○○ 전 ○○○㎡ 중, 별지도면 표시 1, 2, 3, 4, 1의 각 점을 차례로 연결하는 선내 (ㄱ)부분 지상 목조 스레트지붕 단층 무허가 주택1동 30㎡ 및 같은 도면표시 5, 6, 7, 8, 5의 각 점을 차례로 연결하는 선내 (ㄴ)부분 지상 시멘트블록조 스레트지붕 단층 무허가 주택1동 21㎡를 각 철거하도록 하고, 위 토지 ○○○㎡를 각 인도 받기 위하여 이 사건 소송제기에 이른 것입니다.

입 증 방 법

1. 갑 제1호증　　부동산등기사항증명서
1. 갑 제2호증　　지적도등본
1. 갑 제3호증　　임대차계약서

첨 부 서 류

1. 위 입증방법　　각 1통
1. 토지대장등본　　1통
1. 건축물대장등본　　1통
1. 소장부본　　1통
1. 송달료납부서　　1통

20○○. ○. ○.
위 원고 ○○○ (서명 또는 날인)

○○지방법원 귀중

[별지] 생략

③ 계약금반환청구의 소(계약금반환 및 계약합의해제)

소 장

원 고 ○○○ (주민등록번호)
○○시 ○○구 ○○길 ○○(우편번호)
전화.휴대폰번호:
팩스번호, 전자우편(e-mail)주소:
피 고 ◇◇◇ (주민등록번호)
○○시 ○○구 ○○길 ○○(우편번호)
전화.휴대폰번호:
팩스번호, 전자우편(e-mail)주소:

계약금반환청구의 소

청 구 취 지

1. 피고는 원고에게 금 3,000,000원 및 이에 대한 이 사건 소장부본이 송달된 다음날부터 다 갚을 때까지 연 15%의 비율에 의한 돈을 지급하라.
2. 소송비용은 피고가 부담한다.
3. 위 제1항은 가집행 할 수 있다.

라는 판결을 원합니다.

청 구 원 인

1. 당사자들의 지위
   피고는 소외 ◉◉◉ 소유 ○○도 ○○○시 ○○읍 ○○길 ○○○의 ○ 소재 3층 건물 중 3층 방1칸을 임차하여 살고 있던 임차인이고, 원고는 피고와 위 건물에 대한 전대차계약을 체결했던 자입니다.
2. 원고는 20○○. ○. ○○. 피고와의 사이에 보증금 15,000,000원에 위 방1칸에 대하여 전대차계약을 체결하면서 일단 계약금으로 금 3,000,000을 지급했고, 잔금은 1개월 뒤 입주할 때에 지급하기로 약속한 사실이 있습니다.
3. 그러나, 계약 바로 뒤에 원고측에 피치 못할 사정이 생겨 같은 날 피고를 찾아가 계약의 해제를 요청했고, 피고도 불과 몇 시간만에 계약해제를 요구한 점, 원고가 경제적으로 어려운 상황이라는 점 등을 고려했는지 선선히 이에 응했고, 계약금으로 받은 돈 3,000,000원은 일단 써버렸으니 당장은 줄 수 없고

나중에 돌려주겠노라고 약속한 사실이 있습니다.

4. 그 뒤 원고는 기회 있을 때마다 계약금을 돌려줄 것을 요청했으나, 피고는 그 반환을 차일피일 미루어 오다, 20○○. ○. ○○. 계약금 중 금 2,000,000원은 같은 해 ○. ○○.까지 반환할 것이고, 나머지 금 1,000,000원은 새 임차인이 조만간 들어올 것이니 그때 반환하겠다는 내용의 확인서를 작성하여 원고에 교부한 바 있습니다.
5. 그러나 피고는 약속과 달리 같은 해 ○. ○○.에 금 2,000,000원을 반환하지 않았음은 물론이고, 20○○. ○○. ○. 소외 ◎◎◎가 새 임차인으로 들어왔는데도 불구하고 아직까지도 위 금 3,000,000원을 반환하지 않고 있습니다.
6. 사정이 위와 같으므로 원고로서는 부득이 금 3,000,000원 및 이에 대한 이 사건 소장부본이 송달된 다음날부터 다 갚을 때까지 소송촉진 등에 관한 특례법 소정 연 15%의 비율에 의한 지연손해금을 받고자 이 사건 청구에 이른 것입니다.

입 증 방 법

1. 갑 제1호증　　　　확인서

첨 부 서 류

1. 위 입증방법　　　　1통
1. 소장부본　　　　1통
1. 송달료납부서　　　　1통

20○○. ○. ○.

위 원고 ○○○ (서명 또는 날인)

○○지방법원 귀중

④ 공사대금청구의 소

소 장

원 고 ○○○ (주민등록번호)
○○시 ○○구 ○○길 ○○(우편번호)
전화.휴대폰번호:
팩스번호, 전자우편(e-mail)주소:
피 고 ◇◇종합건설주식회사
○○시 ○○구 ○○로 ○○(우편번호)
대표이사 ◈◈◈
전화.휴대폰번호:
팩스번호, 전자우편(e-mail)주소:

공사대금청구의 소

청 구 취 지

1. 피고는 원고에게 금 33,00,000원 및 이에 대하여 20○○. ○. ○○.부터 이 사건 소장부본 송달일까지는 연 5%의, 그 다음날부터 다 갚을 때까지는 연 15%의 각 비율에 의한 돈을 지급하라.

2. 소송비용은 피고가 부담한다.

3. 위 제1항은 가집행 할 수 있다.
라는 판결을 원합니다.

청 구 원 인

1. 원고는 20○○. ○. ○○. 피고와 사이에 피고가 건축중인 ○○시 ○○구 ○○로 ○○ 소재 ◎◎연립주택(25세대)의 도배 및 바닥공사에 대하여 아래와 같이 도급계약을 체결하였습니다.
 (1) 공 사 기 간 : 20○○. ○. ○○. 착공
 (2) 총 대 금 : 금 38,000,000원

(3) 대금지급방법 : 공사착수시에 선급금으로 금 5,000,000원을 지급하고, 나머지는 공사가 끝나는 즉시 전액 지급하기로 함.

2. 원고는 위 계약에 따라 선급금으로 금 5,000,000원을 받고, 20○○. ○. ○○. 공사에 착수하여 같은 해 ○○. ○. 도배 및 바닥공사 일체를 끝내었는데, 피고가 나머지 공사대금 33,000,000원을 지금까지 지급하지 않고 있습니다.

3. 따라서 원고는 피고로부터 공사대금 33,000,000원 및 공사완공 다음날인 20○○. ○○. ○.부터 이 사건 소장부본 송달일까지는 민법 소정의 연 5%의, 그 다음날부터 다 갚을 때까지는 소송촉진등에관한특례법 소정의 연 15%의 각 비율에 의한 지연손해금을 지급 받고자 이 사건 청구에 이른 것입니다.

입 증 방 법

1. 갑 제1호증 건설공사표준도급계약서
1. 갑 제2호증 통고서(내용증명우편)

첨 부 서 류

1. 위 입증방법 각 1통
1. 법인등기사항증명서 1통
1. 소장부본 1통
1. 송달료납부서 1통

20○○. ○. ○.

위 원고 ○○○ (서명 또는 날인)

○○지방법원 귀중

⑤ 구상금청구의 소(대위변제한 건물매수인)

소 장

원 고 ○○○ (주민등록번호)
○○시 ○○구 ○○길 ○○(우편번호)
전화.휴대폰번호:
팩스번호, 전자우편(e-mail)주소:
피 고 ◇◇◇ (주민등록번호)
○○시 ○○구 ○○길 ○○(우편번호)
전화.휴대폰번호:
팩스번호, 전자우편(e-mail)주소:

구상금청구의 소

청 구 취 지

1. 피고는 원고에게 ○○○만원 및 이에 대한 20○○. ○. ○.부터 이 사건 소장 부본 송달일 까지는 연 5%, 그 다음날부터 다 갚는 날까지는 연 15%의 각 비율로 계산한 돈을 지급하라.
2. 소송비용은 피고가 부담한다.
3. 위 제1항은 가집행 할 수 있다.

라는 판결을 원합니다.

청 구 원 인

1. 사실관계

   원고는 20○○. ○. ○. 소외 ◈◈◈로부터, 근저당권자 소외 ◉◉은행, 채무자 피고, 근저당최고금액 ○○○만원의 근저당권설정등기가 경료된 소외 ◈◈◈ 소유의 ○○시 ○○구 ○○길 ○○ 다세대주택 203호를 매수하면서, 위 근저당권은 소외 ◈◈◈가 20○○. ○. ○.까지 책임지고 말소하기로 하는 조건으로 ○○○○만원을 지급하고 매수한 사실이 있습니다(갑 제1호증 매매계약서, 갑 제2호증 부동산등기사항증명서 참조).

2. 원고의 대위변제

   가. 소외 ◈◈◈는 위 약정과 달리 위 소외 ◉◉은행에 대출금을 변제하지 못하여 소외 ◉◉은행은 위 주택을 경매하겠다고 원고에게 통지하였고(갑 제3호증 통고서 참조), 원고는 20○○. ○. ○. 소외 ◈◈◈와 피고에게 위 ○○○만원을 20○○. ○. ○까지 조속히 변제해줄 것을 최고하였습니다(갑 제4호증 통고서 참조).

   나. 소외 ◈◈◈와 피고는 위 날짜까지 위 채무를 변제하지 못하여, 원고는 위

주택이 경매되는 것을 막기 위하여 위 근저당권의 피담보채무 ○○○만원을 대위변제하였습니다(갑 제5호증 대위변제확인서 참조).

3. 피고의 책임근거

가. 원고는 소외 ◈◈◈가 현재 집행가능한 재산이 전혀 없으므로 소외 ◉◉은행에 대한 위 근저당권채무의 채무자인 피고에 대하여 위 대위변제금을 지급 받고자 합니다.

나. 책임의 근거

타인의 채무를 담보하기 위하여 저당권을 설정한 부동산의 소유자(물상보증인)로부터 소유권을 양수한 제3자는 채권자에 의하여 저당권이 실행되게 되면 저당부동산에 대한 소유권을 상실한다는 점에서 물상보증인과 유사한 지위에 있다고 할 것이므로, 물상보증의 목적물인 저당부동산의 제3취득자가 채무를 변제하거나 저당권의 실행으로 저당물의 소유권을 잃은 때에는 물상보증인의 구상권에 관한 민법 제370조, 제341조의 규정을 유추적용 하여 보증채무에 관한 규정에 의하여 채무자에 대한 구상권이 있다고 할 것입니다(대법원 1997. 7. 25. 선고 97다8403 판결).

4. 결론

따라서 피고는 원고에게 대위변제금 ○○○만원 및 이에 대한 대위변제일 다음날인 20○○. ○. ○.부터 이 사건 소장 부본 송달일 까지는 민법에서 정한 연 5%, 그 다음날부터 다 갚는 날까지는 소송촉진등에관한특례법에서 정한 연 15%의 각 비율로 계산한 돈을 지급할 의무가 있다 할 것입니다.

입 증 방 법

1. 갑 제1호증 매매계약서
1. 갑 제2호증 부동산등기사항증명서
1. 갑 제3호증 통고서
1. 갑 제4호증 통고서
1. 갑 제5호증 대위변제확인서

첨 부 서 류

1. 위 입증방법 각 1통
1. 소장 부본 1통
1. 송달료납부서 1통

20○○. ○. ○.

위 원고 ○○○ (서명 또는 날인)

○○지방법원 귀중

⑥ 권리금반환청구의 소(계약기간내 계약해지할 때 권리금반환특약)

소 장

원 고 ○○○ (주민등록번호)
○○시 ○○구 ○○로 ○○(우편번호)
전화.휴대폰번호:
팩스번호, 전자우편(e-mail)주소:
피 고 ◇◇◇ (주민등록번호)
○○시 ○○구 ○○로 ○○(우편번호)
전화.휴대폰번호:
팩스번호, 전자우편(e-mail)주소:

권리금반환청구의 소

청 구 취 지

1. 피고는 원고에게 ○○○만원 및 이에 대하여 20○○. ○. ○.부터 이 사건 소장부본 송달일까지는 연 5%, 그 다음날부터 다 갚는 날까지는 연 15%의 각 비율로 계산한 돈을 지급하라.

2. 소송비용은 피고가 부담한다.

3. 위 제1항은 가집행 할 수 있다.

라는 판결을 구합니다.

청 구 원 인

1. 원고는 20○○. ○. ○. 피고와 ○○시 ○○구 ○○로 ○○에 있는 건물의 점포 40㎡에 대하여 임대차보증금 ○○○만원, 월임차료 ○○○만원, 임대차기간 1년, 권리금 ○○○만원으로 하는 임대차계약을 체결하고, 위 임차기간의 만료 전에 임대인인 피고의 사정으로 계약을 해지하여 위 건물을 인도할 경우에는 권리금전액을 반환할 것을 약정하였습니다.

2. 위 임차기간 만료 전에 피고의 사정으로 계약을 합의해지하고, 피고에게 위 건

물을 인도하였습니다.

3. 그러나 피고는 원고에게 위 권리금을 반환하지 않고 계속 미루고 지금까지 지급하지 않고 있습니다.

4. 따라서 원고는 피고로부터 위 권리금 ○○○만원 및 이에 대하여 원고가 위 건물임차부분을 명도한 다음날인 20○○. ○. ○.부터 이 사건 소장부본 송달일까지는 민법에서 정한 연 5%, 그 다음날부터 다 갚을 때까지는 소송촉진 등에 관한 특례법에서 정한 연 15%의 각 비율로 계산한 지연손해금을 지급받고자 이 사건 청구에 이르게 된 것입니다.

입 증 방 법

1. 갑 제1호증 임대차계약서

첨 부 서 류

1. 위 입증방법 1통
1. 소장부본 1통
1. 송달료납부서 1통

20○○. ○. ○.

위 원고 ○○○ (서명 또는 날인)

○○지방법원 귀중

⑦ 근저당권설정등기말소청구의 소(채무변제)

소 장

원 고 ○○○ (주민등록번호)
○○시 ○○구 ○○로 ○○(우편번호 ○○○-○○○)
전화.휴대폰번호:
팩스번호, 전자우편(e-mail)주소:

피 고 ◇◇◇ (주민등록번호)
○○시 ○○구 ○○로 ○○(우편번호 ○○○-○○○)
전화.휴대폰번호:
팩스번호, 전자우편(e-mail)주소:

근저당권설정등기말소청구의 소

청 구 취 지

1. 피고는 원고에게 별지목록 기재 부동산에 관하여 ○○지방법원 ○○등기소 20○○. ○. ○. 접수 제○○○○호로 마친 근저당권설정등기에 대하여 20○○. ○. ○. 변제를 원인으로 한 말소등기절차를 이행하라.

2. 소송비용은 피고가 부담한다.

라는 판결을 구합니다.

청 구 원 인

1. 원고는 피고에게서 20○○. ○. ○. 금 25,000,000원을 차용하면서 원고의 소유인 별지목록 기재 부동산에 관하여 ○○지방법원 ○○등기소 20○○. ○. ○. 접수 제○○○○호로 채무자 원고, 채권최고액 금 30,000,000원으로 된 피고 명의의 근저당권설정등기를 설정해주었습니다.

2. 원고는 20○○. ○○. ○.부터 20○○. ○○. ○.까지 5회에 걸쳐 위 차용원금과 이자를 모두 변제하였습니다. 그런데 피고는 위 채무와는 별개인 피고에 대한 소외 ◉◉◉의 채무에 대하여 원고가 연대보증한 보증채무가 남아 있다는 이유로 위 근저당권설정등기의 말소등기절차에 협력하지 않고 있습니다.

3. 그러나 원고와 피고 사이의 위 근저당설정계약에는 원고와 피고 사이에 원고가 피고에 대하여 현재 및 장래에 부담하는 모든 채무를 담보한다는 등의 포괄근저당권조항이 전혀 없을 뿐만 아니라, 피고에 대한 소외 ◉◉◉의 채무도 아직 변제기가 도래하지 않았으므로, 피고는 원고가 위 채무를 모두 변제한 이상 위 근저당권설정등기의 말소등기절차를 이행할 의무가 있다고 할 것입니다.

4. 따라서 원고는 피고에 대한 채무변제를 이유로 피고에게 위 근저당권설정등기의 말소등기절차이행을 청구하고자 이 사건 소를 제기합니다.

입 증 방 법

1. 갑 제1호증	근저당권설정계약서
1. 갑 제2호증	연대보증계약서
1. 갑 제3호증의 1 내지 5	각 변제영수증
1. 갑 제4호증	부동산등기사항증명서

첨 부 서 류

1. 위 입증방법	각 1통
1. 소장부본	1통
1. 송달료납부서	1통

20○○. ○. ○.

위 원고 ○○○ (서명 또는 날인)

○○지방법원 귀중

[별지] 생략

⑧ 대여금 등 청구의 소(물품대금과 대여금)

소 장

원 고 ○○○ (주민등록번호)
○○시 ○○구 ○○로 ○○(우편번호)
전화.휴대폰번호:
팩스번호, 전자우편(e-mail)주소:
피 고 ◇◇◇ (주민등록번호)
○○시 ○○구 ○○로 ○○(우편번호)
전화.휴대폰번호:
팩스번호, 전자우편(e-mail)주소:

대여금 등 청구의 소

청 구 취 지

1. 피고는 원고에게
   가. 1,000,000원 및 이에 대한 20○○. ○○. ○○.부터 이 사건 소장부본 송달일까지는 연 6%, 그 다음날부터 다 갚는 날까지는 연 15%의 각 비율로 계산한 돈을,
   나. 5,000,000원 및 이에 대한 20○○. ○○. ○○.부터 이 사건 소장부본 송달일까지는 연 5%, 그 다음날부터 다 갚는 날까지는 연 15%의 각 비율로 계산한 돈을,
   각 지급하라.

2. 소송비용은 피고가 부담한다.

3. 위 제1항은 가집행 할 수 있다.
라는 판결을 구합니다.

청 구 원 인

1. 원고는 가구를 제작.판매하는 사람으로서 20○○. ○. ○. 피고에게 책상 1각 및 의자 1각을 판매하였으나, 그 물품대금 1,000,000원을 지급 받지 못하고 있던 중 원

고와 피고가 서로 알고 지내던 사이였는데 피고의 요청으로 20○○. ○. ○. 5,000,000원을 이자 및 변제기는 정함이 없이 대여하였습니다.

2. 그 뒤 원고는 피고로부터 위 물품대금 1,000,000원과 위 대여금 5,000,000원의 합계 6,000,000원을 20○○. ○○. ○○.까지 지급하겠다는 지불각서를 교부받았으나, 피고는 지금까지도 위 물품대금 및 대여금을 지급하지 않고 있습니다.

3. 따라서 원고는 피고로부터 위 물품대금 1,000,000원 및 이에 대한 20○○. ○○. ○○.부터 이 사건 소장부본 송달일까지는 상법에서 정한 연 6%, 그 다음날부터 다 갚는 날까지는 소송촉진등에관한특례법에서 정한 연 15%의 각 비율로 계산한 돈을, 위 대여금 5,000,000원 및 이에 대하여 20○○. ○○. ○○.부터 이 사건 소장부본 송달일까지는 민법에서 정한 연 5%, 그 다음날부터 다 갚는 날까지는 소송촉진등에관한특례법에서 정한 연 15%의 각 비율로 계산한 돈을 각 지급 받기 위하여 이 사건 청구에 이른 것입니다.

입 증 방 법

1. 갑 제1호증 물품인수증
1. 갑 제2호증 지불각서

첨 부 서 류

1. 위 입증방법 각 1통
1. 소장부본 1통
1. 송달료납부서 1통

20○○. ○. ○.

위 원고 ○○○ (서명 또는 날인)

○○지방법원 귀중

⑨ 대여금청구의 소(일부변제 받은 뒤 잔여금 청구)

소 장

원 고 ○○○ (주민등록번호)
○○시 ○○구 ○○로 ○○(우편번호)
전화.휴대폰번호:
팩스번호, 전자우편(e-mail)주소:

피 고 ◇◇◇ (주민등록번호)
○○시 ○○구 ○○로 ○○(우편번호)
전화.휴대폰번호:
팩스번호, 전자우편(e-mail)주소:

대여금청구의 소

청 구 취 지

1. 피고는 원고에게 ○○○원 및 이에 대한 20○○. ○. ○.부터 이 사건 소장부본 송달일까지는 연 5%, 그 다음날부터 다 갚는 날까지는 연 15%의 각 비율로 계산한 돈을 지급하라.

2. 소송비용은 피고가 부담한다.

3. 위 제1항은 가집행 할 수 있다.

라는 판결을 구합니다.

청 구 원 인

1. 원고와 피고는 같은 직장에 근무하였던 동료의 관계에 있었고, 피고는 직장생활을 하면서 평소 성실한 태도와 활달한 성격 탓에 동료들간에 신망이 두터웠고 업무처리에서도 뛰어난 능력을 발휘하여 여러 동료들로부터 인정을 받아왔던 직원이었습니다.

2. 원고는 피고와 20○○. ○월부터 같은 과에서 근무를 하였는데, 마침 원고가 주식투자에서 이익금을 얻었던 것을 알게 된 피고가 급히 금전이 필요하다고

하면서 수개월 내에 변제를 하겠다고 약속하고 20○○. ○. ○.에 지급하겠다는 지불각서를 작성한 뒤 원고로부터 금 ○○○원을 빌려갔습니다.

3. 위 금액을 빌려간 피고는 약속한 대여금의 변제를 지체하고 20○○. ○. ○. 사직하였습니다. 원고가 피고의 사직 후 계속하여 변제독촉을 하자 피고는 20○○. ○. ○.에 금 ○○○원을 원고의 통장으로 무통장 입금하고 난 후 나머지 금 ○○○원을 아직까지 변제하지 않고 있습니다.

4. 따라서 원고는 피고로부터 대여금 금 ○○○원 및 이에 대한 20○○. ○. ○.부터 이 사건 소장부본 송달일까지는 민법에서 정한 연 5%, 그 다음날부터 다 갚는 날까지는 소송촉진 등에 관한 특례법에서 정한 연 15%의 각 비율로 계산한 이자 및 지연손해금을 지급 받기 위하여 이 사건 청구에 이른 것입니다.

입 증 방 법

1. 갑 제1호증	지불각서
1. 갑 제2호증	통고서(내용증명)
1. 갑 제3호증	예금통장

첨 부 서 류

1. 위 입증방법	각 1통
1. 소장부본	1통
1. 송달료납부서	1통

20○○. ○. ○.

위 원고 ○○○ (서명 또는 날인)

○○지방법원 귀중

⑩ 대여금청구의 소(채무자 사망, 상속인을 피고로)

소 장

원 고 ○○○ (주민등록번호)
○○시 ○○구 ○○로 ○○(우편번호 ○○○-○○○)
전화.휴대폰번호:
팩스번호, 전자우편(e-mail)주소:
피 고 1. 김◇◇ (주민등록번호)
○○시 ○○구 ○○로 ○○(우편번호 ○○○-○○○)
전화.휴대폰번호:
팩스번호, 전자우편(e-mail)주소:
2. 이◇◇ (주민등록번호)
○○시 ○○구 ○○로 ○○(우편번호 ○○○-○○○)
전화.휴대폰번호:
팩스번호, 전자우편(e-mail)주소:

대여금청구의 소

청 구 취 지

1. 원고에게 피고 김◇◇는 ○○○원, 피고 이◇◇는 ○○○원 및 각 이에 대한 20○○. ○. ○.부터 다 갚는 날까지 연 24%의 비율로 계산한 돈을 지급하라.

2. 소송비용은 피고들이 부담한다.

3. 위 제1항은 가집행 할 수 있다.
라는 판결을 구합니다.

청 구 원 인

1. 원고는 20○○. ○. ○. 소외 망 이◈◈에게 돈 ○○○원을 변제기의 정함 없이 이자 월 2%(연 24%)로 정하고 빌려준 사실이 있습니다.

2. 소외 망 이◈◈는 돈을 빌려갈 당시 약정한 이자를 계속 지급해오다가 20○○.

○.경 원금 중 돈 ○○○원을 갚은 이후로 연락이 끊어지고, 20○○. ○. ○. 사망하였고, 소외 망 이◈◈의 처인 피고 김◇◇와 소외 망 이◈◈의 아들인 피고 이◇◇가 상속인으로서 소외 망 이◈◈의 위 채무를 승계 하였습니다. 그러므로 원고는 피고들에게 각자의 상속지분에 따른 채무를 변제할 것을 독촉하였으나, 피고들은 지금까지 그 채무를 변제하지 않고 있습니다.

3. 따라서 원고는 위 대여금채무 원금 ○○○원 중 피고 김◇◇에 대하여는 그 법정상속지분 3/5에 해당하는 ○○○원, 피고 이◇◇에 대하여는 그 법정상속지분 2/5에 해당하는 ○○○원 및 20○○. ○. ○.부터 다 갚는 날까지 약정이율 연 24%의 비율로 계산한 이자 및 지연손해금을 지급 받기 위하여 이 사건 소송제기에 이르게 되었습니다.

입 증 방 법

1. 갑 제1호증 차용증
1. 갑 제2호증 기본증명
(단, 2007.12.31.이전 사망의 경우 제적등본)
1. 갑 제3호증 가족관계증명서
(또는 상속관계를 확인할 수 있는 제적등본)

첨 부 서 류

1. 위 입증방법 각 1통
1. 소장부본 2통
1. 송달료납부서 1통

20○○. ○. ○.

위 원고 ○○○ (서명 또는 날인)

○○지방법원 귀중

⑪ 대여금청구의 소(대여자 사망하여 상속인이 원고)

소 장

원 고 1. 김○○ (주민등록번호)
2. 김○○ (주민등록번호)
3. 박○○ (주민등록번호)
위 원고들 주소지 ○○시 ○○구 ○○로 ○○(우편번호)
전화.휴대폰번호:
팩스번호, 전자우편(e-mail)주소:

피 고 ◇◇◇ (주민등록번호)
○○시 ○○구 ○○로 ○○(우편번호)
전화.휴대폰번호:
팩스번호, 전자우편(e-mail)주소:

대여금청구의 소

청 구 취 지

1. 피고는 원고 김○○, 김○○에게 각 ○○○원, 원고 박○○에게 ○○○원 및 이에 대한 20○○. ○○. ○○.부터 이 사건 소장부본 송달일까지는 연 5%, 그 다음날부터 다 갚는 날까지는 연 15%의 각 비율로 계산한 돈을 각 지급하라.
2. 소송비용은 피고가 부담한다.
3. 위 제1항은 가집행 할 수 있다.

라는 판결을 구합니다.

청 구 원 인

1. 원고 김○○과 김○○은 20○○. ○. ○에 사망한 소외 망 김◇◇의 자녀들이고, 원고 박○○은 소외 망 김◇◇의 처입니다.
2. 소외 망 김◇◇와 피고는 같은 직장에서 근무하던 관계로 평소 친하게 지내면서 상호 친분이 있던 중 피고는 20○○. ○. ○. 소외 망 김◇◇로부터 자신의 아파트입주의 잔금이 필요하다면서 입주한 뒤 대출을 받아 20○○. ○○. ○○.에 갚겠다고 하면서 이자는 정하지 않고 금 ○○○원을 빌려간 사실이 있습니다(갑 제1호증 차용증사본 참조).
3. 그런데 피고는 소외 망 김◇◇에게 위 돈을 빌려 자신이 거주하는 아파트에 입주한 뒤 대출을 받아 위 채무를 갚겠다는 약속을 어기고 대출을 받은 돈을 유

흥비 등으로 낭비하고, 다시 지나치게 많은 채무 때문에 자신의 아파트를 처분한 뒤에도 여전히 소외 망 김◇◇로부터 빌려간 돈을 갚지 않았습니다.

4. 소외 망 김◇◇는 피고의 이와 같은 태도에 분개하던 중 평소 지병인 간경화가 악화되어 20○○. ○. ○. ○○. 대학병원에서 사망하였고, 소외 망 김◇◇의 자녀인 원고 김○○, 원고 김○○와 처 원고 박○○은 소외 망 김◇◇의 상속인으로서 피고에 대한 소외 망 김◇◇의 채권을 상속하였으므로 각 법정상속지분대로 피고에 대하여 원고 김○○, 김○○은 각 금 ○○○원(○○○원×2/7), 원고 박○○은 금 ○○○원(○○○원×3/7)의 상속채권을 가지고 있다고 할 것입니다.
5. 따라서 원고들은 피고로부터 위 돈에 대한 법정상속지분에 따라 원고 김○○, 김○○은 각 ○○○원, 원고 박○○은 ○○○원 및 이에 대한 20○○. ○○. ○○.부터 이 사건 소장부본 송달받은 날까지는 민법에서 정한 연 5%, 그 다음날부터 다 갚는 날까지는 소송촉진 등에 관한 특례법에서 정한 연 15%의 각 비율로 계산한 지연손해금을 각 지급 받기 위하여 이 사건 소제기에 이르렀습니다.

입 증 방 법

1. 갑 제1호증　　　　　　　　차용증
1. 갑 제2호증　　　　　　　　기본증명서
   (단, 2007.12.31. 이전 사망한 경우 제적등본)
1. 갑 제3호증　　　　　　　　가족관계증명서
   (또는, 상속관계를 확인할 수 있는 제적등본)

첨 부 서 류

1. 위 입증방법　　　　　　　　각 1통
1. 소장부본　　　　　　　　　1통
1. 송달료납부서　　　　　　　1통

20○○. ○. ○.

위 원고 1. 김○○ (서명 또는 날인)
2. 김○○ (서명 또는 날인)
3. 박○○ (서명 또는 날인)

○○지방법원 귀중

⑫ 수표인도청구의 소

소 장

원 고 ○○○ (주민등록번호)
○○시 ○○구 ○○길 ○○(우편번호 ○○○-○○○)
전화.휴대폰번호:
팩스번호, 전자우편(e-mail)주소:
피 고 ◇◇◇ (주민등록번호)
○○시 ○○구 ○○길 ○○(우편번호 ○○○-○○○)
전화.휴대폰번호:
팩스번호, 전자우편(e-mail)주소:

수표인도 청구의 소

청 구 취 지

1. 피고는 원고에게 별지 목록 기재 수표를 인도하고, 위 수표의 인도집행이 불가능할 때에는 금 ○○○원을 지급하라.
2. 소송비용은 피고의 부담으로 한다.
3. 위 제1항은 가집행 할 수 있다.

라는 판결을 구합니다.

청 구 원 인

1. **당사자간의 관계**

원고는 소외 ◉◉협동조합 ◉◉지소가 20○○. ○. ○. 발행한 별지 목록 기재 수표 1매에 대하여 ○○지방법원 ○○지원에 공시최고(20○○ 카공 ○○○)를 신청한 신청인이고, 피고는 20○○. ○○. ○○. 별지 목록 기재 수표에 대한 권리신고를 한 사람입니다.

2. **사실관계**

원고는 별지 목록 기재 수표를 발행일에 소외 ◉◉협동조합 ◉◉지소로부터 교부받아 소지하다가 다음날인 20○○. ○. ○○. 원고 주소지인 ○○군 ○○읍으로 가는 버스 안에서 분실하였고 분실 사실을 안 그 즉시로 소외 ◉◉협동조합 ◉◉지소에 지급정지신청을 하고 다음날인 20○○. ○. ○○. ○○경찰서에 분실 신고한 후, 20○○. ○. 초순경 ○○지방법원 ○○지원에 공시최고신청을 하였습니다.

위 공시최고신청사건에서, 원고는 위 법원으로부터 20○○. ○○. ○○. 피고가 신고한 권리를 보류하고 별지 목록 기재 수표의 무효를 선고하는 내용의 제권판결을 선고받은 사실이 있습니다.

위 판결 후 원고는 피고 주소지로(피고는 권리신고시 주소지를 ○○시 ○구 ○

○동 ○○번지로 하였습니다.) 별지 목록 기재 수표를 반환하라는 통지를 하였으나 반송되었고, 피고의 부모와 전화통화로 피고가 집을 나간 지 오래되어 그 소재를 알 수 없다는 말만 들었습니다.

그리고 원고는 피고가 권리신고 한 별지 목록 기재 수표에 배서된 소외 최◉◉, 진◉◉의 전화번호로 전화해보니 없는 번호이거나 다른 사람의 연락처인 것을 알게 되어 위 배서가 모두 허위인 사실임을 알게 되었습니다.

3. 결론

그러므로 원고는 별지 목록 기재 수표의 정당한 소지인으로서 제권판결 후 수표금을 지급 받을 지위에 있다 할 것이고 피고의 권리신고로 인하여 수표금을 지급 받지 못하고 있는바, 피고는 원고에게 별지 목록 기재 수표를 반환할 책임이 있다 할 것이므로 이 사건 청구에 이른 것입니다.

입 증 방 법

1. 갑 제1호증 제권판결문
1. 갑 제2호증 권리신고서

첨 부 서 류

1. 위 입증방법 각 2통
1. 소장부본 1통
1. 송달료납부서 1통

20○○. ○. ○.

위 원고 ○○○ (서명 또는 날인)

○○지방법원 귀중

[별 지]

목 록

종 류: 자기앞 수표
번 호: 라다 ○○○○○○
금 액: ○○○원
발행일: 20○○. ○. ○.
발행지: ○○농협 ○○지소
지급인: ○○농협 ○○지소. 끝.

⑬ 영업허가 명의변경절차 이행청구의 소(영업양도의 경우)

소 장

원 고 ○○○ (주민등록번호)
○○시 ○○구 ○○길 ○○(우편번호 ○○○-○○○)
전화.휴대폰번호:
팩스번호, 전자우편(e-mail)주소:
피 고 ◇◇◇ (주민등록번호)
○○시 ○○구 ○○길 ○○(우편번호 ○○○-○○○)
전화.휴대폰번호:
팩스번호, 전자우편(e-mail)주소:

영업허가명의변경절차 이행청구의 소

청 구 취 지

1. 피고는 원고에게 별지 목록 기재 영업허가에 관하여 20○○. ○. ○. 영업양도를 원인으로 한 명의변경절차를 이행하라.

2. 소송비용은 피고의 부담으로 한다.
라는 판결을 구합니다.

청 구 원 인

1. 원고는 20○○. ○. ○. 피고로부터 피고가 운영하는 "○○○"라는 상호의 단란주점을 양도받았으나 피고는 정당한 이유 없이 지금까지 영업허가의 명의변경절차에 협력해주지 않고 있습니다.

2. 따라서 원고는 영업양도를 원인으로 하여 피고에게 별지 목록 기재 영업허가의 명의변경절차의 이행을 구하기 위하여 이 사건 청구에 이르게 된 것입니다.

입 증 방 법

1. 갑 제1호증 영업양도계약서
1. 갑 제2호증 양도대금영수증

첨 부 서 류

1. 위 입증서류 각 2통
1. 소장부본 1통
1. 송달료납부서 1통

20○○. ○. ○.

위 원고 ○○○ (서명 또는 날인)

○○지방법원 귀중

[별 지]

목 록

허가번호	제500호
대표자	○○○
주민등록번호	123456 - 1178901
주소지	○○시 ○구 ○○길 ○○
명칭	○○○
소재지	○○시 ○○구 ○○길 ○○
영업의 종류	단란주점영업
허가년월일	20○○. ○. ○.
허가자	○○구청장. 끝.

관할법원	※ 아래(1)참조	소멸시효	○○년(☞소멸시효일람표)
제출부수	소장원본 1부 및 피고 수만큼의 부본 제출		
비 용	· 인지액 : ○○○원(☞산정방법) ※ 아래(2)참조 · 송달료 : ○○○원(☞적용대상사건 및 송달료 예납기준표)		
불복절차 및 기 간	· 항소(민사소송법 제390조) · 판결서가 송달된 날부터 2주 이내(민사소송법 제396조 제1항)		
기타	임차인이 임대인으로부터 종래 다방 용도로 사용되어 왔던 임대인 소유인 건물의 지하 부분을 임차함에 있어 임대차기간 중에 임차인 명의로 다방영업허가를 받아 다방업을 경영하되 임대차기간 만료시에는 그 허가명의를 임대인 명의로 변경하여 주기로 약정하고 다방영업허가를 받아 다방업을 영위하다가 임대차기간이 만료되어 임대인에게 건물 부분을 명도한 경우, 이는 임차인이 그 영업을 양도한 때에 준한다고 봄이 상당하여 임대인이 다방의 영업자의 지위를 승계하는 경우라고 할 것이므로, 임차인은 임대인에게 다방영업허가 명의의 변경절차를 이행할 의무가 있고, 임대인은 이를 소구할 수 있음(대법원 1997. 4.25. 선고 95다19591 판결)		

※ (1) 관 할

소(訴)는 피고의 보통재판적(普通裁判籍)이 있는 곳의 법원의 관할에 속하고, 사람의 보통재판적은 그의 주소에 따라 정하여지나, 대한민국에 주소가 없거나 주소를 알 수 없는 경우에는 거소에 따라 정하고, 거소가 일정하지 아니하거나 거소도 알 수 없으면 마지막 주소에 따라 정하여짐.

※ (2) 인 지

소장에는 소송목적의 값에 따라 민사소송등인지법 제2조 제1항 각 호에 따른 금액 상당의 인지를 붙여야 함. 다만, 대법원 규칙이 정하는 바에 의하여 인지의 첩부에 갈음하여 당해 인지액 상당의 금액을 현금이나 신용카드·직불카드 등으로 납부하게 할 수 있는바, 현행 규정으로는 인지첩부액이 1만원 이상일 경우에는 현금으로 납부하여야 하고 또한 인지액 상당의 금액을 현금으로 납부할 수 있는 경우 이를 수납은행 또는 인지납부대행기관의 인터넷 홈페이지에서 인지납부대행기관을 통하여 신용카드 등으로도 납부할 수 있음(민사소송등인지규칙 제27조 제1항 및 제28조의 2 제1항).

⑭ 분양계약자 명의변경절차 이행청구의 소

소 장

원 고 1. 이○○ (주민등록번호)
2. 이○○ (주민등록번호)
위 원고들 주소지 ○○시 ○○구 ○○로 ○○
원고들은 미성년자이므로 법정대리인 후견인 ◉◉◉
송달장소 : ○○시 ○○구 ○○로 ○○ (우편번호 ○○○-○○○)
전화.휴대폰번호:
팩스번호, 전자우편(e-mail)주소:

피 고 ◇◇◇ (주민등록번호)
○○시 ○○구 ○○로 ○○(우편번호 ○○○-○○○)
전화.휴대폰번호:
팩스번호, 전자우편(e-mail)주소:

분양계약자명의변경절차 이행청구의 소

청 구 취 지

1. 피고는 원고들에게 별지 목록 기재 부동산에 관하여 20○○. ○. ○. 매매를 원인으로 한 주식회사 ◈◈ 보관 ○○○○타운 분양계약자 대장상의 분양계약자명의변경절차를 이행하라.
2. 소송비용은 피고의 부담으로 한다.

라는 판결을 구합니다.

청 구 원 인

1. 원고들은 소외 망 김◎◎의 재산상속인들이고, 피고는 소외 주식회사 ◈◈가 공사 중인 별지 목록 기재 부동산에 대하여 소외 주식회사 ◈◈와 분양계약을 체결한 자입니다.
2. 피고는 20○○. ○. ○. 소외 주식회사 ◈◈와 별지 목록 기재 부동산에 대하여 총 공급가액 금 ○○○원, 계약금 ○○○원, 중도금 총6회 각 금 ○○○원, 잔금(입주예정일 납입) ○○○원로 정하여 아파트분양계약을 체결한 사실이 있습니다.
3. 피고와 피고의 처는 원고들의 모인 소외 망 김◎◎와 이웃하여 거주하면서 소외

망 김◎◎가 소외 망 이◎◎와 19○○. ○. ○. 협의이혼하고, 혼자 원고들을 양육하면서 서울 ○구 ○○동 ○○에서 ○○집이라는 상호로 식당을 경영하던 중 알게 되어 형님, 동생하면서 의형제까지 맺고 절친하게 지냈던 자들입니다.

4. 그리하여 피고와 피고의 처는 원고들의 모인 소외 망 김◎◎가 식당을 경영하면서 약간의 현금을 가지고 있다는 것을 알게 되었고, 피고는 액면 금 ○○○원, 금 ○○○원의 각 약속어음을 소외 망 김◎◎에게서 각 어음 할인하면서 그 액면금 상당액을 대여하였으나, 위 각 약속어음의 부도로 피고는 위 돈을 소외 망 김◎◎에게 변제하지 못하였으며, 그 외에도 피고는 소외 망 김◎◎에게 차용증 없이 금 ○○○원을 차용하는 등 피고와 소외 망 김◎◎는 계속적으로 금전거래를 하였습니다.
5. 그러나 피고는 소외 망 김◎◎에게 위 대여금을 변제하지 아니할 뿐 아니라 소외 망 김◎◎의 차용증 작성요구에도 응하지 아니하고 있던 중 소외 망 김◎◎는 피고가 당시 소외 주식회사 ◈◈로부터 별지 목록 기재 부동산에 대하여 아파트분양을 받은 사실을 알게 되어 그 동안 피고가 이미 지급한 금 ○○○원은 피고가 소외 망 김◎◎에게 부담하고 있던 채무의 원금과 이자를 변제하는 것으로 하고 나머지 중도금과 잔금, 그리고 피고가 이 사건 별지 목록 기재 부동산을 분양 받을 때 소외 ○○○○할부금융(주)로부터 대출 받은 금 ○○○원은 소외 망 김◎◎가 변제하기로 약정하고 20○○. ○. ○. 피고와 소외 망 김◎◎는 위 분양권을 소외 망 김◎◎에게 양도한다는 내용의 포기각서를 작성하였습니다.
6. 그 뒤 소외 망 김◎◎는 나머지 중도금과 ○○○○할부금융(주)의 대출금을 피고의 명의로 모두 불입(분양계약자 명의가 피고이므로 피고 명의로 납부할 수밖에 없었음.)하고 입주시 잔액을 완납하면서 위 아파트에 입주할 날을 기다리던 중 갑작스런 발병으로 20○○. ○. ○. ○○:○○경 사망하게 되었습니다. 그러므로 소외 망 김◎◎의 재산상속인인 원고들은 피고에게 이 사건 별지 목록 기재 부동산의 분양계약자명의변경절차의 이행을 요구하였으나, 피고는 지금까지 이를 아무런 이유 없이 거부하고 있습니다.
7. 따라서 원고들은 별지 목록 기재 부동산에 관하여 20○○. ○. ○. 매매를 원인으로 한 주식회사 ◈◈ 보관 ○○○○타운 분양계약자 대장상의 분양계약자명의를 피고로부터 원고들로 변경하기 위하여 이 사건 청구에 이르게 된 것입니다.

입 증 방 법

1. 갑 제1호증 기본증명서
   (단, 2007.12.31. 이전 사망한 경우 제적등본)
1. 갑 제2호증의 1 내지 3 가족관계증명서

(또는, 상속관계를 확인할 수 있는 제적등본)

1. 갑 제3호증 분양계약서
1. 갑 제4호증 포기각서
1. 갑 제5호증 분양금납입내역확인서
1. 갑 제6호증의 1 내지 3 각 대출금상환영수증

첨 부 서 류

1. 위 입증방법 각 2통
1. 소장부본 1통
1. 송달료납부서 1통

20○○. ○. ○.

위 원고 1. 이○○
2. 이○○
원고들은 미성년자이므로
법정대리인 후견인 ◉◉◉(서명 또는 날인)

○○지방법원 귀중

[별 지]

부 동 산 의 표 시

1. 소재지: ○○시 ○○구 ○○로 ○○
77.0904㎡ (23.31평형)
2. 건 물: 전용면적 59.9850㎡ (18.1454평)
주거공용면적 17.1054㎡ (5.1743평)
공급면적 77.0904㎡ (23.3197평)
기타공급면적 2.6340㎡ (0.7967평)
법정초과지하층면적 7.0431㎡ (5.1555평)
계약면적 96.7675㎡ (29.2719평)
3. 대 지: 공유지분 30.4644㎡ (9.2154평)
4. 부대시설(공용)이 아파트에 따른 전기, 도로, 상수도 시설 및 부대시설. 끝.

관할법원	※ 아래(1)참조	소멸시효	○○년(☞소멸시효일람표)
제출부수	소장원본 1부 및 피고 수만큼의 부본 제출		
비 용	· 인지액 : ○○○원(☞산정방법) ※ 아래(2)참조 · 송달료 : ○○○원(☞적용대상사건 및 송달료 예납기준표)		
불복절차 및 기 간	· 항소(민사소송법 제390조) · 판결서가 송달된 날부터 2주 이내(민사소송법 제396조 제1항)		

※ (1) 관 할

소(訴)는 피고의 보통재판적(普通裁判籍)이 있는 곳의 법원의 관할에 속하고, 사람의 보통재판적은 그의 주소에 따라 정하여지나, 대한민국에 주소가 없거나 주소를 알 수 없는 경우에는 거소에 따라 정하고, 거소가 일정하지 아니하거나 거소도 알 수 없으면 마지막 주소에 따라 정하여짐.

※ (2) 인 지

소장에는 소송목적의 값에 따라 민사소송등인지법 제2조 제1항 각 호에 따른 금액 상당의 인지를 붙여야 함. 다만, 대법원 규칙이 정하는 바에 의하여 인지의 첩부에 갈음하여 당해 인지액 상당의 금액을 현금이나 신용카드·직불카드 등으로 납부하게 할 수 있는 바, 현행 규정으로는 인지첩부액이 1만원 이상일 경우에는 현금으로 납부하여야 하고 또한 인지액 상당의 금액을 현금으로 납부할 수 있는 경우 이를 수납은행 또는 인지납부대행기관의 인터넷 홈페이지에서 인지납부대행기관을 통하여 신용카드 등으로도 납부할 수 있음(민사소송등인지규칙 제27조 제1항 및 제28조의 2 제1항).

⑮ 건축허가 명의변경절차 이행청구의 소

소 장

원 고 ○○○ (주민등록번호)
○○시 ○○구 ○○로 ○○(우편번호 ○○○-○○○)
전화.휴대폰번호:
팩스번호, 전자우편(e-mail)주소:
피 고 ◇◇◇ (주민등록번호)
○○시 ○○구 ○○로 ○○(우편번호 ○○○-○○○)
전화.휴대폰번호:
팩스번호, 전자우편(e-mail)주소:

건축허가명의변경절차 이행청구의 소

청 구 취 지

1. 피고는 원고에게 20○○. ○○. ○○.자 매매계약을 원인으로 하여 별지 목록 기재 건물에 관한 건축허가서(○○구청 건축허가번호 20○○년 제○○○호)의 건축주 명의를 변경하는 절차를 이행하라.

2. 소송비용은 피고의 부담으로 한다.

라는 판결을 구합니다.

청 구 원 인

1. 피고는 피고소유인 서울 ○○구 ○○동 ○○ ○○.○○㎡ 지상에 별지 목록 기재 건물(주택)을 신축하기 위하여 ○○구청 건축허가번호 20○○년 제○○○호 건축허가를 받았습니다.

2. 그런데 피고는 별지 목록 기재 건물을 신축할 자금이 필요하여 20○○. ○. ○. 원고로부터 금 ○○○원을 변제기는 20○○. ○○. ○○.로 정하여 차용하면서 위 토지와 별지 목록 기재 건물을 원고에게 매도하기로 하는 부동산매매계약을 체결하고 위 돈을 변제기에 변제할 때에는 위 부동산매매계약은 없었던 것으로 하기로 하였습니다.

3. 그러나 피고는 위 변제기일에 위 돈을 변제하지 못하였고, 별지 목록 기재 건물의 공사는 착공만 하고서 공사를 중단하고 있었으므로, 원고와 피고가 위 대여금과 위 토지 및 별지 목록 기재 건물의 가치를 정산하여 위 토지 및 별지 목록 기재 건물에 관한 모든 권리를 원고에게 양도하기로 합의하였으며, 대지의 소유권은 원고에게 이전하였습니다. 그러므로 원고는 피고의 명의로 허가된 건축허가를 원고의 명의로 변경한 뒤 건물을 완공하고자 하는데, 피고는 계속 미루기만 할 뿐 건축주 명의를 원고 명의로 변경하는 절차를 이행하지 않고 있습니다.

4. 따라서 원고는 피고에 대하여 별지목록 기재 건물에 관한 건축허가서(○○구청 건축허가번호 20○○년 제○○○호)의 건축주 명의를 원고 명의로 변경하는 절차의 이행을 청구하기 위하여 이 사건 소제기에 이른 것입니다.

입 증 방 법

1. 갑 제1호증 부동산매매계약서
1. 갑 제2호증 합의서

첨 부 서 류

1. 위 입증방법 각 2통
1. 소장부본 1통
1. 송달료납부서 1통

20○○. ○. ○.

위 원고 ○○○ (서명 또는 날인)

○○지방법원 ○○지원 귀중

[별지] 생략

⑯ 무허가건물 소유명의인 변경등록 청구의 소(매매에 따른)

소 장

원 고 ○○○ (주민등록번호)
○○시 ○○구 ○○길 ○○(우편번호 ○○○-○○○)
전화.휴대폰번호:
팩스번호, 전자우편(e-mail)주소:
피 고 ◇◇◇ (주민등록번호)
○○시 ○○구 ○○길 ○○(우편번호 ○○○-○○○)
전화.휴대폰번호:
팩스번호, 전자우편(e-mail)주소:

무허가건물소유명의인변경등록 청구의 소

청 구 취 지

1. 피고는 원고에게 별지 목록 기재 건물에 관하여 19○○. ○○. ○○. 매매를 원인으로 한 서울 ○○○구청에 보관된 무허가건물대장상의 소유자명의변경 등록절차를 이행하라.

2. 소송비용은 피고의 부담으로 한다.
라는 판결을 구합니다.

청 구 원 인

1. 원고는 피고가 1977. ○. ○. 신축한 별지 목록 기재 무허가건물을 매매대금 ○○○원에 매수하기로 하고 19○○. ○. ○. 위 매매대금 전부를 지급하고 별지목록 기재 부동산을 인도 받아 지금까지 거주하고 있습니다. 그리고 별지 목록 기재 무허가건물은 1979년도 무허가건물 전수조사시 확인.등재되어 무허가건물대장에 등재되어 있는 건물이고, ○○○구 지방자치단체의 조례는 무허가건물대장에 등재된 건물에 대하여 공익사업에 따른 철거시 철거보상금을 지급

하도록 규정하고 있습니다.

2. 그런데 피고는 별지 목록 기재 무허가건물을 원고에게 인도하기는 하였지만, 서울 ○○○구청에 보관된 무허가건물대장상의 소유자명의는 계속 미루기만 하고 지금까지도 원고의 명의로 변경해주지 않고 있습니다.

3. 따라서 원고는 별지 목록 기재 무허가건물에 관하여 19○○. ○○. ○○. 매매를 원인으로 한 서울 ○○○구청에 보관된 무허가건물대장상의 소유자명의를 원고 명의로 변경 등록하는 절차를 이행하도록 하기 위하여 이 사건 청구에 이르게 된 것입니다.

입 증 방 법

1. 갑 제1호증 무허가건물확인서
1. 갑 제2호증 주민등록등본
1. 갑 제3호증 통고서

첨 부 서 류

1. 위 입증방법 각 2통
1. 소장부본 1통
1. 송달료납부서 1통

20○○. ○. ○.

위 원고 ○○○ (서명 또는 날인)

○○지방법원 귀중

[별지] 생략

1-5. 형성의 소

① '형성의 소'란 법률관계의 변동을 요구하는 소송을 말합니다.

② 즉, '원고와 피고는 이혼한다'라는 판결이 확정되면 지금까지 부부였던 원고와 피고 간에는 이혼이라는 효과가 형성되는 것과 같은 효과가 나타나는 소송입니다.

③ 형성의 소에는 제3자 이의소송, 사해행위취소등 청구소송, 공유물분할 청구소송 등이 있습니다.

2. 소장의 작성방법

2-1. 필수적 기재사항

① 소장에 기재해야 하는 필수 기재사항은 다음과 같습니다(민사소송법 제249조 및 제274조 제1항).

1. 당사자의 성명·명칭 또는 상호와 주소
2. 법정대리인의 성명과 주소
3. 사건의 표시
4. 청구 취지
5. 청구 원인
6. 덧붙인 서류의 표시
7. 작성한 날짜
8. 법원의 표시

2-2. 청구취지

① '청구취지'란 원고가 소송을 제기해 얻길 원하는 판결의 내용을 말하는 것으로서 소의 결론부분입니다. 따라서 청구취지는 판결의 기준이 됩니다.

② 예를 들어, 신청인이 원하는 것이 전세보증금 5,000만원을 돌려받길 원하는 것이라면 '피고는 원고에게 5,000만원을 지급하라.'가 청구취지가 됩니다.

③ 또한 판사가 5,000만원을 지급해야 할 의무가 있다고 판단되어도 원고가 청구취지에서 1,000만원의 지급을 구하고 있다면 판결은 1,000만원을 지급하라고 결정

됩니다. 때문에 청구취지는 정확하게 기재해야 합니다.

2-3. 청구원인

① 청구원인은 원고가 주장하는 권리 또는 법률관계의 성립원인으로 소송을 제기하게 된 이유를 자세하게 기재하면 됩니다.

② 청구원인은 6하 원칙에 따라 일목요연하고, 자세하게 작성합니다.

③ 덧붙인 서류의 표시

1. 입증방법

- 입증방법은 소장을 제출할 때 첨부하는 증거서류를 말하는데, 당사자가 주장한 사실을 뒷받침하는 증거자료를 하나씩 기재하면 됩니다.
- 증거부호의 표시는 원고가 제출하는 것은 갑 제 호증이라고 기재합니다.

2. 첨부서류

- '첨부서류'란 소장에 첨부하는 서류들의 명칭과 통수를 기재하는 것을 말합니다.
- 입증방법으로 제시하는 서류의 명칭과 제출하는 통수를 기재하면 되고, 증거방법 등을 열거해 두면 제출 누락을 방지하고 법원에서도 확인하기 쉬우며 후일 문제를 일으킬 염려가 없습니다.

2-4. 임의적 기재사항

임의적으로 소장에 기재할 수 있는 것은 공격방법에 관한 것입니다. 즉 자신의 주장과 요청사항 등이 정당함을 주장하고 사실상 주장을 증명하기 위한 증거방법도 함께 기재할 수 있습니다(민사소송법 제274조 제1항 제4호 및 제2항).

2-5. 사건의 표시방법

① 사건의 표시는 자신의 요청사항이 한마디로 명확하게 나타나도록 기재하는 것입니다.

② 예를 들어 임금을 청구하는 소송을 제기하려는 것이면 임금청구의 소, 전세보증금을 반환받기를 원해 제기한 소송이면 전세보증금반환 청구의 소 등으로 기재하면 됩니다.

3. 손해배상청구의 소

3-1. 손해배상의 개념

'손해배상'이란 채무불이행이나 불법행위 등과 같이 법률이 규정한 일정한 경우에 타인에게 끼친 손해를 전보하는 것을 말하며, 원상회복주의와 금전배상주의가 있으며 「민법」은 금전배상주의를 원칙으로 하고 있습니다.

3-2. 사건의 표시

손해배상 청구소송은 손해배상을 청구하게 된 이유가 다양하므로 사건의 표시에 청구원인도 표시합니다(「손해배상 사건에 대한 사건명 표시의 구분).

① 손해배상(자) 청구의 소 : 「자동차손해배상 보장법」에서 정한 자동차·원동기장치자전거·철도차량의 운행으로 인한 손해배상청구
② 손해배상(산) 청구의 소 : 근로자의 업무상 재해로 인한 손해배상청구
③ 손해배상(의) 청구의 소 : 의료과오로 인한 손해배상청구
④ 손해배상(환) 청구의 소 : 공해(토지오염, 수질오염, 공기오염, 소음 등), 그 밖의 환경오염 또는 훼손으로 인한 손해배상청구
⑤ 손해배상(지) 청구의 소 : 지적소유권(특허권, 실용신안권, 상표권, 의장권, 프로그램 저작권 등)의 침해로 인한 손해배상청구
⑥ 손해배상(저) 청구의 소 : 프로그램 저작권 이외의 저작권 침해로 인한 손해배상청구
⑦ 손해배상(언) 청구의 소 : 언론보도로 인한 손해배상청구
⑧ 손해배상(건) 청구의 소 : 건설·건축 관련 손해배상청구
⑨ 손해배상(국) 청구의 소 : 국가 또는 지방자치단체를 상대로 하는 손해배상청구
⑩ 손해배상(기) 청구의 소 : 기타 사유로 인한 손해배상청구

3-3. 손해배상 청구소송 신청서 작성례

① 손해배상(자)청구의 소(농부 사망, 시내버스)

소 장

원 고 1. 한①○ (주민등록번호)
○○시 ○○구 ○○길 ○○(우편번호)
전화.휴대폰번호:
팩스번호, 전자우편(e-mail)주소:
2. 한②○ (주민등록번호)
○○시 ○○구 ○○길 ○○(우편번호)
전화.휴대폰번호:
팩스번호, 전자우편(e-mail)주소:

피 고 전국버스운송사업조합연합회
○○시 ○○구 ○○길 ○○(우편번호)
회장 ◇◇◇
전화.휴대폰번호:
팩스번호, 전자우편(e-mail)주소:

손해배상(자)청구의 소

청 구 취 지

1. 피고는 원고 한①○, 원고 한②○에게 각 금 ○○○○원 및 각 이에 대하여 20○○. ○. ○.부터 이 사건 소장부본 송달일까지는 연 5%의, 그 다음날부터 다 갚는 날까지는 연 15%의 각 비율에 의한 돈을 지급하라.

2. 소송비용은 피고의 부담으로 한다.

3. 위 제1항은 가집행 할 수 있다.
라는 판결을 구합니다.

청 구 원 인

1. 당사자들의 지위

가. 원고 한①○, 원고 한②○는 이 사건 교통사고로 사망한 소외 망 한◉◉의 아들입니다.

나. 피고는 이 사건 교통사고의 가해차량인 소외 ◎◎버스회사 소유의 ○○12타○○○○호 시내버스에 관하여 공제계약을 체결한 공제사업자입니다.

2. 손해배상책임의 발생

가. 소외 조◈◈는 소외 ◎◎버스회사에 고용되어 소외 ◎◎버스회사 소유의 ○○12타○○○○호 시내버스의 운전사로서 20○○. ○. ○. 19:00경 ○○시 ○○길 소재 ○○공장 앞 편도 2차선도로를 시속 약 70㎞의 속도로 운행 중 같은 방향으로 앞서가던 소외 망 한◉◉가 운전하는 경운기를 미처 발견하지 못하고 뒤에서 들이받아 같은 경운기가 넘어지도록 함으로써 이를 운전하던 피해자 소외 망 한◉◉를 사망에 이르게 하였는바, 소외 조◈◈는 버스운전자로서 당시 저녁시간으로 어두워 앞이 잘 보이지 않은 상태이고 제한속도가 시속 50㎞ 구간의 위험한 도로를 주행하고 있었으므로 제한속도를 지켜 앞에 장애물이 있는지 잘 살펴 운전해야 할 주의의무가 있음에도 불구하고 이를 게을리 한 채 과속으로 운전함으로써 이 사건 교통사고를 발생시켰습니다.

나. 이 경우 소외 ◎◎버스회사는 자동차손해배상보장법 제3조의 "자기를 위하여 자동차를 운행한 자"에 해당하므로 같은 규정에 따라 이 사건 교통사고로 인한 피해자에 대한 모든 손해를 배상할 책임이 있다 할 것이며, 피고는 위 사고차량에 관하여 공제계약을 체결한 공제사업자로서 손해배상책임이 있습니다.

3. 손해배상책임의 범위

가. 소외 망 한◉◉의 일실수입

소외 망 한◉◉는 19○○. ○. ○.생으로 사망일 현재 만 58세 6개월 남짓한 신체 건강한 남자로서 한국인표준생명표에 의한 기대여명은 18.98년이므로 76세까지는 생존이 추정됩니다.

위 망인은 ○○ ○○군 ○○면 ○○길에서 태어나 이 사건 사고로 사망할 때까지 평생 동안 농사일을 하며 생계를 유지해왔는바, 만약 이 사건 사고가 발생하지 않았더라면 최소한 앞으로 65세까지 6년 6개월간(78개월) 더 일할 수 있습니다.

따라서 사망일에 가까운 20○○. ○.의 농협조사월보에 의하면 20○○. ○. 현재 성인남자의 농촌일용노임은 금 ○○○원으로 매월 25일만 일하는 것으로 하여 위 가동연한까지 소득을 월 12분의 5%의 비율에 의한 중간이자를 단리할인법(호프만식 계산법)에 따라 공제하여 이 사건 사고 당시의 현가로 계산하면 금 ○○○○원{농촌일용노임 금 ○○○원×25일×65세까지 78개월에 대한 단리연금현가표상 수치(=호프만수치)}이 됩니다.

여기서 위 망인의 생계비로 3분의 1정도를 공제하면 이 사건 교통사고로 인한 위 망인의 일실수입 총액은 금 ○○○○원(위 현가 금 ○○○○원×2/3, 원 미만 버림)입니다.

나. 소외 망 한◉◉의 위자료

소외 망 한◉◉가 사망함에 있어 심한 정신적 고통을 입었으리라는 사정은 쉽게 짐작되는 바이므로 피고로서는 이를 위자할 책임이 있다 할 것인데, 망인의 학력과 경력 그리고 이 사건 사고의 경위 및 결과 등 여러 사정을 참작하면 위자료로 금 ○○○원 정도가 상당하다고 할 것입니다.

다. 상속관계

피고의 소외 망 한◉◉에 대한 배상책임의 액수는 앞서와 같이 합계 금 ○○○○원(일실수입 금 ○○○○원+위자료 금 ○○○원)이 되는바, 그와 같은 손해배상채권은 그의 재산상속인들인 원고 한①○, 원고 한②○에게 각 금 ○○○○원(위 합계 금 ○○○○원×1/2)씩 귀속되었습니다.

라. 원고들의 위자료

앞서와 같이 소외 망 한◉◉가 사망함으로써 그의 아들인 원고들이 심한 정신적 고통을 입었으리라는 것은 쉽게 짐작되는 바이므로 피고로서는 이를 위자할 책임이 있다 할 것인바, 원고들의 학력.경력.신분관계 등 여러 사정을 참작하면 원고 한①○, 원고 한②○에 대한 위자료는 각 금 ○○○원 정도가 상당하다고 생각됩니다.

마. 소외 망 한◉◉의 장례비

원고 한①○은 망인의 장남으로서 금 ○○○원 정도를 지출하여 그 장례를 치루었는바, 이러한 지출도 이 사건 교통사고로 인하여 원고 한①○가 입은 손해라 할 것이므로 피고로서는 이를 원고 한①○에게 배상하여야 할 책임이 있다 할 것입니다.

4. 결론

그렇다면 피고는 원고 한①○에게 금 ○○○○원(상속분 금 ○○○○원+위자료 금 ○○○원+장례비 금 ○○○원), 원고 한②○에게 금 ○○○○원(상속분 금 ○○○○원+위자료 금 ○○○원)씩을 지급하여 배상하여야 할 책임이 있다 할 것이므로 그 지급 및 이에 대한 민법과 소송촉진등에관한특례법에서 정한 각 비율에 의한 지연손해금의 지급을 구하고자 이 사건 청구에 이른 것입니다.

입 증 방 법

1. 갑 제1호증 기본증명서
(단, 2007.12.31. 이전 사망한 경우 제적등본)
1. 갑 제2호증 가족관계증명서
(또는, 상속관계를 확인할 수 있는 제적등본)
1. 갑 제3호증 주민등록등본
1. 갑 제4호증 자동차등록원부
1. 갑 제5호증 교통사고사실확인원
1. 갑 제6호증 사망진단서
1. 갑 제7호증의 1, 2 한국인표준생명표 표지 및 내용
1. 갑 제8호증의 1, 2 농협조사월보 표지 및 내용

첨 부 서 류

1. 위 입증서류 각 1통
1. 법인등기사항증명서 1통
1. 소장부본 1통
1. 송달료납부서 1통

20○○. ○. ○.
위 원고 1. 한①○ (서명 또는 날인)
2. 한②○ (서명 또는 날인)

○○지방법원 귀중

■ 참 고 ■

※ (1) 관 할

1. 소(訴)는 피고의 보통재판적(普通裁判籍)이 있는 곳의 법원의 관할에 속하고, 사람의 보통재판적은 그의 주소에 따라 정하여지나, 대한민국에 주소가 없거나 주소를 알 수 없는 경우에는 거소에 따라 정하고, 거소가 일정하지 아니하거나 거소도 알 수 없으면 마지막 주소에 따라 정하여집니다.
2. 불법행위에 관한 소를 제기하는 경우에는 행위지의 법원에 제기할 수 있습니다.
3. 따라서 위 사안에서 원고는 피고의 주소지를 관할하는 법원이나 교통사고발생지를 관할하는 법원에 소를 제기할 수 있습니다. 또한, 금전채권의 경우 의무이행지에

해당하는 원고의 주소지를 관할하는 법원에 소를 제기할 수도 있습니다.

※ (2) 소멸시효

피해자의 보험자에 대한 직접청구권의 성질은 손해배상청구권으로서 민법 제766조의 소멸시효가 적용되므로 손해 및 가해자를 안 날로부터 3년 또는 불법행위시부터 10년간 행사하지 아니하면 소멸시효가 완성됩니다(대법원 2005. 10. 7. 선고 2003다6774 판결)

※ (3) 인 지

소장에는 소송목적의 값에 따라 민사소송등인지법 제2조 제1항 각 호에 따른 금액 상당의 인지를 붙여야 합니다. 다만, 대법원 규칙이 정하는 바에 의하여 인지의 첩부에 갈음하여 당해 인지액 상당의 금액을 현금이나 신용카드·직불카드 등으로 납부하게 할 수 있는바, 현행 규정으로는 인지첩부액이 1만원 이상일 경우에는 현금으로 납부하여야 하고 또한 인지액 상당의 금액을 현금으로 납부할 수 있는 경우 이를 수납은행 또는 인지납부대행기관의 인터넷 홈페이지에서 인지납부대행기관을 통하여 신용카드 등으로도 납부할 수 있습니다(민사소송등인지규칙 제27조 제1항 및 제28조의 2 제1항).

(관련판례 1)

특별한 기능이 없이 농촌일용노동에 종사하는 자의 일실수입산정의 기초가 되는 월 가동일수는 경험법칙상 25일로 추정된다(대법원 1999. 2. 9. 98다53141 판결, 1998. 7. 10. 선고 98다4774 판결).

(관련판례 2)

농업노동 또는 농업노동을 주로 하는 자의 일실수입산정의 기초가 되는 가동연한은 경험칙상 만 60세가 될 때까지로 보아야 하고, 다만 그의 연령, 직업, 경력, 건강상태 등 구체적인 사정을 고려하여 위와 같은 경험칙을 배제하고 만 60세를 넘어서도 가동할 수 있다는 특별한 사정이 있는 경우에는 그의 가동연한은 만 60세를 넘어서도 인정할 수 있음(대법원 1997. 12. 26. 선고 96다25852 판결). 1994년경 우리나라 전체 농가인구 중 60세 이상의 농가인구가 차지하는 비율이 25%에 달하고 있고, 사고당시 망인이 거주하고 있던 면에 거주하는 성인 중 농업에 종사하는 전체인구는 약 3,370명인데 그 중 60세 이상 65세 미만은 610명이고, 65세 이상은 547명인 사정에다 농촌인구의 도시 유입으로 인한 농촌인구의 고령화라는 우리나라 농촌의 현실과 망인은 사고당시 만 52세 7개월의 나이로서 실제 농업노동에 종사하여 왔을 뿐 아니라, 농한기인 1994. 10.부터 1995. 3.까지는 건설현장에서 근무할 정도로 건강하였음에 비추어 볼 때 농업에 종사하는 망인의 가동연한은 65세가 될 때까지로 봄이 상당하다(대법원 1997. 12. 23. 선고 96다46491 판결).

② 손해배상(자)청구의 소(일용직 잡부 사망, 영업용택시)

소 장

원 고 1. 박○○(주민등록번호)
2. 김①○(주민등록번호)
3. 김②○(주민등록번호)
원고들의 주소:○○시 ○○구 ○○길 ○○ (우편번호)
전화.휴대폰번호:
팩스번호, 전자우편(e-mail)주소:

피 고 전국택시운송사업조합연합회
○○시 ○○구 ○○길 ○○(우편번호)
회장 ◇◇◇
전화.휴대폰번호:
팩스번호, 전자우편(e-mail)주소:

손해배상(자)청구의 소

청 구 취 지

1. 피고는 원고 박○○에게 금 ○○○○원, 원고 김①○, 원고 김②○에게 각 금 ○○○○원 및 각 이에 대하여 20○○. ○. ○.부터 이 사건 소장부본 송달일까지는 연 5%의, 그 다음날부터 다 갚는 날까지는 연 15%의 각 비율에 의한 돈을 지급하라.

2. 소송비용은 피고의 부담으로 한다.

3. 위 제1항은 가집행 할 수 있다.

라는 판결을 구합니다.

청 구 원 인

1. 당사자들의 지위

가. 원고 박○○은 이 사건 교통사고로 사망한 소외 망 김◉◉의 처이고, 원고 김①○, 원고 김②○는 각 소외 망 김◉◉의 아들입니다.

나. 피고는 이 사건 교통사고의 가해차량인 소외 ◎◎운수(주) 소유의 ○○32파 ○○○○호 영업용택시에 관하여 공제계약을 체결한 공제사업자입니다.

2. 손해배상책임의 발생

가. 소외 ◎◎운수(주)의 운전원으로 근무하는 소외 최◈◈는 20○○. ○. ○. 21:00경 소외 ◎◎운수(주) 소유의 ○○32파○○○○호 영업용택시를 운전하여 ○○방면에서 ○○방면으로 운행 중 ○○시 ○○구 ○○길 ○○은행 앞 노상에 이르렀는바, 이곳은 보행자의 통행이 빈번한 곳이므로 미리 속도를 줄이고 전방좌우를 잘 살펴 보행자가 있는지를 잘 확인한 후 안전하게 운행하여야 할 주의의무가 있음에도 불구하고 이를 게을리 한 채 진행한 과실로 때마침 위 가해차량의 진행방향의 우측에서 좌측으로 위 도로상을 건너던 피해자 소외 망 김◉◉를 그대로 치어 현장에서 사망케 하였습니다.

나. 이 경우 소외 ◎◎운수(주)는 자동차손해배상보장법 제3조의 "자기를 위하여 자동차를 운행한 자"에 해당하므로 같은 규정에 따라 이 사건 교통사고로 인한 피해자에 대한 모든 손해를 배상할 책임이 있다 할 것이며, 피고는 위 사고차량에 관한 공제계약에 따라 원고들의 위 모든 손해를 배상할 책임이 있습니다.

3. 손해배상책임의 범위

가. 소외 망 김◉◉의 일실수입

소외 망 김◉◉는 19○○. ○. ○.생의 신체 건강한 남자로서 통계청 발행의 한국인생명표에 의하면 사망일 현재 기대여명은 ○○년이므로 71세까지는 생존이 추정됩니다.

위 망인은 시골에서 중학교만 졸업하고 위 교통사고로 사망할 때까지 ○○시 ○○동에서 거주하면서 일용직 잡부로 막노동을 하며 생계를 이어온 사람으로 특별한 직업이나 기술은 없었고 일정한 소득을 확인할 수는 없으나 사망일에 가까운 20○○. ○.의 대한건설협회 발행의 월간거래가격에 따르면 평균 도시일용노임이 ○○○원인바, 피해자가 사망하지 않았더라면 도시일용노동자로서 적어도 매월 22일씩 일하여 기대여명내인 60세까지 ○○년 ○개월 동안은 근로하여 소득을 얻을 수 있었을 것인데 이 사건 교통사고로 인하여 사망함에 따라 그 소득을 매월 순차적으로 상실하게 되었습니다.

따라서 상실한 위 소득을 이 사건 교통사고 당시를 기준으로 단리 연 5%의 중간이자를 공제하는 호프만식 계산법으로 그 현가를 계산하면 금 ○○○○○원{도시일용노임 ○○○원×22일×60세까지 ○○○개월에 대한 단리연금현가표상 수치(호프만수치)}이 됩니다.

여기서 위 망인의 생계비로 3분의 1정도를 공제하면 이 사건 교통사고로 인한 소외 망 김◉◉의 일실수입의 총액은 금 ○○○○○원(위 현가 금 ○○○○○×2/3, 원미만 버림)이 됩니다.

나. 소외 망 김◉◉의 위자료

소외 망 김◉◉가 사망함에 있어 심한 정신적 고통을 입었으리라는 사정은 쉽게 짐작되는 바이므로, 피고로서는 이를 위자할 책임이 있다 할 것인데, 망인의 학력과 경력 그리고 이 사건 사고의 경위 및 결과 등 여러 사정을 참작하면 위자료로 금 ○○○○원 정도가 상당하다고 할 것입니다.

다. 상속관계

피고의 소외 망 김◉◉에 대한 배상책임의 액수는 앞서와 같이 합계 금 ○○○○○원(일실수입 금 ○○○○○원+위자료 금 ○○○○원)이 되는바, 그와 같은 손해배상채권은 그의 재산상속인들인 원고 박○○에게 금○○○○원(위 합계 금○○○○○원×3/7), 원고 김①○, 원고 김②○에게 각 금 ○○○○원(위 합계 금○○○○○원×2/7)씩 귀속되었습니다.

라. 원고들의 위자료

앞서와 같이 소외 망 김◉◉가 사망함으로써 그의 처 또는 아들인 원고들이 심한 정신적 고통을 입었으리라는 것은 쉽게 짐작되는 바이므로 피고로서는 이를 위자할 책임이 있다 할 것인바, 원고들의 학력.경력.신분관계 등 여러 사정을 참작하면 그의 처인 원고 박○○에 대한 위자료는 금 ○○○, 그의 아들인 원고 김①○, 같은 김②○에 대한 위자료는 각 금 ○○○원 정도가 상당하다고 생각됩니다.

마. 소외 망 김◉◉의 장례비

원고 박○○은 위 망인의 처로서 금 ○○○원 정도를 지출하여 그 장례를 치루었는바, 이러한 지출도 이 사건 교통사고로 인하여 원고 박○○가 입은 손해라 할 것이므로 피고로서는 이를 원고 박○○에게 배상하여야 할 책임이 있다 할 것입니다.

4. 결론

그렇다면 피고는 원고 박○○에게 금 ○○○○원(상속분 금 ○○○○원+위자료 금 ○○○원+장례비 금 ○○○원), 원고 김①○, 원고 김②○에게 각 금 ○○○○원(상속분 금 ○○○○원 + 위자료 각 금 ○○○원)씩을 지급하여 배상하여야 할 책임이 있다 할 것이므로 그 지급 및 이에 대한 민법과 소송촉진등에관한특례법에서 정한 각 비율에 의한 지연손해금의 지급을 구하고자 이 사건 청구에 이른 것입니다.

입 증 방 법

1. 갑 제1호증 기본증명서
   (단, 2007.12.31. 이전 사망한 경우 제적등본)
1. 갑 제2호증 가족관계증명서
   (또는, 상속관계를 확인할 수 있는 제적등본)
1. 갑 제3호증 주민등록등본
1. 갑 제4호증 자동차등록원부
1. 갑 제5호증 교통사고사실확인원
1. 갑 제6호증 사망진단서
1. 갑 제7호증의 1, 2 월간거래가격표지 및 내용
1. 갑 제8호증의 1, 2 한국인표준생명표 표지 및 내용

첨 부 서 류

1. 위 입증방법 각 1통
1. 법인등기사항증명서 1통
1. 소장부본 1통
1. 송달료납부서 1통

20○○. ○. ○.

위 원고 1. 박○○ (서명 또는 날인)
2. 김①○ (서명 또는 날인)
3. 김②○ (서명 또는 날인)

○○지방법원 귀중

③ 손해배상(자)청구의 소(월급생활자 사망, 보험가입한 승용차)

소 장

원 고 1. 김○○(주민등록번호)
2. 박①○(주민등록번호)
3. 박②○(주민등록번호)
4. 최○○(주민등록번호)
원고 2, 3은 미성년자이므로
법정대리인 친권자 모 김○○
원고들의 주소:○○시 ○○구 ○○길 ○○ (우편번호)
전화.휴대폰번호:
팩스번호, 전자우편(e-mail)주소:

피 고 ◇◇화재해상보험주식회사
○○시 ○○구 ○○길 ○○(우편번호)
대표이사 ◇◇◇
전화.휴대폰번호:
팩스번호, 전자우편(e-mail)주소:

손해배상(자)청구의 소

청 구 취 지

1. 피고는 원고 김○○에게 금 107,365,776원, 원고 박①○, 원고 박②○에게 각 금 68,577,184원, 원고 최○○에게 금 7,000,000원 및 각 이에 대한 2000. 6. 15.부터 이 사건 소장부본 송달일까지는 연 5%의, 그 다음날부터 다 갚는 날까지는 연 15%의 각 비율에 의한 돈을 지급하라.
2. 소송비용은 피고의 부담으로 한다.
3. 위 제1항은 가집행 할 수 있다.

라는 판결을 구합니다.

청 구 원 인

1. 당사자들의 지위
   가. 원고 김○○는 이 사건 교통사고로 사망한 소외 망 박◉◉의 처, 원고 박①○, 원고 박②○는 소외 망 박◉◉의 자녀들로서 상속인이고, 원고 최○○는 소외

망 박◉◉의 어머니입니다.

나. 피고 ◇◇화재해상보험주식회사는 이 사건 가해차량인 소외 이◈◈ 소유의 서울○○바○○○○호 승용차에 관하여 자동차보험계약을 체결한 보험자입니다.

2. 손해배상책임의 발생

가. 교통사고의 발생

(1) 발생일시 : 2000. 6. 15. 22:30경

(2) 발생장소 : ○○시 ○○구 ○○길 ○○ ○○빌딩 앞 4차선도로상 횡단보도

(3) 사고차량 : 서울○○바○○○○호 승용차

(4) 운전자 겸 소유자 : 소외 이◈◈

(5) 피 해 자 : 소외 망 박◉◉

(6) 피해상황 : 위 도로에 설치된 횡단보도를 보행자신호에 따라 건너던 피해자 소외 망 박◉◉는 신호를 무시하고 달리는 소외 이◈◈가 운전하는 위 승용차가 충격 되어 뇌진탕 등의 상해를 입고 같은 날 23:50경 ○○병원에서 사망하였음.

나. 피고의 손해배상책임

소외 이◈◈는 신호를 무시한 채 사고차량을 운전한 결과로 피해자 소외 망 박◉◉를 사망하게 하였으므로 민법 제750조에 의한 손해배상책임이 있는바, 피고는 위 사고차량에 대하여 자동차보험계약을 체결한 보험자로서 상법 제726조의2에 의하여 손해배상책임이 있습니다.

3. 손해배상책임의 범위

가. 소외 망 박◉◉의 일실수입

소외 망 박◉◉가 이 사건 사고로 상실한 가동능력에 대한 금전적 총평가액 상당의 일실수입은 다음 (1)과 같은 사실을 기초로 하여 다음 (2)와 같은 월 5/12%의 비율로 계산한 중간이자를 공제하는 단리할인법(호프만식 계산법)에 따라 이 사건 사고 당시의 현가로 계산한 금 191,317,302원입니다.

(1)기초사실

(가)성별 : 남자

생년월일 : 1956. 10. 18.생

연령 : 사고당시 43세 7개월 남짓

기대여명 : 31.21년

(나)직업 경력 : 위 망인은 1990. 5. 15.부터 소외 ◎◎주식회사에서 근무하여 왔고, 사고 당시 영업과장으로 근무하고 있었음.

(다)정년 및 가동연한 : 위 망인의 소외 ◎◎주식회사에서의 정년은 만 55세가 되는 다음날이고, 그 다음날부터 위 망인이 만 60세가 되는 2016. 10. 17.까지는 도시일용노동에 종사하여 그 임금 상당의 수입을 얻을 수 있었을 것임.

(라)가동능력에 대한 금전적 평가

- 정년시까지 : 위 망인은 2000. 1. 1.부터 2000. 3. 31.까지 근로소득으로 합계 금 6,900,000원을 지급 받았는바, 장차 승급에 따라 그 수입이 증가되리라고 예상되므로 위 망인은 적어도 2000. 1. 1.부터 2000. 3. 31.까지의 근로소득을 매월로 환산한 금 2,300,000원(금 6,900,000원÷3월) 상당의 월급여를 받을 수 있음.
- 정년 이후 가동연한까지 : 대한건설협회 작성의 2003년 상반기 적용 건설업임금실태조사보고서 중 보통인부의 2003. 1월 현재 1일 시중노임단가 금 50,683원을 기초로 한 월급여 금 1,115,026원{금 50,683원(시중노임단가)×22일(월평균가동일수)} 상당을 얻을 수 있다고 봄이 상당함.

(마)생계비 : 수입의 1/3

(2)기간 및 계산(계산의 편의상 월 미만과 원 미만은 버림. 다음부터 같음)

①기간 : 2000. 6. 15.부터 2011. 10. 19.까지(11년 4개월 남짓)

계산 : 금 2,300,000원×2/3×107.5674(136개월에 대한 호프만수치)=금 164,936,679원

②기간 : 2011. 10. 20.부터 2016. 10. 17.까지(4년 11개월 남짓)

계산 : 금 1,115,026원×2/3×35.4888{143.0562(사고시부터 60세까지 196개월에 대한 호프만수치)-107.5674(사고시부터 정년까지 136개월에 대한 호프만수치)=35.4888}=금 26,380,623원

③합계 : ①+②=금 191,317,302원

나. 일실퇴직금

소외 망 박◉◉의 이 사건 사고로 인한 일실퇴직금 손해는 다음 (1)과 같은 사실을 기초로 하여 다음 (2)와 같은 월 5/12%의 비율로 계산한 중간이자를 공제하는 단리할인법(호프만식 계산법)에 따라 이 사건 사고 당시의 현가로 계산한 금 8,202,844원입니다.

(1)기초사실

(가)입사일 : 1990. 5. 25.

(나)정년에 따른 퇴직예정일 및 근속기간 : 정년인 2011. 10. 19.까지 21년 4개월 남짓

(다)이 사건 사고로 인한 퇴직일 및 근속기간 : 2000. 6. 15.까지 10년 남짓

(라)퇴직금의 근거와 산정방식 : 소외 ◎◎주식회사는 근로기준법의 규정에 따라 근속년수 1년에 1월분의 평균임금을 퇴직금으로 지급하고 있음.

(마)보수월액 : 금 2,300,000원(※원칙적으로는 퇴직 당시의 평균임금을 기초로 하여야 하나 편의상 보수월액으로 하였음)

(바)사고시까지의 계산상 퇴직금 : 월급여 금 2,300,000원×(10+22/365)년(1990. 5. 25.부터 2000. 6. 15.까지)=금 23,138,630원

(2)계산

(가)정년퇴직시 예상퇴직금 : 금 2,300,000원×(21+148/365)=금 49,232,602원

(나)정년퇴직시 예상퇴직금의 사고당시 현가

금 49,232,602원×0.6366(사고시부터 정년퇴직시까지 11년 5월에 대한 호프만수치, 1/{1+0.05×(11+5/12)}=금 31,341,474원

(다)사고시까지의 계산상 퇴직금공제 : 금 31,341,474원-금 23,138,630원=금 8,202,844원

라. 소외 망 박○○의 위자료

소외 망 박○○는 이 사건 사고로 사망하는 순간 견딜 수 없는 정신적 고통을 겪었을 것이므로 피고는 소외 망 박○○에게 위자료로 금 30,000,000원을 지급함이 상당하다 할 것입니다.

마. 상속관계

위와 같이 소외 망 박◉◉가 이 사건 사고로 입은 손해액은 합계 금 229,520,146원{금 191,317,302원(일실수입) + 금 8,202,844원(일실퇴직금)+금 30,000,000원(위자료)}인바, 이 손해배상채권은 위 망인의 처인 원고 김○○에게 금 98,365,776원(위 손해액×상속지분 3/7), 위 망인의 아들 원고 박①○, 망인의 딸 원고 박②○에게는 각 금 65,577,184원(위 손해액×상속지분 2/7)이 상속되었습니다.

바. 원고들의 위자료

원고들도 소외 망 박○○의 사망으로 인하여 크나큰 정신적 고통을 받았을 것임은 경험칙상 명백하므로 위 망인의 처인 원고 김◉◉에게 금 7,000,000원, 위 망인의 자녀인 원고 박①○, 원고 박②○에게 각 금 3,000,000원, 위 망인의 어머니인 원고 최○○에게 금 7,000,000원씩을 위자료로 지급함이 상당하다 할 것입니다.

사. 장례비 : 금 2,000,000원

지출자 : 원고 김○○

4. 결론

이와 같이 피고는 원고 김○○에게 금 107,365,776원(상속분 금 98,365,776원+위자료 금 7,000,000원+장례비 금 2,000,000원), 원고 박①○, 원고 박②○에게 각 금 68,577,184원(상속분 금 65,577,184원+위자료 금 3,000,000원), 원고 최○○에게 금 7,000,000원(위자료)씩을 지급할 책임이 있다 할 것인바, 원고들은 피고로부터 위 돈의 지급과 아울러 이에 대한 소외 망 박◉◉가 사망한 사고일인 2000. 6. 15.부터 이 사건 소장부본 송달일까지는 민법에서 정한 연 5%의, 그 다음날부터 다 갚는 날까지는 소송촉진등에관한특례법에서 정한 연 15%의

각 비율에 의한 지연손해금의 지급을 받고자 이 사건 청구에 이른 것입니다.

입 증 방 법

1. 갑 제1호증 기본증명서
(단, 2007.12.31. 이전 사망한 경우 제적등본)
1. 갑 제2호증 가족관계증명서
(또는, 상속관계를 확인할 수 있는 제적등본)
1. 갑 제3호증 주민등록등본
1. 갑 제4호증 자동차등록원부
1. 갑 제5호증 교통사고사실확인원
1. 갑 제6호증 사망진단서
1. 갑 제7호증 근로소득원천징수영수증
1. 갑 제8호증의 1, 2 월간거래가격표지 및 내용
1. 갑 제9호증의 1, 2 한국인표준생명표 표지 및 내용

첨 부 서 류

1. 위 입증방법 각 1통
1. 법인등기사항증명서 1통
1. 소장부본 1통
1. 송달료납부서 1통

20○○. ○. ○.

위 원고 1. 김○○(서명 또는 날인)
2. 박①○
3. 박②○
4. 최○○(서명 또는 날인)
원고 2, 3은 미성년자이므로 법정대리인
친권자 모 김○○(서명 또는 날인)

○○지방법원 귀중

④ 손해배상(자)청구의 소(개인택시 운전기사 사망, 무보험 승용차)

소 장

원 고 1. 김○○ (주민등록번호)
○○시 ○○구 ○○길 ○○(우편번호)
전화.휴대폰번호:
팩스번호, 전자우편(e-mail)주소:
2. 이①○ (주민등록번호)
○○시 ○○구 ○○길 ○○(우편번호)
전화.휴대폰번호:
팩스번호, 전자우편(e-mail)주소:
3. 이②○ (주민등록번호)
○○시 ○○구 ○○길 ○○(우편번호)
전화.휴대폰번호:
팩스번호, 전자우편(e-mail)주소:

피 고 1. 김◇◇ (주민등록번호)
○○시 ○○구 ○○길 ○○(우편번호)
전화.휴대폰번호:
팩스번호, 전자우편(e-mail)주소:
2. 정◇◇ (주민등록번호)
○○시 ○○구 ○○길 ○○(우편번호)
전화.휴대폰번호:
팩스번호, 전자우편(e-mail)주소:

손해배상(자)청구의 소

청 구 취 지

1. 피고들은 각자 원고 김○○에게 금 54,148,911원, 원고 이①○, 원고 이②○에게 각 금 29,099,327원 및 각 이에 대하여 2000. 7. 22.부터 이 사건 소장부본 송달일까지는 연 5%의, 그 다음날부터 다 갚는 날까지는 연 15%의 각 비율에 의한 돈을 지급하라.
2. 소송비용은 피고들의 부담으로 한다.
3. 위 제1항은 가집행 할 수 있다.

라는 판결을 구합니다.

청 구 원 인

1. 당사자들의 지위

소외 망 이◉◉는 이 사건 사고로 사망한 사람인바, 원고 김○○는 소외 망 이◉

◉의 처이고, 원고 이①○, 원고 이②○는 소외 망 이◉◉의 아들이고, 피고 김◇◇는 이 사건 가해차량의 운전자, 정◇◇는 이 사건 가해차량의 소유자입니다.

2. 손해배상책임의 발생

가. 피고 김◇◇는 2000. 7. 22. 21:20경 소외 정◇◇ 소유인 서울 ○○고○○○○호 그랜져 승용차를 소외 정◇◇가 시동을 켜둔 채로 잠시 운전석을 이탈한 사이에 절취하여 운전하던 중 서울 ○○구 ○○길 ○○교차로 방면에서 ○○방면으로 편도 3차선 도로를 1차로를 따라 시속 약 80㎞로 진행하다가 신호등이 있는 횡단보도에서 보행자신호를 따라 횡단보도를 횡단하던 소외 망 이◉◉를 충돌하여 그 충격으로 소외 망 이◉◉가 뇌진탕으로 사고현장에서 사망에 이르게 한 것입니다.

나. 그렇다면 피고 김◇◇는 민법 제750조에 규정한 불법행위자로서 이 사건 사고의 피해자인 소외 망 이◉◉ 및 소외 망 이◉◉의 유족인 원고들이 입은 재산적, 정신적 손해를 배상할 책임이 있다 할 것이고, 피고 정◇◇는 시동을 켜둔 채로 운전석을 이탈함으로써 자동차보유자로서 차량 및 시동열쇠 관리상의 과실이 중대하고, 시간적으로도 피고 김◇◇가 가해차량을 절취한 직후 사고를 야기하였으므로 피고 정◇◇는 자동차손해배상보장법 제3조에서 규정한 자동차보유자로서 운행지배와 운행이익이 잔존하고 있다고 평가할 수 있는 경우에 해당된다고 보아야 할 것이므로 역시 이 사건 사고의 피해자인 소외 망 이◉◉ 및 소외 망 이◉◉의 유족인 원고들이 입은 재산적, 정신적 손해를 배상할 책임이 있다 할 것입니다.

3. 손해배상의 범위

가. 일실수입

소외 망 이◉◉가 이 사건 사고로 입은 일실수입 손해는 다음 (1)과 같은 인정사실 및 평가내용을 기초로 하여, 다음 (2)와 같이 월 5/12%비율에 의한 중간이자를 공제하는 단리할인법(호프만식 계산법)에 따라 이 사건 사고 당시의 현가로 계산한 금 57,847,646원입니다.

(1) 인정사실 및 평가내용

(가) 성별 : 남자

생년월일 : 1945. 3. 16.생

연령(사고당시) : 55세 4개월 정도

기대여명 : 21.26년

(나) 직업 및 경력

소외 망 이◉◉는 19○○. ○. ○○.부터 개인택시운송사업면허를 얻어 개인택시운송사업을 하고 있는 사람임.

(다) 가동기간 : 개인택시운송사업자로서 적어도 만 62세가 될 때까지는 가동할 수 있을 것으로 예상됨.

(라) 가동능력에 대한 금전적인 평가

개인택시운송사업자인 소외 망 이◉◉는 월평균 20일간 영업하면서 1

일 평균 금 85,800원씩 월평균 금 1,716,000(85,800원 × 20일) 상당의 총수입을 얻는데, 위 영업을 위하여 매월 평균적 감가상각비를 비롯한 차량유지비, 각종 검사비, 세금, 각종 보험료, 공과금 등의 경비로 매월 금 353,105원이 소요되므로 월간 순수입은 금 1,362,895원이고, 위 개인택시영업을 하기 위한 투하자본은 금 9,000,000원 정도이며, 그에 대한 자본수익율은 연 12%이므로, 위 월간순수입 금 1,362,895원에서 위 투하자본에 대한 자본수입금인 월 금 90,000원(9,000,000원 ×12/100×1/12)을 공제한 금 1,272,895원이 됩니다.

(마) 생계비 : 수입의 1/3

(2) 계산

(가) 호프만 수치 : 68.1686{사고일인 2000. 7. 22.부터 만 62세가 되는 2007. 3. 15.까지 79개월간(월미만은 버림) 해당분}

(나)【계산】

1,272,895원 × 2/3 × 68.1686=57,847,646원(원미만은 버림, 이하 같음)

나. 소외 망 이◉◉의 위자료

소외 망 이◉◉가 사망함에 있어 입은 정신적 고통에 대하여 피고는 이를 위자할 책임이 있다 할 것인데, 위 망인의 학력과 경력 그리고 이 사건 사고의 내용 등 사정을 참작하면 위자료로 금 30,000,000원 정도가 상당하다고 할 것입니다.

다. 상속관계

(1) 재산상속인, 상속비율

원고 김○○ : 3/7

원고 이①○, 원고 이②○ : 각 2/7

(2) 상속재산

금 87,847,646원(재산상 손해 57,847,646원 + 위자료 30,000,000원)

(3) 상속금액의 계산

원고 김○○ : 금 37,648,911원(87,847,646원×3/7)

원고 이①○, 원고 이②○ : 각 금 25,099,327원(87,847,646원×2/7)

라. 원고들의 위자료

소외 망 이◉◉가 사망함으로써 그의 처와 아들인 원고들이 심한 정신적 고통을 입었다 할 것이므로 피고는 이를 위자할 책임이 있고, 원고들의 경력. 신분관계 등 사정을 참작하면 위 망인의 처인 원고 김○○에 대한 위자료는 금 12,000,000원, 위 망인의 아들인 원고 이①○, 원고 이②○에게 각 금 4,000,000원씩을 위자료로 지급함이 상당하다 할 것입니다.

마. 장 례 비

이 사건 사고를 당하여 원고 김○○는 소외 망 이◉◉의 장례를 위하여 장례비 및 장례를 위한 제반비용 등으로 금 4,500,000원을 지출하였으므로 피고들은 원고 김○○에게 이를 배상할 책임이 있다 할 것입니다.

4. 결론

그렇다면 피고는 원고 김○○에게 금 54,148,911원(상속분 금 37,648,911원+본인 위자료 금 12,000,000원+장례비 금 4,500,000원), 원고 이①○, 원고 이②○에게 각 금 29,099,327원(상속분 금 25,099,327원+본인 위자료 금 4,000,000원) 및 각 이에 대하여 이 사건 사고일인 2000. 7. 22.부터 이 사건 소장부본 송달일까지는 민법에서 정한 연 5%의, 그 다음날부터 다 갚는 날까지는 소송촉진등에관한특례법에서 정한 연 15%의 각 비율에 의한 지연손해금을 지급 받고자 이 사건 청구에 이르게 되었습니다.

입 증 방 법

1. 갑 제1호증 기본증명서
(단, 2007.12.31. 이전 사망한 경우 제적등본)
1. 갑 제2호증 가족관계증명서
(또는, 상속관계를 확인할 수 있는 제적등본)
1. 갑 제3호증 사망진단서
1. 갑 제4호증 사체검안서
1. 갑 제5호증 교통사고사실확인원
1. 갑 제6호증 자동차등록원부
1. 갑 제7호증의 1, 2 한국인표준생명표 표지 및 내용
1. 갑 제8호증 자동차운송사업면허증
1. 갑 제9호증 사업자등록증
1. 갑 제10호증의 1, 2 사실조회 회신 및 내용

첨 부 서 류

1. 위 입증방법 각 1통
1. 소장부본 2통
1. 송달료납부서 1통

20○○. ○. ○.
위 원고 1. 김○○ (서명 또는 날인)
2. 이①○ (서명 또는 날인)
3. 이②○ (서명 또는 날인)

○○지방법원 귀중

⑤ 손해배상(자)청구의 소(미성년 남자고등학생, 부상)

소 장

원 고 1. 박○○ (주민등록번호)
2. 박◉◉ (주민등록번호)
3. 이◉◉ (주민등록번호)
4. 박◎◎ (주민등록번호)
원고 1, 4는 미성년자이므로
법정대리인 친권자 부 박◉◉
모 이◉◉
원고들의 주소:○○시 ○○구 ○○길 ○○ (우편번호)
전화.휴대폰번호:
팩스번호, 전자우편(e-mail)주소:

피 고 ◇◇화재해상보험주식회사
○○시 ○○구 ○○로 ○○(우편번호)
대표이사 ◇◇◇
전화.휴대폰번호:
팩스번호, 전자우편(e-mail)주소:

손해배상(자)청구의 소

청 구 취 지

1. 피고는 원고 박○○에게 금 26,723,065원, 원고 박◉◉, 원고 이◉◉에게 각 금 2,000,000원, 원고 박◎◎에게 금 1,000,000원 및 각 이에 대하여 2000. 8. 29.부터 이 사건 소장부본 송달일까지는 연 5%의, 그 다음날부터 다 갚는 날까지는 연 15%의 각 비율에 의한 돈을 지급하라.
2. 소송비용은 피고의 부담으로 한다.
3. 위 제1항은 가집행 할 수 있다.

라는 판결을 구합니다.

청 구 원 인

1. 당사자의 지위

원고 박○○는 이 사건 사고로 인하여 부상을 입고 장해가 발생한 사람인바, 원고 박◉◉, 원고 이◉◉는 원고 박○○의 부모이고, 원고 박◎◎는 원고 박○○의 동생이며, 피고 ◇◇화재해상보험주식회사는 이 사건 가해차량의 자동차종합보험이 가입된 보험회사입니다.

2. 손해배상책임의 발생

가. 소외 정◈◈는 2000. 8. 29. 22:20경 그의 소유인 이 사건 사고차량인 서울 ○○고○○○○호 레간자 자가용승용차를 운전하여 서울 ○○구 ○○동 ○

○교차로 방면에서 ○○방면으로 가변차선 편도 3차선 도로를 1차로를 따라 시속 약 40km로 진행 중 ○○시 ○○구 ○○길 ○○ 앞 노상에는 신호등 있는 횡단보도가 설치되어 있는 곳이므로 운전업무에 종사하는 사람으로서 신호에 따라 안전하게 진행함으로써 사고를 미연에 방지하여야 할 업무상 주의의무가 있음에도 불구하고 신호를 위반한 채 진행한 과실로 때마침 보행자신호에 따라 횡단보도를 건너는 원고 박○○를 충돌하여 그에게 우측대퇴골 경부골절, 경부 및 요부 염좌 등의 상해를 입혀 그 후유증으로 고관절 운동제한으로 노동능력상실이 예상되는 장해가 발생하도록 하였습니다.

나. 그렇다면 위 사고차량의 소유자인 소외 정◈◈는 자동차손해배상보장법 제3조에서 규정한 자기를 위하여 자동차를 운행하는 자로서 이 사건 원고들이 입은 재산적, 정신적 손해를 배상할 책임이 있다 할 것인데, 위 가해 자동차는 피고회사의 자동차종합보험에 가입되어 있으므로 피고회사는 상법 제726조의 2에 의하여 손해배상책임이 있다 할 것입니다.

3. 손해배상의 범위

가. 원고 박○○의 일실수입

(1) 산정요소

(가) 성별 : 남자

(나) 생년월일 : 1983. 3. 21.생

(다) 사고당시 나이 : 만 17세 5개월 남짓

(라) 기대여명 : 55.54년

(마) 거주지 : 도시지역

(바) 소득실태(도시일용노임) : 금 37,052원(2000년 하반기 시중노임단가)

(사) 가동연한 : 만 60세가 되는 2043. 3. 20.까지 월 22일씩 가동

(아) 노동능력상실율 : 추후 신체감정결과에 의해 확정될 것이나 일응 12%로 예상됨.

(자) 호프만 수치 : 222.0780(=273.1245 - 51.0465)

273.1245{사고일부터 만 60세가 되는 2043. 3. 20.까지 510개월간 해당분, (월미만은 버림. 다음부터 같음)}

51.0465(사고일부터 군복무 26개월을 마치는 2005. 5. 21.까지 57개월간 해당분)

(2)【계산】

[(37,052원×22일×0.12)×(273.1254-51.0465=222.0780)]=21,723,065원

(월 미만 및 원 미만은 버림)

나. 향후치료비

향후 신체감정결과에 따라 청구하겠습니다.

다. 위자료

원고 박○○는 ○○고등학교 1학년에 재학 중인 학생으로서 이 사건 사고로 인하여 정상적인 수업을 받지 못하였을 뿐만 아니고, 노동력상실이 예상되는 장해를 입었으므로 감수성이 예민한 시기에 그 정신적 고통이 극심하였을 뿐만 아니라, 앞서 기재한 가족관계에 있는 나머지 원고들도 크나큰 정신적 고통

을 받았을 것임은 경험칙상 명백하므로 피고는 그 위자료로서 원고 박○○에게 금 5,000,000원, 부모인 원고 박◉◉, 원고 이◉◉에게 각 금 2,000,000원, 동생인 원고 박◎◎에게 금 1,000,000원을 지급함이 상당합니다.

4. 결론

그렇다면 피고는 원고 박○○에게 금 26,723,065원(향후 신체감정결과에 따라 확장 하겠음), 원고 박◉◉, 원고 이◉◉에게 각 금 2,000,000원, 원고 박◎◎에게 금 1,000,000원 및 각 이에 대하여 이 사건 사고일인 2000. 8. 29.부터 이 사건 소장부본 송달일까지는 민법에서 정한 연 5%의, 그 다음날부터 다 갚을 때까지는 소송촉진등에관한특례법에서 정한 연 15%의 각 비율에 의한 지연손해금을 지급할 의무가 있으므로 그 지급을 구하기 위해 이 사건 소제기에 이르렀습니다.

입 증 방 법

1. 갑 제1호증 가족관계증명서
1. 갑 제2호증 교통사고사실확인원
1. 갑 제3호증 자동차등록원부
1. 갑 제4호증 진단서
1. 갑 제5호증 후유장해진단서
1. 갑 제6호증의 1, 2 한국인표준생명표 표지 및 내용
1. 갑 제7호증의 1, 2 월간거래가격표지 및 내용

첨 부 서 류

1. 위 입증방법 각 1통
1. 법인등기사항증명서 1통
1. 소장부본 1통
1. 송달료납부서 1통

20○○. ○. ○.

위 원고 1. 박○○
2. 박◉◉ (서명 또는 날인)
3. 이◉◉ (서명 또는 날인)
4. 박◎◎

원고 1, 4는 미성년자이므로 법정대리인
친권자 부 박◉◉ (서명 또는 날인)
모 이◉◉ (서명 또는 날인)

○○지방법원 귀중

⑥ 손해배상(자)청구의 소(유아사망, 보험가입한 승용차)

소 장

원 고 1. 박◉◉ (주민등록번호)
2. 이◉◉ (주민등록번호)
3. 박◎◎ (주민등록번호)
원고 박◎◎는 미성년자이므로
법정대리인 친권자 부 박◉◉
모 이◉◉
원고들의 주소:○○시 ○○구 ○○길 ○○ (우편번호)
전화.휴대폰번호:
팩스번호, 전자우편(e-mail)주소:

피 고 ◇◇화재해상보험주식회사
○○시 ○○구 ○○로 ○○(우편번호)
대표이사 ◇◇◇
전화.휴대폰번호:
팩스번호, 전자우편(e-mail)주소:

손해배상(자)청구의 소

청 구 취 지

1. 피고는 원고 박◉◉에게 금 97,330,558원, 원고 이◉◉에게 금 72,330,558원, 원고 박◎◎에게 금 4,000,000원 및 각 이에 대하여 2000. 8. 22.부터 이 사건 소장부본 송달일까지는 연 5%의, 그 다음날부터 다 갚을 때까지는 연 15%의 각 비율에 의한 돈을 지급하라.
2. 소송비용은 피고의 부담으로 한다.
3. 위 제1항은 가집행 할 수 있다.

라는 판결을 구합니다.

청 구 원 인

1. 당사자들의 지위

소외 망 박○○는 이 사건 사고로 사망한 사람인바, 원고 박◉◉, 원고 이◉◉는 위 소외 망 박○○의 부모이고, 원고 박◎◎는 소외 망 박○○의 오빠이고, 피고 ◇◇화재해상보험주식회사(다음부터 피고회사라고만 함)는 이 사건 가해차량의 자동차종합보험이 가입된 보험회사입니다.

2. 손해배상책임의 발생

가. 소외 정◈◈는 2000. 8. 22. 16:20경 소외 ○○관광(주) 소유인 충남 ○○바 ○○○○호 관광버스를 운전하고 ○○ ○○군 ○○면 ○○길 ○○아파트부근 소외 황◈◈의 집 앞길을 ○○방면에서 ○○아파트 방면으로 시속 약60㎞의 속도로 진행함에 있어서 그곳은 차선이 그려져 있지 않은 주택가 도로(국도나 지방도 아님)로 사람의 통행이 빈번하여 사고지점 50m 못 미쳐 과속방지 턱이 설치되어 있는 도로이고, 당시 피해자 소외 망 박○○(여, 4세)가 다른 아이의 3륜자전거를 뒤에서 밀면서 놀고 있는 것을 보았으므로 이러한 경우 운전업무에 종사하는 사람은 속도를 줄이고 충분한 간격을 두고 피해가거나 일단 정지하여 사고를 미연에 방지하여야 할 업무상 주의의무가 있음에도 불구하고 이를 게을리 한 채 그대로 진행한 과실로 사고차량을 보고 도로 중앙에서 사고차량 진행방향 좌측으로 급히 달려 피하는 피해자 소외 망 박○○를 사고차량 앞 범퍼 좌측부분으로 들이받아 도로에 넘어뜨린 후 계속 진행하여 좌측 앞바퀴로 피해자 소외 망 박○○의 머리부위를 넘어가 피해자 소외 망 박○○로 하여금 두개골 파열에 의한 뇌출혈로 그 자리에서 사망에 이르게 한 것입니다.

나. 그렇다면 위 사고차량의 소유자인 소외 ○○관광(주)는 자동차손해배상보장법 제3조에서 규정한 자기를 위하여 자동차를 운행하는 자로서 이 사건 사고의 피해자인 소외 망 박○○ 및 소외 망 박○○의 유족인 원고들이 입은 재산적, 정신적 손해를 배상할 책임이 있다 할 것이고, 또한 위 가해자동차는 피고회사의 자동차종합보험에 가입되어 있으므로 상법 제726조의 2에 의하여 피고회사에 손해배상책임이 있다 할 것입니다.

3. 손해배상의 범위

가. 기대수입 상실액

1) 소외 망 박○○는 1996. 1. 5.생 신체 건강한 여자로서 이 사건 사고당시 만 4년 7개월 남짓한 정도이고, 그 기대여명은 75.79년이므로 특단의 사정이 없는 한 79세까지는 생존이 가능하다 할 것입니다.

2) 소외 망 박○○는 미성년자로서 이 사건 사고가 아니었다면 성년이 되는 만 20세가 되는 2016. 1. 5.부터 위 기대여명 내 가동연한인 만 60세가 되는 2056. 1. 4.까지 최소한 도시일용노동자로서 종사하여 도시일용노임 상당의 수입을 얻었을 것임에도 불구하고 이 사건 사고로 인하여 매월 순차적으로 이를 상실하였다고 할 것인데, 이를 사고당시를 기준하여 일시에 청구하므로 호프만식 계산법에 따라 월 12분의 5%의 중간이자를 공제하고 이 사건 사고 당시의 현가로 산정하면 아래와 같이 금 98,661,117원이 됩니다.

【계산】

[(37,052원×22일×2/3)×(317.9187-136.3659=181.5528)]=98,661,117원

(월 미만 및 원 미만은 버림)
*성별 : 여자
*생년월일 : 1996. 1. 5.생
*거주지역 : 도시지역
*가동연한 : 만 60세가 되는 2056. 1. 4.까지 월 22일씩 가동
*소득실태(도시일용노임) : 금 37,052원(2000년 하반기 시중노임단가)
*망인의 생계비공제 : 월수입의 1/3정도
*호프만수치 : 181.5528(=317.9187 - 136.3659)
- 317.9187(사고일부터 만 60세가 되는 2056. 1. 4.까지 664개월간 해당분)
- 136.3659(사고일부터 만 20세가 되는 2016. 1. 4.까지 184개월간 해당분)

나. 소외 망 박○○의 위자료

소외 망 박○○는 이 사건 사고로 사망하는 순간 견딜 수 없는 고통과 이제 4세의 어린 나이로 부모를 앞에 둔 채 여명을 다하지 못하고 한을 품은 채 운명하였을 것이므로 피고는 소외 망 박○○에게 금 30,000,000원을 위자료로 지급함이 상당하다 할 것입니다.

다. 상속관계

소외 망 박○○의 재산적 손해 및 위자료를 합하면 금 128,661,117원(재산적 손해 금 98,661,117원 + 위자료 금 30,000,000원)인바, 소외 망 박○○의 부모인 원고 박◉◉ 원고 이◉◉에게 각 2분의 1씩 공동상속 되었다 할 것입니다.

라. 위자료

원고들도 소외 망 박○○의 사망으로 인하여 크나큰 정신적 고통을 받았을 것임은 경험칙상 명백하므로 위 망인의 부모인 원고 박◉◉, 원고 이◉◉에게 각 금 8,000,000원, 위 망인의 오빠인 원고 박◎◎에게 금 4,000,000원씩을 위자료로 지급함이 상당하다 할 것입니다.

마. 장례비

이 사건 사고를 당하여 원고 박◉◉는 소외 망 박○○의 장례를 위하여 장례비 및 장례를 위한 제반비용 등으로 금 2,500,000원을 지출하였으므로 피고는 원고 박◉◉에게 이를 배상할 책임이 있다 할 것입니다.

4. 결론

그렇다면 피고는 원고 박◉◉에게 금 97,330,558원(망인의 일실수익 및 위자료 상속분 금 64,330,558원 + 위자료 금 8,000,000원 + 장례비 금 2,500,000원), 원고 이◉◉에게 금 72,330,558원(망인의 일실수익 및 위자료 상속분 금 64,330,558원 + 위자료 금 8,000,000원), 원고 박◎◎에게 금 4,000,000원 및 각 이에 내하여 이 사건 불법행위일인 2000. 8. 22.부터 이 사건 소장부본 송달일까지는 민법에서 정한 연 5%의, 그 다음날부터 다 갚는 날까지는 소송촉진등에관한특례법에서 정한 연 15%의 각 비율에 의한 지연손해금을 지급할 의무가 있다

할 것이므로, 그 지급을 구하기 위하여 이 사건 청구에 이른 것입니다.

입 증 방 법

1. 갑 제1호증 기본증명서
(단, 2007.12.31. 이전 사망한 경우 제적등본)
1. 갑 제2호증 가족관계증명서
(또는, 상속관계를 확인할 수 있는 제적등본)
1. 갑 제3호증 주민등록등본
1. 갑 제4호증 사망진단서
1. 갑 제5호증 사체검안서
1. 갑 제6호증 교통사고사실확인원
1. 갑 제7호증 자동차등록원부
1. 갑 제8호증의 1, 2 한국인표준생명표 표지 및 내용
1. 갑 제9호증의 1, 2 월간거래가격표지 및 내용

첨 부 서 류

1. 위 입증방법 각 1통
1. 법인등기사항증명서 1통
1. 소장부본 1통
1. 송달료납부서 1통

20○○. ○. ○.

위 원고 1. 박◉◉ (서명 또는 날인)
2. 이◉◉ (서명 또는 날인)
3. 박◎◎
원고 박◎◎는 미성년자이므로 법정대리인
친권자 부 박◉◉ (서명 또는 날인)
모 이◉◉ (서명 또는 날인)

○○지방법원 귀중

⑦ 손해배상(자)청구의 소(여고생사망, 호프만수치 240넘는 경우)

소 장

원 고 1. 김◉◉ (주민등록번호)
2. 이◉◉ (주민등록번호)
3. 김◎◎ (주민등록번호)
원고 김◎◎는 미성년자이므로
법정대리인 친권자 부 김◉◉
모 이◉◉
원고들의 주소:○○시 ○○구 ○○길 ○○ (우편번호)
전화.휴대폰번호:
팩스번호, 전자우편(e-mail)주소:

피 고 ◇◇화재해상보험주식회사
○○시 ○○구 ○○로 ○○(우편번호)
대표이사 ◇◇◇
전화.휴대폰번호:
팩스번호, 전자우편(e-mail)주소:

손해배상(자)청구의 소

청 구 취 지

1. 피고는 원고 김◉◉에게 금 90,711,520원, 원고 이◉◉에게 금 88,211,520원, 원고 김◎◎에게 금 4,000,000원 및 각 이에 대하여 2000. 8. 2.부터 이 사건 소장부본 송달일까지는 연 5%의, 그 다음날부터 다 갚는 날까지는 연 15%의 각 비율에 의한 돈을 각 지급하라.

2. 소송비용은 피고의 부담으로 한다.

3. 위 제1항은 가집행 할 수 있다.

라는 판결을 구합니다.

청 구 원 인

1. 당사자들의 관계

피고는 소외 ◈◈◈의 보험사업자이고, 원고 김◉◉는 소외 ◈◈◈의 교통사고에 의하여 사망한 소외 망 김○○의 아버지이고, 원고 이◉◉는 그 어머니이며, 원고 김◎◎는 그 동생입니다.

2. 손해배상책임의 발생

소외 ◈◈◈는 광주○도○○○○호 세피아승용차의 운전업무에 종사하는 사람인바, 2000. 8. 2. 19:40경 위 차량을 운전하여 ○○시 ○○구 ○○길 소재 ◎◎약국 앞 도로상을 ○○동 방면에서 ◎◎경찰서 방면으로 시속 80㎞로 진행하게 함에 있어 전방주시의무를 게을리 하여 같은 방향으로 위 도로가장자리를 보행하던 소외 망 김○○(여, 18세)를 충격 하여 도로에 넘어지게 함으로써 소외 망 김○○가 현장에서 뇌진탕 등에 의하여 사망하게 한 것입니다.

그렇다면 위 사고차량의 소유자인 소외 ◈◈◈는 자동차손해배상보장법 제3조에서 규정한 자기를 위하여 자동차를 운행하는 자로서 이 사건 사고의 피해자인 소외 망 김○○ 및 소외 망 김○○의 유족인 원고들이 입은 재산적, 정신적 손해를 배상할 책임이 있다 할 것인데, 위 가해 자동차는 피고회사의 자동차종합보험에 가입되어 있으므로 피고회사는 상법 제726조의2에 의하여 손해배상책임이 있다 할 것입니다.

3. 손해배상의 범위

가. 원고 김○○의 일실수입

(1) 산정요소

(가) 성별 : 여자

(나) 생년월일 : 1982. 7. 20.생

(다) 사고당시 나이 : 만 18세 남짓

(라) 기대여명 : 62.02년

(마) 거주지 : 도시지역

(바) 소득실태(도시일용노임) : 금 37,052원(2000년 하반기 시중노임단가)

(사) 가동연한 : 만 60세가 되는 2042. 7. 19.까지 월 22일씩 가동

(자) 호프만 수치 : 240[270.8755{사고일부터 만 60세가 되는 2042. 7. 19.까지 503개월(월 미만은 버림)해당분 호프만수치) - 22.8290(만 20세가 되는 2002. 7. 19.까지 24개월에 대한 호프만수치)=248.0465이나 240을 초과하므로 240으로 함}

(아) 생계비공제 : 월수입의 1/3정도

(2)【계산】

〔(37,052 × 22) × 240 × 2/3〕=130,423,040원(원 미만은 버림)

나. 소외 망 김○○의 위자료

소외 망 김○○는 이 사건 사고로 사망하는 순간 견딜 수 없는 고통과 여자 고등학교 2학년에 재학 중인 학생으로서 부모를 앞에 둔 채 여명을 다하지 못하고 한을 품은 채 운명하였을 것이므로 피고는 소외 망 김○○에게 금 30,000,000원을 위자료로 지급함이 상당하다 할 것입니다.

다. 상속관계

소외 망 김○○의 재산적 손해 및 위자료를 합하면 금 160,423,040원(재산적 손해 금 130,423,040원 + 위자료 금 30,000,000원)인바, 소외 망 김○○의 부모인 원고 김◉◉ 원고 이◉◉에게 각 2분의 1씩 공동상속 되었다 할 것입니다.

라. 원고들의 위자료

원고들도 소외 망 김○○의 사망으로 인하여 크나큰 정신적 고통을 받았을 것임은 경험칙상 명백하므로 위 망인의 부모인 원고 김◉◉, 원고 이◉◉에게 각 금 8,000,000원, 위 망인의 동생인 원고 김◎◎에게 금 4,000,000원씩을 위자료로 지급함이 상당하다 할 것입니다.

마. 장례비

이 사건 사고를 당하여 원고 김◉◉는 소외 망 김○○의 장례를 위하여 장례비 및 장례를 위한 제반비용 등으로 금 2,500,000원을 지출하였으므로 피고는 원고 김◉◉에게 이를 배상할 책임이 있다 할 것입니다.

4. 결론

그렇다면 피고는 원고 김◉◉에게 금 90,711,520원(망인의 일실수익 및 위자료 상속분 금 80,211,520원 + 위자료 금 8,000,000원 + 장례비 금 2,500,000원), 원고 이◉◉에게 금 88,211,520원(망인의 일실수익 및 위자료 상속분 금 80,211,520원 + 위자료 금 8,000,000원), 원고 김◎◎에게 금 4,000,000원 및 각 이에 대하여 이 사건 불법행위일인 2000. 8. 22.부터 이 사건 소장부본 송달일까지는 민법에서 정한 연 5%의, 그 다음날부터 다 갚는 날까지는 소송촉진등에관한특례법에서 정한 연 15%의 각 비율에 의한 지연손해금을 지급할 의무가 있다 할 것이므로, 그 지급을 구하기 위하여 이 사건 청구에 이른 것입니다.

입 증 방 법

1. 갑 제1호증 제적등본
(단, 2008. 1. 1. 이후 사망한 경우 기본증명서)

1. 갑 제2호증 상속관계를 확인할 수 있는 제적등본
(또는, 가족관계증명서)
1. 갑 제3호증 주민등록등본
1. 갑 제4호증 사망진단서
1. 갑 제5호증 사체검안서
1. 갑 제6호증 교통사고사실확인원
1. 갑 제7호증 자동차등록원부
1. 갑 제8호증의 1, 2 한국인표준생명표 표지 및 내용
1. 갑 제9호증의 1, 2 월간거래가격표지 및 내용

첨 부 서 류

1. 위 입증방법 각 1통
1. 법인등기사항증명서 1통
1. 소장부본 1통
1. 송달료납부서 1통

20○○. ○. ○.

위 원고 1. 김◉◉ (서명 또는 날인)
2. 이◉◉ (서명 또는 날인)
3. 김◎◎
원고 김◎◎는 미성년자이므로 법정대리인
친권자 부 박◉◉ (서명 또는 날인)
모 이◉◉ (서명 또는 날인)

○○지방법원 귀중

⑧ 손해배상(자)청구의 소(성년피해자 부상, 일부청구)

소　　　장

원　고　○○○ (주민등록번호)
　　　　○○시 ○○구 ○○길 ○○(우편번호)
　　　　전화.휴대폰번호:
　　　　팩스번호, 전자우편(e-mail)주소:
피　고　◇◇화재해상보험주식회사
　　　　○○시 ○○구 ○○로 ○○(우편번호)
　　　　대표이사 ◇◇◇
　　　　전화.휴대폰번호:
　　　　팩스번호, 전자우편(e-mail)주소:

손해배상(자)청구의 소

청 구 취 지

1. 피고는 원고에게 금 15,964,090원 및 이에 대한 2000. 5. 26.부터 이 사건 소장 부본 송달일까지는 연 5%의, 그 다음날부터 다 갚는 날까지 연 15%의 각 비율에 의한 돈을 지급하라

2. 소송비용은 피고의 부담으로 한다.

3. 위 제1항은 가집행 할 수 있다.

라는 판결을 구합니다.

청 구 원 인

1. 당사자들의 지위

원고는 이 사건 교통사고의 피해자 본인으로 ○○시 라○○○○호 오토바이 운전자이고, 피고 ◇◇화재해상보험주식회사는(다음부터 피고 보험회사라고 함) 이 사건 가해차량인 충남 ○○나○○○○호 승용차의 소유자인 소외 ◈◈주식회사가 피보험자로 하여 가입한 자동차종합보험회사입니다.

2. 손해배상책임의 발생

가. 사고경위

소외 박◈◈는 피보험자인 소외 ◈◈주식회사에 근무하는 직원으로, 위 승용차를 운전하여 2000. 5. 26. 11:40경 ○○ ○○시 ○○면 ○○ 소재 ○○삼거리로부터 500m 떨어진 지점을 ◎◎방면에서 ○○삼거리방면으로 진행 중에 다른 진행차량 여부를 잘 살펴 운전하여야 할 주의의무가 있음에도 불구하고 이를 게을리 한 채 그대로 위 차량을 운전한 과실로 갓길에 정차 중이던 원고의 위 오토바이 중앙부분을 충격 하여 원고로 하여금 방광파열 후부요도파열 골반골절 및 혈종 등으로 장해가능성이 예상되는 상해를 입게 하였습니다.

나. 그렇다면 위 승용차의 소유자인 소외 ◈◈주식회사는 자동차손해배상보장법 제3조에서 규정한 자기를 위하여 자동차를 운행하는 자로서 이 사건 사고의 피해자인 원고가 입은 재산적, 정신적 손해를 배상할 책임이 있다 할 것이고, 또한 피고 보험회사는 소외 ◈◈주식회사가 피보험자인 자동차보험자로서 상법 제726조의2에 따라 위 사고로 입은 모든 손해를 지급할 책임이 있다 할 것입니다.

3. 손해배상책임의 범위

가. 일실수입

(1)원고는 19○○. ○. ○.생으로서 위 사고 당시 34세 10월 남짓한 건강한 남자이고 그 평균여명은 33.56년입니다.

(2)원고는 이 사건 사고 당시 도시일용노동에 종사하여 왔는데, 이 사건 사고로 말미암아 방광파열 후부요도파열골반골절 및 혈종 등의 상해를 입어 장해가능성이 예상되는바, 추후신체감정결과에 따라 정산하기로 하고 우선 금 1,000,000원만 청구합니다.

나. 기왕치료비

원고는 이 사건 사고로 말미암아 사고일인 2000. 5. 26.부터 이 사건 소제기시까지 ○○시 ○○동 소재 ○○재단 ○○병원에서 입원치료를 받으면서 그 치료비로 금 4,964,090원을 지급하였습니다.

다. 향후치료비

추후 신체감정결과에 따라 청구하겠습니다.

라. 위자료

원고는 이 사건 사고로 말미암아 방광파열 후부요도파열골반골절 및 혈종 등의 상해를 입어 장해가능성이 예상되므로 원고가 상당한 정신상 고통을 받았을 것임은 명백하고, 피고는 이를 금전적으로 위로하고 도와줄 의무가 있다 할 것이므로 금 10,000,000원을 위자료로 지급함이 상당하다 할 것입니다.

4. 결론

따라서 피고 보험회사는 원고에게 금 15,964,090원 및 이에 대하여 이 사건 불법행위일인 2000. 5. 26.부터 이 사건 소장부본 송달일까지는 민법에서 정한 연 5%의, 그 다음날부터 다 갚을 때까지는 소송촉진등에관한특례법에서 정한 연 15%의 각 비율에 의한 지연손해금을 지급할 의무가 있으므로, 원고는 피고 보험회사에 대하여 위 돈의 지급을 구하기 위하여 이 사건 청구에 이른 것입니다.

입 증 방 법

1. 갑 제1호증	교통사고사실확인원
1. 갑 제2호증	교통사고보고실황조사서
1. 갑 제3호증	진단서
1. 갑 제4호증의 1 내지 9	각 치료비영수증
1. 갑 제5호증	자동차등록원부
1. 갑 제6호증의 1, 2	한국인표준생명표 표지 및 내용

첨 부 서 류

1. 위 입증방법	각 1통
1. 법인등기사항증명서	1통
1. 소장부본	1통
1. 송달료납부서	1통

20○○. ○. ○.

위 원고 ○○○ (서명 또는 날인)

○○지방법원 귀중

⑨ 손해배상(산)청구의 소(추락사고, 사망)

소 장

원 고 1. 김○○(주민등록번호)
2. 이○○(주민등록번호)
3. 김◎◎(주민등록번호)
원고3은 미성년자이므로
법정대리인 친권자 부 김○○, 모 이○○
원고들의 주소:○○시 ○○구 ○○길 ○○ (우편번호)
전화.휴대폰번호:
팩스번호, 전자우편(e-mail)주소:

피 고 ◇◇건설(주)
○○시 ○○구 ○○길 ○○(우편번호)
대표이사 ◇◇◇
전화.휴대폰번호:
팩스번호, 전자우편(e-mail)주소:

손해배상(산)청구의 소

청 구 취 지

1. 피고는 원고 김○○에게 금○○○원, 원고 이○○에게 금○○○원, 원고 김◎◎에게 금○○○원 및 각 이에 대하여 20○○. ○○. ○○.부터 이 사건 소장부본 송달일까지는 연 5%의, 그 다음날부터 다 갚는 날까지는 연 15%의 각 비율에 의한 돈을 지급하라.

2. 소송비용은 피고의 부담으로 한다.

3. 위 제1항은 가집행 할 수 있다.

라는 판결을 구합니다.

청 구 원 인

1. 당사자의 지위

소외 망 김◉◉는 피고 ◇◇건설(주)(다음부터 피고회사라고 함)에 고용되어 작업을 하던 중 ○○소재 건설현장의 5층에서 추락하여 사망한 피해자 본인이고, 원고 김○○는 소외 망 김◉◉의 아버지, 원고 이○○는 소외 망 김◉◉의 어머니이며, 원고 김◎◎는 소외 망 김◉◉의 여동생이며, 피고 ◇◇건설(주)는 소외 망 김◉◉의 고용주로 건설업을 전문으로 하는 건설회사입니다.

2. 사건의 개요

(1) 소외 망 김◉◉는 피고회사에 20○○. ○. ○. 고용되어 피고회사가 서울 ○○구 ○○길 ○○에서 시공중인 ○○아파트 건설현장에 투입되었습니다.

(2) 소외 망 김◉◉는 위 아파트 공사에 투입되어 작업을 하던 중 20○○. ○○. ○○. 40kg의 시멘트를 어깨에 메고 아파트 외곽에 설치되어 있는 패널을 이용하여 만든 이동통로(다음부터 비계라 함)를 따라 4층에서 5층으로 이동하던 중 피고회사의 직원인 소외 이◈◈가 잘못 설치한 패널이 밑으로 빠지면서 약 15m 정도의 높이에서 추락하여 과다출혈 및 심장 파열로 인해 그 자리에서 사망하였습니다.

3. 손해배상의 책임

(1) 피고회사는 건설업을 전문으로 하는 회사로서, 소속직원 및 다른 근로자들이 작업을 함에 있어 안전하게 할 수 있도록 사전에 필요한 조치를 취해 사고를 미연에 방지해야 할 업무상 주의의무가 있음에도 불구하고, 비계에 부착해 있는 패널을 수시로 점검하여 교체, 수리 등의 적절한 조치를 취하지 않은 채 작업을 시킨 과실로 인해 이 사건 피해자 소외 망 김◉◉로 하여금 위 공사장의 15m 높이에서 떨어져 사망하게 하였습니다.

(2) 따라서 이 사건 사고는 전적으로 피고회사의 감독소홀과 안전배려의무위반 및 공작물의 설치보존상의 하자 등으로 인해 발생된 것으로서, 피고회사는 공작물 등의 소유자, 점유자 및 소외 망 김◉◉의 사용자로서 이 사건 사고로 인하여 소외 망 김◉◉ 및 원고들이 입은 모든 손해를 배상할 책임이 있다 할 것입니다.

4. 손해배상의 범위

(1) 일실수입

소외 망 김◉◉는 19○○. ○. ○○.생으로 이 건 사고로 사망한 20○○. ○○. ○○. 현재 만 33세 5개월 남짓한 신체 건강한 대한민국 남자로 기대여명은 40.33년이 되며, 만약 서울시내에 거주하고 있는 소외 망 김◉◉가 이 사건 사고로 사망하지 않았다면 사고일로부터 60세에 도달하는 날까지 향후 약○○개월간은 최소한 도시일용노동자로 종사하면서 매월 금 ○○○원(도시일용 보통인부 1일노임단가 금 ○○○원×22일)의 수입을 얻을 수 있으나 이 사건 사고로 사망하는 바람에 수입의 전부를 상실하게 되었습니다.

따라서 월 5/12%의 비율로 계산한 중간이자를 공제한 호프만식 계산법에 따른 소외 망 김◉◉의 일실수입을 계산하고 소외 망 김◉◉의 생활비를 그 소득에서 1/3을 공제해보면 이 사건 사고 당시의 현가금이 금 ○○○○원이 됩니다.

【계산】

금 ○○○원(도시일용보통인부 1일노임단가 금 ○○○원×22일)×202.2081 (사고일부터 60세에 이르는 날까지 318개월에 해당하는 호프만계수)×2/3 (생활비 1/3 공제)=금○○○원

(2) 소외 망 김◉◉의 위자료

소외 망 김◉◉는 평소 신체 건강한 미혼남자였는데 이 사건 사고로 부모를 남겨둔 채 불의에 사망하였으므로 상당한 정신적 고통을 받았을 것은 경험칙상 명백하고, 소외 망 김◉◉의 나이, 가족관계, 이 사건 사고경위 등을 고려할 때 피고회사는 소외 망 김◉◉에게 금 ○○○원을 위자료로 지급함이 마땅하다 할 것입니다.

(3) 상속관계

소외 망 김◉◉의 손해배상채권 금○○○원(일실수입: 금○○○원+위자료: 금○○○원)은 그의 상속인인 원고 김○○에게 1/2(금○○○원=소외 망 김◉◉의 손해배상채권 금○○○원×1/2), 이○○에게 1/2(금○○○원=소외 망 김◉◉의 손해배상채권 금○○○원×1/2)의 비율로 각 상속되었습니다.

(4) 원고들의 위자료

원고들도 소외 망 김◉◉의 사망으로 인하여 크나큰 정신적 고통을 받았을 것임은 경험칙상 명백하므로 피고회사는 소외 망 김◉◉의 부모인 원고 김○○, 원고 이○○에게 각 금 ○○○원, 소외 망 김◉◉의 여동생인 원고 김◎◎에게 금 ○○○원씩을 위자료로 지급함이 마땅하다 할 것입니다.

(5) 장례비

원고 김○○는 소외 망 김◉◉의 장례비로 금 ○○○원을 지출하였습니다.

5. 결론

따라서 피고회사는 원고 김○○에게 금 ○○○원(상속분 : 금 ○○○원+장례비 : 금 ○○○원+위자료 : 금 ○○○원), 원고 이○○에게 금 ○○○원(상속분 : 금 ○○○원+위자료 : 금 ○○○원), 원고 김◎◎에게 금○○○원 및 각 위 돈에 대하여 이 사건 사고 발생일인 20○○. ○○. ○○.부터 이 사건 소장부본 송달일까지는 민법에서 정한 연 5%의, 그 다음날부터 다 갚는 날까지는 소송촉진등에관한특례법에서 정한 연 15%의 각 비율에 의한 지연손해금을 지급할 의무가 있다 할 것이므로, 원고들은 청구취지와 같은 판결을 구하고자 이 사건 청구에 이르게 되었습니다.

입 증 방 법

1. 갑 제1호증 기본증명서
(단, 2007.12.31. 이전 사망한 경우 제적등본)
1. 갑 제2호증 가족관계증명서
(또는, 상속관계를 확인할 수 있는 제적등본)
1. 갑 제3호증 주민등록등본
1. 갑 제4호증 사체검안서
1. 갑 제5호증 사망진단서
1. 갑 제6호증의 1, 2 한국인표준생명표 표지 및 내용
1. 갑 제7호증의 1, 2 월간거래가격표지 및 내용
1. 갑 제8호증의 1 내지 5 각 장례비 영수증

첨 부 서 류

1. 위 입증서류 각 1통
1. 법인등기사항증명서 1통
1. 소장부본 1통
1. 송달료납부서 1통

20○○. ○. ○.

위 원고 1. 김○○(서명 또는 날인)
2. 이○○(서명 또는 날인)
3. 김◎◎
원고 3은 미성년자이므로 법정대리인
친권자 부 김○○(서명 또는 날인)
모 이○○(서명 또는 날인)

○○지방법원 ○○지원 귀중

⑩ 손해배상(산)청구의 소(건축자재에 의한 충격, 장해발생)

소 장

원 고 1. 김○○(주민등록번호)
2. 이○○(주민등록번호)
3. 김◎◎(주민등록번호)
원고3은 미성년자이므로
법정대리인 친권자 부 김○○, 모 이○○
원고들의 주소:○○시 ○○구 ○○길 ○○ (우편번호)
전화.휴대폰번호:
팩스번호, 전자우편(e-mail)주소:

피 고 ◇◇건설(주)
○○시 ○○구 ○○길 ○○(우편번호)
대표이사 ◇◇◇
전화.휴대폰번호:
팩스번호, 전자우편(e-mail)주소:

손해배상(산)청구의 소

청 구 취 지

1. 피고는 원고 김○○에게 금 ○○○원, 원고 이○○에게 금 ○○○원, 원고 김◎◎에게 금 ○○○원 및 각 이에 대하여 20○○. ○○. ○○.부터 이 사건 소장부본 송달일까지는 연 5%의, 그 다음날부터 다 갚는 날까지는 연 15%의 각 비율에 의한 돈을 지급하라.
2. 소송비용은 피고의 부담으로 한다.
3. 위 제1항은 가집행 할 수 있다.

라는 판결을 구합니다.

청 구 원 인

1. 당사자의 지위

원고 김○○은 피고 ◇◇건설(주)(다음부터 피고회사라고 함)에 고용되어 작업을 하던 중 서울 ○○구 ○○길 ○○ 소재 건설현장의 10층에서 떨어진 철골조각에 머리를 맞아 중상을 입은 피해자 본인이고, 원고 이○○는 원고 김○○의 처, 원고 김○○는 원고 김○○의 자녀이며, 피고 ◇◇건설(주)는 원고 김○○의 고용주로 건설업을 전문으로 하는 건설회사입니다.

2. 사건의 개요

(1) 원고 김○○는 피고회사에 20○○. ○. ○.부터 일용근로자로 고용되어 피고회사가 시행하는 건축공사현장에서 일해왔습니다.

(2) 원고 김○○는 20○○. ○○. ○○. 서울 ○○구 ○○길 ○○에서 시공중인 ○○아파트공사 작업장에 투입되어 건물의 1층에서 건물바닥청소를 하던 중 갑자기 10층에서 가로 10㎝, 세로 10㎝ 정도의 철골조각이 허술한 안전망을 뚫고 아래로 떨어지면서 원고 김○○의 머리를 충격하였는바, 이로 인해 원고 김○○는 의식을 잃고 그 자리에서 쓰러졌습니다.

(3) 피고회사는 원고 김○○가 심한 출혈을 하자 즉시 인근병원으로 옮겨 치료를 하였으나 담당의사인 소외 ◉◉◉의 말에 의하면 원고 김○○는 과다한 뇌출혈로 인해 의식을 회복하더라도 상당한 장해가 있을 것이라 하였고, 결국 원고 김○○는 이 사건 사고로 인하여 발생된 뇌출혈로 인한 ○○증세를 보여 결국 영구적으로 20%의 노동력을 상실하게 되었습니다.

3. 손해배상의 책임

(1) 피고회사는 건설업을 전문으로 하는 회사로서, 소속직원 및 다른 근로자들이 안전하게 작업할 수 있도록 사전에 필요한 조치를 취해 사고를 미연에 방지해야 할 업무상 주의의무가 있음에도 불구하고, 있으나 마나한 허술한 안전망을 설치해 놓고 또한 피고회사의 피용인인 소외 이◈◈가 아래에 사람이 있는지 여부를 확인하지도 않은 채 10층에서 무거운 철골조각을 떨어뜨려 피해자인 원고 김○○로 하여금 영구적으로 20%의 노동력을 상실케 하는 장애를 입혔습니다.

(2) 따라서 이 사건 사고는 전적으로 피고회사의 감독소홀과 안전배려의무위반 및 공작물의 설치보존상의 하자 등으로 인해 발생된 것으로서, 피고회사는 공작물 등의 소유자, 점유자 및 소외 이◈◈의 사용자로서 이 사건 사고로 인하여 원고 김○○ 및 나머지 원고들이 입은 모든 손해를 배상할 의무가 있다 할 것입니다.

4. 손해배상의 범위

(1) 치료비

가. 기존치료비

원고 김○○는 이 사건 사고로 ○개월간 입원하면서 수술비 및 치료비로 금 ○○○원을 지출하였습니다.

나. 향후치료비

원고 김○○는 향후 1달에 1번씩 물리치료가 필요하여 이에 필요한 비용이 지출될 것으로 예상되는바, 향후치료비는 추후 신체감정결과에 따라 추후에 청구하도록 하겠습니다.

(2) 개호비

원고 김○○는 의식불명의 상태로 있었던 약 ○○일 동안 전혀 거동을 하지 못하여 반드시 한 사람의 개호가 필요하였는데, 개호비는 추후 신체감정결과에 따라 청구하도록 하겠습니다.

(3) 일실수입

원고 김○○는 19○○. ○○. ○○.생으로 이 사건 사고로 장애를 입은 20○○. ○○. ○○. 현재 만 ○○세 ○○개월 남짓한 신체 건강한 대한민국 남자로 기대여명은 ○○년이 되며, 만약 서울시에 거주하고 있는 원고 김○○가 이 사건 사고로 장애를 입지 않았다면 사고일로부터 60세에 도달하는 날까지 향후 약 ○○개월간은 최소한 도시일용노동자로 종사하면서 매월 금 ○○○원(도시일용 보통인부 1일노임 단가 금 ○○○원×22일)의 수입을 얻을 수 있으나 이 사건 사고로 인해 영구적으로 20%의 노동력을 상실하게 되어 수입의 일부를 영구적으로 상실하게 되었습니다.

따라서 월 5/12%의 비율로 계산한 중간이자를 공제한 호프만계산방식에 따른 원고 김○○의 일실수입을 계산해보면 이 사건 사고 당시의 현가금이 금 ○○○원에 이르나, 구체적인 액수는 신체감정결과에 따라 확장청구하기로 하고 우선 일부금으로 금 ○○○원을 청구합니다.

【계산】

가. 사고일부터 퇴원일까지(노동력상실율 100%)

금 ○○○원(도시일용 보통인부 1일노임단가 금 ○○○원×22일)×○○.○○○○(사고일부터 퇴원일까지의 개월수에 해당하는 호프만계수)×100% = 금 ○○○원

나. 그 다음날부터 60세에 도달하는 날까지(노동력상실율 20%)

금 ○○○원(도시일용 보통인부 1일노임단가 금 ○○○원×22일)×[(사고일부터 60세에 도달하는 날까지의 개월수에 해당하는 호프만계수)-(사고일부터 퇴원일까지의 개월수에 해당하는 호프만 계수)×20% = 금 ○○○원

다. 합계

가+나=금 ○○○원+금 ○○○원=금 ○○○원

(4) 위자료

원고 김○○은 이 사건 사고 전에는 10세의 자녀를 둔 신체 건강한 남자였으나 이 사건 사고로 인해 예측치 못한 장애를 입은 원고 김○○ 및 장애의 몸으로 세상을 살아가는 모습을 지켜봐야 하는 원고 가족들이 정신적인 고통을 입을 것은 경험칙상 명백하므로, 피고회사는 원고 김○○에게 금 ○○○원, 원고 김○○의 처인 원고 이○○에게 금 ○○○원, 자녀인 원고 김◎◎에게는 금 ○○○원을 각 지급하여 원고들의 정신적인 고통을 금전으로나마 위자하여야 마땅하다 할 것입니다.

5. 결론

따라서, 피고는 원고 김○○에게는 금 ○○○원(치료비: 금 ○○○원+일실수입: 금 ○○○원 +위자료: 금 ○○○원)을, 원고 이○○에게는 금 ○○○원(위자료), 원고 김◎◎에게는 금 ○○○원(위자료) 및 각 이에 대하여 이 사건 사고일인 20○○. ○○. ○○.부터 이 사건 소장부본 송달일까지는 민법에서 정한 연 5%의, 그 다음날부터 다 갚는 날까지는 소송촉진등에관한특례법에서 정한 연 15%의 각 비율에 의한 지연손해금을 지급할 의무가 있다 할 것이므로, 원고들은 부득이 청구취지와 같은 판결을 구하고자 부득이 이 사건 청구에 이르게 되었습니다.

입 증 방 법

1. 갑 제1호증 가족관계증명서
1. 갑 제2호증 기본증명서
1. 갑 제4호증의 1, 2 한국인표준생명표 표지 및 내용
1. 갑 제5호증의 1, 2 월간거래가격표지 및 내용
1. 갑 제6호증의 1 내지 5 각 영수증
1. 갑 제7호증 사고확인서

첨 부 서 류

1. 위 입증서류 각 1통
1. 법인등기사항증명서 1통
1. 소장부본 1통
1. 송달료납부서 1통

20○○. ○. ○.

위 원고 1. 김○○(서명 또는 날인)
2. 이○○(서명 또는 날인)
3. 김◎◎

원고 3은 미성년자이므로 법정대리인
친권자 부 김○○(서명 또는 날인)
모 이○○(서명 또는 날인)

○○지방법원 ○○지원 귀중

⑪ 손해배상(산)청구의 소(절단기에 의한 사고, 부상, 일부청구)

소 장

원 고 ○○○ (주민등록번호)
○○시 ○○구 ○○길 ○○(우편번호)
전화.휴대폰번호:
팩스번호, 전자우편(e-mail)주소:
피 고 ◇◇전자산업주식회사
○○시 ○○구 ○○길 ○○(우편번호)
대표이사 ◇◇◇
전화.휴대폰번호:
팩스번호, 전자우편(e-mail)주소:

손해배상(산)청구의 소

청 구 취 지

1. 피고는 원고에게 금 21,529,740원 및 이에 대하여 2000. 7. 7.부터 이 사건 소장부본 송달일까지는 연 5%의, 그 다음날부터 다 갚는 날까지는 연 15%의 각 비율에 의한 돈을 지급하라.

2. 소송비용은 피고의 부담으로 한다.

3. 위 제1항은 가집행 할 수 있다.
라는 판결을 구합니다.

청 구 원 인

1. 당사자들의 신분관계
원고는 이 사건 산재사고의 피해자 본인이고, 피고 ◇◇전자산업주식회사(다음부터 피고회사라고만 함)는 전자제품 및 목상제조판매업 등을 목적으로 하는 회사입니다.

2. 손해배상책임의 발생
가. 원고는 피고회사의 기계부 사원으로 근무하던 중 2000. 7. 7. 18:45경 동료 사원인 소외 ◈◈◈와 짝을 이루어 목재절단기(G/M-2400 N/C)로 판재절단작

업을 하고 있었습니다. 원고는 작업도중 목재가루, 먼지 등을 흡입하는 집진기의 흡인력이 약하다는 소리를 전해듣고 1회 작업이 끝난 후 소외 ◈◈◈에게 집진기를 점검하겠으니 목재절단기의 재 작동을 잠시 중단하자고 요청하였습니다. 원고가 집진기의 흡인력을 확인하고 있던 중 소외 ◈◈◈는 작업장의 소음 및 목재절단기가 일으킨 먼지 등으로 인한 시야장애로 원고가 집진기의 점검을 마친 것으로 오인하여 목재절단기를 가동시켰으며, 그 순간 절단기의 기계 회전톱에 원고의 오른쪽 손이 빨려 들어가는 사고가 발생하였습니다. 이로 인해 원고는 오른쪽 제2, 3수지 절단 및 제4수지 연조직 결손의 상해를 입었습니다.

나. 피고회사의 공장은 위험한 기계를 다루는 곳으로 항상 안전사고의 위험이 상존하고 있습니다. 따라서 피고회사는 평소 직원들에게 안전의식을 주지시켜야하고 절단기, 소음방지시설 등의 기계 및 작업환경에 대한 사전점검을 하여야 할 뿐만 아니라 작업 중 그 감시감독을 철저히 하여야 할 것이나 그와 같은 안전교육, 안전점검, 감시감독을 제대로 다 하지 못한 잘못이 있습니다. 그렇다면 피고회사는 위 작업현장의 안전관리 등의 총책임자이자 원고 및 소외 ◈◈◈의 사용자로서 민법 제750조, 제756조에 의해 작업도중 소외 ◈◈◈가 원고에게 입힌 모든 손해를 배상할 책임이 있습니다.

3. 손해배상의 범위

가. 일실수입

(1) 원고는 1968. 10. 29.생으로 사고 당시인 2000. 7. 7. 현재 31세 8개월 남짓 된 신체 건강하였던 남자로서 그 나이에 이른 한국인 남자의 기대여명은 42.21년으로 특단의 사정이 없는 한 73세까지는 생존하리라 추정됩니다.

(2) 원고는 1999. 10. 1. 피고회사에 입사하여 사고 당시 월평균 금 1,360,620원의 소득을 얻고 있었습니다. 원고는 이 사건 사고로 인하여 장해를 입어 상당한 비율의 노동능력을 상실하게 되었는바, 요양기간이 끝난 다음날인 2001. 2. 6.부터 60세가 달할 때까지 그 상실비율에 따른 월수입을 잃게 되었습니다. 그 상실액에 대해서는 원고에 대한 신체감정결과에 따라 추후 정확한 금액을 청구하기로 하고, 우선 금 25,000,000원을 청구합니다.

나. 위자료

원고는 성실하게 사회생활을 영위하여 오는 것은 물론 가족들과 단란한 생활을 영위하여 오다가 이 사건 사고로 상해를 입고 불구의 몸이 됨으로써 현재 및 장래에 형언할 수 없는 실의와 비탄에 잠겨 있는바, 경험칙상 인정되는 원고의 고통을 위자하려면 최소한 금 10,000,000원은 지급되어야 할 것입니다.

다. 손익상계

원고는 이 사건 산재사고로 인한 장해급여로 금 13,470,260원을 수령하였으며 이에 대해서는 청구금액에서 공제하겠습니다.

4. 결론

그렇다면 피고는 원고에게 금 21,529,740원(일실수입 금 25,000,000원+ 위자료 금 10,000,000원 - 손익상계 금 13,470,260원) 및 이에 대하여 사고 발생일인 2000. 7. 7.부터 이 사건 소장부본 송달일까지는 민법에서 정한 연 5%의, 그 다음날부터 다 갚는 날까지는 소송촉진등에관한특례법에서 정한 연 15%의 각 비율에 의한 지연손해금을 지급할 의무가 있다고 할 것입니다.

입 증 방 법

1. 갑 제1호증	기본증명서
1. 갑 제2호증	사고경위서
1. 갑 제3호증	장해진단서
1. 갑 제4호증	근로소득원천징수영수증
1. 갑 제5호증	보험급여지급확인원
1. 갑 제6호증의 1, 2	한국인표준생명표 표지 및 내용

첨 부 서 류

1. 위 입증방법	각 1통
1. 법인등기사항증명서	1통
1. 소장부본	1통
1. 송달료납부서	1통

20○○. ○. ○.

위 원고 ○○○ (서명 또는 날인)

○○지방법원 ○○지원 귀중

⑫ 손해배상(산)청구의 소(건축물 붕괴로 인한 사고)

소 장

원 고 ○○○ (주민등록번호)
○○시 ○○구 ○○길 ○○(우편번호)
전화.휴대폰번호:
팩스번호, 전자우편(e-mail)주소:
피 고 ◇◇토건주식회사
○○시 ○○구 ○○길 ○○(우편번호)
대표이사 ◇◇◇
전화.휴대폰번호:
팩스번호, 전자우편(e-mail)주소:

손해배상(산)청구의 소

청 구 취 지

1. 피고는 원고에게 금 48,217,114원 및 이에 대한 2002. 6. 16.부터 이 사건 소장부본 송달일까지는 연 5%의, 그 다음날부터 다 갚는 날까지는 연 15%의 각 비율에 의한 돈을 지급하라.

2. 소송비용은 피고의 부담으로 한다.

3. 위 제1항은 가집행 할 수 있다.
라는 판결을 구합니다.

청 구 원 인

1. 당사자들의 지위
원고는 이 사건 사고를 당한 피해자 본인으로 피고에게 고용된 근로자이고, 피고회사는 이 사건 사고를 야기한 불법행위자로 원고를 고용한 사용자입니다.

2. 손해배상책임의 발생

피고 ◇◇토건주식회사(다음부터 피고회사라고만 함)는 중부고속도로건설공사를 하는 소외 ◈◈건설주식회사로부터 ○○도 ○○군 소재 위 공사의 일부구간을 도급 받은 회사인바, 원고는 피고회사에 철근공으로 고용되어 고속도로건설현장에서 고속도로 교량날개 옹벽공사작업을 하던 중 2002. 6. 16. 16:00경 피고회사 소속 현장책임자 성명불상자(이사급)의 독려로 원고가 안전조치가 미비한 위 옹벽을 잡고서 작업을 하다가 옹벽의 철근이 무너지면서 원고를 덮쳐 원고는 제 4요추 압박골절상을 입었습니다.

그런데 이러한 위험한 교량옹벽공사에 인부를 투입하는 피고회사로서는 작업인부들의 안전을 고려하여 안전망을 설치하고 안전교육을 실시하는 등 사고를 미연에 방지하여야 함에도 불구하고 이를 게을리 한 점과 위 현장감독자의 무리한 공사독려 등이 이 사건 사고의 직접적인 원인을 제공하였다 할 것입니다.

따라서 피고회사는 자기회사의 불법행위책임 내지 위 현장감독자의 사용자책임에 의하여 이 사건 사고로 원고가 입은 모든 손해를 배상할 책임이 있다 할 것입니다.

3. 손해배상책임의 범위

가. 원고의 일실수입

원고가 이 사건 사고로 상실한 가동능력에 대한 금전적 총평가액 상당의 일실수입손해는 (1)과 같은 기초사실을 근거로 월 12분의 5%의 비율에 의한 중간이자를 공제하는 단리할인법(호프만식 계산법)에 따라 이 사건 사고발생 당시의 현가로 (2)와 같이 계산하면 금 43,217,114원이 됩니다.

(1) 기초사실

(가) 성별: 남자

생년월일: 1951. 10. 23.생

.연령(사고당시): 50세 7월 남짓

.기대여명: 25.28년

(나) 직업: 철근공

(다) 가동능력에 대한 금전적 평가: 대한건설협회에서 작성한 건설업임금실태조사보고서에 의한 시중노임단가에 의함(계산의 편의상 사고시점의 시중노임과 2002. 9. 1.이후의 일용노임으로 계산함).

① 이 사건 사고일인 2002. 6. 16.부터 2002. 8. 31.까지 : 월 금 1,850,486원(2002. 5. 당시 철근공 시중노임 금 84,113원×월가동일수 22일)

② 2002. 9. 1.부터 가동연한까지 : 월 금 2,064,766원(2003년 상반기 적용 철근공 시중노임 금 93,853원×월가동일수 22일)

(라) 치료기간 : 사고일(2002. 6. 16.)부터 같은 해 7. 18.까지 입원치료

(마) 후유장해 및 가동능력상실율(신체감정결과)
후유장해 : 제4요추 압박골절
맥브라이드 불구평가표상 장해등급 : 척추손상부 I-A-d
.가동능력상실율 : 22%
(바) 가동기간 : 만 60세가 될 때까지(경험칙)

(2) 계산
(가) 사고일(2002. 6. 16.)부터 2002. 7. 18.까지 일실수입 (33일간)
1,850,486원×1.09502417(33일의 호프만지수) = 2,026,326원(원미만 버림)
* 33일의 호프만지수 : 1.09502417 = 1개월의 호프만지수 + (2개월의 호프만지수 - 1개월의 호프만지수)×3/30
(나) 2002. 7. 19.부터 2002. 8. 31.까지의 일실수입(1개월 13일)
1,850,486원×1.38638915(2개월 15일의 호프만지수 - 33일의 호프만지수)×0.22(노동능력상실율) = 564,408원(원미만 버림)
* 2개월 15일의 호프만지수 2.48141332 = 2개월의 호프만지수 + (3개월의 호프만지수 - 2개월의 호프만지수)×15/30
(다) 2002. 9. 1.부터 가동연한(2011. 10. 22.)까지의 일실수입(109개월 22일)
2,064,766원×89.43646234(112개월 7일의 호프만지수 - 2개월 15일의 호프만지수)×0.22(노동능력상실율) = 40,626,380원(원미만 버림)
* 112개월 7일의 호프만지수 91.91787566 = 112개월의 호프만지수 + (113개월의 호프만지수 - 112개월의 호프만지수)×7/30
∴ ① + ② + ③ = 43,217,114원

나. 위자료
원고는 이 사건 사고로 장기간 치료 및 후유장해로 고생하여 정신적인 고통을 입었을 것임은 경험칙상 명백하므로 피고회사는 원고에게 금 5,000,000원을 지급함이 상당하다 할 것입니다(위 금원은 원고의 자들인 ○①○, ○②○, ○③○ 3인이 위자료 청구를 하지 않았음을 고려한 금액임).

4. 결론
그렇다면 피고회사는 원고에게 금 48,217,114원 및 이에 대한 이 사건 사고일인 1994. 6. 16.부터 이 사건 소장부본 송달일까지는 민법에서 정한 연 5%의, 그 다음날부터 다 갚는 날까지는 소송촉진등에관한특례법에서 정한 연 15%의 각 비율에 의한 돈을 지급할 의무가 있다 할 것이므로 그 지급을 구하기 위하여 이 사건 청구에 이른 것입니다.

입 증 방 법

1. 갑 제1호증 기본증명서
1. 갑 제2호증 주민등록등본
1. 갑 제3호증 후유장해진단서
1. 갑 제4호증 보험급여지급증명원
1. 갑 제5호증 확인서
1. 갑 제6호증 신체감정서
1. 갑 제7호증의 1, 2 한국인표준생명표 표지 및 내용
1. 갑 제8호증의 1, 2 월간거래가격 표지 및 내용

첨 부 서 류

1. 위 입증방법 각 1통
1. 법인등기사항증명서 1통
1. 소장부본 1통
1. 송달료납부서 1통

20○○. ○. ○.

위 원고 ○○○ (서명 또는 날인)

○○지방법원 귀중

⑬ 손해배상(산)청구의 소(안전시설 미비, 공동불법행위)

소 장

원 고 1. 박○○(주민등록번호)
2. 서○○(주민등록번호)
3. 박①○(주민등록번호)
4. 박②○(주민등록번호)
원고3, 4는 미성년자이므로
법정대리인 친권자 부 박○○, 모 서○○
원고들의 주소:○○시 ○○구 ○○길 ○○ (우편번호)
전화.휴대폰번호:
팩스번호, 전자우편(e-mail)주소:

피 고 1. 주식회사◇◇주택
○○시 ○○구 ○○길 ○○(우편번호)
대표이사 ◇◇◇
전화.휴대폰번호:
팩스번호, 전자우편(e-mail)주소:
2. 주식회사◈◈기업
○○시 ○○구 ○○길 ○○(우편번호)
대표이사 ◈◈◈
전화.휴대폰번호:
팩스번호, 전자우편(e-mail)주소:

손해배상(산)청구의 소

청 구 취 지

1. 피고들은 각자 원고 박○○에게 금 28,000,000원, 원고 서○○에게 금 3,000,000원, 원고 박①○, 원고 박②○에게 각 금 1,000,000원 및 각 이에 대한 2001. 2. 15.부터 이 사건 소장부본 송달일까지는 연 5%의, 그 다음날부터 다 갚는 날까지는 연 15%의 각 비율에 의한 돈을 지급하라.
2. 소송비용은 피고들의 부담으로 한다.
3. 위 제1항은 가집행 할 수 있다.

라는 판결을 구합니다.

청 구 원 인

1. 당사자들의 지위
원고 박○○는 이 사건 사고를 당한 피해자 본인이고, 원고 서○○는 원고 박○○의 처, 원고 박①○, 원고 박②○는 원고 박○○의 자녀들이며, 피고들은 이 사건 사고를 발생시킨 불법행위자들입니다.

2. 손해배상책임의 발생

피고 주식회사◇◇주택(다음부터 피고 ◇◇주택이라고만 함)은 ○○시 ○○구 ○○길 ○○에서 신축중인 ○○○○타운 아파트의 건축주이고, 피고 주식회사◈◈기업(다음부터 피고 ◈◈기업이라고만 함)은 피고 ◇◇주택으로부터 위 아파트 공사 중 철근 골조공사 등을 도급 받은 회사인바, 원고 박○○는 1993년경부터 각종 공사장에서 형틀목공으로 일해오다 1998. 11.경부터는 피고 ◈◈기업에 고용되어 일해 왔습니다.

원고 박○○는 2001. 2. 15. 위 아파트의 지하주차장 옹벽을 설치하기 위하여 유리폼(옹벽을 설치하기 위하여 옹벽 양쪽에 미리 설치하는 조립식 합판)과 유리폼 사이를 고정시키는 후크(조립식 유러폼에 U자 모양의 후크를 부착하고 비계파이프를 위 후크에 고정하여 유러폼과 유러폼을 고정시키게 하는 것)를 피고 ◇◇주택 현장사무실에서 지하 옹벽공사현장으로 옮기어 지하 옹벽공사장에 적재하던 중 위 후크를 싼 포대 밖으로 돌출한 후크 고리에 원고 박○○의 손장갑이 걸려서 원고는 3-4m 높이의 위 공사현장에 추락함으로서 약 1개월간의 치료를 요하는 양측성 족부 종골골절 등의 상처를 입었습니다.

그런데 이러한 위험한 지하 옹벽공사에 인부를 투입하는 피고들로서는 지하 웅덩이에 작업인부들의 안전을 고려하여 안전망을 설치하고 지하 웅덩이 주변을 드나드는 통로를 정비하여 공사진행에 차질이 없도록 하여야 함에도 불구하고 원고 박○○가 노면이 고르지 않고 협소한 이 사건 공사통로 위에서 후크를 던지다 떨어져 이 사건 사고를 당하게 하였고, 더군다나 이 ◇◇주택은 후크를 부대속에 넣을 경우 돌출부분이 없도록 하여야 함에도 부대 밖으로 후크의 고리가 돌출 되게 함으로써 원고가 추락하는 직접적인 원인을 제공하였다 할 것입니다.

따라서 피고들은 민법 제750조 규정에 의하여 이 사건 사고로 인하여 원고 박○○ 및 나머지 원고들이 입은 모든 손해를 배상할 책임이 있다 할 것입니다.

3. 손해배상책임의 범위

가. 원고 박○○의 일실수입

원고 박○○은 1961. 1. 5.생으로 사고 당시 40세 1월 남짓한 신체 건강한 남자로서 한국인의 표준생명표에 의하면 그 나이 되는 한국남자의 평균여명이 33.87년 가량이므로 73세까지는 생존할 수 있다 할 것이므로, 원고 박○○는 이 사건 사고를 당하지 아니하였다면 그 잔존여명 이내인 60세가 될 때까지인 2021. 1. 4.까지 238개월(월미만은 버림)동안 각종 건설현장에서 형틀목수로서 종사하여 매월 금 1,428,746원{64,943원(2001년 상반기 적용 형틀목공 시중노임단가)×22일}의 수입을 얻을 수 있을 것이나, 이 사건 사고로 인하여 노동능력을 상실하여 그에 상당한 수입손실을 입게 되었는바, 이는 차후에 신체감정결과에 따라 그 손해액을 확정하기로 하고 우선 금 23,000,000원만 기대수입 상실금으로 청구합니다.

나. 위자료

원고 박○○는 이 사건 사고를 당하여 장기간 치료를 받았고, 치료종결 이후에도 중대한 장해가 남게 됨으로써 원고 박○○는 물론 위에서 본 바와 같은 신분관계에 있는 나머지 원고들이 심한 정신적 고통을 받았을 것입니다.

따라서 원고들의 신분관계, 연령, 생활환경 및 이 사건 사고의 발생경위와 치료종결 이후의 후유장해의 정도 등 여러 사정을 참작한다면 피고들은 위자료로서 원고 박○○에게 금 5,000,000원 원고 서○○에게 금 3,000,000원 원고 박①○, 원고 박②○에게 각 금 1,000,000원씩을 지급함이 상당하다 하겠습니다.

4. 결론

그렇다면 피고들은 각자 원고 박○○에게 금 28,000,000원 원고 서○○에게 금 3,000,000원 원고 박①○, 원고 박②○에게 각 금 1,000,000원 및 각 이에 대한 이 사건 사고일인 2001. 2. 15.부터 이 사건 소장부본 송달일까지는 민법에서 정한 연 5%의, 그 다음날부터 다 갚는 날까지는 소송촉진등에관한특례법에서 정한 연 15%의 각 비율에 의한 지연손해금을 지급할 의무가 있는바, 원고들은 그 지급을 구하기 위하여 이 사건 청구에 이른 것입니다.

입 증 방 법

1. 갑 제1호증 가족관계증명서
1. 갑 제2호증의 1, 2 각 진단서
1. 갑 제3호증의 1, 2 한국인표준생명표 표지 및 내용
1. 갑 제4호증의 1, 2 월간거래가격 표지 및 내용

첨 부 서 류

1. 위 입증서류 각 1통
1. 법인등기사항증명서 2통
1. 소장부본 2통
1. 송달료납부서 1통

20○○. ○. ○.

위 원고 1. 박○○(서명 또는 날인)
2. 서○○(서명 또는 날인)
3. 박①○
4. 박②○

원고 3, 4는 미성년자이므로 법정대리인
친권자 부 박○○(서명 또는 날인)
모 서○○(서명 또는 날인)

○○지방법원 귀중

⑭ 손해배상(산)청구의 소(프레스에 의한 사고)

소 장

원 고 ○○○ (주민등록번호)
○○시 ○○구 ○○길 ○○(우편번호)
전화.휴대폰번호:
팩스번호, 전자우편(e-mail)주소:
피 고 ◇◇산업주식회사
○○시 ○○구 ○○길 ○○(우편번호)
대표이사 ◇◇◇
전화.휴대폰번호:
팩스번호, 전자우편(e-mail)주소:

손해배상(산)청구의 소

청 구 취 지

1. 피고는 원고에게 금 50,254,154원 및 이에 대한 2002. 4. 24.부터 이 사건 소장부본 송달일까지는 연 5%의, 그 다음날부터 다 갚을 때까지는 연 15%의 각 비율에 의한 돈을 지급하라.
2. 소송비용은 피고의 부담으로 한다.
3. 위 제1항은 가집행 할 수 있다.

라는 판결을 구합니다.

청 구 원 인

1. 원, 피고의 신분관계

원고 ○○○은 산업재해사고의 피해자이며, 피고회사는 원고 ○○○이 근무하던 회사입니다.

2. 손해배상책임의 발생

1) 피고회사는 ○○시 ○○구 ○○길 ○○에서 특수운동화 및 부품제조를 하는 회사입니다. 원고는 2000. 3. 13. 피고회사의 생산부에 입사하여 사고당일에도 프레스기로 인솔드(운동화 바닥부분에 붙이는 발바닥 모양의 고무)를 찍어내는 작업을 해왔습니다.

2) 프레스기는 유압 4단으로 1대당 4단의 형틀이 있어 한 단에 1장씩 고무판을 넣고 프레스기 작동 스위치를 누르면 프레스기가 아래쪽 형틀부분부터 차례로 4개의 형틀이 올라가면서 인솔드 4장을 찍어냅니다. 이 같은 프레스기 작업은 이같이 2인이 1조가 되어 1조당 프레스기 8대를 작업하는데 그 중 1인은 프레스기 형틀에 한 장씩 고무판 4장을 각 형틀에 넣고 프레스기 스위치를 작동시키고 다른 한 사람은 고무판에 운동화의 발바닥 형태가 찍혀지면 이것을 프레스기에서 꺼내 상자에 담는 작업을 합니다.

3) 원고는 사고 당일인 2002. 4. 24. 14:40경부터 피고회사의 직원인 소외 ◉◉◉과 한 조를 이루어 작업을 하였고 같은 작업을 하던 중 소외 ◉◉◉가 고무판을 프레스기 형틀에 넣었으나, 고무판이 형틀 위에 똑바로 있지 않아 이를 원고는 이를 똑바로 맞추기 위하여 두 손으로 고무판을 형틀에 맞추는 작업을 하고 있는데, 소외 ◉◉◉가 원고의 작업이 종료되었는지 확인도 하지 않고 프레스기 스위치를 작동시켜 갑자기 프레스기 형틀이 올라와 동인의 왼손에 충격을 가하는 바람에 좌전완부 이하 압궤 마멸창 등 중증의 상해를 입은 것입니다.

4) 이러한 경우 피고회사 직원인 소외 ◉◉◉는 원고가 형틀에 고무판을 맞추고 손을 빼냈는지를 확인하고 안전하게 프레스기 스위치를 작동하여야 함에도 이를 게을리 한 잘못으로 이 사건 사고가 발생하였는바, 피고회사는 직원인 소외 ◉◉◉의 사용자로서 원고에게 가한 육체적, 정신적 손해를 배상할 책임이 있다고 할 것입니다.

3. 손해배상의 범위

가. 일실수입

1) 기초사실

가) 성별, 연령 및 기대여명: 원고는 1947. 5. 2.생의 신체 건강한 남자로서 이 사건 사고당시 54세 11개월 남짓 되고, 그 기대여명은 22.04년 가량입니다.

나) 소득실태: 프레스공의 시중노임단가는 사고일에 가까운 2001. 9.경에는 1일 금 29,112원(중소기업협동조합중앙회의 제조부문 직종별평균조사노임)으로서, 원고는 이 사건 사고가 없었더라면 매월 22일씩 가동하여 60세까지 수입을 올릴 수 있었습니다.

다) 치료기간: 원고는 위 상해에 관하여 전남 ○○군 ○○읍 ○○리 ○○○ 소재 ○○병원에서 2002. 4. 24부터 같은 해 10. 20까지 입원치료 하였고, 현재도 통원치료중입니다.

라) 후유장해: 원고는 이 사건 사고로 인하여 왼손에 충격을 받는 바람에 좌전완부 이하 압궤 마멸창 등 중증의 상해를 입어 운동범위 제한 등의 후유장해가 발생하였는바, 그 장해율은 일응 약 37%정도라고 판단되는바, 추후 신체감정결과에 따라 확장하겠습니다.

2) 계산

(계산의 편의상 중간기간의 월미만은 수입이 적은 기간에 산입하고, 마지막 월미만과 원미만은 버림)

가) 사고일(2002. 4. 24)로부터 퇴원(2002. 10. 20)까지의 일실수입: 금 29,112원×22일×4.9384(5개월에 대한 호프만수치)=금 3,162,867원

나) 그 이후부터 60세(2007. 5. 1.)까지의 일실수입 : 금 29,112원×22일×48.5161{53.4545(사고일로부터 60세까지 60개월에 대한 호프만수치)- 4.9384(사고일로부터 2002. 10. 20.까지 입원기간 5개월에 대한 호프만수치)}×0.37(노동능력상실율)=금 11,496,941원

다) 위 가), 나)의 합계: 금 14,659,808원

나. 치료비

원고의 상해에 대한 현재까지의 총치료비는 금 3,592,127원이고, 그 중 금

1,468,978원은 이미 변제를 받았으며, 현재 금 2,123,149원이 남아 있습니다.

다. 치료기간 중의 개호비

원고가 위 입원기간 중 3개월 동안 스스로 거동을 하지 못하여 성인남자 1인의 개호가 필요하였습니다. 개호비용은 금 3,703,263원(금 40,922원(2002년 상반기 적용 건설업보통인부 시중노임)×365/12×2.9752(3개월간의 호프만수치))로 계산합니다.

라. 위자료

원고가 이 사건 사고로 인하여 상해를 입고 완치가 매우 어려운 정신장애가 생겨 원고는 심한 정신적 고통을 받았을 것임은 경험칙상 명백하므로 피고는 이를 금전적으로나마 위자할 의무가 있다고 할 것인바, 피고는 최소한 금 10,000,000원을 지급하여야 할 것입니다.

4. 결론

구체적인 손해액은 추후 신체감정결과에 따라 확정하기로 하고 피고는 원고에게 금 30,486,220원(일실수익 금 14,659,808원+치료비 금 2,123,149원+개호비 금 3,703,263원+위자료 금 10,000,000원) 및 이에 대하여 이 사건 사고일인 2002. 4. 24.부터 이 사건 소장부본 송달일까지는 민법에서 정한 연 5%의, 그 다음날부터 다 갚는 날까지는 소송촉진등에관한특례법에서 정한 연 15%의 각 비율에 의한 지연손해금을 지급할 의무가 있다고 할 것이므로 원고는 이 사건 청구에 이른 것입니다.

입 증 방 법

1. 갑 제1호증	기본증명서
1. 갑 제2호증	건설기계등록원부
1. 갑 제3호증	입퇴원확인서
1. 갑 제4호증의 1, 2	각 치료비영수증
1. 갑 제5호증	소견서(개호에 관한)
1. 갑 제6호증의 1, 2	한국인표준생명표 표지 및 내용
1. 갑 제7호증의 1, 2	월간거래가격 표지 및 내용

첨 부 서 류

1. 위 입증방법	각 1통
1. 법인등기사항증명서	1통
1. 소장부분	1통
1. 송달료납부서	1통

20○○. ○. ○.

위 원고 ○○○ (서명 또는 날인)

○○지방법원 귀중

⑮ 손해배상(산)청구의 소(압박사고, 부상)

소 장

원 고 1. 김○○(주민등록번호)
2. 이○○(주민등록번호)
3. 김①○(주민등록번호)
4. 김②○(주민등록번호)
원고3, 4는 미성년자이므로
법정대리인 친권자 부 김○○, 모 이○○
원고들의 주소:○○시 ○○구 ○○길 ○○ (우편번호)
전화.휴대폰번호:
팩스번호, 전자우편(e-mail)주소:

피 고 ◇◇주식회사
○○시 ○○구 ○○길 ○○(우편번호)
대표이사 ◇◇◇
전화.휴대폰번호:
팩스번호, 전자우편(e-mail)주소:

손해배상(산)청구의 소

청 구 취 지

1. 피고는 원고 김○○에게 금 53,000,266원, 원고 이○○에게 금 10,000,000원, 원고 김①○, 원고 김②○에게 각 금 5,000,000원 및 각 이에 대하여 2000. 2. 23.부터 이 사건 소장부본 송달일까지는 연 5%의, 그 다음날부터 다 갚는 날까지는 연 15%의 각 비율에 의한 돈을 각 지급하라.
2. 소송비용은 피고의 부담으로 한다.
3. 위 제1항은 가집행 할 수 있다.

라는 판결을 구합니다.

청 구 원 인

1. 원고 김○○는 1991. 6. 1.경부터 피고회사에 근무하여 온 피고회사의 피용자이고, 원고 이○○는 원고 김○○의 처이며, 원고 김①○, 원고 김②○는 각 원고 김○○의 자녀들입니다.
2. 그런데 원고 김○○는 2000. 3. 23. 15:00경 피고회사의 생산현장에서 압력용

기 마킹작업을 하던 중 압력용기를 지탱하던 로울러의 한 쪽이 넘어지면서 위 압력용기가 원고 김○○의 왼쪽 손등에 떨어지는 사고(다음부터 "이 사건 사고"라고 함)를 당하였습니다.

3. 원고 김○○는 이 사건 사고로 인하여 상해(맥브라이드 장해평가방식에 의할 때 노동능력상실율이 34.89%인 영구장해)를 입었는바, 아래에서 보는 바와 같이 피고회사는 원고 김○○에게 손해배상금 53,000,266원을 지급할 의무가 있다고 할 것입니다.

가. 기초사실
- 생년월일 : 1966. 2. 14.생
- 사고당시 나이 : 34세 1개월 남짓
- 기대여명 : 39.39년
- 요양기간 : 2000. 3. 23.부터 같은 해 12. 20.까지(8개월 남짓)
- 노동능력상실율 : 34.89%
- 월수입 : 1,572,605원(18,871,260원×1/12)
- 요양기간에 대한 호프만수치 : 7.8534(8개월에 대한 호프만수치)
- 사고일부터 만 60세가 될 때(2026. 2. 13.)까지의 기간에 대한 호프만수치 : 193.4560(298개월에 대한 호프만수치)

나. 요양기간의 일실수입 : 금 12,350,296원(금 1,572,605원×7.8534)

다. 사고일부터 만 60세가 될 때까지의 일실수입 추정치 : 금 101,836,784원 {1,572,605원×185.6026(193.4560-7.8534)×0.3489} 중 추후 신체감정결과에 따라 특정하여 확장 청구하기로 하고 우선 금 60,000,000원을 청구합니다.

라. 치료비 : 금 6,982,600원

마. 위자료 : 금 20,000,000원(이 사건의 경위 및 결과, 원고 김○○의 나이 및 직업, 재산정도 등 제반 사정 참작)

바. 공제 : 산재보험금 48,045,300원 수령

사. 합계 : 금 51,287,596원(금 12,350,296원＋금 60,000,000원＋금 6,982,600원 ＋금 20,000,000원-금 48,045,300원)

4. 한편, 한 집안의 가장인 원고 김○○가 영구장애인이 됨으로써 원고 이○○, 원고 김①○, 원고 김②○는 상당한 정신적 고통을 당하였고 앞으로도 계속 정신적 고통을 받게 될 것임이 분명하므로 피고회사는 이를 금전적으로나마 위자할 의무가 있다고 할 것인바, 위자료액수는 이 사건 사고의 경위 및 결과, 원고 김○○의 나이 및 직업, 재산정도, 원고들의 관계 등 제반 사정을 참작하여 볼 때 원고 이○○에게 금 10,000,000원, 원고 김①○, 원고 김②○에게 각 금 5,000,000원이 적정하다 할 것입니다.

5. 따라서 피고회사는 원고 김○○에게 금 51,287,596원, 원고 이○○에게 금 10,000,000원, 원고 김①○, 원고 김②○에게 각 금 5,000,000원 및 각 이에 대하여 이 사건 사고발생일인 2000. 2. 23.부터 이 사건 소장부본 송달일까지는 민법에서 정한 연 5%의, 그 다음날부터 다 갚는 날까지는 소송촉진등에관한특례법에서 정한 연 15%의 각 비율에 의한 지연손해금을 각 지급할 의무가

있다고 할 것입니다.

그럼에도 불구하고 피고회사는 현재 이를 거절하고 있으므로 원고들은 부득이 위와 같은 각 돈의 지급을 구하기 위하여 이 사건 청구에 이른 것입니다.

입 증 방 법

1. 갑 제1호증 가족관계증명서
1. 갑 제2호증 소견서
1. 갑 제3호증 후유장해진단서
1. 갑 제4호증 근로소득원천징수내역
1. 갑 제5호증 입퇴원확인서
1. 갑 제6호증의 1, 2 각 치료비영수증
1. 갑 제7호증의 1, 2 한국인표준생명표 표지 및 내용
1. 갑 제8호증의 1, 2 월간거래가격 표지 및 내용

첨 부 서 류

1. 위 입증방법 각 1통
1. 법인등기사항증명서 1통
1. 소장부본 1통
1. 송달료납부서 1통

20○○. ○. ○.

위 원고 1. 김○○(서명 또는 날인)
2. 이○○(서명 또는 날인)
3. 김①○
4. 김②○
원고 3, 4는 미성년자이므로 법정대리인
친권자 부 김○○(서명 또는 날인)
모 이○○(서명 또는 날인)

○○지방법원 ○○지원 귀중

⑯ 손해배상(산)청구의 소(업무차량에 의한 사고, 도급자의 책임)

소 장

원 고 ○○○ (주민등록번호)
○○시 ○○구 ○○길 ○○(우편번호)
전화.휴대폰번호:
팩스번호, 전자우편(e-mail)주소:

피 고 1. ◇◇건설주식회사
○○시 ○○구 ○○길 ○○(우편번호)
대표이사 ◇◇◇
전화.휴대폰번호:
팩스번호, 전자우편(e-mail)주소:

2. ◉◉토건주식회사
○○시 ○○구 ○○길 ○○(우편번호)
대표이사 ◉◉◉
전화.휴대폰번호:
팩스번호, 전자우편(e-mail)주소:

3. ◈◈◈(주민등록번호)
○○시 ○○구 ○○길 ○○(우편번호)
전화.휴대폰번호:
팩스번호, 전자우편(e-mail)주소:

손해배상(산)청구의 소

청 구 취 지

1. 피고들은 각자 원고에게 금 59,216,240원 및 이에 대하여 1999. 3. 31.부터 이 사건 소장부본 송달일까지는 연 5%의, 그 다음날부터 다 갚는 날까지는 연 15%의 각 비율에 의한 돈을 지급하라.
2. 소송비용은 피고들의 부담으로 한다.
3. 위 제1항은 가집행 할 수 있다.

라는 판결을 구합니다.

청 구 원 인

1. 당사자들의 신분관계

피고 ◉◉토건주식회사(다음부터 ◉◉토건(주)라 함)는 ○○도 ○○군 ○○읍에서 ○○면까지 도로확장공사를 맡은 원수급권자이고 피고 ◇◇건설주식회사(다음부터 ◇◇건설(주)라 함)는 피고 ◉◉토건(주)로부터 위 도로의 축조 및 포장공사 등을 하도급 받은 회사이며, 피고 ◈◈◈는 피고 ◇◇건설(주)의 사원인 사람이고 원고는 농업에 종사하면서 농한기를 이용하여 피고 ◇◇건설(주)에 일용청소인부로 고용된 사람입니다.

2. 손해배상책임의 발생

가. 피고 ◈◈◈는 1999. 3. 31. 10:30.경 ○○도 ○○군 ○○면 ○○길 ○○마을앞 노상을 이 사건 사고차량인 전남○마○○○○호 화물차량을 운전하여 ○○군 ○○면 방면에서 ○○읍 방면으로 후진하였던 바, 당시 그곳은 편도 1차선 중앙선이 황색실선의 직선도로였고 한편 도로상에는 당시 흙 등 쓰레기를 청소하던 원고가 있었으므로 이러한 경우 피고 ◈◈◈는 후방을 잘 살피고 안전하게 후진해야 할 업무상 주의의무가 있음에도 불구하고 이를 게을리 한 채 진행한 과실로 위 사고차량의 우측 뒷바퀴 부분으로 원고의 좌측다리부분을 1회 역과한 후 다시 앞으로 재역과하여 원고에게 좌측비골 개방성 분쇄골절상 등을 입히는 불법행위를 저질렀습니다.

나. 피고 ◇◇건설(주)는 피고용인인 피고 ◈◈◈의 사용자로서 피고 ◈◈◈가 피고 ◇◇건설(주)의 사무집행에 관하여 원고에게 가한 이 사건 손해에 대하여 민법 제756조에 기한 사용자책임을 면할 수 없다 할 것이며, 피고 ◉◉토건(주) 또한 위 도로공사현장에서 구체적인 공사의 운영 및 시행을 직접 지시, 지도하고 감시, 독려함으로써 시공자체를 관리하는 지위에 있었으므로, 위 와 같은 안전사고를 미연에 방지하여야 할 관리.감독의 의무가 있음에도 불구하고 이를 게을리 하여 이 사건과 같은 사고를 발생시켰다 할 것이므로 역시 민법 제756조에 의한 불법행위책임을 진다 할 것입니다.

다. 그렇다면 피고들은 각자 원고에 대한 불법행위로 인한 모든 손해를 배상할 책임이 있다 할 것입니다.

3. 손해배상의 범위

가. 일실수입

(1) 기초사실

성별: 여자

생년월일: 1957. 1. 4.생

사고당시 연령: 42세 3개월 남짓

직업 및 소득실태: 농업에 종사하면서 농한기에 일용청소인부로 고용되었으며, 농업에 대한 객관성 있는 소득자료는 없음.

입원치료기간: 1999. 3. 31.~2000. 4. 1.(12개월 남짓)

가동연한: 63세

기대여명: 38.77

노동력상실기간: 1999. 3. 31~2020. 1. 3.까지(20년 9개월 남짓)

농촌일용노동자 월 가동일수: 25일

1999. 4.경 성인 여자 농촌일용노임: 금 27,936원

2000. 4.경 성인 여자 농촌일용노임: 금 32,053원

노동능력상실율: 28.8%

(2) 계산

(가) 입원치료기간(12개월)의 일실수입

금 27,936원(농촌일용노임)×25일×11.6858(12개월에 상당하는 호프만수치)
= 금 8,161,362원(원미만 버림. 다음부터 같음)

(나) 2000. 4. 2.부터 63세가 될 때(2020. 1. 3.)까지(20년 9개월 남짓)

금 32,053원(농촌일용노임)×25일×158.8735{170.5593(1999. 3. 31.부터 2020. 1. 3.까지 249개월에 대한 호프만수치)-11.6858(입원치료기간 12개월에 대한 호프만 수치)}×0.288=금 36,665,080원

(다) 합계: 금 8,161,362원+금 36,665,080원=금 44,826,442원

나. 원고의 치료비

(1) 기왕 치료비

원고에 대한 기왕의 치료비는 별도로 청구하지 않겠습니다.

(2) 향후 치료비

원고에게 예상되는 향후 증세 및 치료과정 등을 살피어 정확히 산출하여 청구하도록 하겠습니다.

다. 위자료

원고는 이 사건 사고로 말미암아 자신의 유일한 생계수단인 신체에 대하여 큰 장해를 입고 말았습니다. 원고는 이 사건으로 인하여 현재 14-5세가 된 자신의 두 자녀의 뒷바라지도 하여야 함에도 불구하고 불구가 된 다리로 인해 항상 누워 있어야만 하는 생활을 하고 있습니다. 이에 따른 원고의 정신적 고통은 매우 크다 할 것이므로 원고는 피고들에 대하여 위자료로 금 20,000,000원을 청구하는 바입니다.

라. 손익상계

원고는 산업재해보상보험법에 의거하여 장해보상일시금으로 금 7,151,760원을 근로복지공단으로부터 지급 받았으므로 이에 위 돈을 공제하여 청구하는 바입니다.

4. 결론

원고의 위 사건으로 인한 손해는 일실수입 금 44,826,442원 및 위자료 금 20,000,000원과 액수 미상의 향후치료비에서 위 장해보상일시금을 공제한 금액이라 할 것입니다. 이에 원고는 피고들에 대하여 향후치료비에 대하여는 증세발현과 치료진행과정, 신체감정결과 등에 따라 추후 정확히 산출하여 청구하기로 하며 우선 그 일부로 위 일실수입 및 위자료 금액의 합계인 금 64,826,442원에서 위 장해보상일시금 7,151,760원을 공제한 금 57,674,682원 및 이에 대하여 이 사건 사고발생일인 1999. 3. 31.부터 이 사건 소장부본 송달일까지는 민법에서 정한 연 5%의, 그 다음날부터 다 갚는 날까지는 소송촉진등에관한특례법에서 정한 연 15%의 각 비율에 의한 지연손해금을 각자 지급할 것을 청구합니다.

입 증 방 법

1. 갑 제1호증	기본증명서
1. 갑 제2호증	진단서
1. 갑 제3호증	후유장해진단서
1. 갑 제4호증	입・퇴원확인서
1. 갑 제5호증	장해보상청구서
1. 갑 제6호증	장해급여 지급증서
1. 갑 제7호증의 1, 2	한국인표준생명표 표지 및 내용
1. 갑 제8호증의 1, 2	농협조사월보 표지 및 내용

첨 부 서 류

1. 위 입증방법	각 1통
1. 법인등기사항증명서	2통
1. 소장부본	3통
1. 송달료납부서	1통

20○○. ○. ○.

위 원고 ○○○ (서명 또는 날인)

○○지방법원 ○○지원 귀중

⑰ 손해배상(의)청구의 소(출산 중 태아사망, 불법행위책임)

소 장

원 고 1. 김○○ (주민등록번호)
2. 이○○ (주민등록번호)
위 원고들 주소: ○○시 ○○구 ○○길 ○○(우편번호)
전화.휴대폰번호:
팩스번호, 전자우편(e-mail)주소:
피 고 ◇◇◇ (주민등록번호)
○○시 ○○구 ○○길 ○○(우편번호)
전화.휴대폰번호:
팩스번호, 전자우편(e-mail)주소:

손해배상(의)청구의 소

청 구 취 지

1. 피고는 원고 김○○에게 금 ○○○원, 원고 이○○에게 금 ○○○원 및 각 이에 대하여 20○○. ○○. ○○.부터 이 사건 소장부본 송달일까지는 연 5%의, 그 다음날부터 다 갚는 날까지는 연 15%의 각 비율에 의한 돈을 지급하라.

2. 소송비용은 피고의 부담으로 한다.

3. 위 제1항은 가집행 할 수 있다.
라는 판결을 구합니다.

청 구 원 인

1. 당사자 관계
원고들은 이 사건 의료사고로 출산 중에 사망한 태아의 친부모들이며, 피고는 이 사건 출산을 주도한 산부인과 의사입니다.

2. 사건의 진행과정
(1) 원고 이○○는 출산을 하기 위하여 20○○. ○○. ○○. 피고가 운영하고 있는 서울시 ○○구 ○○길 ○○○ 소재 ○○산부인과에 입원을 하였고, 입원 후 얼마 되지 않아 양수가 터져 급히 출산을 하고자 분만실로 갔습니다.

(2) 분만실에 이르러 태아의 건강상태를 확인해보니 아무런 이상이 없음이 확인되었고 또한 분만과정을 통하여도 아무런 이상이 없었는데, 태아가 거꾸로 나오는 바람에 분만에 상당한 어려움이 발생하였습니다. 결국 분만의 고통을 견디지 못한 원고 이○○는 제왕절개수술을 해달라며 애원을 하였으나 당시 분만을 주도하던 피고는 자신의 경험상 조금만 참으면 될 것 같다며 원고 이○○의 애원을 뿌리치고는 무리하게 자연분만을 강행하였습니다.

(3) 그러나 태아가 나오지 못한 채 많은 시간이 흘러 산모인 원고 이○○가 실신하기에 이르자 그때서야 위험을 느낀 피고는 제왕절개수술을 준비하였으나 결국 태아는 나오지도 못한 채 분만진행정착에 빠져 결국 저산소증에 의한 뇌손상으로 사망을 하였습니다.

3. 손해배상의 책임

(1) 피고는 산부인과 전문의로 분만전후를 통하여 분만의 상황에 따른 적절한 분만방법을 택하여 제때에 필요한 조치를 취해야 할 의무가 있음에도 불구하고, 이를 게을리 한 과실로 인해 분만 전 검사결과 아무런 이상이 없었고 또한, 분만 중 전자태아심음측정기 등 태아감시장치를 통하여 아무런 이상이 없었던 태아를 사망하게 하였습니다.

(2) 따라서 피고는 의료법 및 민법상 불법행위자로서 원고들 및 사망한 태아가 입은 모든 피해를 배상하여야 할 의무가 있다 할 것입니다.

4. 손해배상의 범위

(1) 위자료

원고 이○○ 및 사망한 태아는 이 사건 분만사고 전에는 모두 건강한 상태였는데, 이 사건 사고로 태아가 출생하기 전에 사망하는 바람에 원고들이 정신적 고통을 당한 것은 경험칙상 명백하므로, 피고는 원고 김○○에게 금 ○○○원, 원고 이○○에게 금 ○○○원을 각 지급하여 원고들의 정신적인 고통을 금전으로나마 위자하여야 마땅하다 할 것입니다.

(참고로, 위자료산정에 있어 우리나라 대법원은 태아의 권리능력에 대해 전부노출설 및 정지조건부주의를 취하고 있어 사산한 태아의 경우 권리능력이 없는 관계로 위자료만 인정하고 있음. 따라서 태아가 살아서 출생하느냐의 여부에 따라 태아의 손해배상범위에 차이가 많음. 그런데 사산시 태아는 권리능력이 없어 손해배상금이 적어지므로 이를 고려하여 사산시 위자료는 만일 태아가 출생 후 사망하였을 경우의 일실수입을 계산하여 이를 위자료의 청구금액으로 산정하는 것이 좋을 듯함)

(2) 분만비 및 치료비

원고 이○○는 이 사건 분만비 및 치료비로 금 ○○○원을 지출하였습니다.

5. 결론

따라서 피고는 원고 김○○에게 금 ○○○원(위자료), 원고 이○○에게 금 ○○○원(위자료: 금 ○○○원+분만비 및 치료비: 금 ○○○원) 및 각 이에 대하여 이 사건 사고일인 20○○. ○○. ○○.부터 이 사건 소장부본 송달일까지는 민법에서 정한 연 5%의, 그 다음날부터 다 갚는 날까지는 소송촉진등에관한특례법에서 정한 연 15%의 각 비율에 의한 지연손해금을 지급할 의무가 있다 할 것이므로, 원고들은 부득이 청구취지와 같은 돈을 각 청구하고자 이 사건 청구에 이르게 되었습니다.

입 증 방 법

1. 갑 제1호증	가족관계증명서
1. 갑 제2호증	○○산부인과 접수증
1. 갑 제3호증	사망진단서
1. 갑 제4호증	태아수첩
1. 갑 제5호증	영수증
1. 갑 제6호증의 1, 2	한국인표준생명표 표지 및 내용
1. 갑 제7호증의 1, 2	월간거래가격표지 및 내용

첨 부 서 류

1. 위 입증방법	각 1통
1. 소장부본	1통
1. 송달료납부서	1통

20○○. ○. ○.

위 원고　1. 김○○ (서명 또는 날인)

2. 이○○ (서명 또는 날인)

○○지방법원 ○○지원 귀중

⑱ 손해배상(의)청구의 소(출산 중 사고, 장해발생, 채무불이행책임)

소 장

원 고 1. 김○○ (주민등록번호)
2. 김◉◉ (주민등록번호)
3. 이◉◉ (주민등록번호)
위 원고들 주소: ○○시 ○○구 ○○길 ○○(우편번호)
위 원고1 김○○는 미성년자이므로
법정대리인 친권자 부 김◉◉ 모 이◉◉
전화.휴대폰번호:
팩스번호, 전자우편(e-mail)주소:

피 고 ◇◇◇ (주민등록번호)
○○시 ○○구 ○○길 ○○(우편번호)
전화.휴대폰번호:
팩스번호, 전자우편(e-mail)주소:

손해배상(의)청구의 소

청 구 취 지

1. 피고는 원고 김○○에게 금 32,000,000원, 원고 김◉◉에게 금 5,000,000원, 원고 이◉◉에게 금 5,000,000원 및 각 이에 대하여 2002. 5. 30.부터 이 사건 소장부본 송달일까지는 연 5%의, 그 다음날부터 다 갚는 날까지는 연 15%의 각 비율에 의한 돈을 지급하라.
2. 소송비용은 피고의 부담으로 한다.
3. 위 제1항은 가집행 할 수 있다.

라는 판결을 구합니다.

청 구 원 인

1. 당사자 관계

가. 원고 김○○는 피고의 의료과오로 인하여 신체에 상해를 입은 당사자이고, 원고 김◉◉는 원고 김○○의 아버지, 원고 이◉◉는 원고 김○○의 어머니입니다.

나. 피고 ◇◇◇는 산부인과 전문의 자격을 취득한 뒤 ○○시 ○○구 ○○길 ○○에서 ◇◇◇산부인과의원을 개설하여 경영, 유지하는 사람으로서 이 사건 의료시술상의 과오로 원고 김○○에게 상해를 입힌 사람입니다.

2. 손해배상책임의 발생 또는 피고의 귀책사유

가. 사고의 발생경위

이 사건 사고를 일으킨 산부인과전문의인 피고는 2002. 5. 30. 15:04경 ○○시 ○○구 ○○길 ○○ 소재 피고 경영의 산부인과의원 분만실에서 몸무게가 5.3kg이나 되는 원고 김○○의 출산시술을 하였던 바, 이러한 경우 피고로서는 태아와 산모의 상태를 면밀히 진찰하고 원고 김○○의 체중이 5.3kg이나 되는 과체중출생아(거대아)였으면 그에 따라 적절한 방법으로 출산시술을 하여야 할 주의의무가 있음에도 이를 게을리 한 채 무리하게 자연분만을 유도하여 원고 김○○가 원고 이◉◉의 자궁(미골 및 치골 등)에 오른쪽 어깨가 걸려 빠져 나오지 못하자 그곳에 있던 소외 성명불상 간호사에게 원고 이◉◉의 배를 마구 누르게 하고 피고는 원고 김○○의 머리를 잡고 회전시키면서 어깨를 세우려하는(견갑분만) 등 견인하는 중에 무리하게 과도한 힘을 가하여 분만을 유도하다가 그만 원고 김○○의 경추 제5번, 제6번 신경(C5, C6)을 손상시켜 원고 김○○로 하여금 오른손을 전혀 쓰지 못하는 우상완 신경총마비(일명 Erb's palsy)의 상해를 입게 한 것입니다.

나. 피고의 과실

(1) 임산부에 대한 검사의무 해태

성공적인 유도분만을 위한 전제조건은 정상적인 아두골반관계인데, 피고로서는 원고 이◉◉가 출산경험이 있는 임산부이더라도 원고 김○○의 골반크기, 미골과 치골의 간격, 산도 등을 측정하여 원고 이◉◉의 골산도의 크기, 형을 파악한 뒤 원고 김○○가 모체로부터 자연분만이 자연스럽게 이루어질 수 있는지 검사하여야 합니다.

이를 위해 피고는 원고 이◉◉의 골산도의 크기, 형 등에 대해 개략적인 것을 알기 위하여 계측기를 이용하여 골반의 외계측을 실시하고 또한 복위 및 자궁저를 계측하고 나아가 손을 이용한 내진을 통해 개구도를 측정하여야 합니다. 그리고 방사선기기 및 초음파측정기 등 정밀 산부인과 기계를 이용하여 골반 및 자궁경부에 대한 정확한 이해가 있어야 했음에도 이를 게을리 하였습니다.

또한, 임산부의 뇨 및 혈중의 호르몬(E3)을 검사하여 태반의 기능상태를 파악해야 했음에도 이를 게을리 하였습니다. 특히 위 호르몬(E3)검사는 태아의 기능상태도 동시에 파악이 되는 검사방법입니다.

(2) 태아에 대한 검사의무의 해태

피고는 산부인과 의사로서 산모 및 태아에 대하여 문진, 내·외진, 초음파진단, 심박동측정, 양수진단, 뇨 및 혈중의 에스트리올 농도측정 등을 실시하여 산모의 이상유무 및 태아의 성숙도를 비롯하여 태아의 선천성이상, 선천성기형 등을 확인하여야 함에도 이를 게을리 하였습니다.

특히 초음파검사는 doppler법에 의한 태아의 심박음측정, B scope, electron scanning에 의한 태아의 크기, 성장정도, 태낭유무 등을 확인할 수 있는 검사기법입니다.

또한, 양수진단을 하여야 합니다. 이는 양수상의 염색체검사, 효소검사, 양수세포중 대사물질측정, 호르몬 치정량, 부하시험, 지방염색세포 출현률측정, 양수량 측정을 하여 태아의 상태에 대한 사전 정밀검사를 실시하는 것입니다.

(3) 분만방식의 과실

피고는 앞서 살핀 태아의 발육상태와 원고 이◉◉의 골반 및 산도의 크기와 형태 등 구체적인 상태를 파악한 후 상관관계를 고려하여 원고 김○○가 거대아(과체중출생아)이면 당연히 제왕절개술로 원고를 출산하여야 합니다.

통상 제왕절개술은 태아의 상태가 둔위, 횡위 등의 태위이상, 태반이 자궁입구에 놓여 있는 전치태반 또는 태반조기박리 등인 태반이상의 경우 및 아두골반불균형, 태아질식 등에 적응됩니다.

이 사건의 경우에는 제왕절개술을 실시하여야 할 가장 전형적인 적응증으로서 제왕절개술을 실시하여야 함에도 불구하고 앞서와 같은 원고 김○○와 원고 이◉◉의 상태 및 상관관계를 전혀 고려하지 않음으로 인하여 원고 김○○가 분만시 머리부분만 분만되고 견갑(어깨)부분이 자궁경부에 걸려 그만 나오지 못하는 사고가 발생한 것입니다.

특히 피고로서는 양수가 터지고도 시간이 많이 흐를 때는 태아가 양수를 들이마셔 질식사 할 우려가 높아 제왕절개술을 실시하여야 합니다.

또한, 출산시 이 사건과 같이 난산일 때는 태반이 떨어지면서 모체의 피가 태아에게 공급되지 않음으로 산소부족현상이 발생합니다. 그로 인하여 뇌출혈 현상이 나타나고 뇌실에 물이 고이게 되며 결국 뇌기능장애 즉, 뇌성마비 현상이 나타날 수도 있습니다.

즉, 지연분만 등은 태내저산소 상태를 조장하여 태아저산소증이 초래되고 태아저산소증은 태아의 호흡곤란을 유발하여 태아가 분만중에 이른바 헐떡호흡(grasp)으로 인해 태변이 함유된 양수를 흡입하여 뇌의 산소부족현상을 가져와 뇌손상을 입게 합니다.

다시 말해 난산→저산소상태→뇌의 산소공급부족→뇌출혈→뇌손상의 순으로 이어지는바 의사로서는 즉시 제왕절개수술을 시술하여야 합니다. 현재 원고 김○○에게 뇌성마비의 증세가 있는지 여부조차 모르고 있으나 피고로서는 원고 김○○과 원고 이◉◉의 상태 및 그 상관관계를 고려하여 제왕절개술을 시술하였다면 이 사건과 같은 비극은 최소한 막을 수 있었을 것입니다.

(4) 분만시술시의 과실

피고로서는 원고가 산모의 자궁경부를 빠져나오지 못할 경우는 흡입만출기와 산과겸자를 적절히 사용하여 자연스럽게 출산할 수 있도록 조치를 취했어야 합니다.

그러나 피고는 여러 차례의 분만유도에 실패한 뒤에도 무리하게 유도분만을 강행, 분만실에 있던 소외 성명불상의 간호사에게 원고 이◉◉의 복부를 강하게 누르게 하였습니다.

또한, 피고는 원고 김○○의 머리를 잡아당기고 어깨를 세우려고 회전시키는 과정에서 과도한 힘을 가하여 원고 김○○의 경추신경을 건드렸습니다. 위와 같은 과정 중에서 피고는 원고 이◉◉의 자궁경부를 압박하고, 원고의 목뼈를 무리하게 회전시킴으로써 원고의 경추신경계통을 손상시켜 위 원고의 신경이 변성 또는 파괴에 이르게 된 것입니다(기능적 해부학 입문서 참조).

위 신경계통은 통상 척추를 통하여 팔, 다리 등 사지로 통하는 것인바, 팔로 가는 신경다발인 제5, 6번 경추신경 등을 건드린 것입니다.

(5) 설명의무위반

피고는 원고 이◉◉에게 아두골반 불균형, 과체중출생아에 따른 출산의 위험성 등에 관하여 전혀 설명한 바 없었습니다.

다. 피고의 채무불이행책임

피고로서는 원고 김○○의 친권자인 원고 김◉◉와 원고 김○○의 분만계약을 체결하였으면, 원고 김○○와 원고 이◉◉의 상태에 따라 성실히 진료하여 적절한 처치 및 분만시킬 채무가 있음에도 위에서 본 바와 같이 태아와 산모에 대한 검사의무를 게을리 하고 무리하게 유도분만을 강행하면서 과도한 견인을 하는 등으로 위 채무를 성실히 이행하지 않았으므로 이에 대하여 채무불이행책임이 있다 할 것입니다.

3. 손해배상의 범위

가. 원고 김○○의 일실수입

(1) 연령, 성별, 기대여명 등

원고 김○○는 2002. 5. 30.생으로 이 사건 사고당시인 2002. 5. 30. 현재 갓 태어난 남자 어린이로서 그 나이에 이른 우리나라 남자의 평균기대여명은 75.55년이므로 특별한 사정이 없는 한 75세까지는 생존이 가능하다 할 것입니다.

(2) 직업 및 수입정도 또는 소득실태

이 사건 피해자인 원고 김○○는 이 사건 사고로 평생 불구의 몸이 되지 않았더라면 앞으로 초, 중, 고등학교 등을 졸업하고 군복무를 마친 뒤 사회의 일원으로 활약하며 그에 상응하는 월소득을 얻을 수 있다 할 것이며, 최소한 원고 김○○는 그의 주소지인 도시에서 거주하면서 도시일반일용노동에 종사하여 얻을 수 있는 월수입은 2002년도 상반기 적용 도시일반일용노동자의 1일 노임은 금 40,922원이고 통상 월 22일간은 가동할 수가 있다 함은 경험칙상 명백하므로 월평균 금 900,284원(금 40,922원×22일)이상의 수익은 예상됩니다.

(3) 가동연한

원고 김○○는 이 사건 사고로 평생불구가 되지 않았더라면 그가 20세가 되는 2022. 5. 30. 군에 입대하여 26개월의 군복무를 마친 다음날인 2024. 8. 1.부터 그의 나이가 만 60세에 이르는 2062. 5. 29.까지 가동할 수 있음은 일반의 경험칙 및 이에 기초한 판례경향에 의하여도 인정할 수 있다 할 것입니다.

(4) 치료기간 등

원고 김○○는 이 사건 사고로 인한 상해로 지금까지도 치료받고 있는 실정입니다.

(5) 후유장해, 가동능력 상실비율 및 일실수입의 계산

원고 김○○는 이 사건 사고로 인한 상해로 지금까지도 치료받고 있으며, 향후치료도 예상되나 그 치료 후에도 잔존이 예상되어 그에 따른 노동능력의 상실이 예견(약 55%)되므로 그에 상응하는 일실손해를 입을 것인바, 그 손해는 장차 월차적으로 입은 손해이므로 이를 월 5/12%의 법정이자를 공제하는 호프만식 계산법에 따라 사고당시의 현가로 구하면 금 76,047,624원{월평균소득 금 900,284원×0.55×153.5831{332.3359(720개월 호프만계수)-178.7528(266개월 호프만계수)}이 될 것인바, 이는 추후 귀원의 신체감정결과에 따라 확정청구하기로 하고 우선 일부금으로 금 22,000,000원을 청구합니다.

나. 치료비 등

추후 귀원을 통한 증거수집방법 이후 확정 청구하겠습니다.

다. 개호비용 등

추후 귀원을 통한 증거수집 방법이후 확정 청구하겠습니다.

라. 위자료

원고 김○○는 이 세상에 태어나기 위하여 모체에서 출산하는 순간부터 위와 같은 상해를 입고 영구불구의 몸이 됨으로써 현재 및 장래에 형언할 수 없는 실의와 비탄에 잠겨 있는바, 원고들에게 금전으로나마 위자함에 있어 경험칙상 인정되는 원고들의 고통을 위자함에 있어 원고 김○○에게 금 30,000,000원은 지급함이 상당하다 할 것이나 이는 추후 귀원의 신체감정결과에 따라서 확정청구하기로 하고 우선 일부금으로 금 10,000,000원을 청구하며, 원고 김◉◉ 및 원고 이◉◉는 각 금 5,000,000원의 위자료로 지급함이 상당하다고 할 것입니다.

4. 결론

그렇다면 피고는 원고 김○○에게 금 32,000,000원{금 22,000,000원(재산상 손해)+금 10,000,000원(위자료)}, 원고 김◉◉ 및 원고 이◉◉에게 각 금 5,0

00,000원 및 각 이에 대하여 이 사건 의료사고일인 2002. 5. 30.부터 이 사건 소장부본 송달일까지는 민법에서 정한 연 5%의, 그 다음날부터 다 갚는 날까지는 소송촉진등에관한특례법에서 정한 연 15%의 각 비율에 의한 지연손해금을 지급할 의무가 있다 할 것이므로 이 사건 청구에 이른 것입니다.

입 증 방 법

1. 갑 제1호증 가족관계증명서
1. 갑 제2호증 주민등록 등본
1. 갑 제3호증 출생증명서
1. 갑 제4호증 진단서
1. 갑 제5호증의 1, 2 한국인표준생명표 표지 및 내용
1. 갑 제6호증의 1, 2 월간거래가격 표지 및 내용
1. 갑 제7호증의 1 임상산과학 표지
   2 내용(제왕절개술 적응증)
1. 갑 제8호증의 1 소아과학 표지
   2 내용(상지마비)
1. 갑 제9호증의 1 소아과개요 표지
   2 내용(상지마비)

첨 부 서 류

1. 위 입증방법 각 1통
1. 소장부본 1통
1. 송달료납부서 1통

20○○. ○. ○.

위 원고 1. 김○○
2. 김◉◉ (서명 또는 날인)
3. 이◉◉ (서명 또는 날인)

원고1은 미성년자이므로 법정대리인

친권자 부 김◉◉ (서명 또는 날인)
모 이◉◉ (서명 또는 날인)

○○지방법원 귀중

⑲ 손해배상(의)청구의 소(약물쇼크 사고, 공동불법행위책임)

소 장

원 고 1. ○○○ (주민등록번호)
2. ○①○ (주민등록번호)
3. ○②○ (주민등록번호)
위 원고들 주소: ○○시 ○○구 ○○길 ○○(우편번호)
위 원고2, 3은 미성년자이므로
법정대리인 친권자 부 ○○○
전화.휴대폰번호:
팩스번호, 전자우편(e-mail)주소:

피 고 1. ◇◇◇ (주민등록번호)
○○시 ○○구 ○○길 ○○(우편번호)
전화.휴대폰번호:
팩스번호, 전자우편(e-mail)주소:
2. ◈◈◈ (주민등록번호)
○○시 ○○구 ○○길 ○○(우편번호)
전화.휴대폰번호:
팩스번호, 전자우편(e-mail)주소:

손해배상(의)청구의 소

청 구 취 지

1. 피고들은 각자 원고 ○○○에게 금 ○○○원, 원고 ○①○, 원고 ○②○에게 각 금 ○○○원 및 각 이에 대하여 20○○. ○. ○.부터 이 사건 소장부본 송달일까지는 연 5%의, 그 다음날부터 다 갚는 날까지는 연 15%의 각 비율에 의한 돈을 지급하라.
2. 소송비용은 피고들의 부담으로 한다.
3. 위 제1항은 가집행 할 수 있다.

라는 판결을 구합니다.

청 구 원 인

1. 당사자들 관계

가. 원고

원고 ○○○는 이 사건 사고로 사망한 소외 망 ◉◉◉의 남편이고, 원고 ○①○, 원고 ○②○는 소외 망 ◉◉◉의 자식들입니다.

나. 피고들

피고 ◇◇◇는 ○○시 ○○구 ○○길 123의 45에서 ◇◇◇의원이라는 상호를 개설하여 외과 등을 영리목적으로 경영하는 외과전문의사로서 피고 ◈◈◈의 사용자이고, 피고 ◈◈◈는 위 ◇◇◇의원에서 피고 ◇◇◇에게 고용되어 근무한 의사입니다.

2. 손해배상책임의 발생

가. 사건의 경위

피고들은 20○○. ○. ○. 15:00경 ○○시 ○○구 ○○길 123의 45 소재 ◇◇◇의원에서 소외 망 ◉◉◉의 폐렴에 대한 치료를 하였던 바, 이러한 경우 피고들로서는 문진, 사진, 촉진 등의 방법과 아울러 위 망인의 체온 및 혈압 측정, 혈액검사 등의 방법을 통하여 소외 망 ◉◉◉의 정확한 병인을 파악하고 이에 대하여 적절한 치료약을 투약하여 약물쇼크사고를 피해야 할 업무상 주의의무가 있음에도 불구하고 소외 망 ◉◉◉가 오한, 구토, 메스꺼움, 두통 등을 호소하자 단순히 위염 및 신경증 증세로 오진한 채 폐렴환자에게는 호흡억제 부작용이 있어 절대로 사용해서는 아니 되는 마약 계통의 진통제인 펜타조신 30㎎을 주사한 과실로 소외 망 ◉◉◉으로 하여금 같은 날 20:15경 펜타조신 약물쇼크에 의한 호흡부전, 심부전 등의 증세로 사망케 한 것입니다.

나. 피고들의 책임

피고 ◇◇◇는 소외 망 ◉◉◉에 대한 검사를 제대로 하지 않고 단순한 위염증세로 오진하였고, 피고 ◈◈◈는 소외 망 ◉◉◉가 재차 같은 증세를 호소하며 다시 위 ◇◇◇의원을 찾아오자 아무런 의심 없이 피고 ◇◇◇가 오진한 위염에 대한 진통을 목적으로 타조신을 주사한 잘못이 있습니다. 피고들은 소외 망 ◉◉◉와 체결한 진료계약에 따라 성실하게 진료하고 진상에 알맞은 처방을 하였어야 함에도 불구하고, 위 진료계약에 따른 의무를 다하지 않은 잘못이 있습니다. 또한, 피고들은 소외 망 ◉◉◉에 대하여 오진 및 잘못된 처방을 한 불법행위책임을 져야 할 것입니다. 피고 ◇◇◇는 피고 ◈◈◈의 과실로 인하여 이 사건 사고가 발생함에 대한 사용자책임도 져야 할 것입니다. 피고들은 소외 망 ◉◉◉에 대한 진찰결과 및 그에 따른 처방방법을 자세히 설명하고, 그 약효는 물론 부작용 등에 대하여 설명하여 소외 망 ◉◉◉의 자기결정권에 기한 승낙을 받은 후 투약하였어야 함에도 불구하고 이를 게을리 하였으므로 설명의무위반에 대한 책임이 있습니다.

3. 손해배상의 범위

가. 연령, 성별, 기대여명

이 사건 사고로 사망한 소외 망 ◉◉◉는 19○○. ○. ○.생으로 이 사건 사고 당시인 20○○. ○. ○. 현재 32년 6개월된 신체 건강한 여자로서 그 또래 우리나라 여자의 평균기대여명은 앞으로 48.38년으로 특별한 사정이 없는 한 80세까지는 생존이 가능하다 할 것입니다.

나. 직업 및 수입관계

소외 망 ◉◉◉는 원고 ○○○와 결혼하여 자녀 2명을 돌보며 생활하는 가정주부로서 그에 대한 수익사실의 입증이 곤란하므로 최소한 대한건설협회에서 조사한 20○○년도 상반기 적용 건설업임금실태조사보고서상의 도시 보통인부의 1일 노임은 금 ○○○원이고, 통상 월 22일간은 가동할 수가 있다 함은 경험칙상 명백하다 할 것이므로 월평균 금 ○○○원{금 ○○○원(도시일용보통인부 1일노임단가)×22일)의 수익이 예상되나 소외 망 ◉◉◉가 사망하였으므로 망인의 생계비로 1/3을 공제하면 매월 금 ○○○원(월평균 금 ○○○원×2/3, 원미만 버림)의 수익이 예상됩니다.

다. 가동연한 및 일실수익 손해금

소외 망 ◉◉◉는 이 사건 사고로 사망하지 않았더라면 통상 가동연한이 60세가 다할 때까지 27년 6개월, 즉 월로 환산하면 330개월 동안은 위 월평균 수익금 이상을 올릴 수가 있다 할 것이나, 이 사건 사고로 사망하여 위 월평균 수익금을 월차적으로 상실하게 되었는바, 이를 기초로 하여 월 5/12%의 법정중간이자를 공제하는 호프만식 계산법에 따라 사고당시를 기준으로 일시에 그 현가를 산출하면 금 ○○○원{금 ○○○원(월평균수입)×207.3101(330개월에 대한 호프만수치), 원미만 버림}이 됩니다.

4. 장례비

소외 망 ◉◉◉의 사망으로 인한 장례비(영안실비, 장의차량비, 기타 비용 포함)로 금 3,000,000원이 소요되어 망인의 남편인 원고 ○○○가 지불하였으므로 이를 장례비로 청구합니다.

5. 위자료

이 사건 사고로 사망한 소외 망 ◉◉◉는 원고 ○○○와 결혼하여 딸인 원고 ○①○, 원고 ○②○를 낳아 행복하게 살아오다 이 사건 폐렴치료시 피고들의 잘못으로 비참하게 사망하고 말았으니 그 죽음에 이르기까지의 고충과 비애는 두말할 나위가 없었을 것이고, 이러한 광경을 지켜 본 남편과 자녀들 역시 그 슬픔과 괴로움은 이 세상 다하도록 잊을 날이 없다 할 것이 분명하므로 피고들은 이들을 금전으로나마 위자한다면 소외 망 ◉◉◉에게 금 ○○○원, 원고 ○○○에게 금 ○○○원, 원고 ○①○, 원고 ○②○에게 각 금 ○○○원의 위자료를 각자 지급함이 상당하다 할 것입니다.

6. 상속관계

소외 망 ◉◉◉의 손해배상채권 금 ○○○원{금 ○○○원(일실수입)+금 ○○○원(위자료)}은 그의 상속인인 원고 ○○○에게 3/7(금 ○○○원=소외 망 ◉◉◉의 손해배상채권 금 ○○○원×3/7), 원고 ○①○, 원고 ○②○에게 각 2/7(금 ○○○원=소외 망 ◉◉◉의 손해배상채권 금 ○○○원×2/7)의 비율로 각 상속되었습니다.

7. 결론

따라서 피고들은 각자 원고 ○○○에게 금 ○○○원{금 ○○○원(장례비)+금 ○○○원(위자료)+금 ○○○원(상속채권)}, 원고 ○①○, 원고 ○②○에게 각 금 ○○○원{금 ○○○원(위자료)+금 ○○○원(상속채권)} 및 각 이에 대하여 이 사건 사고일인 20○○. ○○. ○○.부터 이 사건 소장부본 송달일까지는 민법에서 정한 연 5%의, 그 다음날부터 다 갚는 날까지는 소송촉진특례법에서 정한 연 20%의 각 비율에 의한 지연손해금을 지급할 의무가 있다 할 것이므로, 원고들은 부득이 청구취지와 같은 돈을 각 청구하고자 이 사건 청구에 이르게 되었습니다.

입 증 방 법

1. 갑 제1호증 기본증명서
(단, 2007.12.31.이전에 사망한 경우 제적등본)
1. 갑 제2호증 가족관계증명서
1. 갑 제3호증 주민등록등본
1. 갑 제4호증 사망진단서
1. 갑 제5호증의 1, 2 한국인의표준생명표지 및 내용
1. 갑 제6호증의 1, 2 월간거래가격표지 및 내용

첨 부 서 류

1. 위 입증서류 각 1통
1. 소장부본 2통
1. 송달료납부서 1통

20○○. ○. ○.
위 원고 1. ○○○ (서명 또는 날인)
2. ○①○
3. ○②○
원고2, 3은 미성년자이므로 법정대리인
친권자 부 ○○○(서명 또는 날인)

○○지방법원 귀중

⑳ 손해배상(의)청구의 소(뇌수술 사고, 공동불법행위)

소 장

원 고 1. ○○○ (주민등록번호)
2. ○①○ (주민등록번호)
3. ○②○ (주민등록번호)
위 원고들 주소 : ○○시 ○○구 ○○길 ○○(우편번호)
전화.휴대폰번호:
팩스번호, 전자우편(e-mail)주소:

피 고 1. 학교법인 ◇◇◇◇
○○시 ○○구 ○○길 ○○(우편번호)
이사장 ◇◇◇
전화.휴대폰번호 :
팩스번호, 전자우편(e-mail)주소:
2. ◈①◈ (주민등록번호)
○○시 ○○구 ○○길 ○○(우편번호)
전화.휴대폰번호 :
팩스번호, 전자우편(e-mail)주소:
3. ◈②◈ (주민등록번호)
○○시 ○○구 ○○길 ○○(우편번호)
전화.휴대폰번호 :
팩스번호, 전자우편(e-mail)주소:

손해배상(의)청구의 소

청 구 취 지

1. 피고들은 연대하여 원고 ○○○에게 금 325,891,618원, 원고 ○①○, 원고 ○②○에게 각 금 10,000,000원 및 각 이에 대하여 2000. 3. 23.부터 이 사건 소장부본 송달일까지는 연 5%의, 그 다음날부터 다 갚는 날까지는 연 15%의 각 비율에 의한 돈을 각 지급하라.
2. 소송비용은 피고들의 부담으로 한다.
3. 위 제1항은 가집행 할 수 있다.

라는 판결을 구합니다.

청 구 원 인

1. 당사자들의 관계

가. 원고들

원고 ○○○는 이 사건 사고로 의식불명상태에 이르게 된 사람이고, 원고 ○①○, 원고 ○②○는 원고 ○○○의 자식들입니다.

나. 피고들

피고 학교법인 ◇◇◇◇은 ○○시 ○○구 ○○길 ○○에 산하 부속병원(다음부터 피고산하 부속병원이라고 함)을 운영하면서 원고 ○○○와 진료계약을 체결하고 피용자인 신경외과 전문의 피고 ◈①◈로 하여금 원고 ○○○의 뇌수술을 집도하게 하고, 피용자인 피고 ◈②◈ 당시 레지던트 2년차로 하여금 위 원고의 주치의로서 치료를 담당하게 하였습니다.

2. 손해배상책임의 발생

가. 사고경위

원고 ○○○는 평소 고혈압 증세가 있어 고혈압 약을 복용하여 오던 것 이외에는 건강했던 자로서, 2000. 2.경부터 지속적인 두통증세를 느껴 같은 달 말 ○○의료원 외래 진료 후 같은 해 3. 1. ○○시 ○○구 ○○길 소재 ○○방사선과의원에서 MRI촬영 후 다음날인 3. 2. 피고산하 부속병원 신경외과 ○○○병동 ○○○○호(6인실)에 입원하게 되었습니다.

원고 ○○○는 입원이후 가슴이 답답하고 머리가 계속 아프다는 등 여러 차례 담당주치의인 피고 ◈②◈에게 아픔을 호소하였으나 피고 ◈②◈는 이를 대수롭지 않게 받아들이면서 수술 전 스트레스로 인한 것이라며 별다른 조치를 취하지 않는 등 원고의 고통을 무시하였고 결국 같은 달 17. 08:00경 수술을 강행하였습니다.

원고 ○○○의 수술은 피고 ◈①◈의 집도로 이루어졌는데 생금조직검사 수술이었고 위 수술은 뇌속에 종양이라고 의심되는 부위의 일부를 떼어내어 검사하는 것으로서 마취후 두개골에 구멍을 뚫어 긴 관으로 뇌속의 염증부분을 채취하는 것이었으며, 수술결과 뇌염증이라고 하면서 항생제를 투여하는 이외에는 별다른 조치를 취하지 아니하였습니다.

그런데 수술 후 피고산하 부속병원측에서는 중환자실로 옮겨 안정을 취하게 하지 아니하고 바로 일반병실로 돌려보냈으며 원고 ○○○는 마취에서 매우 늦게 깨어났던 것인데, 마취에서 깨고 난 이후 정신이 매우 혼미하고 몽롱한 상태라면서 식은땀을 비오듯이 흘리고 가슴이 답답한 증세를 호소하였고 심지어 1m 앞에 있는 달력의 큰 글씨조차 구별하지 못하는 등 시력장애 증상까지 나타나기 시작하였습니다.

원고 ○○○의 고통이 수술후유증이라고 판단한 가족들은 여러 차례 위와 같은 후유증세를 담당 주치의인 피고 ◈②◈와 간호사들에게 호소하였으나 피고 ◈②◈는 수술 후 그럴 수도 있다면서 이를 대수롭지 않게 여기는 것은 물론 아무런 조치를 취하지 아니하더니 급기야 같은 달 20. 퇴원해도 된다는 식으로 퇴원을 종용하기에 이르렀습니다. 원고 ○①○와 원고 ○②○는 병원의 이러한 퇴원요구를 거절한 끝에 병실에서 어머니의 고통을 바라만 볼 수밖에 없었는데 결국 3일도 채 지나지 아니한 3. 23. 오후 2시경 병실 침대에서 화장실을 가기 위해 일어나다 쓰러져 현재까지 의식불명상태에 이르게 되었던 것이며 뇌병변으로 장애등급 1급의 식물인간상태의 장애인이 되고 말았습니다.

원고 ○○○는 피고산하 부속병원에서 2001. 2. 23.까지 입원치료를 받다가 퇴원하여 현재는 ○○시 ○○구 소재 ○○병원에서 입원치료를 받고 있습니다.

피고들은 원고 ○○○의 수술 전에 원고가 고통을 호소하는데도 아무런 조치를 취하지 아니하였고 어떠한 연유인지 가슴통증을 호소하였음에도 그 흔한 심전도검사조차 실시하지 아니하였으며 수술이후에도 환자와 가족들이 그렇게 고통을 호소하였음에도 담당주치의는 무성의하게 환자의 상태를 무시하였고 호흡곤란증세가 있었음에도 산소호흡기 조치도 취하지 아니하였습니다.

원고 ○○○의 수술 전 3. 3. 피고산하 부속병원 신경외과에서 같은 병원 내과에 문의한 결과 내과에서 심장검사, 가슴통증시 혈관확장제(진료기록상 NTG)를 투여하고 그 반응을 체크하라는 등의 내과 의사 소외 ◈③◈의 의견이 있었음에도 불구하고 이를 무시한 채 아무런 조치를 취하지 아니한 채 수술을 강행하였고 수술 후 원고 ○○○가 쓰러질 때까지 원고 ○○○에 대한 어떠한 의료적 조치를 취하였다는 내용이 진료기록상 전혀 나타나 있지 않았으며, 만약 같은 달 20. 퇴원종용에 따라 바로 퇴원결정을 하였더라면 원고 ○○○는 사망에 이르렀을 개연성 또한 높았다고 볼 수 있습니다.

결국 원고 ○○○는 저산소증으로 인한 뇌손상으로 전신마비가 온 것으로 추정되는바(병원측 진단서상 심근경색증이라고 함), 피고산하 부속병원은 위와 같은 내과적 진단이 있었고 이에 따른 최소한의 진료조치를 취하여야 할 의무가 있음에도 망연히 수술 전에는 스트레스라 하면서 수술을 강행하였고 수술 후에 더 심각한 후유증세가 발생하였는데도 이를 무시한 채 심지어 퇴원까지 종용한 피고산하 부속병원은 진료계약에 따른 성실한 진료의무를 다하지 아니하고 무성의한 태도로 일관하여 진료계약상의 책임을 다하지 아니한 결과 위 원고에게 돌이킬 수 없는 식물인간 상태라는 막대한 손해를 발생시켰고, 가족들에게 너무나도 크나큰 고통을 안겨주고 만 것입니다.

나. 손해배상책임의 근거

피고 학교법인 ◇◇◇◇은 원고 ○○○와 진료계약을 체결하였으며 선량한 관리자의 주의의무를 다하여 진료당시의 소위 임상의학의 실천에 있어서의 의료수준에 따라 필요하고도 적절한 진료조치를 다해야 할 채무를 지고 있으며 사람의 생명과 건강을 다루는 의사에게는 그 업무의 성질에 비추어 시술로 인하여 발생 가능한 위험의 방지를 위하여 필요한 최선의 조치를 취할 업무상 주의의무가 요구되는바 수술을 담당하는 의사는 수술 중에 있어서는 물론 수술 전후의 모든 과정을 통하여 발생할 수 있는 모든 위험에 대비하여 환자의 상태를 면밀히 관찰하는 것을 포함하여 최선의 조치를 취할 주의의무가 요구된다고 할 것임에도 이를 게을리 하여 원고 ○○○로 하여금 위와 같이 식물인간 상태에 이르게 하였으므로 채무불이행책임을 져야 합니다. 물론 피고 ◈①◈와 피고 ◈②◈는 민법 제750조의 불법행위책임을, 피고 학교법인 ◇◇◇◇은 피고 ◈①◈와 피고 ◈②◈의 사용자로서 민법 제756조의 사용자책임을 같이 져야 할 것입니다.

3. 손해배상의 범위

가. 기초사실

원고 ○○○는 1950. 3. 3.생으로 이 사건 사고 발생일인 2000. 3. 23. 현재 50년 남짓된 신체 건강한 여자였으나 사고 이후 가동능력을 100% 상실한 사람으로서 그 또래 우리나라 여자의 평균 기대여명은 앞으로 31.25년(375개월)이고 가동연한 60세까지인 2010. 3. 2.까지 119개월의 호프만 계수는 96.4784이며 사고일경 도시노동자 보통인부의 노임은 금 34,360원입니다.

나. 일실수입

금 79,929,950원(금 34,360×22일×96.4784)

다. 개호비

원고 ○○○가 식물인간상태가 된 이후 유일한 가족들인 나머지 원고들이 모두 직장에 다니고 있는 관계로 원고 ○○○를 간병하는 자가 항상 있어야 하는바, 사고 발생일로부터 기대여명까지의 개호비도 이 사건 손해배상에 포함되어야 할 것인데, 기대여명까지 375개월의 호프만 수치는 225.5314이므로 기대여명까지의 개호비는 금 232,477,767원(금 34,360원×30일×225.5314)입니다.

라. 위자료

원고 ○○○는 이 사건 사고로 식물인간 상태에 빠져 헤어날 수 없는 고통에 시달리고 있음은 자명할 것이고, 아버지와 별거 중이던 어머니마저 이와 같은 상태로 지내게 되어 이를 지켜볼 수밖에 없고 앞으로도 이러한 고통을 감내해야만 하는 나머지 원고들 역시 그 슬픔과 괴로움은 이 세상이 다하도록 잊을 날이 없다 할 것이 분명하므로 피고들이 이를 금전적으로나마 위자한다면 원고 ○○○에게 금 20,000,000원, 원고 ○①○, 원고 ○②○에게 각 금 10,000,000원씩을 각 지급함이 상당하다 할 것입니다.

4. 결론

그렇다면 피고들은 연대하여 원고 ○○○에게 금 332,407,717원{금 79,929,950원(일실수입)+금 232,477,767원(개호비)+금 20,000,000원(위자료)}, 원고 ○①

○, 원고 ○②○에게 각 금 10,000,000원 및 각 이에 대하여 사고 발생일인 2000. 3. 23.부터 이 사건 소장부본 송달일까지는 민법에서 정한 연 5%의, 그 다음날부터 다 갚는 날까지는 소송촉진등에관한특례법에서 정한 연 15%의 각 비율에 의한 지연손해금을 각 지급 받고자 이 사건 소제기에 이른 것입니다.

입 증 방 법

1. 갑 제1호증 가족관계증명서
1. 갑 제2호증 진단서
1. 갑 제3호증 장애인등록증
1. 갑 제4호증의 1, 2 한국인의표준생명표지 및 내용
1. 갑 제5호증의 1, 2 월간거래가격표지 및 내용

첨 부 서 류

1. 위 입증방법 각 1통
1. 법인등기사항증명서 1통
1. 소장부본 3통
1. 송달료납부서 1통

20○○. ○. ○.

위 원고 1. ○○○ (서명 또는 날인)
2. ○①○ (서명 또는 날인)
3. ○②○ (서명 또는 날인)

○○지방법원 귀중

㉑ 손해배상(기)청구의 소(회사공금 횡령에 대한 신원보증인의 책임)

소 장

원 고 ○○은행(주)
○○시 ○○구 ○○로 ○○(우편번호)
대표이사 ○○○
전화.휴대폰번호:
팩스번호, 전자우편(e-mail)주소:
피 고 ◇◇◇ (주민등록번호)
○○시 ○○구 ○○로 ○○(우편번호)
전화.휴대폰번호:
팩스번호, 전자우편(e-mail)주소:

손해배상(기)청구의 소

청 구 취 지

1. 피고는 원고에게 금 ○○○원 및 이에 대하여 20○○. ○○. ○○.부터 이 사건 소장부본 송달일까지는 연 5%의, 그 다음날부터 다 갚을 때까지는 연 15%의 각 비율에 의한 돈을 지급하라.
2. 소송비용은 피고의 부담으로 한다.
3. 위 제1항은 가집행 할 수 있다.

라는 판결을 구합니다.

청 구 원 인

1. 당사자 관계

원고는 일반인들로부터의 예탁금, 적금의 수납 및 자금대출 등을 목적으로 설립된 영리법인이고, 소외 김◉◉는 20○○. ○. ○.부터 20○○. ○○. ○○.까지 원고회사의 경리로 근무하던 사람이고, 피고는 20○○. ○. ○.부터 20○○. ○○. ○○.까지 소외 김◉◉에 대하여 신원보증을 한 신원보증인입니다.

2. 손해배상책임의 발생

(1) 소외 김◉◉의 불법행위

소외 김◉◉는 20○○. ○○. ○○.까지 원고회사의 경리직원으로 재직하면서 거래처로부터 수금, 미수, 잔액 등을 정리하는 업무를 처리해오던 중 여러 차례에 걸쳐 경리장부를 조작하는 수법을 사용하여 거래처로부터 입금되는 금 ○○○원을 횡령하였습니다.

(2) 피고의 책임

피고는 이 사건 불법행위자인 소외 김◉◉의 신원보증인으로서 신원보증의 범위 내에서 소외 김◉◉가 원고에게 끼친 손해를 배상할 의무가 있다 할 것입니다.

3. 손해배상의 범위

피고는 20○○. ○. ○. 이후에 소외 김◉◉의 신원보증인이 되었으므로, 소외 김◉◉가 20○○. ○. ○. 이후 횡령한 금 ○○○원에 대하여 책임을 져야 할 것입니다.

4. 따라서 피고는 소외 김◉◉의 신원보증인으로서 소외 김◉◉가 원고에게 끼친 손해를 배상할 의무가 있으므로, 원고는 피고에 대하여 금 ○○○원 및 이에 대하여 이 사건 사고일인 20○○. ○○. ○○.부터 이 사건 소장부본 송달일까지는 민법에서 정한 연 5%의, 그 다음날부터 다 갚는 날까지는 소송촉진등에관한특례법에서 정한 연 15%의 각 비율에 의한 지연손해금을 지급 받기 위하여 이 사건 청구에 이르게 되었습니다.

입 증 방 법

1. 갑 제1호증 신원보증서
1. 갑 제2호증 경위서
1. 갑 제3호증 변제각서

첨 부 서 류

1. 위 입증방법 각 1통
1. 법인등기사항증명서 1통
1. 소장부본 1통
1. 송달료납부서 1통

20○○. ○. ○.

위 원고 ○○은행(주)

대표이사 ○○○ (서명 또는 날인)

○○지방법원 ○○지원 귀중

㉒ 손해배상(기)청구의 소(감전사고, 사망)

소 장

원 고 1. 김○○ (주민등록번호)
2. 김①○ (주민등록번호)
3. 김②○ (주민등록번호)
위 원고들 주소: ○○시 ○○구 ○○로 ○○(우편번호)
위 원고3은 미성년자이므로
법정대리인 친권자 부 김○○
전화.휴대폰번호:
팩스번호, 전자우편(e-mail)주소:

피 고 ◇◇◇공사
○○시 ○○구 ○○로 ○○(우편번호)
대표자 사장 ◇◇◇
전화.휴대폰번호:
팩스번호, 전자우편(e-mail)주소:

손해배상(기)청구의 소

청 구 취 지

1. 피고는 원고 김○○에게 금 ○○○원, 원고 김①○에게 금 ○○○원, 같은 김②○에게 금 ○○○원 및 각 이에 대하여 20○○. ○○. ○○.부터 이 사건 소장부본 송달일까지는 연 5%의, 그 다음날부터 다 갚을 때까지는 연 15%의 각 비율에 의한 돈을 지급하라.
2. 소송비용은 피고의 부담으로 한다.
3. 위 제1항은 가집행 할 수 있다.

라는 판결을 구합니다.

청 구 원 인

1. 당사자 관계
   소외 망(亡) 이◉◉(다음부터 소외 망인이라 함)는 이 사건 감전사고로 사망한 피해자이고, 원고 김○○는 위 소외 망인의 남편이고, 원고 김①○ 및 원고 김②○는 위 소외 망인의 자녀들입니다.
2. 손해배상의 책임
   (1) 위 소외 망인은 20○○. ○○. ○○. 비가 많이 오는 가운데 우산을 쓰고

제주시 ○○ 앞길을 가던 중 갑자기 송전탑의 전선이 끊어지면서 ○○볼트의 전압에 감전이 되어 그 자리에서 곧 바로 사망하였습니다.

(2) 피고는 전주의 설치, 보존상의 관리책임자로 전선을 설치함에 있어 전선이 쉽게 끊어지지 않도록 설치해야 하고 또한 사전에 수시로 전신주, 전선 등을 살펴 낡은 전선은 교체하고 부실한 전신주는 보수하여 사고가 발생하지 않도록 미연에 주의를 해야 할 의무가 있음에도 불구하고 이를 게을리 한 과실로 위 소외 망인을 사망에 이르게 하였습니다.

(3) 따라서 피고는 전기통신사업법 제33조 및 민법상의 불법행위자로 위 소외 망인 및 원고들이 입은 모든 정신적, 물질적 피해를 배상하여야 할 의무가 있다할 것입니다.

3. 손해배상의 범위

(1) 일실수입

소외 망인은 1961. 6. 20.생으로 이 사건 사고로 사망한 20○○. ○○. ○○. 현재 만 33세 5개월 남짓한 신체 건강한 대한민국 여자로 기대여명은 43.98년이 되며, 만약 제주시내에 거주하고 있는 소외 망인이 이 사건 사고로 사망하지 않았다면 사고일로부터 60세에 도달하는 날까지 향후 약○○개월간은 최소한 도시일용노동자로 종사하면서 매월 금 ○○○원(도시일용보통인부 1일단가 금 ○○○원×22일)의 수입을 얻을 수 있으나 이 사건 사고로 사망하는 바람에 수입의 전부를 상실하게 되었습니다.

따라서 소외 망인의 생활비를 그 소득에서 1/3을 공제하고 연 5%의 중간 이자를 공제한 호프만방식에 따른 소외 망인의 일실수입을 계산해보면 일시의 현가금이 금 ○○○원이 됩니다.

【계산】

(도시일용보통인부 1일단가 금 ○○○원×22일)×(사고일부터 60세에 이르는 날까지의 호프만계수)×100%×2/3(생활비 1/3 공제)=금 ○○○원

(2) 위자료

소외 망인은 평소 신체 건강한 여자였는데 이 사건 사고로 불의에 사망하는 바람에 소외 망인 및 원고들이 정신적 고통을 당한 것은 경험칙상 명백하므로, 피고는 소외 망인에게 금 ○○○원, 원고 김○○에게는 금 ○○○원, 원고 김①○에게 금 ○○○원, 원고 김②○에게는 금 ○○○원을 각 지급하여 소외 망인 및 원고들의 정신적인 고통을 금전으로나마 위자하여야 마땅하다 할 것입니다.

(3) 장례비

원고 김○○는 소외 망인의 장례비로 금 ○○○원을 지출하였습니다.

4. 상속관계

소외 망인의 손해배상채권 금 ○○○원{금 ○○○원(일실수입)+금 ○○○원(위자

료)}은 그의 상속인인 원고 김○○에게 3/7{금 ○○○원(소외 망인의 손해배상채권)×(3/7)}, 나머지 원고들에게 각 2/7(금 ○○○원)의 비율로 상속되었습니다.

5. 따라서, 피고는 원고 김○○에게 금 ○○○원{금 ○○○원(장례비)+금 ○○○원(위자료)+금 ○○○원(상속채권)}을, 원고 김①○에게 금 ○○○원{금 ○○○원(위자료)+금 ○○○원(상속채권)}을, 원고 김②○에게 금 ○○○원{금 ○○○원(위자료)+금 ○○○원(상속채권)} 및 각 이에 대하여 이 사건 사고일인 20○○. ○○. ○○.부터 이 사건 소장부본 송달일까지는 민법에서 정한 연 5%의, 그 다음날부터 다 갚는 날까지는 소송촉진등에관한특례법에서 정한 연 15%의 각 비율에 의한 지연손해금을 지급할 의무가 있다 할 것이므로, 원고들은 부득이 청구취지와 같은 돈을 각 지급 받고자 이 사건 청구에 이르게 되었습니다.

입 증 방 법

1. 갑 제1호증 기본증명서
1. 갑 제2호증 가족관계증명서
1. 갑 제3호증 사건사고사실확인원
1. 갑 제4호증 인우보증서
1. 갑 제5호증 사진
1. 갑 제6호증 영수증
1. 갑 제7호증 한국인표준생명표 표지 및 내용
1. 갑 제8호증 월간거래가격표지 및 내용

첨 부 서 류

1. 위 입증방법 각 1통
1. 법인등기사항증명서 1통
1. 소장부본 1통
1. 송달료납부서 1통

20○○. ○. ○.

위 원고 1. 김○○ (서명 또는 날인)
2. 김①○ (서명 또는 날인)
3. 김②○

원고3은 미성년자이므로 법정대리인
친권자 부 김○○(서명 또는 날인)

○○지방법원 ○○지원 귀중

㉓ 손해배상(기)청구의 소(위임계약위반)

소 장

원 고 ○○○ (주민등록번호)
○○시 ○○구 ○○로 ○○(우편번호 ○○○-○○○)
전화.휴대폰번호:
팩스번호, 전자우편(e-mail)주소:
피 고 ◇◇◇ (주민등록번호)
○○시 ○○구 ○○로 ○○(우편번호 ○○○-○○○)
전화.휴대폰번호:
팩스번호, 전자우편(e-mail)주소:

손해배상(기)청구의 소

청 구 취 지

1. 피고는 원고에게 금 ○○○원 및 이에 대한 20○○. ○○. ○○.부터 이 사건 소장부본 송달일까지는 민법에서 정한 연 5%의, 그 다음날부터 다 갚는 날까지는 연 15%의 각 비율에 의한 돈을 지급하라.

2. 소송비용은 피고의 부담으로 한다.

3. 위 제1항은 가집행 할 수 있다.
라는 판결을 구합니다.

청 구 원 인

1. 손해배상책임의 발생
가. 원고는 20○○. 5. 5. 소외 ◎◎운수주식회사로부터 화물자동차 1대를 매매대금 20,000,000원에 매수함에 있어서, 당일 계약금으로 금 2,000,000원, 같은 해 5. 15. 금 5,000,000원을, 같은 해 5. 30. 잔금 13,000,000원을 지급하여 완납한 뒤 같은 해 소외 조◎◎를 운전기사로 고용하여 관리.운영하였습니다.
나. 그런데 소외 ◎◎운수주식회사 대표 김◎◎와 소외 조◎◎는 상호 공모하여 원고 모르게 20○○. 7. 30. 위 화물자동차를 소외 유◎◎에게 금 10,000,000원에

매각처분 함으로 인하여 원고는 위 자동차를 운행함으로 얻을 수 있는 수익금 2,000,000원과 위 불법행위로 인한 손해를 합한 금 22,000,000원을 청구하는 소송을 위 소외인 등을 상대로 하여 ○○지방법원 20○○가단○○호로서 제기함에 있어 변호사인 피고를 원고의 소송대리인으로 위임하게 되었는데, 이때 원고는 피고에게 재판만을 해달라는 것이었을 뿐 구체적으로 피고 마음대로 소외 ◎◎운수주식회사 등과 화해하거나 소의 취하, 청구의 포기 등을 할 수 있는 권한까지 위임한 사실이 전혀 없고 피고 사무소에 비치된 인쇄된 부동문자의 위임장에 위임인의 날인을 해준 바는 있습니다. 그럼에도 불구하고 피고는 20○○. 9. 30. 원고와 사전에 합의하거나 원고의 승낙 없이 원고의 의사에 반하여 소외 ◎◎운수주식회사 대표인 김◎◎와 위 민사소송사건에 관하여 금 12,000,000원을 받고 이후 민사소송을 제기하지 않기로 하는 법정외 화해계약을 체결하고 20○○. 10. 1. 위 민사소송의 소취하서를 제출하여 위 사건은 소취하로 종결되었습니다.

다. 그러나 위 사건이 취하로 종결된 것은 피고의 수권범위를 벗어난 배임행위로 인한 것이며, 이러한 사정을 잘 아는 소외 김◎◎와의 사이에 이루어진 화해이므로 원고는 위 화해가 무효임을 주장하여 소외 ◎◎운수주식회사를 상대로 다시 20○○. 10. 30.경 ○○지방법원에 손해배상청구의 소를 제기하였던바, 위 법정외 화해계약 때문에 원고는 패소하였고, ○○고등법원에 항소하였으나(20○○나○○○호), 그 항소심에서도 소외 ◎◎운수주식회사는 원고에게 손해배상의무가 있음은 명백하지만 원고의 소송대리인인 피고가 법정외 화해하고 민사소송을 재차 제기하지 아니 하기로 하여 소취하 한 것이니 원고의 청구는 이유 없다 하여 항소기각 되었습니다.

라. 그렇다면 피고는 원고의 수임인으로서 민법 제681조에 따라 위임의 본래의 내용에 따라 선량한 관리자의 주의로써 위임사무를 처리하여야 할 것임에도 불구하고 위와 같은 배임행위를 함으로써 원고에게 손해를 끼쳤으므로 그로 인한 원고의 모든 손해를 배상할 책임이 있다 할 것입니다.

2. 손해배상의 범위

위에서 살펴본 바와 같은 이유로 원고가 입은 손해액은 원고가 ○○지방법원에 제소한 위 민사소송사건에 있어서 피고가 소송대리인으로서 마음대로 법정외 화해를 하지 아니하고 소취하를 하지 아니하였더라면 원고는 금22,000,000원의 승소판결을 얻을 수 있었을 것인데 이에 상당한 손해를 입게 되었는바, 이 손해액 중 원고는 피고의 위 배임행위에 의한 합의로 피고를 통하여 금 12,000,000원을 넘겨받았으므로 나머지 금 10,000,000원과, 위 민사소송 제기시 소장에 첩용한 인지 금 ○○원과 피고에게 지급한 착수금 ○○원, ○○지방법원에 소외 ◎◎운수주식회사를 상대로 다시 제기한 손해배상청구사건에서의 제1, 2심 소송비용 및 변호사선임비용 금 ○○○원이 소요되었으니 총합계 금 ○○○원인바, 이것은 모두 피고의 배임행위로 인하여 원고가 입은 손해로서 피고가 배상하여야 할 것입니다.

3. 결론

따라서 원고는 피고로부터 위 손해배상금 ○○○원 및 이에 대한 위 화해계약이 무효임을 들어 제기한 소송의 항소심판결이 확정된 20○○. ○○. ○○.부터 이 사건 소장부본 송달일까지는 민법에서 정한 연 5%의, 그 다음날부터 다 갚는 날까지는 소송촉진등에관한특례법에서 정한 연 15%의 각 비율에 의한 지연손해금을 배상 받기 위하여 이 사건 청구에 이른 것입니다.

입 증 방 법

1. 갑 제1호증	판결정본
1. 갑 제2호증	취하서
1. 갑 제3호증	합의서

첨 부 서 류

1. 위 입증방법	각 1통
1. 소장부본	1통
1. 송달료납부서	1통

20○○. ○. ○.

위 원고 ○○○ (서명 또는 날인)

○○지방법원 귀중

㉔ 손해배상(기)청구의 소(일부 이행불능인 경우)

소 장

원 고 ○○○ (주민등록번호)
○○시 ○○구 ○○로 ○○(우편번호 ○○○-○○○)
전화.휴대폰번호:
팩스번호, 전자우편(e-mail)주소:
피 고 ◇◇◇ (주민등록번호)
○○시 ○○구 ○○로 ○○(우편번호 ○○○-○○○)
전화.휴대폰번호:
팩스번호, 전자우편(e-mail)주소:

손해배상(기)청구의 소

청 구 취 지

1. 피고는 원고에게 금 120,000,000원 및 이에 대한 2001. 6. 30.부터 이 사건 소장부본 송달일까지는 연 5푼의, 그 다음날부터 다 갚는 날까지는 연 15%의 각 비율에 의한 돈을 지급하라.
2. 소송비용은 피고의 부담으로 한다.
3. 위 제1항에 한하여 가집행 할 수 있다.

라는 판결을 구합니다.

청 구 원 인

1. 원고는 2000. 5. 30. 피고로부터 ○○시 ○○구 ○○동 ○○○ 대 1,000㎡ 중 1,000분의 100지분(다음부터 이 사건 토지라 함) 및 위 지상 철골 콘크리트조 슬래브지붕 3층 연립주택 ○동 ○○○호(다음부터 이 사건 건물이라 함)를 대금 100,000,000원에 매수하기로 하고 계약당일 계약금 10,000,000원을 지불하였으며 중도금 30,000,000원을 같은 해 6. 15. 잔금 60,000,000원은 같은 해 6. 30. 각 지불하였습니다.
2. 잔금 지불 후 원고는 이 사건 토지 및 건물이전등기를 하려고 하였으나 이 사건 토지에 관하여는 매매계약체결 전인 2000. 1. 22. 채무자 소외 ◈◈◈(피고 직전 소유자), 근저당권자 소외 ◉◉◉, 채권채고액 금 30,000,000원으로 된 2000. 1. 21. 근저당권설정계약을 원인으로 한 근저당권설정등기가 마쳐져 있었으므로 원고는 이 사건 건물의 소유권이전등기만을 하게 되었고, 이 사건 토지에 관하

여는 피고에게 근저당권을 말소해줄 것을 요구하면서 이전등기를 하지 않고 있었던 것입니다.

3. 그러던 중 피고 소유 명의의 이 사건 토지에 관하여 근저당권자 소외 ◉◉◉가 2001. 3. 2.경 근저당권실행을 위한 경매를 신청하고 소외 ◎◎◎가 2001. 5. 30. 그 경매절차에서 매수하여 2001. 6. 30. 피고로부터 소외 ◎◎◎에게로 지분소유권이전등기가 되었습니다.
4. 그렇다면 원고와 피고 사이의 위 매매목적물 중 이 사건 토지의 매매부분은 2001. 6. 30. 경매절차에서의 매각에 의하여 이행불능이 되었는바, 일반적으로 토지와 그 지상건물을 매매한 경우 토지와 그 지상의 건물은 특별한 사정이 없는 한 법률적인 운명을 같이 하게 되는 것이 거래의 관행이고 당사자의 의사나 경제의 관념에도 합치되는 것이고, 특히 집합건물에 있어서는 전유부분에 대한 소유권이전등기의무와 대지지분에 관한 소유권이전등기의무는 불가분의 관계에 있다고 할 것이므로 이 사건 토지부분의 소유권이전등기가 이행불능으로 되었다면 원고가 원하였던 계약의 목적을 달성할 수는 없는 것이라고 할 것이고, 피고의 원고에 대한 이 사건 매매계약상의 채무는 전부 이행불능상태에 이르렀다고 할 것입니다.
5. 따라서 원고는 피고로부터 이 사건 토지와 건물의 이행불능 당시의 가액인 금 120,000,000원 및 이에 대한 위 이행불능이 확정된 2001. 6. 30.부터 이 사건 소장부본 송달일까지는 민법에서 정한 연 5푼의, 그 다음날부터 다 갚는 날까지는 소송촉진등에관한특례법에서 정한 연 15%의 각 비율에 의한 지연손해금을 지급할 의무가 있으므로 이 사건 청구에 이른 것입니다.

입 증 방 법

1. 갑 제1호증 매매계약서
1. 갑 제2호증 등기사항증명서

첨 부 서 류

1. 위 입증방법 각 1통
1. 소장부본 1통
1. 송달료납부서 1통

20○○. ○. ○.
위 원고 ○○○ (서명 또는 날인)

○○지방법원 귀중

㉕ 손해배상(기)청구의 소(계약불이행)

소 장

원 고 의료법인 ○○재단
○○시 ○○구 ○○길 ○○ (우편번호)
대표자 이사장 ○○○
전화.휴대폰번호:
팩스번호, 전자우편(e-mail)주소:

피 고 ◇◇생약협동조합
○○시 ○○구 ○○길 ○○ (우편번호)
대표이사 ◇◇◇
전화.휴대폰번호:
팩스번호, 전자우편(e-mail)주소:

손해배상(기)청구의 소

청 구 취 지

1. 피고는 원고에게 금 10,000,000원 및 이에 대한 2000. 10. 1.부터 이 사건 소장부본 송달일까지는 연 5%의, 그 다음날부터 다 갚는 날까지 연 15%의 각 비율에 의한 돈을 지급하라.
2. 소송비용은 피고의 부담으로 한다.
3. 위 제1항은 가집행 할 수 있다.

라는 판결을 구합니다.

청 구 원 인

1. 원고재단은 ○○한방병원 등을 설립.경영하는 의료법인으로서 2000. 1. 30. 원고재단은 피고조합과 한약재 공급계약을 체결한바 있는데, 그 내용은 원고가 필요로 하는 한약재의 생산.채집 및 공급을 피고가 책임지기로 하고, 그 연간 생산계약과 공급가격 및 품질검사방법에 관하여는 매년 상호합의하에 결정하기로 하는 것이었습니다.
   구체적으로 원고재단 사무국장인 소외 박○○는 원고재단의 대표자를 대리하여 피고조합의 위 계약에 기한 구체적인 한약재 수요공급계약을 체결한바 있는데,

그 주요내용은 피고조합은 2000. 8. 30.까지 한약재 5,000근을 근당 가격 금 10,000원에 원고재단에게 공급하기로 하고, 원고재단은 피고조합에게 계약금으로 금 5,000,000원을 지급하고, 정당한 이유 없이 원고재단이 계약을 위약하면 계약금을 포기하고 피고조합이 위약할 때에는 계약금의 배액을 손해배상액으로 지급하기로 하였습니다.

2. 그 뒤 피고조합은 아무런 정당한 이유 없이 공급하기로 한 약정기일인 2000. 8. 30.까지 위 한약재를 공급하지 않고 있어 원고재단은 2000. 9. 30.까지 약정 공급수량인 5,000근의 한약재를 공급하지 않으면 2000. 10. 1. 위 계약이 해제될 것임을 통고하였음에도 불구하고 피고조합은 위 한약재의 공급을 이행하지 않았으므로 위 계약은 2000. 10. 1. 해제되었다 할 것입니다.

3. 따라서 원고재단은 피고조합에 대하여 계약불이행으로 인한 손해배상으로 계약서상 약정된 계약금의 배액인 금 10,000,000원 및 이에 대한 2000. 10. 1.부터 이 사건 소장부본 송달일까지는 민법에서 정한 연 5%의, 그 다음날부터 다 갚는 날까지는 소송촉진등에관한특례법에서 정한 연 15%의 각 비율에 의한 지연손해금의 지급을 구하기 위하여 이 사건 청구에 이른 것입니다.

입 증 방 법

1. 갑 제1호증 공급계약서
1. 갑 제2호증 통고서(내용증명)

첨 부 서 류

1. 위 입증방법 각 1통
1. 법인등기사항증명서 1통
1. 소장부본 1통
1. 송달료납부서 1통

20○○. ○. ○.

위 원고 의료법인 ○○재단

이사장 ○○○(서명 또는 날인)

○○지방법원 귀중

㉖ 손해배상(기)청구의 소(공작물의 보존의 하자로 인한 손해)

소 장

원 고 ○○○ (주민등록번호)
○○시 ○○구 ○○길 ○○(우편번호)
전화.휴대폰번호:
팩스번호, 전자우편(e-mail)주소:
피 고 ◇◇◇ (주민등록번호)
○○시 ○○구 ○○길 ○○(우편번호)
전화.휴대폰번호:
팩스번호, 전자우편(e-mail)주소:

손해배상(기)청구의 소

청 구 취 지

1. 피고는 원고에게 금 10,000,000원 및 이에 대한 2000. 6. 30.부터 이 사건 소장 부본 송달일까지는 연 5%의, 그 다음날부터 다 갚는 날까지는 연 15%의 각 비율에 의한 돈을 지급하라.
2. 소송비용은 피고의 부담으로 한다.
3. 위 제1항은 가집행 할 수 있다.

라는 판결을 구합니다.

청 구 원 인

1. 피고는 ○○ ○○○시 ○○읍 ○○ 소재 토지 및 건물의 소유자이고, 원고는 위 토지의 남쪽 아래에 있는 ○○ ○○○시 ○○읍 ○○-○○ 소재 토지 및 건물을 소유하고 거기에 거주하고 있는 사람입니다.
2. 2000. 5. 30.경에 ○○도 지방을 엄습한 태풍 때 원고 소유의 토지와 피고 소유 토지와의 경계선인 돌담이 모두 붕괴하고 위 지역에 세워진 피고 소유 건물은 남쪽 상당부분을 보수하지 않으면 넘어질 위험에 직면하였었습니다.
3. 그래서 원고는 피고에 대하여 곧 돌담 등의 복구작업을 하고 원고의 건물에 위험이 미치지 않도록 조치를 강구할 것을 요구하였으나, 피고는 그대로 방치하여 두었습니다.
4. 그런데 같은 해 6. 30. 다시 이 지방을 휩쓴 태풍으로 인하여 피고의 건물이

넘어져서 그 때문에 원고 소유 건물의 북쪽 뒷부분을 파괴하기에 이르렀던 것입니다. 그 결과 원고는 위 부분의 수리를 함으로써 10,000,000원의 비용이 소비되었습니다.

5. 위 사고는 피고 소유 공작물의 보존에 하자가 있었기 때문에 발생한 것이며, 피고에게 위 금액의 부담을 교섭하였으나 피고는 아무런 정당한 이유도 없이 원고의 요구에 불응하므로 원고는 피고에 대하여 위 손해배상금 10,000,000원 및 이에 대한 2000. 6. 30.부터 이 사건 소장부본 송달일까지는 민법에서 정한 연 5%의, 그 다음날부터 다 갚는 날까지는 소송촉진등에관한특례법에서 정한 연 15%의 각 비율에 의한 지연손해금의 지급을 구하고자 이 사건 소제기에 의한 청구에 이른 것입니다.

입 증 방 법

1. 갑 제1호증의 1 내지 3	각 현장사진
1. 갑 제2호증	견적서
1. 갑 제3호증	공사대금 영수증
1. 갑 제4호증	토지등기사항증명서
1. 갑 제5호증	건물등기사항증명서

첨 부 서 류

1. 위 입증방법	각 1통
1. 소장부본	1통
1. 송달료납부서	1통

20○○. ○. ○.

위 원고 ○○○ (서명 또는 날인)

○○지방법원 귀중

㉗ 손해배상(기)청구의 소(목욕탕 온수에 화상을 입은 경우)

소 장

원 고 1. ○○○ (주민등록번호)
○○시 ○○구 ○○길 ○○(우편번호)
전화.휴대폰번호:
팩스번호, 전자우편(e-mail)주소:
2. ◉◉◉ (주민등록번호)
○○시 ○○구 ○○길 ○○(우편번호)
전화.휴대폰번호:
팩스번호, 전자우편(e-mail)주소:

피 고 ◇◇◇ (주민등록번호)
○○시 ○○구 ○○길 ○○(우편번호)
전화.휴대폰번호:
팩스번호, 전자우편(e-mail)주소:

손해배상(기)청구의 소

청 구 취 지

1. 피고는 원고 ○○○에게 금 31,530,706원, 원고 ◉◉◉에게 금 1,000,000원 및 각 이에 대한 2000. 12. 31.부터 이 사건 소장부본 송달일까지는 연 5%의, 그 다음날부터 다 갚는 날까지는 연 15%의 각 비율에 의한 돈을 지급하라.

2. 소송비용은 피고의 부담으로 한다.

3. 위 제1항은 가집행 할 수 있다.
라는 판결을 구합니다.

청 구 원 인

1. 당사자들의 관계
원고 ○○○는 이 사건 사고의 피해자 본인이고, 원고 ◉◉◉는 원고 ○○○의 남편이며, 피고는 원고 ○○○가 이용하다가 화상을 입게 된 목욕탕을 경영하는 사람입니다.

2. 손해배상책임의 발생

(1) 원고 ○○○는 2000. 12. 31. 15:00경 피고가 경영하는 서울 ○○구 ○○길 ○의 ○○○ ○○목욕탕의 여탕에서 온탕욕조에 들어가 5분 정도 있다가 나와 속칭 때밀어 주는 이에게 때를 밀기 위하여 순서를 기다리면서 온탕욕조 바깥쪽 턱(폭 29㎝, 높이 22㎝)에 등을 대고 앉아 있었는데, 그 당시 원고○○○의 등 뒤쪽 약 51㎝ 떨어진 곳에는 온탕욕조에 냉.온수를 공급하는 철제 파이프가 설치되어 있고, 철제 온수 파이프 끝에는 고무호스가 연결되어 온탕욕조 바닥으로 늘어뜨려져 있었으며, 당시 섭씨 80°내지 90°정도의 온수가 위 철제파이프와 고무호스를 통과하여 온탕 속으로 쏟아지고 있었습니다.

그 때 욕조 내에 있던 성명불상의 여자가 온수가 쏟아져 나오는 위 고무호스를 건드리는 바람에 고무호스를 통하여 욕조 안으로 쏟아지던 온수의 방향이 갑자기 바뀌어 원고 ○○○의 뒤쪽에서 우측 팔과 좌.우측 허벅지 부분에 쏟아졌고, 이로 인하여 원고 ○○○는 우측 상지부, 대퇴부 및 좌측 대퇴부, 하퇴부의 2도 및 3도 화상을 입었습니다.

(2) 그런데 피고가 비록 그가 영업을 하는데 필요한 관련 행정법규상의 시설기준 및 영업자 준수사항을 모두 준수하였다 하더라도 그 설치한 시설물의 설치보존상의 하자라든가 기타의 과실로 인하여 타인이 손해를 입었을 경우에 그 배상책임을 면할 수는 없는 것이라 할 것인바, 목욕탕을 경영하는 피고로서는 직접 피부에 닿아 순간적으로 화상을 입힐 정도의 뜨거운 물을 공급하여서는 아니 되는 것이고, 부득이한 경우라도 그러한 온수에 대한 주의를 환기시킨다던가 안전한 설비를 갖추어야 할 의무가 있다 할 것이며, 피고는 고객의 피부접촉시 순간적으로 화상을 입힐 수 있는 섭씨 약 80°내지 90°의 뜨거운 물을 공급하였고, 또한 온수파이프 끝에 외력에 의하여 쉽게 움직일 수 있는 고무호스를 연결하여 놓은 채 관리를 소홀히 한 잘못이 있고, 이러한 피고의 과실과 위 성명불상 여인이 고무호스를 부주의하게 건드린 과실이 경합하여 이 사건 사고가 발생하였다고 할 것이므로, 피고는 위 사고로 인하여 원고들이 입은 모든 손해를 배상할 책임이 있다 하겠습니다.

3. 손해배상책임의 범위

가. 원고 ○○○의 일실수입

원고가 이 사건 사고로 상실한 가동능력에 대한 금전적 총평가액 상당의 일실수입 손해는 다음 (1)과 같은 기초사실을 기초로 하여, 다음 (2)와 같이 월 5/12%의 비율에 의한 중간이자를 공제하는 단리할인법에 따라 이 사건 사고 당시의 현가로 계산한 금 27,049,236원이 됩니다.

(1) 기초사실

(가) 성별 : 여자

* 생년월일 : 1970. 3. 6.생
* 연령(사고 당시) : 30세 9개월 남짓
* 기대여명 : 50.32년

(나) 주거지 : 도시지역인 서울에서 남편과 함께 거주

(다) 소득실태 : 도시일용노동에 종사하는 보통인부의 2000년 하반기 적용 시 중노임단가는 1일 금 37,052원으로서, 매월 22일씩 가동

(라) 치료기간 : 사고일부터 2001. 2. 11.까지 ○○병원, ○○의원 등지에서 입원 및 통원치료

(마) 후유장해 및 가동능력 상실정도

* 후유장해 : 우측 상박과 전박에 걸쳐 22×7㎝ 가량의 화상 후 반흔 및 색소침착, 좌측 대퇴부 내측 거의 전부에 화상 후 반흔과 중증의 색소침착 등의 영구 추형장애
* 가동능력상실율 : 국가배상법시행령 별표2 중 12급 13호의 외모에 추상이 남은 자로서, 가동능력상실률을 15%로 평가함.

(바) 가동기간 : 사고일로부터 60세가 되는 2030. 3. 5.까지 29년 2개월 (350개월)

(2) 계산 : 합계 금 27,049,236원

(가) 이 사고일부터 2001. 2. 11.까지 전액상실 : 금 811,720원(금 37,052원×22일×0.9958, 단 중간의 월 미만은 상실수입이 적은 기간으로 넘기고 마지막 월 미만 및 원 미만은 버림. 다음부터 같음).

(나) 그 이후 60세가 될 때까지 15% 상실 : 금 26,237,516원{금 37,052원×22일×15/100×214.5839(215.5797 - 0.9958)}

(다) 합계 : 금 27,049,236원(= 금 26,237,516원 + 금 811,720원)

나. 기왕치료비 : 합계 금 2,481,470원(사고일 이후 1995. 2. 11.까지 통원 및 입원치료)

다. 위자료

(1) 참작한 사유 : 나이, 가족관계, 재산 및 교육정도, 사고의 경위, 상해의 부위 및 정도, 치료기간, 피해자측 과실의 정도, 기타 이 사건 변론에 나타난 여러 사정

(2) 청구금액

* 원고 ○○○ : 금 2,000,000원
* 원고 ◉◉◉ : 금 1,000,000원

4. 결론

그렇다면 피고는 원고 ○○○에게 금 31,530,706원{금 27,049,236원(일실수입금)+금2,481,470원(기왕치료비)+금 2,000,000원(위자료)}, 원고 ◉◉◉에게 금 1,000,000원 및 각 이에 대하여 이 사건 사고 발생일인 2000. 12. 31.부터 이 사건 소장부본 송달일까지는 민법에서 정한 연 5%의, 그 다음날부터 다 갚는 날까지는 소송촉진등에관한특례법에서 정한 연 15%의 각 비율에 의한 지연손해금을 지급하여야 할 것이므로 원고들은 위 각 돈을 지급 받기 위하여 이 사건 소송에 이르게 되었습니다.

입 증 방 법

1. 갑 제1호증의 1, 2 각 진단서
1. 갑 제2호증 사실확인서
1. 갑 제3호증 입·퇴원확인서
1. 갑 제4호증의 1, 2 각 치료비영수증
1. 갑 제5호증의 1, 2 한국인의 표준생명표 표지 및 내용
1. 갑 제6호증의 1, 2 월간거래가격 표지 및 내용

첨 부 서 류

1. 위 입증방법 각 1통
1. 소장부본 1통
1. 송달료납부서 1통

20○○. ○. ○.

위 원고 1. ○○○ (서명 또는 날인)
2. ◉◉◉ (서명 또는 날인)

○○지방법원 귀중

㉘ 손해배상(기)청구의 소(횡령으로 인한 손해배상)

소 장

원 고 주식회사 ○○건설
○○시 ○○구 ○○로 ○○ (우편번호)
대표이사 ○○○
전화.휴대폰번호:
팩스번호, 전자우편(e-mail)주소:
피 고 ◇◇◇ (주민등록번호)
○○시 ○○구 ○○로 ○○(우편번호)
전화.휴대폰번호:
팩스번호, 전자우편(e-mail)주소:

손해배상(기)청구의 소

청 구 취 지

1. 피고는 원고에게 금 10,000,000원 및 이에 대한 2001. 3. 5.부터 이 사건 소장부본 송달일까지는 연 5%의, 그 다음날부터 다 갚는 날까지는 연 15%의 각 비율에 의한 돈을 지급하라.

2. 소송비용은 피고가 부담한다.

3. 위 제1항은 가집행 할 수 있다.
라는 판결을 구합니다.

청 구 원 인

1. 당사자들의 관계
피고는 2000. 1. 5. 원고회사의 직원으로 채용되어 2001. 5. 30. 징계해직 된 사람입니다.

2. 손해배상책임의 발생
피고는 원고회사의 경리과 직원으로 재직하면서 거래처로부터 물품대금을 받아 원고회사 예금계좌에 입금하는 업무를 담당하고 있던 중, 2001. 3. 5. 원고회사의 거래처인 주식회사◉◉에서 지급한 금 10,000,000원을 회사통장에 입금하지 아니하고 횡령, 개인용도로 소비한 사실이 뒤늦게 밝혀져 같은 해 4. 10. 자로 징계해직 된 사람인바, 횡령을 하여 원고에 손해를 입힌 사실이 명백하므로 금 10,000,000원을 원고에게 배상하여야 할 것입니다.

3. 사정이 위와 같으므로 원고는 피고로부터 피고가 횡령한 금 10,000,000원 및 이에 대한 2001. 3. 5.부터 이 사건 소장부본 송달일까지는 민법에서 정한 연 5%의, 그 다음날부터 다 갚는 날까지는 소송촉진등에관한특례법에서 정한 연 15%의 각 비율에 의한 지연손해금을 지급 받고자 이 사건 소송에 이르게 된 것입니다.

입 증 방 법

1. 갑 제1호증 사실확인서
1. 갑 제2호증 입금표

첨 부 서 류

1. 위 입증방법 각 1통
1. 법인등기사항증명서 1통
1. 소장부본 1통
1. 송달료납부서 1통

20○○. ○. ○.

위 원고 주식회사○○건설
대표이사 ○○○ (서명 또는 날인)

○○지방법원 귀중

㉙ 손해배상(기)청구의 소(공작물의 하자, 점유자를 상대로)

소 장

원 고 ○○○ (주민등록번호)
○○시 ○○구 ○○길 ○○(우편번호)
전화.휴대폰번호:
팩스번호, 전자우편(e-mail)주소:
피 고 ◇◇◇ (주민등록번호)
○○시 ○○구 ○○길 ○○(우편번호)
전화.휴대폰번호:
팩스번호, 전자우편(e-mail)주소:

손해배상(기)청구의 소

청 구 취 지

1. 피고는 원고에게 금 10,000,000원 및 이에 대한 2001. 10. 20.부터 이 사건 소장부본 송달일까지는 연 5%의, 그 다음날부터 다 갚는 날까지 연 15%의 각 비율에 의한 돈을 지급하라.
2. 소송비용은 피고가 부담한다.
3. 위 제1항은 가집행 할 수 있다.

라는 판결을 구합니다.

청 구 원 인

1. 당사자들의 관계
   원고는 ○○시 ○○구 ○○길 ○○ 소재 4층 건물 1층에서 "○○"라는 상호로 의류점을 경영하다가 피고의 공작물보존상의 하자로 인하여 화재피해를 당한 사람이고, 피고는 같은 건물 2층에서 "○○○"라는 상호로 음식점을 경영하던 사람으로서 공작물의 점유자로서 보존상의 하자에 따른 손해배상책임을 지는 사람입니다.
2. 손해배상책임의 발생
   위에서 밝힌 대로 원.피고는 같은 건물에서 점포를 운영하던 사람들이고, 피고는 음식점경영을 위하여 비상구통로에 20Kg들이 액화석유가스(L.P.G.)통(다음부터 이 사건 가스통이라 함)을 설치하고 그곳으로부터 피고의 음식점 주방까지 호스로 연결하여 가스를 사용하여 왔는데, 가스통이 설치되어 있던 위 비상구 통로는 그 폭이 1m, 길이가 5m로서 평소에는 바깥 출입문을 잠근 채 가스통을 교환할 때에만 문을 열었으므로 환기가 되지 아니하여 가스 누출시 적체될 위험성이 많았으나 가스통의 공급업자(가스판매업자)와 가스충전업자가 이 사건 가스통에 대한 안전상태를 점검하지 아니한 채 이를 공급함에 따라, 사고 당시 위 가스통의 상단에 가스의 누출을 방지하기 위하여 장치된 밸브의 부품인 스핀들이 파손되어 위 가스가 누출되었는데, 2001. 10. 20. 22:47경 피고가 가스가 누출되고 있는 것을 발견하고 밸브를 닫아 그 누출을 차단하려고 하였으나, 밸브의 고장으로 닫아지지 아니하여 위 가스가 통로에 적체되다가 불씨에 의하여 폭발하면서 화재가 발생하여 원고의 의류점내의 내부시설과 의류가 불에 타 못쓰게 되는 손해를 입었는바, 위 화재는 이 사건 가스통의 하자 자체로 인하여 직접 발생한 것이므로, 피고는 공작물인 이 사건 가스통의 점유자로서 화재로 인하여 원고가 입은 손해를 배상할 책임이 있다고 할 것입니다.

3. 손해배상책임의 범위

원고는 화재로 소실된 내부시설의 복구 및 청소를 위하여 금 5,000,000원을 지출하였고, 판매를 위해 화재전날 구입하여 매장에 진열 중이던 의류 100점, 금 5,000,000원어치가 모두 소실하였으므로 피고가 원고에게 배상해야 할 돈은 총 10,000,000원입니다.

4. 결론

사정이 위와 같으므로 원고는 피고로부터 금 10,000,000원 및 이에 대한 이 사건 사고발생일인 2001. 10. 20.부터 이 사건 소장부본 송달일까지는 민법에서 정한 연 5%의, 그 다음날부터 다 갚는 날까지는 소송촉진등에관한특례법에서 정한 연 15%의 각 비율에 의한 지연손해금을 받기 위하여 이 사건 소송에 이르게 되었습니다.

입 증 방 법

1. 갑 제1호증의 1, 2 각 현장사진
1. 갑 제2호증 화재증명원
1. 갑 제3호증의 1, 2 각 영수증
1. 갑 제4호증 거래명세표

첨 부 서 류

1. 위 입증방법 각 1통
1. 소장부본 1통
1. 송달료납부서 1통

20○○. ○. ○.

위 원고 ○○○ (서명 또는 날인)

○○지방법원 귀중

㉚ 손해배상(기)청구의 소(근로계약불이행으로 인한 손해)

소 장

원 고 ○○주식회사
○○시 ○○구 ○○로 ○○ (우편번호)
대표이사 ○○○
전화.휴대폰번호:
팩스번호, 전자우편(e-mail)주소:

피 고 1. ◇◇◇ (주민등록번호)
○○시 ○○구 ○○로 ○○(우편번호)
전화.휴대폰번호:
팩스번호, 전자우편(e-mail)주소:
2. ◈◈◈ (주민등록번호)
○○시 ○○구 ○○로 ○○(우편번호)
전화.휴대폰번호:
팩스번호, 전자우편(e-mail)주소:

손해배상(기)청구의 소

청 구 취 지

1. 피고들은 연대하여 원고에게 금 35,000,000원 및 이에 대한 2002. 9. 30.부터 이 사건 소장부본 송달일까지는 연 5%의, 그 다음날부터 다 갚는 날까지는 연 15%의 각 비율에 의한 돈을 지급하라.
2. 소송비용은 피고들이 부담한다.
3. 위 제1항은 가집행 할 수 있다.

라는 판결을 구합니다.

청 구 원 인

1. 원고회사는 각종 식류품 및 세제류의 유통업체이고, 피고 ◇◇◇는 2000. 1. 15. 원고회사에 입사하여 창고관리업무에 종사하다가 2002. 3. 1. 다른 창고업무종사자들을 감독하며 물품의 출납과 재고관리 및 장부관리를 총괄하는 직책인 창고장에 취임하여 2002. 9. 30.까지 동일한 업무를 수행하였으며, 피고 ◈◈◈는 피고 ◇◇◇의 원고회사에 입사함에 있어서 신원보증을 한 사람입니다.

2. 그런데 2002. 9. 30. 피고 ◇◇◇가 원고회사를 퇴직하여 창고장직을 그만둔 뒤 피고 ◇◇◇가 창고장의 직무를 인수할 당시의 실제 재고량에 그 후 새로이 입고된 총물량을 더한 다음 거기에서 피고 ◇◇◇의 창고장 직무수행기간 중의 총출고량을 공제한 수량과 후임자에게 인계할 당시의 실제 재고량과의 차이를 피고 ◇◇◇의 책임아래 작성된 장부상의 기재내용과 따져 본 결과 금 35,000,000원 상당의 물품이 부족한 사실이 발견되었습니다.
3. 피고 ◇◇◇의 원고회사 창고장으로서의 책무는 입.출고시 물품의 수량 및 하자유무를 확인하고 물품이 훼손되지 않도록 다른 창고업무 종사자들을 지휘.감독하여 보관 중인 물품이 도난당하거나 멸실되지 않도록 보관상의 주의의무를 다하고, 이에 부수하여 재고관리 및 장부정리 등을 하는 것임에도 불구하고 피고 ◇◇◇는 원고회사의 창고장으로서 선량한 관리자의 주의의무를 게을리 함으로 인하여 원고회사에게 위와 같은 손해를 끼친 것이므로 피고는 원고회사의 위와 같은 손해를 전부 배상하여야 할 것이며, 피고 ◈◈◈는 피고 ◇◇◇의 신원보증인으로서 원고회사의 위와 같은 손해를 전부 부담하여야 할 것입니다.
4. 그렇다면 원고회사에게 피고들은 연대하여 부족한 물품에 대한 손해배상금 35,000,000원 및 이에 대한 손해발생 이후로서 손해발생을 확인한 2002. 9. 30.부터 이 사건 소장부본 송달일까지는 민법에서 정한 연 5%의, 그 다음날부터 다 갚는 날까지는 소송촉진등에관한특례법에서 정한 연 15%의 각 비율에 의한 지연손해금을 지급하여야 할 것이므로 이 사건 청구에 이른 것입니다.

입 증 방 법

1. 갑 제1호증의 1 내지 30 각 일일재고현황표
1. 갑 제2호증의 1 내지 30 각 출.입고의뢰서
1. 갑 제3호증 인수인계서

첨 부 서 류

1. 위 입증방법 각 1통
1. 소장부본 1통
1. 송달료납부서 1통

20○○. ○. ○.

위 원고 ○○주식회사

대표이사 ○○○ (서명 또는 날인)

○○지방법원 귀중

㉛ 손해배상(기) 등 청구의 소(소유권방해배제 등)

소 장

원 고 ○○○ (주민등록번호)
○○시 ○○구 ○○로 ○○(우편번호)
전화.휴대폰번호:
팩스번호, 전자우편(e-mail)주소:

피 고 ◇◇◇ (주민등록번호)
○○시 ○○구 ○○로 ○○(우편번호)
전화.휴대폰번호:
팩스번호, 전자우편(e-mail)주소:

손해배상(기) 등 청구의 소

청 구 취 지

1. 피고는 원고에 대하여 ○○시 ○○구 ○○동 ○○ 대 ○○○㎡중 별지도면 표시 1, 2, 3, 4, 1의 각 점을 차례로 연결한 선내 (가)부분 ○○㎡ 지상의 담장을 철거하여 위의 (가)부분 ○○㎡를 인도하라.

2. 피고는 원고에게 20○○. ○. ○.부터 이 사건 토지의 인도일까지 월 금 500,000원의 비율에 의한 돈을 지급하라.

3. 소송비용은 피고가 부담한다.

4. 위 제1항 및 제2항은 가집행 할 수 있다.

라는 판결을 구합니다.

청 구 원 인

1. 원고의 소유권
   ○○시 ○○구 ○○동 ○○ 대 ○○○㎡는 원고가 19○○. ○. ○. 소외 ◉◉

◉로부터 매수하여 소유권이전등기를 마친 원고 소유의 토지입니다.

2. 피고의 원고 소유권에 대한 방해사실
피고는 이 사건 토지 중 별지도면 표시 1, 2, 3, 4, 1의 각 점을 차례로 연결한 선내 (가)부분을 자신의 소유라고 하면서 원고의 저지를 물리치고 일방적으로 20○○. ○. ○.부터 불법으로 점유하여 이 부분에 담장을 축조하였습니다.

3. 결론
따라서 원고는 이 사건 토지의 소유권에 기한 방해배제로서 피고에 대하여 이 사건 토지 중 별지도면 표시 1, 2, 3, 4, 1의 각 점을 차례로 연결한 선내 (가)부분 ○○㎡ 지상 담장의 철거 및 위의 (가)부분 ○○㎡의 인도를 구하고, 20○○. ○. ○.부터 이 사건 토지의 인도일까지 위의 (가)부분 ○○㎡의 임차료 상당인 월 금 500,000원의 비율에 의한 돈의 지급을 구하기 위하여 이 사건 청구에 이른 것입니다.

입 증 방 법

1. 갑 제1호증 토지등기사항증명서
1. 갑 제2호증 현장사진

첨 부 서 류

1. 위 입증방법 각 1통
1. 소장부본 1통
1. 송달료납부서 1통

20○○. ○. ○.

위 원고 ○○○ (서명 또는 날인)

○○지방법원 귀중

[별지] 생략

㉜ 손해배상(기)청구의 소(사기)

소 장

원 고 ○○○ (주민등록번호)
○○시 ○○구 ○○길 ○○(우편번호)
전화.휴대폰번호:
팩스번호, 전자우편(e-mail)주소:
피 고 ◇◇◇ (주민등록번호)
○○시 ○○구 ○○길 ○○(우편번호)
전화.휴대폰번호:
팩스번호, 전자우편(e-mail)주소:

손해배상(기)청구의 소

청 구 취 지

1. 피고는 원고에게 금 ○○○원 및 이에 대한 20○○. ○. ○.부터 이 사건 소장 부본 송달일까지는 연 5%의, 그 다음날부터 다 갚는 날까지는 연 15%의 각 비율에 의한 돈을 지급하라.

2. 소송비용은 피고가 부담한다.

3. 위 제1항은 가집행 할 수 있다
라는 판결을 구합니다.

청 구 원 인

1. 피고는 20○○. ○. ○. 원고의 집에서 갚을 의사나 능력이 없음에도 불구하고, 남편이 음주운전 중 교통사고를 내어 사람을 다치게 하여, 피해자와의 합의금이 급히 필요하니 이틀만 빌려주면 곧 갚겠다고 거짓말하여 원고는 피고의 말

에 속아 금 ○○○원을 피고에게 무통장으로 입금시켜 주었습니다.

2. 그러나 피고의 말은 모두 거짓말이었고, 이틀이 아니라 현재까지도 위 돈을 갚지 아니하고 있습니다.

3. 그러므로 원고는 피고로부터 금 ○○○원 및 이에 대한 20○○. ○. ○.부터 이 사건 소장부본 송달일까지는 민법에서 정한 연 5%의, 그 다음날부터 다 갚는 날까지는 소송촉진등에관한특례법에서 정한 연 15%의 각 비율에 의한 지연손해금의 지급을 청구하기 위하여 이 사건 소를 제기합니다.

입 증 방 법

1. 갑 제1호증 무통장입금증

첨 부 서 류

1. 위 입증방법 각 1통
1. 소장부본 1통
1. 송달료납부서 1통

20○○. ○. ○.

위 원고 ○○○ (서명 또는 날인)

○○지방법원 귀중

㉝ 손해배상(기)청구의 소(명예훼손)

소 장

원 고 ○○○ (주민등록번호)
○○시 ○○구 ○○길 ○○(우편번호)
전화.휴대폰번호:
팩스번호, 전자우편(e-mail)주소:
피 고 ◇◇◇ (주민등록번호)
○○시 ○○구 ○○길 ○○(우편번호)
전화.휴대폰번호:
팩스번호, 전자우편(e-mail)주소:

손해배상(기)청구의 소

청 구 취 지

1. 피고는 원고에게 금 ○○○원 및 이에 대한 20○○. ○. ○.부터 이 사건 소장 부본 송달일까지는 연 5%의, 그 다음날부터 다 갚는 날까지는 연 15%의 각 비율에 의한 돈을 지급하라.

2. 소송비용은 피고가 부담한다.

3. 위 제1항은 가집행 할 수 있다.

라는 판결을 구합니다.

청 구 원 인

1. 원고는 모두 25인으로 구성되어 있는 낙찰계의 계주이고, 피고는 원고가 계주가 되어 조직한 위 낙찰계의 계원입니다.

2. 피고는 20○○. ○. ○. ○○시 소재 ○○닭갈비집에서 계모임 중 계주인 원고가 다른 계원이 계금을 제 때에 납부하지 않는다는 이유 등으로 계의 운영의 어려움에 대해서 의견을 언급하고 있던 중 피고가 원고의 의견에 대하여 반박을 함으로써 약간 언쟁이 있었습니다.

3. 그리하여 서로간에 얼굴을 붉히게 되어 계 분위기가 산만해지자 피고가 20여

명의 계원들이 모인 자리에서 "계주가 계금을 빼돌리지 않았느냐? 원래 계주는 이번이 처음이 아니고 여러 번 이와 비슷하게 계금을 빼돌려서 개인적인 용도로 사용하지 않았느냐? 계를 고의로 깨뜨리려고 하는 것이 아니냐?"는 등의 허위사실을 언급함으로써 원고의 명예를 훼손한 사실이 있습니다.

4. 원고는 위와 같은 피고의 발언으로 말미암아 정신적인 충격은 말할 것도 없고, 경제적 신용상태에 있어서 씻을 수 없는 상처를 받았을 것임은 경험칙상 명백하므로 피고는 이를 원고에게 금전적으로나마 위자할 의무가 있다 할 것이고, 그 액수는 원고의 사회적 지위 등 제반 사정을 참작하여 금 ○○○원으로 정함이 상당하다 할 것입니다.

5. 그렇다면 피고는 원고에게 금 ○○○원 및 이에 대하여 불법행위일인 20○○. ○. ○.부터 이 사건 소장부본 송달일까지는 민법에서 정한 연 5%의, 그 다음날부터 다 갚는 날까지는 소송촉진등에관한특례법에서 정한 연 15%의 각 비율에 의한 지연손해금을 각 지급할 의무가 있다 할 것이므로 그 지급을 구하고자 이 사건 청구에 이른 것입니다.

입 증 방 법

1. 갑 제1호증 목격자의 확인서

첨 부 서 류

1. 위 입증서류 1통
1. 소장부본 1통
1. 송달료납부서 1통

20○○. ○. ○.

위 원고 ○○○ (서명 또는 날인)

○○지방법원 귀중

㉞ 손해배상(기)청구의 소(상해)

소 장

원 고 ○○○ (주민등록번호)
○○시 ○○구 ○○길 ○○(우편번호)
전화.휴대폰번호:
팩스번호, 전자우편(e-mail)주소:
피 고 ◇◇◇ (주민등록번호)
○○시 ○○구 ○○길 ○○(우편번호)
전화.휴대폰번호:
팩스번호, 전자우편(e-mail)주소:

손해배상(기)청구의 소

청 구 취 지

1. 피고는 원고에게 금 ○○○원 및 이에 대한 20○○. ○. ○.부터 이 사건 소장 부본 송달일까지는 연 5%의, 그 다음날부터 다 갚는 날까지는 연 15%의 각 비율에 의한 돈을 지급하라.
2. 소송비용은 피고의 부담으로 한다.
3. 위 제1항은 가집행 할 수 있다.

라는 판결을 구합니다.

청 구 원 인

1. 손해배상책임의 발생

피고는 20○○. ○. ○. 16:00 ○○로타리에서 길을 걷고 있던 원고를 불러, 아무 이유도 없이 시비를 걸다가 원고가 이에 대꾸하지 않는다는 이유로 각목으로 원고의 머리를 때려 원고는 그 자리에서 쓰러져 병원으로 후송된 뒤 한 달간의 치료를 받은 사실이 있으므로, 피고는 이로 인해 원고가 입은 모든 손해를 배상할 책임이 있다고 할 것입니다.

2. 손해배상책임의 범위

가. 치료비

원고는 병원 치료비로 금 ○○○원을 지출하는 손해를 입었습니다.

나. 일실수입

원고는 원래 회사원으로서 월 평균 금 ○○○원을 급여로 받아 왔는데 20○○. ○. ○.부터 20○○. ○. ○.까지 한 달 동안 병원을 다니며 치료를 받느라 한 달 간 일을 하지 못하였으므로, 이로 인한 일실수입은 금 ○○○원{금 ○○○원×1(100%)×0.9958(1개월간에 상당한 호프만수치)}입니다.

다. 위자료

원고는 위 사고로 인해 대인공포증 등으로 시달리는 등 정신적인 고통을 받았으므로 피고는 이를 금전으로나마 위자할 의무가 있다고 할 것인데, 원고의 나이, 직업, 학력, 가정적인 환경 등을 종합적으로 고려할 때 위자료로는 금 ○○○원이 상당하다고 할 것입니다.

3. 결론

따라서 원고는 피고로부터 금 ○○○원(치료비 금 ○○○원 + 일실수입 금 ○○○원 + 위자료 금 ○○○원) 및 이에 대한 20○○. ○. ○.부터 이 사건 소장부본 송달일까지는 민법에서 정한 연 5%의, 그 다음날부터 다 갚는 날까지는 소송촉진등에관한특례법에서 정한 연 15%의 각 비율에 의한 지연손해금을 지급 받기 위하여 이 사건 청구에 이른 것입니다.

입 증 방 법

1. 갑 제1호증 고소장
1. 갑 제2호증 고소장접수증명원
1. 갑 제3호증 진단서
1. 갑 제4호증 치료비영수증
1. 갑 제5호증 재직증명서
1. 갑 제6호증 급여명세서
1. 갑 제7호증 근로소득세원천징수영수증

첨 부 서 류

1. 위 입증방법 각 1통
1. 소장부본 1통
1. 송달료납부서 1통

20○○. ○. ○.

위 원고 ○○○ (서명 또는 날인)

○○지방법원 귀중

㉟ 손해배상(기)청구의 소(협박)

소 장

원 고 ○○○ (주민등록번호)
○○시 ○○구 ○○길 ○○(우편번호)
전화.휴대폰번호:
팩스번호, 전자우편(e-mail)주소:
피 고 ◇◇◇ (주민등록번호)
○○시 ○○구 ○○길 ○○(우편번호)
전화.휴대폰번호:
팩스번호, 전자우편(e-mail)주소:

손해배상(기)청구의 소

청 구 취 지

1. 피고는 원고에게 금 ○○○원 및 이에 대한 20○○. ○. ○.부터 이 사건 소장 부본 송달일까지는 연 5%의, 그 다음날부터 다 갚는 날까지는 연 15%의 각 비율에 의한 돈을 지급하라.

2. 소송비용은 피고의 부담으로 한다.

3. 위 제1항은 가집행 할 수 있다.

라는 판결을 구합니다.

청 구 원 인

1. 손해배상책임의 발생
   피고는 20○○. ○. ○. 16:00 원고의 주거지에 찾아와 흉기를 보이며 '빨리 빚을 갚지 않으면 네 아이들까지 전부 죽이겠다'고 원고를 협박하였고, 이로 인해 원고는 충격을 받고 그 자리에서 쓰러져 병원으로 후송된 뒤 치료를 받고 퇴원한 사실이 있으므로, 피고는 이로 인해 원고가 입은 모든 손해를 배상할 책임이 있다고 할 것입니다.

2. 손해배상책임의 범위

가. 치료비

원고는 위 사고 당일 병원 치료비로 금 ○○○원을 지출하는 손해를 입었습니다.

나. 위자료

원고는 위 사고로 인해 대인공포증 등으로 시달리는 등 정신적인 고통을 받았으므로 피고는 이를 금전으로나마 위자할 의무가 있다고 할 것인데, 원고의 나이, 직업, 학력, 가정적인 환경 등을 종합적으로 고려할 때 위자료로는 금 ○○○원이 상당하다고 할 것입니다.

3. 결론

따라서 원고는 피고로부터 금 ○○○원(치료비 금 ○○○원 + 위자료 금 ○○○원) 및 이에 대한 20○○. ○. ○.부터 이 사건 소장부본 송달일까지는 민법에서 정한 연 5%의, 그 다음날부터 다 갚는 날까지는 소송촉진등에관한특례법에서 정한 연 15%의 각 비율에 의한 지연손해금을 지급 받기 위하여 이 사건 청구에 이른 것입니다.

입 증 방 법

1. 갑 제1호증	고소장
1. 갑 제2호증	고소장접수증명원
1. 갑 제3호증	진단서
1. 갑 제4호증	치료비영수증

첨 부 서 류

1. 위 입증방법	각 1통
1. 소장부본	1통
1. 송달료납부서	1통

20○○. ○. ○.

위 원고 ○○○ (서명 또는 날인)

○○지방법원 귀중

㊱ 손해배상(기)청구의 소(강간)

소 장

원 고 ○○○ (주민등록번호)
○○시 ○○구 ○○길 ○○(우편번호)
전화.휴대폰번호:
팩스번호, 전자우편(e-mail)주소:
피 고 ◇◇◇ (주민등록번호)
○○시 ○○구 ○○길 ○○(우편번호)
전화.휴대폰번호:
팩스번호, 전자우편(e-mail)주소:

손해배상(기)청구의 소

청 구 취 지

1. 피고는 원고에게 금 ○○○○원 및 이에 대한 20○○. ○. ○.부터 이 사건 소장부본 송달일까지는 연 5%의, 그 다음날부터 다 갚는 날까지는 연 15%의 각 비율에 의한 돈을 지급하라.
2. 소송비용은 피고의 부담으로 한다.
3. 위 제1항은 가집행 할 수 있다.

라는 판결을 원합니다.

청 구 원 인

1. 당사자들의 지위

원고는 피고로부터 강간을 당한 피해자이고 피고는 원고를 강간한 가해자입니다.

2. 손해배상책임의 발생

원고는 20○○. ○. ○. 23:00경 직장일을 마치고 원고의 집으로 귀가를 하던 중 원고의 집 근처 골목길에 이르렀을 때 갑자기 피고로부터 폭행을 당하고 저항할 수 없는 상태에서 강간을 당한 사실이 있고 이로 인하여 원고는 처녀막이 파열되고, 소음부 등에 6주간의 치료를 요하는 상해를 입은 사실이 있는바, 따라서 피고는 피고 자신의 위와 같은 불법행위로 인하여 원고가 입은 모든 손해에 대하여 배상할 책임이 있다 할 것입니다.

3. 손해배상의 범위

가. 치료비

원고는 피고의 폭행 및 강간으로 인하여 ○○시 ○○구 ○○길 소재 ○○산부인과의원 및 같은 동 ○○○신경정신과의원, 같은 동 ○○○정형외과의원에서 통원치료를 받으면서 치료비로 금 ○○○원을 지출한 사실이 있습니다.

나. 위자료

원고는 위와 같은 피고의 폭행 및 강간으로 인하여 정신과적 치료에도 불구 심한 정신적인 우울증과 불면증에 시달리고 있으며, 이로 인하여 다니던 직장도 그만두고 현재 집에서 요양중이나 사고가 발생한 날로부터 지금까지도 마찬가지지만 앞으로도 오랫동안 이 사건 사고의 후유증에서 벗어나기 어려운 정신적인 고통을 겪을 것임은 경험칙상 명백하다 할 것이므로, 피고는 원고의 위와 같은 고통에 대하여 금전으로나마 위자하여야 할 것이며, 그 금액은 이사건 사고의 원인과 결과, 상해정도, 치료기간, 원고의 나이 등을 고려할 때 적어도 금 ○○○○원은 되어야 할 것입니다.

4. 결론

따라서 원고는 피고로부터 금 ○○○○원(치료비 금 ○○○원+위자료 금 ○○○○원) 및 이에 대하여 불법행위일인 20○○. ○. ○.부터 이 사건 소장부본 송달일까지는 민법에서 정한 연 5%의, 그 다음날부터 다 갚는 날까지는 소송촉진등에관한특례법에서 정한 연 15%의 각 비율에 의한 지연손해금을 지급 받기 위하여 이 사건 청구에 이른 것입니다.

입 증 방 법

1. 갑 제1호증	고소장
1. 갑 제2호증	고소장접수증명원
1. 갑 제3호증의 1 내지 3	각 진단서
1. 갑 제4호증	통원치료확인서
1. 갑 제5호증의 1 내지 3	각 치료비영수증

첨 부 서 류

1. 위 입증방법	각 1통
1. 소장부본	1통
1. 송달료납부서	1통

20○○. ○. ○.

위 원고 ○○○ (서명 또는 날인)

○○지방법원 귀중

㊲ 손해배상(기)청구의 소(일조권침해)

소 장

원 고 ○○○ (주민등록번호)
○○시 ○○구 ○○길 ○○(우편번호)
전화.휴대폰번호:
팩스번호, 전자우편(e-mail)주소:
피 고 ◇◇건설주식회사
○○시 ○○구 ○○길 ○○(우편번호)
대표이사 ◇◇◇
전화.휴대폰번호:
팩스번호, 전자우편(e-mail)주소:

손해배상(기)청구의 소

청 구 취 지

1. 피고는 원고에게 금 ○○○원 및 이에 대하여 이 사건 소장부본 송달 다음날부터 이 사건 판결선고일까지는 연 5%의, 그 다음날부터 다 갚는 날까지는 연 15%의 각 비율에 의한 돈을 지급하라.
2. 소송비용은 피고의 부담으로 한다.
3. 위 제1항은 가집행 할 수 있다.

라는 판결을 원합니다.

청 구 원 인

1. 당사자들의 지위

원고는 소외 주식회사 ◈◈건설이 신축하여 분양한 ○○시 ○○구 ○○길 ○○ 소재 10층 높이의 아파트 중 1층 ○○○호를 분양 받아 사용하고 있는 사람이고, 피고는 원고가 분양 받은 위 아파트의 이웃에 13층 높이의 아파트 2개동 및 10층 높이의 아파트 1개동을 신축하여 일반 분양한 회사입니다.

2. 손해배상책임의 발생

가. 원고는 19○○. ○. ○. 소외 주식회사 ◈◈건설이 신축하여 분양한 ○○시 ○○구 ○○길 ○○ 소재 10층 건물의 아파트 중 1층 ○○○호에 대하여 분

양계약을 체결하고 분양대금을 지급한 후 위 일자에 입주하여 생활하여 오고 있는바, 분양당시 위 1층 ○○○호는 거실 등이 남향으로 위치하여 있어 1층임에도 불구하고 일조량이 동지를 기준으로 최소한 4시간 정도는 확보가 되는 상황이었습니다.

나. 이러한 상태에서 20○○. ○. ○.부터 원고가 분양 받은 아파트의 이웃 지번이자 피고 소유인 ○○시 ○○구 ○○길 ○○○에 피고가 10층 높이의 아파트 3개동을 신축하게 되었고, 원고는 당시 이러한 피고의 아파트신축계획을 알게 된 후 위 높이의 아파트가 들어선다 하여도 통풍 및 전망에는 약간의 피해가 예상되지만 그 외의 피해가 없다는 사실 및 위 아파트의 신축이 건축법상 하자가 없다는 사실을 알고 위 신축아파트의 신축과정을 지켜볼 수밖에 없던 차에 20○○. ○.경부터 위 3개동의 아파트 중 2개동에 대하여 그 건축높이를 10층에서 13층으로 건축허가를 변경하여 증축을 하게 된 사실을 알게 되었고, 이와 같이 아파트가 신축되게 되면 통풍 및 전망권에 대한 피해는 차치하고 동절기 기준으로 4시간 정도 확보되던 일조권의 혜택이 1시간 정도로 줄어들게 되어 이러한 이유를 들어 피고에 대하여 증축부분의 건축공사를 중지하여 줄 것을 여러 차례 요청하였음에도 불구하고, 피고는 행정상으로 하자가 없기에 건축공사를 중단할 수 없다고 하면서 계속 공사 진행을 하여 결국 20○○. ○○. ○○. 사용검사를 받고 현재는 입주를 앞둔 시기에 있습니다.

다. 피고가 신축한 위 아파트로 인하여 원고가 예상하는 원고 거주 아파트의 피해 일조량은 추분에서 동지, 춘분에 걸쳐 일일 확보되던 기존 일조시간에서 일일 많게는 7시간에서 6시간 정도의 일조침해가 예상되는바, 이 일조량의 침해에 대하여는 추후 현장검증 및 감정을 통하여 구체적으로 입증하기로 하되, 피고로서는 위와 같은 일조권 및 통풍, 전망권의 침해로 인하여 원고가 입은 손해를 배상할 책임이 있다 할 것입니다.

3. 손해배상의 범위

주거의 일조는 쾌적하고 건강한 생활에 필요한 생활이익으로서 법적 보호의 대상이 되는 것이며, 어떤 토지의 거주자가 인접한 타인의 토지 위를 거쳐서 태양의 직사광선을 받고 있는데, 그 인접 토지의 사용권자가 건물 등을 건축함으로써 직사광선이 차단되는 불이익을 입게 되고, 그 일조방해의 정도가 사회통념상 일반적으로 인용하는 수인한도를 넘어서는 경우에는 그 건축행위는 정당한 권리행사로서의 범위를 벗어나거나 권리남용에 이르는 행위로서 위법한 가해행위로 평가되어 일조방해로 인한 불법행위가 성립한다고 할 것인데(대법원 2001. 6. 26. 선고 2000다44928 판결), 이 사건 피고의 신축건물이 건축법에 따라 건축되었다 하더라도 위 신축건물로 인하여 위에서와 같은 일조권 등의 침해가 인정되고 이러한 침해정도는 사회통념상 원고가 수인할 수 있는 범위내의 침해라 할 수 없으며, 따라서 이와 같은 일조권 등의 침해는 피침해자인 원고에 대한 불법행위를 구성한다고 볼 것이며 이에 대하여 피고는 금전으로나마 원고에게 배상을 할 의무가 있는바, 그 금액은 이 사건 일조권 침해의 경위, 일조권 침해의 정도와 현황, 피해회피의 가능성 등 제반 사정을 참작할 때 최소한 금 ○○○원은 되어야 할 것입니다.

4. 결론

따라서 원고는 피고로부터 금 ○○○원 및 이에 대한 원고의 일조권 등을 침해하기 시작한 날이라고 인정되는 피고가 신축한 위 아파트의 사용검사일인 20○○. ○○. ○○.부터 이 사건 소장부본 송달일까지는 민법에서 정한 연 5%의, 그 다음날부터 다 갚는 날까지는 소송촉진등에관한특례법에서 정한 연 15%의 각 비율에 의한 지연손해금을 지급 받기 위하여 이 사건 청구에 이른 것입니다.

입 증 방 법

1. 갑 제1호증	부동산등기사항증명서
1. 갑 제2호증	주민등록등본
1. 갑 제3호증	지적도등본
1. 갑 제4호증	통고서

첨 부 서 류

1. 위 입증방법	각 1통
1. 법인등기사항증명서	1통
1. 소장부본	1통
1. 송달료납부서	1통

20○○. ○. ○.

위 원고 ○○○ (서명 또는 날인)

○○지방법원 귀중

㊳ 손해배상(기)청구의 소(초상권 침해)

소 장

원 고 ○○○ (주민등록번호)
○○시 ○○구 ○○길 ○○(우편번호)
전화.휴대폰번호:
팩스번호, 전자우편(e-mail)주소:

피 고 주식회사◇◇
○○시 ○○구 ○○길 ○○(우편번호)
대표이사 ◇◇◇
전화.휴대폰번호:
팩스번호, 전자우편(e-mail)주소:

손해배상(기)청구의 소

청 구 취 지

1. 피고는 원고에게 금 ○○○원 및 이에 대하여 20○○. ○. ○.부터 이 사건 소장부본 송달일까지는 연 5%의, 그 다음날부터 다 갚는 날까지는 연 15%의 각 비율에 의한 돈을 지급하라.
2. 소송비용은 피고의 부담으로 한다.
3. 위 제1항은 가집행 할 수 있다.

라는 판결을 구합니다.

신 청 이 유

1. 당사자 관계

원고는 이 사건의 직접적인 피해자 본인이고, 피고는 건강보조식품의 통신판매 및 광고업을 하는 사람으로서 매월 가입 회원들에게 통신판매용 광고전단(다음부터 광고전단이라고 함)을 배포하여 왔는데, 원고의 동의 없이 위 광고전단에 원고의 초상을 무단 전재함으로써 원고의 초상권을 침해한 가해자입니다.

2. 피고의 불법행위책임

가. 피고는 매월 초 위 광고전단을 발행하여 자신의 가입회원 10여만 명에게 발송하는데 20○○. ○. ○.에 발행한 광고전단 15면에 살빼는 약인 "◎◎"을 광고하면서 "체중감량 1개월에 10㎏ 달성"이라는 제목으로 광고기사를 작성하고 그 아래 원고의 수영복 입은 가로 5㎝, 세로 5㎝ 천연색 사진을 삽입하고 우측 여백에 "탤런트 ○○○ 다이어트 성공"이라는 설명을 붙여 게재하였습니다.

나. 그러나 위 광고문안에 등장하는 사람이 원고라는 것은 원고를 알고 있는 사람이라면 누구나 알 수 있을 정도이고 원고는 20○○. ○. 일자미상에 피고로부터 살 빼는 약인 "◎◎"을 복용하여 보라는 권유를 받고 이를 받아 둔 사실은 있으나 원고가 위 약을 복용하고 살을 뺀 사실도 없고, 피고에게 원고가 위 약을 복용하고 살을 뺐다는 내용을 광고하여도 된다는 동의나 승낙을 해준 사실이 없으며, 위 사진이 위 기사에 삽입되어 게재되는 과정에서도 전혀 그 사실을 알지 못하였습니다.

다. 그런데도 불구하고 피고는 원고의 위 사진과 원고에 대한 기사를 위 광고전단에 무단 전재하였으므로 원고의 초상권을 침해하였다 할 것이고, 원고가 마치 위 약을 복용한 것처럼 광고함으로써 원고에게 정신적 고통을 입혔다 할 것이므로 원고에게 손해배상을 하여야 할 것입니다.

3. 손해배상의 정도

피고의 위 광고전단은 월 발행 부수가 50,000부에 이르고 원고는 현재 연예인으로 활동하고 있으며, 원고의 체중감량이 전적으로 위 약의 복용에 기인하는 것처럼 광고됨으로써 원고의 이미지에 적지 않은 타격을 준 것이므로 이러한 모든 점을 고려하여 볼 때 피고는 원고가 위와 같은 초상권침해와 명예훼손으로 인하여 입은 정신적 손해를 배상할 책임이 있다 할 것인바, 그 액수는 제반 사정을 참작하면 적어도 금 ○○○원이 상당하다고 할 것입니다.

4. 결론

따라서 원고는 피고로부터 금 ○○○원 및 이에 대한 위 광고전단발행으로 불법행위를 행한 20○○. ○. ○.부터 이 사건 소장부본 송달일까지는 민법에서 정한 연 5%의, 그 다음날부터 다 갚는 날까지는 소송촉진등에관한특례법에서 정한 연 15%의 각 비율에 의한 지연손해금을 지급 받기 위하여 이 사건 청구에 이른 것입니다.

입 증 방 법

1. 갑 제1호증 통신판매 광고전단

첨 부 서 류

1. 위 입증서류 각 1통
1. 법인등기사항증명서 1통
1. 소장부본 1통
1. 송달료납부서 1통

20○○. ○. ○.

위 원고 ○○○ (서명 또는 날인)

○○지방법원 귀중

㊴ 손해배상(기)청구의 소(주거침입 등)

소 장

원 고 ○○○ (주민등록번호)
○○시 ○○구 ○○길 ○○(우편번호)
전화.휴대폰번호:
팩스번호, 전자우편(e-mail)주소:
피 고 ◇◇◇ (주민등록번호)
○○시 ○○구 ○○길 ○○(우편번호)
전화.휴대폰번호:
팩스번호, 전자우편(e-mail)주소:

손해배상(기)청구의 소

청 구 취 지

1. 피고는 원고에게 금 ○○○만원 및 이에 대한 20○○. ○○. ○○.부터 이 사건 소장부본 송달일까지는 연 5%의, 그 다음날부터 다 갚는 날까지는 연 15%의 각 비율에 의한 돈을 지급하라.

2. 소송비용은 피고의 부담으로 한다.

3. 위 제1항은 가집행 할 수 있다.

라는 판결을 구합니다.

청 구 원 인

1. 원고는 피고와 20○○. ○. ○.부터 3년간 ◉◉◉◉보험회사의 보험설계사로 같이 근무하면서 교제를 하며 친분을 갖게 되었는데, 원고는 갑자기 남편이 사업에 실패하여 급히 자금을 마련하여야 할 상황이 되어 20○○. ○. ○○. 피고로부터 금 ○○○원을 월 4%이사의 조건으로 3개월 뒤에 갚기로 하고 차용하였습니다.

2. 그런데 원고는 형편이 더욱 어려워져 피고에게 위 차용금을 갚을 날짜에 갚지

못하고 갚을 날짜를 3개월만 연기해줄 것을 요청하였으나, 피고는 이를 거절하고 20○○. ○○. ○. 밤늦게 원고의 집에 찾아와서 "이 ○○아" 하면서 욕설을 하며 문을 부수고 집안에 들어와서 빌려간 돈을 내놓으라고 하면서 원고의 집 방 1칸을 차지하고 고성을 지르다가 다음날 새벽 4시경에서야 원고의 집에서 나갔으며, 그 이후로도 20○○. ○○. ○○.까지 여러 차례에 걸쳐 원고의 집을 원고의 저지에도 불구하고 무단으로 침입하여 여러 시간 욕설을 하면서 머물렀던 사실이 있습니다.

3. 원고는 위 차용금을 어렵게 마련하여 갚을 날짜로부터 15일이 지나 원금 및 이자를 모두 갚았지만, 원고가 비록 채무를 갚을 날짜에 갚지 못하였다고 하여도 피고의 위와 같은 무단주거침입 등으로 인하여 원고가정의 평온이 파괴되어 원고가 상당한 정신적 고통을 당하였음은 경험칙상 명백하다 할 것이므로 피고는 이를 금전으로나마 위자할 의무가 있다 할 것인바, 피고는 원고에게 위자료로서 금 ○○○원을 지급함이 상당하다 할 것입니다.

4. 따라서 원고는 피고로부터 위자료 금 ○○○원 및 이에 대한 위 불법행위의 종료일인 20○○. ○○. ○○.부터 이 사건 소장부본 송달일까지는 민법에서 정한 연 5%의, 그 다음날부터 다 갚는 날까지는 소송촉진등에관한특례법에서 정한 연 15%의 각 비율에 의한 지연손해금을 지급 받기 위하여 이 사건 청구에 이른 것입니다.

입 증 방 법

1. 갑 제1호증 고소장
1. 갑 제2호증 진술서(증인)

첨 부 서 류

1. 위 입증방법 각 1통
1. 소장부본 1통
1. 송달료납부서 1통

20○○. ○. ○.
위 원고 ○○○ (서명 또는 날인)

○○지방법원 귀중

㊵ 손해배상(기)청구의 소(지하철역 추락사고)

소 장

원 고 ○○○ (주민등록번호)
○○시 ○○구 ○○길 ○○(우편번호)
전화.휴대폰번호:
팩스번호, 전자우편(e-mail)주소:
피 고 ◇◇시 도시철도공사
○○시 ○○구 ○○길 ○○(우편번호)
사장 ◇◇◇
전화.휴대폰번호:
팩스번호, 전자우편(e-mail)주소:

손해배상(기)청구의 소

청 구 취 지

1. 피고는 원고에게 금 ○○○원 및 이에 대하여 20○○. ○. ○○.부터 이 사건 소장부본 송달일까지는 연 5%의, 그 다음날부터 다 갚는 날까지는 연 15%의 각 비율에 의한 돈을 지급하라.

2. 소송비용은 피고의 부담으로 한다.

3. 위 제1항은 가집행 할 수 있다.
라는 판결을 구합니다.

청 구 원 인

1. 손해배상책임의 원인

가. 손해배상책임의 발생

(1) 맹인인 원고는 20○○. ○. ○. 07:25경 피고가 운영하는 지하철 ○호선 ○○역의 승강장 ○○기점 37.807㎞ 지점 하선 승강장에서 맹인용 보도블록이 설치되지 않은 승강장 바닥을 걷다가 선로로 떨어져 그 충격으로 인하여 우상완골 간부골절, 우족부 중골골절 등의 중상을 입게 되었습니다.

(2) 사고발생 직후 원고는 공익요원들과 승객들에 의하여 승강장 바닥으로 들어 올려진 후 119구급대원들에 의하여 ○○병원으로 후송되었습니다.

나. 손해배상책임의 근거

(1) 사고 발생 역의 시설물하자

가. 이 사건 사고가 발생한 지하철 ○호선 ○○역은 상행선에서 내려 바로 하행선을 탈 수 있는 일명 '섬식 정류장'이므로 양방향으로 선로가 지나가게 되고, 원고와 같은 시각장애인은 한층 추락의 위험성이 큰 승강장입니다.

나. 사고 당시 위 ○○역은 선로에의 추락을 방지하기 위하여 접근금지를 알리는 노란색 안전선을 표시하는 점자블록이, 지하철의 문이 열리고 승하차가 이루어지는 지점인 승하차지점에서 연결이 단절되어 있었고, 점자블록이 설치된 부분도 4열의 요철로 그 두께가 얇아 신발을 신은 상태에서 발바닥으로 감지하기가 쉽지 않았습니다. 원고는 위 점자블록을 감지하지 못하고 추락하게 되었습니다.

다. 현재 위 ○○역은 다른 지하철역과 동일하게 위 점자블록 승하차지점까지 연결되도록 하였고 그 점자블록의 두께도 6열의 요철로 두껍게 하였습니다(갑 제13호증의 1, 2 각 원고추락지점 사진).

라. 지하철 ○호선의 ○○역, ○○역은 선로에의 접근을 금지하기 위한 안전선을 표시하는 6열의 점자블럭이 승하차지점에도 계속 연결되어 있을 뿐만 아니라 안전선 안쪽에 고무로 된 요철이 설치되어 있어 시각장애인들의 접근을 금지시키고 있습니다(갑 제14호증의 1 ○○역 사진, 갑 제14호증의 2 ○○역 사진).

(2) 안내원의 미배치

피고공사는 지하철 운행에 있어서 여객의 안전보호를 위하여 방송 등을 통하여 승하차를 안내하도록 하는 외에 안내원, 공익요원 등을 승강장에 배치하여 여객을 안내, 정리하고 실족 등 사고발생 여부를 감시하고 있습니다.

그러나 이 사건 사고 당시는 출근시간인 오전 7시 25분경으로 혼잡 등으로 인한 실족 등의 사고발생 위험이 더욱 높았음에도 불구하고 사고장소인 승강장에 나와서 안내하는 안내원이 없었으며, 원고가 추락하자 다른 승객들이 원고를 구출하면서 역무실에 연락하여 공익근무요원 2명이 출동하였을 뿐입니다.

(3) 피고 공사의 과실

가. 따라서 이 사건 사고는 피고공사가 지하철과 같은 위험한 대중교통수단을 경영하면서 시각장애인들이 방향이나 위험지역을 인식할 수 있는 유일한 수단인 안전선 점자블록 등을 설치하지 않거나 설치하였더라도 사고발생을 충분히 예방할 수 있을 정도로 설치하지 않은 과실 및 사고발행의 위험이 높은 출근시간대에 여객의 실족 등을 감시 보호하는 안내원을 배치하지 않은

과실에 기인하여 발생한 것입니다.

나. 따라서 이 사건 사고는 피고공사의 과실 또는 피고공사 직원의 과실 및 ○○역 승강장의 공작물의 하자로 인하여 발생한 것이므로 피고공사는 불법행위에 의한 손해배상책임 또는 채무불이행에 의한 손해배상책임, 그리고 민법 제756조의 사용자 배상책임 또는 같은 법 제758조의 공작물의 점유자, 소유자의 책임이 있다 할 것입니다.

2. 손해배상의 범위

가. 원고의 일실수입

원고는 맹인 안마사로서 이 사건 사고 이전에는 월 ○○○만원의 소득을 얻었는바, 이 사건 사고로 인하여 사고일인 20○○. ○. ○.부터 20○○. ○. ○.까지 ○○병원, ◎◎병원 등에서 입원치료를 받아, 위 입원기간 동안 원고는 안마사로 일을 하지 못하여 매월 ○○○만원의 일실소득이 있었습니다.

【계 산】 : 사고일(20○○. ○. ○.)부터 병원퇴원일(20○○. ○○. ○○.)까지 3개월 남짓이므로 3개월에 상당하는 호프만수치 : 2.9751

금 ○○○원 × 2.9751 = 금 ○○○원

나. 치료비

원고에 대한 치료비는 합계 금 ○○○원(○○병원 치료비 ○○○원+◎◎병원 치료비 ○○○원)입니다.

다. 위자료

생명을 잃을 수도 있었던 이 사건 사고로 인하여 원고는 심한 고통을 당하고 장기간 입원치료까지 하여 현재까지도 지속적으로 심한 정신적, 육체적 고통을 받고 있음이 경험칙상 명백하므로, 피고는 이에 대하여도 금전으로나마 위자할 의무가 있다 할 것인바, 피고는 이 사건 사고발생 경위나 그 결과 등 제반 사정을 참작하여 원고에게 금 ○○○원을 지급함이 상당하다 할 것입니다.

3. 결론

그렇다면 원고는 피고공사로부터 금 ○○○원(일실수입 금 ○○○원+치료비 금 ○○○원+위자료 금 ○○○원) 및 이에 대하여 이 사건 사고일인 20○○. ○. ○○.부터 이 사건 소장부본 송달일까지는 민법에서 정한 연 5%의, 그 다음날부터 다 갚는 날까지는 소송촉진등에관한특례법에서 정한 연 15%의 각 비율에 의한 지연손해금을 지급 받기 위하여 이 사건 청구에 이른 것입니다.

입 증 방 법

1. 갑 제1호증	상황보고
1. 갑 제2호증	구급 · 구조증명서
1. 갑 제3호증	주민등록표등본
1. 갑 제4호증	장애인등록증
1. 갑 제5호증	안마사자격증
1. 갑 제6호증	진단서
1. 갑 제7호증	입 · 퇴원확인서(○○병원)
1. 갑 제8호증	입 · 퇴원확인서(◎◎병원)
1. 갑 제9호증	치료비계산서(○○병원)
1. 갑 제10호증	치료비영수증(○○병원)
1. 갑 제11호증	진료비계산서(◎◎병원)
1. 갑 제12호증	치료비영수증(◎◎병원)
1. 갑 제13호증 1내지 3	각 사고장소 현장사진
1. 갑 제14호증의 1	지하철 ○호선 ○○역 현장사진
1. 갑 제14호증의 2	지하철 ○호선 ○○역 현장사진

첨 부 서 류

1. 위 입증방법	각 1통
1. 법인등기사항증명서	1통
1. 소장부본	1통
1. 송달료납부서	1통

20○○. ○. ○.

위 원고 ○○○ (서명 또는 날인)

○○지방법원 귀중

㊶ 손해배상(기)청구의 소(경업금지의무 위반)

소 장

원 고 ○○○ (주민등록번호)
○○시 ○○구 ○○길 ○○(우편번호)
전화.휴대폰번호:
팩스번호, 전자우편(e-mail)주소:

피 고 ◇◇◇ (주민등록번호)
○○시 ○○구 ○○길 ○○(우편번호)
전화.휴대폰번호:
팩스번호, 전자우편(e-mail)주소:

손해배상(기)청구의 소

청 구 취 지

1. 피고는 원고에게 금 ○○○원 및 이에 대한 20○○. ○. ○.부터 이 사건 소장 부본 송달일까지는 연 5%의, 그 다음날부터 다 갚는 날까지는 연 15%의 각 비율에 의한 돈을 지급하라.
2. 소송비용은 피고의 부담으로 한다.
3. 위 제1항은 가집행 할 수 있다.

라는 판결을 구합니다.

청 구 원 인

1. 손해배상책임의 발생

(1) 당사자의 관계

원고는 20○○. ○. ○. 피고와 사이에 ○○ ○○시 ○○○길 ○○○-○○ 소재 ○○세차장(사업자등록증에 자동차전문수리업으로 되어 있고, 카센터 건물 및 대지는 신청외 ◉◉◉의 소유임)에 관하여 영업양도양수계약을 체결하고, 동 카센터(영업권 및 그 영업시설)를 대금 2,300만원(권리금 2,000만원, 보증금 300만원)에 원고가 양수하였습니다.

당시 피고는 자신의 어머니가 계주를 하다가 파계되어 빚쟁이들이 가계로 몰려와 돈을 내놓으라고 하면서 소란스럽게 하는 바람에 영업을 할 수 없으니 가계를 넘기고 자신은 어머니와 음식장사나 하겠다고 하기에 권리금으로 금 2,000만원이나 지급하고 위 가계를 인수하였습니다. 결국, 피고는 원고에게 위 가계를 넘긴 뒤에는 인근에서 카센터 동종영업을 하지 않기로 약정을 한 것입니다.

(2) 손해배상책임의 발생

그러나 피고는 위 약정을 어기고 위 계약을 체결한 뒤 약 1년이 지난 20○○. ○. ○.경부터 원고가 인수한 위 카센터로부터 약 5㎞ 떨어진 ○○시 ○○○길 ○○-○에서 다시 ○○○카센터를 설립하여 영업을 시작하였습니다.

피고는 ○○시 ○○○길에서 초, 중, 고등학교를 졸업하고 지금까지 살아온 소위 토박이로서 인근에 아는 사람이 많아 기존의 고객이 많을 뿐더러, ○○세차장과 불과 300m 정도 떨어진 ○○중앙교회의 집사로서 그 교회 신도들 등 고객이 많습니다.

피고는 위 ○○○카센터 내에서만 영업을 하는 것이 아니라, 자신이 다니는 위 ○○중앙교회 운동장에서 출장수리를 하는 등 영업을 하고 있습니다.

장애인인 원고가 위 가게를 인수한 것은 그러한 고객선이 있었기 때문에 이를 시작하게 된 것이었지만, 피고가 다시 영업을 개시한 이후로는 수입이 급감하였습니다.

한편, 원고는 최근 피고를 상대로 영업금지가처분신청을 하여 위 ○○○카센터 영업을 하여서는 아니 된다는 결정을 받았으나(피고는 위 영업금지가처분심문기일에 자신이 영업하고 있다는 사실을 인정하였습니다), 피고는 위 ○○○카센터의 사업자 명의를 자신의 동생인 ◈◈◈로 변경하고는 위 영업을 계속하고 있습니다.

결국 피고는 위 영업금지약정 또는 상법 제41조에 기하여 원고와 인근에서 동종영업을 하지 아니할 의무가 있음에도 불구하고 이에 위반하여 영업을 함으로써 원고에게 손해를 입혔다고 할 것입니다.

2. 손해배상의 범위

원고는 피고로부터 위 가게를 인수한 직후인 20○○. ○. ○.경 총수입 금 8,442,000원에서 각종 비용을 공제한 금 2,200,000원의 순수익을 올리는 것을 비롯하여, 20○○. ○.에는 금 2,500,000원을, 20○○. ○.에는 금 2,200,000원의 순수익을 올리는 등 월 평균 최소 금 2,200,000원 이상의 순수익을 올렸으나, 피고가 다시 영업을 시작한 이후로는 수입이 급감하더니 최근 20○○. ○.경에는 순수익이 아닌 총수입이 불과 금 1,410,000원, 20○○. ○.에는 금 555,000원, 20○○. ○.에는 금 1,195,000원에 불과한 총수입을 얻었고 여기에 월 임대료 등을 공제하면 실제로 순수익은 거의 없습니다.

원고는 수입이 급감하여 직원(기사)를 해고하면서 근근히 가게를 꾸려나갔지만 결국은 도저히 가게운영이 어려워 20○○. ○. ○.경에는 아예 폐업을 하고 말았습니다.

따라서 피고의 경업금지의무위반으로 인하여 원고는 월수입 금 1,500,000원 이상의 손해를 입었으므로 피고가 다시 카센터 영업을 시작한 20○○. ○. ○.

부터 원고가 카센타영업을 폐업한 20○○. ○. ○.경까지 약 ○개월 동안 금 ○○○원(금 1,500,000원×○개월) 상당의 재산상의 손해를 입었고, 그 동안 원고는 엄청난 심리적인 고통을 입었다고 할 것이므로 위 금액과 함께 상당한 위자료를 청구할 수 있다고 할 것이지만, 원고도 어느 정도 손해를 감수하고자 위 금액 중 금 ○○○원을 청구하고자 합니다.

3. 결론

따라서 피고는 원고에게 금 ○○○원 및 이에 대한 원고의 카센타영업 폐업일인 20○○. ○. ○.부터 이 사건 소장부본 송달일까지는 민법에서 정한 연 5%의, 그 다음날부터 다 갚는 날까지는 소송촉진등에관한특례법에서 정한 연 15%의 각 비율에 의한 지연손해금을 지급 받기 위하여 이 사건 청구에 이른 것입니다.

입 증 방 법

1. 갑 제1호증 계약서
1. 갑 제2호증 사업자등록증
1. 갑 제3호증 채무자발행의 영수증
1. 갑 제4호증 동의내역서
1. 갑 제5호증의 1 내지 12 각 사진
1. 갑 제6호증의 1 내지 2 각 거래명세서
1. 갑 제7호증 영업금지가처분결정문

첨 부 서 류

1. 위 입증방법 각 1통
1. 소장부본 1통
1. 송달료납부서 1통

20○○. ○. ○.

위 원고 ○○○ (서명 또는 날인)

○○지방법원 ○○지원 귀중

㊷ 손해배상(기) 청구의 소(보이스 피싱)

소 장

원 고 ○○○ (주민등록번호)
○○시 ○○구 ○○길 ○○(우편번호)
전화.휴대폰번호:
팩스번호, 전자우편(e-mail)주소:
피 고 ◇◇◇ (주민등록번호)
○○시 ○○구 ○○길 ○○ (우편번호)
전화.휴대폰번호:
팩스번호, 전자우편(e-mail)주소:

손해배상(기) 청구

청 구 취 지

1. 피고는 원고에게 ○○○원 및 이에 대하여 ○○○○년 ○○월 ○○일부터 이 사건 1심판결 선고 일까지는 연 5%, 그 다음날부터 다 갚는 날까지는 연 15%의 각 비율에 의한 돈을 지급하라.

2. 소송비용은 피고가 부담한다.
라는 판결을 구합니다.

청 구 원 인

1. 속칭 보이스피싱의 발생

가. 기초사실

○○○○년 ○○월 ○○일 금융기관을 사칭하는 성명불상자가 대출에 필요한 보증금이라고 원고를 기망하여, 이에 속은 원고는 피고 명의 ○○새마을금고 계좌(○○- ○○-○○)로 ○○○원을 이체하였습니다.
(갑 제1호증 사건사고사실확인원, 제3호증 거래내역확인증)

나. 부당이득반환청구

위 금원에 대해 사건직후 계좌는 지급정지 되었습니다. 그러므로 피고는 민법 제740조에 의하여 현재 통장에 잔존하는 금액에 대하여 원인 없이 재산상 이득을 취득한 것인바, 위 금원을 원고에게 부당이득으로 반환해야 할 의무가 있습니다.

다. 불법행위태양

만약 피고가, 성명불상자에게서 금전적 대가를 받고 통장을 양도한 경우, 통장양도방법이 특이한 경우, 전자금융거래법위반 혐의로 벌금형이 처해진 경우 등 성명불상자의 범행에 적극 가담하였다고 평가할 정도라면, 고의범 또는 과실상계비율이 적게 인정되는 무거운 책임을 부담해야 할 것입니다.(특히 계좌가 양도 무렵에 개설된 경우에는 의심이 추정됩니다.)

라. 과실 공동불법행위

피고가 접근매체인 자신의 통장 등을 타인에게 양도한 행위는 민법의 과실에 의한 방조행위에 해당합니다. 민법 제760조 제3항 공동불법행위에는 피고의 과실에 의한 방조행위가 문제되는데, 대법원 판례는 "형법과 달리 손해의 전보를 목적으로 하여 과실을 원칙적으로 고의와 동일시하는 민법의 해석으로서는 과실에 의한 방조도 가능하다.(2009다1313판결 등)"라고 일관되게 판시하고 있다는 점에서 그 인정여부는 크게 문제되지 않을 것입니다.

설령 피고가 전자금융거래법위반 혐의가 "양도의 종국성"이 인정되지 않는 점을 이유로 불기소 처분되더라도, 전자금융거래법 제49조 제4항 제1호는 「같은 법 제6조 제3항 제1호를 위반하여 접근매체를 양도하거나 양수한 자는 3년 이하의 징역 또는 2,000만원 이하의 벌금에 처한다」라고 규정함으로써 그 행위를 엄격하게 규제하고 있고, 접근매체의 양도 행위 등을 금지한 것은 「타인 명의의 통장을 양도.양수하여 사용하는 "대포통장"을 활용한 범죄에 적극 대처하기 위하여, 이를 위반한 자에 대한 처벌을 강화하고자 하는 취지」에서였다는 점을 알 수 있는바, 전자금융거래법상의 금지규정 및 처벌규정의 입법자체가 이미 보이스피싱 사건을 염두에 둔 것이었고, 따라서 위 규정들은 수범자로 하여금 접근매체의 양도 등을 통해 보이스피싱 사건에 도움을 주지 말아야 하는 주의의무를 부과하고 있는 것이라고 하겠습니다. 전자금융거래법의 입법 취지에 비추어 볼 때, 피고의 전자금융거래법위반행위는 명백한 불법행위로서 보이스피싱 사건에 도움을 주지 말아야 할 주의의무를 위반한 행위라고 할 것이므로, 피고에게는 과실이 인정된다고 하겠습니다.

또한 피고의 통장 등 양도행위는 성명불상자의 보이스피싱 범죄행위에 대하여 비유형적인 조건이라기보다는 경험칙상 충분히 예견 가능했고 결과를 발생시킬 수 있었던 상당한 조건이라고 하겠습니다. 따라서 이 사건에서 피고의 접근매체 양도행위와 성명불상자의 보이스 피싱 범죄 행위 사이에는 상당인과관계가 있다고 할 것입니다.

마. 결론

따라서 채무자는 채권자에게 이득금액을 부당이득으로 반환하거나 상당인과관계에 있는 손해액을 배상해야 할 것입니다. 즉 피고는 원고에게 위 피해금액 및 이에 대하여 ○○○○년 ○○월 ○○일부터 이 사건 1심판결 선고 일까지는 연 5%, 그 다음날부터 다 갚는 날까지는 연 15%의 각 비율에 의한 돈을 지급해야 할 것입니다.

2. 송달과 관련하여 : 피고 주소보정 문제

원고는 ○○○○년 ○○월 ○○일 성명불상의 범죄자 및 피고를 ○○경찰서에 신고하였습니다. 피고의 주소를 보정하지 못한 채 본건 소를 제기하면서 소장 송달을 위한 주소보정이 있을 경우 조만간 금융정보제출명령신청 및 사실조회 촉탁신청 등을 통해 특정을 준비하고 있습니다.

3. 결론

위와 같은 이유로 청구취지와 같은 판결을 선고해 주시기 바랍니다.

입 증 방 법

1. 갑 제1호증 사건사고사실확인원(○○경찰서)
1. 갑 제2호증 접수증
1. 갑 제3호증 거래내역확인증

첨 부 서 류

1. 위 입증방법 각 1통
2. 소장 부본 1통
3. 납부서 1통

20○○. ○. ○.

위 원고 ○○○ (서명 또는 날인)

○○지방법원 ○○지원 귀중

㊸ 손해배상(기)청구의 소(불량사료로 인한 피해)

소 장

원 고 ○○○ (주민등록번호)
○○시 ○○구 ○○길 ○○(우편번호)
전화.휴대폰번호:
팩스번호, 전자우편(e-mail)주소:
피 고 ◇◇◇ (주민등록번호)
○○시 ○○구 ○○길 ○○(우편번호)
전화.휴대폰번호:
팩스번호, 전자우편(e-mail)주소:

손해배상(기)청구의 소

청 구 취 지

1. 피고는 원고에게 금 ○○○○○원 및 이에 대한 20○○. ○○. ○○.부터 이 사건 소장부본 송달일까지는 연 5%의, 그 다음날부터 다 갚는 날까지는 연 15%의 각 비율에 의한 돈을 지급하라.
2. 소송비용은 피고의 부담으로 한다.
3. 위 제1항은 가집행 할 수 있다.

라는 판결을 구합니다.

청 구 원 인

1. 원고는 식용란의 생산을 위한 채란계 5,000 마리를 사육하고 있는데, 종전에는 소외 ◎◎◎로부터 사료를 구입하여 먹였으나, 소외 ◎◎◎가 폐업하여 피고가 경영하는 사료공장에서 양계용 사료를 구입하여 20○○. ○. ○.부터 원고가 기르는 위 닭들에게 먹였는데, 급식방법이나 계사관리 또는 사료보관에 어떤 이상이 없었고 피고로부터 구입한 사료가 변질되거나 부패한 것이 아니었음에도 피고로부터 구입한 사료를 먹인 2일 내지 4일 뒤부터 닭들이 심한 탈모현상과 더불어 난소가 극히 위축되고 복강 내 침출물이 충만되는 등 심한 중독증상을 일으키고, 계사당 매일 80%에 달하던 산란율이 급격히 떨어지기 시작하여 약 10일이 경과한 무렵부터는 30% 이하로 떨어져 양계의 경제성이 완전히 상실되어 마침내 20○○. ○○. ○○.에는 모두 폐계(廢鷄)처분하였습니다.
2. 그런데 피고로부터 원고가 위 사료를 구입할 무렵에 피고로부터 같은 양계용 사료를 구입하여 사용한 소외 ◉◉◉의 경우에도 원고의 경우와 유사한 현상이 발생하였습니다.
3. 그렇다면 닭이 사료의 변경으로 인하여 스트레스를 받아 다소 산란율의 저하를 가져오는 경우가 있다고 하더라도 그 산란율 저하의 폭은 소폭에 불과하고, 또한 일시적 현상으로서 수일내에 곧 산란율이 회복되는 것이 일반적인 현상이

고, 비록 위 사료에 어떠한 불순물이 함유되어 있고 또 그것이 어떤 화학적, 영양학적 내지는 생리적 작용을 하여 이를 사료로 먹은 닭들이 위와 같은 난소협착증을 일으키고 되고 산란율이 현저하게 떨어지게 된 것인지 구체적으로 밝혀지지는 않았지만 적어도 그 사료에 어떤 불순물이 함유된 것이 틀림없어 제조과정에 과실이 있었고, 이로 인하여 원고가 사육하던 닭들이 위와 같은 현상을 초래하게 된 것이라는 인과관계가 인정된다 할 것이므로 피고는 위 사료의 제조판매자로서 불법행위의 책임이 있다고 할 것입니다.

4. 원고가 위와 같은 피고의 불법행위로 인하여 입은 손해는 채란계를 순전히 육용으로 제공되는 폐계로서 처분하였으므로, 원고가 이 사건 양계용 사료를 먹고 산란율이 저하되어 폐계로 처분된 닭들의 교환가액의 감소 즉, 이 사건 양계용 사료를 급식하기 전의 닭들의 시가와 이들을 폐계로 처분하여 얻은 가액과의 차액이라 할 것입니다. 그런데 원고의 채란계는 노계나 신계를 불문하고 채란계로서는 마리당 적어도 금 ○○○원 정도의 시세가 있었던 것이 폐계로서는 금 ○○원 정도의 가격으로 처분되었는바, 원고의 손해는 금 ○○○○○원 {(금 ○○○원-금 ○○원)×5,000마리}에 이른다 할 것입니다.

5. 따라서 원고는 피고로부터 금 ○○○○○원 및 이에 대한 원고가 위 닭을 폐계 처분한 20○○. ○○. ○○.부터 이 사건 소장부본 송달일까지는 민법이 정한 연 5%의, 그 다음날부터 다 갚는 날까지는 소송촉진등에관한특례법에서 정한 연 15%의 각 비율에 의한 지연손해금을 지급 받기 위하여 이 사건 청구에 이른 것입니다.

입 증 방 법

1. 갑 제1호증의 1 내지 6	각 사진
1. 갑 제2호증	거래명세서(사료구입)
1. 갑 제3호증	사실확인서(소외 ◉◉◉)
1. 갑 제4호증의 1 내지 10	각 거래명세서(폐계처분)
1. 갑 제5호증의 1, 2	각 통고서(내용증명우편)

첨 부 서 류

1. 위 입증방법	각 1통
1. 소장부본	1통
1. 송달료납부서	1통

20○○. ○. ○.
위 원고 ○○○ (서명 또는 날인)

○○지방법원 ○○지원 귀중

㊹ 손해배상(지)청구의 소(저작권 침해)

소 장

원 고 ○○○ (주민등록번호)
○○시 ○○구 ○○길 ○○(우편번호)
전화.휴대폰번호:
팩스번호, 전자우편(e-mail)주소:

피 고 1. ◇◇주식회사
○○시 ○○구 ○○길 ○○(우편번호)
대표이사 ◇◇◇
전화.휴대폰번호:
팩스번호, 전자우편(e-mail)주소:
2. ◈◈◈ (주민등록번호)
○○시 ○○구 ○○길 ○○(우편번호)
전화.휴대폰번호:
팩스번호, 전자우편(e-mail)주소:

손해배상(지)청구의 소

청 구 취 지

1. 피고들은 각자 원고에게 금 ○○○원 및 이에 대한 20○○. ○○. ○○.부터 이 사건 소장부본 송달일까지는 연 5%의, 그 다음날부터 다 갚는 날까지는 연 15%의 각 비율에 의한 돈을 지급하라.
2. 소송비용은 피고들의 부담으로 한다.
3. 위 제1항은 가집행 할 수 있다.

라는 판결을 구합니다.

청 구 원 인

1. 당사자들의 지위

원고는 소설「◎◎◎」외 다수의 작품을 출품한 경력이 있는 자로 소설、수필 등 창작을 주 업무로 하고 있는 문학가이고, 피고 ◇◇주식회사, 피고 ◈◈◈는 공동으로 서적의 인쇄、복제、알선 및 판매를 주 업무로 하고 있는 출판업자입니다.

2. 손해배상책임의 발생

가. 원고는 20○○. ○.부터 이 사건 소설「◎◎◎」의 창작을 시작하여 같은 해 ○. ○. 이를 완성하였고, 20○○. ○○. ○. ◆◆에서 주관하는 ◆◆회에 출품하여 우수한 성적으로 입선하였습니다.

나. 피고들은 공동으로 20○○. ○○. ○○.경부터 위 소설을 인쇄、복제하여 상、하권(각 432면) 2권을 제작, 책 1권당 금 ○○원씩 시중에 불법유통 하여 판매하고 있는데, 인기가 급상승하여 판매 부수가 ○○○부에 이르고 있습니다.

다. 피고들은 이와 같은 인쇄、복제를 함에 있어서 작가인 원고의 동의를 얻지 않았을 뿐만 아니라 고의로 원고의 저작권을 침해한 것이므로, 피고들은 공동불법행위자로서 각자 원고가 입은 손해를 배상하여야할 책임이 있습니다.

3. 손해배상의 범위

원고가 이 소설을 창작하여 이를 소외 □□□출판사에 의뢰한 상태였고 소외 □□□출판사에서 출판하였더라도 원고가 얻을 수 있는 이익은 출판대금 ○○○원을 제외한 금 ○○○원을 얻을 수 있게 되어 있었던 것이고, 이러한 사실은 소외 □□□출판사의 지명도 및 판매할 수 있는 유통구조상 피고들이 얻을 수 있는 금액을 상회하리라는 것임은 현재의 판매 부수가 이를 입증해주고 있습니다.

4. 결론

따라서 피고들은 각자 손해배상금 ○○○원 및 이에 대한 위 저작권침해일인 20○○. ○○. ○○.부터 이 사건 소장부본 송달일까지는 민법에서 정한 연 5%의, 그 다음날부터 다 갚는 날까지는 소송촉진등에관한특례법에서 정한 연 15%의 각 비율에 의한 지연손해금을 지급할 의무가 있다 할 것이므로 이의 지급을 구하기 위하여 이 사건 청구에 이르게 된 것입니다.

입 증 방 법

1. 갑 제1호증　　　사진(복제물)
1. 갑 제2호증　　　출판계약서

첨 부 서 류

1. 위 입증방법　　　각 1통
1. 법인등기사항증명서　　　1통
1. 소장부본　　　2통
1. 송달료납부서　　　1통

20○○. ○. ○.

위 원고　　○○○ (서명 또는 날인)

○○지방법원 귀중

㊺ 손해배상(공)청구의 소(기름유출)

소 장

원 고 ○○○ (주민등록번호)
○○시 ○○구 ○○길 ○○(우편번호)
전화.휴대폰번호:
팩스번호, 전자우편(e-mail)주소:

피 고 ◇◇◇ (주민등록번호)
○○시 ○○구 ○○길 ○○(우편번호)
전화.휴대폰번호:
팩스번호, 전자우편(e-mail)주소:

손해배상(공)청구의 소

청 구 취 지

1. 피고는 원고에게 금 15,764,800원 및 이에 대한 20○○. ○. ○.부터 이 사건 소장부본 송달일까지는 연 5%의, 그 다음날부터 다 갚는 날까지는 연 15%의 각 비율에 의한 돈을 지급하라.
2. 소송비용은 피고의 부담으로 한다.
3. 위 제1항은 가집행 할 수 있다.

라는 판결을 구합니다.

청 구 원 인

1. 당사자들의 관계
   원고는 ○○ ○○시 ○○면 ○○길에 있는 원고 소유의 토지 상에 인삼을 재배하고 있는 사람이고 피고는 위 인삼밭에 인접한 장소에서 ○○상사라는 상호로 재활용업을 영위하고 있는 사람입니다.
2. 피고의 손해배상책임의 발생
   20○○. ○. ○.경 장마로 인하여 비가 내리고 있었고 피고가 운영하는 위 ○○상사 공장 부지에는 경유를 보관해놓은 장소가 있었는바, 이러한 경우 위 업체를 경영하는 피고로서는 비에 의하여 위 경유보관장소에서 기름이 유출되지 않도록 하여야 할 주의의무가 있음에도 불구하고, 이를 게을리 한 채 유출방지시설을 하지 아니하여 위 상소에서 기름이 유출되게 함으로써 그 당시 내리고 있던 비로 인하여 피고 공장에 인접한 원고 소유의 인삼밭에 흘러들어 가게 함으로써 원고가 경작하고 있던 인삼들을 고사시킨 것입니다{갑 제1호증의 1 내지 6(각 사진) 각 참조}.

따라서 피고는 원고에게 공작물의 점유자로서 그 공작물의 설치, 보존의 하자로 인한 손해배상책임 또는 일반 불법행위로 인한 손해배상책임이 있다 할 것입니다.

3. 손해배상책임의 범위

가. 원고는 그 소유의 인삼밭(총면적 1700여평)에서 인삼을 경작하고 있었던 바, 그 당시 피고의 공장에서 유출된 경유로 인하여 고사하게 된 인삼들은 1997. 11.경 파종한 것으로서 현재 3년근에 해당하는 인삼입니다.

나. 그 피해 면적은 약 400평에 해당하여 원고의 손해액은 금 15,764,800원{400평×금 39,412원(경영비를 제외한 소득금액으로 손해액을 산정하지 아니하고 조수입금액으로 손해액을 산정한 이유는 인삼은 3년간 자란 후에는 경작비용이 거의 들지 않기 때문임)}에 달한다 할 것입니다{갑 제2호증의 1, 2(민원회신 및 농축산물소득자료집) 참조}.

다. 또한, 위와 같은 기름유출사고로 인하여 원고소유인 위 토지의 토양이 오염되어 수년간 그 수확이 감소될 것은 당연한 바, 이에 관한 손해배상은 추후 전문감정인의 감정결과에 따라 확정하여 청구하기로 하고 위와 같은 고사된 인삼에 대한 손해액 금 15,764,800원만 우선 청구합니다.

4. 결론

따라서 원고는 피고로부터 위와 같은 불법행위로 인한 손해배상의 일부금으로서 금 15,746,800원 및 이에 대하여 이 사건 불법행위일인 20○○. ○. ○.부터 이 사건 소장부본 송달일까지는 민법에서 정한 연 5%의, 그 다음날부터 다 갚는 날까지는 소송촉진등에관한특례법에서 정한 연 15%의 각 비율에 의한 지연손해금을 지급 받기 위하여 이 사건 청구에 이른 것입니다.

입 증 방 법

1. 갑 제1호증의 1 내지 6 각 사진
1. 갑 제2호증의 1, 2 민원회신 및 농축산물소득자료집
1. 갑 제3호증의 1, 2 각 통고서(내용증명우편)

첨 부 서 류

1. 위 입증방법 각 1통
1. 소장부본 1통
1. 송달료납부서 1통

20○○. ○. ○.

위 원고 ○○○ (서명 또는 날인)

○○지방법원 ○○지원 귀중

㊻ 손해배상(공)청구의 소(유해물질 배출)

소 장

원 고 ○○○ (주민등록번호)
○○시 ○○구 ○○길 ○○(우편번호)
전화.휴대폰번호:
팩스번호, 전자우편(e-mail)주소:
피 고 ◇◇주식회사
○○시 ○○구 ○○길 ○○(우편번호)
대표이사 ◇◇◇
전화.휴대폰번호:
팩스번호, 전자우편(e-mail)주소:

손해배상(공)청구의 소

청 구 취 지

1. 피고는 원고에게 금 ○○○원 및 이에 대하여 20○○. ○○. ○○.부터 이 사건 소장부본 송달일까지는 연 5%의, 그 다음날부터 다 갚는 날까지는 연 15%의 각 비율에 의한 돈을 지급하라.

2. 소송비용은 피고의 부담으로 한다.

3. 위 제1항은 가집행 할 수 있다.
라는 판결을 구합니다.

신 청 이 유

1. 당사자 관계
원고는 이 사건의 직접적인 피해자 본인이고, 피고는 원고 소유의 수목 농장에 인접하여 모직류를 제조하는 공장을 설치.가동하여 오면서 그 연료로 벙커시유를 사용함으로써 그 연소과정에서 생성된 유해물질인 아황산가스 및 낙진을 굴뚝을 통하여 대기 중에 배출시킴으로써 원고가 위 농장에서 재배하는 각종 관상수의 원형질분리와 파괴, 황화현상, 이상낙엽, 고사 등의 손해를 입힌 가해자입니다.

2. 피고의 불법행위책임

가. 원고는 ○○과 ○○○시 사이의 국도에서 동쪽으로 약 1km 떨어진 ○○산 부근인 ○○○시 ○○동 산 ○○○의 임야 299,421.62㎡에 19○○년도부터 ◎◎농장이라는 이름으로 주목, 반송, 백송, 향나무, 옥향, 목련 등 고급 관상수를 재배하여 왔습니다. 피고는 19○○. ○.경부터 위 ◎◎농장과 서북쪽으로 접한 같은 동 ○○○ 지상에 모직류를 제조하는 공장을 설치.가동하여 오면서 그 연료로 벙커시유를 사용함으로써 그 연소과정에서 생성된 유해물질인 아황산가스 및 낙진을 굴뚝을 통하여 대기 중에 반출시켜왔습니다.

나. 그런데 20○○. ○.경을 전후하여 원고 농장의 주목, 향나무, 반송, 백송 등 일부 관상수들이 갯솜조직과 표피세포의 원형질분리로 누렇게 변색되어 잎이 떨어지고 수목자체까지 고사하기도 하였으며, 특히 피고 공장의 굴뚝에서 동남쪽으로 약 200m 떨어진 곳 부근(다음부터 피해 극심지역이라 함)의 관상수들에게서 그 현상이 심하게 나타났습니다. 한편, 피고 소유의 공장에서 배출되는 아황산가스는 수목 잎의 기공을 통하여 잎 내에 침투한 후 공변세포와 엽록소를 손상시켜 잎의 호흡, 증산탄소동화작용 등을 저해함으로써 탈수현상과 세포파괴를 초래하여 수목을 고사케 하며 이러한 아황산가스의 수목에 대한 침해정도는 수목의 종류, 아황산가스의 농도, 접촉시기와 기간, 기상조건 및 토양조건 등에 따라 달라지기는 하나 대체로 아황산가스의 대기중 농도가 0.4ppm 이상일 때 급성피해를 입게 되고 0.1ppm 내지 0.2ppm 이상일 때 수목에서 서서히 나쁜 영향을 미쳐 만성적으로 피해를 가져오는 것입니다.

다. 원고는 20○○. ○.초경 원고 농장의 위 피해 수목을 조사한 바, 피해수목의 엽내 유황함량은 대부분 0.18% 내지 0.31% 정도이고 피해증세가 심한 수목일수록 이에 비례하여 그 유황함량이 많았으며 피해 극심지역에 피해수목이 집중되어 있고 그 이외의 지역에서는 별 피해가 없거나 근소하였습니다.

라. 이에 원고는 피고에게 여러 차례 아황산가스의 배출로 인한 원고 소유의 수목에 가해진 손해를 배상해줄 것을 요구하였으나 피고는 20○○. ○.과 20○○○. ○○. 사이의 ○년만의 최대한파로 인한 동해(冬害)일뿐 아황산가스로 인한 피해가 아니라는 이유로 그 손해의 배상을 거절하고 있습니다. 그러나 대기중 아황산가스의 농도가 낮다고 하더라도 그것이 잎 내에 축적되어 수목의 성장에 장해가 됨으로써, 아황산가스로 인한 피해증상과 같은 세포의 원형질분리와 파괴, 황화현상, 이상낙엽, 고사 등의 순으로 나타나는 이 동해에 상조작용을 한 것입니다.

마. 원고 농장의 관상수들이 고사하게 된 직접적인 원인은 위 한파로 인한 동해이고 피고 공장에서 배출된 아황산가스로 인한 것은 아니라 할지라도, 위 아황산가스는 위 관상수들이 한파에 의하여 쉽사리 동해를 입게 된 원인이 되었다고 할 것이고, 공해문제에 관하여는 현재의 과학수준으로 해명할 수 없는 분야가 있기 때문에 가해행위와 손해발생간의 인과관계의 과정을 모두 자연과학적으로 피해자가 입증한다는 것은 극히 어렵거나 불가능한 경우가 대부분인 점 등에 비추어 가해기업이 배출한 어떤 유해한 원인물질이 피해물건에 도달하여 손해가 발생하였다면 가해자측에서 그 무해함을 입증하지 못하는 한 책임을 면할 수 없다고 봄이 사회형평의 관념에 적합하다고 판시한 판

결(대법원 1997. 6. 27. 선고 95다2692 판결)을 종합하여 보면, 피고는 피고 공장에서 배출된 아황산가스가 관상수들의 동해에 상조 작용하여 수목을 고사케 함으로써 원고가 입게된 손해를 배상할 책임이 있다고 할 것입니다.

3. 손해배상의 정도
피고가 원고에게 입힌 손해는 고사한 수목의 시가에 상당하는 금액과 그에 따라 원고가 받은 정신적 고통에 대한 위자료 상당이 될 것인바 우선 금 ○○○원을 청구하고 추후 목적물의 감정을 통하여 추가 청구하겠습니다.

4. 결론
따라서 원고는 피고로부터 금 ○○○원 및 이에 대하여 20○○. ○○. ○○.부터 이 사건 소장부본 송달일까지는 민법에서 정한 연 5%의, 그 다음날부터 다 갚는 날까지는 소송촉진등에관한특례법에서 정한 연 15%의 각 비율에 의한 지연손해금을 지급 받기 위하여 이 사건 청구에 이른 것입니다.

입 증 방 법

1. 갑 제1호증의 1 내지 7 각 고사된 수목 사진
1. 갑 제2호증 감정서

첨 부 서 류

1. 위 입증방법 각 1통
1. 법인등기사항증명서 1통
1. 소장부본 1통
1. 송달료납부서 1통

20○○. ○. ○.

위 원고 ○○○ (서명 또는 날인)

○○지방법원 귀중

㊼ 임대료 및 손해배상청구의 소

소 장

원 고 ○○○ (주민등록번호)
○○시 ○○구 ○○길 ○○(우편번호)
전화.휴대폰번호:
팩스번호, 전자우편(e-mail)주소:
피 고 ◇◇◇ (주민등록번호)
○○시 ○○구 ○○길 ○○(우편번호)
전화.휴대폰번호:
팩스번호, 전자우편(e-mail)주소:

임대료 및 손해배상청구의 소

청 구 취 지

1. 피고는 원고에게 20○○. ○○. ○○.부터 이 사건 소장부본 송달일까지는 연 5%의, 그 다음날부터 다 갚는 날까지는 연 15%의 각 비율에 의한 돈을 지급하라.
2. 소송비용은 피고의 부담으로 한다.
3. 위 제1항은 가집행 할 수 있다.

라는 판결을 구합니다.

청 구 원 인

1. 원.피고의 신분관계
   원고는 ○○시 ○○구 ○○길 ○○ 소재 1층 상가 30㎡의 상가임대차계약에 있어서 임대인이고, 피고는 위 상가의 임차인입니다.
2. 원고는 20○○. ○. ○. 피고와 ○○시 ○○구 ○○길 ○○ 소재 상가 1층 30㎡를 임대차보증금 5,000,000원, 월임대료를 금 1,000,000원, 20○○. ○. ○.부터 임차기간을 12개월로 각 약정하고 상가임대차계약을 부동산중개사무소에게 체결하였습니다.
3. 피고는 위 상가 입주일에 임대차보증금 5,000,000원을 지급하고 입주하여 ◎◎이라는 상호로 농수산물도소매를 하면서 20○○. ○. ○.까지는 월임대료를 제때에 지급하다가 피고가 도박에 빠지자 가게문을 제대로 열지도 아니하는 등 불성실한 영업으로 인하여 매출이 격감하여 20○○. ○. ○○.부터 월임대료를 연체하기 시작하였습니다.

4. 피고는 원고에게 월임대료를 지급할 수 없게 되자 원고에게 임대차보증금에서 월임대료를 공제하고 임대차보증금이 소진될 때 상가를 원고에게 명도하여 주겠다는 피고의 약속을 믿고 원고는 부득이 이에 동의를 하였으나 피고는 임대차보증금 5,000,000원을 모두 소진한 뒤에도 계속 명도를 거부하다가 겨우 20○○. ○○. ○. 위 상가를 원고에게 명도 하였습니다.
5. 또한, 피고는 상가를 임차한 임차인으로 상가건물을 통상 용도에 맞게 사용하여야 함에도 불구하고 피고는 무단으로 대형창문을 폐쇄하고 벽돌막음 공사를 하여 영업을 하였는바, 피고는 명도시 이를 원상회복 하여 원고에 명도 하여야 함에도 불구하고 그대로 방치된 상태로 명도 하였으므로, 원고는 부득이 금 1,000,000원을 들여 이를 원상회복 하였습니다.
6. 따라서 피고는 월임대료 금 4,000,000원과 상가시설훼손에 따른 손해금 1,000,000원 합계 금 5,000,000원을 원고에게 지급할 의무가 있다 할 것입니다.
7. 그렇다면 피고는 원고에게 금 5,000,000원 및 이에 대한 위 상가건물 명도일의 다음날인 20○○. ○○. ○○.부터 이 사건 소장부본 송달일까지는 민법에서 정한 연 5%의, 그 다음날부터 다 갚는 날까지는 소송촉진등에관한특례법에서 정한 연 15%의 각 비율에 의한 지연손해금을 지급할 의무가 있으므로 원고는 이를 지급 받기 위하여 이 사건 청구에 이른 것입니다.

입 증 방 법

1. 갑 제1호증 임대차계약서
1. 갑 제2호증 견적서
1. 갑 제3호증 영수증
1. 갑 제4호증 통고서
1. 갑 제5호증 답변서

첨 부 서 류

1. 위 입증방법 각 1통
1. 소장부본 1통
1. 송달료납부서 1통

20○○. ○. ○.
위 원고 ○○○ (서명 또는 날인)

○○지방법원 귀중

㊽ 반소장{손해배상(공)}

반 소 장

사 건(본소) 20○○가단○○○ 채무부존재확인
피고(반소원고) 1. ◇◇◇ (주민등록번호)
2. ◈◈◈ (주민등록번호)
3. ◇①◇ (주민등록번호)
4. ◇②◇ (주민등록번호)
5. ◇③◇ (주민등록번호)
반소원고 5는 미성년자이므로
법정대리인 친권자 부 ◇◇◇, 모 ◈◈◈
반소원고들 주소
○○ ○○군 ○○면 ○○길 ○○(우편번호)
전화.휴대폰번호:
팩스번호, 전자우편(e-mail)주소:
원고(반소피고) 주식회사 ○○○
○○시 ○○구 ○○길 ○○(우편번호)
대표이사 ◉◉◉
전화.휴대폰번호:
팩스번호, 전자우편(e-mail)주소:

위 사건에 관하여 피고(반소원고)는 다음과 같이 반소를 제기합니다.

손해배상(공)청구의 소

반 소 청 구 취 지

1. 원고(반소피고)는 피고(반소원고) ◇◇◇에게 금 8,082,000원, 같은 ◈◈◈, 같은 ◇①◇, 같은 ◇②◇, 같은 ◇③◇에게 각 금 3,000,000원 및 이에 대한 각 이 사건 소장부본 송달 다음날부터 이 사건 판결선고일까지는 연 5%의, 그 다음날부터 다 갚는 날까지는 연 15%의 각 비율에 의한 돈을 지급하라.

2. 소송비용은 원고(반소피고)가 부담한다.

3. 위 제1항은 가집행 할 수 있다.

라는 판결을 구합니다.

반 소 청 구 원 인

1. 당사자들의 관계
원고(반소피고, 다음부터 '원고회사'라고만 함)는 ○○ ○○군 ○○면 ○○리 ○○의 ○ 지상 공장에서 소형변압기, 가스경보기 등을 생산하는 회사로서 소음, 악취 등의 공해물질을 배출하고 있는 가해자이고, 피고(반소원고, 다음부터 '피고'라고만 함)들은 같은 면 ○○리 ○○ 지상 주택에 살고 있고, 피고 ◇◇◇는 그곳에서 메기양식업을 하고 있는 사람으로서 위 공해물질의 배출로 인해 손해를 입고 있는 피해자입니다.

2. 손해배상책임의 발생
가. 원고회사는 19○○. 6. 13. 공장건축허가를 받아 ○○ ○○군 ○○면 ○○길 ○○-○ 9,474㎡ 대지 위에 공장건물 1개동과 부속시설물을 건립한 뒤 같은 해 12. 22.부터 공장을 가동하기 시작하였습니다. 원고회사의 공장 내에는 소음을 배출하는 시설로 압축기 9기, 송풍기 3기가 설치되어 있으며, 악취가 배출되는 시설로는 폴리에스테르 수지를 건조하는 기기가 설치되어 있습니다. 위 공해배출시설 및 기타 원고회사 공장에 설치된 기기의 가동으로 인해 악취 및 소음이 발생함으로써 원고회사는 피고들에게 통상의 생활을 하기 어려운 환경을 조성하고 있으며, 피고 ◇◇◇가 양식하고 있는 메기의 성장에 지장을 주는 등의 손해를 끼쳐왔습니다. 그로 인해 피고들은 이미 ○○지방법원 ○○지원 ○○가합○○○호로 손해배상(공)청구의 소를 제기하였고 19○○. 4. 17. 위와 같은 피해사실이 인정되어 피고들에게 정신적 손해금으로 각 금 2,000,000원을 지급하라는 판결을 받았습니다.
나. 원고는 ○○군수로부터 여러 차례 시설개선명령을 받은 끝에야 콤프레샤의 소음을 방지하기 위해 콤프레샤가 설치된 건물 벽에 스티로폴을 붙이고, 악취를 방지하기 위하여 공장의 환기구가 피고들 주택방향으로 설치되어 있던 것을 피고들의 주택과는 반대방향으로 하여 환기장치의 관을 40m 정도 늘려서 설치하였으며, 같은 해 10. 8.경 추가로 악취방지를 위해 원고회사의 공장건물 옆에 피고들의 집 쪽으로 철파이프와 천막으로 된 차단막을 설치하였습니다. 그러나 위와 같은 시정조치에도 불구하고 원고회사의 공장에서 배출되는 소음 및 악취의 피고들에 대한 영향은 계속되어 피고들은 19○○. 10. 8. 중앙환경분쟁조정위원회에 재정신청을 하였습니다. 위 재정심판절차에서 19○○. 5. 29. 원고회사의 공장 내에서 철거한 핸드그라인더를 재설치하고 발생가능한 소음을 측정한 결과 65dB(A)로 나타났으며 악취는 두 차례 측정결과 2도로 나타났습니다. 소음오염도는 소음진동규제법 제8조 제1항 같은 법 시행규칙 제6조에서 정한 배출허용기준인 50dB(A)를 초과하고 있으며, 악취도 대기환경보전법 제8조 제1항, 같은 법 시행규칙 제12조가 정하는 배출허용한계인 2도로서 언제든지 그 허용기준을 초과할 가능성이 크다고 할

것입니다. 따라서 피고들은 원고회사의 공장에서 배출되는 소음과 악취로 인하여 정상적인 일상생활을 방해받고 있는바, 이는 피고들에 대한 불법행위가 된다고 할 것이며 원고는 그 불법행위로 피고들이 입은 정신적, 육체적 고통에 대해 금전으로나마 위자할 의무가 있다고 할 것입니다.

다. 또한, 위 재정심판절차에서 조사한 결과에 따르면 피고 ◇◇◇가 운영하는 메기양식장은 국내에서 통상 사용하는 지수식 양어장으로, 양식되고 있는 메기의 성체에서는 질병이나 피부병이 발견되지는 않았으나, 메기의 성장상태로 보아 개체의 성장속도가 매우 느린 것으로 나타났습니다. 그리고 위 재정은 그 이유에서 「소음이 메기에 미치는 영향에 대한 공개된 문헌은 없으나 '소리의 강도에 따라 음파자극에 반응하는 어류의 운용(쉬에히로 등 4인 공저)'이라는 자료에 의하면 전갱이, 복섬, 눈불개복, 은붕장어 등 메기의 생태계와 비슷한 다른 어류들은 60-70dB(A) 정도의 소음에도 민감한 반응을 보인다는 기록이 있고, 일반적으로 메기가 소음, 진동에 민감한 영향을 받는 것으로 전제하면서 원고회사의 공장에서 발생한 소음이 메기 성장에 영향을 주어 성장불량의 피해를 입혔다」고 판단하고 있는바, 원고회사는 피고 ◇◇◇에게 이로 인한 손해를 배상할 책임이 있습니다.

3. 손해배상액

가. 생활방해로 인한 손해액

원고회사는 피고들의 시정요구와 위 소송의 결과에도 불구하고 방음벽 설치 등 보다 근본적인 대책을 강구하지는 아니하였습니다. 소음방지시설로는 차단막, 스치로폴 등을 설치하였고 악취방지시설로는 배출구의 길이를 늘리고 출구의 방향을 변경하였으나 이는 법이 정한 허용기준을 통과하려는 최소한의 편의적인 시설에 불과하고 이와 같은 상태에서는 앞으로도 소음, 악취 등으로 인한 손해가 발생할 가능성이 많다고 할 것입니다. 또한, 가장 소음이 심한 핸드그라인더의 가동은 피고들의 거주지 및 양식장에서 가장 근접한 거리의 작업장에서 그대로 이루어지고 있습니다. 따라서 원고회사는 위 소송의 판결일 다음날인 19○○. 4. 18.부터 위 재정의 결정일인 20○○. 6. 22.경까지 피고들이 입은 정신적, 육체적 고통으로 인한 손해에 대해 피고들에게 위자료로 각 금 3,000,000원을 지급하여야 할 것입니다.

나. 메기의 성장불량으로 인한 손해

(1) 위 재정심판의 조사결과와 그 재정을 기초로 메기의 성장불량으로 인한 손해액을 청구하겠습니다. 메기는 4년 이상 양식하면 60㎝이상 자랄 수 있고 이 사건 양어장의 메기는 20○○. 말 현재 5년간 양식되었음에도 길이 29-40㎝, 체중 200-500g으로 성장상태가 매우 불량하고, 원고회사의 공장에서 발생한 소음이 메기성장에 영향을 주었을 것이라는 전문가의 의견 등을 종합하여 볼 때 성장지연 피해에 대한 개연성이 충분히 인정된다고 할 것입니다. 그리고 소음이 성장지연에 기여한 정도에 대해서도 위 재정 결과를 그대로 따르겠습니다.

(2) 배상액 산정

ㄱ) 메기의 치어는 19○○. 5. 22. 입식하였으며 재정신청서가 접수된 19○○. 10. 8.까지입니다. 피고 ◇◇◇는 최초 50,000마리의 치어를 입식하였으나 이중 위 조사일시까지 4만마리만이 살아남았습니다. 통상 치어의 자연사 비율은 10%이나 그에 관계없이 실제 위 일자에 양식하고 있었던 4만마리를 기준으로 하겠습니다. 그리고 전국메기양식협회에 의하면 19○○년도 산지거래가격은 kg당 금 3,850원이고 5년산 메기의 평균 무게는 0.6kg, 피해를 입은 메기의 평균무게는 0.38kg이며 소음피해가 메기의 성장지연에 미친 기여율은 15%입니다.

ㄴ) 배상액 = 양식메기수×{(정상적인 메기의 무게)-(피해를 입은 메기의 무게)}×99년 kg당 산지거래가격×소음피해기여율(15%)

*계산

40,000마리×(0.6kg-0.38kg)×3,850원×0.15=금 5,082,000원

4. 결 론

그렇다면 반소피고(본소원고)는 반소원고(본소피고) ◇◇◇에게 금 8,082,000원, 나머지 반소원고(본소피고)들에게 각 금 3,000,000원씩 및 이에 대한 각 이 사건 소장부본 송달 다음날부터 이 사건 판결선고일까지는 민법에서 정한 연 5%의, 그 다음날부터 다 갚는 날까지는 소송촉진등에관한특례법에서 정한 연 15%의 각 비율에 의한 지연손해금을 지급할 의무가 있다고 할 것입니다.

첨 부 서 류

1. 반소장부본 각 1통
1. 송달료납부서 1통

20○○. ○. ○.

위 반소원고(본소피고) 1. ◇◇◇ (서명 또는 날인)
2. ◈◈◈ (서명 또는 날인)
3. ◇①◇ (서명 또는 날인)
4. ◇②◇ (서명 또는 날인)
5. ◇③◇

반소원고 5는 미성년자이므로
법정대리인 친권자 부 ◇◇◇ (서명 또는 날인)
모 ◈◈◈ (서명 또는 날인)

○○지방법원 ○○지원 제○민사단독 귀중

(관련판례 1)

일반적으로 불법행위로 인한 손해배상청구사건에 있어서 가해행위와 손해발생 간의 인과관계의 입증책임은 청구자인 피해자가 부담하나, 대기오염이나 수질오염에 의한 공해로 인한 손해배상을 청구하는 소송에 있어서는 기업이 배출한 원인물질이 물을 매체로 하여 간접적으로 손해를 끼치는 수가 많고 공해문제에 관하여는 현재의 과학수준으로도 해명할 수 없는 분야가 있기 때문에 가해행위와 손해의 발생 사이의 인과관계를 구성하는 하나 하나의 고리를 자연과학적으로 증명한다는 것은 극히 곤란하거나 불가능한 경우가 대부분이므로, 이러한 공해소송에 있어서 피해자에게 사실적인 인과관계의 존재에 관하여 과학적으로 엄밀한 증명을 요구한다는 것은 공해로 인한 사법적 구제를 사실상 거부하는 결과가 될 우려가 있는 반면에, 가해기업은 기술적·경제적으로 피해자보다 훨씬 원인조사가 용이한 경우가 많을 뿐만 아니라, 그 원인을 은폐할 염려가 있고 가해기업이 어떠한 유해한 원인물질을 배출하고 그것이 피해물건에 도달하여 손해가 발생하였다면 가해자측에서 그것이 무해하다는 것을 입증하지 못하는 한 책임을 면할 수 없다고 보는 것이 사회형평의 관념에 적합하다(대법원 2002. 10. 22. 선고 2000다65666 등 판결).

(관련판례 2)

본소가 취하된 때에는 피고는 원고의 동의 없이 반소를 취하할 수 있는데(민사소송법 제271조), 이 규정은 원고가 반소의 제기를 유발한 본소는 스스로 취하해놓고 그로 인하여 유발된 반소만의 유지를 상대방에게 강요한다는 것은 공평치 못하다는 이유에서 원고가 본소를 취하한 때에는 피고도 원고의 동의 없이 반소를 취하할 수 있도록 한 규정이므로, 본소가 원고의 의사와 관계없이 부적법하다 하여 각하됨으로써 종료된 경우에까지 유추적용 할 수 없고, 원고의 동의가 있어야만 반소취하의 효력이 발생한다 할 것이다(대법원 1984. 7. 10. 선고 84다카298 판결).

(관련판례 3)

항소심에서의 반소 제기에는 상대방의 동의를 얻어야 함이 원칙이나, 반소청구의 기초를 이루는 실질적인 쟁점에 관하여 제1심에서 본소의 청구원인 또는 방어방법과 관련하여 충분히 심리되어 항소심에서의 반소 제기를 상대방의 동의 없이 허용하더라도 상대방에게 제1심에서의 심급의 이익을 잃게 하거나 소송절차를 현저하게 지연시킬 염려가 없는 경우에는 상대방의 동의 여부와 관계없이 항소심에서의 반소 제기를 허용하여야 할 것이다(대법원 1999. 6. 25. 선고 99다6708 판결).

㊾ 준비서면{손해배상(기), 원고}

준 비 서 면

사 건 20○○가단○○○ 손해배상(기)
원 고 ○○○
피 고 주식회사◇◇은행 외 1

귀원 위 사건에 관하여 원고는 다음과 같이 변론을 준비합니다.

다 음

1. 피고 주식회사◇◇은행(다음부터 피고은행이라고 함)은 피고은행의 ○○지점장으로 근무하던 피고 ◈◈◈가 그의 처 소외 김◈◈와 공모하여 소외 이◈◈와 19○○년경부터 계속적인 사채거래관계에 있던 원고가 채무자 소외 박◈◈로부터 금 1억 원의 채무를 변제 받는다는 사실을 미리 알고 19○○. ○. ○.경 피고은행 ○○지점에서 원고 모르게 원고 명의의 예금통장을 새로 개설하고 원고가 소외 박◈◈로부터 대여금 1억 원을 변제 받는 자리에 함께 간 소외 이◈◈는 원고에게 위 돈을 소지하고 귀가하는 것은 위험하니 원고가 피고은행과 거래하는 통장에 무통장 입금시키자고 하여 부근의 피고은행 ○○○지점에 들러 원고가 소파에 앉은 사이 소외 이◈◈는 금 1억 원을 위 ○○지점 통장에 입금시킨 후, 같은 달 ○○. 피고은행 ○○지점에서 피고 ◈◈◈는 입금시킨 위 금 1억 원을 인출하기 위하여 원고 명의의 예금청구서 1매를 위조하고 이를 행사하여 금 1억 원을 편취한 것이므로 이는 피고 ◈◈◈의 피고은행의 피용자로서의 사무집행과는 아무런 관련이 없다고 주장합니다.

2. 그러나 민법 제756조에 규정된 사용자책임의 요건인 '사무집행에 관하여'라는 뜻은 피용자의 불법행위가 외형상 객관적으로 사용자의 사업활동 내지 사무집행행위 또는 그와 관련된 것이라고 보여질 때에는 행위자의 주관적인 사정을 고려함이 없이 이를 사무집행에 관하여 한 행위라고 본다는 것이고 외형상 객관적으로 사용자의 사무집행에 관련된 것인 지의 여부는 피용자의 본래의 직무와 불법행위와의 관련정도 및 사용자에게 손해발생에 대한 위험창출과 방지조치 결여의 책임이 어느 정도 있는지를 고려하여 판단하여야 할 것이므로(대법원 19○○. ○. ○. 선고 98다39930 판결 참조), 피고 ◈◈◈의 위와 같은 위법행위는 외형상, 객관적으로 피고은행 지점장으로서의 예금을 관리하는 업무범위내의 행위라고 볼 것이므로 따라서 피고은행은 불법행위자인 피고 ◈◈◈의 사용자로서 피고 ◈◈◈가 위와 같이 그 사무집행에 관하여 원고에게 입힌 위 손해를 연대하여 배상할 책임이 있다 할 것이므로 피고은행의 주장은 이유 없어 배척되어야 할 것입니다.

3. 또한, 피고은행은 원고가 19○○. ○. ○. 피고 ◈◈◈의 위와 같은 불법행위를 알았고 이 사건 소제기일은 20○○. ○. ○.이므로 원고의 손해배상청구권은 이미 시효로 인하여 소멸하였다고 주장합니다.

4. 그러나 불법행위로 인한 손해배상청구권의 단기소멸시효 기산점이 되는 민법 제766조 제1항의 '손해 및 가해자를 안 날'이란 손해의 발생, 위법한 가해행위의 존재, 가해행위와 손해의 발생 사이에 상당인과관계가 있다는 사실 등 불법행위의 요건사실에 대하여 현실적이고도 구체적으로 인식하였을 때를 의미하는 것이므로(대법원 2011. 11. 10. 선고 2011다54686 판결 등 참조), 소외 이◈◈는 원고에게 19○○. ○. ○. 원고의 금 1억 원을 피고 ◈◈◈의 구좌에 일시 입금하였다가 이를 찾았다고 말하였을 뿐이고 원고는 소외 이◈◈ 및 피고 ◈◈◈에 대한 형사고소 및 이에 대한 수사과정에서 20○○. ○.경 피고 ◈◈◈가 위와 같이 원고명의의 통장을 임의로 몰래 만들어 원고의 돈을 편취한 내용의 위법행위를 알고 이에 대한 고소장을 추가로 제출한 사실이 있으므로 원고로서는 위 시점에서야 손해 및 그 가해자를 알았다고 보아야 할 것이므로 피고은행의 위 주장은 이유 없다 할 것입니다.

5. 그렇다면 피고들은 연대하여 원고에게 위 금 100,000,000원 및 이에 대한 19○○. ○. ○.부터 이 사건 소장부본이 피고에게 송달된 날인 20○○. ○. ○.까지는 민법에서 정한 연 5%의, 그 다음날부터 다 갚는 날까지는 소송촉진등에관한특례법에서 정한 연 20%의 각 비율에 의한 지연손해금을 지급할 의무가 있으므로 원고의 이 사건 청구를 인용하는 판결이 선고되어야 할 것입니다.

20○○. ○. ○.
위 원고 ○○○ (서명 또는 날인)

○○지방법원 제○○민사단독 귀중

제출법원	본안소송 계속법원	제출기간	제소 후 변론종결 전까지
제출부수	준비서면 1부 및 상대방 수만큼의 부본 제출	제출의무	지방법원 합의부와 그 이상의 상급법원에서는 반드시 준비서면을 제출하여 변론을 준비하여야 함(민사소송법 제272조 제2항).

의 의	준비서면이란 당사자가 변론에서 하고자 하는 진술사항을 기일 전에 예고적으로 기재하여 법원에 제출하는 서면을 말함.
기재사항	<민사소송법 제274조 제1항에 법정되어 있음> 1. 당사자의 성명.명칭 또는 상호와 주소 2. 대리인의 성명과 주소 3. 사건의 표시 4. 공격 또는 방어의 방법 5. 상대방의 청구와 공격 또는 방어의 방법에 대한 진술 6. 덧붙인 서류의 표시 7. 작성한 날짜 8. 법원의 표시
효 과	자백간주이익(민사소송법 제150조 제1항), 진술의제의 이익(민사소송법 제148조 제1항), 실권효의 배제(민사소송법 제285조 제3항), 소의 취하 동의권(민사소송법 제266조 제2항)
기 타	.남편과 사별하고 달리 직업을 가지지 못한 채 남편의 유산을 처분하여 은행에 넣어 두고 이자를 받아서 생활하여 오던 피해자가 은행의 지점장을 통하여 은행과 거래하여 왔고, 피해자가 교부한 금원에 대한 이자가 정기적으로 피해자의 통장으로 입금되어 왔으며, 은행 지점장이 은행의 공적 금리보다 높은 이자를 보장해주는 조건으로 예금하도록 유인하는 편법 금융거래가 금융기관 사이에서 종종 행하여져 왔다는 점 등에 비추어, 그 은행지점장의 행위가 당해 은행의 사무집행행위에 해당하지 않음을 피해자가 알았거나 중대한 과실로 알지 못한 것으로는 볼 수 없다고 하여 은행의 사용자책임을 인정한 원심판결을 수긍한 사례(대법원 1996. 12. 10. 선고 95다17595 판결). .예금자가 제3자를 통하여 체결한 예금계약이 보통 정규예금 금리보다 고액이고 보통예금임에도 일정기간 인출할 수 없는 등 시중은행에서 예금유치를 위하여 그와 같은 방법을 사용하고 있다고 볼 수 없는 경우, 예금자는 적어도 통상의 주의만 기울였다면 은행직원의 표시의사가 진의가 아님을 알 수 있었을 것이므로 결국 그 예금자와 은행과의 관계에 있어서는 예금계약 자체가 성립되지 아니하였다는 이유로, 예금자는 은행에 대하여 예금반환청구를 할 수 없다고 하였으나, 예금자에게 은행직원의 배임행위에 대한 통상의 과실만이 인정되는 경우, 은행의 사용자배상책임을 인정한 원심판결을 수긍한 사례(대법원 1996. 4. 26. 선고 94다29850 판결, 1999. 1. 15. 선고 98다39602 판결).

㊿ 답변서{손해배상(자)}

답 변 서

사 건 20○○가단○○○ 손해배상(자)
원 고 ○○○
피 고 ◇◇◇

위 사건에 관하여 피고는 다음과 같이 답변합니다.

청구취지에 대한 답변

1. 원고의 청구를 기각한다.
2. 소송비용은 원고의 부담으로 한다.

라는 판결을 구합니다.

청구원인에 대한 답변

1. 원고의 주장사실 가운데 이 사건 사고발생사실과 원고가 교통사고로 상해를 입은 사실은 인정합니다.
2. 과실상계의 주장
   원고는 오토바이를 무면허로 운전하였고, 안전모를 착용하지 않았으며 사고발생시 과속운전을 한 사실로 보아 이 사건 사고발생에 원고의 과실이 경합하여, 원고의 손해발생과 손해범위의 확대에 기여하였으므로 손해배상액산정에 있어서 원고의 과실부분은 참작되어야 할 것입니다.
3. 채무의 부존재
   가. 원고의 주장과는 달리 이 사건 사고로 인하여 원고가 입은 상해는 장기간의 치료를 요하거나 후유장해를 남기는 상해가 아니라 단순 좌측 팔골절상에 불과하였습니다.
   나. 이에 피고는 이 사건 소제기 전에 원고의 치료 요청에 따라 원고가 입은 손해의 전부인 치료비 전액 금 ○○○원 및 위자료로 금 ○○○원을 지급함으로써 이 사건 사고로 인한 배상책임을 모두 이행하였습니다.
   (피고는 추후 신체감정 및 형사기록이 송부되는 대로 원고가 주장하고 있는 사고발생 경위, 일실수입, 치료비 및 위자료에 대하여 적극적으로 다툴 예정입니다)
4. 결론
   피고는 피고에게 지급책임이 있는 범위내의 모든 채무를 이행하였으므로 원고의 이 사건 청구는 마땅히 기각되어야 할 것입니다.

20○○. ○. ○.
위 피고 ◇◇◇ (서명 또는 날인)

○○지방법원 제○민사단독 귀중

3-4. 소가 산정

손해배상 청구소송은 금전의 지급을 청구하는 소송이므로 소가는 청구금액(이자는 불산입)이 됩니다.

3-5. 1심 소가에 따른 인지액

소 가	인 지 대
소가 1천만원 미만	소가 × 50 / 10,000
소가 1천만원 이상 1억원 미만	소가 × 45 / 10,000 + 5,000
소가 1억원 이상 10억원 미만	소가×40 / 10,000 + 55,000
소가 10억원 이상	소가× 35 / 10,000 + 555,000
※ 인지액이 1천원 미만이면 1천원으로 하고, 수수료 중 100원 미만은 계산하지 않습니다(「민사소송 등 인지법」 제2조제2항).	

3-6. 인지액의 납부방법

3-6-1. 현금납부

① 소장에 첩부하거나 보정해야 할 인지액(이미 납부한 인지액이 있는 경우에는 그 합산액)이 1만원 이상인 경우에는 그 인지의 첩부 또는 보정에 갈음해 인지액 상당의 금액 전액을 현금으로 납부해야 합니다(민사소송 등 인지규칙 제27조 제1항).

② 인지액 상당 금액을 현금으로 납부할 경우에는 송달료 수납은행에 내야 합니다(민사소송 등 인지규칙 제28조).

3-6-2. 신용카드납부

① 신청인은 인지액 상당의 금액을 현금으로 납부할 수 있는 경우 이를 수납은행 또는 인지납부대행기관의 인터넷 홈페이지에서 인지납부대행기관을 통해 신용카드·직불카드 등(이하 “신용카드등”이라 한다)으로도 납부할 수 있습니다(민사소송 등 인지규칙 제28조의2 제1항).

② "인지납부대행기관"이란 정보통신망을 이용해 신용카드등에 의한 결제를 수행하는

기관으로서 인지납부대행기관으로 지정받은 자를 말합니다(민사소송 등 인지규칙 제28조의2 제2항).

③ 인지납부대행기관은 신청인으로부터 인지납부 대행용역의 대가로 납부대행수수료를 받을 수 있고, 납부대행수수료는 전액 소송비용으로 봅니다(민사소송 등 인지규칙 제28조의2 제4항 및 제5항).

3-6-3. 인지납부일

① 인지액 상당의 금액을 신용카드등으로 납부하는 경우에는 인지납부대행기관의 승인일을 인지납부일로 봅니다(민사소송 등 인지규칙 제28조의2 제3항).

② 신청인은 수납은행이나 인지납부대행기관으로부터 교부받거나 출력한 영수필확인서를 소장에 첨부하여 법원에 제출해야 합니다(민사소송 등 인지규칙 제29조 제2항).

3-6-4. 송달료 납부

① 민사 제1심 단독 또는 합의사건의 송달료는 당사자수 × 3,700원 × 15회분입니다(송달료규칙의 시행에 따른 업무처리요령 별표 1).

3-6-5. 소장부본

소장 제출 시 송달에 필요한 수의 부본을 함께 제출해야 합니다(민사소송규칙 제48조 제1항).

4. 부당이득반환청구의 소

① 부당이득반환 청구소송은 법률상 원인없이 타인의 재화나 노무로부터 이익을 얻은 자에게 권리자가 반환을 청구하는 소송입니다.

② 부당이득반환 청구소송이 금전의 지급을 청구하는 소송일 경우 소가는 청구금액(이자는 불산입)이고, 인지대는 소가에 따른 인지대 계산방법으로 계산하면 됩니다.

4-1. 부당이득의 개념

① '부당이득'이란 법률상 원인없이 타인의 재화나 노무로부터 얻은 이익을 말하며, 부당이득은 권리자에게 반환해야 합니다(민법 제741조).

② 부당이득이 되려면 타인은 그 이익으로 인해 손실을 입었어야 합니다. 일방이 이득을 보았더라도 상대방이 손실을 입지 않았다면 부당이득은 성립하지 않습니다.

4-2. 부당이득반환 청구소송 신청서 작성례

① 부당이득반환청구의 소(판결선고일까지 연 5%로 청구한 경우)

소 장

원 고 ○○○ (주민등록번호)
○○시 ○○구 ○○길 ○○(우편번호)
전화.휴대폰번호:
팩스번호, 전자우편(e-mail)주소:

피 고 ◇◇◇ (주민등록번호)
○○시 ○○구 ○○길 ○○(우편번호)
전화.휴대폰번호:
팩스번호, 전자우편(e-mail)주소:

부당이득반환청구의 소

청 구 취 지

1. 피고는 원고에게 금 2,000,000원 및 이에 대한 이 사건 소장부본 송달 다음날부터 이 판결 선고일까지는 연 5%의, 그 다음날부터 다 갚을 때까지는 연 15%의 각 비율에 의한 돈을 지급하라.
2. 소송비용은 피고의 부담으로 한다.
3. 위 제1항은 가집행 할 수 있다.

라는 판결을 구합니다.

청 구 원 인

1. 경기 ○○군 ○○면 ○○리 ○○ 답 341㎡는 원고가 19○○. ○. ○. 소외 ◈◈◈로부터 매수한 원고 소유의 토지입니다.
2. 그런데 피고는 위 토지에 대하여 소유자인 원고로부터 토지사용에 대한 승낙이나 동의도 없이 20○○. ○.경부터 20○○. ○○.경까지 위 토지를 점유하여 사용하였습니다.
3. 따라서 피고는 이 사건 토지를 법률상 권원없이 점유.사용하여 임차료상당을

부당이득 하였으므로 원고는 피고에게 부당이득의 반환을 청구하는 것이며, 그 금액은 이 사건 토지를 피고가 점유하기 전에 임차한 소외 ◉◉◉와의 임차료가 매년 금 1,000,000원이었으므로 이를 기준으로 피고가 점유한 2년간의 임차료에 상당하는 부당이득금 2,000,000원 및 이에 대하여 이 사건 소장부본 송달 다음날부터 피고가 항쟁함이 상당하다고 인정되는 이 판결 선고일까지는 민법에서 정한 연 5%의, 그 다음날부터 다 갚을 때까지는 소송촉진등에관한특례법에서 정한 연 15%의 각 비율에 의한 지연손해금을 청구하고자 이 사건 소송을 제기합니다.

입 증 방 법

1. 갑 제1호증 부동산등기사항증명서
1. 갑 제2호증 토지대장등본
1. 갑 제3호증 임대차계약서

첨 부 서 류

1. 위 입증방법 각 2통
1. 소장부본 1통
1. 송달료납부서 1통

20○○. ○. ○.
위 원고 ○○○ (서명 또는 날인)

○○지방법원 귀중

■ 참 고 ■

※ (1) 관 할

1. 소(訴)는 피고의 보통재판적(普通裁判籍)이 있는 곳의 법원의 관할에 속하고, 사람의 보통재판적은 그의 주소에 따라 정하여지나, 대한민국에 주소가 없거나 주소를 알 수 없는 경우에는 거소에 따라 정하고, 거소가 일정하지 아니하거나 거소도 알 수 없으면 마지막 주소에 따라 정하여짐.
2. 재산권에 관한 소를 제기하는 경우에는 거소지 또는 의무이행지의 법원에 제기할 수 있음.
3. 따라서 사안에서 원고는 피고의 주소지를 관할하는 법원이나 의무이행지(특정물의 인

도는 채권성립당시에 그 물건이 있던 장소에서 하여야 하지만, 그 밖의 채무변제는 채권자의 현주소에서 하여야 하므로 당사자간에 특별한 약정이 없는 한 채권자는 자기의 주소지를 관할하는 법원에 소를 제기할 수 있음 : 민법 제467조 제1항, 제2항)관할 법원에 소를 제기할 수 있음.

※ (2) 인 지

소장에는 소송목적의 값에 따라 민사소송등인지법 제2조 제1항 각 호에 따른 금액 상당의 인지를 붙여야 함. 다만, 대법원 규칙이 정하는 바에 의하여 인지의 첨부에 갈음하여 당해 인지액 상당의 금액을 현금이나 신용카드·직불카드 등으로 납부하게 할 수 있는바, 현행 규정으로는 인지첩부액이 1만원 이상일 경우에는 현금으로 납부하여야 하고 또한 인지액 상당의 금액을 현금으로 납부할 수 있는 경우 이를 수납은행 또는 인지납부대행기관의 인터넷 홈페이지에서 인지납부대행기관을 통하여 신용카드 등으로도 납부할 수 있음(민사소송등인지규칙 제27조 제1항 및 제28조의 2 제1항).

※ (3) 제출부수 : 소장원본 1부 및 피고 수만큼의 부본 제출

※ (4) 불복절차 및 기간 : 항소(민사소송법 제390조)를 판결서가 송달된 날부터 2주 이내(민사소송법 제396조 제1항)에 제기해야 합니다.

(관련판례)

소송촉진등에관한특례법 제3조 제2항 소정의 「채무자가 그 이행의무의 존부나 범위에 관하여 항쟁함이 상당하다고 인정하는 때」란 이행의무의 존부나 범위에 관하여 항쟁하는 채무자의 주장에 상당한 근거가 있는 때라고 풀이되므로 결국 위와 같이 항쟁함이 상당한가 아니한가의 문제는 당해 사건에 관한 법원의 사실인정과 그 평가에 관한 것임(대법원 1995. 2. 17. 선고 94다56234 판결, 2002. 5. 10. 선고 2001다81511 판결). 금전의 지급을 구하는 소송에 있어서 제1심이 원고의 청구 중 일부만을 인용하고 나머지 청구를 기각하였다면, 특별한 사정이 없는 한 피고로서는 제1심판결 선고시까지는 그 이행의무의 존부나 범위에 관하여 항쟁한 것이 상당하다고 인정하여, 그 인용금액에 대한 지연손해금에 대하여는 제1심판결 선고일까지는 소송촉진등에관한특례법 제3조 제1항이 정하는 법정이율을 적용하지 아니하여야 한다(대법원 2000. 2. 25. 선고 99다20155 판결, 1999. 2. 23. 선고 98다64103 판결).

② 부당이득반환청구의 소(가집행으로 인한 부당이득)

소 장

원 고 ○○주식회사
○○시 ○○구 ○○로 ○○(우편번호)
대표이사 ◉◉◉
전화.휴대폰번호:
팩스번호, 전자우편(e-mail)주소:

피 고 1. 김◇◇ (주민등록번호)
○○시 ○○구 ○○로 ○○(우편번호)
전화.휴대폰번호:
팩스번호, 전자우편(e-mail)주소:
2. 이◇◇ (주민등록번호)
○○시 ○○구 ○○로 ○○(우편번호)
전화.휴대폰번호:
팩스번호, 전자우편(e-mail)주소:

부당이득반환청구의 소

청 구 취 지

1. 원고에게 피고 김◇◇는 ○○만원, 피고 이◇◇는 ○○만원 및 위 각 돈에 대하여 20○○. ○○. ○○.부터 이 사건 소장부본 송달일까지는 연 5%의, 그 다음날부터 다 갚을 때까지는 연 15%의 각 비율에 의한 돈을 각 지급하라.
2. 소송비용은 피고들의 부담으로 한다.
3. 위 제1항은 가집행 할 수 있다.

라는 재판을 구합니다.

청 구 원 인

1. 원고는 피고들의 피상속인인 소외 망 이◈◈의 사망을 원인으로 피고들이 제소하여 ○○지방법원(20○○가합○○호), ○○고등법원(20○○나○○호) 및 대법원(20○○다○○호)에서 심리한 일이 있는 손해배상청구사건의 피고였고, 이

사건 피고들은 위 사건의 원고였습니다.

2. 그런데 위 사건의 제1심인 ○○지방법원에서 "가집행 할 수 있다"라는 승소판결을 선고함에 따라 20○○. ○. ○. 원고로부터 피고 김◇◇는 가집행 선고금액인 금 ○○○만원을, 피고 이◇◇는 금 ○○○만원을 각 수령해간 일이 있으나 그 뒤 위 사건은 제2심인 ○○고등법원에서 피고 김◇◇의 승소금액이 금 ○○만원으로, 피고 이◇◇는 금 ○○만원으로 각 감축된 바 있고 상고심에도 제2심 판결대로 확정이 된 것입니다.
3. 그러므로 원고는 위 사건의 가집행 선고로 인하여 판결확정액보다 피고 김◇◇에게 금 ○○만원을, 피고 이◇◇에게 금 ○○만원을 더 지급하였고 피고들은 법률상 원인 없이 위 돈을 각 부당이득하였다 할 것입니다.
4. 따라서 원고는 피고 김◇◇로부터 ○○만원, 피고 이◇◇로부터 ○○만원 및 위 각 돈에 대하여 위 사건의 상고심판결이 확정된 20○○. ○○. ○○.부터 이 사건 소장부본 송달일까지는 민법에서 정한 연 5%의, 그 다음날부터 다 갚을 때까지는 소송촉진등에관한특례법에서 정한 연 15%의 각 비율에 의한 돈을 지급 받기 위하여 이 사건 청구에 이른 것입니다.

입 증 방 법

1. 갑 제1호증의 1 내지 3 각 판결문정본
1. 갑 제2호증 가집행조서

첨 부 서 류

1. 위 입증방법 각 3통
1. 소장부본 2통
1. 송달료납부서 1통

20○○. ○. ○.

위 원고 ○○○ (서명 또는 날인)

○○지방법원 귀중

③ 부당이득반환청구의 소(사유지를 무단으로 도로로 사용한 경우)

소 장

원 고 ○○○ (주민등록번호)
○○시 ○○구 ○○로 ○○(우편번호)
전화.휴대폰번호:
팩스번호, 전자우편(e-mail)주소:

피 고 ◇◇시
◇◇시 ◇◇구 ◇◇로 ◇◇(우편번호)
대표자 시장 ◈◈◈
전화.휴대폰번호:
팩스번호, 전자우편(e-mail)주소:

부당이득반환청구의 소

청 구 취 지

1. 피고는 원고에게,
   가. 금 ○○○원 및 이에 대하여 이 사건 소장부본 송달일 다음날부터 이 사건 판결선고일까지는 연 5%의, 그 다음날부터 다 갚을 때까지는 연 15%의 각 비율에 의한 돈을 지급하라.
   나. 20○○. ○. ○.부터 별지목록 기재 토지의 별지도면 표시 3, 4, 5, 6, 3의 각 점을 차례로 연결한 (가)부분 150㎡에 대한 피고의 도로폐쇄 또는 원고의 소유권상실일까지 매월 금 ○○○원을 지급하라.
2. 소송비용은 피고의 부담으로 한다.
3. 위 제1항의 가항은 가집행 할 수 있다.

라는 판결을 구합니다.

청 구 원 인

1. 원고는 19○○. ○. ○. 소외 ◉◉◉로부터 별지목록 기재 토지를 매수하여 ○○지방법원 ○○등기소 19○○. ○. ○. 접수 제○○○○호로 소유권이전등기를 마친 별지목록 기재 토지의 정당한 소유자입니다.

2. 피고는 원고가 별지목록 기재 토지의 소유권을 취득한 뒤인 20○○. ○. ○○.부터 같은 해 ○○. ○○.까지 도로확장사업을 시행하면서 아무런 권원없이 별지목록 기재 토지 중 별지도면 표시 3, 4, 5, 6, 3의 각 점을 차례로 연결한 (가)부분 150㎡를 도로에 편입한 뒤 지금까지 2년 동안 점유.사용하고 있으면서 그에 대한 사용료 등을 원고에게 지급한 사실이 없습니다.
3. 그런데 피고가 별지목록 기재 토지 중 별지도면 표시 3, 4, 5, 6, 3의 각 점을 차례로 연결한 (가)부분 150㎡를 도로에 편입한 뒤 점유.사용하기 시작한 20○○. ○○. ○○.부터 지금까지 위 토지의 월 임대료는 ㎡당 금 ○○원 상당입니다.
4. 따라서 원고는 피고에 대하여 금 ○○○원(○○원×150㎡×24개월)과 이에 대한 이 사건 소장부본 송달 다음날부터 이 사건 판결선고일까지는 민법에서 정한 연 5%의, 그 다음날부터 다 갚을 때까지는 소송촉진등에관한특례법에서 정한 연 15%의 각 비율에 의한 돈 및 20○○. ○. ○.부터 별지목록 기재 토지의 별지도면 표시 3, 4, 5, 6, 3의 각 점을 차례로 연결한 (가)부분 150㎡에 대한 피고의 도로폐쇄 또는 원고의 소유권상실일까지 매월 금 ○○○원을 지급 받기 위하여 이 사건 소송제기에 이르렀습니다.

입 증 방 법

1. 갑 제1호증	부동산등기사항증명서
1. 갑 제2호증	도시계획사실확인원
1. 갑 제3호증	지적도등본
1. 갑 제4호증	토지경계측량성과도

첨 부 서 류

1. 위 입증방법	각 2통
1. 소장부본	1통
1. 송달료납부서	1통

20○○. ○. ○.
위 원고 ○○○ (서명 또는 날인)

○○지방법원 귀중

[별지] 생략

④ 부당이득반환청구의 소(배당받지 못한 주택임차인)

소 장

원 고 ○○○ (주민등록번호)
○○시 ○○구 ○○로 ○○(우편번호)
전화.휴대폰번호:
팩스번호, 전자우편(e-mail)주소:
피 고 ◇◇◇ (주민등록번호)
○○시 ○○구 ○○로 ○○(우편번호)
전화.휴대폰번호:
팩스번호, 전자우편(e-mail)주소:

부당이득반환청구의 소

청 구 취 지

1. 피고는 원고에게 금 63,000,000원 및 이에 대한 20○○. ○. ○.부터 이 사건 소장부본 송달일까지는 연 5%의, 그 다음날부터 다 갚을 때까지는 연 15%의 각 비율에 의한 돈을 지급하라.
2. 소송비용은 피고의 부담으로 한다.
3. 위 제1항은 가집행 할 수 있다.

라는 판결을 구합니다.

청 구 원 인

1. 원고는 19○○. ○. ○. 소외 ◉◉◉로부터 그의 소유인 서울 ○○구 ○○로 ○○○ ○○아파트 ○동 ○○○호를 임차보증금 67,00,000원에 임차하여 거주하여 왔으며, 같은 날짜에 주민등록전입신고를 마치고 확정일자를 받았습니다. 그 뒤 소외 ◉◉◉는 피고로부터 금 50,000,000원을 차용하면서 피고에게 채권최고액 금 65,000,000원인 ○○지방법원 ○○등기소 20○○. ○. ○. 접수 제○○○호 근저당권설정등기를 해주었습니다.

2. 원고는 위 아파트의 임대차기간이 끝난 뒤 소외 ◉◉◉에게 위 임차보증금의 반환을 요청하였으나 위 임차보증금을 반환 받지 못한 상태에서 어머니의 병간

호를 위하여 위 아파트 내에 가재도구 일부를 남겨둔 채 문을 잠그고 어머니가 거주하는 곳으로 이사를 하였는데, 그 후 관할 동사무소에서 주민등록일제정리 계획에 따라서 주민등록법에서 정한 절차에 따라 공고를 한 후 원고의 주민등록을 직권말소 하였고, 원고가 그러한 사실을 뒤늦게 알고 이의를 제기하여 위 아파트로 주민등록이 회복되었습니다.

3. 그런데 원고는 피고가 위 근저당권에 기하여 신청한 ○○지방법원 20○○타경 ○○○○ 경매절차에서 배당요구의 종기 이전에 배당요구를 하였으나, 위와 같은 주민등록의 직권말소로 인하여 제1순위 우선변제권을 상실하였다가 재등록시에 제2순위 우선변제권을 확보하였을 뿐이라는 이유로 위 아파트의 매각대금 가운데 집행비용을 공제한 63,000,000원에서 단 한 푼도 배당을 받지 못하였고, 어머니의 병간호를 하느라 배당기일에 출석하여 이의를 제기하지도 못하였습니다.

4. 그러나 주택임대차에 있어서 주택의 인도 및 주민등록이라는 대항요건은 그 대항력을 취득할 때에만 구비하면 족한 것이 아니고 그 대항력을 유지하기 위하여서도 계속 존속하고 있어야 하므로 주택임차인의 의사에 의하지 아니하고 주민등록법 및 주민등록법시행령에 따라 시장, 군수 또는 구청장에 의하여 직권조치로 주민등록이 말소된 경우에도 원칙적으로 그 대항력은 상실된다고 할 것이지만, 주민등록법상의 직권말소제도는 거주관계 등 인구의 동태를 상시로 명확히 파악하여 주민생활의 편익을 증진시키고 행정사무의 적정한 처리를 도모하기 위한 것이고, 주택임대차보호법에서 주민등록을 대항력의 요건으로 규정하고 있는 것은 거래의 안전을 위하여 임대차의 존재를 제3자가 명백히 인식할 수 있게 하기 위한 것으로서 그 취지가 다르므로, 직권말소 후 주민등록법에서 정한 이의절차에 따라 그 말소된 주민등록이 회복되거나 주민등록법시행령 제29조에 의하여 재등록이 이루어짐으로써 주택임차인에게 주민등록을 유지할 의사가 있었다는 것이 명백히 드러난 경우에는 소급하여 그 대항력이 유지된다고 할 것이므로(대법원 2002. 10. 11. 선고 2002다20957 판결), 원고의 주민등록이 일시 직권말소 되었으나, 주민등록법에서 정한 이의절차에 따라 그 말소된 주민등록이 회복되었으므로 원고의 위 아파트에 대한 주택임차권은 피고의 위 근저당권보다 우선하여 보호되어야 할 것이고, 위 아파트에 대한 경매절차에서의 매각대금 63,000,000원은 모두 원고에게 배당되어야 마땅할 것임에도 피고에게 배당되어 피고가 그 배당금을 수령하였으므로 피고는 금 63,000,000원의 부당이득을 하였다고 할 것입니다.

5. 따라서 원고는 피고에 대하여 위와 같은 부당이득금 63,000,000원 및 이에 대하여 위 돈을 배당금으로 수령한 날의 다음날인 20○○. ○. ○.부터 이 사건 소장부본 송달일까지는 민법에서 정한 연 5%의, 그 다음날부터 다 갚을 때까지는 소송촉진등에관한특례법에서 정한 연 15%의 각 비율에 의한 지연손해금을 지급 받기 위하여 이 사건 소송제기에 이르렀습니다.

입 증 방 법

1. 갑 제1호증 주민등록등본
1. 갑 제2호증 진단서
1. 갑 제3호증 사실확인서
1. 갑 제4호증 배당표사본

첨 부 서 류

1. 위 입증방법 각 1통
1. 소장부본 1통
1. 송달료납부서 1통

20○○. ○. ○.

위 원고 ○○○ (서명 또는 날인)

○○지방법원 귀중

⑤ 부당이득반환청구의 소(배당받지 못한 근저당권자)

소 장

원 고 ○○○ (주민등록번호)
○○시 ○○구 ○○길 ○○(우편번호)
전화.휴대폰번호:
팩스번호, 전자우편(e-mail)주소:
피 고 ◇◇◇ (주민등록번호)
○○시 ○○구 ○○길 ○○(우편번호)
전화.휴대폰번호:
팩스번호, 전자우편(e-mail)주소:

부당이득반환청구의 소

청 구 취 지

1. 피고는 원고에게 금 35,000,000원 및 이에 대한 20○○. ○. ○.부터 이 사건 소장부본 송달일까지는 연 5%의, 그 다음날부터 다 갚을 때까지 연 15%의 각 비율에 의한 돈을 지급하라.
2. 소송비용은 피고의 부담으로 한다.
3. 위 제1항은 가집행 할 수 있다.

라는 판결을 구합니다.

청 구 원 인

1. 원고는 19○○. ○. ○. 소외 ◉◉◉로부터 돈을 빌려 달라는 요청을 받고 금 50,000,000원을 대여하고 소외 ◉◉◉의 소유인 서울 ○○구 ○○길 ○○○ ○○아파트 ○동 ○○○호에 채권최고액 금 65,000,000원인 ○○지방법원 ○○등기소 20○○. ○. ○. 접수 제○○○호 근저당권등기를 설정 받았습니다.
2. 그런데 소외 ◉◉◉는 위 아파트를 사업을 하는 소외 ◈◈◈에게 양도하였는데, 소외 ◈◈◈의 피용자인 피고는 체불된 퇴직금 및 임금채권 금 35,000,000원에 관한 승소판결에 근거하여 위 아파트에 대하여 ○○지방법원 20○○타경○○○○호로 강제경매를 신청하여 위 아파트가 매각되었으며, 집행비용을 공제한 매각대금 45,000,000원 가운데 피고가 금 35,000,000원을 배당 받았고, 원고는 위 근저당권으로 담보된 금 60,000,000원의 채권 가운데 금 10,000,000원을 배당 받았을 뿐이므로 배당기일에 출석하여 이의를 제기하였으나, 배당이의의 소송을 제기하지 못하여 위 경매사건의 배당표가 확정되고 피고는 위 배

당금을 수령해갔습니다.

3. 그런데 근로기준법 제38조 제2항의 임금채권우선변제는 근로자의 최저생활을 보장하고자 하는 공익적 요청에서 일반 담보물권의 효력을 일부 제한하고 임금채권의 우선변제권을 규정한 것으로서 그 규정의 취지는 최종 3월분의 임금 등에 관한 채권은 다른 채권과 동시에 사용자의 동일재산으로 부터 경합하여 변제 받는 경우에 그 성립의 선후나 질권이나 저당권의 설정여부에 관계없이 우선적으로 변제 받을 수 있는 권리가 있음을 밝힌 것일 뿐, 나아가 사용자의 특정재산에 대한 배타적 지배권을 본질로 하는 추급효까지 인정한 것은 아니라고 할 것이므로, 사용자의 재산이 제3자에게 양도된 경우에 있어서는 양도인인 사용자에 대한 임금 등 채권의 우선권은 이 재산에 대하여는 더 이상 추구될 수 없고, 양수인의 양수재산에 대하여 까지 우선권을 인정할 수는 없다고 할 것이고, 또 사용자가 취득하기 전에 설정된 담보권에 대하여 까지 우선권을 인정할 수도 없다고 할 것입니다(대법원 1994. 1. 11. 선고 93다30938 판결).
4. 그렇다면 위 아파트에 대한 경매절차에서의 매각대금 45,000,000원 모두 원고에게 배당되어야 마땅할 것임에도 피고에게 금 35,000,000원이 배당되어 피고가 그 배당금을 수령하였으므로 피고는 금 35,000,000원의 부당이득을 하였다고 할 것입니다.
5. 따라서 원고는 피고에 대하여 위와 같은 부당이득금 35,000,000원 및 이에 대하여 위 돈을 배당금으로 수령한 날의 다음날인 20○○. ○. ○.부터 이 사건 소장부본 송달일까지는 민법에서 정한 연 5%의, 그 다음날부터 다 갚을 때까지는 소송촉진등에관한특례법에서 정한 연 15%의 각 비율에 의한 지연손해금을 지급 받기 위하여 이 사건 소송제기에 이르렀습니다.

입 증 방 법

1. 갑 제1호증 부동산등기사항전부증명서
1. 갑 제2호증 배당표사본

첨 부 서 류

1. 위 입증방법 각 1통
1. 소장부본 1통
1. 송달료납부서 1통

20○○. ○. ○.

위 원고 ○○○ (서명 또는 날인)

○○지방법원 귀중

⑥ 부당이득반환 청구의 소(착오송금으로 인한)

소 장

원 고 ○○○ (주민등록번호)
○○시 ○○구 ○○길 ○○(우편번호)
전화.휴대폰번호:
팩스번호, 전자우편(e-mail)주소:

피 고 ◇◇◇
주소불명

부당이득반환 청구의 소

청 구 취 지

1. 피고는 원고에게 500,000원 및 이에 대한 이 사건 소장 부본 송달 다음날부터 다 갚는 날까지 연 15%로 계산한 돈을 지급하라.
2. 소송비용은 피고가 부담한다.
3. 위 제1항은 가집행 할 수 있다.

라는 판결을 구합니다.

청 구 원 인

1. 사건내역

원고는 2014. 3. 8경 소외 최OO 명의의 계좌(제일은행 123-456-789)로 500,000원을 송금시키려 하였으나 착오로 피고 명의의 계좌(제일은행 122-456-789)로 잘못 송금하게 되었습니다. 현재 피고와 연락이 되지 않고 있습니다.

2. 피고의 부당이득

피고는 원고의 착오로 인해 법률상 원인 없이 청구금액 상당의 이득을 취했으며 이로 인해 원고는 손해를 보았으므로 부당이득의 반환의무가 있습니다.

3. 사실조회 신청

원고는 피고의 성명과 전화번호 외 송달가능한 주소 등 인적사항을 알지 못합니다. 이에 소송유지 및 향후 강제집행 등을 위해 피고인적사항에 대한 사실조회를 동시에 신청하는 바입니다.

4. 결 어

따라서 피고는 원고에게 500,000원 및 이에 대하여 본 사건 소장 부본 송달된 다음날부터 모두 지급할 때 까지 소송촉진등에관한특례법상 연 15%의 비율로 계산한 돈을 지급할 의무가 있습니다.

입 증 방 법

1. 갑 제1호증 송금영수증 사본 1통.

첨 부 서 류

1. 위 입증방법 1통.
1. 소장 부본 1통.
1. 사실조회 신청서 1통.
1. 송달료 납부 영수증 1통.

○○지방법원 귀중

⑦ 반소장(부당이득금반환청구)

반 소 장

사 건 20○○가단○○○○ 소유권이전등기

피고(반소원고) ◇◇◇ (주민등록번호)
○○시 ○○구 ○○길 ○○(우편번호)
전화.휴대폰번호:
팩스번호, 전자우편(e-mail)주소:

원고(반소피고) ○○○ (주민등록번호)
○○시 ○○구 ○○길 ○○(우편번호)
전화.휴대폰번호:
팩스번호, 전자우편(e-mail)주소:

위 사건에 관하여 피고(반소원고)는 다음과 같이 반소를 제기합니다.

부당이득금반환청구의 소

반 소 청 구 취 지

1. 원고(반소피고)는 피고(반소원고)에게 금 15,000,000원 및 이에 대한 20○○. ○. ○○.부터 이 사건 소장부본 송달일까지는 연 5%의, 그 다음날부터 다 갚는 날까지는 연 15%의 각 비율에 의한 돈을 지급하라.
2. 소송비용은 원고(반소피고)가 부담한다.
3. 위 제1항은 가집행 할 수 있다.

라는 판결을 구합니다.

청 구 원 인

1. 원고(반소피고)의 피고(반소원고)에 대한 채무

가. 피고(반소원고, 다음부터 피고라고만 함) ◇◇◇는 20○○. ○. ○.경 남편인 소외 망 ◈◈◈가 사망한 뒤, 여자 혼자의 힘으로는 거친 농사일을 계속할 수 없어, 유산인 포도원을 금 23,000,000원에 소외 ◆◆◆에게 매도하고 그 대금 중 금 22,500,000원을 원고(반소피고, 다음부터 원고라고만 함)○○○에게 주면서

○○시내의 적당한 대지를 매수하여 달라고 부탁하였습니다.

나. 이에 원고는 피고로부터 위 돈을 수령하여 이 돈으로 소외 ◎◎◎로부터 ○○시 ○○구 ○○동 ○○ 대 100㎡를 소외 ◉◉◉와 함께 매수하였습니다. 이때 원고가 피고에게는 아무런 상의도 없이 자신의 명의로 매매계약을 체결하였음을 나중에 알게 된 피고가 원고에게 항의하자, 소유권이전등기시에는 이를 피고 명의로 이전하여 줄 것이니 아무 걱정하지 말라고 하였습니다.

다. 그런데 원고는 20○○. ○. ○.경 위 ○○시 ○○구 ○○동 ○○ 대 100㎡를 피고 몰래 금 27,000,000원에 매도하고는 그 대금을 피고에게 지급하지 않아 피고가 원고를 횡령 등의 피의사실로 고소하기에 이르렀습니다.

라. 그 뒤 위 고소사건을 수사하는 과정에서 원고는 자신의 횡령행위를 모두 시인하고, 위 대지의 매매대금 중 일부인 금 12,000,000원을 지급하면서 위 매매대금 중 나머지 금 15,000,000원은 추후에 지급하기로 하여 피고가 고소를 취소하여 주었으나, 원고는 나머지 금액을 아직껏 피고에게 지급하지 않고 있습니다.

2. 그렇다면 원고는 피고에게 대지매매대금 중 나머지인 금 15,000,000원을 지급할 의무가 있다고 할 것이므로, 피고는 원고로부터 금 15,000,000원 및 이에 대한 위 대지를 매도한 날의 다음날인 20○○. ○. ○○.부터 이 사건 소장부본 송달일까지는 민법에서 정한 연 5%의, 그 다음날부터 다 갚는 날까지는 소송촉진등에관한특례법에서 정한 연 15%의 각 비율에 의한 돈을 지급 받고자 이 사건 반소에 이른 것입니다.

첨 부 서 류

1. 반소장부본 1통
1. 송달료납부서 1통

20○○. ○. ○.

위 반소원고(본소피고) ◇◇◇ (서명 또는 날인)

○○지방법원 ○○지원 제○민사단독 귀중

■ 참 고 ■

※ (1) 인 지

소장에는 소송목적의 값에 따라 민사소송등인지법 제2조 제1항 각 호에 따른 금액 상당의 인지를 붙여야 함. 다만, 대법원 규칙이 정하는 바에 의하여 인지의 첩부에 갈음하여 당해 인지액 상당의 금액을 현금이나 신용카드·직불카드 등으로 납부하게 할 수 있는바, 현행 규정으로는 인지첩부액이 1만원 이상일 경우에는 현금으로 납부하여야 하고 또한 인지액 상당의 금액을 현금으로 납부할 수 있는 경우 이를 수납은행 또는 인지납부대행기관의 인터넷 홈페이지에서 인지납부대행기관을 통하여 신용카드 등으로도 납부할 수 있음(민사소송등인지규칙 제27조 제1항 및 제28조의 2 제1항).

※ (2) 제출기간 : 사실심 변론종결 전까지(민사소송법 제269조 제1항)

※ (3) 제출부수 : 반소장 1부 및 상대방 수만큼의 부본 제출

※ (4) 불복절차 및 기간 : 항소(민사소송법 제390조)를 판결서가 송달된 날부터 2주 이내(민사소송법 제396조 제1항)에 제기해야 합니다.

(관련판례 1)

본소가 취하된 때에는 피고는 원고의 동의 없이 반소를 취하할 수 있는데(민사소송법 제271조), 이 규정은 원고가 반소의 제기를 유발한 본소는 스스로 취하해놓고 그로 인하여 유발된 반소만의 유지를 상대방에게 강요한다는 것은 공평치 못하다는 이유에서 원고가 본소를 취하한 때에는 피고도 원고의 동의 없이 반소를 취하할 수 있도록 한 규정이므로, 본소가 원고의 의사와 관계없이 부적법하다 하여 각하됨으로써 종료된 경우에까지 유추적용 할 수 없고, 원고의 동의가 있어야만 반소취하의 효력이 발생한다 할 것이다(대법원 1984. 7. 10. 선고 84다카298 판결).

(관련판례 2)

항소심에서의 반소 제기에는 상대방의 동의를 얻어야 함이 원칙이나, 반소청구의 기초를 이루는 실질적인 쟁점에 관하여 제1심에서 본소의 청구원인 또는 방어방법과 관련하여 충분히 심리되어 항소심에서의 반소 제기를 상대방의 동의 없이 허용하더라도 상대방에게 제1심에서의 심급의 이익을 잃게 하거나 소송절차를 현저하게 지연시킬 염려가 없는 경우에는 상대방의 동의 여부와 관계없이 항소심에서의 반소 제기를 허용하여야 할 것이다(대법원 1999. 6. 25. 선고 99다6708 판결).

4-3. 소가 산정

부당이득반환 청구소송이 금전의 지급을 청구하는 소송일 경우 소가는 청구금액(이자는 불산입)이 됩니다.

4-4. 1심 소가에 따른 인지액

소 가	인 지 대
소가 1천만원 미만	소가 × 50 / 10,000
소가 1천만원 이상 1억원 미만	소가 × 45 / 10,000 + 5,000
소가 1억원 이상 10억원 미만	소가×40 / 10,000 + 55,000
소가 10억원 이상	소가× 35 / 10,000 + 555,000
※ 인지액이 1천원 미만이면 1천원으로 하고, 수수료 중 100원 미만은 계산하지 않습니다(「민사소송 등 인지법」 제2조제2항).	

4-5. 인지액의 납부방법

4-5-1. 현금납부

① 소장에 첩부하거나 보정해야 할 인지액(이미 납부한 인지액이 있는 경우에는 그 합산액)이 1만원 이상인 경우에는 그 인지의 첩부 또는 보정에 갈음해 인지액 상당의 금액 전액을 현금으로 납부해야 합니다(민사소송 등 인지규칙 제27조 제1항).

② 인지액 상당 금액을 현금으로 납부할 경우에는 송달료 수납은행에 내야 합니다(민사소송 등 인지규칙 제28조).

4-5-2. 신용카드납부

① 신청인은 인지액 상당의 금액을 현금으로 납부할 수 있는 경우 이를 수납은행 또는 인지납부대행기관의 인터넷 홈페이지에서 인지납부대행기관을 통해 신용카드·직불카드 등(이하 “신용카드등”이라 한다)으로도 납부할 수 있습니다(민사소송 등 인지규칙 제28조의2 제1항).

② "인지납부대행기관"이란 정보통신망을 이용해 신용카드등에 의한 결제를 수행하는

기관으로서 인지납부대행기관으로 지정받은 자를 말합니다(민사소송 등 인지규칙 제28조의2 제2항).

③ 인지납부대행기관은 신청인으로부터 인지납부 대행용역의 대가로 납부대행수수료를 받을 수 있고, 납부대행수수료는 전액 소송비용으로 봅니다(민사소송 등 인지규칙 제28조의2 제4항 및 제5항).

4-6. 인지납부일

① 인지액 상당의 금액을 신용카드등으로 납부하는 경우에는 인지납부대행기관의 승인일을 인지납부일로 봅니다(민사소송 등 인지규칙 제28조의2 제3항).

② 신청인은 수납은행이나 인지납부대행기관으로부터 교부받거나 출력한 영수필확인서를 소장에 첨부하여 법원에 제출해야 합니다(민사소송 등 인지규칙 제29조 제2항).

4-7. 송달료 납부

민사 제1심 단독 또는 합의사건의 송달료는 당사자수 × 3,700원 × 15회분입니다(송달료규칙의 시행에 따른 업무처리요령 별표 1).

4-8. 소장부본

소장 제출 시 송달에 필요한 수의 부본을 함께 제출해야 합니다(민사소송규칙 제48조제1항).

5. 소유권이전등기 청구의 소

① 소유권이전등기 청구소송은 이미 등기부등본이 만들어진 부동산의 소유권자가 변경된 경우 등기부등본상의 소유권자도 변경해 줄 것을 청구하는 소송입니다.

② 소유권이전등기 청구소송은 등기·등록 등 절차에 관한 소송으로 소가는 물건의 가액이고, 인지대는 소가에 따른 인지대 계산방법으로 계산하면 됩니다.

5-1. 소유권이전등기의 개념

"소유권이전등기"란 이미 등기부등본이 만들어진 부동산의 소유권자가 변경된 경우에 이를 공시하는 등기를 말합니다.

5-2. 소유권이전등기 청구소송 신청서 작성례

① 소유권이전등기청구의 소(국유 일반재산에 대한 점유취득시효)

소 장

원 고 ○○○ (주민등록번호)
○○시 ○○구 ○○길 ○○(우편번호 ○○○-○○○)
전화.휴대폰번호:
팩스번호, 전자우편(e-mail)주소:
피 고 대한민국
위 법률상 대표자 법무부장관 ◇◇◇

소유권이전등기청구의 소

청 구 취 지

1. 피고는 원고에게 ○○ ○○군 ○○읍 ○○리 ○○○ 전 1,983.48㎡ 중 별지도면 표시 1, 2, 3, 4, 1의 각 점을 차례로 연결한 선내 (가)부분 330.58㎡에 대하여 1995. 1. 14. 취득시효완성을 원인으로 한 소유권이전등기절차를 이행하라.
2. 소송비용은 피고의 부담으로 한다.

라는 판결을 구합니다.

청 구 원 인

1. 이 사건 대지는 원래 ○○ ○○군 ○○읍 ○○리 ○○○ 전 1,983.48㎡ 중 일부이었는데, 소외 김◉◉가 ○○지방법원 ○○등기소 1966. 7. 31. 접수 제○○○○호로 소유권보존등기를 마쳤는바, 그 뒤 소외 이◉◉, 박◉◉, 최◉◉ 등이 위 김◉◉로부터 공유지분 일부를 각 매입해서 분할하여 그 명의로 소유권이전등기를 마침과 아울러 이를 점유하던 중 1974. 7. 12. 소외 ○○조합에게 경매절차에서 매각되어 소외 ○○조합이 소유 및 점유하다가, 1975. 1. 14. 원고가 이를 최종적으로 매입하여 현재까지 점유하여 오고 있습니다.
2. 한편, 이 사건 토지에 대하여는 원고 명의의 소유권이전등기 외에 분할 전 ○○○ 전 1,983.48㎡에 관한 위 등기소 1963. 5. 18. 접수 제○○○○호 피고명의로 된 소유권보존등기가 마쳐져 있어서 이 사건 토지의 정당한 소유자인 원고가 ○○지방법원 ○○가단 ○○○호로 피고명의의 소유권보존등기말소청구를 하였으나 선등기우선의 원칙에 의하여 패소하고 뒤이어 항소심에서도 패소하여 그 판결이 확정되었습니다.
3. 그러나 원고에 앞선 위 점유자들이 소유의 의사로 평온, 공연하게 이 사건 토지를 점유하였을 뿐만 아니라 원고가 그 점유를 시작한 1975. 1. 14.부터 20년이 되는 1995. 1. 14.로 원고의 이 사건 토지에 대한 취득시효가 완성되어, 피고는 원고에게 이 사건 토지에 관한 소유권이전등기절차를 이행할 의무가 있다 하겠습니다.

입 증 방 법

1. 갑 제1호증의 1, 2 각 토지등기사항증명서
1. 갑 제2호증 토지폐쇄등기부등본
1. 갑 제3호증의 1 토지대장등본
1. 갑 제3호증의 2 구 토지대장등본
1. 갑 제4호증 지적도등본
1. 갑 제5호증 재산세(토지)영수증
1. 갑 제6호증의 1, 2 각 판결문

첨 부 서 류

1. 위 입증서류 각 1통
1. 소장부본 1통
1. 송달료납부서 1통

20○○. ○. ○.
위 원고 ○○○ (서명 또는 날인)

○○지방법원 귀중

[별 지]

도 면

(○○ ○○군 ○○읍 ○○리 ○○○ 전 1,983.48㎡)

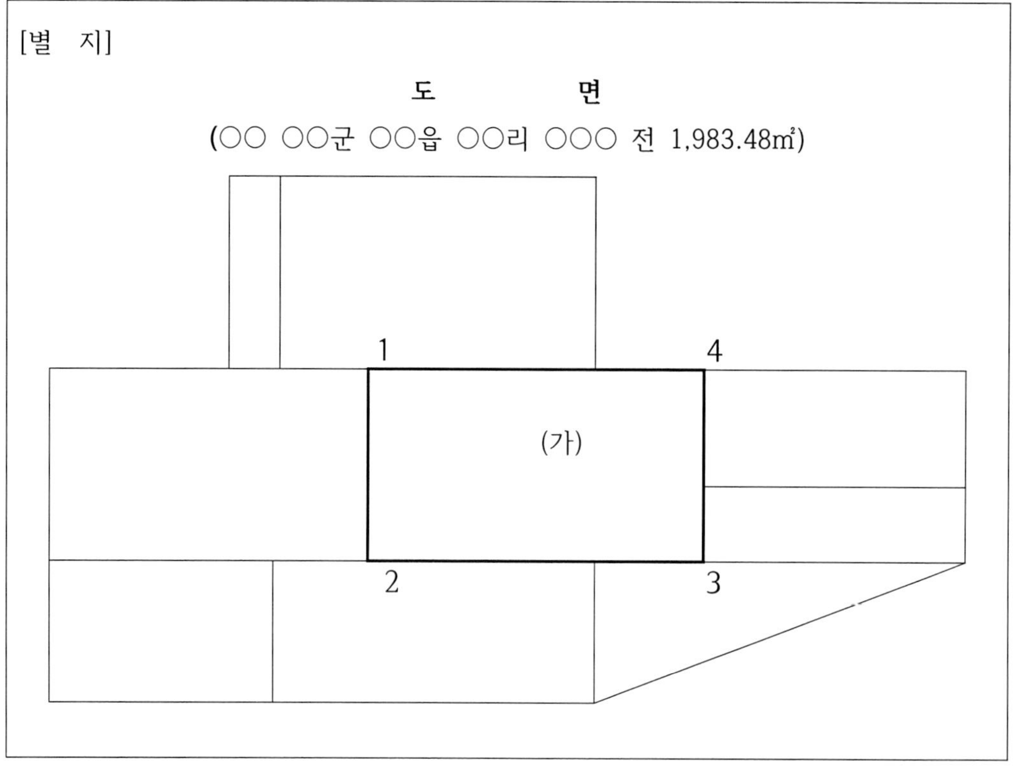

■ **참 고** ■

※ (1) 관 할

1. 소(訴)는 피고의 보통재판적(普通裁判籍)이 있는 곳의 법원의 관할에 속하고, 사람의 보통재판적은 그의 주소에 따라 정하여지나, 대한민국에 주소가 없거나 주소를 알 수 없는 경우에는 거소에 따라 정하고, 거소가 일정하지 아니하거나 거소도 알 수 없으면 마지막 주소에 따라 정하여집니다.
2. 부동산에 관한 소를 제기하는 경우에는 부동산이 있는 곳의 법원에 제기할 수 있습니다.
3. 등기.등록에 관한 소를 제기하는 경우에는 등기 또는 등록할 공공기관이 있는 곳의 법원에 제기할 수 있습니다.
4. 따라서 위 사안에서 원고는 피고의 주소지를 관할하는 법원이나 부동산이 있는 곳의 관할 법원 또는 등기소가 있는 곳의 법원에 소를 제기할 수 있습니다.

※ (2) 소멸시효

소유권이전등기청구권은 채권적 청구권이므로 10년의 소멸시효에 걸리지만(대법원 1991. 3. 22. 선고 90다9797 판결), 시효제도는 일정기간 계속된 사회질서를 유지하고 시간의 경과로 인하여 곤란해지는 증거보전으로부터의 구제를 꾀하며 자기 권리를 행사하지 않고 소위 권리 위에 잠자는 자는 법적 보호에서 이를 제외하기 위하여 규정된 제도라 할 것인바, 부동산에 관하여 인도, 등기 등의 어느 한 쪽만에 대하여서라도 권리를 행사하는 자는 전체적으로 보아 그 부동산에 관하여 권리 위에 잠자는 자라고 할 수 없다 할 것이므로, 매수인이 목적 부동산을 인도 받아 계속 점유하는 경우에는 그 소유권이전등기청구권의 소멸시효가 진행하지 않습니다(대법원 1999. 3. 18. 선고 98다32175 판결, 1976. 11. 6.선고 76다148 판결). 토지에 대한 취득시효 완성으로 인한 소유권이전등기청구권은 그 토지에 대한 점유가 계속되는 한 시효로 소멸하지 아니하고, 그 후 점유를 상실하였다고 하더라도 이를 시효이익의 포기로 볼 수 있는 경우가 아닌 한 이미 취득한 소유권이전등기청구권은 바로 소멸되는 것은 아니나, 취득시효가 완성된 점유자가 점유를 상실한 경우 취득시효완성으로 인한 소유권이전등기청구권의 소멸시효는 이와 별개의 문제로서, 그 점유자가 점유를 상실한 때로부터 10년간 등기청구권을 행사하지 아니하면 소멸시효가 완성됩니다(대법원 1996. 3. 8. 선고 95다34866 판결).

※ (3) 인 지

소장에는 소송목적의 값에 따라 민사소송등인지법 제2조 제1항 각 호에 따른 금액 상당의 인지를 붙여야 함. 다만, 대법원 규칙이 정하는 바에 의하여 인지의 첩부에 갈음하여 당해 인지액 상당의 금액을 현금이나 신용카드·직불카드 등으로 납부하게 할 수 있는바, 현행 규정으로는 인지첩부액이 1만원 이상일 경우에는 현금으로 납부하여야 하고 또한 인지액 상당의 금액을 현금으로 납부할 수 있는 경우 이를 수납은행 또는 인지납부대행기관의 인터넷 홈페이지에서 인지납부대행기관을 통하여 신용카드 등으로도 납부할 수 있습니다(민사소송등인지규칙 제27조 제1항 및 제28조의 2 제1항).

※ (4) 제출부수 : 소장원본 1부 및 피고 수만큼의 부본 제출

※ (5) 불복절차 및 기 간 : 항소(민사소송법 제390조)를 판결서가 송달된 날부터 2주 이내(민사소송법 제396조 제1항)에 제기해야 합니다.

(관련판례 1)

전소(前訴)의 소송물은 부동산에 대한 소유권확인과 소유권보존등기에 대한 말소등기청구권의 존부였던 것임에 반하여 후소(後訴)는 비록 동일 부동산에 관한 것이기는 하지만 점유취득시효완성을 원인으로 하는 소유권이전등기청구권의 존부에 관한 것인 경우, 위 전후의 양 소는 그 청구취지와 청구원인이 각기 상이하여 서로 모순·저촉된다고 할 수 없으므로 전소 판결의 기판력이 후소에 미친다고 할 수 없음(대법원 1995. 12. 8. 선고 94다35039, 35046 판결, 1997. 11. 14. 선고 97다32239 판결).

(관련판례 2)

공유(公有)재산에 대한 시효취득을 주장하는 자로서는 그 재산이 시효취득의 대상이 되는 잡종재산이라는 점에 대하여 그 스스로 입증책임을 부담함(대법원 1996. 10. 15. 선고 96다11785 판결).

(관련판례 3)

취득시효의 기초가 되는 점유가 법정기간 이상으로 계속되는 경우, 취득시효는 그 기초가 되는 점유가 개시된 때를 기산점으로 하여야 하고 취득시효를 주장하는 사람이 임의로 기산일을 선택할 수는 없으나, 점유가 순차 승계된 경우에 있어서는 취득시효의 완성을 주장하는 자는 자기의 점유만을 주장하거나 또는 자기의 점유와 전 점유자의 점유를 아울러 주장할 수 있는 선택권이 있으며, 전 점유자의 점유를 아울러 주장하는 경우에도 어느 단계의 점유자의 점유까지를 아울러 주장할 것인가도 이를 주장하는 사람에게 선택권이 있고, 다만 전 점유자의 점유를 아울러 주장하는 경우에는 그 점유의 개시 시기를 어느 점유자의 점유기간 중의 임의의 시점으로 선택할 수 없는 것인바, 이와 같은 법리는 반드시 소유자의 변동이 없는 경우에만 적용되는 것으로 볼 수 없음(대법원 1998. 4. 10. 선고 97다56822 판결).

② 소유권이전등기청구의 소(공동소유토지의 점유취득시효)

소 장

원 고 1. 김○○ (주민등록번호)
○○시 ○○구 ○○길 ○○(우편번호 ○○○-○○○)
전화.휴대폰번호:
팩스번호, 전자우편(e-mail)주소:
2. 박①○ (주민등록번호)
○○시 ○○구 ○○길 ○○(우편번호 ○○○-○○○)
전화.휴대폰번호:
팩스번호, 전자우편(e-mail)주소:
3. 박②○ (주민등록번호)
○○시 ○○구 ○○길 ○○(우편번호 ○○○-○○○)
전화.휴대폰번호:
팩스번호, 전자우편(e-mail)주소:
4. 박③○ (주민등록번호)
○○시 ○○구 ○○길 ○○(우편번호 ○○○-○○○)
전화.휴대폰번호:
팩스번호, 전자우편(e-mail)주소:

피 고 1. 김◇◇ (주민등록번호)
○○시 ○○구 ○○길 ○○(우편번호 ○○○-○○○)
전화.휴대폰번호:
팩스번호, 전자우편(e-mail)주소:
2. 박◇◇ (주민등록번호)
○○시 ○○구 ○○길 ○○(우편번호 ○○○-○○○)
전화.휴대폰번호:
팩스번호, 전자우편(e-mail)주소:

소유권이전등기청구의 소

청 구 취 지

1. 원고들에게, ○○시 ○○구 ○○동 ○○ 대 214.877㎡ 중 별지도면 표시 ㄱ, ㄴ, ㄷ, ㄹ, ㄱ의 각 점을 차례로 연결한 선내 ㉮부분 29.7522㎡에 관하여, 피

고 김◇◇는 9.9174/214.877 지분, 피고 박◇◇는 19.8348/214.877 지분에 대하여 별지 원고별 상속지분표 기재 각 지분비율에 따라 각 1999. 2. 28. 취득시효완성을 원인으로 한 소유권이전등기절차를 이행하라.

2. 소송비용은 피고들의 부담으로 한다.
라는 판결을 구합니다.

청 구 원 인

1. 소외 망 박◉◉는 소외 ◉◉◉로부터 ○○시 ○○구 ○○동 ○○○ 대 330.58㎡ 및 그 지상 목조 시멘트 기와지붕 1층 주택 56.74㎡를 1979. 2. 28. 매수하였는데, 위 토지의 인접대지인 ○○시 ○○구 ○○동 ○○ 대 214.877㎡(다음부터 이 사건 토지라 함) 중 별지도면 표시 ㄱ, ㄴ, ㄷ, ㄹ, ㄱ의 각 점을 차례로 연결한 선내 ㉮부분 29.7522㎡(다음부터 이 사건 토지부분이라 함)가 위 주택의 담장 안에 위치하여 소외 망 박◉◉는 이 사건 부동산도 자신의 소유로 알고서 계속 점유하여 왔습니다.

2. 피고들은 이 사건 토지를 피고 김◇◇는 9.9174/214.877 지분, 피고 박◇◇는 19.8348/214.877 지분의 비율로 공동소유하고 있습니다.

3. 소외 망 박◉◉는 19○○. ○. ○. 사망하고, 그의 처인 원고 김○○, 자녀들인 원고 박①○, 박②○, 박③○가 별지 상속지분표 기재 각 지분의 비율로 소외 망 박◉◉의 재산공동상속인이 되었습니다.

4. 그렇다면 소외 망 박◉◉는 1979. 2. 28.부터 이 사건 토지부분을 20년 이상 점유하여 왔고, 위 점유는 소유의 의사로 평온, 공연하게 한 것으로 추정되므로, 소외 망 박◉◉는 이 사건 토지부분을 점유하기 시작한 때로부터 20년이 경과한 1999. 2. 28. 이 사건 토지부분의 공유자들인 피고들에 대하여 그들 소유의 지분에 관하여 취득시효완성을 원인으로 한 소유권이전등기청구권을 가지게 되었다 할 것이고, 피고들은 이 사건 토지부분에 관한 각 그 공유지분에 대하여 소외 망 박◉◉의 상속인들인 원고들에게 위 각 상속분에 따라 위 취득시효완성을 원인으로 한 소유권이전등기절차를 이행할 의무가 있다 할 것입니다.

5. 따라서 원고들은 피고들에 대하여 청구취지와 같은 소유권이전등기절차이행청구를 하게 되었습니다.

입 증 방 법

1. 갑 제1호증의 1, 2 각 토지등기사항증명서
1. 갑 제2호증의 1, 2 각 토지대장등본
1. 갑 제3호증 건물등기사항증명서
1. 갑 제4호증 건축물대장등본
1. 갑 제5호증 지적도등본

첨 부 서 류

1. 위 입증방법 각 1통
1. 소장부본 2통
1. 송달료납부서 1통

20○○. ○. ○.

위 원고 1. 김○○ (서명 또는 날인)
2. 박①○ (서명 또는 날인)
3. 박②○ (서명 또는 날인)
4. 박③○ (서명 또는 날인)

○○지방법원 ○○지원 귀중

[별지] 생략

③ 소유권이전등기청구의 소(취득시효완성 뒤 소유권 상속된 경우)

소 장

원 고 ○○○ (주민등록번호)
○○시 ○○구 ○○길 ○○(우편번호 ○○○-○○○)
전화.휴대폰번호:
팩스번호, 전자우편(e-mail)주소:
피 고 김◇◇ (주민등록번호)
○○시 ○○구 ○○길 ○○(우편번호 ○○○-○○○)
전화.휴대폰번호:
팩스번호, 전자우편(e-mail)주소:

소유권이전등기청구의 소

청 구 취 지

1. 피고는 원고에게 ○○ ○○군 ○○면 ○○리 ○○ 대 300㎡ 중 별지도면 표시 1, 2, 5, 6, 1의 각 점을 차례로 연결한 선내 ㉮부분 150㎡에 관하여 20○○. ○. ○. 취득시효완성을 원인으로 한 소유권이전등기절차를 이행하라.
2. 소송비용은 피고의 부담으로 한다.

라는 판결을 구합니다.

청 구 원 인

1. 원고는 19○○. ○. ○. ○○ ○○군 ○○면 ○○리 ○○ 대 300㎡(다음부터 이 사건 토지라고 함) 중 별지도면 표시 1, 2, 5, 6, 1의 각 점을 차례로 연결한 선내 ㉮부분 150㎡(다음부터 이 사건 토지부분이라고 함)를 피고의 아버지인 소외 망 김◈◈로부터 금 ○○○만원에 매수하여 건물을 짓고 살고 있으나, 이 사건 토지를 분할하여 이 사건 토지부분의 소유권이전등기를 하는 절차는 마치지 못하였습니다.
2. 그런데 소외 망 김◈◈이 원고가 이 사건 토지부분을 매수한 때로부터 20년이 지난 20○○. ○. ○. 사망하였고, 그 상속재산을 협의분할하여 이 사건 토지를 피고가 단독으로 상속하였는데, 원고가 위와 같은 이 사건 토지부분에 대한 매수사실을 주장하여 이 사건 토지부분에 대한 소유권이전등기절차의 이행을 요

구하였으나, 피고는 부동산매매계약서의 제시를 요구하며 위와 같은 원고의 이 사건 토지부분에 대한 매수의 사실을 인정하지 않고 이 사건 토지부분에 대한 소유권이전등기절차의 이행을 거절하고 있습니다.

3. 그러나 원고는 이 사건 토지부분을 소외 망 김◈◈로부터 매수할 때 작성한 부동산매매계약서를 분실하여 소지하지 못하고 있지만, 이 사건 토지부분을 소외 망 김◈◈로부터 매수한 19○○. ○. ○.부터 지금까지 이 사건 토지부분을 소유의 의사로 평온, 공연하게 점유하여 왔으므로 이 사건 토지부분을 점유하기 시작한 때로부터 20년이 경과한 20○○. ○. ○. 이 사건 토지부분을 취득시효의 완성으로 취득하였다 할 것이고, 상속인은 상속개시된 때로부터 피상속인의 재산에 관한 포괄적 권리의무를 승계하므로(민법 제1005조 본문) 피고는 원고에게 이 사건 토지부분에 대한 소유권이전등기절차를 이행할 의무를 부담한다고 할 것입니다.

4. 따라서 원고는 피고에 대하여 ○○ ○○군 ○○면 ○○리 ○○ 대 300㎡ 중 별지도면 표시 1, 2, 5, 6, 1의 각 점을 차례로 연결한 선내 ㉮부분 150㎡에 관하여 20○○. ○. ○. 취득시효완성을 원인으로 한 소유권이전등기절차를 구하기 위하여 이 사건 소송을 제기합니다.

입 증 방 법

1. 갑 제1호증의 1, 2	각 부동산등기사항증명서
1. 갑 제2호증	토지대장등본
1. 갑 제3호증	건축물대장등본

첨 부 서 류

1. 위 입증방법	각 1통
1. 공시지가확인원	1통
1. 소장부본	1통
1. 송달료납부서	1통

20○○. ○. ○.

위 원고 ○○○ (서명 또는 날인)

○○지방법원 귀중

[별지] 생략

④ 소유권이전등기청구의 소(임야, 취득시효)

소 장

원 고 ○○○ (주민등록번호)
○○시 ○○구 ○○길 ○○(우편번호 ○○○-○○○)
전화.휴대폰번호:
팩스번호, 전자우편(e-mail)주소:
피 고 ◇◇◇ (주민등록번호)
○○시 ○○구 ○○길 ○○(우편번호 ○○○-○○○)
전화.휴대폰번호:
팩스번호, 전자우편(e-mail)주소:

소유권이전등기청구의 소

청 구 취 지

1. 피고는 원고에게 경기 ○○군 ○○면 ○○리 산 ○○ 임야 ○○○㎡ 중 별지도면 표시 1, 2, 3, 4, 1의 각 점을 차례로 연결한 선내 ㉮부분 ○○㎡에 관하여 20○○. ○○. ○○. 취득시효완성을 원인으로 한 소유권이전등기절차를 이행하라.
2. 소송비용은 피고의 부담으로 한다.

라는 판결을 구합니다.

청 구 원 인

1. 원고의 아버지인 소외 망 ◉◉◉는 19○○. ○○. ○○. 경기 ○○군 ○○면 ○○리 산 ○○ 임야 ○○○㎡(다음부터 이 사건 임야라 함) 중 별지도면 표시 1, 2, 3, 4, 1의 각 점을 차례로 연결한 선내 ㉮부분 ○○㎡(다음부터 이 사건 임야부분이라 함)를 피고로부터 금 ○○○만원에 매수하여 원고의 조부 소외 망 ◐◐◐과 원고의 조모 소외 망 ◑◑◑의 분묘를 설치하여 관리하고 이 사건 임야부분의 경계에 경계를 구분할 수 있도록 향나무를 경계를 따라 일렬로 심어 가꾸어 오다가 20○○. ○. ○. 사망하였으며, 원고는 소외 망 ◉◉◉의 단독상속인으로서 소외 망 ◉◉◉의 권리의무를 모두 단독상속 하였습니다.
2. 한편, 소외 망 ◉◉◉는 이 사건 임야부분을 피고로부터 매수하여 인도 받은 뒤 위와 같이 점유하고 있었지만, 이 사건 임야부분에 대한 매매계약서를 작성.교부받지 않고 구두상으로만 계약을 체결하고 그 대금을 지급하였고 그 영

수증도 교부받지 않았으며, 이 사건 임야부분에 대한 소유권이전등기 등을 해두지 않았던 바, 피고는 소외 망 ◉◉◉가 사망하자 위와 같은 매매사실을 부인하고 원고의 이 사건 임야부분에 대한 소유권이전등기의 요구를 묵살하고 있습니다.

3. 그런데 이 사건 임야부분에 대한 소외 망 ◉◉◉의 점유기간과 원고의 점유기간은 20○○. ○○. ○○. 20년을 경과하였으며, 그 점유는 위와 같이 이 사건 임야부분을 매수하여 소외 망 ◐◐◐와 소외 망 ◑◑◑의 분묘를 설치하고 관리하여 소유의 의사로서 평온, 공연하게 점유한 것이므로 피고로서는 이 사건 임야부분에 관하여 취득시효의 완성을 원인으로 한 소유권이전등기의무가 있다 할 것입니다.

4. 따라서 원고는 피고에 대하여 이 사건 임야 중 별지도면 표시 1, 2, 3, 4, 1의 각 점을 차례로 연결한 선내 ㉮부분 ○○㎡에 관하여 20○○. ○○. ○○. 취득시효완성을 원인으로 한 소유권이전등기절차의 이행을 구하기 위하여 이 사건 소송제기에 이르렀습니다.

입 증 방 법

1. 갑 제1호증 부동산등기사항증명서
1. 갑 제2호증 임야대장등본
1. 갑 제3호증 사실확인서(매매계약의 증인)
1. 갑 제4호증 사진

첨 부 서 류

1. 위 입증방법 각 1통
1. 공시지가확인원 1통
1. 소장부본 1통
1. 송달료납부서 1통

20○○. ○. ○.
위 원고 ○○○ (서명 또는 날인)

○○지방법원 귀중

[별지] 생략

⑤ 소유권이전등기청구의 소(토지, 매매대금을 모두 지급한 경우)

소 장

원 고 ○○○ (주민등록번호)
○○시 ○○구 ○○길 ○○(우편번호 ○○○-○○○)
전화.휴대폰번호:
팩스번호, 전자우편(e-mail)주소:
피 고 ◇◇◇ (주민등록번호)
○○시 ○○구 ○○길 ○○(우편번호 ○○○-○○○)
전화.휴대폰번호:
팩스번호, 전자우편(e-mail)주소:

소유권이전등기청구의 소

청 구 취 지

1. 피고는 원고에게 서울 ○○구 ○○동 ○○ 대 ○○○㎡에 관하여 20○○. ○. ○. 매매를 원인으로 한 소유권이전등기절차를 이행하라.

2. 소송비용은 피고의 부담으로 한다.

라는 판결을 구합니다.

청 구 원 인

1. 원고는 20○○. ○. ○. 피고로부터 서울 ○○구 ○○동 ○○ 대 ○○○㎡(다음부터 이 사건 토지라고 함)를 매매대금 ○○○만원에 매수함에 있어서 계약금 ○○○만원은 계약당일 지급하고, 중도금 ○○○만원은 같은 해 ○. ○○.에 지급한 바 있으며, 잔금은 같은 해 ○○. ○○. 지급하기로 약정하였습니다.

2. 그런데 원고가 위 중도금 및 잔금을 각 지급기일에 지급하여 매매대금 전액이

지급되었음에도 피고는 이 사건 토지를 원고에게 인도하였을 뿐이고, 지금까지 원고에게 이 사건 토지에 대한 소유권이전등기절차에 협력하지 않고 있습니다.

3. 따라서 원고는 피고에 대하여 이 사건 토지에 관하여 위 매매계약을 원인으로 한 소유권이전등기절차의 이행을 청구하기 위하여 이 사건 소송을 제기합니다.

입 증 방 법

1. 갑 제1호증　　토지등기사항증명서
1. 갑 제2호증　　토지매매계약서
1. 갑 제3호증의 1, 2　　각 영수증

첨 부 서 류

1. 위 입증방법　　각 1통
1. 토지대장등본　　1통
1. 소장부본　　1통
1. 송달료납부서　　1통

20○○. ○. ○.

위 원고 ○○○ (서명 또는 날인)

○○지방법원 귀중

⑥ 소유권이전등기청구의 소(토지매매, 변제공탁)

소 장

원 고 ○○○ (주민등록번호)
○○시 ○○구 ○○길 ○○(우편번호 ○○○-○○○)
전화.휴대폰번호:
팩스번호, 전자우편(e-mail)주소:
피 고 ◇◇◇ (주민등록번호)
○○시 ○○구 ○○길 ○○(우편번호 ○○○-○○○)
전화.휴대폰번호:
팩스번호, 전자우편(e-mail)주소:

소유권이전등기청구의 소

청 구 취 지

1. 피고는 원고에게 별지목록 기재의 부동산에 관하여 20○○. ○. ○. 매매를 원인으로 한 소유권이전등기절차를 이행하라.
2. 소송비용은 피고의 부담으로 한다.

라는 판결을 구합니다.

청 구 원 인

1. 원고는 20○○. ○. ○. 피고로부터 별지목록 기재의 부동산을 매매대금 ○○○만원에 매수하기로 매매계약을 체결하면서 그 계약금으로 ○○만원을 계약당일 지급하고, 중도금 ○○만원은 같은 해 ○. ○○.에 지급하였으며, 잔금 ○○만원은 같은 해 ○○. ○○.까지 소유권이전등기신청시류와 상환으로 지급하기로 약정하였습니다.

2. 그런데 피고는 원고가 위와 같은 약정 내용에 따라 중도금지급기일에 중도금을

지급하고 잔금지급기일인 20○○. ○○. ○○. 잔금 ○○만원을 변제제공하고 소유권이전등기에 필요한 서류를 요구하였으나, 피고는 그 요구에 응하지 않으므로 ○○지방법원 공탁공무원에게 변제공탁으로 위 잔금을 공탁하였음에도 불구하고, 피고는 별지목록 기재 부동산의 소유권이전등기절차를 이행하지 않고 있습니다.

3. 따라서 원고는 피고에게 별지목록 기재의 부동산에 관하여 20○○. ○. ○. 매매를 원인으로 한 소유권이전등기를 받고자 이 사건 청구에 이른 것입니다.

입 증 방 법

1. 갑 제1호증의 1, 2	각 부동산등기사항증명서
1. 갑 제2호증	매매계약서
1. 갑 제3호증	중도금영수증
1. 갑 제4호증	변제공탁서

첨 부 서 류

1. 위 입증방법	각 1통
1. 토지대장등본	1통
1. 건축물대장등본	1통
1. 소장부본	1통
1. 송달료납부서	1통

20○○. ○. ○.

위 원고 ○○○ (서명 또는 날인)

○○지방법원 귀중

[별지] 생략

⑦ 소유권이전등기청구의 소(토지, 매수인의 상속인이 매도인에게)

소 장

원 고 1. 김○○ (주민등록번호)
○○시 ○○구 ○○길 ○○(우편번호 ○○○-○○○)
전화.휴대폰번호:
팩스번호, 전자우편(e-mail)주소:
2. 박①○ (주민등록번호)
○○시 ○○구 ○○길 ○○(우편번호 ○○○-○○○)
전화.휴대폰번호:
팩스번호, 전자우편(e-mail)주소:
3. 박②○ (주민등록번호)
○○시 ○○구 ○○길 ○○(우편번호 ○○○-○○○)
전화.휴대폰번호:
팩스번호, 전자우편(e-mail)주소:
4. 박③○ (주민등록번호)
○○시 ○○구 ○○길 ○○(우편번호 ○○○-○○○)
전화.휴대폰번호:
팩스번호, 전자우편(e-mail)주소:

피 고 ◇◇◇ (주민등록번호)
○○시 ○○구 ○○길 ○○(우편번호 ○○○-○○○)
전화.휴대폰번호:
팩스번호, 전자우편(e-mail)주소:

소유권이전등기청구의 소

청 구 취 지

1. 피고는 원고들에게 별지 제1목록 기재 부동산에 대한 별지 제2목록 기재 각 해당지분에 관하여 20○○. ○. ○. 매매를 원인으로 한 소유권이전등기절차를 이행하라.
2. 소송비용은 피고의 부담으로 한다.

라는 판결을 구합니다.

청 구 원 인

1. 소외 망 ◉◉◉는 별지 제1목록 기재 부동산을 그 소유권자인 피고로부터 20○○. ○. ○. 매매대금 ○○○만원에 매수하기로 하는 계약을 하고 계약내용에 따라 계약금, 중도금, 잔금을 20○○. ○○. ○.까지 모두 지불하였습니다.
2. 그런데 소외 망 ◉◉◉는 피고에게 위 매매대금을 모두 지급하고서도 소유권이전등기를 받지 못한 채 20○○. ○○. ○○. 사망하였고, 그 상속인들인 원고들이 별지 제1목록 기재 부동산을 공동 상속하여 그 상속지분은 별지 제2목록 기재와 같습니다.
3. 따라서 피고는 별지 제1목록 기재 부동산에 관하여 원고들에게 별지 제2목록 기재 각 상속지분의 비율에 따라 20○○. ○. ○. 매매를 원인으로 한 소유권이전등기절차를 각 이행할 의무가 있으나 이를 이행하지 아니 하므로 원고들은 이 사건 소유권이전등기를 청구하는 것입니다.

입 증 방 법

1. 갑 제1호증 부동산매매계약서
1. 갑 제2호증의 1, 2 각 영수증
1. 갑 제3호증 기본증명서
(단, 2007.12.31. 이전 사망한 경우 제적등본)
1. 갑 제4호증 가족관계증명서
(또는, 상속관계를 확인할 수 있는 제적등본)
1. 갑 제5호증 부동산등기사항증명서

첨 부 서 류

1. 위 입증방법 각 1통
1. 토지대장등본 1통
1. 소장부본 1통
1. 송달료납부서 1통

20○○. ○. ○.

위 원고 1. 김○○ (서명 또는 날인)
2. 박①○ (서명 또는 날인)
3. 박②○ (서명 또는 날인)
4. 박③○ (서명 또는 날인)

○○지방법원 귀중

[별지] 생략

⑧ 소유권이전등기청구의 소(토지, 종중이 명의신탁해지)

소 장

원 고 ○○김씨 ○○공파 ○○문중
○○시 ○○구 ○○길 ○○(우편번호 ○○○-○○○)
대표자 ◉◉◉
전화.휴대폰번호:
팩스번호, 전자우편(e-mail)주소:
피 고 ◇◇◇ (주민등록번호)
○○시 ○○구 ○○길 ○○(우편번호 ○○○-○○○)
전화.휴대폰번호:
팩스번호, 전자우편(e-mail)주소:

소유권이전등기청구의 소

청 구 취 지

1. 피고는 원고에게 ○○시 ○○구 ○○동 ○○ 답 2,000㎡에 관하여 20○○. ○○. ○○. 명의신탁해지를 원인으로 한 소유권이전등기절차를 이행하라.

2. 소송비용은 피고의 부담으로 한다.

라는 판결을 구합니다.

청 구 원 인

1. ○○시 ○○구 ○○동 ○○ 답 2,000㎡(다음부터 이 사건 토지라고 함)는 원래 원고의 소유인데, 원고는 19○○. ○. ○. 이 사건 토지를 피고의 아버지인 소외 망 ◈◈◈에게 명의신탁에 의한 소유권이전등기를 하였는바, 소외 망 ◈◈◈가 20○○. ○. ○. 사망함으로써 피고가 그 상속인으로서 명의수탁자로서의 지위를 승계하였습니다.

2. 그런데 원고는 20○○. ○○. ○○. 피고에 대하여 위 명의신탁을 해지하겠다는 의사표시를 한 바 있으므로, 피고는 원고에게 이 사건 토지에 관하여 20○○. ○○. ○○. 명의신탁해지를 원인으로 한 소유권이전등기절차를 이행할 의무가 있다고 할 것입니다.

3. 따라서 원고는 피고에 대하여 이 사건 토지에 관하여 20○○. ○○. ○○. 명의신탁해지를 원인으로 한 소유권이전등기절차의 이행을 구하고자 이 사건 청구에 이르렀습니다.

입 증 방 법

1. 갑 제1호증 부동산등기사항증명서
1. 갑 제2호증 기본증명서
   (단, 2007.12.31. 이전 사망한 경우 제적등본)
1. 갑 제3호증 가족관계증명서
   (또는, 상속관계를 확인할 수 있는 제적등본)
1. 갑 제4호증 토지대장등본
1. 갑 제5호증 문중회칙
1. 갑 제6호증 대표자선임결의서
1. 갑 제7호증 통고서(내용증명우편)

첨 부 서 류

1. 위 입증방법 각 1통
1. 소장부본 1통
1. 송달료납부서 1통

20○○. ○. ○.

위 원고 ○○김씨 ○○공파 ○○문중
대표자 ◉◉◉ (서명 또는 날인)

○○지방법원 귀중

⑨ 소유권이전등기청구의 소(아파트, 남편이 명의신탁해지)

소　　장

원　고　○○○ (주민등록번호)
○○시 ○○구 ○○길 ○○(우편번호 ○○○-○○○)
전화.휴대폰번호:
팩스번호, 전자우편(e-mail)주소:
피　고　◇◇◇ (주민등록번호)
○○시 ○○구 ○○길 ○○(우편번호 ○○○-○○○)
전화.휴대폰번호:
팩스번호, 전자우편(e-mail)주소:

소유권이전등기청구의 소

청 구 취 지

1. 피고는 원고에게 별지목록 기재 부동산에 대하여 이 사건 소장부본 송달일자 명의신탁해지를 원인으로 한 소유권이전등기절차를 이행하라.

2. 소송비용은 피고의 부담으로 한다.
라는 판결을 구합니다.

청 구 원 인

1. 당사자의 지위
원고와 피고는 19○○. ○. ○. 법률상 혼인한 뒤 피고의 폭행과 유기로 20○○. ○. ○. 협의이혼 하였습니다.

2. 피고의 재산상태
피고는 현재 약간의 예금채권과 별지목록 기재 부동산을 소유하고 있으나, 위 재산은 피고의 특유재산이 아닌 원고의 소유이지만 편의상 피고의 명의로 신탁된 재산입니다.

3. 재산의 형성과정

가. 원고는 결혼 전부터 ◇◇상사 기술연구소에서 근무하면서 저축한 급여로 ○○시 ○○구 ○○길 ○○○ 분양가 금 2억원 상당의 아파트를 소유하고 있었으므로 결혼과 동시에 위 아파트에 입주하여 신혼생활을 시작하였습니다.

나. 결혼당시 원고의 연봉은 금 2,500만원, 피고 역시 ○○신용금고에 근무하면서 대략 금 1,800만원 가량 연봉을 지급 받아왔습니다.

다. 결혼 3년 뒤인 19○○. ○.경 원고는 ◇◇상사 기술연구소를 사직하여 퇴직금으로 약 3년간 개인사업을 시작하였으나 사업이 여의치 않아 다시 △△기술연구소에 취직을 하여 직장생활을 하였습니다.

라. 원고가 사업을 하는 동안 많은 채무를 부담하고 있어 원고의 채무를 변제하기 위하여 ○○시 ○○구 ○○길 ○○○ 아파트를 금 2억 1천만원에 매도하여 금 6천만원은 채무를 변제하고 잔여금으로 별지목록 기재 부동산을 매수하였습니다.

마. 그런데 원고는 별지목록 기재 부동산을 매수하면서 그 등기명의를 피고로 하여 명의신탁을 해두었습니다. 그러므로 별지목록 기재 부동산은 순수한 원고의 재산임에도 편의상 피고명의로 신탁한 재산에 불과합니다.

바. 그러던 중, 원고는 △△기술연구소의 구조조정으로 20○○. ○.경에 사직하게 되었으나, 결국 직장을 구하지 못하고, 피고의 냉대와 유기를 견디지 못하여 협의이혼에 이르게 되었습니다.

4. 결론

따라서 원고는 피고에 대하여 이 사건 소장부본의 송달로 별지목록 기재의 부동산에 관한 명의신탁을 해지하고, 소장부본 송달일자 명의신탁해지를 원인으로 별지목록 기재 부동산에 대한 소유권이전등기절차의 이행을 구하기 위하여 이 사건 청구에 이른 것입니다.

입 증 방 법

1. 갑 제1호증 부동산등기사항증명서
1. 갑 제2호증의 1 내지 5 각 근로소득원천징수영수증
1. 갑 제3호증 혼인관계증명서
1. 갑 제4호증의 1 매매계약서(구 아파트)
1. 갑 제4호증의 2 매매계약서(피고명의 아파트)

첨 부 서 류

1. 위 입증방법 각 1통
1. 토지대장등본 1통
1. 건축물대장 1통
1. 소장부본 1통
1. 송달료납부서 1통

20○○. ○. ○.
위 원고 ○○○ (서명 또는 날인)

○○지방법원 귀중

[별 지]

부동산의 표시

1동의 건물의 표시
○○시 ○○구 ○○동 ○○ ○○○아파트
[도로명주소] ○○시 ○○구 ○○길 ○○
철근콘크리트조 슬래브지붕 5층 아파트
1층 ○○○.○○㎡
2층 ○○○.○○㎡
3층 ○○○.○○㎡
4층 ○○○.○○㎡
5층 ○○○.○○㎡
지층 ○○○.○○㎡
전유부분의 건물의 표시
구 조 철근콘크리트조
건물번호 206호
면 적 ○○.○○㎡
대지권의 표시
대지권의 목적인 토지의 표시 : ○○시 ○○구 ○○동 ○○ 대 ○○○㎡
대지권의 종류 : 소유권
대지권의 비율 : ○○○의 ○○.○○ 끝.

⑩ 소유권이전등기청구의 소(토지, 교환)

소 장

원 고 ○○○ (주민등록번호)
경기 ○○군 ○○면 ○○길 ○○ (우편번호 ○○○-○○○)
전화.휴대폰번호:
팩스번호, 전자우편(e-mail)주소:
피 고 ◇◇◇ (주민등록번호)
경기 ○○군 ○○면 ○○길 ○○ (우편번호 ○○○-○○○)
전화.휴대폰번호:
팩스번호, 전자우편(e-mail)주소:

소유권이전등기청구의 소

청 구 취 지

1. 피고는 원고로부터 경기 ○○군 ○○면 ○○리 19의 3 전 98㎡에 관하여 1992. 11. 12. 교환을 원인으로 한 소유권을 이전 받음과 동시에 원고에게 경기 ○○군 ○○면 ○○리 18 전 129㎡에 관하여 같은 날짜 교환을 원인으로 한 소유권이전등기절차를 이행하라.
2. 소송비용은 피고의 부담으로 한다

라는 재판을 구합니다.

청 구 원 인

1. 피고는 1991년경 그 소유인 경기 ○○군 ○○면 ○○리 20의 2 전 3,524㎡(다음부터 이 사건 20의 2 토지라고 함) 지상에 주택을 신축하려고 계획하였는데, 이 사건 20의 2 토지는 좌우로 성명불상자 소유의 위 같은 리 20의 7 토지 및 원고 소유의 위 같은 리 19의 1 전 3,124㎡(다음부터 분할 전 19의 1 토지라고 함) 등에 의하여, 앞으로는 소외 이◈◈ 소유의 같은 리 18 전 184㎡(다음부터 분할 전 18 토지라고 함)에 의하여 둘러싸인 맹지였기 때문에 주택신축을 위해서는 분할 전 18 토지의 일부와 분할 전 19의 1 토지의 일부를 진입도로로 사용하여야 하였습니다.
2. 이에 피고는 분할 전 18 토지의 소유자인 소외 이◈◈와 분할 전 19의 1 토지

의 소유자인 원고로부터 위 각 토지 중 진입도로부지로 필요한 토지 부분에 관한 토지사용승낙서를 첨부하여 관할관청인 ○○군에 주택건축허가를 신청하여 건축허가를 받았습니다.

3. 피고는 원고로부터 원고 소유인 분할 전 19의 1 토지 중 진입도로부지에 해당하는 토지 부분에 관한 토지사용승낙을 받음에 있어서 원고와 사이에, 분할 전 19의 1 토지 중 진입도로부지로 사용할 부분의 토지{나중에 위 같은 리 19의 3 전 98㎡(다음부터 이 사건 19의 3 토지라고 함)로 분할됨}를 원고로부터 소유권이전 받는 대신 피고는 소외 이◈◈로부터 분할 전 18 토지를 매수한 뒤 그 일부를 진입도로로 사용하고(그 부분은 나중에 위 같은 리 18의 3 전 55로 분할되었음) 진입도로로 사용하지 아니하는 나머지 부분{나중에 위 같은 리 18 전 129㎡(다음부터 이 사건 18 토지라고 함)로 분할되었음}을 원고에게 소유권이전하기로 구두 약정하였습니다.
4. 이에 피고는 1991. 12. 28. 소외 이◈◈로부터 분할 전 18 토지를 매수한 다음, 같은 달 30. 피고 명의로 소유권이전등기를 마쳤습니다.
5. 원고는 1992. 11. 12. 피고와 사이에 위 구두약정에 따라, 원고는 분할 전 19의 1 토지(합의서에는 위 같은 리 19의 2로 기재되어 있으나, 이는 19의 1의 잘못된 기재임) 중 분할 전 18 토지와 피고 소유인 이 사건 20의 2 토지를 연결하는 폭 4m의 진입도로 부분(=이 사건 19의 3 토지)을 피고에게 이전하고, 피고는 그 대가로 피고 소유인 분할 전 18 토지 중 폭 4m의 진입도로 부분을 제외한 나머지 토지(=이 사건 18 토지)를 원고에게 이전하기로 하는 내용의 교환계약(다음부터 이 사건 교환계약이라고 함)을 체결하였습니다.
6. 피고는 이 사건 교환계약의 체결 후 소외 백◈◈에게 원.피고간에 상호 교환하기로 한 부분의 분할측량을 의뢰하였고, 소외 백◈◈는 즉시 대한지적공사 ○○도 지사 ○○군 지부에 이 사건 교환계약에 따른 현황측량을 의뢰하여 1992. 11. 27. 측량이 이루어졌습니다.
7. 그런데 피고는 측량 후에 갑자기 이 사건 20의 2 토지 인근에 있는 위 같은 리 18의 1 구거(다음부터 이 사건 구거라고 함)를 복개하여 진입도로로 사용하기로 하고, 복개공사비의 견적을 산출하였으나, 복개공사비가 무려 금 65,000,000원 정도 소요되는 것으로 나오자, 복개공사비 부담이 너무 크다고 판단한 피고는 마지막으로 1994. 4.경 원고에게 이 사건 교환계약을 이행하자는 제안을 하였습니다.
8. 원고는 이 사건 교환계약이행을 요구했는데도 피고는 갑자기 이 사건 구거를 복개하여 진입도로로 사용하기로 하고, 1994. 9. 12. 관할관청인 ○○군으로부터 이 사건 구거를 복개한 시설물의 소유권을 국가에 기부 채납하는 것을 조건으로 공작물설치허가를 받은 뒤, 같은 해 12. 8. 합계 금 65,000,000원의 공사비를

들여 이 사건 구거의 일부를 복개하여 현재까지 이를 이 사건 20의 2 토지의 진입도로로 사용하고 있습니다

9. 그렇다면 피고는 특별한 사정이 없는 한 이 사건 교환계약에 따라 원고로부터 경기 ○○군 ○○면 ○○리 19의 3 전 98㎡에 관하여 1992. 11. 12. 교환을 원인으로 한 소유권을 이전 받음과 동시에 원고에게 경기 ○○군 ○○면 ○○리 18 전 129㎡에 관하여 같은 날짜 교환을 원인으로 한 소유권이전등기절차를 이행할 의무가 있다 할 것이므로 이 사건 청구에 이른 것입니다.

입 증 방 법

1. 갑 제1호증 교환계약서
1. 갑 제2호증 사실확인서
1. 갑 제3호증의 1, 2 각 부동산등기사항증명서
1. 갑 제4호증의 1, 2 각 토지대장등본
1. 갑 제5호증 현황측량도

첨 부 서 류

1. 위 입증방법 각 1통
1. 법인등기사항증명서 1통
1. 소장부본 1통
1. 송달료납부서 1통

20○○. ○. ○

위 원고 ○○○ (서명 또는 날인)

○○지방법원 귀중

⑪ 소유권이전등기청구의 소(대지, 구분소유적 공유의 신탁해지)

소 장

원 고 ○○○ (주민등록번호)
○○시 ○○구 ○○길 ○○(우편번호 ○○○-○○○)
전화.휴대폰번호:
팩스번호, 전자우편(e-mail)주소:

피 고 ◇◇◇ (주민등록번호)
○○시 ○○구 ○○길 ○○(우편번호 ○○○-○○○)
전화.휴대폰번호:
팩스번호, 전자우편(e-mail)주소:

소유권이전등기청구의 소

청 구 취 지

1. 피고는 원고에게 경기 ○○군 ○○면 ○○ 전 2,575.2182㎡ 중 별지도면 표시 1, 2, 3, 4, 1의 각 점을 차례로 연결한 선내 "가"부분 2,244.6382㎡에 대한 피고의 지분 779분의 100에 관하여 이 사건 소장부본 송달일자 명의신탁해지를 원인으로 한 소유권이전등기절차를 이행하라.
2. 소송비용은 피고의 부담으로 한다.

라는 판결을 원합니다.

청 구 원 인

1. 토지의 매입

원고는 1961. 5. 25.(단기 4294년 음력 3. 24.) 소외 ◉◉◉로부터 경기 ○○군 ○○면 ○○ 전 2,575.2182㎡(다음부터 "이 사건 토지"라고 함) 중 별지도면 표시 1, 2, 3, 4, 1의 각 점을 차례로 연결한 선내 "가"부분 2,244.6382㎡를 특정하여 금 210,000환에 매수하고 그 대금을 소외 ◉◉◉에게 지급하였습니다.

2. 구분소유관계설정

이 사건 토지 중 330.58㎡는 상환농지로 현재에 이르기까지 농지로 사용되고 있고, 원고가 매입한 2,244.6382㎡는 매입당시부터 현재에 이르기까지 지목과 달리 대지로 사용되고 있으며, 두 토지 사이는 과거부터 논둑으로 그 경계를 뚜렷이 표시해 왔습니다.

3. 공유등기

원고는 이 사건 토지 중 "가"부분을 특정하여 매수하였음에도 1964. 5. 8. 공유지분권이전등기를 마치고 원고가 매입한 토지 지상에 주택을 건축하여 현재까지 거주하고 있습니다.

4. 명의신탁해지

원고는 토지 중 일부를 특정하여 매수하고 다만 그 소유권이전등기만은 한 필지 전체에 관하여 공유지분이전등기를 하였으므로, 이는 특정부분에 관한 피고의 지분등기와 그 특정부분 외의 부분에 관한 원고의 지분등기는 상호명의신탁을 하고 있는 것이라고 할 것입니다

5. 결 론

그러므로, 원고는 이 사건 소장부본의 송달로 명의신탁을 해지하고, 이 사건 토지 중 특정매수부분인 별지도면 표시 1, 2, 3, 4, 1의 각 점을 차례로 연결한 선내 "가"부분 2,244.6382㎡에 대한 피고의 잔존지분 779분의 100에 관하여 소유권이전등기절차의 이행을 구하고자 이 사건 청구에 이른 것입니다.

입 증 방 법

1. 갑 제1호증 부동산매매계약서
1. 갑 제2호증 상환대장
1. 갑 제3호증 증인인증서
1. 갑 제4호증 부동산등기사항증명서
1. 갑 제5호증 토지대장
1. 갑 제6호증 지적도등본

첨 부 서 류

1. 위 입증방법 각 1통
1. 소장부본 1통
1. 송달료납부서 1통

20○○. ○. ○.

위 원고 ○○○ (서명 또는 날인)

○○지방법원 귀중

[별지] 생략

⑫ 소유권이전등기청구의 소(임야, 구분소유적 공유의 신탁해지)

소 장

원 고 ○○○ (주민등록번호)
○○시 ○○구 ○○길 ○○(우편번호 ○○○-○○○)
전화.휴대폰번호:
팩스번호, 전자우편(e-mail)주소:

피 고 1. 김◇◇ (주민등록번호)
○○시 ○○구 ○○길 ○○(우편번호 ○○○-○○○)
전화.휴대폰번호:
팩스번호, 전자우편(e-mail)주소:
2. 이◇◇ (주민등록번호)
○○시 ○○구 ○○길 ○○(우편번호 ○○○-○○○)
전화.휴대폰번호:
팩스번호, 전자우편(e-mail)주소:
3. 박◇◇ (주민등록번호)
○○시 ○○구 ○○길 ○○(우편번호 ○○○-○○○)
전화.휴대폰번호:
팩스번호, 전자우편(e-mail)주소:

소유권이전등기청구의 소

청 구 취 지

1. 원고에게 피고들은 경기 ○○군 ○○면 ○○리 산 ○○ 임야 3,579㎡ 중 별지 도면 표시 1, 2, 3, 4, 1의 각 점을 차례로 연결한 선내 "가"부분 1,193㎡에 관한 피고들의 각 지분 4분지 1에 관하여 이 사건 소장부본 송달일자 명의신탁해지를 원인으로 한 소유권이전등기절차를 이행하라.
2. 소송비용은 피고들의 부담으로 한다.

라는 판결을 구합니다.

청 구 원 인

1. 토지의 매입

원고와 피고들은 경기 ○○군 ○○면 ○○리 산 ○○ 임야 3,579㎡(다음부터 "이 사건 토지"라고 함)를 1998. 8. 15. 소외 ◉◉◉로부터 공동 매수하여 1998. 8. 16. 소유권이전등기를 마쳤습니다.

2. 이 사건 토지의 매입과정

이 사건 토지는 그 지목이 임야이나 장래 대지로의 지목변경이 가능해 보여, 별지도면의 "가"부분에는 원고가 "나"부분은 피고1 김◇◇가 "다"부분은 피고2 이◇◇이 "라"부분은 피고3 박◇◇이 각 토지 위에 전원주택을 소유하여 함께 거주하기로 하고 매입하였습니다.

원고와 피고들이 구입할 당시 토지의 지목이 임야이므로 장래 관할관청으로부터 지목변경의 허가를 얻어 정지작업을 한 후 분할하기로 협의하고 매입당시는 편의상 그 전체에 대하여 공유등기를 하였습니다.

3. 명의신탁해지

원고와 피고들은 이 사건 토지의 구입당시부터 그 소유부분을 특정하여 매수하고, 다만 그 소유권이전등기만은 한 필지 전체에 관하여 공유지분이전등기를 하였으므로 이는 원고의 특정부분에 관한 피고들의 지분등기와 그 특정부분 외의 부분에 관한 원고의 지분등기는 상호명의신탁을 하고 있는 것이라고 할 것입니다.

4. 결 론

그러므로 원고는 이 사건 소장부본의 송달로 명의신탁을 해지하고, 이 사건 토지 중 원고의 매수부분인 별지도면 표시 "가"부분 1,193㎡에 대한 피고들의 잔존지분 각 4분의 1에 관하여 소유권이전등기절차의 이행을 구하고자 이 사건 청구에 이른 것입니다.

입 증 방 법

1. 갑 제1호증 매매계약서
1. 갑 제2호증 분할협의서
1. 갑 제3호증 부동산등기사항증명서
1. 갑 제4호증 토지대장등본
1. 갑 제5호증 지적도등본

첨 부 서 류

1. 위 입증방법 각 1통
1. 소장부본 3통
1. 송달료납부서 1통

20○○. ○. ○.

위 원고 ○○○ (서명 또는 날인)

○○지방법원 귀중

[별지] 생략

⑬ 소유권이전등기청구의 소(매매잔금 지급과 동시에 하는 경우)

소 장

원 고 ○○○ (주민등록번호)
○○시 ○○구 ○○길 ○○(우편번호 ○○○-○○○)
전화.휴대폰번호:
팩스번호, 전자우편(e-mail)주소:
피 고 ◇◇◇ (주민등록번호)
○○시 ○○구 ○○길 ○○(우편번호 ○○○-○○○)
전화.휴대폰번호:
팩스번호, 전자우편(e-mail)주소:

소유권이전등기청구의 소

청 구 취 지

1. 피고는 원고로부터 45,000,000원을 지급 받음과 동시에 원고에게 별지목록 기재 부동산에 관하여 20○○. ○. ○. 매매를 원인으로 하는 소유권이전등기절차를 이행하고, 별지목록 기재 부동산을 인도하라.
2. 소송비용은 피고의 부담으로 한다.
3. 위 제1항 중 부동산인도부분은 가집행 할 수 있다.

라는 판결을 구합니다.

청 구 원 인

1. 원고는 20○○. ○. ○. 피고로부터 피고의 소유인 별지목록 기재 부동산을 매매대금 1억 원에 매수하기로 하는 매매계약을 체결하고, 그 계약내용에 따라 계약금 1,000만원은 계약당일에 지급하고, 같은 해 ○. ○○.에 중도금 4,500만원을 지급하였습니다.
2. 그런데 원고가 별지목록 기재 부동산의 매매대금 중 잔금 4,500만원을 그 지급기일인 20○○. ○○. ○○.에 피고에게 지급제시하고 별지목록 기재 부동산의 소유권이전에 필요한 서류의 교부와 별지목록 기재 부동산의 명도를 요구였으나, 피고는 별지목록 기재 부동산을 싸게 팔았다는 이유로 잔금의 수령을 거절하고 현재까지 별지목록 기재 부동산의 소유권이전등기절차를 이행하지 않고, 별지목록 기재 부동산의 명도도 이행하지 않고 있습니다.
3. 따라서 원고는 피고에 대하여 금 4,500만원을 지급 받음과 동시에 원고에게 별지목록 기재 부동산에 관하여 20○○. ○. ○. 매매를 원인으로 하는 소유권이전등기절차의 이행과 별지목록 기재 부동산의 명도를 구하기 위하여 이 사건

소송제기에 이른 것입니다.

입 증 방 법

1. 갑 제1호증 부동산등기사항증명서
1. 갑 제2호증 매매계약서
1. 갑 제3호증의 1, 2 각 영수증

첨 부 서 류

1. 위 입증방법 각 1통
1. 토지대장등본 1통
1. 건축물대장등본 1통
1. 소장부본 1통
1. 송달료납부서 1통

20○○. ○. ○.
위 원고 ○○○ (서명 또는 날인)

○○지방법원 귀중

[별 지]

부동산의 표시

1동의 건물의 표시
○○시 ○○구 ○○동 ○○○ ○○○아파트
제 ○○○동
[도로명주소] ○○시 ○○구 ○○길 ○○
전유부분의 건물의 표시
건물번호 : ○○○ - 5 - 508
구 조 : 철근콘크리트조
면 적 : 5층 508호 ○○.○○㎡
대지권의 목적인 토지의 표시
1. ○○시 ○구 ○○동 ○○○ 대 ○○○○○.○㎡
2. ○○시 ○구 ○○동 ○○○-2 대 ○○○○.○○㎡
대지권의 종류 : 소유권
대지권의 비율 : ○○○○○.○○분의 ○○.○○. 끝.

⑭ 소유권이전등기청구의 소(토지, 증여를 원인으로)

소 장

원 고 ○○○ (주민등록번호)
○○시 ○○구 ○○길 ○○(우편번호 ○○○-○○○)
전화.휴대폰번호:
팩스번호, 전자우편(e-mail)주소:
피 고 ◇◇◇ (주민등록번호)
○○시 ○○구 ○○길 ○○(우편번호 ○○○-○○○)
전화.휴대폰번호:
팩스번호, 전자우편(e-mail)주소:

소유권이전등기청구의 소

청 구 취 지

1. 피고는 원고에게 ○○시 ○○구 ○○동 ○○ - ○○ 대 2,070㎡에 대하여 20○○. ○. ○. 증여를 원인으로 하는 소유권이전등기절차를 이행하라.

2. 소송비용은 피고의 부담으로 한다.
라는 판결을 구합니다.

청 구 원 인

1. 피고는 20○○. ○. ○. 원고에게 ○○시 ○○구 ○○동 ○○ - ○○ 대 2,070㎡를 아무런 부담 또는 조건 없이 증여하겠다고 하는 증여계약의 체결을 요구하여 원고는 피고와 위와 같은 증여계약을 체결하였습니다.

2. 그런데 피고는 피고의 재산상태가 현저히 변경되어 위와 같은 증여계약의 이행으로 인하여 피고의 생계에 중대한 영향을 미칠 수 있다든지, 또는 원고의 피

고 등에 대한 망은행위 등 증여계약의 해제사유가 전혀 없는데도 위와 같은 증여계약에 따라 원고에게 위 부동산의 소유권이전등기절차를 이행해주지 않고 계속 미루기만 하고 있습니다.

3. 따라서 원고는 피고에 대하여 ○○시 ○○구 ○○동 ○○ - ○○ 대 2,070㎡에 관하여 20○○. ○. ○. 증여를 원인으로 하는 소유권이전등기절차의 이행을 청구하고자 이 사건 소송을 제기하게 된 것입니다.

입 증 방 법

1. 갑 제 1호증 부동산증여계약서
1. 갑 제 2호증 부동산등기사항증명서

첨 부 서 류

1. 위 입증방법 각 1통
1. 토지대장등본 1통
1. 소장부본 1통
1. 송달료납부서 1통

20○○. ○. ○.

위 원고 ○○○ (서명 또는 날인)

○○지방법원 귀중

⑮ 소유권이전등기청구의 소(아파트, 사인증여를 원인으로)

소 장

원 고 ○○○ (주민등록번호)
○○시 ○○구 ○○길 ○○(우편번호 ○○○-○○○)
전화.휴대폰번호:
팩스번호, 전자우편(e-mail)주소:
피 고 ◇◇◇ (주민등록번호)
○○시 ○○구 ○○길 ○○(우편번호 ○○○-○○○)
전화.휴대폰번호:
팩스번호, 전자우편(e-mail)주소:

소유권이전등기청구의 소

청 구 취 지

1. 피고는 원고에게 별지목록 기재 부동산에 관하여 20○○. ○. ○. 사인증여를 원인으로 한 소유권이전등기절차를 이행하라.
2. 소송비용은 피고의 부담으로 한다.

라는 판결을 구합니다.

청 구 원 인

1. 원고와 소외 망 ◉◉◉와의 관계 및 약정
   원고는 소외 망 ◉◉◉와 19○○. ○. ○.부터 10여년을 동거하였으나, 혼인신고를 하지 않은 사실혼관계에 있었는바, 소외 망 ◉◉◉는 20○○. ○. ○. 피고가 같이 있는 자리에서 소외 망 ◉◉◉의 재산 중 별지목록 기재 아파트를 원고에게 무상으로 주기로 하되, 그 효력은 소외 망 ◉◉◉가 사망함으로 인하여 발생하는 것으로 하겠다고 하여 원고도 이에 동의하였으며, 위와 같은 내용으로 원고가 작성한 약정서를 소외 망 ◉◉◉가 읽어 본 뒤 원고가 기재한 소외 망 ◉◉◉의 이름 옆에 소외 망 ◉◉◉가 인감도장을 날인한 사실이 있습니다.
2. 소외 망 ◉◉◉의 사망과 피고의 별지목록 기재 아파트 상속
   그런데 소외 망 ◉◉◉는 원고와 위와 같은 약정을 체결한 뒤 20○○. ○○. ○○. 사망하였으며, 그의 유일한 상속인인 피고가 별지목록 기재 아파트를 포함한 소외 망 ◉◉◉의 재산을 모두 상속받았습니다.
3. 피고의 약정이행의 거절
   그러므로 원고는 피고에 대하여 위와 같은 약정을 이유로 별지목록 기재 아파트의 소유권을 원고에게 이전해줄 것을 요구하였으나, 피고는 유언의 요건을 갖추

지 못한 위와 같은 약정서에 따른 원고의 요구를 받아들일 수 없다고 거절하고 있습니다.

4. 사인증여

그러나 민법 제562조에서 사인증여에 관하여는 유증에 관한 규정을 준용하도록 규정하고 있지만, 유증의 방식에 관한 민법 제1065조 내지 제1072조는 그것이 단독행위임을 전제로 하는 것이어서 계약인 사인증여에는 적용되지 아니하므로, 소외 망 ◉◉◉와 원고의 위와 같은 약정이 비록 유언의 방식을 갖추지 못하였다고 하여도 사인증여계약으로서의 효력을 가지는 것에는 문제가 없다고 할 것입니다.

5. 결론

따라서 원고는 피고에 대하여 별지목록 기재 부동산에 관하여 20○○. ○. ○. 사인증여를 원인으로 한 소유권이전등기절차의 이행을 구하기 위하여 이 사건 청구에 이른 것입니다.

입 증 자 료

1. 갑 제1호증 약정서
1. 갑 제2호증 부동산등기사항증명서
1. 갑 제3호증 기본증명서
   (단, 2007.12.31. 이전 사망한 경우 제적등본)
1. 갑 제4호증 가족관계증명서
   (또는, 상속관계를 확인할 수 있는 제적등본)

첨 부 서 류

1. 위 입증방법 각 1통
1. 토지대장등본 1통
1. 건축물대장 1통
1. 소장부본 1통
1. 송달료납부서 1통

20○○. ○. ○.

위 원고 ○○○ (서명 또는 날인)

○○지방법원 귀중

[별 지]

부동산의 표시

1동의 건물의 표시

○○시 ○○구 ○○동 ○○

[도로명주소] ○○시 ○○구 ○○길 ○○

철근콘크리트조 슬래브지붕 10층 아파트

제609동

1층 1,097㎡

2층 1,097㎡

3층 1,097㎡

4층 1,097㎡

5층 1,097㎡

6층 1,097㎡

7층 1,097㎡

8층 1,097㎡

9층 1,097㎡

10층 1,097㎡

지층 1,097㎡

전유부분의 건물의 표시

구 조 철근콘크리트조

건물번호 506호

면 적 99㎡

대지권의 목적인 토지의 표시

○○시 ○○구 ○○동 ○○ 대 1,258㎡

대지권의 종류 : 소유권

대지권의 비율 : 1,258분의 46.5125. 끝.

⑯ 소유권이전등기청구의 소(다세대주택, 특정유증을 원인으로)

소 장

원 고 ○○○ (주민등록번호)
○○시 ○○구 ○○길 ○○(우편번호 ○○○-○○○)
전화.휴대폰번호:
팩스번호, 전자우편(e-mail)주소:
피 고 ◇◇◇ (주민등록번호)
○○시 ○○구 ○○길 ○○(우편번호 ○○○-○○○)
전화.휴대폰번호:
팩스번호, 전자우편(e-mail)주소:

소유권이전등기청구의 소

청 구 취 지

1. 피고는 원고에게 별지목록 기재 부동산에 관하여 20○○. ○. ○. 유증을 원인으로 한 소유권이전등기절차를 이행하라.

2. 소송비용은 피고의 부담으로 한다.
라는 판결을 구합니다.

청 구 원 인

1. 원고와 소외 망 ◉◉◉와의 관계 및 유증
원고는 소외 망 ◉◉◉와 19○○. ○. ○.부터 10여년을 동거하였으나, 혼인신고를 하지 않은 사실혼관계에 있었는바, 소외 망 ◉◉◉는 20○○. ○. ○. 소외 망 ◉◉◉의 재산 중 별지목록 기재 아파트를 원고에게 무상으로 주기로 하는 유언공증을 하였습니다.

2. 소외 망 ◉◉◉의 사망과 피고의 별지목록 기재 아파트 상속
그런데 소외 망 ◉◉◉는 위와 같은 유언공증을 한 뒤 20○○. ○○. ○○. 사망하였으며, 소외 망 ◉◉◉의 유일한 상속인인 피고는 원고가 병원에 입원하여 거동을 할 수 없는 틈을 타서 별지목록 기재 아파트를 포함한 소외 망 ◉◉

◉의 재산을 모두 상속받아 상속등기를 마쳤습니다.

3. 피고의 유증이행청구의 거절
그러므로 원고는 피고에 대하여 위와 같은 유증을 이유로 별지목록 기재 아파트의 소유권을 원고에게 이전해줄 것을 요구하였으나, 피고는 그 이행을 거절하고 있습니다.

4. 결론
따라서 원고는 피고에 대하여 별지목록 기재 부동산에 관하여 20○○. ○. ○. 유증을 원인으로 한 소유권이전등기절차의 이행을 구하기 위하여 이 사건 청구에 이른 것입니다.

입 증 방 법

1. 갑 제1호증 유언공정증서
1. 갑 제2호증 부동산등기사항증명서
1. 갑 제3호증 기본증명서
(단, 2007.12.31. 이전 사망한 경우 제적등본)
1. 갑 제4호증 가족관계증명서
(또는, 상속관계를 확인할 수 있는 제적등본)

첨 부 서 류

1. 위 입증방법 각 1통
1. 토지대장등본 1통
1. 건축물대장 1통
1. 소장부본 1통
1. 송달료납부서 1통

20○○. ○. ○.
위 원고 ○○○ (서명 또는 날인)

○○지방법원 귀중

[별 지]

부동산의 표시

1동의 건물의 표시
ㅇㅇ시 ㅇㅇ구 ㅇㅇ동 ㅇㅇ
[도로명주소] ㅇㅇ시 ㅇㅇ구 ㅇㅇ길 ㅇㅇ
철근콘크리트조 슬래브지붕 3층 다세대주택 제102동
1층 ㅇㅇㅇ.ㅇ㎡
2층 ㅇㅇㅇ.ㅇ㎡
3층 ㅇㅇㅇ.ㅇ㎡
지층 ㅇㅇㅇ.ㅇ㎡

전유부분의 건물의 표시
구 조 철근콘크리트조
건물번호 201호
면 적 ㅇㅇ.ㅇ㎡

대지권의 목적인 토지의 표시 : ㅇㅇ시 ㅇㅇ구 ㅇㅇ동 ㅇㅇ 대 ㅇ,ㅇㅇㅇ㎡
대지권의 종류 : 소유권
대지권의 비율 : ㅇ,ㅇㅇㅇ분의 ㅇㅇ.ㅇ. 끝.

⑰ 소유권이전등기절차이행 및 인도청구의 소(매매, 토지)

소 장

원 고 ○○○ (주민등록번호)
○○시 ○○구 ○○길 ○○(우편번호 ○○○-○○○)
전화.휴대폰번호:
팩스번호, 전자우편(e-mail)주소:
피 고 ◇◇◇ (주민등록번호)
○○시 ○○구 ○○길 ○○(우편번호 ○○○-○○○)
전화.휴대폰번호:
팩스번호, 전자우편(e-mail)주소:

소유권이전등기절차이행 및 인도청구의 소

청 구 취 지

1. 피고는 원고로부터 금 40,000,000원을 지급 받음과 동시에 원고에게 별지목록 기재 토지에 관하여 20○○. ○. ○. 매매를 원인으로 한 소유권이전등기절차를 이행하고, 별지목록 기재 토지를 인도하라.

2. 소송비용은 피고의 부담으로 한다.

3. 위 제1항 중 소유권이전등기절차이행부분을 제외한 나머지 부분은 가집행 할 수 있다.

라는 판결을 구합니다.

청 구 원 인

1. 원고는 20○○. ○. ○. 피고와의 사이에 피고로부터 별지목록 기재 토지를 금 78,000,000원에 매수하기로 하는 내용의 매매계약을 체결하였습니다.

2. 원고는 20○○. ○. ○. 피고로부터 피고의 소유인 별지목록 기재의 토지를 매매대금 78,000,000원에 매수하기로 하는 매매계약을 체결하고, 그 계약내용에 따라 계약금 7,800,000원은 계약당일에 지급하고, 같은 해 ○. ○○.에 중도금

30,200,000원을 지급하였습니다.

3. 그런데 원고가 별지목록 기재 부동산의 매매대금 중 잔금 40,000,000원을 그 지급기일인 20○○. ○○. ○○. 피고에게 지급제시하고 별지목록 기재 토지의 소유권이전에 필요한 서류의 교부와 별지목록 기재 토지의 인도를 요구였으나, 피고는 별지목록 기재 토지를 싸게 팔았다는 이유로 잔금의 수령을 거절하고 현재까지 별지목록 기재 토지의 소유권이전등기절차를 이행하지 않고, 별지목록 기재 토지의 인도도 이행하지 않고 있습니다.

4. 따라서 원고는 피고에 대하여 원고로부터 금 40,000,000원을 지급 받음과 동시에 원고에게 별지목록 기재 토지에 관하여 20○○. ○. ○. 매매를 원인으로 하는 소유권이전등기절차의 이행과 별지목록 기재 토지의 인도를 구하기 위하여 이 사건 소송제기에 이른 것입니다.

입 증 방 법

1. 갑 제1호증 매매계약서
1. 갑 제2호증 부동산등기사항증명서
1. 갑 제3호증 토지대장등본

첨 부 서 류

1. 위 입증방법 각 1통
1. 공시지가확인원 1통
1. 소장부본 1통
1. 송달료납부서 1통

20○○. ○. ○.

위 원고 ○○○ (서명 또는 날인)

○○지방법원 귀중

⑱ 소유권이전등기말소청구의 소(아파트, 계약 합의해제)

소 장

원 고 ○○○ (주민등록번호)
○○시 ○○구 ○○길 ○○(우편번호 ○○○-○○○)
전화.휴대폰번호:
팩스번호, 전자우편(e-mail)주소:

피 고 ◇◇◇ (주민등록번호)
○○시 ○○구 ○○길 ○○(우편번호 ○○○-○○○)
전화.휴대폰번호:
팩스번호, 전자우편(e-mail)주소:

소유권이전등기말소청구의 소

청 구 취 지

1. 피고는 원고에게 별지목록 기재 부동산에 관하여 ○○지방법원 ○○지원 등기과 20○○. ○. ○. 접수 제○○○○호로 마친 소유권이전등기의 말소등기절차를 이행하라.
2. 소송비용은 피고의 부담으로 한다.

라는 판결을 구합니다.

청 구 원 인

1. 매매계약
 가. 원고는 20○○. ○. ○.경 피고와 별지목록 기재 부동산에 대하여 계약금 및 중도금 합계 금 40,000,000원은 같은 해 ○. ○. 소유권이전등기에 필요한 서류와 상환하여 지급하며, 잔대금 10,000,000원은 같은 해 ○. ○. 피고가 위 부동산의 소유권을 이전 받은 뒤 이를 담보로 대출을 받아 지급하기로 하는 내용의 매매계약을 체결하였습니다.
 나. 원고는 20○○. ○. ○. 피고로부터 계약금 및 중도금으로 금 40,000,000원을 지급 받음과 동시에, 피고에게 소유권이전등기에 필요한 서류 일체를 교부하고, 그 뒤 피고는 별지목록 기재 부동산에 대하여 ○○지방법원 ○○지원 등기과 20○○. ○. ○. 접수 제○○○○호로 소유권이전등기를 마쳤습니다.
2. 매매계약의 합의해제

가. 원고가 20○○. ○. ○. 피고에게 위 잔대금 10,000,000원을 지급하여 줄 것을 요구하자, 피고는 별지목록 기재 부동산에 하자가 있다고 하면서 잔대금 지급을 거절하며 계약의 해제를 요구하였습니다.

나. 이에 원고와 피고는 20○○. ○. ○. 이 사건 부동산 매매계약을 합의해제하고, 원고는 이미 지급 받은 계약금 및 중도금을 반환하고 피고는 소유권이전등기를 말소하기로 하였습니다.

다. 그런데 피고가 소유권이전등기말소등기절차의 이행을 계속 미루기만 할 뿐 전혀 이행할 의사를 보이고 있지 않아, 원고는 이미 지급 받은 계약금 및 중도금 40,000,000원을 ○○지방법원 ○○지원에 변제공탁을 하였습니다.

3. 결론

따라서 원고는 별지목록 기재 부동산에 관하여 ○○지방법원 ○○지원 등기과 20○○. ○. ○. 접수 제○○○○호로서 마친 피고 명의의 소유권이전등기의 말소등기절차의 이행을 구하기 위하여 이 사건 청구에 이른 것입니다.

입 증 방 법

1. 갑 제1호증 매매계약서
1. 갑 제2호증 합의서
1. 갑 제3호증 공탁서
1. 갑 제4호증 부동산등기사항증명서

첨 부 서 류

1. 위 입증방법 각 1통
1. 토지대장등본 1통
1. 건축물대장등본 1통
1. 소장부본 1통
1. 송달료납부서 1통

20○○. ○. ○.

위 원고 ○○○ (서명 또는 날인)

○○지방법원 ○○지원 귀중

[별지] 생략

⑲ 소유권이전등기말소청구의 소(매수인의 상속인들을 상대로)

소 장

원 고 ○○○ (주민등록번호)
○○시 ○○구 ○○길 ○○(우편번호 ○○○-○○○)
전화.휴대폰번호:
팩스번호, 전자우편(e-mail)주소:

피 고 1. ◇◇◇ (주민등록번호)
○○시 ○○구 ○○길 ○○(우편번호 ○○○-○○○)
전화.휴대폰번호:
팩스번호, 전자우편(e-mail)주소:
2. ◇①◇ (주민등록번호)
○○시 ○○구 ○○길 ○○(우편번호 ○○○-○○○)
전화.휴대폰번호:
팩스번호, 전자우편(e-mail)주소:
3. ◇②◇ (주민등록번호)
○○시 ○○구 ○○길 ○○(우편번호 ○○○-○○○)
전화.휴대폰번호:
팩스번호, 전자우편(e-mail)주소:

소유권이전등기말소청구의 소

청 구 취 지

1. 피고들은 원고에게 별지목록 기재 부동산에 관하여 ○○지방법원 ○○지원 20○○. ○. ○. 접수 제○○○○호로 마친 소유권 이전등기의 말소등기절차를 이행하라.

2. 소송비용은 피고들의 부담으로 한다.

라는 판결을 구합니다.

청 구 원 인

1. 매매계약

가. 원고는 20○○. ○. ○.경 소외 망 ◈◈◈와 원고 소유의 별지목록 기재 부동산

을 금 50,000,000에 매도하는 계약을 체결하고, 같은 해 20○○. ○. ○. 소외 망 ◈◈◈로부터 계약금 및 중도금의 합계 금 40,000,000원을 받았습니다.

나. 그런데 소외 망 ◈◈◈는 원고에게 별지목록 기재 부동산에 대해 미리 소유권이전등기를 해주면 그 부동산을 담보로 융자를 받아 잔대금을 20○○. ○. ○○.까지 지급하겠다고 하여, 원고는 20○○. ○. ○. 소외 망 ◈◈◈에게 소유권이전등기에 필요한 서류 일체를 건네 주었습니다.

다. 그 뒤 소외 망 ◈◈◈는 별지목록 기재 부동산에 대하여 ○○지방법원 ○○지원 20○○. ○. ○. 접수 제○○○○호로 소유권이전등기를 마쳤습니다.

2. 매매계약의 해제

가. 소외 망 ◈◈◈가 별지목록 기재 부동산을 담보로 융자를 받고 나서도 계속 잔대금의 지급을 지체하여, 원고는 20○○. ○. ○. 소외 망 ◈◈◈에게 (통고서 수령일로부터) 7일 이내에 잔대금을 지급하지 않으면 위 매매계약을 해제하니, 그 때는 소유권이전등기말소등기절차를 이행하라는 통고서를 발송하였습니다.

나. 소외 망 ◈◈◈은 원고로부터 위 매매계약해제의 통고서를 수령하고도, 7일 내에 잔대금을 지급하지도 않았고 별지목록 기재 부동산에 대한 소외 망 ◈◈◈명의의 소유권이전등기말소등기절차에 협력하지도 않고 있었습니다.

3. 상 속

그러던 중 소외 망 ◈◈◈가 20○○. ○. ○. 사망하여, 같은 날 소외 망 ◈◈◈의 배우자인 피고 ◇◇◇와 소외 망 ◈◈◈의 아들인 피고 ◇①◇, 소외 망 ◈◈◈의 딸인 피고 ◇②◇이 공동재산상속인이 되었습니다.

4. 변제공탁

가. 원고는 피고들에게 소외 망 ◈◈◈로부터 이미 지급 받은 계약금 및 중도금을 현실제공하면서, 소외 망 ◈◈◈명의의 소유권이전등기말소등기를 요구하자, 피고들은 모르는 일이라고 할 뿐입니다.

나. 그래서 원고는 소외 망 ◈◈◈로부터 지급 받은 계약금 및 중도금의 합계 금 40,000,000원을 소외 망 ◈◈◈의 상속인들인 피고들에게 각 상속지분의 비율로 ○○지방법원 ○○지원에 각 변제공탁을 하였습니다.

5. 결론

따라서 원고는 별지목록 기재 부동산에 관하여 ○○지방법원 ○○지원 20○○.

○. ○. 접수 제○○○○호로서 마친 소외 망 ◈◈◈명의의 소유권이전등기말소등기절차의 이행을 구하기 위하여 이 사건 청구에 이른 것입니다.

입 증 방 법

1. 갑 제1호증	부동산매매계약서
1. 갑 제2호증	부동산등기사항전부증명서
1. 갑 제3호증	토지대장등본
1. 갑 제4호증	건축물대장등본
1. 갑 제5호증	기본증명서
(단, 2007.12.31. 이전 사망한 경우 제적등본)	
1. 갑 제6호증의 1 내지 3	각 가족관계증명서
(또는, 상속관계를 확인할 수 있는 제적등본)	
1. 갑 제7호증	계약해제통고서
1. 갑 제8호증	공탁서

첨 부 서 류

1. 위 입증방법	각 1통
1. 소장부본	3통
1. 송달료납부서	1통

20○○. ○. ○

위 원고 ○○○ (서명 또는 날인)

○○지방법원 ○○지원 귀중

[별지] 생략

⑳ 소유권이전등기말소청구의 소(매도인의 상속인들이)

소 장

원 고 1. ○①○ (주민등록번호)
○○시 ○○구 ○○길 ○○(우편번호 ○○○-○○○)
전화.휴대폰번호:
팩스번호, 전자우편(e-mail)주소:
2. ○②○ (주민등록번호)
○○시 ○○구 ○○길 ○○(우편번호 ○○○-○○○)
전화.휴대폰번호:
팩스번호, 전자우편(e-mail)주소:
3. ○③○ (주민등록번호)
○○시 ○○구 ○○길 ○○(우편번호 ○○○-○○○)
전화.휴대폰번호:
팩스번호, 전자우편(e-mail)주소:

피 고 ◇◇◇ (주민등록번호)
○○시 ○○구 ○○길 ○○(우편번호 ○○○-○○○)
전화.휴대폰번호:
팩스번호, 전자우편(e-mail)주소:

소유권이전등기말소청구의 소

청 구 취 지

1. 피고는 원고들에게 별지목록 기재 부동산에 관하여 ○○지방법원 ○○지원 20○○. ○. ○. 접수 제○○○○호로 마친 소유권이전등기의 말소등기절차를 이행하라.

2. 소송비용은 피고의 부담으로 한다.

라는 판결을 구합니다.

청 구 원 인

1. 매매계약

가. 소외 망 ◉◉◉는 20○○. ○. ○.경 피고와 소외 망 ◉◉◉ 소유의 별지목록 기재 부동산을 금 50,000,000에 매도하는 계약을 체결하고, 같은 해 20○○. ○. ○. 피고로부터 계약금 및 중도금 합계 금 40,000,000원을 받았습니다.

나. 그런데 피고가 소외 망 ◉◉◉에게 별지목록 기재 부동산에 대해 미리 소유권이전등기를 해주면 그 부동산을 담보로 융자를 받아 20○○. ○. ○.까지 잔대금을 지급하겠다고 하여, 소외 망 ◉◉◉는 20○○. ○. ○. 피고에게 소유권이전등기에 필요한 서류 일체를 건네 주었습니다.

다. 그 뒤 피고는 별지목록 기재 부동산에 대하여 ○○지방법원 ○○지원 20○○. ○. ○. 접수 제○○○○호로 소유권이전등기를 마쳤습니다.

2. 매매계약의 해제

가. 피고가 별지목록 기재 부동산을 담보로 융자를 받고 나서도 계속 잔대금의 지급을 지체하여, 소외 망 ◉◉◉은 20○○. ○. ○. 피고에게 (통고서 수령일로부터) 7일 이내에 잔대금을 지급하지 않으면 위 매매계약을 해제하니 그 때는 소유권이전등기말소등기절차를 이행하라는 내용의 통고서를 발송하였습니다.

나. 피고는 소외 망 ◉◉◉로부터 위 매매계약해제 통고서를 수령하고도, 7일 내에 잔대금을 지급하지도 않았고 별지목록 기재 부동산에 대한 피고 명의의 소유권이전등기말소등기절차에 협력하지도 않고 있었습니다.

3. 상 속

가. 그러던 중 소외 망 ◉◉◉가 20○○. ○. ○. 사망하여, 같은 날 소외 망 ◉◉◉의 배우자인 원고 ○①○와 소외 망 ◉◉◉의 아들인 원고 ○②○, 소외 망 ◉◉◉의 딸인 원고 ○③○가 공동재산상속인이 되었습니다.

나. 소외 망 ◉◉◉의 공동상속인들인 원고들이 피고에게 이미 지급 받은 계약금 및 중도금 40,000,000원을 현실 제공하면서, 피고 명의의 소유권이전등기 말소등기를 요구하였음에도, 피고는 전혀 이행을 하고 있지 않습니다.

4. 변제공탁

그래서 원고들은 소외 망 ◉◉◉가 피고로부터 지급 받은 계약금 및 중도금 40,000,000원을 ○○지방법원 ○○지원에 변제공탁을 하였습니다.

5. 맺음말

따라서 원고는 별지목록 기재 부동산에 관하여 ○○지방법원 ○○지원 20○○. ○. ○. 접수 제○○○○호로서 마친 피고 명의의 소유권이전등기의 말소등기절차의 이행을 구하기 위하여 이 사건 청구에 이른 것입니다.

입 증 방 법

1. 갑 제1호증 부동산매매계약서
1. 갑 제2호증 부동산등기사항전부증명서
1. 갑 제3호증 토지대장등본
1. 갑 제4호증 기본증명서
(단, 2007.12.31. 이전 사망한 경우 제적등본)
1. 갑 제5호증의 1 내지 3 각 가족관계증명서
(또는, 상속관계를 확인할 수 있는 제적등본)
1. 갑 제6호증 계약해제통고서
1. 갑 제7호증 공탁서

첨 부 서 류

1. 위 입증방법 각 1통
1. 소장부본 1통
1. 송달료납부서 1통

20○○. ○. ○.

위 원고 1. ○①○ (서명 또는 날인)
2. ○②○ (서명 또는 날인)
3. ○③○ (서명 또는 날인)

○○지방법원 ○○지원 귀중

[별지] 생략

㉑ 소유권이전등기말소청구의 소(불공정한 법률행위)

소 장

원 고 ○○○ (주민등록번호)
○○시 ○○구 ○○길 ○○(우편번호 ○○○-○○○)
전화.휴대폰번호:
팩스번호, 전자우편(e-mail)주소:

피 고 ◇◇◇ (주민등록번호)
○○시 ○○구 ○○길 ○○(우편번호 ○○○-○○○)
전화.휴대폰번호:
팩스번호, 전자우편(e-mail)주소:

소유권이전등기말소청구의 소

청 구 취 지

1. 피고는 원고에게 별지목록기재 부동산에 관하여 ○○지방법원 ○○지원 20○○. ○. ○. 접수 제○○○○호 소유권이전등기의 말소등기절차를 이행하라.
2. 소송비용은 피고의 부담으로 한다.

라는 재판을 구합니다.

청 구 원 인

1. 원고는 20○○. ○. ○. 피고와 별지목록 기재의 부동산에 대하여 아래와 같이 매매계약을 체결한 사실이 있습니다.
   매매대금 .... 금 15,000,000원
   계 약 금 .... 금 5,500,000원(지급시기 - 계약당일)
   중 도 금 .... 금 6,500,000원(지급시기 - 200○. ○. ○○.)
   잔 금 .... 금 3,000,000원(지급시기 - 200○. ○○. ○○.)
   한편, 위 약정에 따라 원고는 피고로부터 계약금 및 중도금 합계 금 12,000,000원을 지급 받고 피고의 부탁으로 잔금을 지급 받기 전에 소유권이전등기를 해주었습니다.
2. 그러나 이 사건 매매목적물인 별지목록 기재의 부동산의 시가는 51,430,000원에 이름에도 한 평생 농사만을 짓고 살아왔고 학교를 다니지 못하여 글자나 숫자도 모르는 등 사회경험이 없는 원고의 경솔함으로 인하여 현저히 부당하게 체결된 것입니다.
3. 또한, 피고는 이러한 원고의 무경험, 경솔을 이용하기 위해 통상적인 계약과는 달리 계약금을 매매대금의 36%로 정하고 중도금 지급시기도 계약 다음날로 하여 계약을 해제하는 것을 불가능하게 만들었습니다.
4. 그렇다면 원, 피고간의 이 사건 매매계약은 민법 제104조의 불공정한 법률행위로써 무효가 된다고 할 것인바, 이에 따라 피고에게 마쳐진 소유권이전등기의

말소절차이행을 구하고자 이 사건 소를 제기하기에 이른 것입니다.

입 증 방 법

1. 갑 제1호증 부동산매매계약서
1. 갑 제2호증 부동산등기사항전부증명서
1. 갑 제3호증 토지대장등본

첨 부 서 류

1. 위 입증방법 각 1통
1. 소장부본 1통
1. 송달료납부서 1통

20○○. ○. ○.

위 원고 ○○○ (서명 또는 날인)

○○지방법원 귀중

[별 지]

부동산의 표시

1동의 건물의 표시
○○시 ○○구 ○○동 ○○
[도로명주소] ○○시 ○○구 ○○길 ○○ 적벽돌조 슬래브지붕 2층 다세대주택
1층 ○○○.○○㎡
2층 ○○○.○○㎡
지하 ○○.○○㎡

전유부분의 건물의 표시
구 조 적벽돌조
건물번호 제101호
면 적 ○○.○○㎡

대지권의 목적인 토지의 표시 : ○○시 ○○구 ○○동 ○○ 대 ○○○.○○㎡
대지권의 종류 : 소유권
대지권의 비율 : ○,○○○분의 ○○.○. 끝.

㉒ 자동차소유권이전등록절차 이행청구의 소(매매)

소 장

원 고 ○○○ (주민등록번호)
○○시 ○○구 ○○길 ○○(우편번호 ○○○-○○○)
전화.휴대폰번호:
팩스번호, 전자우편(e-mail)주소:
피 고 ◇◇◇ (주민등록번호)
○○시 ○○구 ○○길 ○○(우편번호 ○○○-○○○)
전화.휴대폰번호:
팩스번호, 전자우편(e-mail)주소:

자동차소유권이전등록절차이행청구의 소

청 구 취 지

1. 피고는 원고에게 별지목록 기재 자동차에 관하여 20○○. ○. ○. 매매를 원인으로 하여 소유자 명의를 원고에서 피고로 하는 소유권이전등록절차를 이행하라.
2. 소송비용은 피고의 부담으로 한다.

라는 판결을 구합니다.

청 구 원 인

1. 원고는 20○○. ○. ○. 피고에게 별지목록 기재 자동차를 대금 ○○○원에 매도하고서 자동차의 인도와 함께 자동차이전등록에 필요한 서류일체를 교부한 바 있습니다.
2. 그러나 피고는 원고 명의로 되어 있는 자동차소유자등록명의를 지금까지 이전해가지 않아 자동차등록세가 원고에게 청구될 뿐만 아니라, 피고가 위 자동차를 운행하다가 교통사고를 발생시키는 경우 원고가 등록명의자로서 손해배상을 청구 당할 것이 예상되는 등의 여러 가지 피해를 입고 있습니다.
3. 따라서 원고는 원고 명의로 되어 있는 위 자동차의 소유권등록명의를 피고 명의로 이전하기 위하여 피고에 대하여 부득이 청구취지와 같은 판결을 구하고자 이 사건 소송에 이른 것입니다.

입 증 방 법

1. 갑 제1호증 자동차등록원부
1. 갑 제2호증 자동차매매계약서
1. 갑 제3호증 자동차세납부고지서

첨 부 서 류

1. 위 입증방법 각 1통
1. 소장부본 1통
1. 송달료납부서 1통

20○○. ○. ○.
위 원고 ○○○ (서명 또는 날인)

○○지방법원 ○○지원 귀중

[별 지]

자동차의 표시

1. 자동차등록번호: 서울○○다○○○○호
1. 형식승인번호: ○-○○○○-005-006
1. 차 명: ○ ○
1. 차 종: 승용자동차
1. 차 대 번 호: ○○
1. 원 동 기 형 식: ○○
1. 등 록 연 월 일 : 1997
1. 최 종 소 유 자: △ △ △
1. 사 용 본 거 지: ○○시 ○○구 ○○길 ○○. 끝.

■ 참 고 ■

※ (1) 관 할

1. 소(訴)는 피고의 보통재판적(普通裁判籍)이 있는 곳의 법원의 관할에 속하고, 사람의 보통재판적은 그의 주소에 따라 정하여지나, 대한민국에 주소가 없거나 주소를 알 수 없는 경우에는 거소에 따라 정하고, 거소가 일정하지 아니하거나 거소도 알 수 없으면 마지막 주소에 따라 정하여집니다.
2. 등기.등록에 관한 소를 제기하는 경우에는 등기 또는 등록할 공공기관이 있는 곳의 법원에 제기할 수 있습니다.
3. 따라서 사안에서 원고는 피고의 주소지를 관할하는 법원이나 등록할 공공기관을 관할하는 법원에 소를 제기할 수 있습니다.

※ (2) 인 지

소장에는 소송목적의 값에 따라 민사소송등인지법 제2조 제1항 각 호에 따른 금액 상당의 인지를 붙여야 합니다. 다만, 대법원 규칙이 정하는 바에 의하여 인지의 첩부에 갈음하여 당해 인지액 상당의 금액을 현금이나 신용카드·직불카드 등으로 납부하게 할 수 있는바, 현행 규정으로는 인지첩부액이 1만원 이상일 경우에는 현금으로 납부하여야 하고 또한 인지액 상당의 금액을 현금으로 납부할 수 있는 경우 이를 수납은행 또는 인지납부대행기관의 인터넷 홈페이지에서 인지납부대행기관을 통하여 신용카드 등으로도 납부할 수 있습니다(민사소송등인지규칙 제27조 제1항 및 제28조의 2 제1항).

※ (3) 제출부수 : 소장원본 1부 및 피고 수만큼의 부본 제출

※ (4) 불복절차 및 기 간 : 항소(민사소송법 제390조)를 판결서가 송달된 날부터 2주 이내(민사소송법 제396조 제1항)에 제기해야 합니다.

(관련판례)

자동차를 매도하고 등록명의가 이전되지 않은 상태에서 교통사고가 발생된 경우에 관한 판례를 보면, "자동차보유자의 운행지배는 현실적으로 보유자와 운전자 사이에 사실상 지배관계가 존재하는 경우뿐만 아니라 간접적이거나 제3자의 권리를 통한 관념상 지배관계가 존재하는 경우도 포함하므로, 자동차를 매도하고도 자동차등록명의를 그대로 남겨둔 경우 매도인의 운행지배유무는 매도인과 매수인의 실질적 관계를 살펴서 사회통념상 매도인이 매수인의 차량운행에 간섭하거나 지배·관리할 책무가 있는 것으로 평가할 수 있는지 여부를 가려 결정해야 한다. 매도인이 자동차를 매도하여 인도하고 잔대금까지 완제되었다 하더라도 매수인이 그 자동차를 타인에게 전매할 때까지 자동차등록원부상의 소유명의를 매도인이 그대로 보유하기로 특약하였을 뿐만 아니라 그 자동차에 대한 할부계약상 채무자의 명의도 매도인이 그대로 보유하며, 자동차보험까지도 매도인 명의로 가입하도록 한 채 매수인으로 하여금 자동차를 사용하도록 하여 왔다면, 매도인은 매수인이 그 자동차를 전매하여 명의변경등록을

마치기까지 매도인 명의로 자동차를 운행할 것을 허용한 것으로서 그 자동차운행에 대한 책무를 벗어났다고 보기는 어려우므로 자동차손해배상보장법 제3조 소정의 자기를 위하여 자동차를 운행하는 자에 해당한다고 봄이 상당하다."라고 하여 운행지배이익이 있다고 한 사례가 있음(대법원 1995. 1. 12. 선고 94다38212 판결). 반면에, "자동차손해배상보장법 제3조 소정의 자기를 위하여 자동차를 운행하는 자라 함은 당해 자동차의 운행지배권을 가지고 그 운행으로 인한 이익을 받는 자를 의미하며, 자동차등록원부상에 소유자로 등록되어 있다 하더라도 이를 타에 매도하여 대금전액을 수령하고 그와 동시에 자동차검사증, 보험관계서류 및 차량을 매수인에게 인도했음에도 매수인이 그 소유권이전등록을 지연하다가 사고가 난 경우, 그 운행지배권은 이미 위 등록명의인으로부터 이탈하고 매수인에게 이전된 것이라고 보아야 할 것이므로, 위 등록명의인을 자기를 위하여 자동차를 운행하는 자로 볼 수 없다."라고 하여 매도인의 운행지배이익을 부정한 사례도 있음(대법원 1985. 4. 23. 선고 84다카1484 판결).

㉓ 반소장(소유권이전등기청구)

반 소 장

사 건(본소) 20○○가합○○○ 토지인도 등
피고(반소원고) ◇◇◇
○○ ○○군 ○○면 ○○길 ○○(우편번호 ○○○-○○○)
전화.휴대폰번호:
팩스번호, 전자우편(e-mail)주소:
원고(반소피고) 1. ○①○ (주민등록번호)
○○시 ○○구 ○○길 ○○(우편번호 ○○○-○○○)
전화.휴대폰번호:
팩스번호, 전자우편(e-mail)주소:
2. ○②○ (주민등록번호)
○○시 ○○구 ○○길 ○○(우편번호 ○○○-○○○)
전화.휴대폰번호:
팩스번호, 전자우편(e-mail)주소:
3. ○③○ (주민등록번호)
○○시 ○○구 ○○길 ○○(우편번호 ○○○-○○○)
전화.휴대폰번호:
팩스번호, 전자우편(e-mail)주소:
4. ○④○ (주민등록번호)
○○시 ○○구 ○○길 ○○(우편번호 ○○○-○○○)
전화.휴대폰번호:
팩스번호, 전자우편(e-mail)주소:
5. ○⑤○ (주민등록번호)
○○시 ○○구 ○○길 ○○(우편번호 ○○○-○○○)
전화.휴대폰번호:
팩스번호, 전자우편(e-mail)주소:

위 사건에 관하여 피고(반소원고)는 다음과 같이 반소를 제기합니다.

소유권이전등기청구의 소

반 소 청 구 취 지

1. 피고(반소원고)에게 별지목록 기재 각 부동산 중

원고(반소피고) ○①○는 3/20 지분에 관하여,
원고(반소피고) ○②○는 3/20 지분에 관하여,
원고(반소피고) ○③○는 2/20 지분에 관하여,
원고(반소피고) ○④○는 2/20 지분에 관하여,
원고(반소피고) ○⑤○는 10/20 지분에 관하여,
각 19○○. 2. 21. 취득시효완성을 원인으로 한 소유권이전등기절차를 이행하라.
2. 반소에 관한 소송비용은 원고(반소피고)들의 부담으로 한다.
라는 판결을 구합니다.

반 소 청 구 원 인

1. 별지목록 기재 부동산은 원래 ○○ ○○군 ○○면 ○○리 ○○○의 1 토지에서 차례로 분할된 것인데, 피고(반소원고, 이하 '피고'라 함)의 아버지 소외 망 ◈◈◈(1959. 2. 28. 사망)는 1937년경부터 개간하여 경작하여 오던 중 소외 망 정◉◉가 별지목록 기재 부동산은 정씨 집안(소외 망 박◉◉의 시댁)의 땅이니 임대료를 쌀 2말 5되를 낼 것을 요구하여 1942년부터 해방 무렵까지 위와 같은 임대료를 지불하면서 경작하여 왔습니다. 그런데 해방이 되면서 경작인의 지위로서 5년 간 상환완료하면 소외 망 ◈◈◈의 소유로 될 기회가 있었으나 소외 망 정◉◉는 위 땅은 정씨 집안의 위토이니 면사무소에 신고하지 말 것을 요청하여 같은 동리에 사는 정으로 이를 수용하고, 대신 임대료를 쌀 1말로 내려서 계속하여 임대료를 지급하게 되었습니다.
   그러다가 1951년경에는 소외 망 정◉◉가 아들이 없던 소외 망 박◉◉의 양자로 되어 소외 망 박◉◉의 남편과 시부모 3위의 제사를 모시게 되었습니다.
   그러던 중 소외 망 정◉◉는 피고에게 피고가 경작하던 토지를 매도하겠다는 의사를 표시하여, 피고는 소외 조◇◇, 박◇◇, 최◇◇와 같이 매수하기로 하여, 매도증서(을 제1호증)를 작성하였습니다.
2. 매수경위 및 매수면적
   가. 즉, 1965. 2. 21.에 소외 망 정◉◉는 피고가 경작하던 별지목록 기재 부동산에 해당하는 면적(600평)은 피고에게 매도하고, 별지목록 기재 부동산에 인접해있던 토지 등은 소외 조◇◇에게 한 마지기(200평), 소외 박◇◇에게 한 마지기(200평), 소외 최◇◇에게 세 마지기(600평)을 매도하는 내용이었습니다.
      위 부동산은 당시 소외 망 박◉◉, 소외 망 정◉◉, 소외 유◉◉의 소유로 등기가 되어 있었으나, 소외 망 박◉◉에게는 집안의 제사를 모실 아들이 없어 소외 망 정◉◉가 실질적으로 양자로 들어와 제사를 모시고 농사를 지어오고 있어 재산을 관리하여 오고 있었습니다.
      그래서 피고는 소외 망 정◉◉와 부동산에 대하여 매매계약을 체결하였던 것이고, 그 이후 지금까지 별지목록 기재 부동산에서 농사를 지으면서 위 토지를 점유하고 있습니다.

나. 위와 같이 피고를 포함한 소외 조◇◇, 박◇◇, 최◇◇가 면적을 정하여 매수한 것은 이들은 위 ○○○의 1의 토지를 개간하여 점유하고 있었는데, 그 개간한 위치 및 면적에 따라 매수한 것이고, 한편 피고는 위 매도증서를 작성한 당일 소외 조◇◇, 박◇◇로부터 이들이 매수한 부분을 다시 매수하였습니다.

다. 그리고 나서 피고는 1965. 6.경에 분할측량을 신청하였고, 그 결과 ○○○의 1번지는 ○○○의 6, 7, 8, 9, 10번지로 분할되었고, 그 중에서 ○○○의 6, 7, 8번지는 피고가 경작하였고, ○○○의 9, 10번지는 소외 최◇◇가 경작하였습니다.

3. 따라서 피고는 1965. 2. 21.매수를 원인으로 하여 소유의 의사로 평온, 공연하게 별지목록 기재 부동산을 20년 동안 계속하여 오고 있으므로 1985. 2 .21에는 점유취득시효가 완성되어, 그 당시의 토지소유자에 대하여 시효취득을 원인으로 한 소유권이전등기청구권을 가지고 있다고 할 것입니다.

4. 한편, 별지목록 기재 부동산은 원래 소외 망 박◈◈, 소외 망 정◈◈, 소외 망 정◆◆의 공유(각 1/3지분)로 되어 있다가, 소외 망 정◈◈가 1959. 11. 28. 사망하여 그 공유지분이 소외 망 유◈◈에게 상속(1/3지분)되었고, 다시 소외 망 박◈◈가 1966. 11. 28. 사망하여 그 공유지분이 원고(반소피고, 이하 '원고'라 함) ○⑤○와 소외 망 유◈◈에게 상속(각 1/2지분)이 되었습니다.

그 뒤 1986. 11. 3. 소외 망 유◈◈가 사망하였고 상속인으로는 처인 원고 ○①○(3/20지분), 장남인 원고 ○②○(3/20지분), 출가하지 아니한 딸인 원고 ○③○(2/20 지분), 차남 원고 ○④○(2/20 지분)가 있습니다.

한편, 소외 망 정◆◆의 공유지분은 모두 장남인 원고 ○⑤○(10/20지분)에게 상속되었습니다.

따라서 1985. 2. 21. 당시의 소유자인 소외 망 정◆◆와 소외 망 유◈◈의 상속인으로서 상속인의 권리의무를 포괄승계한 원고들은 피고의 소유권이전등기청구에 응할 의무가 있다고 할 것입니다.

5. 한편, 현재 원고들은 피고를 상대로 하여 토지인도 및 부당이득반환을 구하는 본소를 제기하여 진행 중에 있어, 이 사건 반소는 본소의 청구 및 방어 방법과 견련성을 가지고 있습니다.

6. 따라서 피고는 원고들에게 대하여 1985. 2. 21.자 점유취득시효완성을 원인으로 하여 각 원고별 공유지분별로 공유지분이전등기를 구하여 이 사건 반소를 제기합니다.

입 증 방 법

1. 을 제1호증 매도증서
1. 을 제2호증의 1 내지 3 각 제적등본

1. 을 제3호증의 1 내지 5 각 상속관계를 확인할 수 있는 제적등본 (또는, 가족관계등록사항에 관한 증명서)
1. 을 제4호증의 1 내지 3 각 부동산등기사항증명서
1. 을 제5호증의 1 내지 9 각 토지대장등본
1. 을 제6호증 확인서
1. 을 제7호증 지적도등본

첨 부 서 류

1. 위 입증방법 각 1통
1. 참고자료(가계도, 토지분할경위) 각 1통
1. 반소장부본 5통
1. 송달료납부서 1통

20○○. ○. ○.
위 피고 ◇◇◇ (서명 또는 날인)

○○지방법원 ○○지원 제○민사부 귀중

[별지] 생략

■ 참 고 ■

※ (1) 인 지

소장에는 소송목적의 값에 따라 민사소송등인지법 제2조 제1항 각 호에 따른 금액 상당의 인지를 붙여야 함. 다만, 대법원 규칙이 정하는 바에 의하여 인지의 첩부에 갈음하여 당해 인지액 상당의 금액을 현금이나 신용카드·직불카드 등으로 납부하게 할 수 있는바, 현행 규정으로는 인지첩부액이 1만원 이상일 경우에는 현금으로 납부하여야 하고 또한 인지액 상당의 금액을 현금으로 납부할 수 있는 경우 이를 수납은행 또는 인지납부대행기관의 인터넷 홈페이지에서 인지납부대행기관을 통하여 신용카드 등으로도 납부할 수 있음(민사소송등인지규칙 제27조 제1항 및 제28조의 2 제1항).

※ (2) 제출부수 : 반소장 1부 및 상대방 수만큼의 부본 제출.

(관련판례 1)

토지에 대한 취득시효의 완성을 이유로 소유권이전등기를 청구하려면 시효완성 당시의 소유자를 상대로 하여야 함(대법원 1999. 2. 23. 선고 98다59132 판결).부동산에 대한 점유취득시효가 완성되었다고 하더라도 이를 등기하지 아니하고 있는 사이에 그 부동산에 관하여 제3자에게 소유권이전등기가 마쳐지면 점유자는 그 제3자에게 대항할 수 없음(대법원 1998. 4. 10. 선고 97다56495 판결).

(관련판례 2)

상속인 중의 한 사람이 소유자인 피상속인으로부터 증여를 받아 소유권이전등기를 마친 경우, 그 증여가 실질적인 상속재산의 협의분할과 동일시할 수 있는 등의 특별한 사정이 없는 한 등기명의인은 점유자에 대한 관계에서 종전 소유자와 같은 지위에 있는 자로 볼 수는 없고 취득시효완성 후의 새로운 이해관계인으로 보아야 함(대법원 1998. 4. 10. 선고 97다56495 판결). 점유로 인한 부동산소유권취득기간이 경과한 후에 원래의 소유자의 지위를 승계한 공동상속인 중의 한 사람이 다른 상속인의 상속분을 양수하였다고 하여 그 상속분을 양수한 상속인이 시효가 완성된 후의 새로운 이해관계인이 아니라고 볼 수 없음(대법원 1993. 9. 28. 선고 93다22883 판결).

(관련판례 3)

본소가 취하된 때에는 피고는 원고의 동의 없이 반소를 취하할 수 있는데(민사소송법 제271조), 이 규정은 원고가 반소의 제기를 유발한 본소는 스스로 취하해놓고 그로 인하여 유발된 반소만의 유지를 상대방에게 강요한다는 것은 공평치 못하다는 이유에서 원고가 본소를 취하한 때에는 피고도 원고의 동의 없이 반소를 취하할 수 있도록 한 규정이므로, 본소가 원고의 의사와 관계없이 부적법하다 하여 각하됨으로써 종료된 경우에까지 유추적용 할 수 없고, 원고의 동의가 있어야만 반소취하의 효력이 발생한다 할 것임(대법원 1984. 7. 10. 선고 84다카298 판결).

(관련판례 4)

항소심에서의 반소 제기에는 상대방의 동의를 얻어야 함이 원칙이나, 반소청구의 기초를 이루는 실질적인 쟁점에 관하여 제1심에서 본소의 청구원인 또는 방어방법과 관련하여 충분히 심리되어 항소심에서의 반소 제기를 상대방의 동의 없이 허용하더라도 상대방에게 제1심에서의 심급의 이익을 잃게 하거나 소송절차를 현저하게 지연시킬 염려가 없는 경우에는 상대방의 동의 여부와 관계없이 항소심에서의 반소 제기를 허용하여야 할 것임(대법원 1999. 6. 25. 선고 99다6708 판결).

㉔ 준비서면(소유권이전등기, 원고)

준 비 서 면

사 건 20○○가단○○○○ 소유권이전등기
원 고 ○○○
피 고 ◇◇◇

위 사건에 관하여 원고는 다음과 같이 변론을 준비합니다.

다 음

1. 부동산실권리자명의등기에관한법률의 적용범위(명의신탁약정의 개념)
   가. 부동산실권리자명의등기에관한법률의 대상이 되는 명의신탁약정은 '부동산에 관한 소유권 기타 물권(이하 부동산에 관한 물권이라 함)을 보유한 자 또는 사실상 취득하거나 취득하려고 하는 자가 타인과의 사이에 대내적으로는 실권리자가 부동산에 관한 물권을 보유하거나 보유하기로 하고 그에 관한 등기는 그 타인의 명의로 하기로 하는 약정'이라고 정의됩니다(부동산실권리자명의등기에관한법률 제2조 제1호).
   나. 여기서 '물권을 보유한 자'는 소유권 기타 물권자로 등기되어 있는 자는 물론, 건물의 신축자와 같은 원시취득자와 민법 제187조에 의하여 물권을 취득하였으나 아직 등기를 마치지 아니한 자를 포함합니다.
   한편 **'사실상 취득하거나 취득하려고 하는 자'란 예컨대 매매계약을 맺고그 대금을 지급하는 등 소유권 기타 물권자로 등기할 지위에 있으나 아직 등기하지 않은 자를 말한다 할 것입니다**{부동산실명법해설, 재정경제원(1995), 23면; 목영준, 부동산실권리자명의등기에관한법률상 법률관계의 효력,사법연수원(1998), 4면(참고자료)}.
2. 이 사건 각 명의신탁약정의 효력
   가. 별지목록 제1기재 부동산(○○도 임야)에 대한 명의신탁
   (1) 원고는 (주)○○주택의 대표이사로 재직 중이던 19○○. ○. ○. (주)○○주택 소유의 ○○ ○○읍 ○○리 ○○ 소재 ○○빌라 3채(201호, 301호, 302호, 갑 제8호증의 1, 2, 3 각 부동산등기부등본)를 대표이사 자격으로 자신에게 증여를 함(증인 ◉◉◉의 증언, (주)○○주택은 소규모 회사로서 사실상 원고의 개인기업과 같았음)과 동시에 개인자격으로 소외 ◎◎◎와 그 소유의 별지목록 제1기재 부동산(○○도 임야)과 교환하는 계약을 체결

하였고(갑 제6호증 부동산물물교환계약서, 갑 제3호증의 1 부동산등기부등본, 등기원인은 매매로 기재되어 있으나 그 실질은 교환), 19○○. ○. ○. 별지목록 제1기재 부동산의 등기명의를 피고명의로 하였습니다(갑 제3호증의 1 부동산등기부등본).

즉, 신탁자(원고)가 별지목록 제1기재 부동산에 관해 수탁자(피고)와 명의신탁약정을 맺고, 신탁자가 교환계약의 당사자가 되어 소외 ◎◎◎와 교환계약을 체결하되 다만 등기를 소외 ◎◎◎로부터 수탁자(피고) 앞으로 직접 이전하는 명의신탁유형**(3자간등기명의신탁)**을 취하였던 것입니다(증인 ◉◉◉의 증언 참조).

(2) 위 제1항에서 주장한 바와 같이 신탁자의 자격은 반드시 '물권을 현실적으로 보유한 자'만을 지칭하는 것이 아니고, '사실상 취득하거나 취득하려고 하는 자'도 포함하기 때문에 원고와 같이 **'증여를 받은 이후 소유권자로 등기할 지위에 있으나 아직 등기하지 않은 자'**도 신탁자의 자격을 갖추고 명의신탁약정을 맺을 자격이 있다 할 것이므로 피고 앞으로의 별지목록 제1기재 부동산에 대한 부부(夫婦)간의 명의신탁약정은 유효하다 할 것입니다.

나. 별지목록 제2기재 부동산(●●도 임야)에 대한 명의신탁

(1) 한편, 원고는 19○○. ○. ○. (주)○○주택의 대표이사 자격으로 소외 ▣▣▣에게 (주)○○주택을 양도하였는바, (주)○○주택 소유의 ○○시 ○○구 ○○길 ○○ 소재 ○○빌라 3채(지하층 102호, 1층 101호, 2층 201호, 갑 제8호증의 4, 5, 6 각 부동산등기부등본)는 양도재산에서 제외시키고(갑 제9호증 법인양도양수계약서, 갑 제10호증 법인등기부등본), 원고 개인에게 증여하였습니다(증인 ◉◉◉의 증언 참조).

(2) 원고는 위 ○○빌라 3채를 증여 받은 이후 19○○. ○. ○. 개인자격{(주)○○주택이 이미 양도되었기 때문}으로 소외 ◎◎◎와 그 소유의 별지목록 제2기재 부동산(●●도 임야)과 교환하는 계약을 체결하였고(갑 제7호증 부동산교환계약서, 갑 제3호증의 2 부동산등기사항증명서, 등기원인은 매매로 기재되어 있으나 그 실질은 교환), 19○○. ○. ○. 별지목록 제2기재 부동산의 등기명의를 피고 명의로 하였습니다.

(3) 즉, 신탁자(원고)가 별지목록 제2기재 부동산에 관해 수탁자(피고)와 명의신탁약정을 맺고, 신탁자가 교환계약의 당사자가 되어 소외 ◎◎◎와 교환계약을 체결하되 다만 등기를 소외 ◎◎◎로부터 수탁자(피고) 앞으로 직접 이전하는 명의신탁유형**(3자간등기명의신탁)**을 취하였던 것입니다(증인 ◉◉◉의 증언 참조).

(4) 위 명의신탁도 위에서 주장한 바와 같이 부부간의 명의신탁으로서 유효하다 할 것입니다.

3. 결론

위와 같이 신탁자의 자격은 반드시 '물권을 현실적으로 보유한 자'만을 지칭하는 것이 아니고, '사실상 취득하거나 취득하려고 하는 자'도 포함하기 때문에 원고와 같이 **'위 ○○빌라 6채를 증여 받은 이후 소유권자로 등기할 지위에 있으나 아직 등기하지 않은 자'**도 신탁자의 자격을 갖추고 명의신탁약정을 맺을 적법한 자격이 있다 할 것이므로 피고 앞으로의 별지목록 기재 각 부동산에 대한 부부(夫婦)간의 명의신탁약정은 유효하다 할 것이고, **위 명의신탁약정이 적법하게 해지되었을 때에는 별지목록 기재 각 부동산은 당연히 신탁자인 원고(비록 물권을 현실적으로 보유한 등기명의자가 아니더라도)에게 귀속된다** 할 것이므로 원고의 청구는 인정되어야 할 것입니다.

첨 부 서 류

1. 참고자료 1통

20○○. ○. ○.

위 원고 ○○○ (서명 또는 날인)

○○지방법원 제○○민사단독 귀중

■ 참 고 ■

※ (1) 제출기간 : 제소 후 변론종결 전까지

※ (2) 제출부수 : 준비서면 1부 및 상대방 수만큼의 부본 제출

※ (3) 제출의무 : 지방법원 합의부와 그 이상의 상급법원에서는 반드시 준비서면을 제출하여 변론을 준비하여야 합니다(민사소송법 제272조 제2항).

※ (4) 효과 : 자백간주이익(민사소송법 제150조 제1항), 진술의제의 이익(민사소송법 제148조 제1항), 실권효의 배제(민사소송법 제285조 제3항), 소의 취하 동의권(민사소송법 제266조 제2항)

(관련판례)

부동산실명법 제8조 제2호는 배우자명의로 부동산에 관한 물권을 등기한 경우 조세포탈, 강제집행의 면탈 또는 법령상 제한의 회피를 목적으로 하지 아니하는 경우에는 부동산명의신탁을 허용한다고 규정하고 있음. 그러나 판례는 "부동산실권리자명의등기에관한법률 제5조에 의하여 부과되는 과징금에 대한 특례를 규정한 부동산실권리자명의등기에관한법률 제8조 제2호 소정의 「배우자」에는 사실혼 관계에 있는 배우자는 포함되지 아니한다."라고 하였음(대법원 1999. 5. 14. 선고 99두35 판결).

㉕ 답변서(소유권이전등기청구에 대한 부인)

답 변 서

사 건 20○○가단○○○○ 소유권이전등기
원 고 ○○○
피 고 ◇◇◇

위 사건에 관하여 피고는 다음과 같이 답변합니다.

청구취지에 대한 답변

1. 원고의 청구를 기각한다.
2. 소송비용은 원고의 부담으로 한다.

라는 판결을 구합니다.

청구원인에 대한 답변

원고 주장사실 중, 피고와 소외 망 ◉◉◉는 19○○. ○. ○. 혼인신고를 한 법률상 부부였던 사실, 소외 망 ◉◉◉가 20○○. ○. ○. 사망한 뒤 피고는 상속인으로서 이 사건 각 부동산들을 각 3/13지분으로 상속한 사실만 인정하고 나머지 사실은 모두 부인합니다.

20○○. ○. ○.

위 피고 ◇◇◇ (서명 또는 날인)

○○지방법원 제○○민사단독 귀중

■ 참 고 ■

※ (1) 제출부수 :

※ (2) 답변서의 제출 : 피고가 원고의 청구를 다투는 경우에는 소장의 부본을 송달 받은 날부터 30일 이내에 답변서를 제출하여야 합니다. 다만, 피고가 공시송달의 방법에 따라 소장의 부본을 송달 받은 경우에는 그러하지 아니합니다(민사소송법 제256조 제1항). 법원은 피고가 민사소송법 제256조 제1항의 답변서를 제출하지 아니한 때에는 청구의 원인이 된 사실을 자백한 것으로 보고 변론 없이 판결할 수 있습니다. 다만, 직권으로 조사할 사항이 있거나 판결이 선고되기까지 피고가 원고의 청구를 다투는 취지의 답변서를 제출한 경우에는 그러하지 아니합니다(민사소송법 제257조 제1항).

(관련판례 1)

당사자가 공시송달에 의하지 아니한 적법한 소환을 받고도 변론기일에 출석하지 아니하고 답변서 기타 준비서면마저 제출하지 아니하여 상대방이 주장한 사실을 명백히 다투지 아니한 때에는 그 사실을 자백한 것으로 간주하도록 되어 있으므로, 그 결과 의제자백(자백간주) 된 피고들과 원고의 주장을 다툰 피고들 사이에서 동일한 실체관계에 대하여 서로 배치되는 내용의 판단이 내려진다고 하더라도 이를 위법하다고 할 수 없다(대법원 1997. 2. 28. 선고 96다53789 판결).

(관련판례 2)

응소관할(변론관할)이 생기려면 피고의 본안에 관한 변론이나 준비절차에서의 진술은 현실적인 것이어야 하므로 피고의 불출석에 의하여 답변서 등이 법률상 진술 간주되는 경우는 이에 포함되지 아니한다(대법원 1980. 9. 26.자 80마403 결정).

(관련판례 3)

원고의 청구원인사실에 대한 주장을 부인하는 취지의 피고의 답변서가 진술되거나 진술 간주된 바 없으나 동 답변서가 제출된 점으로 미루어 변론의 전취지(변론 전체의 취지)에 의하여 원고의 청구를 다툰 것으로 볼 것이다(대법원 1981. 7. 7. 선고 80다1424 판결).

제출법원	본소 계속법원	제 출 기 간	사실심 변론종결 전까지(민사소송법 제269조 제1항)
제출부수	반소장 1부 및 상대방 수만큼의 부본 제출.		
비 용	.인지액 : ○○○원(☞산정방법)※ 아래(1)참조 단, 본소와 목적이 동일한 반소장에는 본소인지액을 공제한 액의 인지를 붙여야 함(민사소송등인지법 제4조 제2항) .송달료 : ○○○원(☞적용대상사건 및 송달료 예납기준표)		
불복절차 및 기 간	.항소(민사소송법 제390조) .판결서가 송달된 날부터 2주 이내(민사소송법 제396조 제1항)		
기 타	·토지에 대한 취득시효의 완성을 이유로 소유권이전등기를 청구하려면 시효완성 당시의 소유자를 상대로 하여야 함(대법원 1999. 2. 23. 선고 98다59132 판결).부동산에 대한 점유취득시효가 완성되었다고 하더라도 이를 등기하지 아니하고 있는 사이에 그 부동산에 관하여 제3자에게 소유권이전등기가 마쳐지면 점유자는 그 제3자에게 대항할 수 없음(대법원 1998. 4. 10. 선고 97다56495 판결). ·상속인 중의 한 사람이 소유자인 피상속인으로부터 증여를 받아 소유권이전등기를 마친 경우, 그 증여가 실질적인 상속재산의 협의분할과 동일시할 수 있는 등의 특별한 사정이 없는 한 등기명의인은 점유자에 대한 관계에서 종전 소유자와 같은 지위에 있는 자로 볼 수는 없고 취득시효완성 후의 새로운 이해관계인으로 보아야 함(대법원 1998. 4. 10. 선고 97다56495 판결). 점유로 인한 부동산소유권취득기간이 경과한 후에 원래의 소유자의 지위를 승계한 공동상속인 중의 한 사람이 다른 상속인의 상속분을 양수하였다고 하여 그 상속분을 양수한 상속인이 시효가 완성된 후의 새로운 이해관계인이 아니라고 볼 수 없음(대법원 1993. 9. 28. 선고 93다22883 판결). ·본소가 취하된 때에는 피고는 원고의 동의 없이 반소를 취하할 수 있는데(민사소송법 제271조), 이 규정은 원고가 반소의 제기를 유발한 본소는 스스로 취하해놓고 그로 인하여 유발된 반소만의 유지를 상대방에게 강요한다는 것은 공평치 못하다는 이유에서 원고가 본소를 취하한 때에는 피고도 원고의 동의 없이 반소를 취하할 수 있도록 한 규정이므로, 본소가 원고의 의사와 관계없이 부적법하다 하여 각하됨으로써 종료된 경우에까지 유추적용 할 수 없고, 원고의 동의가 있어야만 반소취하의 효력이 발생한다 할 것임(대법원 1984. 7. 10. 선고 84다카298 판결). ·항소심에서의 반소제기는 상대방의 심급의 이익을 해할 우려가 없는 경우 또는 상대방의 동의를 받은 경우에 제기할 수 있고, 상대방이 이의를 제기하지 아니하고 반소의 본안에 관하여 변론을 한 때에는 반소제기에 동의한 것으로 보게 됨(민사소송법 제412조). ·항소심에서의 반소 제기에는 상대방의 동의를 얻어야 함이 원칙이나, 반소청구의 기초를 이루는 실질적인 쟁점에 관하여 제1심에서 본소의 청구원인 또는 방어방법과 관련하여 충분히 심리되어 항소심에서의 반소 제기를 상대방의 동의 없이 허용하더라도 상대방에게 제1심에서의 심급의 이익을 잃게 하거나 소송절차를 현저하게 지연시킬 염려가 없는 경우에는 상대방의 동의 여부와 관계없이 항소심에서의 반소 제기를 허용하여야 할 것임(대법원 1999. 6. 25. 선고 99다6708 판결).		

※ (1) 인 지

소장에는 소송목적의 값에 따라 민사소송등인지법 제2조 제1항 각 호에 따른 금액 상당의 인지를 붙여야 함. 다만, 대법원 규칙이 정하는 바에 의하여 인지의 첩부에 갈음하여 당해 인지액 상당의 금액을 현금이나 신용카드·직불카드 등으로 납부하게 할 수 있는바, 현행 규정으로는 인지첩부액이 1만원 이상일 경우에는 현금으로 납부하여야 하고 또한 인지액 상당의 금액을 현금으로 납부할 수 있는 경우 이를 수납은행 또는 인지납부대행기관의 인터넷 홈페이지에서 인지납부대행기관을 통하여 신용카드 등으로도 납부할 수 있음(민사소송등인지규칙 제27조 제1항 및 제28조의 2 제1항).

5-3. 소가 산정

① 소유권이전등기 청구소송은 등기·등록 등 절차에 관한 소송으로 소가는 물건의 가액이 됩니다.

② 예를 들어 건물의 시가표준액이 100,000,000원인 건물의 소유권이전등기 청구소송을 할 경우, 물건의 가액은 (100,000,000× 100분의 30) 으로 계산하고, 이 물건의 가액이 소가입니다.

③ 토지의 소유권이전등기 청구소송의 경우 소가는 개별공시지가에 100분의 30을 곱한 금액이 됩니다.

④ 개별주택의 시가표준액은 <전자정부 민원24, 개별주택가격확인>에서 확인하실 수 있습니다.

⑤ 공동주택의 시가표준액은 <전자정부 민원24, 공동주택가격확인>에서 확인하실 수 있습니다.

⑥ 서울시의 주택외 건물 시가표준액은 <서울시 지방세 인터넷 납부시스템>에서 확인하실 수 있습니다. 그 외 지역은 해당 구청 등에서 확인하셔야 합니다.

⑦ 부동산의 개별공시지가 조회는 <국토교통부, 온나라부동산정보통합포털>에서 확인하실 수 있습니다.

5-4. 1심 소가에 따른 인지액

소 가	인 지 대
소가 1천만원 미만	소가 × 50 / 10,000
소가 1천만원 이상 1억원 미만	소가 × 45 / 10,000 + 5,000
소가 1억원 이상 10억원 미만	소가×40 / 10,000 + 55,000
소가 10억원 이상	소가× 35 / 10,000 + 555,000
※ 인지액이 1천원 미만이면 1천원으로 하고, 수수료 중 100원 미만은 계산하지 않습니다(「민사소송 등 인지법」 제2조제2항).	

5-5. 인지액의 납부방법

5-5-1. 현금납부

① 소장에 첩부하거나 보정해야 할 인지액(이미 납부한 인지액이 있는 경우에는 그 합산액)이 1만원 이상인 경우에는 그 인지의 첩부 또는 보정에 갈음해 인지액 상당의 금액 전액을 현금으로 납부해야 합니다(민사소송 등 인지규칙 제27조 제1항).

② 인지액 상당 금액을 현금으로 납부할 경우에는 송달료 수납은행에 내야 합니다(민사소송 등 인지규칙 제28조).

5-5-2. 신용카드납부

① 신청인은 인지액 상당의 금액을 현금으로 납부할 수 있는 경우 이를 수납은행 또는 인지납부대행기관의 인터넷 홈페이지에서 인지납부대행기관을 통해 신용카드·직불카드 등(이하 “신용카드등”이라 한다)으로도 납부할 수 있습니다(민사소송 등 인지규칙 제28조의2 제1항).

② "인지납부대행기관"이란 정보통신망을 이용해 신용카드등에 의한 결제를 수행하는 기관으로서 인지납부대행기관으로 지정받은 자를 말합니다(민사소송 등 인지규칙 제28조의2 제2항).

③ 인지납부대행기관은 신청인으로부터 인지납부 대행용역의 대가로 납부대행수수료를 받을 수 있고, 납부대행수수료는 전액 소송비용으로 봅니다(민사소송 등 인지규칙 제28조의2 제4항 및 제5항).

5-6. 인지납부일

① 인지액 상당의 금액을 신용카드등으로 납부하는 경우에는 인지납부대행기관의 승인일을 인지납부일로 봅니다(민사소송 등 인지규칙 제28조의2 제3항).

② 신청인은 수납은행이나 인지납부대행기관으로부터 교부받거나 출력한 영수필확인서를 소장에 첨부하여 법원에 제출해야 합니다(민사소송 등 인지규칙 제29조 제2항).

5-7. 송달료 납부

민사 제1심 단독 또는 합의사건의 송달료는 당사자수 × 3,700원 × 15회분입니다(송달료규칙의 시행에 따른 업무처리요령 별표 1).

5-8. 소장부본

소장 제출 시 송달에 필요한 수의 부본을 함께 제출해야 합니다(민사소송규칙 제48조제1항).

6. 건물명도 청구의 소

6-1. 건물명도의 개념

① '건물명도'란 주거인을 퇴거시키고 동산을 철거한 뒤에 인도하는 것을 말합니다.

② 건물을 임대한 후 임차인의 계약불이행 등을 이유로 퇴거시키고자 할 때 제기하는 것이 건물명도 청구소송이고, 토지를 임대한 후 역시 계약불이행 등을 이유로 퇴거시키고자 할 때 제기하는 것은 토지인도 청구소송입니다.

6-2. 건물명도 청구소송 신청서 작성례

① 가등기의 본등기절차 이행 및 건물인도청구의 소

소 장

원 고 ○○○ (주민등록번호)
○○시 ○○구 ○○길 ○○(우편번호 ○○○-○○○)
전화.휴대폰번호:
팩스번호, 전자우편(e-mail)주소:
피 고 ◇◇◇ (주민등록번호)
○○시 ○○구 ○○길 ○○(우편번호 ○○○-○○○)
전화.휴대폰번호:
팩스번호, 전자우편(e-mail)주소:

가등기의 본등기절차이행 및 건물인도청구의 소

청 구 취 지

1. 피고는 원고에게,
가. ○○시 ○○길 ○○ 지상 벽돌조 기와지붕 단층주택 ○○○㎡에 관하여 ○○지방법원 ○○지원 20○○. ○. ○. 접수 제○○○호로 마친 소유권이전청구권 보전의 가등기에 기한 20○○. ○. ○. 매매예약완결을 원인으로 한 소유권이전 등기절차를 이행하고,
나. 위 주택을 인도하라.
2. 소송비용은 피고가 부담한다.
3. 제1의 나항은 가집행 할 수 있다.
라는 판결을 원합니다.

청 구 원 인

1. 원고는 20○○. ○. ○. 피고에게 금 50,000,000원을 이자는 월 2%, 변제기는 20○○. ○○. ○.로 정하여 대여하면서 그 날 그 담보조로 피고 소유의 청구취지 기재의 부동산(이하 이 사건 부동산이라고 합니다)에 관하여 ○○지방법원 ○○지원 접수 제○○○호로 20○○. ○. ○. 매매예약을 원인으로 한 소유권이전 청구권보전을 위한 가등기를 원고 앞으로 마친 사실이 있습니다.

2. 그런데 피고는 변제기가 지나도록 위 차용금을 변제하지 아니하여 원고는 20○○. ○○. ○○.자 서면으로 피고에 대하여 위 매매예약완결의 의사표시를 하고 청산금의 평가액과 목적부동산의 평가액 및 피담보채권액을 명시하여 피고에게 통지하였고, 피고는 2월의 청산기간이 경과한 후인 20○○. ○. ○. 위 청산금을 수령하였습니다. 따라서 피고는 원고에게 이 사건 부동산에 대한 소유권이전의 본등기절차를 이행할 의무가 있다할 것입니다.
3. 이에 원고는 20○○. ○. ○. 피고에게 20○○. ○. ○.까지 본등기절차를 이행하고, 이 사건 부동산을 인도할 것을 내용증명우편으로 통지하였으나, 피고는 현재 이 사건 부동산을 점유한 채 묵묵부답으로 일관하고 있어 이 사건 부동산의 임의인도를 기대할 수 없는 상황이어서 원고는 피고에게 소로써 이 사건 부동산의 인도를 청구하고자 합니다.
4. 따라서 피고는 원고에게 20○○. ○. ○.자 매매예약완결을 원인으로 하여 가등기에 기한 소유권이전의 본등기절차를 이행하고, 이 사건 부동산을 인도할 의무가 있습니다.

입 증 방 법

1. 갑 제1호증 차용증서
1. 갑 제2호증 매매계약서
1. 갑 제3호증의 1, 2 각 통고서(내용증명우편)
1. 갑 제4호증 배달증명
1. 갑 제5호증 청산금영수증
1. 갑 제6호증 건물등기사항증명서

첨 부 서 류

1. 위 입증방법 각 1통
1. 건축물대장등본 1통
1. 토지대장등본 1통
1. 소장부본 1통
1. 송달료납부서 1통

20○○. ○. ○.
위 원고 ○○○ (서명 또는 날인)

○○지방법원 ○○지원 귀중

■ **참고** ■

※ (1) 관 할

1. 소(訴)는 피고의 보통재판적(普通裁判籍)이 있는 곳의 법원의 관할에 속하고, 사람의 보통재판적은 그의 주소에 따라 정하여지나, 대한민국에 주소가 없거나 주소를 알 수 없는 경우에는 거소에 따라 정하고, 거소가 일정하지 아니하거나 거소도 알 수 없으면 마지막 주소에 따라 정하여 집니다.
2. 부동산에 관한 소를 제기하는 경우에는 부동산이 있는 곳의 법원에 제기할 수 있습니다.
3. 따라서 위 사안에서 원고는 피고의 주소지를 관할하는 법원이나 부동산이 있는 곳의 관할 법원에 소를 제기할 수 있습니다.

※ (2) 인 지

1. 소장에는 소송목적의 값에 따라 민사소송등인지법 제2조 제1항 각 호에 따른 금액 상당의 인지를 붙여야 합니다. 다만, 대법원 규칙이 정하는 바에 의하여 인지의 첩부에 갈음하여 당해 인지액 상당의 금액을 현금이나 신용카드·직불카드 등으로 납부하게 할 수 있는바, 현행 규정으로는 인지첩부액이 1만원 이상일 경우에는 현금으로 납부하여야 하고, 또한 인지액 상당의 금액을 현금으로 납부할 수 있는 경우 이를 수납은행 또는 인지납부대행기관의 인터넷 홈페이지에서 인지납부대행기관을 통하여 신용카드 등으로도 납부할 수 있습니다(민사소송등인지규칙 제27조 제1항 및 제28조의 2 제1항).
2. 청구를 병합한 경우의 소송목적의 값 : 하나의 소로 여러 개의 청구를 하는 때에는 그 여러 청구의 값을 모두 합산합니다(민사소송법 제27조 제1항). 따라서 등기이전청구의 소송목적의 값에 명도청구의 소송목적의 값을 합산한 가액에 대하여 인지를 붙여야 합니다.

※ (3) 제출부수 : 소장원본 1부 및 피고 수만큼의 부본을 제출합니다.

※ (4) 불복절차 및 기간 : 항소(민사소송법 제390조)를 판결서가 송달된 날부터 2주 이내(민사소송법 제396조 제1항)에 제기해야 합니다.

② 건물인도 및 유체동산인도청구의 소

소 장

원 고 ○○○ (주민등록번호)
○○시 ○○구 ○○길 ○○(우편번호 ○○○-○○○)
전화.휴대폰번호:
팩스번호, 전자우편(e-mail)주소:
피 고 ◇◇◇ (주민등록번호)
○○시 ○○구 ○○길 ○○(우편번호 ○○○-○○○)
전화.휴대폰번호:
팩스번호, 전자우편(e-mail)주소:

건물인도 및 유체동산인도청구의 소

청 구 취 지

1. 피고는 원고에게 별지 제1목록 기재 건물 중 별지도면 표시 1, 2, 6, 5, 1의 각 점을 차례로 연결하는 (ㄱ)부분 ○○.○㎡를 인도하고 별지 제2목록 기재 동산을 인도하라.

2. 소송비용은 피고가 부담한다.

3. 위 제1항은 가집행할 수 있다
라는 판결을 구합니다.

청 구 원 인

1. 원고는 20○○. ○. ○. 피고에게 별지 제1목록 기재 건물 중 별지도면 표시 1, 2, 6, 5, 1의 각 점을 차례로 연결하는 (ㄱ)부분을 임차보증금 10,000,000원, 계약

기간을 2년으로 임대하고 별지 제1목록 기재 건물 안에 있는 별지 제2목록 기재 동산을 함께 임대한 사실이 있습니다.

2. 그런데 위 임대차기간이 끝난 후 피고는 원고로부터 20○○. ○. ○.자로 임차보증금을 모두 수령하였음에도 불구하고 지금까지 별지 제1목록 기재 건물을 원고에게 인도하지 않고 있으며, 또한 별지 제2목록 기재 동산도 인도하지 않고 있습니다.

3. 따라서 원고는 피고로부터 별지 제1목록 기재 건물 중 별지도면 표시 1, 2, 6, 5, 1의 각 점을 차례로 연결한 (ㄱ)부분 ○○.○㎡를 인도 받고, 별지 제2목록 기재 동산을 인도 받기 위하여 이 사건 청구에 이른 것입니다.

입 증 방 법

1. 갑 제1호증	건물등기사항증명서
1. 갑 제2호증	건축물대장등본
1. 갑 제3호증	임대차계약서

첨 부 서 류

1. 위 입증방법	각 1통
1. 토지대장등본	1통
1. 소장부본	1통
1. 송달료납부서	1통

20○○. ○. ○.

위 원고 ○○○ (서명 또는 날인)

○○지방법원 ○○지원 귀중

[별 지1]

부동산의 표시

○○시 ○○구 ○○동 ○○

[도로명주소] ○○시 ○○구 ○○로 ○○ 지상 벽돌조 기와지붕 단층주택 ○○○㎡. 끝.

도 면

○○시 ○○구 ○○동 ○○ 단층주택 평면도

1 2 3 4

ㄱ ㄴ ㄷ

5 6 7

8

ㄹ ㅁ ㅂ

9 10 11 12

[별 지2]

동산의 표시

품 명	제작사	모델명	수 량(대)
T V	(주)○○전자	○○-○○○	1
냉장고	(주)○○전자	○○-○○○○	1
에어컨	(주)○○전자	○○-○○○	1

물건 소재지 : ○○시 ○○구 ○○로 ○○ 내. 끝.

③ 건물인도청구의 소(임대차기간 만료, 아파트)

소 장

원 고 ○○○ (주민등록번호)
○○시 ○○구 ○○길 ○○(우편번호 ○○○-○○○)
전화.휴대폰번호:
팩스번호, 전자우편(e-mail)주소:
피 고 ◇◇◇ (주민등록번호)
○○시 ○○구 ○○길 ○○(우편번호 ○○○-○○○)
전화.휴대폰번호:
팩스번호, 전자우편(e-mail)주소:

건물인도청구의 소

청 구 취 지

1. 피고는 원고로부터 120,000,000원을 지급받음과 동시에 원고에게 별지목록 기재 건물을 인도하라.
2. 소송비용은 피고가 부담한다.
3. 위 제1항은 가집행 할 수 있다.

라는 판결을 구합니다.

청 구 원 인

1. 원고는 피고에게 19○○. ○. ○○. 별지목록 기재 건물을 임대차보증금 120,000,000원, 임대차기간 24개월로 정하여 임대하였습니다.
2. 위 임대차기간이 만료되기 6개월 전부터 1개월 전인 20○○. ○.경 원고는 피고와 위 건물의 임대차기간 연장문제에 관하여 논의를 하였고, 당시 우리나라가 국제통화기금(IMF)관리체제가 끝나 주변 전세시세가 다소 오른 시점이라 다시 그 기간을 연장하되 금액을 올려달라고 요청하였습니다.
3. 그런데 피고는 금 10,000,000원 이상 그 임차보증금을 올려줄 수 없다고 하여 원고는 위 임대차계약을 갱신하지 않고 그 기간이 만료하는 대로 위 건물을 비워달라고 하였으나, 피고는 이사갈 곳이 없다는 이유로 아직까지 이를 인도하지 않고 있습니다.
4. 따라서 원고는 피고로부터 위 건물을 인도 받기 위하여 이 사건 소송제기에 이른 것입니다.

입 증 방 법

1. 갑 제1호증 전세계약서

1. 갑 제2호증 부동산등기사항증명서
1. 갑 제3호증의 1, 2 각 통고서
1. 갑 제4호증 사실확인서

첨 부 서 류

1. 위 입증방법 각 1통
1. 건축물대장등본 1통
1. 토지대장등본 1통
1. 소장부본 1통
1. 송달료납부서 1통

20○○. ○. ○.
위 원고 ○○○ (서명 또는 날인)

○○지방법원 귀중

[별 지]

부동산의 표시

1동의 건물의 표시
○○시 ○○구 ○○동 ○○○ ○○아파트 가동
[도로명주소] ○○시 ○○구 ○○로 ○○
철근콘크리트조 슬래브지붕 7층 아파트
1층 ○○○.○○㎡
2층 ○○○.○○㎡
3층 ○○○.○○㎡
4층 ○○○.○○㎡
5층 ○○○.○○㎡
6층 ○○○.○○㎡
7층 ○○○.○○㎡
지층 ○○○.○○㎡
전유부분 건물의 표시
건물의 번호 가-5-505
구조 철근콘크리트조
면적 5층 505호 ○○.○㎡
대지권의 표시
대지권의 목적인 토지의 표시 ○○시 ○○구 ○○동 ○○○ 대 ○○○○㎡
대지권의 종류 소유권
대지권의 비율 ○○○○분지 ○○.○○㎡. 끝.

④ 건물인도청구의 소(임대차기간 만료, 상가)

소 장

원 고 ○○○ (주민등록번호)
○○시 ○○구 ○○길 ○○(우편번호 ○○○-○○○)
전화.휴대폰번호:
팩스번호, 전자우편(e-mail)주소:
피 고 ◇◇◇ (주민등록번호)
○○시 ○○구 ○○길 ○○(우편번호 ○○○-○○○)
전화.휴대폰번호:
팩스번호, 전자우편(e-mail)주소:

건물인도청구의 소

청 구 취 지

1. 피고는 원고에게 별지목록 기재 건물 중 별지도면 표시 1, 2, 6, 5, 1의 각 점을 차례로 연결하는 선내 (ㄱ)부분 ○○.○㎡를 인도하라.

2. 소송비용은 피고가 부담한다.

3. 위 제1항은 가집행할 수 있다.

라는 판결을 구합니다.

청 구 원 인

1. 원고는 피고에게 20○○. ○. ○○. 별지목록 기재 건물 ○○○.○㎡ 중 별지도면 표시 1, 2, 6, 5, 1의 각 점을 차례로 연결하는 선내 (ㄱ)부분 ○○.○㎡를 임대차보증금 2,500만원, 임대차기간 24개월, 월세 금 150만원으로 정하여 임대하였습니다.

2. 그러나 피고는 월세의 지급기일을 번번이 지키지 않았을 뿐만 아니라 3개월분의 월세를 연체하기도 하였으므로, 원고는 위 임대차계약기간이 끝나면 계약갱신을 거절할 작정이었습니다.

3. 그런데 피고는 위 임대차기간이 끝나기 1개월 전에 위 임대차계약을 갱신해 줄 것을 요청해 왔으며, 원고가 계약갱신거절의 의사표시를 피고에게 내용증명우편으로 통고하였음에도 임대차기간이 끝난 뒤 2개월이 지난 지금까지 별지목록 기재 건물 ○○○.○㎡ 중 별지도면 표시 1, 2, 6, 5, 1의 각 점을 차례로 연결하는 선내 (ㄱ)부분 ○○.○㎡를 점유.사용하고 원고에게 인도하지 않고 있습니다.

4. 따라서 원고는 임대차기간이 끝났음을 이유로 피고로부터 별지목록 기재 건물 ○○○.○㎡ 중 별지도면 표시 1, 2, 6, 5, 1의 각 점을 차례로 연결하는 선내 (ㄱ)부분 ○○.○㎡를 인도받기 위하여 이 사건 소송제기에 이른 것입니다.

입 증 방 법

1. 갑 제1호증	임대차계약서
1. 갑 제2호증	부동산등기사항증명서
1. 갑 제3호증	건축물대장등본
1. 갑 제4호증	통고서(내용증명)

첨 부 서 류

1. 위 입증방법	각 1통
1. 토지대장등본	1통
1. 소장부본	1통
1. 송달료납부서	1통

20○○. ○. ○.

위 원고 ○○○ (서명 또는 날인)

○○지방법원 귀중

[별지] 생략

⑤ 건물인도청구의 소(임대차기간 만료, 단독주택)

소 장

원 고 ○○○ (주민등록번호)
○○시 ○○구 ○○길 ○○(우편번호 ○○○-○○○)
전화.휴대폰번호:
팩스번호, 전자우편(e-mail)주소:
피 고 ◇◇◇ (주민등록번호)
○○시 ○○구 ○○길 ○○(우편번호 ○○○-○○○)
전화.휴대폰번호:
팩스번호, 전자우편(e-mail)주소:

건물인도청구의 소

청 구 취 지

1. 피고는 원고로부터 95,000,000원을 지급받음과 동시에 원고에게 별지목록 기재 건물을 인도하라.

2. 소송비용은 피고가 부담한다.

3. 위 제1항은 가집행할 수 있다.

라는 판결을 구합니다.

청 구 원 인

1. 원고는 피고에게 19○○. ○. ○. 별지목록 기재 건물을 전세보증금 95,000,000원, 임차기간 24개월로 정하여 임대하였습니다.

2. 위 임차기간이 만료되기 6개월 전부터 1개월 전인 20○○. ○.경 원고는 피고와 위 임대기간 연장문제에 관하여 논의를 하였고, 당시 우리나라가 국제통화기금(IMF)관리체제가 끝나 전세시세가 다소 오른 시점이라 다시 그 기간을 연장하되 전세보증금액을 올려달라고 요청하였습니다.

3. 그런데 피고는 느닷없이 보일러가 고장났다는 둥, 지붕에 비가 샌다는 둥 엉뚱한 구실을 붙여 전세보증금 95,000,000원과 수리비용 등 7,500,000원을 청구하면서 위와 같은 돈을 모두 주기 전까지는 집을 비워줄 수 없다고 억지를 부리고 있습니다.

4. 따라서 원고는 피고로부터 위 건물을 인도받기 위하여 이 사건 소송제기에 이른 것입니다.

입 증 방 법

1. 갑 제1호증 전세계약서
1. 갑 제2호증 부동산등기사항증명서
1. 갑 제3호증 건축물대장등본
1. 갑 제4호증의 1, 2 각 통고서
1. 갑 제5호증 사실확인서

첨 부 서 류

1. 위 입증방법 각 1통
1. 토지대장등본 1통
1. 소장부본 1통
1. 송달료납부서 1통

20○○. ○. ○.

위 원고 ○○○ (서명 또는 날인)

○○지방법원 귀중

[별지] 생략

⑥ 건물인도청구의 소(임대차기간 만료, 다세대주택)

소 장

원 고 ○○○ (주민등록번호)
○○시 ○○구 ○○길 ○○(우편번호 ○○○-○○○)
전화.휴대폰번호:
팩스번호, 전자우편(e-mail)주소:
피 고 ◇◇◇ (주민등록번호)
○○시 ○○구 ○○길 ○○(우편번호 ○○○-○○○)
전화.휴대폰번호:
팩스번호, 전자우편(e-mail)주소:

건물인도청구의 소

청 구 취 지

1. 피고는 원고로부터 25,000,000원을 지급받음과 동시에 원고에게 별지목록 기재 건물을 인도하라.
2. 소송비용은 피고가 부담한다.
3. 위 제1항은 가집행할 수 있다.

라는 판결을 구합니다.

청 구 원 인

1. 원고는 피고에게 20○○. ○. ○. 별지목록 기재 건물을 전세보증금 25,000,000원, 임대차기간 24개월로 정하여 임대였고, 피고는 20○○. ○. ○○. 위 건물에 입주하여 현재까지 거주하고 있습니다.
2. 그런데 원고는 위 건물을 원고가 직접 사용하여야 할 사정이 생겨서 위 임대차계약이 갱신되는 것을 원하지 않았으므로 위 임대차기간이 끝나기 2개월 전(20○○. ○. ○○.)에 원고와 피고의 위 임대차계약을 갱신하지 않겠으니 계약기간이 끝나면 위 건물을 인도하여 줄 것을 내용증명우편으로 통고하였습니다.
3. 그러므로 원고와 피고의 위 임대차계약은 주택임대차보호법 제6조 제1항에 비추어 위 임대차기간이 끝나는 날로 종료되었다고 하여야 할 것인데, 피고는 위 임대차기간이 끝나고 6개월이 지난 지금까지 원고의 여러 차례에 걸친 인도요구에도 불구하고 타당한 이유 없이 위 건물의 인도를 거부하고 있습니다.
4. 따라서 원고는 피고로부터 위 건물을 인도 받기 위하여 이 사건 소송제기에 이른 것입니다.

입 증 방 법

1. 갑 제1호증 전세계약서
1. 갑 제2호증 건축물대장등본
1. 갑 제3호증 통고서

첨 부 서 류

1. 위 입증방법 각 1통
1. 토지대장등본 1통
1. 소장부본 1통
1. 송달료납부서 1통

20○○. ○. ○.

위 원고 ○○○ (서명 또는 날인)

○○지방법원 귀중

[별 지]

부동산의 표시

1동의 건물의 표시
　○○시 ○○구 ○○동 ○○ ◎◎빌라 나동
　[도로명주소] ○○시 ○○구 ○○길 ○○
　철근콘크리트 스라브지붕 4층 다세대주택
　1층 ○○○.○○㎡
　2층 ○○○.○○㎡
　3층 ○○○.○○㎡
　4층 ○○○.○○㎡
　지층 ○○.○○㎡
전유부분건물의 표시
　건물의 번호 나-1-103
　구조 철근콘크리트조
　면적 1층 103호 ○○.○㎡
대지권의 표시
　대지권의 목적인 토지의 표시 ○○시 ○○구 ○○동 ○○ 대 ○○○○㎡
　대지권의 종류 소유권
　대지권의 비율 ○○○○분지 ○○.○○㎡. 끝.

⑦ 건물인도청구의 소(대항력없는 주택임차인을 상대로)

소 장

원 고 ○○○ (주민등록번호)
○○시 ○○구 ○○길 ○○(우편번호 ○○○-○○○)
전화.휴대폰번호:
팩스번호, 전자우편(e-mail)주소:

피 고 ◇◇◇ (주민등록번호)
○○시 ○○구 ○○길 ○○(우편번호 ○○○-○○○)
전화.휴대폰번호:
팩스번호, 전자우편(e-mail)주소:

건물인도청구의 소

청 구 취 지

1. 피고는 원고에게 별지목록 기재 건물을 인도하라.

2. 소송비용은 피고가 부담한다.

3. 위 제1항은 가집행할 수 있다.

라는 판결을 구합니다.

청 구 원 인

1. 원고는, 별지목록 기재 건물 및 그 대지에 대한 각 제1번 근저당권자인 신청외 주식회사 ◉◉은행이 신청한 서울지방법원 20○○타경○○○ 부동산경매사건에서 매수신고를 하여 ○○○만원에 매수인으로 매각허가결정을 받아, 20○○. ○. ○. 위 매각대금을 모두 냄으로써 별지목록 기재 건물 및 그 대지의 소유권을 취득하였습니다.

2. 그리고 위 건물의 등기부상으로는 제1번 근저당권자에 앞서는 용익물권자가 전혀 없고, 갑구에도 위 제1번 근저당권 설정일 이전의 가등기、가처분 등이 전혀 없었으므로, 원고는 위 매각대금을 다 냄으로써 위 각 부동산에 대하여 어

떠한 제한도 없는 완전한 소유권을 취득하였습니다.

3. 그런데 피고는 20○○. ○. ○. 별지목록 기재 건물(주택)을 당시 소유자인 소외 ◈◈◈으로부터 임차하여 주민등록전입신고를 하지 않고 거주하고 있는 자로서 위 경매절차의 매수인인 원고에게 대항할 수 없는 주택임차인임이 분명함에도 이사할 곳이 없다는 이유로 위 건물의 인도를 거부하고 있습니다.

4. 따라서 원고는 피고로부터 별지목록 기재 건물을 인도 받기 위하여 이 사건 소송제기에 이르게 되었습니다.

입 증 방 법

1. 갑 제1호증의 1, 2　　각 등기사항증명서
1. 갑 제2호증　　건축물대장등본
1. 갑 제3호증　　매각허가결정문사본
1. 갑 제4호증　　매각대금납입영수증
1. 갑 제5호증　　임대차관계조사서사본

첨 부 서 류

1. 위 입증방법　　각 1통
1. 토지대장등본　　1통
1. 소장부본　　1통
1. 송달료납부서　　1통

20○○. ○. ○.

위 원고 ○○○ (서명 또는 날인)

○○지방법원 귀중

[별지] 생략

⑧ 건물인도 등 청구의 소(월임차료체불, 상가 일부)

소 장

원 고 ○○○ (주민등록번호)
○○시 ○○구 ○○길 ○○(우편번호 ○○○-○○○)
전화.휴대폰번호:
팩스번호, 전자우편(e-mail)주소:
피 고 ◇◇◇ (주민등록번호)
○○시 ○○구 ○○길 ○○(우편번호 ○○○-○○○)
전화.휴대폰번호:
팩스번호, 전자우편(e-mail)주소:

건물인도 등 청구의 소

청 구 취 지

1. 피고는 원고로부터 25,000,000원에서 20○○. ○. ○.부터 별지목록 기재 건물 1층 ○○○.○㎡ 중 별지 1층 평면도 표시 1, 2, 6, 5, 1의 각 점을 차례로 연결하는 선내 (ㄱ)부분 ○○.○㎡의 인도일까지 월 500,000원의 비율에 의한 금액을 공제한 나머지 돈을 지급받음과 동시에 원고에게 위 (ㄱ)부분을 인도하라.

2. 소송비용은 피고가 부담한다.

3. 위 제1항은 가집행할 수 있다.

라는 판결을 구합니다.

청 구 원 인

1. 원고는 피고에게 19○○. ○. ○. 별지목록 기재 건물 1층 ○○○.○㎡ 중 별지 1층 평면도 표시 1, 2, 6, 5, 1의 각 점을 차례로 연결하는 선내 (ㄱ)부분 ○○.○㎡를 임차보증금 25,000,000원, 임차기간 24개월, 차임 월 500,000원으로 정하여 임대하였습니다.

2. 그런데 피고는 임대 첫 달부터 위 월세를 제대로 내지 않고 차일피일 미루더

니, 20○○. ○.분부터는 아예 한 푼도 월세를 내지 않았으며, 원고가 밀린 5개월분 월세의 지급을 여러 차례 내용증명우편으로 독촉하면서 위 건물의 임차부분을 비워달라고 하였으나, 피고는 현재까지도 밀린 월세의 지급은 물론 위 건물의 임차부분의 인도도 이행하지 않고 있습니다.

3. 따라서 원고는 피고로부터 임차보증금에서 밀린 월세 등을 공제하고 별지목록 기재 건물 1층 ○○○.○㎡ 중 별지 1층 평면도 표시 1, 2, 6, 5, 1의 각 점을 차례로 연결하는 선내 (ㄱ)부분 ○○.○㎡를 인도 받기 위하여 이 사건 소송제기에 이른 것입니다.

입 증 방 법

1. 갑 제1호증 임대차계약서
1. 갑 제2호증 부동산등기사항증명서
1. 갑 제3호증 건축물대장등본
1. 갑 제4호증의 1, 2 각 통고서

첨 부 서 류

1. 위 입증방법 각 1통
1. 토지대장등본 1통
1. 소장부본 1통
1. 송달료납부서 1통

20○○. ○. ○.

위 원고 ○○○ (서명 또는 날인)

○○지방법원 귀중

[별지] 생략

⑨ 건물인도 등 청구의 소 (월임차료 체불, 주택)

소 장

원 고 ○○○ (주민등록번호)
○○시 ○○구 ○○길 ○○(우편번호 ○○○-○○○)
전화.휴대폰번호:
팩스번호, 전자우편(e-mail)주소:
피 고 ◇◇◇ (주민등록번호)
○○시 ○○구 ○○길 ○○(우편번호 ○○○-○○○)
전화.휴대폰번호:
팩스번호, 전자우편(e-mail)주소:

건물인도 등 청구의 소

청 구 취 지

1. 피고는 원고에게 별지목록 기재 건물 중 별지도면 표시 3, 4, 5, 6, 3의 각 점을 차례로 연결한 선내 (가)부분 20㎡를 인도하고, 900,000원 및 20○○. ○. ○○. 부터 인도일까지 월 300,000원의 비율에 의한 돈을 지급하라.
2. 소송비용은 피고가 부담한다.
3. 위 제1항은 가집행할 수 있다.

라는 판결을 구합니다

청 구 원 인

1. 원고는 20○○. ○. ○. 별지목록 기재의 단층주택 50㎡중 별지도면 표시 3, 4, 5, 6, 3의 각 점을 차례로 연결한 방1칸 20㎡를 임대차보증금 10,000,000원, 임차료 월 300,000원(지급일 매월 말일), 임대차기간을 2년으로 하여 피고에게 임대하였습니다.
2. 그런데 피고는 매월 말일에 임차료를 지급해오다가 20○○. ○. ○. 이후 임대료를 지급하지 아니하여 3개월분의 임차료가 연체되었습니다. 그러므로 원고는 피고에게 20○○. ○. ○○.자 내용증명우편으로 연체된 임차료를 20○○. ○. ○○. 까지 지급하지 않으면 원고와 피고 사이의 임대차계약을 해지하겠다는 통고를 하였으나, 피고는 위 임대차보증금에서 공제하면 될 것 아니냐고 할 뿐 연체된 임차료를 현재까지 지급하지 않고 있습니다.
3. 그러나 건물의 임대차에서 임차인의 임차료 연체액이 2기(期)의 임차료액에 달하

는 때에는 임대인이 계약을 해지할 수 있고(민법 제640조 참조), 이러한 경우 임대차계약의 해지에는 임대인의 최고절차도 필요하지 않을 뿐만 아니라(대법원 1962. 10. 11. 선고 62다496 판결 참조), 임차인이 임대차계약을 체결할 당시 임대인에게 지급한 임대차보증금으로 연체된 임차료 등 임대차관계에서 발생하는 임차인의 모든 채무가 담보된다고 하여 임차인이 그 임대차보증금의 존재를 이유로 임차료의 지급을 거절하거나 그 연체에 따른 채무불이행책임을 면할 수는 없으므로(대법원 1994. 9. 9. 선고 94다4417 판결), 피고의 연체된 임차료를 위 임대차보증금에서 공제하면 된다는 주장은 이유없다 할 것입니다.

4. 따라서 원고는 위 임대차의 종료를 이유로 피고에 대하여 별지목록 기재 건물 중 별지도면 표시 3, 4, 5, 6, 3의 각 점을 차례로 연결한 선내 (가)부분 20㎡의 인도를 구하고, 아울러 20○○. ○. ○○.부터 20○○. ○. ○○.까지의 임차료 합계 900,000원 및 불법점유를 이유로 20○○. ○. ○○.부터 인도일까지 매월 300,000원의 비율에 의한 임차료 상당의 손해배상금을 지급 받기 위하여 이 사건 소송을 제기하는 것입니다.

입 증 방 법

1. 갑 제1호증	임대차계약서
1. 갑 제2호증	부동산등기사항증명서
1. 갑 제3호증	통고서
1 .갑 제4호증	건축물대장등본

첨 부 서 류

1. 위 입증방법	각 1통
1. 토지대장등본	1통
1. 소장부본	1통
1. 송달료납부서	1통

20○○. ○. ○.
위 원고 ○○○ (서명 또는 날인)

○○지방법원 ○○○지원 귀중

[별지] 생략

⑩ 건물인도청구의 소(무단양도, 주택)

소 장

원 고 ○○○ (주민등록번호)
○○시 ○○구 ○○길 ○○(우편번호 ○○○-○○○)
전화.휴대폰번호:
팩스번호, 전자우편(e-mail)주소:

피 고 ◇◇◇ (주민등록번호)
○○시 ○○구 ○○길 ○○(우편번호 ○○○-○○○)
전화.휴대폰번호:
팩스번호, 전자우편(e-mail)주소:

건물인도청구의 소

청 구 취 지

1. 피고는 원고에게 별지목록 기재 건물을 인도하라.
2. 소송비용은 피고가 부담한다.
3. 위 제1항은 가집행할 수 있다.

라는 판결을 구합니다.

청 구 원 인

1. 원고는 소외 ◈◈◈에게 20○○. ○. ○○. 별지목록 기재 건물을 임차보증금 2,000만원, 월 임차료 100만원, 기간 24개월로 정하여 임대하였습니다.
2. 위 임차기간이 만료되기 6개월 전부터 1개월 전인 20○○. ○.경 원고는 소외 ◈◈◈와 위 임대차기간의 연장문제에 관하여 논의를 하였고, 전세시세가 다소 오른 시점이라 다시 그 기간을 연장하되 금액을 올려달라고 요청하였습니다.
3. 그런데 소외 ◈◈◈는 그 임차보증금을 올려주지 않았을 뿐만 아니라, 친구인 피고에게 별지목록 기재 건물에 대한 임차권을 무단으로 양도하여 별지목록 기재 건물에는 현재 피고가 거주하고 있으므로, 원고는 소외 ◈◈◈에게 위 임대차계약의 해지를 통지하면서 피고에게는 별지목록 기재 건물을 비워줄 것을 요구하였으나, 피고는 소외 ◈◈◈에게 금 5,000만원의 임차보증금을 지불하였다며 별지목록 기재 건물의 인도를 거절하고 있습니다.
4. 따라서 원고는 피고에게서 별지목록 기재 건물을 인도받기 위하여 이 사건 소송제기에 이른 것입니다.

입 증 방 법

1. 갑 제1호증 임대차계약서
1. 갑 제2호증 부동산등기사항증명서
1. 갑 제3호증의 1, 2 각 통고서

첨 부 서 류

1. 위 입증방법 각 1통
1. 건축물대장등본 1통
1. 소장부본 1통
1. 송달료납부서 1통

20○○. ○. ○.
위 원고 ○○○ (서명 또는 날인)

○○지방법원 귀중

[별 지]

부동산의 표시

1동의 건물의 표시
서울 ○○구 ○○동 ○○○-○○
[도로명주소] ○○시 ○○구 ○○길 ○○
철근콘크리트조 슬래브 위 아스팔트쉬글지붕 4층 다세대주택(명칭: ○○빌라)
1층 내지 4층 : 각 ○○○.○○㎡
옥탑 : ○.○○㎡
지층 : 주차장 ○○.○○㎡, 주거 ○○.○○㎡
전유부분의 건물의 표시
건물번호 : 1층 101호
구 조 : 철근콘크리트조
면 적 : ○○.○○㎡
대지권의 표시
대지권의 목적인 토지의 표시 : 서울 ○○구 ○○동 ○○○-○○ ○○○.○○㎡
대지권의 종류 : 소유권
대지권의 비율 : ○○○.○○분의 ○○.○○. 끝.

⑪ 건물인도청구의 소(무단양도, 상가)

소 장

원 고 ○○○ (주민등록번호)
○○시 ○○구 ○○길 ○○(우편번호 ○○○-○○○)
전화.휴대폰번호:
팩스번호, 전자우편(e-mail)주소:
피 고 ◇◇◇ (주민등록번호)
○○시 ○○구 ○○길 ○○(우편번호 ○○○-○○○)
전화.휴대폰번호:
팩스번호, 전자우편(e-mail)주소:

건물인도청구의 소

청 구 취 지

1. 피고는 원고에게 별지목록 기재 건물을 인도하라.

2. 소송비용은 피고가 부담한다.

3. 위 제1항은 가집행 할 수 있다.
라는 판결을 구합니다.

청 구 원 인

1. 원고는 소외 ◈◈◈에게 20○○. ○. ○. 별지목록 기재 상가건물을 임차보증금 9,500만원, 월 임차료 150만원, 임차기간 24개월로 정하여 임대하였습니다.

2. 위 상가건물은 원고가 이를 매수하여 약국으로 운영하던 것으로서, 원고의 남편이 지방에 전근을 가게 되어 소외 ◈◈◈에게 이를 임대하였던 것입니다.

3. 원고의 남편은 위 임차기간이 만료되는 시점에 다시 서울로 올라올 예정이어서 이를 소외 ◈◈◈에게도 알려주면서 절대로 이를 타에 전대하거나 양도하지 말 것을 계약내용에 명시하였고, 그 때문에 소외 ◈◈◈로부터 별도의 권리금도

받지 않았습니다.

4. 그런데 소외 ◈◈◈는 이를 임대 받은 지 약 2개월도 채 안되어 위 상가건물을 피고에게 권리금 2,500만원을 붙여 이를 넘겨버렸습니다.

5. 따라서 원고는 소외 ◈◈◈에게 위 임대차계약의 해지를 통지하고, 소유권자로서 피고에게 위 건물을 비워 줄 것을 요구하였으나, 피고는 자신이 이 사건 건물을 수리하면서 지출한 비용이 3,000여 만원에 이른다며 적어도 위 권리금 상당의 돈을 받아야겠다고 주장하는 등 원고의 요구를 거부하고 있으므로 위 건물의 인도를 구하기 위하여 이 사건 소송제기에 이른 것입니다.

입 증 방 법

1. 갑 제1호증	임대차계약서
1. 갑 제2호증	부동산등기사항증명서
1. 갑 제3호증	건축물대장등본
1. 갑 제4호증의 1, 2	각 통고서
1. 갑 제5호증	사실확인서

첨 부 서 류

1. 위 입증방법	각 1통
1. 토지대장등본	1통
1. 소장부본	1통
1. 송달료납부서	1통

20○○. ○. ○.

위 원고 ○○○ (서명 또는 날인)

○○지방법원 귀중

[별지] 생략

⑫ 건물인도청구의 소(무단전대, 주택)

소 장

원 고 ○○○ (주민등록번호)
○○시 ○○구 ○○길 ○○(우편번호 ○○○-○○○)
전화.휴대폰번호:
팩스번호, 전자우편(e-mail)주소:
피 고 1. 김◇◇ (주민등록번호)
○○시 ○○구 ○○길 ○○(우편번호 ○○○-○○○)
전화.휴대폰번호:
팩스번호, 전자우편(e-mail)주소:
2. 이◇◇ (주민등록번호)
○○시 ○○구 ○○길 ○○(우편번호 ○○○-○○○)
전화.휴대폰번호:
팩스번호, 전자우편(e-mail)주소:
3. 박◇◇ (주민등록번호)
○○시 ○○구 ○○길 ○○(우편번호 ○○○-○○○)
전화.휴대폰번호:
팩스번호, 전자우편(e-mail)주소:

건물인도청구의 소

청 구 취 지

1. 가. 피고 김◇◇은 원고로부터 95,000,000원을 지급 받음과 동시에 원고에게 별지목록 기재 건물을 인도하라.
   나. 피고 이◇◇은 원고에게 별지목록 기재 건물 1층 ○○○㎡ 중 별지도면 표시 1, 2, 5, 4, 1의 각 점을 차례로 연결하는 선내 (가)부분 ○○.○㎡에서 퇴거하라.
   다. 피고 박◇◇은 원고에게 별지목록 기재 건물 1층 ○○○㎡ 중 별지도면 표시 2, 3, 6, 5. 2의 각 점을 차례로 연결하는 선내 (나)부분 ○○.○㎡에서 퇴거하라.
2. 소송비용은 피고들이 부담한다.
3. 위 제1항은 가집행 할 수 있다.

라는 판결을 구합니다.

청 구 원 인

1. 원고는 피고 김◇◇에게 20○○. ○. ○. 별지목록 기재 건물을 전세보증금 95,000,000원, 임차기간 24개월로 정하여 임대하였습니다.

2. 위 건물은 지하 1층, 지상 2층의 주거용 건물로서 원고가 거주하다가 지방에 전근을 가게 되어 피고 김◇◇에게 이를 임대하였던 것이며, 원고는 위 임차기간이 만료되는 시점에 다시 서울로 올라올 예정이어서 이러한 사실을 피고 김◇◇에게도 알려주면서 절대로 별지목록 기재 건물을 다른 사람에게 전대하거나 임차권양도를 하지 말 것을 계약내용에 명시하였습니다.
3. 그런데 피고 김◇◇는 이를 임차한 후 2개월도 채 안되어 별지목록 기재 건물 1층의 (가)부분을 피고 이◇◇에게 임차보증금 20,000,000원에 월세 200,000원, 별지목록 기재 건물 1층의 (나)부분을 피고 박◇◇에게 임차보증금 10,000,000원에 월세 150,000원에 세를 내주었고, 그러한 사실을 알게 된 원고가 피고 김◇◇에게는 민법 제629조 제2항에 따라 위 임대차계약의 해지를 통지하고 별지목록 기재 건물의 인도를, 피고 이◇◇에게는 별지목록 기재 건물 1층 (가)부분에서의 퇴거를, 피고 박◇◇에게는 별지목록 기재 건물 (나)부분에서의 퇴거를 요구하였으나, 피고들은 모두 원고의 위와 같은 요구를 거부하고 있습니다.
4. 따라서 원고는 피고 김◇◇로부터는 별지목록 기재 건물을 인도 받고, 피고 이◇◇를 별지목록 기재 건물 1층 ○○○㎡ 중 별지도면 표시 1, 2, 5, 4, 1의 각 점을 차례로 연결하는 선내 (가)부분 ○○.○㎡에서 퇴거시키고, 피고 박◇◇를 별지목록 기재 건물 1층 ○○○㎡ 중 별지도면 표시 2, 3, 6, 5. 2의 각 점을 차례로 연결하는 선내 (나)부분 ○○.○㎡에서 퇴거시키고자 이 사건 소송제기에 이른 것입니다.

입 증 방 법

1. 갑 제1호증 전세계약서
1. 갑 제2호증 부동산등기사항증명서
1. 갑 제3호증 건축물대장등본
1. 갑 제4호증의 1, 2, 3 각 통고서

첨 부 서 류

1. 위 입증방법 각 1통
1. 토지대장등본 1통
1. 소장부본 3통
1. 송달료납부서 1통

20○○. ○. ○.
위 원고 ○○○ (서명 또는 날인)

○○지방법원 귀중

[별지] 생략.

⑬ 건물인도청구의 소(무단전대, 주택상가 겸용)

소 장

원 고 ○○○ (주민등록번호)
○○시 ○○구 ○○길 ○○(우편번호 ○○○-○○○)
전화.휴대폰번호:
팩스번호, 전자우편(e-mail)주소:

피 고 1. 정◇◇ (주민등록번호)
○○시 ○○구 ○○길 ○○(우편번호 ○○○-○○○)
전화.휴대폰번호:
팩스번호, 전자우편(e-mail)주소:
2. 김◇◇ (주민등록번호)
○○시 ○○구 ○○길 ○○(우편번호 ○○○-○○○)
전화.휴대폰번호:
팩스번호, 전자우편(e-mail)주소:

건물인도청구의 소

청 구 취 지

1. 가. 피고 정◇◇은 원고로부터 95,000,000원을 지급 받음과 동시에 원고에게 별지목록 기재 건물을 인도하라.
   나. 피고 김◇◇은 원고에게 별지목록 기재 건물 1층 ○○㎡ 중 별지도면 표시 1, 2, 5, 4, 1의 각 점을 차례로 연결하는 선내 (가)부분 ○○.○㎡에서 퇴거하라.
2. 소송비용은 피고들이 부담한다.
3. 위 제1항은 가집행 할 수 있다.

라는 판결을 구합니다.

청 구 원 인

1. 원고는 피고 정◇◇에게 20○○. ○. ○. 별지목록 기재 건물을 임차보증금 95,000,000원, 월세 1,000,000원, 임차기간 24개월로 정하여 임대하였습니다.
2. 그런데 피고 정◇◇는 원고로부터 별지목록 기재 건물을 임차하여 운영한지 2개월도 채 안되어 원고에게는 한 마디의 상의도 없이 별지목록 기재 건물의 일부를 자

신의 친구인 피고 김◇◇에게 월세 1,500,000원에 다시 세를 놓았습니다.

3. 그러므로 원고는 피고 정◇◇에게 원고의 동의 없이 위와 같이 임차물을 전대차 한 것을 이유로 민법 제629조 제2항에 따라 원고와 피고 정◇◇ 사이의 별지목록 기재 건물에 대한 임대차계약을 해지함과 아울러 별지목록 기재 건물을 인도 해줄 것을 통고하고, 피고 김◇◇에게는 피고 정◇◇로부터 전차하여 점유하는 별지목록 기재 건물 1층 ○○㎡ 중 별지도면 표시 1, 2, 5, 4, 1의 각 점을 차례로 연결하는 선내 (가)부분 ○○.○㎡에서 퇴거할 것을 요청하는 통지를 하였으나, 피고 정◇◇와 피고 김◇◇ 모두 원고의 요청을 거절하고 있습니다.
4. 따라서 원고는 피고 정◇◇로부터는 별지목록 기재 건물을 인도 받고, 피고 김◇◇를 별지목록 기재 건물 1층 ○○㎡ 중 별지도면 표시 1, 2, 5, 4, 1의 각 점을 차례로 연결하는 선내 (가)부분 ○○.○㎡에서 퇴거시키기 위하여 이 사건 소송제기에 이른 것입니다.

입 증 방 법

1. 갑 제1호증	임대차계약서
1. 갑 제2호증	부동산등기사항증명서
1. 갑 제3호증	건축물대장등본
1. 갑 제4호증의 1, 2	각 통고서

첨 부 서 류

1. 위 입증방법	각 1통
1. 토지대장등본	1통
1. 소장부본	1통
1. 송달료납부서	1통

20○○. ○. ○.

위 원고 ○○○ (서명 또는 날인)

○○지방법원 귀중

[별지] 생략

⑭ 건물인도청구의 소(경락인이 임차인들을 상대로, 상가)

소 장

원 고 ○○주식회사
○○시 ○○구 ○○길 ○○(우편번호 ○○○-○○○)
대표이사 ○○○
전화.휴대폰번호:
팩스번호, 전자우편(e-mail)주소:

피 고 1. 최◇◇ (주민등록번호)
○○시 ○○구 ○○길 ○○(우편번호 ○○○-○○○)
전화.휴대폰번호:
팩스번호, 전자우편(e-mail)주소:
2. 정◇◇ (주민등록번호)
○○시 ○○구 ○○길 ○○(우편번호 ○○○-○○○)
전화.휴대폰번호:
팩스번호, 전자우편(e-mail)주소:
3. 이◇◇ (주민등록번호)
○○시 ○○구 ○○길 ○○(우편번호 ○○○-○○○)
전화.휴대폰번호:
팩스번호, 전자우편(e-mail)주소:

건물인도청구의 소

청 구 취 지

1. 원고에게,
가. 피고 최◇◇는 별지목록 기재 건물 1층 ○○○㎡ 중 별지도면 표시 1, 2, 6, 5, 1의 각 점을 차례로 연결하는 선내 (가)부분 ○○.○㎡를,
나. 피고 정◇◇는 별지목록 기재 건물 1층 ○○○㎡ 중 별지도면 표시 2, 3, 7, 6, 2의 각 점을 차례로 연결하는 선내 (나)부분○○.○㎡를,
다. 피고 이◇◇는 별지목록 기재 건물 1층 ○○○㎡ 중 별지도면 표시 3, 4, 8, 7, 3의 각 점을 차례로 연결하는 선내 (다)부분 ○○.○㎡를
각 인도하라.

2. 소송비용은 피고들이 부담한다.

3. 위 제1항은 가집행 할 수 있다.
라는 판결을 구합니다.

청 구 원 인

1. 원고는, 별지목록 기재 건물 및 그 대지의 각 제1번 근저당권자인 신청외 주식회사 ◈◈은행이 신청한 ○○지방법원 20○○타경○○○ 부동산경매사건에서 매수신고하여, 별지목록 기재 건물 및 그 대지를 금 ○○○원에 매수하여, 20○○. ○. ○. 매각대금을 다 냄으로써 별지목록 기재 건물 및 그 대지의 소유권을 취득하였습니다.
위 각 부동산들의 등기사항증명서상으로는 신청외 주식회사 ◈◈은행의 제1번 근저당권에 앞서는 용익물권이 전혀 없었고, 갑구에도 신청외 주식회사 ◈◈은행의 제1번 근저당권 설정일 이전의 가등기ㆍ가처분 등이 전혀 없었으므로, 원고는 위 매각대금을 다 냄으로써 위 각 부동산들에 대하여 어떠한 제한도 없는 완전한 소유권을 취득하였다고 할 것입니다.

2. 가. 피고1 최◇◇은 별지목록 기재 건물 1층 ○○○㎡ 중 별지도면 표시 1, 2, 6, 5, 1의 각 점을 차례로 연결하는 선내 (가)부분 ○○.○㎡를 당시 소유자인 주식회사 ◎◎으로부터 임차하여 수퍼마켓으로 사용하고 있는 자인바, 자신의 임대차보증금을 임대인으로부터 원만히 돌려 받기 어렵게 되자, 위 경매절차의 매각허가결정에 대하여 아무런 사유도 없이 항고 및 재항고를 하는 등 그 절차의 지연을 획책하였고, 원고가 소유권을 취득한 현재에 있어서도 이사할 곳이 없다는 이유로 위 점유부분의 반환을 거절하고 있으며,
나. 피고2 정◇◇는 199○. ○. ○. 별지목록 기재 건물 1층 ○○○㎡ 중 별지도면 표시 2, 3, 7, 6, 2의 각 점을 차례로 연결하는 선내 (나)부분○○.○㎡를 역시 주식회사 ◎◎으로부터 전세금 ○억원, 존속기간 20○○. ○. ○.까지로 한 전세권설정등기를 경료 받은 전세권자로서 이를 미용실로 사용하고 있으나, 위 부동산경매로 인하여 그 권리가 소멸하여 위 부동산을 점유할 권원이 없어지고 그 전세금도 돌려 받기 어렵게 되자, 위 피고1 및 피고3과 함께 경매절차의 매각허가결정에 대하여 아무런 사유도 없이 항고 및 재항고를 하는 등 그 절차의 지연을 획책하였고 원고가 소유권을 취득한 현재에 있어서도 이사할 곳이 없다는 이유로 위 점유부분의 반환을 거절하고 있고,
다. 피고3 이◇◇은 199○. ○.경 별지목록 기재 건물 1층 ○○○㎡ 중 별지도면 표시 3, 4, 8, 7, 3의 각 점을 차례로 연결하는 선내 (다)부분 ○○.○㎡를

역시 주식회사 ◎◎으로부터 임대차보증금 ○억원에 임차 받아 이를 점유하고 있으나, 위 부동산경매로 인하여 그 권리가 소멸하여 위 부동산을 점유할 권원이 없어지고 그 임대차보증금도 돌려 받기 어렵게 되자, 위 점유부분의 반환을 거절하고 있습니다.

3. 따라서 원고는 피고들로부터 별지목록 기재 건물에 대하여 청구취지 제1항과 같은 부분을 인도 받기 위하여 이 사건 소송제기에 이른 것입니다.

입 증 방 법

1. 갑 제1호증의 1, 2　　각 부동산등기사항증명서
1. 갑 제2호증　　건축물대장등본
1. 갑 제3호증　　매각허가결정문사본
1. 갑 제4호증　　매각대금납입영수증
1. 갑 제5호증　　임대차관계조사서사본

첨 부 서 류

1. 위 입증방법　　각 1통
1. 법인등기사항증명서　　1통
1. 토지대장등본　　1통
1. 소장부본　　3통
1. 송달료납부서　　1통

20○○. ○. ○.

위 원고　○○주식회사
대표이사　○○○　(서명 또는 날인)

○○지방법원 귀중

[별지] 생략

⑮ 건물인도 등 청구의 소(임차인의 상속인들을 상대로, 주택)

소 장

원 고 ○○○ (주민등록번호)
○○시 ○○구 ○○길 ○○(우편번호 ○○○-○○○)
전화.휴대폰번호:
팩스번호, 전자우편(e-mail)주소:

피 고 1. 김◇◇ (주민등록번호)
2. 이◇◇ (주민등록번호)
3. 이◈◈ (주민등록번호)
위 피고들 주소 ○○시 ○○구 ○○길 ○○
(우편번호 ○○○-○○○)
위 피고 2, 3은 미성년자이므로
법정대리인 친권자 모 김◇◇
전화.휴대폰번호:
팩스번호, 전자우편(e-mail)주소:

건물인도 등 청구의 소

청 구 취 지

1. 피고들은 원고에게 별지목록 기재 건물 2층 180㎡ 중 별지도면 표시 1, 2, 3, 6, 1의 각 점을 차례로 연결한 선내 (가)부분 80㎡를 인도하라.
2. 피고들은 연대하여 20○○. ○. ○.부터 위 명도일까지 매월 금 300,000원을 지급하라
3. 소송비용은 피고들이 부담한다.
4. 위 제1, 2항은 가집행 할 수 있다.

라는 판결을 구합니다

청 구 원 인

1. 원고는 199○. ○. ○. 망 이◆◆와 ○○시 ○○구 ○○길 ○○ 지상에 있는 원고 소유의 별지목록 기재 건물 2층주택 180㎡ 중 별지도면 표시 1, 2, 3, 6, 1의 각 점을 차례로 연결한 선내 (가)부분 80㎡를 임차보증금 20,000,000원, 월세 금 300,000원(매월 1일 지급), 임대차기간을 인도일부터 24개월로 하는 주택임대차계약을 체결하였고, 199○. ○. ○. 임차보증금을 지급 받음과 동시

에 주택을 망 이◆◆에게 인도하였습니다.

2. 그런데 원고는 20○○. ○. ○.자 내용증명 우편으로 망 이◆◆에게 재계약의사가 없음을 통지하였고 이 우편은 20○○. ○. ○. 망 이◆◆에게 도달하였습니다. 그 후 망 이◆◆는 교통사고로 20○○. ○. 사망하였고, 상속인인 처 피고 김◇◇ 및 아들인 피고 이◇◇, 피고 이◈◈가 망 이◆◆의 임차인으로서의 지위 및 월세지급의무를 그들의 상속지분별로 상속하였습니다. 그러나 피고들은 임대차기간 만료일인 20○○. ○. ○.에 원고에게 별지도면 표시 주택 80㎡를 인도하지 아니한 채 현재까지 별지도면 표시 주택 80㎡를 점유하면서 사용하고 있습니다.

3. 따라서 원고는 피고들에게 주택임대차계약의 기간만료를 근거로 별지도면 표시 선내 (가)부분 80㎡의 인도를 구하고, 아울러 법률상 원인 없는 점유를 이유로 한 20○○. ○. ○.부터 인도일까지 월세상당의 부당이득금을 지급 받기 위하여 이 사건 소송을 제기하는 것입니다.

입 증 방 법

1. 갑 제1호증 임대차계약서
1. 갑 제2호증 부동산등기사항증명서
1. 갑 제3호증 통고서
1 .갑 제4호증 건축물대장
1. 갑 제5호증 기본증명서(망 이◆◆)
1. 갑 제6호증 가족관계증명서(망 이◆◆)

첨 부 서 류

1. 위 입증방법 각 1통
1. 토지대장등본 1통
1. 소장부본 1통
1. 송달료납부서 1통

20○○. ○. ○.

위 원고 ○○○ (서명 또는 날인)

○○지방법원 ○○지원 귀중

[별지] 생략

⑯ 건물인도청구의 소(임대인의 상속인들이, 주택)

소 장

원 고 1. 김○○ (주민등록번호)
2. 이○○ (주민등록번호)
3. 이○○ (주민등록번호)
위 원고들 주소 ○○시 ○○구 ○○길 ○○
(우편번호 ○○○-○○○)
위 원고 2, 3은 미성년자이므로
법정대리인 친권자 모 : 김○○
전화.휴대폰번호:
팩스번호, 전자우편(e-mail)주소:

피 고 ◇◇◇ (주민등록번호)
○○시 ○○구 ○○길 ○○(우편번호 ○○○-○○○)
전화.휴대폰번호:
팩스번호, 전자우편(e-mail)주소:

건물인도청구의 소

청 구 취 지

1. 피고는 원고들에게 별지목록 기재 건물을 인도하라.

2. 소송비용은 피고가 부담한다.

3. 위 제1항은 가집행 할 수 있다.

라는 판결을 구합니다.

청 구 원 인

1. 피고는 20○○. ○. ○. 당시 별지목록 기재 부동산(다음부터 아파트라 한다)의 소유자인 망 이◉◉와 임대차보증금 5,000만원, 임대차기간을 인도일로부터 24개월로 하는 임대차계약을 체결하고 20○○. ○. ○.부터 위 아파트를 인도 받아 현재까지 점유하며 사용하고 있습니다.

2. 그런데 위 아파트의 소유자이던 망 이◉◉가 20○○. ○. ○.에 사망하여, 상속인

인 원고들은 위 아파트에 대하여 재산상속을 원인으로 하여 법정상속비율로 상속등기를 하였습니다. 임대인의 지위를 승계한 원고들은 20○○. ○. ○. 내용증명우편으로 피고에게 재계약의사가 없음을 통지하였고 이 통고서는 20○○. ○. ○. 피고에게 도달하였으나, 피고는 임대차기간 종료일인 20○○. ○. ○. 이후에도 원고들의 위 아파트 인도요구에 응하지 아니한 채 현재까지 위 아파트를 점유하면서 사용하고 있습니다.

3. 따라서 원고들은 임대차기간이 끝났음을 이유로 피고로부터 위 아파트를 인도받기 위하여 이 사건 소송을 제기하는 것입니다.

입 증 방 법

1. 갑 제1호증 임대차계약서
1. 갑 제2호증 부동산등기사항증명서
1. 갑 제3호증 건축물대장등본
1 .갑 제4호증 통고서
1. 갑 제5호증 기본증명서
(단, 2007.12.31. 이전 사망한 경우 제적등본)
1. 갑 제6호증 가족관계증명서
(또는, 상속관계를 확인 할 수 있는 제적등본)

첨 부 서 류

1. 위 입증방법 각 1통
1. 토지대장등본 1통
1. 소장부본 1통
1. 송달료납부서 1통

20○○. ○. ○.
위 원고 1. 김○○ (서명 또는 날인)
2. 이○○
3. 이○○
원고 2, 3은 미성년자이므로 법정대리인
친권자 모 김○○(서명 또는 날인)

○○지방법원 ○○지원 귀중

[별 지]

부동산의 표시

1동의 건물의 표시

○○시 ○○구 ○○동 ○○○ ○○아파트 가동

[도로명주소] ○○시 ○○구 ○○길 ○○

철근콘크리트조 슬래브지붕 7층 아파트

1층 ○○○.○○㎡

2층 ○○○.○○㎡

3층 ○○○.○○㎡

4층 ○○○.○○㎡

5층 ○○○.○○㎡

6층 ○○○.○○㎡

7층 ○○○.○○㎡

지층 ○○○.○○㎡

전유부분 건물의 표시

건물의 번호 가-5-505

구조 철근콘크리트조

면적 5층 505호 ○○.○㎡

대지권의 표시

대지권의 목적인 토지의 표시 ○○시 ○○구 ○○동 ○○○ 대 ○○○○㎡

대지권의 종류 소유권

대지권의 비율 ○○○○분지 ○○.○○. 끝.

⑰ 건물인도청구의 소(갱신거절의 경우, 상가)

소 장

원 고 ○○○ (주민등록번호)
○○시 ○○구 ○○길 ○○(우편번호 ○○○-○○○)
전화.휴대폰번호:
팩스번호, 전자우편(e-mail)주소:
피 고 ◇◇◇ (주민등록번호)
○○시 ○○구 ○○길 ○○(우편번호 ○○○-○○○)
전화.휴대폰번호:
팩스번호, 전자우편(e-mail)주소:

건물인도청구의 소

청 구 취 지

1. 피고는 원고에게 별지목록 기재 건물 1층 96.6㎡중 별지도면 표시 1, 2, 3, 6, 1의 각 점을 차례로 연결한 선내 (가)부분 48㎡를 인도하라.

2. 소송비용은 피고가 부담한다.

3. 위 제1항은 가집행 할 수 있다.

라는 판결을 구합니다.

청 구 원 인

1. 원고는 20○○. ○. ○에. 별지목록 기재의 건물 1층 96.6㎡ 중 별지도면 표시 1, 2, 3, 6, 1의 각 점을 차례로 연결한 선내 (가)부분 48㎡를 임대차보증금 5,000,000원, 월임차료 금 500,000원, 임대차기간을 1년으로 하여 피고에게 임대하였습니다.

2. 그런데 원고는 별지목록 기재의 건물이 낡았으므로 철거한 뒤 다시 건축하여야 할 형편이므로 위 임대차기간이 끝나기 2개월 전에 그러한 사유를 들어 위 임대차계약을 갱신하지 않겠다는 갱신거절의 통지를 피고에게 내용증명우편으로 하였습니다.

3. 그러나 피고는 원고로부터 위와 같은 통지를 받고서도 계약기간이 끝나고 여러 달이 지난 지금까지도 점포를 이전할 곳을 찾지 못하였다고 하면서 별지목록 기재의 건물 1층 96.6㎡ 중 별지도면 표시 1, 2, 3, 6, 1의 각 점을 차례로 연결한 선내 (가)부분 48㎡의 인도를 거부하고 있으므로, 원고로서는 별지목록 기재 건물의 재건축계획을 여러 차례 수정하여야 하는 등 그 손해가 막심합니다.

4. 따라서 원고는 피고로부터 별지목록 기재의 건물 1층 96.6㎡ 중 별지도면 표시 1, 2, 3, 6, 1의 각 점을 차례로 연결한 선내 (가)부분 48㎡를 인도 받기 위하여 이 사건 소송을 제기하는 것입니다.

입 증 방 법

1. 갑 제1호증 임대차계약서
1. 갑 제2호증 부동산등기사항증명서
1. 갑 제3호증 건축물대장등본
1 .갑 제4호증 통고서
1. 갑 제5호증 설계도면(재건축예정인 건물)

첨 부 서 류

1. 위 입증방법 각 1통
1. 토지대장등본 1통
1. 소장부본 1통
1. 송달료납부서 1통

20○○. ○. ○.

위 원고 ○○○ (서명 또는 날인)

○○지방법원 ○○지원 귀중

[별지] 생략

⑱ 건물인도 등 청구의 소(묵시적 갱신후 임대차 기간만료, 주택)

소 장

원 고 ○○○ (주민등록번호)
○○시 ○○구 ○○길 ○○(우편번호 ○○○-○○○)
전화.휴대폰번호:
팩스번호, 전자우편(e-mail)주소:
피 고 ◇◇◇ (주민등록번호)
○○시 ○○구 ○○길 ○○(우편번호 ○○○-○○○)
전화.휴대폰번호:
팩스번호, 전자우편(e-mail)주소:

건물인도 등 청구의 소

청 구 취 지

1. 피고는 원고에게 별지목록 기재 건물을 인도하고, 20○○. ○. ○.부터 인도일까지 매월 금 200,000원의 돈을 지급하라.

2. 소송비용은 피고가 부담한다.

3. 위 제1항은 가집행 할 수 있다.

라는 판결을 구합니다.

청 구 원 인

1. 원고는 199○. ○. ○.에 별지목록 기재 건물(주택)을 임대차보증금 25,000,000원, 월세 금 200,000원(매월말일 지급), 임대차기간을 인도일로부터 24개월로 하는 주택임대차계약을 체결하고, 199○. ○. ○. 임대차보증금을 지급 받음과 동시에 별지목록 기재 주택을 피고에게 인도하였습니다.

2. 그 후 피고는 약정한 주택임대차기간이 만료될 당시 원고에게 재계약여부 등 별도의 의사표시가 없었으며, 이로 인하여 주택임대차계약 기간이 2년으로 묵시적 갱신된 상태에서 피고는 현재까지 주택을 점유하면서 사용하고 있습니다.

3. 그런데 원고는 199○. ○. ○.자 내용증명우편으로 묵시적으로 갱신된 주택임

대차기간의 만료일인 20○○. ○. ○.에 임대차보증금을 반환 받음과 동시에 주택을 인도해 달라는 주택임대차계약해지의 의사를 피고에게 표시하였으며, 이 우편은 20○○. ○. ○. 피고에게 도달하였습니다. 하지만 피고는 임대차기간이 만료된 20○○. ○. ○.에 원고에게 별지목록 기재 주택을 인도하지 아니한 채 지금까지 별지목록 기재 주택을 점유하여 사용하면서, 임대차기간이 만료된 20○○. ○. ○. 이후로는 월세 상당의 돈도 지급하지 않고 있습니다.

4. 따라서 원고는 피고에 대하여 묵시적으로 갱신된 주택임대차계약의 기간만료를 근거로 피고에 대하여 별지목록 기재 주택의 인도를 청구하고, 아울러 법률상 원인 없는 점유를 이유로 한 20○○. ○. ○.부터 인도일까지 차임상당의 부당이득금을 지급 받기 위하여 이 사건 소송을 제기하는 것입니다.

입 증 방 법

1. 갑 제1호증	임대차계약서
1. 갑 제2호증	부동산등기사항증명서
1. 갑 제3호증	건축물대장등본
1 .갑 제4호증	통고서

첨 부 서 류

1. 위 입증방법	각 1통
1. 토지대장등본	1통
1. 소장부본	1통
1. 송달료납부서	1통

20○○. ○. ○.
위 원고 ○○○ (서명 또는 날인)

○○지방법원 ○○지원 귀중

[별지] 생략

⑲ 건물인도 등 청구의 소(원상회복과 인도청구)

소 장

원 고 ○○○ (주민등록번호)
○○시 ○○구 ○○길 ○○(우편번호 ○○○-○○○)
전화.휴대폰번호:
팩스번호, 전자우편(e-mail)주소:
피 고 ◇◇◇ (주민등록번호)
○○시 ○○구 ○○길 ○○(우편번호 ○○○-○○○)
전화.휴대폰번호:
팩스번호, 전자우편(e-mail)주소:

건물인도 등 청구의 소

청 구 취 지

1. 피고는 원고에게 별지목록 기재 건물 중 별지도면 표시 1, 2, 5, 4, 1,의 각 점을 차례로 연결하는 선내 (ㄱ)부분 ○○㎡를 원상회복하고, 별지목록 기재 건물을 인도하라.

2. 소송비용은 피고가 부담한다.

3. 위 제1항은 가집행 할 수 있다
라는 판결을 구합니다.

청 구 원 인

1. 원고는 20○○. ○. ○. 피고에게 별지목록 기재 건물(단층주택)을 임차보증금 30,000,000원, 임대차기간을 12개월로 하여 임대한 사실이 있습니다.

2. 그런데 피고는 20○○. ○. ○. 원고의 동의 없이 임의로 별지목록 기재 주택 중 별지도면 표시 (ㄱ)부분 ○○㎡를 오락실로 개조하여 오락실 영업을 하고 있으며, 위 임대차계약은 20○○. ○. ○.자로 계약기간이 만료되었습니다.

3. 따라서 원고는 피고에게 별지목록 기재 주택 중 별지도면 표시 (ㄱ)부분 ○○㎡의 원상회복 및 별지목록 기재 주택의 인도를 청구하기 위하여 이 사건 소송 제기에 이르렀습니다.

입 증 방 법

1. 갑 제1호증	건물등기사항증명서
1. 갑 제2호증	건축물대장
1. 갑 제3호증	임대차계약서
1. 갑 제4호증	내용증명통고서

첨 부 서 류

1. 위 입증방법	각 1통
1. 토지대장등본	1통
1. 소장부본	1통
1. 송달료납부서	1통

20○○. ○. ○.

위 원고 ○○○ (서명 또는 날인)

○○지방법원 ○○지원 귀중

[별지] 생략

⑳ 건물인도청구의 소(임대차기간 2년만료, 상가)

소 장

원 고 ○○○ (주민등록번호)
○○시 ○○구 ○○길 ○○(우편번호 ○○○-○○○)
전화.휴대폰번호:
팩스번호, 전자우편(e-mail)주소:
피 고 ◇◇◇ (주민등록번호)
○○시 ○○구 ○○길 ○○(우편번호 ○○○-○○○)
전화.휴대폰번호:
팩스번호, 전자우편(e-mail)주소:

건물인도청구의 소

청 구 취 지

1. 피고는 원고에게 별지목록 기재 건물 1층 중 별지도면 표시 점 "마, 바, 자, 차, 마"의 각 점을 차례로 연결한 선내의 (ㄱ)부분 점포 26.4㎡를 인도하라.

2. 소송비용은 피고가 부담한다.

3. 위 제1항은 가집행 할 수 있다.

라는 판결을 구합니다.

청 구 원 인

1. 이 사건 별지목록 기재의 건물은 원고가 20○○. ○. ○. 소외 ◈◈◈로부터 매수하여 소유권이전등기를 마친 원고 소유의 건물입니다.

2. 원고는 20○○. ○. ○. 피고에게 별지목록 기재의 건물 1층 중 별지도면 표시 점 "마, 바, 자, 차, 마"의 각 점을 차례로 연결한 선내의 (ㄱ)부분 점포 26.4㎡를 임차보증금 20,000,000원, 월 임대료 금 500,000원, 기간은 2년으로 각각 약정하여 임대하였으며 피고는 이를 인도 받아 현재까지 점유.사용해오고 있습니다.

3. 그런데 피고가 점유.사용하는 별지목록 기재의 건물 1층의 위 점포에 대한 임대차계약은 20○○. ○. ○. 약정한 2년이 경과하였으므로 종료되었으며, 원고

는 임대차기간 만료 3개월 전에 피고에게 재계약을 원하지 않는다는 취지의 임대차계약해지의 통지를 하였으며, 피고는 이전할 다른 점포를 물색하던 중이었으므로 위 임대차기간이 만료될 때까지 원고에게 계약갱신의 요구를 한 바가 없습니다.

4. 그러나 피고는 위 임대차기간이 만료된 후 2개월이 지난 후에서야 이전할 점포를 구하지 못하였다는 이유로 별지목록 기재의 건물 1층의 위 점포의 인도를 거부하고 있습니다.

5. 따라서 원고는 위 임대차기간의 만료를 이유로 피고로부터 별지목록 기재의 건물 1층 중 별지도면 표시 점 "마, 바, 자, 차, 마"의 각 점을 차례로 연결한 선내의 (ㄱ)부분 점포 26.4㎡를 인도 받기 위하여 이 사건 소송제기에 이른 것입니다.

입 증 방 법

1. 갑 제1호증 임대차계약서
1. 갑 제2호증 부동산등기사항증명서
1. 갑 제3호증 건축물대장등본
1 .갑 제4호증 임대차해지통고서

첨 부 서 류

1. 위 입증방법 각 1통
1. 건축물대장등본 1통
1. 토지대장등본 1통
1. 소장부본 1통
1. 송달료납부서 1통

20○○. ○. ○.
위 원고 ○○○ (서명 또는 날인)

○○지방법원 ○○지원 귀중

[별지] 생략

㉑ 건물인도 등 청구의 소(대위인도 및 전부금 청구)

소 장

원 고 ○ ○ ○ (주민등록번호)
○○시 ○○구 ○○길 ○○-○(우편번호)
전화.휴대폰번호:
팩스번호, 전자우편(e-mail)주소:

피 고 1. □ □ □ (주민등록번호)
○○시 ○○구 ○○길 ○○○-○(우편번호)
전화.휴대폰번호:
팩스번호, 전자우편(e-mail)주소:
2. ◈ ◈ ◈ (주민등록번호)
○○시 ○○구 ○○길 ○○○-○ (우편번호)
전화.휴대폰번호:
팩스번호, 전자우편(e-mail)주소:

건물인도등 청구의 소

청 구 취 지

1.
가. 피고 □□□은 피고 ◈◈◈에게 별지목록 기재 부동산을 인도하라.
나. 피고 ◈◈◈는 피고 □□□으로부터 위 별지목록 기재 부동산을 인도받음과 동시에 원고에게 금 25,000,000원 및 이에 대하여 이 사건 소장부본 송달일 다음날부터 완제일까지 연 15%의 비율에 의한 금원을 지급하라.
2. 소송비용은 피고의 부담으로 한다.
3. 제 1항은 가집행할 수 있다.
라는 판결을 구합니다.

청 구 원 인

1. 피고 □□□은 1998. 9. 7 피고 ◈◈◈와 피고 ◈◈◈ 소유의 별지 목록 기재 부동산에 대하여 임차보증금 금 35,000,000원 기간 24개월로 한 임대차 계약을 체결하고 지금까지 거주하고 있습니다.
2. 피고 □□□은 임대인인 피고 ◈◈◈로부터 기간 만료전 1개월 이전에 임차목적물인 별지 목록 기재 부동산의 명도요구를 받았으나 지금까지 이를 이행하지 않은 채 거주하고 있습니다.
3. 원고는 피고 □□□에 대하여 서울지방법원 20○○나○○○○호 매매대금청구

소송을 제기하여 승소판결을 받고 그 집행력있는 채무명의에 터잡아 서울지방법원 20○○타기○○○○호로 피고 □□□의 피고 ◈◈◈에 대한 임차보증금반환청구채권에 대하여 채권압류및전부명령을 받았고 이는 20○○. ○○. ○○에 제3채무자인 피고 ◈◈◈에게 송달되었습니다.

4. 피고 □□□은 피고 ◈◈◈에게 임차목적물을 인도하지 않고 있으나 피고들사이의 임대차관계는 이미 20○○. ○○. ○○. 종료되었다 할 것이므로 피고 □□□은 피고 ◈◈◈에게 인도의무가 있다 할 것입니다.
5. 따라서 원고는 피고 ◈◈◈를 대위하여 피고 □□□에 대하여 피고 □□□가 점유하고 있는 별지목록 기재 건물을 피고 ◈◈◈에게 인도할 것을 청구함과 아울러 피고 ◈◈◈에 대하여 피고 □□□로부터 별지목록 기재 건물을 인도받음과 동시에 원고에게 위 금 25,000,000원 및 이에 대하여 이 사건 소장부본 송달일 다음날부터 완제일까지 소송촉진등에관한특례법 소정의 연 15%의 비율에 의한 지연손해금을 청구하기 위하여 이 사건 소제기에 이르렀습니다.

입 증 서 류

1. 갑제 1호증 판결문
1. 갑제 2호증 채권압류 및 전부명령
1. 갑제 3호증 송달.확정증명원(판결)
1. 갑제 4호증 송달.확정증명원(채권압류 및 전부명령)
1. 갑제 5호증 임대차계약서(피고간)
1. 갑제 6호증 피고 □□□ 주민등록등본

첨 부 서 류

1. 위 입증서류 각 1부
1. 소장 부본 2부
1. 부동산등기사항증명서 1부
1. 개별공시지가확인서 1부
1. 건축물 대장 1부
1. 납부서 1부

20○○. ○. ○.
위 원고 ○○○ (서명 또는 날인)

○○지방법원 귀 중

[별지] 생략

㉒ 건물소유권확인 및 인도청구의 소

소 장

원 고 ○○○ (주민등록번호)
○○시 ○○구 ○○길 ○○(우편번호 ○○○-○○○)
전화.휴대폰번호:
팩스번호, 전자우편(e-mail)주소:

피 고 ◇◇◇ (주민등록번호)
○○시 ○○구 ○○길 ○○(우편번호 ○○○-○○○)
전화.휴대폰번호:
팩스번호, 전자우편(e-mail)주소:

건물소유권확인 및 인도청구의 소

청 구 취 지

1. ○○시 ○○구 ○○길 ○○ 지상 벽돌조 기와지붕 단층주택 ○○○㎡가 원고의 소유임을 확인한다.
2. 피고는 원고에게 위 제1항 기재 부동산을 인도하라.
3. 소송비용은 피고가 부담한다.
4. 위 제2항은 가집행할 수 있다.

라는 판결을 구합니다.

청 구 원 인

1. 원고는 20○○. ○. ○. 소외 ◉◉◉으로부터 ○○시 ○○구 ○○동 ○○의 ○ 대 ○○○㎡를 대금 100,000,000원에 매수하고, 계약금 10,000,000원은 계약 당일, 중도금 40,000,000원은 같은 달 15., 잔금 50,000,000원은 같은 해 ○. ○○.에 지급하기로 하였습니다.

   원고는 위 매매대금 중 계약금과 중도금은 모두 변제기일에 지급하였으나, 잔금 50,000,000원을 지급할 능력이 되지 않았으므로, 피고와 합의하여 위 잔금의 지급기일을 20○○. ○○. ○○.로 연장하기로 하고 이 잔금지급채무의 담보를 위하여 위 대지의 위에 소외 ◉◉◉ 명의로 건축허가를 받아 원고의 자재와 비용으로 주택을 신축하기로 하였습니다(갑 제1호증 매매계약서, 갑 제2호증의 1, 2

각 영수증, 갑 제3호증 약정서 참조).

2. 원고는 20○○. ○○. ○○. 위 약정대로 소외 ◉◉◉의 명의로 건축허가를 받아 같은 날부터 위 대지의 위에 원고의 자재와 비용으로 주택을 신축하기 시작하였고, 청구취지 기재 주택은 같은 해 10. 31. 완공되었습니다. 이와 같이 원고가 위 주택을 완공하자 소외 ◉◉◉는 다음날인 11. 1. 원고에게 위 대지에 관하여 소유권이전등기를 마쳐 주었습니다(갑 제4호증 건축물대장등본, 갑 제5호증 자재공급계약서, 갑 제6호증의 1 부동산등기사항증명서 참조).
   한편, 앞에서 본 바와 같이 원고는 소외 ◉◉◉에게 11. 15.까지 위 대지에 관한 잔금 50,000,000원을 지급할 채무가 있었으나 위 주택신축공사에 소요된 자재비 등을 변제하기도 벅차 위 잔금의 지급기일이 도래하였음에도 불구하고 원고가 위 잔금을 변제하지 못하자, 소외 ◉◉◉는 원고가 이 사건 대지매매의 잔금을 지급하지 못한 것을 이유로 20○○. ○○. ○○. 소외 ◉◉◉ 명의로 되어 있던 건축허가 명의를 이용하여 이 사건 신축주택에 대한 소유권보존등기를 마쳤으며, 같은 달 15. 피고에게 위 주택을 임대하였습니다(갑 제6호증의2 부동산등기사항증명서, 갑 제7호증 부동산임대차계약서 참조).

3. 원고는 위 대지매매의 잔금 50,000,000원의 지급기일 이후인 20○○. ○○. ○○.에서야 소외 ◉◉◉에게 위 원리금을 모두 지급할 수 있었습니다. 그 후 원고는 이와 같이 소외 ◉◉◉에게 위 매매대금을 모두 지급하여 위 신축주택은 더 이상 위 잔금지급채무를 담보하지 않게 되어 원고가 완전하게 소유권을 회복하였음을 이유로 임차인으로서 위 주택의 점유자인 피고에게 위 주택을 인도하여 줄 것을 요구하였습니다. 그러나 피고는 피고가 위 주택을 임차할 당시 주택의 소유권보존등기는 소외 ◉◉◉의 명의였고 피고는 소유자로부터 적법하게 이 사건 주택을 임차하였고 피고는 소외 ◉◉◉에게 위 임차권으로 대항할 수 있음을 이유로 원고의 인도청구에 응하지 않고 있습니다. 더욱이 피고는 건축허가와 소유권보존등기가 소외 ◉◉◉ 명의로 되어 있으므로 소외 ◉◉◉가 현재까지 소유자이고, 원고 앞으로 소유권이전등기가 마쳐지기 전까지는 원고에게 소유권이 없다고 주장하고 있습니다.

4. 그러나 이 사건 주택은 매매대금 중 잔금채무를 담보하기 위하여 건축허가 명의는 채권자인 소외 ◉◉◉의 명의로 하고 위 잔금채무자인 원고가 자기의 비용과 노력으로 신축한 주택으로서, 위와 같은 경우 주택의 소유권은 자기의 노력과 재료를 들여 신축한 원고에게 원시적으로 귀속하는 것입니다. 다만 위 주택의 건축허가 명의를 채권자인 소외 ◉◉◉의 명의로 하였다면 이는 완성될 건물을 담보로 제공하기로 하는 합의로서 법률행위에 의한 담보물권의 설정과 동일한 것이고, 완성된 주택의 소유권은 일단 이를 건축한 원고가 원시적으로 취득한 후 채권자인 소외 ◉◉◉ 명의로 소유권보존등기를 마침으로써 담보목

적의 범위 내에서 소외 ◉◉◉에게 소유권이 이전된다고 할 것입니다.

5. 따라서 소외 ◉◉◉는 소유권보존등기를 하였다고 하더라도 담보목적의 범위 내에서만 소유자라고 할 것이어서 피고에게 이 사건 주택을 임대할 권한은 없었다고 할 것이며, 이러한 지위에 있는 피고는 소유자인 원고에게 위 임차권을 주장할 수 없으므로, 원고가 이 사건 주택의 소유자임을 인정하여야 할 것이며 이 사건 주택을 인도 하여야 할 의무가 있다고 할 것입니다.

입 증 방 법

1. 갑 제1호증	매매계약서
1. 갑 제2호증의1, 2	각 영수증
1. 갑 제3호증	약정서
1. 갑 제4호증	건축물대장등본
1. 갑 제5호증	자재공급계약서
1. 갑 제6호증의1, 2	각 부동산등기사항증명서
1. 갑 제7호증	부동산임대차계약서
1. 갑 제8호증	주민등록표등본

첨 부 서 류

1. 위 입증방법	각 1통
1. 토지대장등본	1통
1. 소장부본	1통
1. 송달료납부서	1통

20○○. ○. ○.

위 원고 ○○○ (서명 또는 날인)

○○지방법원 귀중

㉓ 건물철거 및 대지인도청구의 소

소 장

원 고 ○○○ (주민등록번호)
○○시 ○○구 ○○길 ○○(우편번호 ○○○-○○○)
전화.휴대폰번호:
팩스번호, 전자우편(e-mail)주소:
피 고 ◇◇◇ (주민등록번호)
○○시 ○○구 ○○길 ○○(우편번호 ○○○-○○○)
전화.휴대폰번호:
팩스번호, 전자우편(e-mail)주소:

건물철거 및 대지인도 청구의 소

청 구 취 지

1. 피고는 원고에게 별지목록(1)기재 건물을 철거하고 별지목록(2)기재 대지를 인도하며, 20○○. ○. ○.부터 위 대지인도 완료일까지 매월 말일에 금 300,000원을 지급하라.

2. 소송비용은 피고가 부담한다.

3. 위 제1항은 가집행 할 수 있다.
라는 판결을 원합니다.

청 구 원 인

1. 별지목록(2)기재 토지의 소유자인 원고는 20○○. ○. ○ 피고와 임차료는 월 금 300,000원, 보증금은 없이, 기간은 20○○. ○. ○ 까지 정하여 위 토지를 임대하는 계약을 체결하였습니다.

2. 그런데 피고는 원고의 승낙 없이 위 토지에 건물을 짓고 사용해오고 있으며, 계약기간 만료전인 20○○. ○. ○ 원고는 내용증명우편으로 피고에게 재계약의사가 없음을 통고하고 위 건물의 철거 및 대지의 인도를 청구한 바 있으나, 피고

는 계약기간이 만료한 이후에도 법률상 원인 없이 이 토지를 점유하여 이득을 취하고 있고 원고는 이로 인하여 월 금 300,000원의 손해를 입고 있습니다.

3. 따라서 원고는 피고에 대하여 임대차계약의 종료로 인한 목적물의 원상회복청구로서 또는 소유권에 기한 반환청구 내지 방해배제청구로서 이 토지의 원상회복 및 반환을 청구하고, 아울러 부당이득을 이유로 계약기간 만료 다음날부터 이 토지의 인도 완료일까지 임차료 상당의 부당이득금의 반환을 청구하고자 이 사건 청구에 이르게 된 것입니다.

입 증 방 법

1. 갑 제1호증 임대차계약서
1. 갑 제2호증 내용증명통고서
1. 갑 제3호증 부동산등기사항증명서

첨 부 서 류

1. 위 입증방법 각 1통
1. 토지대장등본 1통
1. 건축물대장등본 1통
1. 소장부본 1통
1. 송달료납부서 1통

20○○. ○. ○.

위 원고 ○○○ (서명 또는 날인)

○○지방법원 ○○지원 귀중

[별지] 생략

㉔ 건물철거 및 토지인도청구의 소

소 장

원 고 ○○○ (주민등록번호)
○○시 ○○구 ○○길 ○○(우편번호 ○○○-○○○)
전화.휴대폰번호:
팩스번호, 전자우편(e-mail)주소:

피 고 ◇◇◇ (주민등록번호)
○○시 ○○구 ○○길 ○○(우편번호 ○○○-○○○)
전화.휴대폰번호:
팩스번호, 전자우편(e-mail)주소:

건물철거 및 토지인도청구의 소

청 구 취 지

1. 피고는 원고에게
   가. 경기 ○○군 ○○면 ○○리 ○○○의 ○○ 대 ○○○㎡ 및 같은 리 ○○○의 ○ 과수원 ○○○㎡ 양 지상 블록조 스레트지붕 단층창고 중 별지도면 표시 1, 2, 3, 4, 1의 각 점을 차례로 연결한 선내 (가)부분 ○○.○○㎡를 철거하고,
   나. 경기 ○○군 ○○면 ○○리 ○○○의 ○ 과수원 ○○○㎡ 중 별지도면 표시 1, 2, 3, 4, 1의 각 점을 차례로 연결한 선내 (가)부분 ○○.○○㎡ 지상 담장을 철거하여 위 과수원을 인도하라.
2. 소송비용은 피고가 부담한다.
3. 위 제1항은 가집행 할 수 있다.

라는 판결을 구합니다.

청 구 원 인

1. 원고는 소외 ◉◉◉의 소유였던 경기 ○○군 ○○면 ○○리 ○○○의 ○ 과수원 ○○○㎡를 200○. ○. ○. 귀 법원 20○○ 타경 ○○○○호 경매절차에서 매수인으로 매각허가결정을 받아 매각대금을 다 내고 그 소유권을 취득하여 귀 법원 등기과 20○○. ○. ○○. 접수 제○○○○○호로 그 소유권이전등기

까지 마쳤습니다.

2. 그런데 피고는 그 소유의 경기 ○○군 ○○면 ○○리 ○○○의 ○○ 대지에 20○○년경 주택과 창고, 화장실을 신축하면서 인접해 있는 위 제1항 기재 과수원의 경계를 침범하여 담장을 설치하고 이 사건 창고건물을 지어서 현재까지 권원없이 점유해오고 있습니다. 그렇다면 피고는 원고에게 경기 ○○군 ○○면 ○○리 ○○○의 ○○ 대 ○○○㎡ 및 같은 리 ○○○의 ○ 과수원 ○○○㎡ 양 지상 블록조 스레트지붕 단층창고 중 별지도면 표시 1, 2, 3, 4, 1의 각 점을 차례로 연결한 선내 (가)부분 ○○.○○㎡를 철거하고, 위 과수원 ○○○㎡ 중 별지도면 표시 1, 2, 3, 4, 1의 각 점을 차례로 연결한 선내 (가)부분 ○○.○○㎡ 지상 담장을 철거하여 위 과수원을 인도할 의무가 있다 할 것입니다.

3. 따라서 원고는 여러 차례에 걸쳐 피고에게 경계침범 부분의 창고 및 담장을 철거하고 그 대지를 인도할 것을 요구하였으나 피고는 이에 응하지 않고 있으므로 청구취지와 같은 판결을 구하고자 이 사건 청구에 이른 것입니다.

입 증 방 법

1. 갑 제1호증의 1, 2	각 부동산등기사항증명서(토지, 건물)
1. 갑 제2호증	토지경계측량성과도
1. 갑 제3호증	토지대장등본
1. 갑 제4호증	건축물대장등본

첨 부 서 류

1. 위 입증방법	각 1통
1. 소장부본	1통
1. 송달료납부서	1통

20○○. ○. ○.

위 원고 ○○○ (서명 또는 날인)

○○지방법원 ○○지원 귀 중

㉕ 원상회복 및 건물인도청구의 소

소 장

원 고 ○○○ (주민등록번호)
○○시 ○○구 ○○로 ○○(우편번호 ○○○-○○○)
전화.휴대폰번호:
팩스번호, 전자우편(e-mail)주소:

피 고 ◇◇◇ (주민등록번호)
○○시 ○○구 ○○로 ○○(우편번호 ○○○-○○○)
전화.휴대폰번호:
팩스번호, 전자우편(e-mail)주소:

원상회복 및 건물인도청구의 소

청 구 취 지

1. 피고는 원고에게 별지목록 기재 부동산 중 별지도면 표시 1, 2, 5, 4, 1의 각 점을 차례로 연결하는 (ㄱ)부분의 방 1칸 9.9㎡를 원상회복하고 별지목록 기재 부동산을 인도하라.

2. 소송비용은 피고가 부담한다.

3. 위 제1항은 가집행 할 수 있다

라는 판결을 원합니다.

청 구 원 인

1. 원고는 20○○. ○. ○. 피고에게 별지목록 기재 부동산을 임차보증금 20,000,000원, 기한은 24개월로 하는 임대차계약을 체결하고 별지목록 기재 부동산을 임대한 사실이 있습니다(갑 제3호증 참조).

2. 그런데 피고는 20○○. ○. ○○. 임대인인 원고의 승낙도 받지 않고 임의로 별지도면 표시 1, 2, 5, 4, 1의 각 점을 차례로 연결하는 (ㄱ)부분 방 1칸 9.9㎡를 식당으로 개조하여 분식점영업을 하고 있습니다.

3. 그 뒤 20○○. ○○. ○○. 위 임대차계약기간이 만료되었으므로 원고가 피고에게 위 개조된 방의 원상회복과 별지목록 기재 부동산의 인도를 요구하였으나, 피고는 지금까지도 이를 이행하지 않고 있습니다.

4. 따라서 원고는 피고에 대하여 별지목록 기재 부동산 중 별지도면 표시 1, 2, 5, 4, 1의 각 점을 차례로 연결하는 (ㄱ)부분의 방 1칸 9.9㎡의 원상회복 및 별지목록 기재 부동산의 인도를 구하기 위하여 이 사건 청구에 이른 것입니다.

입 증 방 법

1. 갑 제1호증	건물등기사항증명서
1. 갑 제2호증	건축물대장등본
1. 갑 제3호증	임대차계약서
1. 갑 제4호증	내용증명통고서

첨 부 서 류

1. 위 입증방법	각 1통
1. 토지대장등본	1통
1. 소장부본	1통
1. 송달료납부서	1통

20○○. ○. ○.

위 원고 ○○○ (서명 또는 날인)

○○지방법원 ○○지원 귀중

[별지] 생략

㉖ 반소장(건물인도에 대하여 임차보증금청구)

반 소 장

사 건 20○○가단○○○ 건물인도
피고(반소원고) ◇◇◇ (주민등록번호)
○○시 ○○구 ○○길 ○○(우편번호)
전화.휴대폰번호:
팩스번호, 전자우편(e-mail)주소:
원고(반소피고) ○○○ (주민등록번호)
○○시 ○○구 ○○길 ○○(우편번호)
전화.휴대폰번호:
팩스번호, 전자우편(e-mail)주소:

위 사건에 관하여 피고(반소원고)는 다음과 같이 반소를 제기합니다

임차보증금반환청구의 소

반 소 청 구 취 지

1. 원고(반소피고)는 피고(반소원고) 에게 금 21,000,000원 및 이에 대한 이 사건 반소장부본 송달 다음날부터 다 갚는 날까지 연 15%의 비율에 의한 돈을 지급하라.
2. 소송비용은 원고(반소피고)가 부담한다.
3. 위 제1항은 가집행 할 수 있다.

라는 판결을 구합니다.

반 소 청 구 원 인

1. 원고(반소피고)(이하 '원고'라 합니다.)가 20○○. ○○. ○.자로 ○○지방법원 20○○타경○○○호 근저당권실행을 위한 경매절차에서 이 사건 주택을 매수하여 20○○. ○○. ○○. 매각대금을 완납하고 소유자가 된 사실은 인정합니다.
2. 그러나 피고(본소원고)(이하 '피고'라 합니다)는 20○○. ○. ○. 소외 ◈◈◈와 그의 소유 이 사건 주택에 대해 임차보증금 21,000,000원, 임대차기간은 2년으로 하는 주택임대차계약을 체결하고 같은 해 ○○. ○. 이 사건 주택의 지번으로 주민등록을 전입하여 대항력을 취득한 뒤 현재까지 거주하고 있습니다.

3. 피고가 임대차계약을 체결하고 주민등록을 전입할 당시 이 사건 주택에는 어떠한 담보물권, 가처분, 가압류 등이 설정된 사실이 없었으므로 피고는 주택임대차보호법상의 완전한 대항력을 취득하였다고 할 것인바, 이 사건 부동산을 경매절차에서 매수하여 소유권을 취득한 원고라 할지라도 위 임차보증금 21,000,000원을 반소원고에게 지급하기 전에는 이 사건 주택의 인도를 요구할 권리가 없음은 물론입니다.
4. 한편, 피고는 위 임대차기간이 만료되었고 분양 받은 아파트에 입주하여야 할 형편이므로 이 사건 주택을 비워두고 열쇠만 채워둔 상태인바, 이 사건 반소장 부본의 송달로써 인도이행제공통지에 갈음하고자 합니다.
5. 따라서 피고는 원고에 대하여 위 임차보증금 21,000,000원 및 이에 대한 이 사건 반소장부본 송달 다음날부터 다 갚는 날까지 연 15%의 비율에 의한 지연손해금을 지급 받고자 이 사건 반소에 이르게 된 것입니다.

입 증 방 법

1. 을 제1호증 임대차계약서
1. 을 제2호증 주민등록표등본
1. 을 제3호증 부동산등기사항증명서

첨 부 서 류

1. 위 입증방법 각 1통
1. 반소장부본 1통
1. 송달료납부서 1통

20○○. ○. ○.

위 피고(본소원고) ◇◇◇ (서명 또는 날인)

○○지방법원 ○○지원 제○○민사단독 귀중

㉗ 준비서면(건물인도, 피고)

준 비 서 면

사 건 20○○가단○○○○ 건물인도
원 고 ○○○
피 고 ◇◇◇

위 사건에 관하여 피고는 다음과 같이 변론을 준비합니다.

다 음

1. 이 사건의 쟁점
원고가 이 사건 건물의 인도를 구하는 이 사건에서 피고가 점유하고 있는 임대차목적물의 용도가 주거용인지 비주거용인지가 쟁점이라 할 것입니다.
2. 피고는 이 사건 임대차목적물을 주거용으로 사용하고 있습니다.
가. 피고가 이 사건 임대차목적물을 임차한 목적
피고는 19○○. ○. ○. 당시 이 사건 건물의 소유자였던 소외 이◉◉와 이 사건 임대차목적물에 관하여 임대차계약을 체결하였는바, 그 계약서상에 임차목적물이 '점포, 방'으로 기재되어 있을 뿐만 아니라 임대인은 준공검사 후 부엌을 해주기로 하는 약정이 있습니다{을 제1호증의 1(부동산전세계약서) 참조}. 위와 같은 약정은 이 사건 임대차목적물이 주거용으로 사용하기 위하여 임차된 것이라는 것을 입증하는 것이라 할 것입니다.
또한, 피고는 현재 이 사건 임대차목적물에서 문방구를 운영하고 있지만 위 문방구를 개업한 시기는 19○○. ○. ○.이고{을 제5호증(사업자등록증) 참조}, 피고가 이 사건 임대차목적물을 처음 임차한 시기는 19○○. ○. ○.입니다{을 제1호증의 1(부동산전세계약서) 참조}. 이는 피고가 문방구를 운영하기 위하여 이 사건 임대차목적물을 임차한 것이 아니고 위에서 본 바와 같이 주거용으로 사용하기 위하여 임차하였다가 부업으로 문방구를 운영하게 된 것이라는 것을 입증하는 것이라 할 것이므로, 피고가 현재 문방구를 운영하고 있다는 사실만으로 이 사건 임대차목적물이 주거용 건물이 아니라고 볼 수는 없을 것입니다.
나. 이 사건 건물의 공부상의 용도
이 사건 건물의 용도는 공부상 지층, 1층의 일부는 근린생활시설이고, 1층의 일부와 2층, 3층은 다가구주택으로 되어 있습니다{갑 제2호증(건축물대장등본) 참조}. 즉, 피고가 임차하고 있는 부분은 이 사건 건물의 1층 부분인바, 피고가 임차하고 있는 부분의 용도는 일부는 근린생활시설이고 일부는 다가구주택이라고 할 것이므로 공부상의 용도만을 보더라도 이 사건 건물의 전체적인 용도는 주거용이라 할 것이고 이 사건 임대차목적물은 단지 일반 상가로 사용되기 위하여 건축된 것이라고는 볼 수 없다 할 것입니다.

다. 이 사건 임대차목적물의 구조 및 이용관계

원고가 준비서면에 첨부한 현황측량도를 보면 이 사건 임대차목적물이 점포와 방만으로 구성되어 있는 것으로 되어 있으나, 실제로는 이 사건 임대차목적물의 방 뒷편으로는 주거생활에 필요한 부엌과 피고 가족이 사용하는 화장실이 설치되어 있을 뿐만 아니라 문방구로 사용하는 면적과 주거생활을 하는 방과 부엌을 합한 면적은 비슷합니다(증인 ◎◎◎의 증언 참조).

또한, 피고는 이 사건 임대차목적물 이외에는 다른 거처가 없어 그 곳에서 피고의 유일한 가족인 딸과 함께 주거생활을 영위한 지가 약 8년 정도 되었고 이 사건 임대차 목적물의 일부인 살림방에는 TV, 피고의 딸이 사용하는 학생용 책상, 장롱 등 일상생활에 필요한 가구들이 비치되어 있으며 피고의 딸도 이 사건 임대차목적물이 위치하고 있는 곳과 가까운 ○○초등학교에 다니고 있습니다(위 증인의 증언 참조).

라. 이 사건 건물의 주변상황

이 사건 건물의 주변상황은 노면을 따라 한산한 상권이 이루어져 있고 후면은 학교 및 주택지역이며{을 제7호증의 7(감정평가서) 참조}, 이 사건 건물이 위치하고 있는 지역의 용도는 일반주거지역{갑 제4호증(토지이용계획확인원) 참조}인 점에 비추어 보더라도 이 사건 임대차목적물이 주거용으로 사용되었음을 알 수 있을 것입니다.

마. 경매절차에서의 피고의 임대차관계에 대한 평가

이 사건 건물 및 대지는 귀원 20○○타경○○호 부동산경매사건으로 경매신청되어 감정가 금 278,195,000원으로 평가되었고 소외 ◈◈◈가 20○○. ○. ○. 금 195,550,000원에 매수하여 같은 날 원고에게 그 소유권을 이전해주었습니다.

이 사건 건물 및 대지에 관하여 경매절차가 진행될 당시 경매지에서는 피고를 이 사건 건물의 대항력 있는 임차인으로 평가하고 있고{을 제6호증의 1, 2(경매지 표지 및 내용) 참조}, 귀원에서 작성한 이해관계인표에서도 피고가 주민등록전입신고는 19○○. ○. ○.에, 확정일자는 19○○. ○. ○○.에 받아 피고에게 배당을 할 수는 없으나 대항력 있는 임차인에 해당한다는 표시를 하고 있습니다{을 제7호증의 9(이해관계인표) 참조}.

바. 원고가 제출한 참조판례에 관하여

원고는 원고의 주장을 뒷받침하기 위하여 대법원 1996. 3. 12. 선고 95다51953 판결을 참조판례로 제출하고 있는바, 위 판결의 사실관계는 임대차계약서상에 용도 다방, 유익비 청구 포기 등의 약정이 있고 위 사건의 임차인은 사건 건물에 항시 거주하였던 것이 아니었다는 것인바, 이는 이 사건의 사실관계와 현격히 다른 점이 있다 할 것이므로 이 사건에 적용할 만한 판례가 아니라 할 것입니다.

오히려 대법원 1988. 12. 27. 선고 87다카2024 판결에 의하면, 임차목적물의 용도가 공부상 근린생활시설 및 주택용 4층 건물이고 주거 및 상업 목적으로 사용하기 위하여 자녀를 데리고 입주하였으며 사건 건물의 소유자는 건물의 뒷편에 가건물로 부엌을 설치하여 주었고 장독대와 공동으로 사용하고 있는 화장실이 있는 경우 임차인이 임차하고 있는 건물은 주거용 건물에 해당한다고 판시하고 있습니다. 위 판례는 이 사건 사실관계와 아주 흡사한 경우로서 이 사건에 있어서도 적용될 수 있다고 할 것입니다.

3. 결론

위에서 본 바와 같이 피고는 이 사건 임대차목적물을 주거용으로 사용하고 있어 주택임대차보호법상의 대항력 있는 임차인이라 할 것이므로, 피고는 임차보증금 33,000,000원(피고가 지급한 임차보증금은 금 36,000,000원이지만 금 3,000,000원은 이 사건 건물에 대한 경매절차를 통하여 배당 받은 제1순위 근저당권이 설정된 뒤에 증액된 것이어서 금 33,000,000원만이 대항력을 가진 임차보증금이라 할 것입니다)을 반환 받지 않는 이상 피고가 임차하고 있는 이 사건 임대차목적물을 원고에게 인도 할 의무가 없다 할 것입니다.

첨 부 서 류

1. 참고판례(대법원 1988. 12. 27. 선고 87다카2024 판결)

20○○. ○. ○.

위 피고 ◇◇◇ (서명 또는 날인)

○○지방법원 제○민사단독 귀중

㉘ 답변서(건물인도청구에 대한 항변)

답 변 서

사 건 20○○가단○○○○ 건물인도
원 고 ○○○
피 고 ◇◇◇

위 사건에 관하여 피고는 아래와 같이 답변합니다.

청구취지에 대한 답변

1. 원고의 청구를 기각한다.
2. 소송비용은 원고의 부담으로 한다.

라는 판결을 구합니다.

청구원인에 대한 답변

1. 원고의 주장
   원고는 ○○시 ○○구 ○○길 ○○ 지상 주택(다음부터 '이 사건 주택'이라 함)의 소유자로서, 피고가 이 사건 주택 중 2층을 무단점유하고 있으므로 인도 해 줄 것을 주장하고 있습니다.
2. 주택임대차계약의 체결
   그러나 아래와 같이 피고는 이 사건 주택을 점유할 권원이 있습니다.
   즉, 피고는 20○○. ○. ○. 소외 ◉◉◉와의 사이에 소외인의 소유인 이 사건 주택 중 2층 전부에 관하여 임차보증금 4,500만원으로, 임차기간은 인도일로부터 2년으로 하는 주택임대차계약을 체결하고, 20○○. ○. ○○. 보증금 4,500만원을 지급하고 입주하면서 주민등록전입신고를 하고 지금까지 거주하고 있습니다.
3. 임대인 지위 승계
   가. 원고는 위 소외인으로부터 이 사건 주택을 매수하여 ○○지방법원 등기과 20○○. ○○. ○. 접수 제12345호 소유권이전등기를 마침으로써 이 사건 주택의 소유권을 취득하였습니다.
   나. 피고는 위 제1항의 기재와 같이 주택임대차보호법 제3조 제1항 소정의 대항력을 취득한 주택임차인이고 원고는 같은 법 제3조 제3항 소정의 임차주택 양수인으로 위 소외인이 가지는 임대인의 지위를 승계한 자입니다.
4. 따라서 피고는 임대차기간 만료일까지는 적법한 임차인으로서 이 사건 주택 2층을 점유할 수 있으므로 무단점유임을 전제로 한 원고의 이 사건 청구는 기각되어야 할 것입니다.

20○○. ○. ○.
위 피고 ◇◇◇ (서명 또는 날인)

○○지방법원 제○○민사단독 귀중

6-3. 소가 산정

① 계약기간의 만료를 원인으로 건물의 명도를 청구하는 경우의 소가는 목적물건 가액의 2분의 1입니다(민사소송 등 인지규칙 제12조 제5호).

② 목적물건의 가액은 건물의 시가표준액에 100분의 50을 곱한 금액입니다(민사소송 등 인지규칙 제9조 제2항).

③ 따라서 건물의 시가표준액이 200,000,000원인 건물의 명도소송을 할 경우, 소가는 {(200,000,000× 100분의 50)× 1/2} 로 계산해 나온 값이 됩니다.

④ 개별주택의 시가표준액은 <전자정부 민원24, 개별주택가격확인>에서 확인하실 수 있습니다.

⑤ 공동주택의 시가표준액은 <전자정부 민원24, 공동주택가격확인>에서 확인하실 수 있습니다.

⑥ 서울시의 주택외 건물 시가표준액은 <서울시 지방세 인터넷 납부시스템>에서 확인하실 수 있습니다. 그 외 지역은 해당 구청 등에서 확인하셔야 합니다.

⑦ 주의사항

하나의 소장에 부동산의 명도·인도와 그 부동산에 관한 임료 내지 임료 상당의 손해배상금 또는 부당이득금(이하 "임료등"이라고 한다)을 함께 청구하는 경우, 그 임료 등은 소가에 산입하지 않습니다(부동산의 명도·인도와 임료 등을 병합하여 청구하는 경우의 소가 산정에 관한 업무처리지침). 다만, 임료 등의 청구만을 하는 소송의 경우에는 기발생분 및 1년분의 임료 등 합산액이 그 소가가 됩니다(부동산의 명도·인도와 임료 등을 병합하여 청구하는 경우의 소가 산정에 관한 업무처리지침).

6-4. 1심 소가에 따른 인지액

소 가	인 지 대
소가 1천만원 미만	소가 × 50 / 10,000
소가 1천만원 이상 1억원 미만	소가 × 45 / 10,000 + 5,000
소가 1억원 이상 10억원 미만	소가×40 / 10,000 + 55,000
소가 10억원 이상	소가× 35 / 10,000 + 555,000
※ 인지액이 1천원 미만이면 1천원으로 하고, 수수료 중 100원 미만은 계산하지 않습니다(「민사소송 등 인지법」 제2조제2항).	

6-5. 인지액의 납부방법

6-5-1. 현금납부

① 소장에 첨부하거나 보정해야 할 인지액(이미 납부한 인지액이 있는 경우에는 그 합산액)이 1만원 이상인 경우에는 그 인지의 첨부 또는 보정에 갈음해 인지액 상당의 금액 전액을 현금으로 납부해야 합니다(민사소송 등 인지규칙 제27조 제1항).

② 인지액 상당 금액을 현금으로 납부할 경우에는 송달료 수납은행에 내야 합니다(민사소송 등 인지규칙 제28조).

6-5-2. 신용카드납부

① 신청인은 인지액 상당의 금액을 현금으로 납부할 수 있는 경우 이를 수납은행 또는 인지납부대행기관의 인터넷 홈페이지에서 인지납부대행기관을 통해 신용카드·직불카드 등(이하 “신용카드등”이라 한다)으로도 납부할 수 있습니다(민사소송 등 인지규칙 제28조의2제1항).

② "인지납부대행기관"이란 정보통신망을 이용해 신용카드등에 의한 결제를 수행하는 기관으로서 인지납부대행기관으로 지정받은 자를 말합니다(민사소송 등 인지규칙 제28조의2 제2항).

③ 인지납부대행기관은 신청인으로부터 인지납부 대행용역의 대가로 납부대행수수료를 받을 수 있고, 납부대행수수료는 전액 소송비용으로 봅니다(민사소송 등 인지규칙 제28조의2 제4항 및 제5항).

6-6. 인지납부일

① 인지액 상당의 금액을 신용카드등으로 납부하는 경우에는 인지납부대행기관의 승인일을 인지납부일로 봅니다(민사소송 등 인지규칙 제28조의2 제3항).

② 신청인은 수납은행이나 인지납부대행기관으로부터 교부받거나 출력한 영수필확인서를 소장에 첨부하여 법원에 제출해야 합니다(민사소송 등 인지규칙 제29조 제2항).

6-7. 송달료 납부

민사 제1심 단독 또는 합의사건의 송달료는 당사자수 × 3,700원 × 15회분입니다(송달료규칙의 시행에 따른 업무처리요령 별표 1).

6-8. 소장부본

소장 제출 시 송달에 필요한 수의 부본을 함께 제출해야 합니다(민사소송규칙 제48조 제1항).

7. 공유물분할청구의 소

① 공유물분할 청구소송은 공유관계에 있는 자가 다른 공유자에게 분할을 청구하는 소송입니다.

② 공유물분할 청구소송의 소가는 목적물건 가액에 원고의 공유 지분 비율을 곱해 산출한 가액의 3분의 1이고, 인지대는 소가에 따른 인지대 계산방법으로 계산하면 됩니다.

7-1. 공유물분할의 개념

'공유물분할'은 공유관계 소멸 원인 중의 하나로, 법률의 규정이나 별단의 특약이 없는 한, 각 공유자는 공유물의 분할을 청구할 수 있습니다(민법 제268조 제1항).

7-2. 공유물분할 청구소송의 신청서 작성례

① 공유물분할청구의 소(상속된 공유토지 분할)

소 장

원 고 1. 정○○ (주민등록번호)
○○시 ○○구 ○○길 ○○(우편번호 ○○○-○○○)
전화.휴대폰번호:
팩스번호, 전자우편(e-mail)주소:
2. 정○○ (주민등록번호)
○○시 ○○구 ○○길 ○○(우편번호 ○○○-○○○)
전화.휴대폰번호:
팩스번호, 전자우편(e-mail)주소:
3. 정○○ (주민등록번호)
○○시 ○○구 ○○길 ○○(우편번호 ○○○-○○○)
전화.휴대폰번호:
팩스번호, 전자우편(e-mail)주소:
4. 정○○ (주민등록번호)
○○시 ○○구 ○○길 ○○(우편번호 ○○○-○○○)
전화.휴대폰번호:
팩스번호, 전자우편(e-mail)주소:

피 고 1. 정◇◇ (주민등록번호)
○○시 ○○구 ○○길 ○○(우편번호 ○○○-○○○)
전화.휴대폰번호:
팩스번호, 전자우편(e-mail)주소:
2. 정◇◇ (주민등록번호)
○○시 ○○구 ○○길 ○○(우편번호 ○○○-○○○)
전화.휴대폰번호:
팩스번호, 전자우편(e-mail)주소:
3. 정◇◇ (주민등록번호)
○○시 ○○구 ○○길 ○○(우편번호 ○○○-○○○)
전화.휴대폰번호:
팩스번호, 전자우편(e-mail)주소:
4. 정◇◇ (주민등록번호)
○○시 ○○구 ○○길 ○○(우편번호 ○○○-○○○)
전화.휴대폰번호:
팩스번호, 전자우편(e-mail)주소:
5. 정◇◇ (주민등록번호)
○○시 ○○구 ○○길 ○○(우편번호 ○○○-○○○)

전화.휴대폰번호:
팩스번호, 전자우편(e-mail)주소:

공유물분할청구의 소

청 구 취 지

1. 별지목록 기재 부동산에 관하여 별지도면 표시 "4,5,6,7,4"의 각 점을 차례로 연결한 선내의 (가)부분 719.9㎡를 원고 정○○, 같은 정○○, 같은 정○○, 같은 정○○의 공유로, 같은 도면 표시 "1,2,3,4,7,8,9,1"의 각 점을 차례로 연결한 선내의 (나)부분 867.1㎡를 피고들의 공유로 분할한다. 만약 현물분할이 불가능할 때에는 위 부동산을 경매에 붙여 그 대금 중에서 경매비용을 공제한 금액 중 각 615분의 72를 원고 정○○, 원고 정○○, 원고 정○○에게, 615분의 63을 원고 정○○에게, 615분의 102를 피고 정◇◇에게, 각 615분의 72를 피고 정◇◇, 피고 정◇◇, 피고 정◇◇에게, 615분의 18을 피고 정◇◇에게 각 배당한다.
2. 소송비용은 피고들이 부담한다.

라는 판결을 구합니다.

청 구 원 인

1. 원.피고들 사이의 관계
   원고 정○○(1960. 1. 21.생)은 소외 망 정□□(1979. 10. 5.사망)과 어머니인 같은 망 민□□(1985. 6. 29.사망) 사이에서 태어난 5남 4녀 중 4남, 원고 정○○(1968. 3. 10.생)는 5남, 원고 정○○(1958. 1. 16.생)는 3녀이며, 같은 정○○(1953. 11. 28.생)는 차남, 피고 정◇◇(1948. 5. 4.생)는 장남, 같은 정◇◇(1955. 10. 1.생)는 3남, 같은 정◇◇(1944. 4. 4.생)는 장녀, 같은 정◇◇(1951. 2. 7.생)는 차녀, 같은 정◇◇(1963. 12. 1.생)은 4녀입니다.
2. 분할대상 부동산인 별지 부동산목록 기재 부동산은 원래 원.피고들의 아버지인 위 정□□의 소유였는데 위 정□□이 1979. 10. 5. 사망함으로써 원.피고들과 위 민□□은 망 정□□의 소유인 위 부동산을 법정상속분에 따라서 공동상속하였습니다. 그 후 위 민□□도 1985. 6. 29. 사망함으로써 원.피고들은 망 민□□의 소유지분에 관하여 각 공유지분의 법정상속분에 따라서 공동 상속을 하였습니다.

3. 일부 피고들의 불법행위
   원고와 피고들이 별지 부동산목록 기재 각 부동산들을 위 정□□, 민□□로부터 상속받기 이전은 물론 현재까지도 위 부동산들의 대부분은 공장부지로서 매년 위 대지상의 건물소유자인 소외 김□□로부터 임대료를 받고 있어 막대한 임대 수익이 발생함에도 불구하고, 피고들 가운데 피고 정◇◇, 같은 정◇◇, 같은 정◇◇능은 위 민□□이 사망한 1985. 7. 6. 무렵 이후부터 현재까지 위 각 부동산들이 마치 자신들만의 소유인 양 행세하면서 위 부동산 임대수입을 매년 독차지하고 있습니다. 원고들은 그 동안 무수히 위 피고 3형제들에게 위 부동산의 임대수입을 법정상속분대로 분배할 것을 요구하여 왔으나 번번이 묵살해 버리고 있습니다.

4. 결론

원고들은 위에서 본바와 같은 피고 3형제들의 장기간에 걸친 불법행위를 더 이상 좌시할 수만은 없어, 별지 부동산목록 기재 각 부동산들에 대하여 위치, 형태, 면적 등 입지조건을 감안하여 모든 공유자간에 이해관계의 형평을 이루도록 하는 범위 내에서 원고들의 각 공유지분을 합산한 것에 상응하는 부분, 특히 별지 부동산목록 기재 부동산에 관하여 별지도면 표시 "4,5,6,7,4"의 각 점을 차례로 연결한 선내의 (가)부분 719.9㎡{1,587×(72/615 :정○○지분+72/615 :정○○지분+72/615 :정○○지분+63/615 :정○○지분)}를 원고 정○○, 같은 정○○, 같은 정○○, 같은 정○○의 공유로, 같은 도면 표시 "1,2,3,4,7,8,9,1"의 각점을 순차로 연결한 선내의 (나)부분 867.1㎡(1,587×336/615)를 피고들의 공유로 각 분할하며, 만약 현물분할이 불가능할 때에는 위 각 부동산을 경매에 붙여 별지 부동산목록 기재 각 부동산에 관하여는 그 대금 중에서 경매비용을 공제한 금액 중 원고 정○○, 원고 정○○, 원고 정○○에게 각 615분의 72를, 원고 정○○에게 615분의 63을, 피고 정◇◇에게 615분의 102를, 피고 정◇◇, 피고 정◇◇, 피고 정◇◇에게 각 615분의 72를, 피고 정◇◇에게 615분의 18을 각 대금으로 분할 청구하고자 이 사건 소를 제기하기에 이른 것입니다.

입 증 방 법

1. 갑 제1호증의 1내지2 기본증명서
(단, 2007.12.31. 이전 사망한 경우 제적등본)
1. 갑 제2호증의 1내지9 각 가족관계증명서
(또는, 상속관계를 확인할 수 있는 제적등본)
1. 갑 제3호증의 1내지9 각 주민등록표등본
1. 갑 제4호증의 1내지13 각 부동산등기사항증명서
1. 갑 제5호증의 1내지13 각 토지대장등본
1. 갑 제6호증 지적도등본
1. 갑 제7호증 현황측량도

첨 부 서 류

1. 위 입증방법 각 1통
1. 소장부본 5통
1. 송달료납부서 1통

20○○. ○. ○.

위 원고 1. 정○○ (서명 또는 날인)
2. 정○○ (서명 또는 날인)
3. 정○○ (서명 또는 날인)
4. 정○○ (서명 또는 날인)

○○지방법원 ○○지원 귀중

■ 참 고 ■

※ (1) 관 할

1. 소(訴)는 피고의 보통재판적(普通裁判籍)이 있는 곳의 법원의 관할에 속하고, 사람의 보통재판적은 그의 주소에 따라 정하여지나, 대한민국에 주소가 없거나 주소를 알 수 없는 경우에는 거소에 따라 정하고, 거소가 일정하지 아니하거나 거소도 알 수 없으면 마지막 주소에 따라 정하여집니다.
2. 부동산에 관한 소를 제기하는 경우에는 부동산이 있는 곳의 법원에 제기할 수 있습니다.
3. 따라서 위 사안에서 원고는 피고의 주소지를 관할하는 법원이나 부동산이 있는 곳의 관할 법원에 소를 제기할 수 있습니다.

※ (2) 공유물분할청구권의 소멸시효

공유물분할청구권은 공유관계에서 수반되는 형성권이므로 공유관계가 존속하는 한, 그 분할청구권만이 독립하여 시효에 의하여 소멸될 수 없다고 할 것이며, 따라서 그 분할청구의 소 내지 공유물분할을 명하는 판결도 형성의 소 및 형성판결로서 소멸시효의 대상이 될 수 없습니다.

※ (3) 인 지

소장에는 소송목적의 값에 따라 민사소송등인지법 제2조 제1항 각 호에 따른 금액 상당의 인지를 붙여야 합니다. 다만, 대법원 규칙이 정하는 바에 의하여 인지의 첩부에 갈음하여 당해 인지액 상당의 금액을 현금이나 신용카드·직불카드 등으로 납부하게 할 수 있는바, 현행 규정으로는 인지첩부액이 1만원 이상일 경우에는 현금으로 납부하여야 하고, 또한 인지액 상당의 금액을 현금으로 납부할 수 있는 경우 이를 수납은행 또는 인지납부대행기관의 인터넷 홈페이지에서 인지납부대행기관을 통하여 신용카드 등으로도 납부할 수 있습니다(민사소송등인지규칙 제27조 제1항 및 제28조의 2 제1항).

※ (4) 상속분

개정 전 민법 제1009조는,

①동순위의 상속인이 수인인 때에는 그 상속분은 균분으로 한다. 그러나 재산상속인이 동시에 호주상속을 할 경우에는 상속분은 그 고유의 상속분의 5할을 가산한다.<개정 1977·12·31>

②동일가적내에 없는 녀자의 상속분은 남자의 상속분의 4분의 1로 한다.

③피상속인의 처의 상속분은 직계비속과 공동으로 상속하는 때에는 동일가적내에 있는 직계비속의 상속분의 5할을 가산하고 직계존속과 공동으로 상속하는 때에는 직계존속의 상속분의 5할을 가산한다. 고 규정하였으나,

1990. 1. 13. 민법 제1009조가 개정되어

①동순위의 상속인이 수인인 때에는 그 상속분은 균분으로 한다.<개정 1977·12·31, 1990·1·13>

②피상속인의 배우자의 상속분은 직계비속과 공동으로 상속하는 때에는 직계비속의 상속분의 5할을 가산하고, 직계존속과 공동으로 상속하는 때에는 직계존속의 상속분의 5할을 가산한다.

③삭제 됨.

따라서 현행 민법에 의하면, 자녀들은 동일 가적내에 있는지 여부와 관계없이 상속분은 동일합니다.

※ (5) 제출부수 : 소장원본 1부 및 피고 수만큼의 부본 제출해야 합니다. 위 서식에서는 별지 부동산목록과 별지도면이 생략되어 있으나, 실제로 소장을 작성할 경우 별지 부동산목록과 별지도면을 작성.첨부하여야 합니다.

※ (6) 불복절차 및 기간 : 항소(민사소송법 제390조)를 판결서가 송달된 날부터 2주 이내(민사소송법 제396조 제1항)에 제기해야 합니다.

(관련판례 1)

공유물분할의 소(訴)에 있어서 법원은 공유관계나 그 객체인 물건의 제반상황을 종합적으로 고려하여 합리적인 방법으로 지분비율에 따른 분할을 명하여야 하는 것이고, 여기에서 지분비율이란 원칙적으로 지분에 따른 가액(교환가치)의 비율을 말하는 것이므로, 법원은 분할대상 목적물의 형상이나 위치, 이용상황이나 경제적 가치가 균등하지 아니할 때에는 원칙적으로 경제적 가치가 지분비율에 상응하도록 조정하여 분할을 명하여야 하는 것이며, 또한 재판에 의한 공유물분할은 현물분할의 방법에 의함이 원칙이나, 현물분할이 불가능하거나 그것이 형식상 가능하다고 하더라도 그로 인하여 현저히 가격이 감손될 염려가 있을 때에는 공유물의 경매를 명하여 대금을 분할하는, 이른바 대금분할의 방법에 의하여야 하고, 여기서 '현물분할로 인하여 현저히 가격이 감손된다.'라고 함은 공유물전체의 교환가치가 현물분할로 인하여 현저하게 감손될 경우뿐만 아니라 공유자들 중 한 사람이라도 현물분할에 의하여 단독으로 소유하게 될 부분의 가액이 공유물분할 전의 소유지분 가액보다 현저하게 감손될 경우도 포함된다(대법원 1999. 6. 11. 선고 99다6746 판결).

(관련판례 2)

공유물분할청구는 공유자의 일방이 그 공유지분권에 터 잡아서 하는 것이므로, 공유지분권을 주장하지 아니하고 목적물의 특정부분을 소유한다고 주장하는 자는 그 부분에 대하여 신탁적으로 지분등기를 가지고 있는 자를 상대로 하여 그 특정 부분에 대한 명의신탁해지를 원인으로 한 지분이전등기절차의 이행을 구하면 되고, 이에 갈음하여 공유물분할청구를 할 수는 없다(대법원 1996. 2. 23. 선고 95다8430 판결).

② 공유물분할청구의 소(공동매수, 임야)

소 장

원 고 ○○○ (주민등록번호)
○○시 ○○구 ○○길 ○○(우편번호 ○○○-○○○)
전화.휴대폰번호:
팩스번호, 전자우편(e-mail)주소:
피 고 ◇◇◇ (주민등록번호)
○○시 ○○구 ○○길 ○○(우편번호 ○○○-○○○)
전화.휴대폰번호:
팩스번호, 전자우편(e-mail)주소:

공유물분할청구의 소

청 구 취 지

1. 별지목록 기재 토지를, 그 중 별지도면 표시 ㄱ, ㄴ, ㄷ, ㄹ, ㄱ의 각 점을 차례로 연결한 선내 ㉮부분 ○○○㎡는 원고의 소유로, 같은 도면 표시 ㄹ, ㄷ, ㅂ, ㅁ, ㄹ의 각 점을 차례로 연결한 선내 ㉯부분 ○○○㎡는 피고의 소유로 각 분할한다.

2 소송비용은 피고의 부담으로 한다.
라는 판결을 구합니다.

청 구 원 인

1. 원고와 피고는 별지목록 기재 임야를 20○○. ○. ○○. 소외인 ◉◉◉로부터 금 10,000,000원에 매수하면서 3 : 2 비율로 출연하고, 지분등기도 원고가 3/5, 피고가 2/5로 하였습니다.
2. 원고는 피고에게 여러 차례에 걸쳐 별지목록 기재 임야의 분할을 청구하였으나, 피고는 별지목록 기재 임야가 분할되면 형질을 변경하여 위락시설로 개발하기에는 부적합한 작은 필지가 되어 임야의 시가가 떨어진다는 이유로 분할에 응하지 않고 있습니다.
3. 그러나 원.피고 사이에는 매수할 때부터 분할 할 수 없다는 특약이 없었으므로 피고가 원고의 청구에 응하지 아니할 아무런 이유도 없습니다.
4. 그런데도 피고는 원고의 청구에 응하지 아니하므로 원고로서는 부득이 청구취지와 같은 판결을 구하고자 이 사건 소송을 제기하기에 이른 것입니다.

입 증 방 법

1. 갑 제1호증 부동산등기사항전부증명서
1. 갑 제2호증 토지대장등본
1. 갑 제3호증 공유에 관한 계약서
1. 갑 제4호증 지적도등본
1. 갑 제5호증 현황측량도

첨 부 서 류

1. 위 입증방법 각 1통
1. 소장부본 1통
1. 송달료납부서 1통

20○○. ○. ○.
위 원고 ○○○ (서명 또는 날인)

○○지방법원 귀중

[별 지]

부동산의 표시

○○시 ○○구 ○○동 ○○ 임야 ○○○㎡. 끝.

[별 지]

도 면

(○○시 ○○구 ○○동 ○○ 임야 ○○○㎡)

ㄱ	ㄹ	ㅁ
㉮	㉯	
ㄴ	ㄷ	ㅂ

관할법원	※ 아래(1)참조	소멸시효	○○년(☞소멸시효일람표) ※ 아래(2)참조
제출부수	소장원본 1부 및 피고 수만큼의 부본 제출		
비 용	·인지액 : ○○○원(☞산정방법) ※ 아래(3)참조 ·송달료 : ○○○원(☞적용대상사건 및 송달료 예납기준표)		
불복절차 및 기간	·항소(민사소송법 제390조) ·판결서가 송달된 날부터 2주 이내(민사소송법 제396조 제1항)		
기 타	·공유물분할의 소(訴)에 있어서 법원은 공유관계나 그 객체인 물건의 제반상황을 종합적으로 고려하여 합리적인 방법으로 지분비율에 따른 분할을 명하여야 하는 것이고, 여기에서 지분비율이란 원칙적으로 지분에 따른 가액(교환가치)의 비율을 말하는 것이므로, 법원은 분할대상 목적물의 형상이나 위치, 이용상황이나 경제적 가치가 균등하지 아니할 때에는 원칙적으로 경제적 가치가 지분비율에 상응하도록 조정하여 분할을 명하여야 하는 것이며, 또한 재판에 의한 공유물분할은 현물분할의 방법에 의함이 원칙이나, 현물분할이 불가능하거나 그것이 형식상 가능하다고 하더라도 그로 인하여 현저히 가격이 감손될 염려가 있을 때에는 공유물의 경매를 명하여 대금을 분할하는, 이른바 대금분할의 방법에 의하여야 하고, 여기서 '현물분할로 인하여 현저히 가격이 감손된다.'라고 함은 공유물전체의 교환가치가 현물분할로 인하여 현저하게 감손될 경우뿐만 아니라 공유자들 중 한 사람이라도 현물분할에 의하여 단독으로 소유하게 될 부분의 가액이 공유물분할 전의 소유지분 가액보다 현저하게 감손될 경우도 포함됨(대법원 1999. 6. 11. 선고 99다6746 판결). ·공유물분할청구는 공유자의 일방이 그 공유지분권에 터 잡아서 하는 것이므로, 공유지분권을 주장하지 아니하고 목적물의 특정부분을 소유한다고 주장하는 자는 그 부분에 대하여 신탁적으로 지분등기를 가지고 있는 자를 상대로 하여 그 특정 부분에 대한 명의신탁해지를 원인으로 한 지분이전등기절차의 이행을 구하면 되고, 이에 갈음하여 공유물분할청구를 할 수는 없음(대법원 1996. 2. 23. 선고 95다8430 판결).			

※ (1) 관 할

1. 소(訴)는 피고의 보통재판적(普通裁判籍)이 있는 곳의 법원의 관할에 속하고, 사람의 보통재판적은 그의 주소에 따라 정하여지나, 대한민국에 주소가 없거나 주소를 알 수 없는 경우에는 거소에 따라 정하고, 거소가 일정하지 아니하거나 거소도 알 수 없으면 마지막 주소에 따라 정하여짐
2. 부동산에 관한 소를 제기하는 경우에는 부동산이 있는 곳의 법원에 제기할 수 있음
3. 따라서 위 사안에서 원고는 피고의 주소지를 관할하는 법원이나 부동산이 있는 곳의 관할 법원에 소를 제기할 수 있음

※ (2) 공유물분할청구권의 소멸시효

공유물분할청구권은 공유관계에서 수반되는 형성권이므로 공유관계가 존속하는 한, 그 분할청구권만이 독립하여 시효에 의하여 소멸될 수 없다고 할 것이며, 따라서 그 분할청구의 소 내지 공유물분할을 명하는 판결도 형성의 소 및 형성판결로서 소멸시효의 대상이 될 수 없음(대법원 1981. 3. 24. 선고 80다1888, 1889 판결).

※ (3) 인 지

소장에는 소송목적의 값에 따라 민사소송등인지법 제2조 제1항 각 호에 따른 금액 상당의 인지를 붙여야 함. 다만, 대법원 규칙이 정하는 바에 의하여 인지의 첩부에 갈음하여 당해 인지액 상당의 금액을 현금이나 신용카드·직불카드 등으로 납부하게 할 수 있는바, 현행 규정으로는 인지첩부액이 1만원 이상일 경우에는 현금으로 납부하여야 하고 또한 인지액 상당의 금액을 현금으로 납부할 수 있는 경우 이를 수납은행 또는 인지납부대행기관의 인터넷 홈페이지에서 인지납부대행기관을 통하여 신용카드 등으로도 납부할 수 있음(민사소송등인지규칙 제27조 제1항 및 제28조의 2 제1항).

③ 공유물분할청구의 소(경매절차 공동매수한 단독주택 및 대지)

소 장

원 고 ○○○ (주민등록번호)
○○시 ○○구 ○○길 ○○(우편번호 ○○○-○○○)
전화.휴대폰번호:
팩스번호, 전자우편(e-mail)주소:
피 고 ◇◇◇ (주민등록번호)
○○시 ○○구 ○○길 ○○(우편번호 ○○○-○○○)
전화.휴대폰번호:
팩스번호, 전자우편(e-mail)주소:

공유물분할청구의 소

청 구 취 지

1. 별지(1)목록 기재의 부동산에 관하여 별지도면 표시 ㄱ, ㄴ, ㄷ, ㄹ, ㄱ의 각 점을 차례로 연결한 선내 ㉮부분 ○○.○㎡는 원고의 소유로, 같은 도면 표시 ㄹ, ㄷ, ㅂ, ㅁ, ㄹ의 각 점을 차례로 연결한 선내 ㉯부분 ○○.○㎡는 피고의 소유로 분할하고, 만약 현물분할이 불가능할 때에는 별지(1)목록 기재의 부동산을 경매에 붙여 그 매각대금 중에서 경매비용을 뺀 나머지 금액을 원고 및 피고에게 각 2분의 1씩 배당한다.
2. 별지(2)목록 기재의 부동산은 이를 경매에 붙여 그 매각대금에서 경매비용을 뺀 나머지 금액을 원고 및 피고에게 각 2분의 1씩 배당한다.
3. 소송비용은 피고가 부담한다.

라는 판결을 구합니다.

청 구 원 인

1. 원고와 피고는 별지(1)목록 기재의 대지 및 별지(2)목록 기재 단독주택을 ○○지방법원 20○○ 타경 제○○○○호 부동산 강제경매절차에서 공동으로 매수신고하여 매각허가결정을 받은 사실이 있으며, 각각 매각대금의 2분의 1씩을 부담하였으므로 소유권이전등기를 하면서 각 2분의 1씩 지분을 표시하여 공유로 한 사실이 있고, 분할금지의 약정을 한 사실이 없습니다.

2. 원고와 피고는 별지(2)목록 기재 단독주택에 대하여 피고가 거주하되 매월 금 200,000원씩을 매월 1일에 피고가 원고에게 지급하기로 약정하였으나 피고는 이를 이행하지 않고 있어 원고는 별지(2)목록 기재 단독주택을 현물분할 하는 것이 불가능한 경우에 해당되므로 매각하여 그 대금을 분할할 것을 청구하였으나 피고는 이에 응하지 않고 있습니다.
3. 결국 원고는 별지도면 표시와 같은 별지(1)목록 기재의 대지에 대한 분할과 그와 같은 현물분할이 불가능한 경우에는 대금으로의 분할을 청구하며, 동시에 별지(2)목록 기재 단독주택에 대하여는 현물로 분할이 불가능하여 대금으로 분할할 것을 청구하고자 이 사건 소를 제기하게 되었습니다.

입 증 방 법

1. 갑 제1호증 매각허가결정문사본
1. 갑 제2호증의 1, 2 각 부동산등기사항증명서
1. 갑 제3호증 토지대장등본
1. 갑 제4호증 건축물대장등본
1. 갑 제5호증 지적도등본
1. 갑 제6호증 현황측량도

첨 부 서 류

1. 위 입증방법 각 1통
1. 소장부본 1통
1. 송달료납부서 1통

20○○. ○. ○.

위 원고 ○○○ (서명 또는 날인)

○○지방법원 ○○지원 귀중

[별지] 생략

④ 공유물분할청구의 소(지분증여, 토지)

소 장

원 고 ○○○ (주민등록번호)
○○시 ○○구 ○○길 ○○(우편번호 ○○○-○○○)
등기부상 주소 경기 ○○군 ○○면 ○○길 ○○
전화.휴대폰번호:
팩스번호, 전자우편(e-mail)주소:

피 고 ◇◇◇ (주민등록번호)
○○시 ○○구 ○○길 ○○(우편번호 ○○○-○○○)
전화.휴대폰번호:
팩스번호, 전자우편(e-mail)주소:

공유물분할청구의 소

청 구 취 지

1. 별지목록 기재의 부동산에 관하여 별지도면 표시 ㄱ, ㄴ, ㄷ, ㄹ, ㄱ의 각 점을 차례로 연결한 선내 ㉮부분 ○○.○㎡는 원고의 소유로, 같은 도면 표시 ㄹ, ㄷ, ㅂ, ㅁ, ㄹ의 각 점을 차례로 연결한 선내 ㉯부분 ○○.○㎡는 피고의 소유로 각 분할한다.

2. 만약 현물분할이 불가능할 때에는 별지목록 기재의 부동산을 경매에 붙여 그 매각대금 중에서 경매비용을 뺀 나머지 금액을 원고 및 피고에게 각 2분의 1씩 배당한다.

3. 소송비용은 피고가 부담한다.

라는 판결을 구합니다.

청 구 원 인

1. 원고는 소외 ◉◉◉로부터 피고와 소외 ◉◉◉의 공동소유인 별지목록 기재 부동산에 대한 소외 ◉◉◉의 2분의 1 지분을 20○○. ○. ○. 증여 받은 사실이 있으며, 이를 원인으로 한 위 지분에 대한 소유권이전등기를 마친 사실이 있습니다.

2. 원고는 재정사정의 악화로 인하여 피고에게 위 부동산을 현물로 분할하든지 또는 위 부동산을 매각하여 그 대금을 분할할 것을 청구하였으나 피고는 분할금지의 약정 등이 없음에도 불구하고 이에 반대하고 있습니다.

3. 따라서 원고는 별지도면 표시와 같은 분할과 그와 같은 현물분할이 불가능한 경우에는 대금으로 분할할 것을 청구하고자 이 사건 소를 제기하게 되었습니다.

입 증 방 법

1. 갑 제1호증 부동산등기사항증명서
1. 갑 제2호증 토지대장등본
1. 갑 제3호증 지적도등본
1. 갑 제4호증 현황측량도

첨 부 서 류

1. 위 입증방법 각 1통
1. 소장부본 1통
1. 송달료납부서 1통

20○○. ○. ○.

위 원고 ○○○ (서명 또는 날인)

○○지방법원 ○○지원 귀중

[별지] 생략

⑤ 공유물분할청구의 소(대금분할)

소 장

원 고 ○○○ (주민등록번호)
○○시 ○○구 ○○길 ○○(우편번호 ○○○-○○○)
전화.휴대폰번호:
팩스번호, 전자우편(e-mail)주소:
피 고 1. 김◇◇ (주민등록번호)
○○시 ○○구 ○○길 ○○(우편번호 ○○○-○○○)
전화.휴대폰번호:
팩스번호, 전자우편(e-mail)주소:
2. 이◇◇ (주민등록번호)
○○시 ○○구 ○○길 ○○(우편번호 ○○○-○○○)
전화.휴대폰번호:
팩스번호, 전자우편(e-mail)주소:

공유물분할청구의 소

청 구 취 지

1. 별지목록1 기재의 부동산을 경매하고, 그 매각대금에서 경매비용을 공제한 금액을 분할하여 별지목록2 기재의 공유지분 비율에 따라 원.피고들에게 각 배당한다.

2. 소송비용은 피고들이 부담한다.
라는 판결을 구합니다.

청 구 원 인

1. 원고는 피고들과 별지목록1 기재의 부동산을 20○○. ○. ○. 경매절차에서 공동으로 매수신청하여 매각허가결정을 받아 별지목록2 기재 지분으로 공유하고 있으며, 위 부동산에 관하여 공유자 사이에는 분할하지 않는다는 특약을 한 바 없습니다.

2. 그 뒤 원고는 20○○. ○. 초순경 별지목록1 기재의 부동산을 팔아서 매각대금을 지분대로 분할하려고 하였으나 피고들은 이 요구에 응하지 않고 있습니다.

3. 위와 같이 원고와 피고들 사이에 공유물분할에 관한 합의가 이루어지지 아니하고, 이 사건 부동산은 성질상 현물로 분할할 수 없으므로 별지목록1 기재의 부동산을 경매하여 그 매각대금을 공유지분비율에 따라 분할을 하는 것이 최선이라고 생각합니다.

4. 따라서 원고는 별지목록1 기재의 부동산을 경매에 붙여서 그 매각대금 중에서 경매비용을 공제한 다음 별지목록2 기재의 공유지분 비율에 따라 원.피고들에게 배당되도록 하여 공유관계를 해소하기 위하여 이 사건 청구에 이른 것입니다.

입 증 방 법

1. 갑 제1호증 부동산등기사항증명서
1. 갑 제2호증 토지대장등본
1. 갑 제3호증 공유에 관한 계약서
1. 갑 제4호증 통고서
1. 갑 제5호증 지적도등본

첨 부 서 류

1. 위 입증방법 각 1통
1. 소장부본 2통
1. 송달료납부서 1통

20○○. ○. ○.

위 원고 ○○○ (서명 또는 날인)

○○지방법원 귀중

[별 지 1]

부동산의 표시

1동 건물의 표시
○○시 ○○구 ○○동 ○○
[도로명주소] ○○시 ○○구 ○○길 ○○
철근콘크리트조 슬래브지붕 6층 아파트
1층 201㎡
2층 260㎡
3층 260㎡
4층 260㎡
5층 260㎡
6층 260㎡
지층 238㎡
전유부분의 건물표시
제3층 제302호
철근콘크리트조
59㎡
대지권의 목적인 토지의 표시
○○시 ○○구 ○○동 ○○
대 1861.5㎡, 대 1909.9㎡
대지권의 표시
소유대지권
대지권비율 3771.4분의 37.67. 끝.

[별 지 2]

공유자 및 지분표시

공 유 자	공 유 지 분
원 고 ○○○	1/3
피 고 1. 김◇◇	1/3
피 고 2. 이◇◇	1/3

⑥ 공유물분할청구의 소(공동매수, 대지)

소 장

원 고 ○○○ (주민등록번호)
○○시 ○○구 ○○길 ○○(우편번호 ○○○-○○○)
전화.휴대폰번호:
팩스번호, 전자우편(e-mail)주소:

피 고 1. 김◇◇ (주민등록번호)
○○시 ○○구 ○○길 ○○(우편번호 ○○○-○○○)
전화.휴대폰번호:
팩스번호, 전자우편(e-mail)주소:
2. 박◇◇ (주민등록번호)
○○시 ○○구 ○○길 ○○(우편번호 ○○○-○○○)
전화.휴대폰번호:
팩스번호, 전자우편(e-mail)주소:

공유물분할청구의 소

청 구 취 지

1. 별지 목록 기재의 부동산은 이를 경매하여 그 대금에서 경매비용을 공제한 금액을 3분하여 원고 및 피고들에게 각 3분의 1씩 배당한다.
2. 소송비용은 피고들이 부담한다.

라는 판결을 구합니다.

청 구 원 인

1. 원고는 피고들과 별지목록 기재의 토지 및 건물을 소외인 ◈◈◈로부터 금 ○○만원에 매수하여 균등한 지분으로 공유하고 있습니다. 그리고 위 공유물에 관하여는 공유자간에 분할하지 않는다고 특약을 한 바 없습니다.
2. 원고는 피고 김◇◇, 같은 박◇◇에 대하여 공유물의 분할을 청구하였으나 피고들은 위 공유물은 한 필의 토지 및 한 동의 건물로서 분할할 수 없다는 이유로 이에 응하지 않고 있습니다.
3. 그러나 위와 같이 분할하지 않는다는 계약이 없는 한, 원고의 청구에 의하여

언제든지 분할하지 않으면 아니 되는 것이나, 건물의 분할에는 많은 난점이 있고, 또 토지에 관해서도 이를 분할하면 협소해져서 가격에 대단히 많은 손해를 볼 우려가 있으므로, 별지목록 기재의 토지 및 건물을 모두 경매하여 그 대금을 분할하는 것이 최선의 방법이라 아니할 수 없습니다.

4. 따라서 원고는 별지목록 기재의 토지 및 건물을 모두 경매하여 그 대금 중에서 경매비용을 공제한 다음 3분하여 원고 및 피고들에게 각 3분의 1씩 배당되도록 하여 공유관계를 해소하기 위하여 이 사건 청구에 이른 것입니다.

입 증 방 법

1. 갑 제1호증 토지등기사항증명서
1. 갑 제2호증 토지대장등본
1. 갑 제3호증 지적도등본
1. 갑 제4호증 고정자산 평가증명서

첨 부 서 류

1. 위 입증방법 각 1통
1. 소장부본 2통
1. 송달료납부서 1통

20○○. ○. ○.

위 원고 ○○○ (서명 또는 날인)

○○지방법원 ○○지원 귀중

[별 지]

부동산의 표시

1. ○○시 ○○구 ○○동 ○○-○○ 대 ○○○㎡
2. 위 지상 철근콘크리트 슬래브지붕 2층주택

1층 ○○㎡

2층 ○○㎡. 끝.

⑦ 공유물분할 및 공유관계확인의 소

소　　　　장

원　고　○○○ (주민등록번호)
　　　　○○시 ○○구 ○○길 ○○(우편번호 ○○○-○○○)
　　　　전화.휴대폰번호:
　　　　팩스번호, 전자우편(e-mail)주소:
피　고　◇◇◇ (주민등록번호)
　　　　○○시 ○○구 ○○길 ○○(우편번호 ○○○-○○○)
　　　　전화.휴대폰번호:
　　　　팩스번호, 전자우편(e-mail)주소:

공유물분할 및 공유관계확인의 소

청 구 취 지

1. 별지목록 기재 부동산은 원고가 3/5, 피고가 2/5 지분비율로 공유하고 있음을 확인한다.

2. 별지목록 기재 부동산에 관하여 별지도면 표시 1, 2, 3, 4, 1의 각 점을 차례로 연결한 선내 (가)부분 240㎡는 원고의 소유로, 같은 도면 표시 3, 4, 5, 6, 3 각 점을 차례로 연결한 선내 (나)부분 160㎡는 피고의 소유로 각 분할한다.

3. 소송비용은 피고의 부담으로 한다.

라는 판결을 구합니다.

청 구 원 인

1. 원고와 피고는 20○○. ○. ○. 소외 ◉◉◉로부터 별지목록 기재 부동산에 대하여 원고가 금 30,000,000원, 피고가 금 20,000,000원을 투자하여 금 50,000,000원에 매수하였으나, 그 소유권이전등기는 각 지분의 표시 없이 공유로 등기를 마쳤으며, 분할금지의 약정을 한 사실이 없습니다.

2. 그런데 피고는 원고에게 별지목록 기재 부동산에 대하여 2분의 1의 지분권을

주장하고 이를 처분하겠다고 주장합니다.

3. 그러나 원고와 피고가 별지목록 기재 부동산을 소외 ◉◉◉로부터 매수할 때 투자금액에 비례하는 지분으로 공유하기로 약정하였으며, 다만 소유권이전등기를 하면서 미처 그 지분에 따른 등기를 하지 못하고 단순히 지분의 표시없이 공유로만 등기를 하게 된 것입니다.

4. 그렇다면 피고의 위와 같은 주장은 사실과 다른 주장임이 명백하므로 원고는 피고와의 분쟁을 해결하기 위하여 청구취지와 같은 판결을 구하고자 이 사건 청구에 이르게 된 것입니다.

입 증 방 법

1. 갑 제1호증 매매계약서
1. 갑 제2호증 약정서
1. 갑 제3호증 부동산등기사항전부증명서
1. 갑 제4호증 토지대장등본

첨 부 서 류

1. 위 입증방법 각 1통
1. 소장부본 1통
1. 송달료납부서 1통

20○○. ○. ○.

위 원고 ○○○ (서명 또는 날인)

○○지방법원 귀중

[별지] 생략

⑧ 검증 및 감정신청서(공유물 분할)

검증 및 감정신청

사 건 00가합0000
원 고 000
피 고 000

위 사건에 대하여 피고는 다음과 같이 검증 및 감정을 신청합니다.

다 음

1. 검증 및 감정할 장소
   서울 00구 000동 000

2. 검증할 목적
   위 장소 소재 토지(대 739.8㎡)를 공유하고 있는 원고와 피고가 공유물분할에 따라 각자가 분할 받을 면적을 산출하고 그 위치를 특정하기 위함

3. 감정할 목적
   위 토지에 대하여 위 피고가 분할 받을 부분을 귀원이 지정하는 측량사로 하여금 측량감정하게 하기 위함.(위 피고로서는 현재 점유부분인 별지 도면상의 고, 노, 도, 로, 고의 각점을 순차 연결한 선내 ① 부분을 포함한 부근 토지를 분할받기를 원하며, 그것이 어렵다면 위 ① 부분은 그대로 유지하고, 위 피고의 지분에서 위 ①부분의 면적을 공제한 나머지는 위 도면상의 가, 나, 다, 라, 가의 각 점을 순차 연결할 선내 ② 부분으로 분할 받기를 원함)

* 첨부 서류 : 토지 도면 1부

20○○. ○. ○.

피 고 0 0 0

00 지방법원 귀중

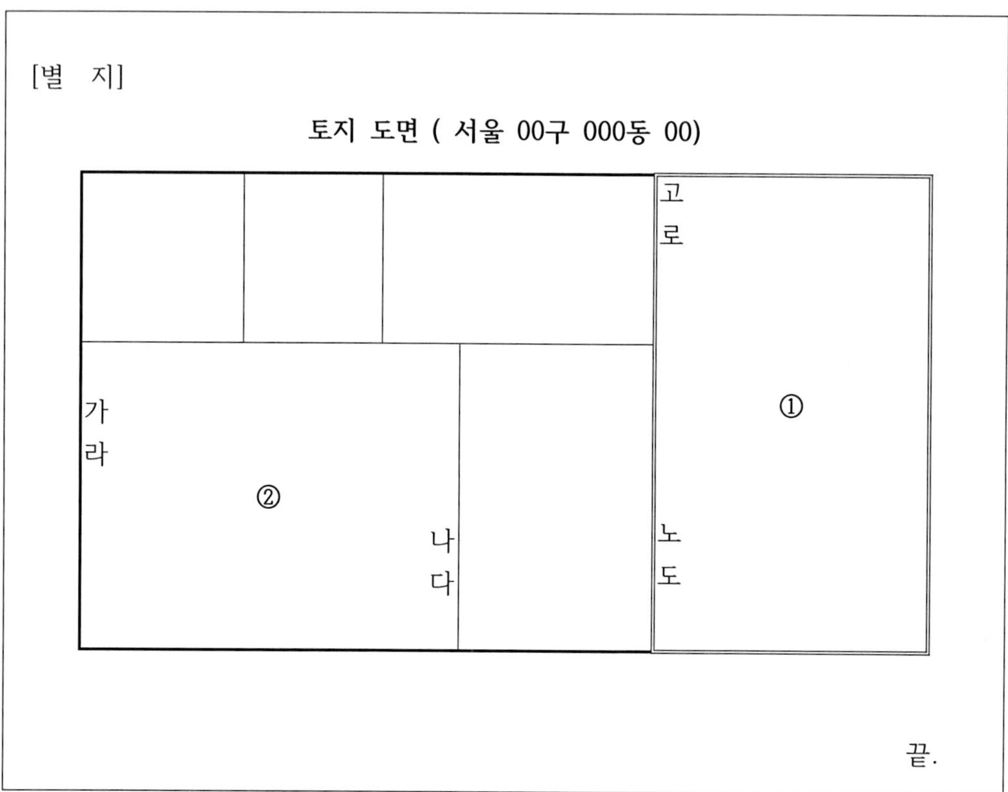
[별 지]
토지 도면 (서울 00구 000동 00)
고로
①
가라
②
나다
노도
끝.

7-3. 소가 산정

① 공유물분할 청구소송의 소가는 목적물건 가액에 원고의 공유 지분 비율을 곱해 산출한 가액의 3분의 1이 됩니다(민사소송 등 인지규칙 제12조 제7호).

② 예를 들어 부동산(건물과 토지)의 공유물 분할을 청구한 경우(민사소송 등 인지규칙 제9조 제1항 및 제2항).

1. 건물의 시가표준액이 200,000,000원인 경우, 건물의 가액은 건물의 시가표준액에 100분의 50을 곱한 금액으로 (200,000,000× 100분의 50) = 100,000,000원 이고,
2. 토지의 개별공시지가는 100,000,000원인 경우, 토지의 가액은 토지의 개별공시지가에 100분의 50을 곱한 금액으로 (100,000,000× 100분의 50) = 50,000,000원 이므로, 공유물 분할 청구소송의 목적물건 가액은 이 두 값의 합인 150,000,000원이 됩니다.

③ 따라서, 공유물분할 청구소송의 소가는 원고의 공유 지분이 1/2일 경우 {(150,000,000원× 1/2)× 1/3} = 25,000,000원입니다.

④ 개별주택의 시가표준액은 <전자정부 민원24, 개별주택가격확인>에서 확인하실 수 있습니다.

⑤ 공동주택의 시가표준액은 <전자정부 민원24, 공동주택가격확인>에서 확인하실 수 있습니다.

⑥ 서울시의 주택외 건물 시가표준액은 <서울시 지방세 인터넷 납부시스템> 에서 확인하실 수 있습니다. 그 외 지역은 해당 구청 등에서 확인하셔야 합니다.

⑦ 부동산의 개별공시지가 조회는 <국토교통부, 온나라부동산정보통합포털>에서 확인하실 수 있습니다.

7-4. 1심 소가에 따른 인지액

소 가	인 지 대
소가 1천만원 미만	소가 × 50 / 10,000
소가 1천만원 이상 1억원 미만	소가 × 45 / 10,000 + 5,000
소가 1억원 이상 10억원 미만	소가×40 / 10,000 + 55,000
소가 10억원 이상	소가× 35 / 10,000 + 555,000
※ 인지액이 1천원 미만이면 1천원으로 하고, 수수료 중 100원 미만은 계산하지 않습니다(「민사소송 등 인지법」 제2조제2항).	

7-5. 인지액의 납부방법

7-5-1. 현금납부

① 소장에 첩부하거나 보정해야 할 인지액(이미 납부한 인지액이 있는 경우에는 그 합산액)이 1만원 이상인 경우에는 그 인지의 첩부 또는 보정에 갈음해 인지액 상당의 금액 전액을 현금으로 납부해야 합니다(민사소송 등 인지규칙 제27조 제1항).

② 인지액 상당 금액을 현금으로 납부할 경우에는 송달료 수납은행에 내야 합니다(민사소송 등 인지규칙 제28조).

7-5-2. 신용카드납부

① 신청인은 인지액 상당의 금액을 현금으로 납부할 수 있는 경우 이를 수납은행 또는 인지납부대행기관의 인터넷 홈페이지에서 인지납부대행기관을 통해 신용카드·직불카드 등(이하 "신용카드등"이라 한다)으로도 납부할 수 있습니다(민사소송 등 인지규칙 제28조의2 제1항).

② "인지납부대행기관"이란 정보통신망을 이용해 신용카드등에 의한 결제를 수행하는 기관으로서 인지납부대행기관으로 지정받은 자를 말합니다(민사소송 등 인지규칙 제28조의2 제2항).

③ 인지납부대행기관은 신청인으로부터 인지납부 대행용역의 대가로 납부대행수수료를 받을 수 있고, 납부대행수수료는 전액 소송비용으로 봅니다(민사소송 등 인지규칙 제28조의2 제4항 및 제5항).

7-6. 인지납부일

① 인지액 상당의 금액을 신용카드등으로 납부하는 경우에는 인지납부대행기관의 승인일을 인지납부일로 봅니다(민사소송 등 인지규칙 제28조의2 제3항).

② 신청인은 수납은행이나 인지납부대행기관으로부터 교부받거나 출력한 영수필확인서를 소장에 첨부하여 법원에 제출해야 합니다(민사소송 등 인지규칙 제29조 제2항).

7-7. 송달료 납부

민사 제1심 단독 또는 합의사건의 송달료는 당사자수 × 3,700원 × 15회분입니다9송달료규칙의 시행에 따른 업무처리요령 별표 1).

7-8. 소장부본

소장 제출 시 송달에 필요한 수의 부본을 함께 제출해야 합니다(민사소송규칙 제48조 제1항).

8. 사해행위 취소 등 청구의 소

① 사해행위취소 등 청구소송은 채무자가 채권자를 해치려는 의도로 일반재산의 감소를 일으켜 채권자에게 충분한 변제를 할 수 없는 상태로 만든 경우 채무자의 재산을 원상복귀하여 채무를 변제하도록 해줄 것을 채권자가 요청하는 소송입니다.

② 사해행위취소 등 청구소송의 소가는 취소되는 법률행위 목적의 가액을 한도로 한 원고의 채권액 이지만, 1개의 소장에 여러 개의 청구를 신청하는 경우에는 가장 다액인 청구 가액이 소가가 됩니다.

8-1. 사해행위의 개념

① '사해행위'란 채권자를 해치려는 의도로 채무자의 일반재산의 감소를 일으켜 채권자에게 충분한 변제를 할 수 없는 상태가 되도록 하는 것을 말합니다.

② 채무자가 채권자를 해치려는 의도는 적극적인 의욕이 아니라 책임재산에 감소가 생긴다는 사실을 인식하는 정도면 충분합니다.

8-2. 사해행위취소 등 청구소송 신청서 작성례

① 사해행위취소 등 청구의 소(사해행위취소 및 원상회복청구)

소 장

원 고 ○○○ (주민등록번호)
○○시 ○○구 ○○로 ○○(우편번호 ○○○-○○○)
전화.휴대폰번호:
팩스번호, 전자우편(e-mail)주소:
피 고 ◇◇◇ (주민등록번호)
○○시 ○○구 ○○로 ○○(우편번호 ○○○-○○○)
전화.휴대폰번호:
팩스번호, 전자우편(e-mail)주소:

사해행위취소 등 청구의 소

청 구 취 지

1. 피고와 소외 ◈◈◈ 사이에 별지목록 기재 부동산에 관하여 20○○. ○○. ○. 체결한 부동산매매계약을 취소한다.
2. 피고는 원고에게 위 부동산에 관하여 ○○지방법원 ○○등기소 20○○. ○○. ○○. 접수 제○○○호로써 20○○. ○○. ○. 매매를 원인으로 마친 소유권이전등기의 말소등기절차를 이행하라.
3. 소송비용은 피고의 부담으로 한다.

라는 판결을 구합니다.

청 구 원 인

1. 원고는 20○○. ○○. ○. 소외 ◈◈◈에게 금 30,000,000원을 이자 월 2%, 변제기 20○○. ○○. ○○.로 정하여 대여하였습니다. 위 돈을 대여할 당시, 원고가 채권회수에 대한 우려를 하자 ◈◈◈은 자신 소유의 별지목록 기재 부동산의 등기부등본을 보이면서 원고에게 만일 자신이 채무를 이행하지 못할 때에는 별지목록 기재 부동산을 임의대로 처분하여 대여금 변제에 충당하여도 아무런 이의를 제기하지 않겠다고 말하면서, 이를 증명하고자 위의 내용이 담긴 각서 및 별지목록 기재 부동산의 처분권에 대한 위임장을 작성하여 교부해 주었습니다.

2. 한편, 피고는 ◈◈◈와 친분관계가 있는 바, ◈◈◈가 원고에게 위 각서 및 위 임장을 써줄 당시 입회를 하여 별지목록 기재의 부동산을 처분하게 되면 원고가 채권확보를 할 수 없게 된다는 사실을 잘 알고 있었습니다.
3. 그럼에도 불구하고 피고는 20○○. ○○. ○○. ◈◈◈로부터 강제집행을 면하게 하여 달라는 부탁을 받고 별지목록 기재의 부동산에 관하여 ○○법원 ○○등기소 (접수 제○○○호)에 매매를 원인으로 하여 소유권이전등기를 마쳤습니다.
4. 위에서 보듯이 ◈◈◈은 원고에 대한 강제집행을 면탈할 목적으로 별지목록 기재의 부동산을 피고에게 가장으로 처분한 사람이고, 피고는 소외인의 이러한 사정을 잘 알면서도 소외인과 공모하여 가장매매를 통하여 소외인의 별지목록 기재의 부동산을 취득한 악의의 수익자인 것이 명백하다 할 것입니다.
5. 따라서 피고와 소외인이 공모하여 행한 별지목록 기재 부동산에 대한 매매계약은 원고의 소외인에 대한 채권보전을 해하는 악의의 법률행위로서 취소되어야 할 것이며, 아울러 그로 인해 피고가 ○○지방법원 ○○등기소 20○○. ○○. ○○. 접수 제○○○호로 경료한 소유권이전등기는 말소되어야 마땅하다 할 것이므로, 원고는 부득이 청구취지와 같은 판결을 구하고자 이 사건 청구에 이르게 되었습니다.

입 증 방 법

1. 갑 제1호증 차용증
1. 갑 제2호증 각서
1. 갑 제3호증 위임장
1. 갑 제4호증 인감증명
1. 갑 제5호증의 1, 2 각 부동산등기사항전부증명서
1. 갑 제6호증 토지대장등본
1. 갑 제7호증 건축물대장등본

첨 부 서 류

1. 위 입증방법 각 1통
1. 소장부본 1통
1. 송달료납부서 1통

20○○. ○. ○.
위 원고 ○○○ (서명 또는 날인)

○○지방법원 귀중

[별 지]

부동산의 표시

1동의 건물의 표시

○○시 ○○구 ○○동 ○○ ○○○아파트 제5동

[도로명주소] ○○시 ○○구 ○○로 ○○

전유부분의 건물표시

건물의 번호 : 5 - 2- 205

구 조 : 철근콘크리트라멘조 슬래브지붕

면 적 : 2층 205호 84.87㎡

대지권의 표시

토지의 표시 : ○○시 ○○구 ○○동 ○○

대 9,355㎡

대지권의 종류 : 소유권

대지권의 비율 : 935500분의 7652. 끝.

■ **참 고** ■

※ (1) 관 할

1. 소(訴)는 피고의 보통재판적(普通裁判籍)이 있는 곳의 법원의 관할에 속하고, 사람의 보통재판적은 그의 주소에 따라 정하여지나, 대한민국에 주소가 없거나 주소를 알 수 없는 경우에는 거소에 따라 정하고, 거소가 일정하지 아니하거나 거소도 알 수 없으면 마지막 주소에 따라 정하여집니다.
2. 재산권에 관한 소를 제기하는 경우에는 거소지 또는 의무이행지의 법원에 제기할 수 있습니다.
3. 부동산등기의 신청에 협조할 의무의 이행지는 성질상 등기지의 특별재판적에 관한 현행 민사소송법 제21조에 규정된 「등기할 공공기관이 있는 곳」이라고 할 것이므로, 원고가 사해행위취소의 소의 채권자라고 하더라도 사해행위취소에 따른 원상회복으로서의 소유권이전등기말소등기의무의 이행지는 그 등기관서 소재지라고 볼 것이지, 원고의 주소지를 그 의무이행지로 볼 수는 없습니다.
4. 따라서 위 사안에서 원고는 피고의 주소지를 관할하는 법원이나 위 부동산의 관할등기소가 있는 곳의 법원에 소를 제기할 수 있습니다.

※ (2) 인 지

소장에는 소송목적의 값에 따라 민사소송등인지법 제2조 제1항 각 호에 따른 금액 상당의 인지를 붙여야 합니다. 다만, 대법원 규칙이 정하는 바에 의하여 인지의 첩부에 갈음하여 당해 인지액 상당의 금액을 현금이나 신용카드·직불카드 등으로 납부하게 할 수 있는바, 현행 규정으로는 인지첩부액이 1만원 이상일 경우에는 현금으로 납부하여야 하고, 또한 인지액 상당의 금액을 현금으로 납부할 수 있는 경우 이를 수납은행 또는 인지납부대행기관의 인터넷 홈페이지에서 인지납부대행기관을 통하여 신용카드 등으로도 납부할 수 있습니다(민사소송등인지규칙 제27조 제1항 및 제28조의 2 제1항).

※ (3) 제척기간 : 채권자가 취소원인을 안 날로부터 1년, 법률행위 있은 날로부터 5년(민법 제406조 제2항)

※ (4) 제출부수 : 소장원본 1부 및 피고 수만큼의 부본 제출

※ (5) 불복절차 및 기간 : 항소(민사소송법 제390조)를 판결서가 송달된 날부터 2주 이내(민사소송법 제396조 제1항)에 제기해야 합니다.

(관련판례 1)

채무자의 법률행위가 통정허위표시인 경우에도 채권자취소권의 대상이 되고, 한편 채권자취소권의 대상으로 된 채무자의 법률행위라도 통정허위표시의 요건을 갖춘 경우에는 무효라고 할 것임(대법원 1998. 2. 27. 선고 97다50985 판결).

(관련판례 2)

채권자가 채권자취소권을 행사하려면 사해행위로 인하여 이익을 받은 자나 전득한 자를 상대로 그 법률행위의 취소를 청구하는 소송을 제기하여야 되는 것으로서, 채무자를 상대로 그 소송을 제기할 수는 없음(대법원 1991. 8. 13. 선고 91다13717 판결).

(관련판례 3)

채권자가 민법 제406조 제1항에 따라 사해행위의 취소와 원상회복을 청구하는 경우 사해행위의 취소만을 먼저 청구한 다음 원상회복을 나중에 청구할 수 있고, 채권자가 민법 제406조 제1항에 따라 사해행위의 취소와 원상회복을 청구하는 경우 사해행위 취소청구가 민법 제406조 제2항에 정하여진 기간 안에 제기되었다면 원상회복의 청구는 그 기간이 지난 뒤에도 할 수 있음(대법원 2001. 9. 4. 선고 2001다14108 판결).

② 사해행위취소 등 청구의 소(사해행위취소 및 원상회복청구) – 2

소 장

원 고 ○○○ (주민등록번호)
○○시 ○○구 ○○로 ○○(우편번호 ○○○-○○○)
전화.휴대폰번호:
팩스번호, 전자우편(e-mail)주소:

피 고 ◇◇◇ (주민등록번호)
○○시 ○○구 ○○로 ○○(우편번호 ○○○-○○○)
전화.휴대폰번호:
팩스번호, 전자우편(e-mail)주소:

사해행위취소 등 청구의 소

청 구 취 지

1. 피고와 소외 ◈◈◈ 사이에 별지목록 기재 부동산에 관하여 20○○. ○○. ○. 체결한 부동산매매계약을 취소한다.
2. 피고는 원고에게 위 부동산에 관하여 ○○지방법원 ○○등기소 20○○. ○○. ○○. 접수 제○○○호로 마친 소유권이전등기의 말소등기절차를 이행하라.
3. 소송비용은 피고의 부담으로 한다.

라는 판결을 구합니다.

청 구 원 인

1. 소외 ◈◈◈는 20○○. ○. ○. 원고로부터 금 50,000,000원을 이자 월 2%, 변제기 20○○. ○. ○○.로 차용하였는데, 변제기 지난 지금까지 위 돈을 갚지 않고 있습니다.
2. 그런데 소외 ◈◈◈는 위와 같이 원고에 대한 대여금채무를 갚지 못하자 원고에 의한 강제집행을 면하기 위하여 자신의 유일한 재산인 별지목록 기재 부동산에 관하여 처남인 피고와 통모하여 매매를 가장하여 피고에게 20○○. ○○. ○. 매매를 원인으로 ○○법원 ○○등기소 20○○. ○○. ○○. 접수 제○○○호로써 소유권이전등기를 해주었습니다.
3. 그러나 피고는 30세의 미혼자로서 수년간 일정한 직업을 가지지 못하여 특별한 수입이 없는 사람이고 생활비조차 부모에게서 타서 생활하는 사람이므로, 별지목록 기재 부동산을 매수할 돈을 소유하지 못한 사람입니다.
4. 그렇다면 소외 ◈◈◈와 피고의 별지목록 기재 부동산의 매매계약은 허위.통모의 법률행위로서 원고에 대한 사해행위임을 면하기 어렵고, 한편 피고는 원고에

대한 사해의 의사로써 위와 같은 허위.통모의 법률행위에 적극 가담한 것이라고 하지 않을 수 없습니다.

5. 그러므로 원고는 청구취지와 같은 판결을 구하기 위하여 이 사건 청구에 이르게 되었습니다.

입 증 방 법

1. 갑 제1호증	부동산등기사항전부증명서
1. 갑 제2호증	토지대장등본
1. 갑 제3호증	건축물대장등본
1. 갑 제4호증	차용증

첨 부 서 류

1. 위 입증방법	각 1통
1. 소장부본	1통
1. 송달료납부서	1통

20○○. ○. ○.

위 원고 ○○○ (서명 또는 날인)

○○지방법원 귀중

[별 지]

부동산의 표시

1동의 건물의 표시

○○시 ○○구 ○○동 ○○ ○○○아파트 제5동

[도로명주소] ○○시 ○○구 ○○로 ○○

전유부분의 건물표시

건물의 번호 : 5 - 2- 205

구 조 : 철근콘크리트라멘조 슬래브지붕

면 적 : 2층 205호 84.87㎡

대지권의 표시

토지의 표시 : ○○시 ○○구 ○○동 ○○

대 9,355㎡

대지권의 종류 : 소유권

대지권의 비율 : 935500분의 7652. 끝.

③ 사해행위취소 등 청구의 소(사해행위취소 및 원상회복, 채무병합청구)

소 장

원 고 ○○○ (주민등록번호)
○○시 ○○구 ○○로 ○○(우편번호)
전화.휴대폰번호:
팩스번호, 전자우편(e-mail)주소:

피 고 1. 김◇◇ (주민등록번호)
○○시 ○○구 ○○로 ○○(우편번호)
전화.휴대폰번호:
팩스번호, 전자우편(e-mail)주소:
2. 이◇◇ (주민등록번호)
○○시 ○○구 ○○로 ○○(우편번호)
전화.휴대폰번호:
팩스번호, 전자우편(e-mail)주소:

사해행위취소 등 청구의 소

청 구 취 지

1. 피고 김◇◇와 피고 이◇◇ 사이에 별지 목록 기재 부동산에 관하여 20○○. ○. ○. 체결한 매매계약을 취소한다.
2. 피고 이◇◇는 원고에 대하여 위 부동산에 관하여 ○○지방법원 ○○○등기소 20○○. ○. ○○. 접수 제○○○○호로 마친 소유권이전등기의 말소등기절차를 이행하라.
3. 피고 김◇◇는 원고에게 금 15,000,000원 및 이에 대한 이 사건 소장 부본 송달일 다음날부터 다 갚는 날까지 연 15%의 비율로 계산한 돈을 지급하라.
4. 소송비용은 피고들의 부담으로 한다.
5. 위 제3항은 가집행 할 수 있다.

라는 판결을 구합니다.

청 구 원 인

1. 원고는 20○○. ○. ○. 피고 김◇◇에게 금 15,000,000원을 변제기 20○○. ○

○. ○.로 정하여 빌려 준 사실이 있습니다. 한편, 피고 김◇◇는 ○○시 ○○구 ○○동 ○○ 대 762㎡(다음부터 위 부동산이라 함)외에 별다른 재산이 없고 오히려 채무가 많은 상태이면서 20○○. ○. ○. 피고 이◇◇에게 시가 금 83,000,000원 상당의 위 부동산을 매매대금 50,000,000원에 매도하고 20○○. ○. ○○. ○○지방법원 ○○○등기소 20○○. ○. ○○. 접수 제○○○○호로 소유권이전등기를 해주었습니다. 그렇다면 피고 김◇◇와 피고 이◇◇ 사이의 위 매매계약은 채권자인 원고를 해함을 알고 한 법률행위로서 사해행위에 해당한다고 할 것입니다.

2. 따라서 피고 김◇◇와 피고 이◇◇ 사이의 위 부동산에 관한 매매계약은 사행행위로서 취소되어야 할 것이고, 이에 따른 원상회복으로, 피고 이◇◇는 위 부동산에 관하여 자신 명의의 위 소유권이전등기의 말소등기절차를 이행하여야 할 것입니다. 또한 피고 김◇◇는 원고에게 위 대여금 15,000,000원 및 이에 대하여 이 사건 소장 부본 송달일 다음날부터 다 갚는 날까지 소송촉진 등에 관한 특례법이 정한 연 15%의 비율로 계산한 돈을 지급할 의무가 있다고 할 것입니다.

입 증 방 법

1. 갑 제1호증	차용증서
1. 갑 제2호증	부동산등기사항전부증명서
1. 갑 제3호증	토지대장등본

첨 부 서 류

1. 위 입증방법	각 1통
1. 소장부본	2통
1. 송달료납부서	1통

20○○. ○. ○.

위 원고 ○○○ (서명 또는 날인)

○○지방법원 귀중

[별지]생략

④ 사해행위취소 등 청구의 소(증여계약 취소)

소　　　장

원　고　○○○ (주민등록번호)
○○시 ○○구 ○○로 ○○(우편번호 ○○○-○○○)
전화.휴대폰번호:
팩스번호, 전자우편(e-mail)주소:
피　고　◇◇◇ (주민등록번호)
○○시 ○○구 ○○로 ○○(우편번호 ○○○-○○○)
전화.휴대폰번호:
팩스번호, 전자우편(e-mail)주소:

사해행위취소 등 청구의 소

청 구 취 지

1. 피고와 소외 ◈◈◈ 사이에 별지목록 기재 부동산에 관하여 20○○. ○○. ○. 체결된 증여계약을 취소한다.
2. 피고는 소외 ◈◈◈에게 위 부동산에 관하여 ○○지방법원 ○○지원 ○○등기소 20○○. ○○. ○○. 접수 제○○○○○호로 마친 소유권이전등기의 말소등기절차를 이행하라.
3. 소송비용은 피고의 부담으로 한다.

라는 판결을 구합니다.

청 구 원 인

1. 원고와 소외 ◈◈◈는 중학교 때 친구로 평소 친하게 지내다 소외 ◈◈◈의 남편이 교통사고를 당해서 돈이 급하게 필요하다고 해서 20○○. ○. ○. 소외 ◈◈◈에게 금 30,000,000원을 빌려주었습니다. 그런데 소외 ◈◈◈는 위 돈의 변제를 계속 미루기만 하여 원고는 부득이 소외 ◈◈◈를 상대로 ○○지방법원 ○○지원 20○○가단 ○○○○호 대여금청구소송을 제기해 20○○. ○. ○○. 승소판결을 받았습니다.(갑 제1호증-소장, 갑 제2호증-집행력있는 판결문)
2. 한편, 소외 ◈◈◈는 위 판결이 선고된 직후인 20○○. ○○. ○. 자신의 유일한 재산인 별지목록 기재 부동산을 그 아들인 피고에게 증여하고 같은 날 피고의 명의로 소유권이전등기를 마쳤습니다.(갑 제3호증-부동산등기부등본)
3. 채무자인 소외 ◈◈◈의 위와 같은 증여는 채권자인 원고를 해함을 알고 한 법률행위로서 사해행위에 해당함이 명백합니다.
4. 따라서 원고는 사해행위인 피고와 소외 ◈◈◈와의 위 부동산에 관한 증여계약을

취소하고, 사해행위 결과에 대한 원상회복으로 위 부동산에 관한 피고명의의 소유권이전등기의 말소등기절차의 이행을 구하기 위하여 이 사건 소를 제기합니다.

입 증 방 법

1. 갑 제1호증 소장
1. 갑 제2호증 집행력있는 판결문
1. 갑 제3호증 부동산등기사항전부증명서
1. 갑 제4호증 토지대장등본
1. 갑 제5호증 건축물대장등본

첨 부 서 류

1. 위 입증방법 각 1통
1. 소장부본 1통
1. 송달료납부서 1통

20○○. ○. ○.
위 원고 ○○○ (서명 또는 날인)

○○지방법원 ○○지원 귀중

[별 지]

부동산의 표시

1동의 건물의 표시
○○시 ○○구 ○○동 ○○ ○○○아파트 제6동
[도로명주소] ○○시 ○○구 ○○로 ○○
전유부분 건물의 표시
건물의 번호 : 6-1-103
구 조 : 철근콘크리트조
면 적 : 1층 103호 35.0㎡
대지권의 표시
토지의 표시 : ○○시 ○○구 ○○동 ○○ 대 4003㎡
대지권의 종류 : 위 토지의 소유권
대지권의 비율 : 4003분의 36.124. 끝.

⑤ 사해행위취소 등 청구의 소(공유지분 증여계약 취소)

소 장

원 고 ○○○ (주민등록번호)
○○시 ○○구 ○○로 ○○(우편번호 ○○○-○○○)
전화.휴대폰번호:
팩스번호, 전자우편(e-mail)주소:
피 고 ◇◇◇ (주민등록번호)
○○시 ○○구 ○○로 ○○(우편번호 ○○○-○○○)
전화.휴대폰번호:
팩스번호, 전자우편(e-mail)주소:

사해행위취소 등 청구의 소

청 구 취 지

1. 피고와 소외 ◈◈◈ 사이에 ○○시 ○○구 ○○동 ○○ 임야 12,853㎡ 중 5분의 1 소유지분에 관하여 20○○. ○○. ○. 체결된 증여계약을 취소한다.
2. 피고는 소외 ◈◈◈(주소:○○시 ○○구 ○○동 ○○)에게 위 부동산 중 위 지분에 관하여 ○○지방법원 ○○등기소 20○○. ○○. ○. 접수 제○○○호로 마친 소유권이전등기의 말소등기절차를 이행하라.
3. 소송비용은 피고의 부담으로 한다.

라는 판결을 구합니다.

청 구 원 인

1. 원고는 20○○. ○.경 소외 ◈◈◈에게 금 20,000,000원을 빌려주었습니다. 소외 ◈◈◈는 당시 원고에게 발행.교부하여 준 당좌수표의 부도로 인하여 수사를 받던 중 원고에게 합의금 일부로 금 10,000,000원을 변제하였고, 나머지 금 10,000,000원은 20○○. ○. ○.까지 갚겠으며 이를 어길 경우 월 2%에 해당하는 지연이자를 지급하기로 약정하였습니다. 그런데도 소외 ◈◈◈는 원고의 지급요청에도 별다른 이유 없이 지금까지 지급을 거절하고 있습니다.
   따라서 소외 ◈◈◈는 원고에게 나머지 차용금 10,000,000원 및 이에 대하여 변제기일 다음날인 20○○. ○. ○○.부터 다 갚는 날까지 연 24%의 비율에 의한 지연손해금을 지급할 의무가 있다고 할 것입니다.

2. 그런데, 소외 ◈◈◈는 20○○. ○○. ○. 자신의 딸인 피고에게 ○○시 ○○구 ○○동 ○○ 임야 12,853㎡(다음부터 이 사건 부동산이라 함) 중 자신의 5분의 1 소유지분을 증여하면서 같은 날 ○○지방법원 ○○등기소 접수 제○○○호로 증여에 의한 소유권이전등기까지 마쳤습니다.
   원고는 위와 같은 사실을 20○○. ○○. ○○. 이 사건 부동산의 등기등본발급신청을 하였다가 발견하게 되었습니다.
3. 소외 ◈◈◈는 위 증여 당시 원고에게 나머지 차용금 10,000,000원에 대한 원리금을 갚을 의무가 있었고, 이미 채무초과의 상태에 있음에도 불구하고 자신의 유일한 재산인 이 사건 부동산에 대한 소유지분을 피고에게 증여했던 것입니다.
   위와 같이 채무초과 상태에 있던 소외 ◈◈◈가 자신의 유일한 재산인 이 사건 부동산에 대한 소유지분을 증여할 하등의 이유가 없는 딸인 피고에게 증여한 행위는 조만간 원고로부터 들이닥칠 강제집행을 면탈하기 위하여 이루어진 것이라 할 것이므로 소외 ◈◈◈의 소유지분에 대한 위 증여계약은 채권자인 원고를 해하는 사해행위라고 할 것이고 따라서 마땅히 취소되어야 할 것입니다.
4. 따라서 원고는 위 사해행위로 이루어진 피고와 소외 ◈◈◈간의 이 사건 부동산 중 소외 ◈◈◈의 5분의 1지분에 관한 20○○. ○○. ○.자 증여계약의 취소를 구하고 그 원상회복으로서 이를 원인으로 이루어진 소유권이전등기의 말소를 구하기 위하여 이 사건 청구에 이른 것입니다.

입 증 방 법

1. 갑 제1호증 현금 차용증
1. 갑 제2호증 부동산등기사항전부증명서
1. 갑 제3호증 임야대장등본

첨 부 서 류

1. 위 입증방법 각 1통
1. 소장부본 1통
1. 송달료납부서 1통

20○○. ○. ○.

위 원고 ○○○ (서명 또는 날인)

○○지방법원 귀중

⑥ 사해행위취소 등 청구의 소(증여계약취소, 진정명의회복)

소 장

원 고 ○○○ (주민등록번호)
○○시 ○○구 ○○로 ○○(우편번호 ○○○-○○○)
전화.휴대폰번호:
팩스번호, 전자우편(e-mail)주소:
피 고 ◇◇◇ (주민등록번호)
○○시 ○○구 ○○로 ○○(우편번호 ○○○-○○○)
전화.휴대폰번호:
팩스번호, 전자우편(e-mail)주소:

사해행위취소 등 청구의 소

청 구 취 지

1. 피고와 소외 ◈◈◈ 사이에 별지목록 기재 부동산에 관하여 20○○. ○○. ○. 체결된 증여계약을 취소한다.
2. 피고는 소외 ◈◈◈에게 위 부동산에 관하여 서울○○지방법원 ○○등기소 20○○. 3. 3. 접수 제1234호로 마친 소유권이전등기의 말소등기절차를 이행하라.
3. 소송비용은 피고의 부담으로 한다.

라는 판결을 구합니다.

청 구 원 인

1. 원고와 소외 ◈◈◈는 중학교 때부터 친구로 가깝게 지내던 사이인 바, 원고는 20○○. ○. ○. 경 위◈◈◈로부터 '남편이 교통사고를 당해서 돈이 급하게 필요하다. 1달 안에 갚겠다'는 이야기를 듣고 20○○. ○. ○. 위 ◈◈◈에게 금 30,000,000원을 변제기 20○○. ○. ○.까지로 정하여 빌려주었습니다. 그런데 위 ◈◈◈는 위 변제기가 지나도록 계속 돈을 갚지 않았고, 이에 원고는 부득이 소외 ◈◈◈를 상대로 ○○지방법원 ○○지원 20○○가단○○○○호 대여금청구소송을 제기하여 20○○. ○. ○○. 승소판결을 받았습니다.
2. 한편, 소외 ◈◈◈는 위 판결이 선고된 직후인 20○○. ○○. ○. 자신의 유일한 재산인 별지목록 기재 부동산을 그 아들인 피고에게 증여하고 같은 날 피고의 명의로 소유권이전등기를 마쳤습니다.
3. 그런데 채무자인 소외 ◈◈◈의 위와 같은 증여는 채권자인 원고를 해함을 알고서 한 법률행위로서 사해행위에 해당함이 명백하다고 할 것이고, 피고도 소외 ◈◈◈의 아들로서 위와 같은 사해행위임을 알고 있었음이 명백하다고 할 것입니다.
4. 따라서 원고는 사해행위인 피고와 소외 ◈◈◈와의 위 부동산에 관한 증여계약

을 취소하고, 사해행위 결과에 대한 원상회복을 원인으로 피고에 대하여 소외 ◈◈◈ 앞으로의 소유권이전등기절차의 이행을 구하기 위하여 이 사건 소를 제기합니다.

입 증 방 법

1. 갑 제1호증 집행력있는 판결문
1. 갑 제2호증 부동산등기사항전부증명서
1. 갑 제3호증 토지대장등본
1. 갑 제4호증 건축물대장등본

첨 부 서 류

1. 위 입증방법 각 1통
1. 소장부본 1통
1. 송달료납부서 1통

20○○. ○. ○.
위 원고 ○○○ (서명 또는 날인)

○○지방법원 귀중

[별 지]

부동산의 표시

1동의 건물의 표시
○○시 ○○구 ○○동 ○○ ○○○아파트 제5동
[도로명주소] ○○시 ○○구 ○○로 ○○
전유부분 건물의 표시
건물의 번호 : 5-2-203
구 조 : 철근콘크리트조
면 적 : 2층 203호 56.19㎡
대지권의 표시
토지의 표시 : ○○시 ○○구 ○○동 ○○ 대 4003㎡
대지권의 종류 : 위 토지의 소유권
대지권의 비율 : 4003분의 36.124. 끝.

⑦ 부동산가압류(사해행위취소 원인)

부 동 산 가 압 류 신 청

원 고 ○○○ (주민등록번호)
○○시 ○○구 ○○길 ○○(우편번호)
전화.휴대폰번호:
팩스번호, 전자우편(e-mail)주소:

피 고 ◇◇◇ (주민등록번호)
○○시 ○○구 ○○로 ○○(우편번호)
전화.휴대폰번호:
팩스번호, 전자우편(e-mail)주소:

청구채권의 내용 **사해행위취소로 인한 원상회복청구권 (가액배상)**
청구금액 **금 15,540,182원**
가압류할 부동산의 표시 별지 목록 기재 부동산과 같음

신 청 취 지

채권자가 채무자에 대하여 가지고 있는 위 채권의 집행을 보전하기 위하여 채무자 소유의 별지 목록 기재 부동산을 가압류한다.
라는 결정을 구합니다.

신 청 이 유

Ⅰ. 피보전채권의 성립
[사해행위 취소를 원인으로 한 원상회복청구권(가액배상)]

1. 사해행위 취소소송의 피보전채권의 발생
[퇴직금 채권]

가. 퇴직금 채권의 발생

채권자는 선박 제조업 등을 목적으로 하는 신청 외 ○○○에게 고용되어 200○. ○. ○○.부터 20○○. ○. ○○.까지 노무를 제공하였으나, ○○○은 채권자에게 퇴직금 합계 15,540,182원을 지급하지 않고 있습니다(소갑 제1호증 체불금품확인원).

나. 소결

따라서 ○○○은 채권자에게 체불 퇴직금 15,540,182원 및 이에 대하여 위 채권자가 퇴직한 201○. ○. ○○.로부터 14일이 경과한 다음날인 201○. ○. ○○.부터 다 갚는 날까지 근로기준법 제36조, 제37조 제1항, 동법 시행령 제17조에 의하여 연 20%의 비율에 의한 지연손해금을 지급할 의무가 있습니다.

2. ○○○의 사해행위

가. ○○○의 부동산 증여

○○○은 채권자 외에도 신청 외 ○○○에게도 퇴직금 채무 8,695,180원을 부담하고 있었습니다. ○○○은 퇴직금 채권을 보전하기 위하여 2014. 12. 24. 별지 목록 기재 부동산(이하 '이 사건 부동산'이라 합니다)을 가압류하였습니다. 그 후 ○○○은 으로부터 위 퇴직금 채무를 지급받고 합의하여 201○. ○. ○. 이 사건 부동산의 가압류를 해제하여 주었습니다(이와 관련된 자료를 첨부합니다. 소갑 제2호증 부동산가압류결정문, 소갑 제 소갑 제3호증 소취하서, 소갑 제4호증 부동산가압류 취하 및 해제신청서 참조). 그런데 ○○○은 여전히 채권자 및 다른 근로자에 대한 퇴직금 채무가 남아 있음에도 불구하고, 위 가압류 해제 2일 후인 2015. 3. 5. 이 사건 부동산을 딸인 채무자 ○○○에게 증여하였습니다(소갑 제6호증 등기사항전부증명서).

나. ○○○의 무자력

○○○은 이 사건 부동산 외에는 별다른 재산이 없었습니다. 최근 ○○○은 채권자에 대한 퇴직금 미지급을 이유로 한 근로기준법 위반으로 검찰에서 조사를 받으면서 채권자와 형사조정을 시도한 적이 있습니다. 그러나 ○○○은 형사조정에서 자신은 줄 돈이 없다면서 개인회생을 신청하려고 한다는 말을 하였습니다. ○○○은 이 사건 부동산을 증여하고도 적극재산이 없다고 주장하므로, 위 증여 당시 다른 적극재산이 없었거나 위 증여로 인하여 채무 초과 상태에 이른 것으로 보입니다.

다. 소결

채무자가 자기의 유일한 재산인 부동산을 매각하여 소비하기 쉬운 금전으로 바꾸거나 타인에게 무상으로 이전하여 주는 행위는 특별한 사정이 없는 한 채권자에 대하여 사해행위가 되므로 ○○○이 자신의 유일한 부동산인 이 사건 부동산을 딸인 채무자에게 증여한 행위는 특별한 사정이 없는 한 사해행위에 해당합니다.

3. ○○○의 사해의사

채무자가 자기의 유일한 재산인 부동산을 매각하여 소비하기 쉬운 금전으로 바꾸거나 타인에게 무상으로 이전하여 주는 행위는 특별한 사정이 없는 한 채권자에 대하여 사해행위가 된다고 볼 것이므로 채무자의 사해의 의사는 추정된다고 할 것입니다. 또한 사해행위의 객관적 요건이 충족되면 수익자의 악의는 추정되고, 수익자 자신에게 선의임을 증명할 책임이 있다고 할 것입니다

4. 사해행위로 인한 계약취소 및 원상회복의무(가액배상)

위에서 본 바와 같이 채권자는 ○○○에게 퇴직금 채권을 가지고 있고, ○○○과 채무자 사이에 이루어진 이 사건 부동산에 대한 증여계약은 사해행위로서 취소되어야 할 것입니다.

그런데 채무자는 20○○. ○. ○. 증여로 이 사건 부동산의 소유권을 취득한 후 201○ . ○.○○. ○○○에 근저당권을 설정하여 주었습니다(소갑 제5호증 등기사항전부증명서).

채권자의 사해행위취소 및 원상회복청구가 인정되면, 수익자는 원상회복으로서 사해행위의 목적물을 채무자에게 반환할 의무를 지게 되고, 만일 원물반환이 불가능하거나 현저히 곤란한 경우에는 원상회복의무의 이행으로서 사해행위 목적물의 가액 상당을 배상하여야 하는바, 사해행위 후 그 목적물에 관하여 제3자가 저당권이나 지상권 등의 권리를 취득한 경우에는 수익자가 목적물을 저당권 등의 제한이 없는 상태로 회복하여 이전하여 줄 수 있다는 등의 특별한 사정이 없는 한 채권자는 수익자를 상대로 원물반환 대신 그 가액 상당의 배상을 구할 수 있으므로(대법원 2001. 2. 9. 선고 2000다57139 판결 참조), 채권자는 채무자를 상대로 원물 반환 대신 그 가액 상당의 배상을 청구할 예정입니다.

5. 소결

따라서 채무자는 채권자에게 사해행위 취소를 원인으로 한 원상회복의무로 사해행위의 피보전채권인 퇴직금 15,540,182원 및 이에 대하여 사해행위 취소소송 판결 확정일 다음날부터 다 갚는 날까지 연 5%의 비율에 의한 금원을 지급할 의무가 있습니다.

Ⅱ. 보전의 필요성

채권자는 위와 같이 사해행위 취소를 원인으로 한 원상회복 채권을 가지고 있으며 사해행위 취소소송을 제기할 예정인데, 채무자가 위 근저당권 설정 행위와 같이 또 다시 이 사건 부동산에 대하여 처분행위를 한다면, 채권자가 본안에

서 승소한다 하더라도 집행재산이 없을 가능성이 있으므로 본 신청에 이르게 되었습니다.

Ⅲ. 담보제공

담보의 제공은 보증보험회사와 지급보증위탁계약을 체결한 문서를 제출하는 것으로 갈음하는 것을 허가하여 주시기 바랍니다.

Ⅳ. 사실조회 신청

사해행위에 대한 입증을 명확히 하기 위하여 채무자의 인적사항과 함께 채무자의 가족관계, ○○○소유의 부동산이 있는지 여부 등에 대하여 사실조회를 함께 신청합니다. 만일 신청서 및 소명방법만으로 사해행위에 대한 확신이 들지 않으신다 하더라도 바로 이 사건 신청을 기각하지 마시고, 위 사실조회 회신을 보신 후에 결정하여 주시기를 간곡히 부탁드립니다.

소 명 방 법

1. 소갑 제1호증 체불금품확인원
1. 소갑 제2호증 부동산가압류결정문
1. 소갑 제3호증 소취하서
1. 소갑 제4호증 부동산가압류 취하 및해제신청서
1. 소갑 제5호증 등기사항전부증명서

첨 부 서 류

1. 위 소명방법 각 1통
1. 가압류신청 진술서 1통
1. 소송위임장 1통
1. 송달료납부서 1통

20○○. ○ . ○ .

위 채권자 ○○○ (서명 또는 날인)

○○지방법원 귀중

[별지]

부동산의 표시

(1동의 건물의 표시)
전라남도 목포시 상동 ○○○
[도로명주소]
전라남도 목포시 신흥로 ○○○
철근콘크리트 벽식구조 평슬래브지붕 15층 공동주택(아파트)
지층 574.53㎡ (지하대피소)

1층 623.46㎡	2층 578.28㎡	3층 578.28㎡	4층 578.28㎡	5층 578.28㎡
6층 578.28㎡	7층 578.28㎡	8층 578.28㎡	9층 578.28㎡	10층 578.28㎡
11층 578.28㎡	12층 578.28㎡	13층 578.28㎡	14층 578.28㎡	15층 578.28㎡

(대지권의 목적인 토지의 표시)
1. 전라남도 목포시 상동 ○○○ 대 40102.5㎡
2. 전라남도 목포시 상동 ○○○대 1135.2㎡

(전유부분의 건물의 표시)
제12층 제○○○호 철근콘크리트 벽식구조 84.94㎡

(대지권의 표시)
1, 2 소유권대지권 41237.7분의 46.15. 끝.

■ 참 고 ■

※ (1) 제출법원 : 가압류할 부동산이 있는 곳을 관할하는 지방법원이나 본안의 관할법원
※ (2) 제출부수 : 신청서 1부 (부동산목록 5부정도 첨부)
※ (3) 불복절차 및 기간
① 채권자
- 가압류신청을 기각하거나 각하하는 결정에 대하여는 즉시항고(민사집행법 제281조 제2항)

가압류신청 진술서

채권자는 가압류 신청과 관련하여 다음 사실을 진술합니다. 다음의 진술과 관련하여 고의로 누락하거나 허위로 진술한 내용이 발견된 경우에는, 그로 인하여 보정명령 없이 신청이 기각되거나 가압류이의절차에서 불이익을 받을 것임을 잘 알고 있습니다.

20 . . .

채권자(소송대리인) ____________________ (날인 또는 서명)

※ 채무자가 여럿인 경우에는 각 채무자별로 따로 작성하여야 합니다.

◇ 다 음 ◇

1. 피보전권리(청구채권)와 관련하여

가. 채무자가 신청서에 기재한 청구채권을 인정하고 있습니까?

□ 예

□ 아니오 → 채무자 주장의 요지 :

□ 기타 :

나. 채무자의 의사를 언제, 어떠한 방법으로 확인하였습니까? (소명자료 첨부)

다. 채권자가 신청서에 기재한 청구금액은 본안소송에서 승소할 수 있는 금액으로 적정하게 산출된 것입니까? (과도한 가압류로 인해 채무자가 손해를 입으면 배상하여야 함)

□ 예 □ 아니오

2. 보전의 필요성과 관련하여

가. 채권자가 채무자의 재산에 대하여 가압류하지 않으면 향후 강제집행이 불가능하거나 매우 곤란해질 사유의 내용은 무엇입니까?

나. 채권자는 신청서에 기재한 청구채권과 관련하여 공정증서 또는 제소전화해조서가 있습니까?

다. 채권자는 신청서에 기재한 청구채권과 관련하여 취득한 담보가 있습니까? 있다면 이 사건 가압류를 신청한 이유는 무엇입니까?

라. [채무자가 (연대)보증인인 경우] 채권자는 주채무자에 대하여 어떠한 보전조치를 취하였습니까?

마. [다수의 부동산에 대한 가압류신청인 경우] 각 부동산의 가액은 얼마입니까? (소명자료 첨부)

바. [유체동산 또는 채권 가압류신청인 경우] 채무자에게는 가압류할 부동산이 있습니까?
□ 예　　　□ 아니오 → 채무자의 주소지 소재 부동산등기부등본 첨부

사. ["예"로 대답한 경우] 가압류할 부동산이 있다면, 부동산이 아닌 유체동산 또는 채권 가압류신청을 하는 이유는 무엇입니까?
□ 이미 부동산상의 선순위 담보 등이 부동산가액을 초과함 → 부동산등기부등본 및 가액소명자료 첨부
□ 기타 사유 → 내용 :

아. [유체동산가압류 신청인 경우]
① 가압류할 유체동산의 품목, 가액은?

② 채무자의 다른 재산에 대하여 어떠한 보전조치를 취하였습니까? 그 결과는?

3. 본안소송과 관련하여

가. 채권자는 신청서에 기재한 청구채권과 관련하여 채무자를 상대로 본안소송을 제

기한 사실이 있습니까?
□ 예 □ 아니오

나. [“예”로 대답한 경우]

①본안소송을 제기한 법원.사건번호.사건명은?

②현재 진행상황 또는 소송결과는?

다. [“아니오”로 대답한 경우] 채권자는 본안소송을 제기할 예정입니까?
□ 예 → 본안소송 제기 예정일 :
□ 아니오 → 사유 :

4. 중복가압류와 관련하여

가. 채권자는 신청서에 기재한 청구채권(금액 불문)을 원인으로, 이 신청 외에 채무자를 상대로 하여 가압류를 신청한 사실이 있습니까? (과거 및 현재 포함)
□ 예 □ 아니오

나. [“예”로 대답한 경우]
① 가압류를 신청한 법원.사건번호.사건명은?

② 현재 진행상황 또는 결과(취하/각하/인용/기각 등)는? (소명자료 첨부)

다. [다른 가압류가 인용된 경우] 추가로 이 사건 가압류를 신청하는 이유는 무엇입니까? (소명자료 첨부)

- 재판이 고지된 날부터 1주 이내의 불변기간(민사소송법 제444조)

② 채무자

- 가압류결정에 대한 이의신청(민사집행법 제283조), 본안의 제소명령(민사집행법 제287조)
- 이의신청의 시기에 관하여는 법률상 제한이 없으므로 가압류결정이 유효하게 존재하고 취소.변경을 구할 실익이 있는 한 언제든지 할 수 있음. 가압류명령이 발령되어 유효하게 존속함에도 불구하고 채권자가 본안소송을 제기하지 않는 이상 채무자는 본안의 제소명령을 신청할 수 있습니다.

※ (4) 집행절차

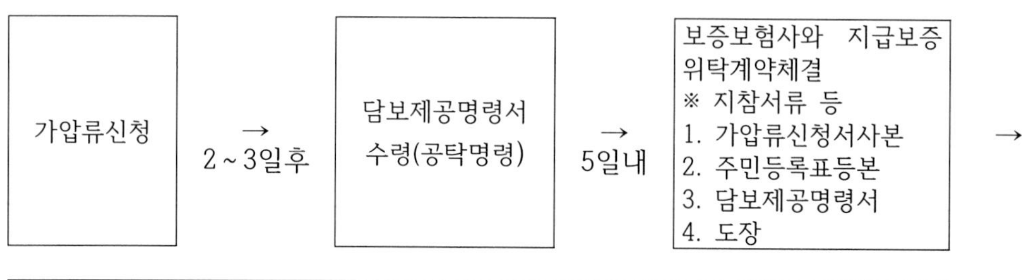

보험증권을 법원신청과에 제출
(보험증권앞면 사본 수통과 등록면허세 및 지방교육세납부서를 함께 제출)

※ 가압류 사건에서 선담보제공 방식도입(부동산.자동차.채권에 한함)

1. 부동산, 자동차, 임금 또는 영업자 예금을 제외한 채권에 대한 가압류 사건은 채권자가 가압류신청시에 법원의 담보제공명령 없이 보증보험회사로부터 미리 공탁보증보험증권(보증서)을 발급받아 보증서 원본을 신청서에 첨부하여 제출합니다.
   ★ 가처분 사건과 유체동산 가압류 사건은 제외합니다.
2. 가압류신청서상에 담보제공은 증권제출 허가신청 의사표시를 기재하여야 합니다.
   예) 담보제공은 공탁보증보험증권(○○보험증권회사 증권번호 제○○○ - ○○○ - ○○○호)을 제출하는 방법에 의할 수 있도록 허가하여 주시기 바랍니다.

8-3. 소가 산정

① 흡수의 원칙 적용

'흡수의 원칙'이란 1개의 소장에 여러 개의 청구를 신청하는 경우 그 여러 청구의 경제적 이익이 동일하거나 중복되는 때에는 중복되는 범위 내에서 흡수되고, 그중 가장 다액인 청구의 가액을 소가로 하는 것을 말합니다(민사소송 등 인지규칙 제20조).

② 위의 예시와 같이 매매취소, 말소등기 이행청구에 의해 산정되는 소가와 대여금 청구 시의 소가가 중복되는 경우는 경제적 이익이 중복된다고 볼 수 있으므로 흡수의 원칙이 사용되어 더 큰 금액에 흡수됩니다.

③ 따라서 위 사례의 경우 청구하는 것이 3가지(사해행위취소, 소유권이전등기 말소, 대여금 청구)이므로 각각의 소가를 계산하여 가장 큰 금액을 소가로 책정하면 됩니다.

④ 사해행위취소 등 청구소송의 소가: 법률행위 목적의 가액을 한도로 한 원고의 채권액이므로

예를 들어 개별공시지가가 80,000,000원인 토지의 가액은 80,000,000× 100분의 50 = 40,000,000원 이고, 이를 한도로 한 원고의 채권액(30,000,000원)이므로 취소 소가는 30,000,000원입니다.

⑤ 소유권이전등기 말소청구소송의 소가: 등기원인의 무효 또는 취소에 기한 경우 등기의 종류(소유권, 전세권설정·이전등기 등)에 따른 가액의 2분의 1이므로, 예를 들어 개별공시지가가 80,000,000원인 토지 소유권의 가액은 80,000,000× 100분의 50 = 40,000,000원이고, 소유권이전등기 말소청구소송의 소가는 토지 소유권의 가액(40,000,000원)의 2분의 1이므로 20,000,000원입니다.

⑥ 대여금 청구의 소가: 청구금액(이자는 불산입)이므로 30,000,000원입니다. 이 중 가장 큰 금액인 30,000,000원에 흡수되어 소가는 30,000,000원입니다.

⑦ 개별주택의 시가표준액은 <전자정부 민원24, 개별주택가격확인>에서 확인하실 수 있습니다.

⑧ 공동주택의 시가표준액은 <전자정부 민원24, 공동주택가격확인>에서 확인하실 수 있습니다.

⑨ 서울시의 주택외 건물 시가표준액은 <서울시 지방세 인터넷 납부시스템> 에서 확인하실 수 있습니다. 그 외 지역은 해당 구청 등에서 확인하셔야 합니다.

⑩ 부동산의 개별공시지가 조회는 <국토교통부, 온나라부동산정보통합포털>에서 확인하실 수 있습니다.

8-4. 1심 소가에 따른 인지액

소 가	인 지 대
소가 1천만원 미만	소가 × 50 / 10,000
소가 1천만원 이상 1억원 미만	소가 × 45 / 10,000 + 5,000
소가 1억원 이상 10억원 미만	소가×40 / 10,000 + 55,000
소가 10억원 이상	소가× 35 / 10,000 + 555,000
※ 인지액이 1천원 미만이면 1천원으로 하고, 수수료 중 100원 미만은 계산하지 않습니다(「민사소송 등 인지법」 제2조제2항).	

8-5. 인지액의 납부방법

8-5-1. 현금납부

① 소장에 첩부하거나 보정해야 할 인지액(이미 납부한 인지액이 있는 경우에는 그 합산액)이 1만원 이상인 경우에는 그 인지의 첩부 또는 보정에 갈음해 인지액 상당의 금액 전액을 현금으로 납부해야 합니다(민사소송 등 인지규칙 제27조 제1항).

② 인지액 상당 금액을 현금으로 납부할 경우에는 송달료 수납은행에 내야 합니다(민사소송 등 인지규칙 제28조).

8-5-2. 신용카드납부

① 신청인은 인지액 상당의 금액을 현금으로 납부할 수 있는 경우 이를 수납은행 또는 인지납부대행기관의 인터넷 홈페이지에서 인지납부대행기관을 통해 신용카드·직불카드 등(이하 "신용카드등"이라 한다)으로도 납부할 수 있습니다(민사소송 등 인지규칙 제28조의2 제1항).

② "인지납부대행기관"이란 정보통신망을 이용해 신용카드등에 의한 결제를 수행하는 기관으로서 인지납부대행기관으로 지정받은 자를 말합니다(민사소송 등 인지규칙 제28조의2 제2항).

③ 인지납부대행기관은 신청인으로부터 인지납부 대행용역의 대가로 납부대행수수료를 받을 수 있고, 납부대행수수료는 전액 소송비용으로 봅니다(민사소송 등 인지규칙 제28조의2 제4항 및 제5항).

8-6. 인지납부일

① 인지액 상당의 금액을 신용카드등으로 납부하는 경우에는 인지납부대행기관의 승인일을 인지납부일로 봅니다(민사소송 등 인지규칙 제28조의2 제3항).
② 신청인은 수납은행이나 인지납부대행기관으로부터 교부받거나 출력한 영수필확인서를 소장에 첨부하여 법원에 제출해야 합니다(민사소송 등 인지규칙 제29조 제2항).

8-7. 송달료 납부

민사 제1심 단독 또는 합의사건의 송달료는 당사자수 × 3,700원 × 15회분입니다(송달료규칙의 시행에 따른 업무처리요령 별표 1).

8-8. 소장부본

소장 제출 시 송달에 필요한 수의 부본을 함께 제출해야 합니다(민사소송규칙 제48조 제1항).

9. 채무부존재확인의 소

① 채무부존재 확인소송은 권리 또는 법률관계에서 범위의 다툼이 있는 경우 존부확인에 관한 판단을 청구하는 것을 말합니다.
② 채무부존재 확인소송의 소가는 확인할 물건(토지, 건물, 유가증권 등) 및 권리(소유권, 전세권 등)의 종류에 따라 산정된 금액이고, 인지대는 소가에 따른 인지대 계산방법으로 계산하면 됩니다.

9-1. 채무부존재 확인소송의 개념

'채무부존재 확인소송'이란 권리 또는 법률관계에서 범위의 다툼이 있는 경우 존부확인에 관한 판단을 청구하는 것을 말합니다.

9-2. 채무부존재 확인소송 신청서 작성례

① 채무부존재확인의 소(근저당권설정등기말소청구)

소 장

원 고 ○○○ (주민등록번호)
○○시 ○○구 ○○로 ○○(우편번호 ○○○-○○○)
전화.휴대폰번호:
팩스번호, 전자우편(e-mail)주소:
피 고 ◇◇◇ (주민등록번호)
○○시 ○○구 ○○로 ○○(우편번호 ○○○-○○○)
전화.휴대폰번호:
팩스번호, 전자우편(e-mail)주소:

근저당권설정등기말소청구의 소

청 구 취 지

1. 피고는 원고에게 별지목록 기재 부동산에 관하여 ○○지방법원 ○○등기소 20○○. ○. ○. 접수 제○○○○호로 마친 근저당권설정등기의 말소등기절차를 이행하라.
2. 소송비용은 피고가 부담한다.

라는 판결을 구합니다.

청 구 원 인

1. 원고는 별지목록 기재 부동산을 소유하고 있는 사람인데, 원고는 원고 소유의 건물보수 공사비 마련을 위하여 피고로부터 ○○○원을 차용하면서 위 별지목록 기재 부동산을 담보로 제공하여 이 사건 근저당권을 설정하여 주기로 하였습니다.
2. 피고는 20○○. ○. ○. 원고에게 현금이 아닌 액면 ○○○원인 당좌수표를 교부해주었으므로 원고는 피고를 믿고서 피고에게 근저당권설정등기에 필요한 인감도장 및 인감증명서 등을 교부하여 주었고, 그 뒤 청구취지 기재의 근저당권설정등기가 마쳐졌습니다.
3. 그런데 원고가 위 수표를 은행에 지급제시 하였으나 위 수표는 예금부족으로 부도처리되었습니다.
4. 그렇다면 피고의 원고에 대한 이 사건 근저당권설정등기는 그 원인채권이 존재하지 않는 것이므로, 원고는 이 사건 근저당권설정계약을 해제하고 원인무효인 위

근저당권설정등기의 말소를 구하기 위하여 이 사건 청구에 이르게 되었습니다.

입 증 방 법

1. 갑 제1호증 수표
1. 갑 제2호증 사실확인서
1. 갑 제3호증 부동산등기사항증명서

첨 부 서 류

1. 위 입증방법 각 1통
1. 소장부본 1통
1. 송달료납부서 1통

20○○. ○. ○.
위 원고 ○○○ (서명 또는 날인)

○○지방법원 귀중

[별지] 생략

■ 참 고 ■

※ (1) 관 할

1. 소(訴)는 피고의 보통재판적(普通裁判籍)이 있는 곳의 법원의 관할에 속하고, 사람의 보통재판적은 그의 주소에 따라 정하여지나, 대한민국에 주소가 없거나 주소를 알 수 없는 경우에는 거소에 따라 정하고, 거소가 일정하지 아니하거나 거소도 알 수 없으면 마지막 주소에 따라 정하여집니다.
2. 부동산에 관한 소를 제기하는 경우에는 부동산이 있는 곳의 법원에 제기할 수 있습니다.
3. 따라서 위 사안에서 원고는 피고의 주소지를 관할하는 법원이나 부동산이 있는 곳의 관할 법원에 소를 제기할 수 있습니다.

※ (2) 인 지

소장에는 소송목적의 값에 따라 민사소송등인지법 제2조 제1항 각 호에 따른 금액 상당의 인지를 붙여야 합니다. 다만, 대법원 규칙이 정하는 바에 의하여 인지의 첩부에 갈음하여 당해 인지액 상당의 금액을 현금이나 신용카드·직불카드 등으로 납부하게 할 수 있는바, 현행 규정으로는 인지첩부액이 1만원 이상일 경우에는 현금으로 납부하여야 하고 또한 인지액 상당의 금액을 현금으로 납부할 수 있는 경우 이를 수납은행 또는 인지납부대행기관의 인터넷 홈페이지에서 인지납부대행기관을 통하여 신용카드 등으로도 납부할 수 있습니다(민사소송등인지규칙 제27조 제1항 및 제28조의 2 제1항).

② 채무부존재확인의 소(근저당권 피담보채권 부존재)

소 장

원 고 ○○실업주식회사
○○시 ○○구 ○○로 ○○(우편번호 ○○○-○○○)
대표이사 ◉◉◉
전화.휴대폰번호:
팩스번호, 전자우편(e-mail)주소:
피 고 ◇◇은행
○○시 ○○구 ○○로 ○○(우편번호 ○○○-○○○)
은행장 ◈◈◈
전화.휴대폰번호:
팩스번호, 전자우편(e-mail)주소:

채무부존재확인의 소

청 구 취 지

1. 피고는 원고에게 별지 제1목록 기재 부동산에 대한 별지 제3목록 기재 근저당권설정등기 목록과 같은 근저당권설정등기가 담보하는 채권이 존재하지 않음을 확인한다.
2. 소송비용은 피고의 부담으로 한다.

라는 판결을 구합니다.

청 구 원 인

1. 원고는 피고에게 별지 제1목록 기재 부동산(다음부터 이 사건 부동산이라고 함)에 대하여 별지 제3목록 기재 근저당권설정등기 내용과 같은 근저당권을 설정한 바 있습니다.
2. 위와 같은 근저당권설정등기를 하게 된 경위는

가. 20○○. ○. ○.과 20○○. ○. ○. 그리고 20○○. ○. ○. 소외 ◉◉◉(원고회사의 대표이사)는 소외 ▣▣물산주식회사(다음부터 소외회사라 함)를 위하여 ○○시 ○○구 ○○동 ○○ 대 804.5㎡ 등 여러 개의 부동산(별지 제2목록)을 피고에게 근저당권설정등기를 하여 담보 제공한 바 있고, 그때 담보

범위를 D/A수출을 제외한 수출지원금융에 한한다는 단서를 붙여 담보 제공한 사실이 있습니다.

나. 그 뒤 20○○. ○. ○. 이 사건 부동산과 별지 제2목록 기재 부동산의 담보 교체를 하여 원고회사 소유의 이 사건 부동산에 별지 제3목록 기재와 같은 근저당권설정등기를 하고 종전 소외 ◎◎◎ 개인소유 별지 제2목록 기재 부동산에 설정한 근저당권설정등기를 해지한 바 있습니다.

다. 위 담보 교체시 원고회사는 종전과 같은 조건으로 담보만 교체되는 것으로 하였습니다. 따라서 위 근저당권이 담보하는 채무는 소외회사의 수출금융에 한한다 하겠습니다. 그리고 현재 위 소외회사가 피고은행에 대하여 지는 수출지원금융채무는 없습니다.

3. 그런데 피고은행은 위 근저당권설정등기가 담보하는 채무는 위 수출지원금융뿐만 아니라 소외회사가 피고은행에 부담하고 있는 모든 채무라고 주장하면서 그 채무액이 5억원이나 된다고 주장하고 있습니다. 따라서 그 채무가 존재하지 않음의 확인을 구하기 위하여 이 사건 청구에 이르렀습니다.

입 증 방 법

1. 갑 제1호증 근저당설정계약서
1. 갑 제2호증 등기사항전부증명서

첨 부 서 류

1. 위 입증방법 각 1통
1. 소장부본 1통
1. 송달료납부서 1통

20○○. ○. ○.
위 원고 ○○실업주식회사
대표이사 ◉◉◉ (서명 또는 날인)

○○지방법원 귀중

[별 지1]

부동산의 표시

1. ○○시 ○○구 ○○동 ○○ 대 ○○○○.○㎡
1.위 지상 철근 콘크리트조 평슬래브지붕 7층 점포 및 사무실
1층 ○○○.○㎡(점포)
2층 ○○○.○㎡(사무실)
3층 ○○○.○㎡(사무실)
4층 ○○○.○㎡(사무실)
5층 ○○○.○㎡(사무실)
6층 ○○○.○㎡(사무실)
7층 ○○○.○㎡(사무실)
지하실 ○○○.○㎡(점포). 끝.

[별 지2]

부동산의 표시

1. ○○시 ○○구 ○○동 ○○ 대 ○○○.○㎡
2. ○○시 ○○구 ○○동 ○○-○ 대 ○○○.○㎡
3. ○○시 ○○구 ○○동 ○○-○○ 대 ○○○.○㎡
4. ○○시 ○○구 ○○동 ○○○ 대 ○○○.○㎡. 끝.

[별 지3]

근저당권설정등기 목록

1. 20○○. ○. ○. ○○지방법원 제○○○○호, 채권최고액 950,000,000원, 원인 20○○. ○. ○.자 근저당권설정계약
2. 위 같은 날 위 법원 접수 제○○○○호, 채권최고액 350,000,000원, 위 같은 날 근저당권설정계약
3. 위 같은 날 위 법원 접수 제○○○○호, 채권최고액 200,000,000원, 위 같은 날 근저당권설정계약
4. 위 같은 날 위 법원 접수 제○○○○호, 채권최고액 900,000,000원, 위 같은 날 근저당권설정계약. 끝.

5

③ 채무부존재확인의 소(전소유자의 체납관리비채무 부존재확인)

소　　장

원　고　○○○ (주민등록번호)
　　　　○○시 ○○구 ○○로 ○○(우편번호 ○○○-○○○)
　　　　전화.휴대폰번호:
　　　　팩스번호, 전자우편(e-mail)주소:
피　고　◇◇아파트입주자대표회의
　　　　○○시 ○○구 ○○로 ○○(우편번호 ○○○-○○○)
　　　　회장 ◈◈◈
　　　　전화.휴대폰번호:
　　　　팩스번호, 전자우편(e-mail)주소:

채무부존재확인의 소

청 구 취 지

1. 원고와 피고 사이에 별지목록 기재 아파트에 관한 20○○. ○. ○.부터 20○○. ○. ○○.까지의 사이에 발생한 관리비 금 ○○○○원에 대한 원고의 채무는 존재하지 아니함을 확인한다.
2. 소송비용은 피고의 부담으로 한다.

라는 판결을 구합니다.

청 구 원 인

1. 원고는 20○○. ○○. ○. 피고가 관리하는 소외 ◉◉◉ 소유의 별지목록 기재 아파트를 소외 ◎◎◎가 신청한 근저당권실행을 위한 경매절차에서 매수하여 매각허가결정을 받고 매각대금을 전부 납부하여 별지목록 기재 아파트의 소유권을 취득하였습니다.
2. 소외 ◉◉◉는 20○○. ○. ○.부터 20○○. ○. ○○.까지 9개월 동안 관리비 금 ○○○○원을 피고에게 납부하지 않은 사실이 있으므로, 원고는 소외 ◉◉◉가 체납한 위 기간 동안의 관리비 중 공용부분에 관한 관리비만은 피고에게 지급제시하였으나, 피고는 위 기간 동안의 체납관리비 전액을 납부하여야 한다고 하면서 그 수령을 거절하여 ○○지방법원 20○○ 금 제○○○호로 위 기간 동안의 관리비 중 공용부분에 관한 관리비 금 ○○○원을 변제공탁 하였습니다.
3. 그런데 피고는 지금까지도 위 기간 동안의 관리비 전액을 공탁한 것이 아니므로 원고의 위 변제공탁은 변제로서의 효력이 없다고 주장하면서 계속 위 기간 동안의 관리비 전액인 ○○○○원의 지급을 청구하고 있습니다.

4. 따라서 원고는 원고와 피고 사이에 별지목록 기재 아파트에 관한 20○○. ○. ○.부터 20○○. ○. ○○.까지의 사이에 발생한 관리비 금 ○○○○원에 대한 원고의 채무는 존재하지 아니함을 확인하기 위하여 이 사건 청구에 이른 것입니다.

입 증 방 법

1. 갑 제1호증 부동산등기사항전부증명서
1. 갑 제2호증 체납관리비청구서
1. 갑 제3호증 공탁서

첨 부 서 류

1. 위 입증방법 각 1통
1. 소장부본 1통
1. 송달료납부서 1통

20○○. ○. ○.

위 원고 ○○○ (서명 또는 날인)

○○지방법원 귀중

[별 지]

부동산의 표시

1동의 건물의 표시

○○시 ○○구 ○○동 ○○ ○○아파트 제5동

[도로명주소] ○○시 ○○구 ○○로 ○○

전유부분의 건물표시

건물의 번호 : 5 - 2- 205

구 조 : 철근콘크리트라멘조 슬래브지붕

면 적 : 2층 205호 84.87㎡

대지권의 표시

토지의 표시 : ○○시 ○○구 ○○동 ○○

대 9,355㎡

대지권의 종류 : 소유권

대지권의 비율 : 935500분의 7652. 끝.

④ 채무부존재확인의 소(대여금채무, 변제공탁으로 소멸된 경우)

소 장

원 고 ○○○ (주민등록번호)
○○시 ○○구 ○○로 ○○(우편번호 ○○○-○○○)
전화.휴대폰번호:
팩스번호, 전자우편(e-mail)주소:
피 고 ◇◇◇ (주민등록번호)
○○시 ○○구 ○○로 ○○(우편번호 ○○○-○○○)
전화.휴대폰번호:
팩스번호, 전자우편(e-mail)주소:

채무부존재확인의 소

청 구 취 지

1. 원고와 피고 사이의 20○○. ○. ○.자 금전소비대차계약에 기한 금 70,000,000원의 원고의 채무는 존재하지 아니함을 확인한다.
2. 소송비용은 피고의 부담으로 한다.

라는 판결을 구합니다.

청 구 원 인

1. 피고는 원고에 대하여 20○○. ○. ○. 금 70,000,000원을 대여하고 현금을 교부 하였다고 주장하며 위 돈의 지급을 청구하고 있습니다.
2. 그러나 원고는 피고에게 20○○. ○. ○. 위 돈을 지참하고 확실히 변제제공을 하였으나 피고는 이의 영수를 거절하였습니다. 그러므로 원고는 위 금액을 20○○. ○. ○○. ○○지방법원 ○○지원 20○○. 금 제○○○호에 변제공탁 하였습니다.
3. 따라서 변제공탁으로 인하여 피고 주장의 위 채무는 소멸하였으므로 원고는 피고에 대하여 그 취지의 확인을 구하기 위하여 이 사건 소제기에 이르렀습니다.

입 증 방 법

1. 갑 제1호증 공탁서

첨 부 서 류

1. 위 입증방법 각 1통
1. 소장부본 1통
1. 송달료납부서 1통

20○○. ○. ○.
위 원고 ○○○ (서명 또는 날인)

○○지방법원 귀중

⑤ 채무부존재확인의 소(가계수표금)

소 장

원 고 ○○○ (주민등록번호)
○○시 ○○구 ○○동 ○○(우편번호 ○○○-○○○)
전화.휴대폰번호:
팩스번호, 전자우편(e-mail)주소:
피 고 ◇◇◇ (주민등록번호 또는 한자)
○○시 ○○구 ○○동 ○○(우편번호 ○○○-○○○)
전화.휴대폰번호:
팩스번호, 전자우편(e-mail)주소:

가계수표금채무부존재확인의 소

청 구 취 지

1. 원고가 발행한 별지목록 기재 가계수표금채무는 존재하지 아니함을 확인한다.
2. 소송비용은 피고의 부담으로 한다.

라는 판결을 원합니다.

청 구 원 인

1. 피고는 20○○. ○. ○. 원고에게 피고가 ○○시 ○○구 ○○동 ○○ 소재에서 ○○골재라는 상호로 납품 및 운송업 등을 하고 있으며 스카이나 덤프트럭 4대를 소유하고 사업을 하고 있다고 과시하며 원고를 속이고 원고에게 골재를 운반하여 준다고 선수금으로 금 5,000,000원을 지급할 것을 요구하였습니다.
2. 이에 속은 원고는 피고의 말과 피고의 인품이나 사업규모로 보아 믿어도 되겠다고 판단하여 골재운반대금 선수금의 명목으로 피고에게 금 5,000,000원을 주게 되면 자기가 운영하는 위 덤프트럭으로 골재를 운반하여 줄 것으로 믿고 원고 명의로 거래하고 있는 별지목록 기재와 같은 ○○중앙회 ○○지점 가계수표 20○○. ○. ○.자 액면 금 5,000,000원권 1매(○호○○0123456)를 작성하여 피고에게 교부하였습니다.
3. 그런데 피고는 원고로부터 위 가계수표 액면 금 5,000,000원권 1매를 교부받은 후 위 골재를 운반하여 주겠다고 하였으나 이행하지 아니함으로 원고가 현장을 답사한 바, 골재판매장은 물론 덤프트럭도 전부 타인 소유로서 원고를 기망하고 가계수표 금 5,000,000원권 1매를 사취한 후 행방을 감추고 말았습니다.

4. 그렇다면 원고가 피고에게 골재를 납품 받기로 하고 선수금으로 가계수표 1매를 발행한 것인데, 피고는 골재를 운반하지 아니하고 가계수표 1매를 사취한 것이므로 원인 없이 발행한 별지목록 기재 가계수표상 수표금은 피담보채무의 부존재 내지 소멸로 인하여 존재하지 아니한다고 할 것입니다.
5. 그러므로 원고는 이 사건 수표에 대하여 피사취계를 ○○중앙회 ○○지점에 제출하고 보증으로 금 5,000,000원을 예탁하였으나, 이 사건 수표의 지급기일이 지났음에도 이 사건 수표의 지급제시는 물론 수표금청구도 하지 아니하고 있으며, 나아가 원고는 피고에 대하여 ○○경찰서에 사기죄로 고소를 제기하여 수사가 진행 중에 있습니다.
6. 따라서 원고는 원고가 발행한 별지목록 기재 가계수표금채무가 존재하지 아니함을 확인 받기 위하여 이 사건 청구에 이른 것입니다.

입 증 방 법

1. 갑 제1호증 가계수표
1. 갑 제2호증 고소장
1. 갑 제3호증 명함

첨 부 서 류

1. 위 입증방법 각 1통
1. 소장부본 1통
1. 송달료납부서 1통

20○○. ○. ○.

위 원고 ○○○ (서명 또는 날인)

○○지방법원 귀중

[별 지]

수표의 표시

1. 금 액 : 금 5,000,000원
1. 수표번호 : ○호○○0123456
1. 발 행 일 : 20○○. ○. ○.
1. 발행지 및 지급지 : ○○시
1. 지급장소 : ○○중앙회 ○○지점. 끝.

⑥ 채무부존재확인의 소(대여금채무, 변제공탁으로 소멸된 경우)

소 장

원 고 ○○○ (주민등록번호)
○○시 ○○구 ○○동 ○○(우편번호 ○○○-○○○)
전화.휴대폰번호:
팩스번호, 전자우편(e-mail)주소:
피 고 ◇◇◇ (주민등록번호 또는 한자)
○○시 ○○구 ○○동 ○○(우편번호 ○○○-○○○)
전화.휴대폰번호:
팩스번호, 전자우편(e-mail)주소:

채무부존재확인의 소

청 구 취 지

1. 원고와 피고 사이의 20○○. ○. ○.자 금전소비대차계약에 기한 금 70,000,000원의 원고의 채무는 존재하지 아니함을 확인한다.
2. 소송비용은 피고의 부담으로 한다.

라는 판결을 구합니다.

청 구 원 인

1. 피고는 원고에 대하여 20○○. ○. ○. 금 70,000,000원을 대여하고 현금을 교부 하였다고 주장하며 위 돈의 지급을 청구하고 있습니다.
2. 그러나 원고는 피고에게 20○○. ○. ○. 위 돈을 지참하고 확실히 변제제공을 하였으나 피고는 이의 영수를 거절하였습니다. 그러므로 원고는 위 금액을 20○○. ○. ○○. ○○지방법원 ○○지원 20○○. 금 제○○○호에 변제공탁 하였습니다.
3. 따라서 변제공탁으로 인하여 피고 주장의 위 채무는 소멸하였으므로 원고는 피고에 대하여 그 취지의 확인을 구하기 위하여 이 사건 소제기에 이르렀습니다.

입 증 방 법

1. 갑 제1호증 공탁서

첨 부 서 류

1. 위 입증방법 각 1통
1. 소장부본 1통
1. 송달료납부서 1통

20○○. ○. ○.
위 원고 ○○○ (서명 또는 날인)

○○지방법원 귀중

⑦ 답변서(채무부존재확인)

답 변 서

사 건 20○○가단○○○ 채무부존재확인
원 고 ○○○생명보험주식회사
피 고 ◇◇◇

위 사건에 관하여 피고는 다음과 같이 답변합니다.

청구취지에 대한 답변

1. 원고의 청구를 기각한다.
2. 소송비용은 원고의 부담으로 한다.

라는 판결을 구합니다.

청구원인에 대한 답변

이 사건의 경위에 관하여는 추후 반소장을 제출하면서 자세히 설명하겠지만 아래에서는 본소에 관한 사항을 중심으로 답변하도록 하겠습니다.

1. 보험계약의 체결
   20○○. ○. ○. 피고는 노후 건강의 보장책으로 건강보험에 들기로 하고 원고회사의 보험설계사를 통하여 차후에 질병이 생기면 치료자금과 연금 등을 보장한다는 설명을 듣고 '○○ 건강보험 부부형'이라는 보험상품에 관하여 보험계약(다음부터 '이 사건 보험계약'이라 함)을 체결하였습니다.
2. 약관을 교부하거나 계약내용을 설명하였는지 여부
   피고는 당시 이 사건 보험계약의 보험금 지급요건이 되는 보험사고에 관하여 원고회사의 보험설계사로부터 이 사건 보험계약의 안내장(다음부터 '이 사건 안내장'이라 함)을 교부받아 그 보험사고범위를 확인하였습니다. 그런데 이 사건 안내장은 이 사건 보험이 우리나라 국민의 다수의 사망원인을 차지하는 암이나 순환기계 질환에 대비한 전문적인 건강보험으로서 일반보장 이외에 '특정질병보장'이라는 별도의 보험상품을 포함한 것에 그 특징이 있다고 설명하면서 위 특정질병으로 '암, 허혈성심질환, 뇌혈관질환'을 거시하고 있어서 일반적으로 노년기에 많이 문제되는 질병에 대한 대비차원에서 이 사건 보험계약을 체결하였습니다. 한편, 이 사건 안내장에는 위에 거시된 질병에 포함되는 질병 가운데 일부가 제외된다는 점에 관하여는 아무런 설명을 하지 않고 있으며, 원고회사주장의 약관(협심증 등을 제외하는 내용)에 관하여 피고는 그 약관을 교부받거나 당시 이에 관하여 설명을 들은 사실이 없습니다. 따라서 약관규정에 따라 이 사건 보험계약의 내용을 주장하는 원고회사의 주장은 부당하다고 할 것입니다.

3. 보험사고의 발생 및 보험회사측의 조치

가. 피고는 위와 같이 이 사건 보험에 가입하여 보험료를 납입하여 오던 중, 20○○. ○. ○. 가슴에 심한 통증을 느껴 ○○의료원에 입원하여 치료를 받게 되었는데, 당시 병명은 급성 인두염과 C형 간염으로 진단되어 치료를 받았습니다만 병세가 호전되지 않던 중, 20○○. ○. ○. 위 같은 병원에서 급성 결핵성 심낭염 및 협심증으로 재진단 받아 입원 및 통원치료를 받게 되었습니다.

나. 피고는 결핵성 심낭염 및 협심증이 발병하여 병원치료를 받게 되자 당시 치료가 일단락 될 즈음인 20○○. ○. 중순경에 원고회사에 이 사실을 신고하고 보험금의 지급을 청구하였습니다. 당시 위 발병에 관하여 보험금지급여부를 조사하기 위하여 원고회사의 ○○본사 심사부에서 일하는 소외 ◈◈◈라는 보험조사원이 ○○에서 ○○○로 내려와서 피고의 이전 병력 및 위 발병에 관한 사항을 병원과 피고 등을 상대로 조사한 사실이 있습니다. 당시 위 보험조사원은 피고에게 '이 병은 보험금지급대상이 되는 특정질병에 해당하므로 앞으로 보험금이 지급될 것이며, 이후의 보험료도 납입면제 될 것이다'라고 말하였고 위와 같이 말한 사실은 소외 ◈◈◈가 20○○. ○. ○.에 금융감독원의 분쟁조정과정에 출석하여 인정한 것이기도 합니다.

다. 그에 따라, 피고는 원고회사로부터 보험금이 지급되기를 기다리고 있던 중, 20○○. ○. ○.에 먼저 이 사건 보험계약과는 별도의 입원특약계약에 의한 보험금 341,280원을 우선하여 지급 받게 되었습니다. 이 당시까지도 원고회사는 특정질병보장에 관한 이 사건 보험계약에 의한 보험금의 지급에 관하여는 별다른 얘기를 해주지 않았기 때문에 피고로서는 보험금지급결정이 절차상 늦어지는 것으로 생각하고 그 결정과 지급을 기다리고 있었습니다.

4. 원고회사측의 실효처리

가. 그런데, 20○○. ○.경 원고회사로부터 보험금 지급에 관한 연락이 없어 본사로 연락을 하여보았더니 피고에게 발생한 질병은 보험대상 질병에 해당하지 아니하고 또한 이 사건 보험계약은 보험료의 2회 미납을 이유로 하여 20○○. ○. ○.자로 실효 되었으므로 해지환급금을 수령하여 가라는 답변을 하였습니다. 피고는 당시 20○○. ○. ○.까지의 보험료를 납부한 상태였고, 발병 이후 원고회사 보험조사원 소외 ◈◈◈의 말을 믿고 보험금의 지급을 기다리고 있었으며 원고회사에서 보험금지급이 결정되어 그 중 입원특약보험금이 우선 지급된 것으로 생각하여 이후의 보험료가 면제되는 것으로 알고 보험료를 납부하지 않았던 것입니다. 원고회사로부터는 피고에게 발병한 질병이 보험사고에 해당하지 아니한다는 설명이 없었고, 또한 보험료를 미납하고 있으니 보험료를 납부하라는 최고나, 납부하지 않으면 실효 된다는 통지 역시 없는 상태에서 일방적으로 실효 되었다는 답변만을 하여준 것입니다. 피고로서는 원고회사측의 약관규정상 보험대상이 되지 않는다는 말을 당시로서는 믿

을 수밖에 없었습니다. 다만, 피고는 보험료를 계속하여 납부할 것이니 이 사건 보험계약을 부활시켜 달라고 하였으나 원고회사측은 이 사건 보험계약은 이미 실효 되었으니 보험료를 내더라도 부활은 아니 된다고 하였으며, 일정한 기간이 지나면 해약환급금도 받아 갈 수 없으니 회사내 정해진 절차에 따라 환급금을 수령하여 가라고 하여 피고로서는 할 수 없이 해약환급금을 수령하였습니다.

나. 약관상 실효규정의 유효성

이에 관하여는 이후 반소장에서 자세히 밝히겠으나 원고회사측의 이 사건 보험계약에 대한 실효처리는 위 회사 약관규정에 의한 것으로 이는 계약내용에 포함되지 않을 뿐만 아니라 위 약관규정 자체가 상법규정에 위배되어 무효이므로 미납보험료에 대한 납부최고 및 해지절차를 거치지 않은 실효처분은 무효라고 할 것이어서 아직까지도 보험계약은 유효하게 존속되고 있다고 하여야 할 것입니다.

5. 보험금의 지급청구

피고는 위 원고회사측의 설명만 믿고 피고의 발병이 보험금 지급대상이 아니고 계약은 적법하게 실효 된 것으로만 생각하면서 지내던 중, 20○○. ○.경에 라디오에서 "계약자에 불리하게 작성된 약관은 효력이 없다"라는 뉴스를 듣고 혹시라도 보험금을 받을 수 있지 않을까 하는 생각에 여기저기 알아보고 난 뒤 원고회사측에 보험금의 지급을 청구하였으나 원고회사측은 이 사건 보험계약 당시의 약관에 의하여 보험금을 지급할 수 없다는 말만 되풀이하였습니다.

6. 원고회사의 소제기

피고는 이와 같은 원고회사측의 보험금 미지급과 보험계약실효처분이 부당하다고 느껴졌기에 계속하여 원고회사측에 보험금의 지급을 요구하였는바, 원고회사는 오히려 20○○. ○.경 귀원에 피고에 대하여 아무런 책임이 없다는 취지로 채무부존재확인소송을 제기하여 지금에 이르게 된 것입니다.

7. 결론

그렇다면 원고회사측 약관이 이 사건 보험계약의 내용이 됨을 전제로 한 원고회사의 주장은 부당하며 실효처리 또한 무효이기 때문에 이 사건 보험계약이 여전히 유효함을 전제로 하여 원, 피고간의 법률관계를 정리하여야 할 것입니다. 피고는 이에 관한 반소장을 곧 제출하도록 하겠습니다.

20○○. ○. ○.

위 피고 ◇◇◇ (서명 또는 날인)

○○지방법원 제○○민사단독 귀중

⑧ 신체감정촉탁신청서(채무부존재확인 등, 피고신청)

신 체 감 정 촉 탁 신 청

사 건 20○○가단○○○○ 채무부존재확인 등
원 고 ○○화재해상보험주식회사
피 고 ◇◇◇

위 사건에 관하여 피고는 주장사실을 입증하고자 다음과 같이 신체감정촉탁을 신청합니다.

- 다 음 -

1. 피감정인
   성 명 : ◇◇◇
   주민등록번호 : ○○○○○○ - ○○○○○○○
   주 소 : ○○시 ○○구 ○○로 ○○
2. 신체감정할 사항 : 별지기재와 같음
3. 감 정 인 : 귀원이 지정하는 감정인
   1. 정형외과
4. 첨부서류 : 진단서 1부

20○○. ○. ○.
위 피고 ◇◇◇ (서명 또는 날인)

○○지방법원 제○민사단독 귀중

[별 지]

감 정 사 항

피감정인이 20○○. ○. ○.발생한 사고로 인하여 입은 상해와 관련하여,

1. 병력
2. 현증상
3. 치료가 종결된 여부
4. 향후 치료가 필요하다면 그 치료의 내용과 치료기간 및 소요치료비 예상액
5. 현증상과 위 사고와의 인과관계
6. 기타 필요한 사항.

■ 참 고 ■

신청기간	증거의 신청과 조사는 변론기일 전에도 할 수 있음(민사소송법 제289조).
감정의 대상	.법규 : 외국법규, 관습 .사실판단 : 교통사고원인, 노동능력의 상실정도, 필적.인영의 동일성, 토지.가옥의 임대료, 공사비, 혈액형, 정신장애의 유무 및 정도 등
기타	.감정인이 성실하게 감정할 수 없는 사정이 있는 때에 당사자는 그를 기피할 수 있음. 다만, 당사자는 감정인이 감정사항에 관한 진술을 하기 전부터 기피할 이유가 있다는 것을 알고 있었던 때에는 감정사항에 관한 진술이 이루어진 뒤에는 그를 기피하지 못함(민사소송법 제336조).
	.피해자가 법원의 감정명령에 따라 신체감정을 받으면서 그 감정을 위한 제반 검사비용으로 지출하였다는 금액은 예납의 절차에 의하지 않고 직접 지출하였다 하더라도 감정비용에 포함되는 것으로서 소송비용에 해당하는 것이고, 소송비용으로 지출한 금액은 소송비용확정의 절차를 거쳐 상환 받을 수 있는 것이어서 이를 별도로 소구할 이익이 없음(대법원 2000. 5. 12. 선고 99다68577 판결). .피고가 항소심에서 제1심 법원의 원고에 대한 신체감정결과의 의문점을 지적하며 신체재감정을 신청하자 법원이 이를 받아들여 신체재감정을 촉탁하였으나 원고가 지정 병원이 원거리임을 이유로 재감정에 응하지 아니하여 장기간 신체재감정이 이루어지지 않은 경우, 항소심으로서는 원고가 주장하는 이유의 상당성 유무를 조사한 다음 그 이유가 상당하다고 판단되면 감정병원을 원고가 입원하고 있는 병원 근처의 병원으로 바꾸어 지정하여 보는 등 증거조사의 방해요인을 적절히 제거하여 재감정이 이루어지도록 하여야 함은 물론 그래도 재감정이 이루어지지 않는다면 그 입증을 방해하는 측에 적절한 책임을 지우는 것이 타당하다고 할 것이고, 장기간 동안 신체감정이 이루어지지 않고 있다는 사정만으로 신체재감정촉탁 자체를 취소하고 변론을 종결하여 의문점을 덮어둔 채 제1심에서의 신체감정 결과 및 사실조회의 결과만을 근거로 노동능력상실율을 인정하여서는 아니 됨(대법원 1999. 2. 26. 선고 98다51831 판결). .노동능력상실율을 정하기 위한 보조자료의 하나인 의학적 신체기능장애율에 대한 감정인의 감정결과는 사실인정에 관하여 특별한 지식과 경험을 요하는 경우에 법관이 그 특별한 지식, 경험을 이용하는 데 불과한 것이며, 궁극적으로는 법관이 피해자의 연령, 교육정도, 노동의 성질과 신체기능 장애정도, 기타 사회적.경제적 조건 등을 모두 참작하여 경험칙에 비추어 규범적으로 노동능력상실율을 결정할 수밖에 없으므로, 신체감정인이 감정 결과에서 이른바 맥브라이드 방식에 따라 신체장해항목에 의한 노동능력상실율을 평가하는 이외에 그 손상의 부위에 대한 직업별 장해등급표에 따로 분류되어 있지 아니한 직업에 대한 노동능력상실율을 독자적으로 판단하고 있다고 하더라도 반드시 이를 그대로 채택하여야 하는 것은 아님(대법원 1998. 4. 24. 선고 97다58491 판결).

⑨ 항소장(채무부존재확인 등, 전부불복, 항소이유서 추후제출의 경우)

항 소 장

항소인(피고, 반소원고) ◇◇◇
○○시 ○○구 ○○길 ○○(우편번호)
전화.휴대폰번호:
팩스번호, 전자우편(e-mail)주소:
피항소인(원고, 반소피고) ○○○
○○시 ○○구 ○○길 ○○(우편번호)
전화.휴대폰번호:
팩스번호, 전자우편(e-mail)주소:

위 당사자간 ○○지방법원 20○○가단○○○(본소), 20○○가단○○○○(반소) 채무부존재확인청구 등 사건에 관하여 같은 법원에서 20○○. ○○. ○. 판결선고 하였는바, 항소인(피고, 반소원고)은 위 판결에 불복하고 다음과 같이 항소를 제기합니다(판결정본 수령일:20○○. ○. ○○.)

원판결의 주문표시

1. 20○○. ○. ○. 11: 30경 ○○시 ○○구 ○○길 4거리 교차로 상에서 원고(반소피고) 소유의 광주○무○○○○호 승용차와 피고(반소원고) 운전의 광주○마○○○○호 오토바이가 충돌한 교통사고에 관하여 원고(반소피고)의 피고(반소원고)에 대한 손해배상금지급채무가 존재하지 아니함을 확인한다.
2. 피고(반소원고)의 반소청구를 기각한다.
3. 소송비용은 피고(반소원고)의 부담으로 한다.

불복의 정도 및 항소를 하는 취지의 진술

항소인(피고, 반소원고)은 위 판결의 피고(반소원고) 패소부분에 대하여 불복이므로 항소를 제기합니다.

항 소 취 지

1. 원심판결 중 피고(반소원고) 패소부분을 취소하고, 원고(반소피고)는 피고(반소

원고)에게 금 33,116,065원 및 이에 대한 20○○. ○. ○.부터 이 사건 소장부본 송달일까지는 연 5%의, 그 다음날부터 다 갚는 날까지는 연 15%의 각 비율에 의한 돈을 지급하라.

2. 소송비용은 제1, 2심 모두 원고(반소피고)의 부담으로 한다.

라는 판결을 구합니다.

항 소 이 유

추후 제출하겠습니다.

첨 부 서 류

1. 항소장부본 각 1통
1. 송달료납부서 1통

20○○. ○○. ○○.

위 항소인(피고, 반소원고) ◇◇◇ (서명 또는 날인)

○○지방법원 귀중

■ 참 고 ■

※ (1) 관 할

1. 고등법원 관할 사건
   - 지방법원합의부의 판결(법원조직법 제28조 제1호)
2. 지방법원합의부 관할사건 : 지방법원 단독판사의 제1심 판결

※ (2) 인 지

항소장에는 소송목적의 가액(소가)에 민사소송등인지법 제2조 제1항 각 호에 따른 금액의 1.5배액의 인지를 붙여야 합니다(민사소송등인지법 제3조). 다만, 대법원규칙이 정하는 바에 의하여 인지의 첩부에 갈음하여 당해 인지액 상당의 금액을 현금으로 납부하게 할 수 있는바, 현행 규정으로는 인지첩부액이 1만원 이상인 경우에 현금 납부(민사소송등인지규칙 제27조 제1항)

9-3. 소가 산정

① 확인소송의 소가는 확인할 물건 및 권리의 종류에 따라 산정된 금액입니다.

② 예를 들어 유가증권의 채무부존재 확인소송의 경우 소가는 유가증권의 액면금액이 됩니다.

9-4. 1심 소가에 따른 인지액

소 가	인 지 대
소가 1천만원 미만	소가 × 50 / 10,000
소가 1천만원 이상 1억원 미만	소가 × 45 / 10,000 + 5,000
소가 1억원 이상 10억원 미만	소가×40 / 10,000 + 55,000
소가 10억원 이상	소가× 35 / 10,000 + 555,000
※ 인지액이 1천원 미만이면 1천원으로 하고, 수수료 중 100원 미만은 계산하지 않습니다(「민사소송 등 인지법」 제2조제2항).	

9-5. 인지액의 납부방법

9-5-1. 현금납부

① 소장에 첩부하거나 보정해야 할 인지액(이미 납부한 인지액이 있는 경우에는 그 합산액)이 1만원 이상인 경우에는 그 인지의 첩부 또는 보정에 갈음해 인지액 상당의 금액 전액을 현금으로 납부해야 합니다(민사소송 등 인지규칙 제27조 제1항).

② 인지액 상당 금액을 현금으로 납부할 경우에는 송달료 수납은행에 내야 합니다(민사소송 등 인지규칙 제28조).

9-5-2. 신용카드납부

① 신청인은 인지액 상당의 금액을 현금으로 납부할 수 있는 경우 이를 수납은행 또는 인지납부대행기관의 인터넷 홈페이지에서 인지납부대행기관을 통해 신용카드·직불카드 등(이하 "신용카드등"이라 한다)으로도 납부할 수 있습니다(민사소송 등

인지규칙 제28조의2 제1항).

② "인지납부대행기관"이란 정보통신망을 이용해 신용카드등에 의한 결제를 수행하는 기관으로서 인지납부대행기관으로 지정받은 자를 말합니다(민사소송 등 인지규칙 제28조의2 제2항).

③ 인지납부대행기관은 신청인으로부터 인지납부 대행용역의 대가로 납부대행수수료를 받을 수 있고, 납부대행수수료는 전액 소송비용으로 봅니다(민사소송 등 인지규칙 제28조의2 제4항 및 제5항).

9-6. 인지납부일

① 인지액 상당의 금액을 신용카드등으로 납부하는 경우에는 인지납부대행기관의 승인일을 인지납부일로 봅니다(민사소송 등 인지규칙 제28조의2 제3항).

② 신청인은 수납은행이나 인지납부대행기관으로부터 교부받거나 출력한 영수필확인서를 소장에 첨부하여 법원에 제출해야 합니다(민사소송 등 인지규칙 제29조 제2항).

9-7. 송달료 납부

민사 제1심 단독 또는 합의사건의 송달료는 당사자수 × 3,700원 × 15회분입니다(송달료규칙의 시행에 따른 업무처리요령 별표 1).

9-8. 소장부본

소장 제출 시 송달에 필요한 수의 부본을 함께 제출해야 합니다(민사소송규칙 제48조 제1항).

제 6장

소송제기 및 진행은 어떤 절차를 밟아야 하는가?

제6장 소송제기 및 진행은 어떤 절차를 밟아야 하는가?

제1절 소송 제기

1. 소 제기

① 소송은 소장을 해당 관할법원에 제출함으로써 제기합니다.
② 재판장은 소장심사를 하여 흠이 있는 경우 보정명령을 하며, 원고가 정해진 기간 이내에 흠을 보정하지 않은 경우 소장은 각하됩니다.
③ 소장이 제출되면 법원은 부본을 바로 피고에게 송달하며 송달이 안 될 경우 주소 보정명령을 내립니다. 원고가 일반적인 통상의 조사를 다했으나 송달이 불가능한 경우에는 최후의 방법으로 공시송달을 신청할 수 있습니다.

2. 소장의 제출

소송은 법원에 소장을 제출함으로써 제기합니다(민사소송법 제248조).

2-1. 관할

2-1-1. 보통재판적 소재지

소송은 피고의 보통재판적\이 있는 곳의 법원이 관할합니다(민사소송법 제2조).

1. 사람 : 피고의 주소지 또는 거소지(민사소송법 제3조)
2. 대사(大使)·공사(公使), 그 밖에 외국의 재판권 행사대상에서 제외되는 대한민국 국민이 주소지 또는 거소지가 없는 경우 : 대법원이 있는 곳(민사소송법 제4조)
3. 법인, 그 밖의 사단 또는 재단 : 사무소 또는 영업소 소재지(만약 사무소와 영업소가 없는 경우에는 주된 업무담당자의 주소)(민사소송법 제5조)
4. 국가 : 해당 건과 관련해 국가를 대표하는 관청 또는 대법 원이 있는 곳(민사소송법 제6조)

2-1-2. 특별재판적 소재지

「민사소송법」은 특별한 경우 보통재판적이 없는 곳에서도 소송을 진행할 수 있도록 특별재판적을 규정하고 있습니다.

1. 사무소 또는 영업소에 계속해서 근무하는 사람이 채무자일 경우 그 사무소 또는 영업소가 있는 곳을 관할하는 법원(민사소송법 제7조)
2. 재산권에 관한 소송을 제기하는 경우에는 거소지 또는 의무이행지의 법원(민사소송법 제8조)
3. 어음·수표에 관한 소송을 제기하는 경우에는 지급지의 법원(민사소송법 제9조)
4. 선원에게 재산권에 관한 소송을 제기하는 경우에는 선적이 있는 곳의 법원(민사소송법 제10조 제1항)
5. 군인·군무원에게 재산권에 관한 소송을 제기하는 경우에는 군사용 청사가 있는 곳 또는 군용 선박의 선적이 있는 곳의 법원(민사소송법 제10조 제2항)
6. 대한민국에 주소가 없는 사람 또는 주소를 알 수 없는 사람에게 재산권에 관한 소송을 제기하는 경우에는 청구의 목적 또는 담보의 목적이나 압류할 수 있는 피고의 재산이 있는 곳의 법원(민사소송법 제11조)
7. 사무소 또는 영업소가 있는 사람에게 그 사무소 또는 영업소의 업무와 관련이 있는 소송을 제기하는 경우에는 그 사무소 또는 영업소가 있는 곳의 법원(민사소송법 제12조)
8. 선박 또는 항해에 관한 일로 선박소유자, 그 밖의 선박이 용자에게 소송을 제기하는 경우에는 선적이 있는 곳의 법원(민사소송법 제13조)
9. 선박채권(船舶債權), 그 밖에 선박을 담보로 한 채권에 관한 소송을 제기하는 경우에는 선박이 있는 곳의 법원(민사소송법 제14조)
10. 회사, 그 밖의 사단이 사원에게 소송을 제기하는 경우에는 그 소송이 사원의 자격으로 말미암은 것이면 회사, 그 밖의 사단의 보통재판적이 있는 곳의 법원(민사소송법 제15조제1항)
11. 사원이 다른 사원에게 소송을 제기하는 경우에는 그 소송이 사원의 자격으로 말미암은 것이면 회사, 그 밖의 사단의 보통재판적이 있는 곳의 법원(민사소송법 제15조 제1항)

12. 사단 또는 재단이 그 임원에게 소송을 제기하는 경우에는 회사, 그 밖의 사단의 보통재판적이 있는 곳의 법원(민사소송법 제15조 제2항)
13. 회사가 그 발기인 또는 검사인에게 소송을 제기하는 경우에는 회사, 그 밖의 사단의 보통재판적이 있는 곳의 법원(민사소송법 제15조 제2항)
14. 회사, 그 밖의 사단의 채권자가 사원에게 소송을 제기하는 경우 그 소송이 사원의 자격으로 말미암은 것이면 회사, 그 밖의 사단의 보통재판적이 있는 곳의 법원(민사소송법 제16조)
15. 회사, 그 밖의 사단, 재단, 사원 또는 사단의 채권자가 그 사원·임원·발기인 또는 검사인이었던 사람에게 소송을 제기하는 경우에는 회사, 그 밖의 사단의 보통재판적이 있는 곳의 법원(민사소송법 제17조)
16. 사원이었던 사람이 사원에게 소송을 제기하는 경우에는 회사, 그 밖의 사단의 보통재판적이 있는 곳의 법원(민사소송법 제17조)
17. 불법행위에 관한 소송을 제기하는 경우에는 불법행위지의 법원(민사소송법 제18조 제1항)
18. 선박 또는 항공기의 충돌이나 그 밖의 사고로 말미암은 손해배상에 관한 소송을 제기하는 경우에는 사고선박 또는 항공기가 맨 처음 도착한 곳의 법원(민사소송법 제18조 제2항)
19. 해난구조(海難救助)에 관한 소송을 제기하는 경우에는 구제된 곳 또는 구제된 선박이 맨 처음 도착한 곳의 법원(민사소송법 제19조)
20. 부동산에 관한 소송을 제기하는 경우에는 부동산이 있는곳의 법원(민사소송법 제20조)
21. 등기·등록에 관한 소송을 제기하는 경우에는 등기 또는 등록할 공공기관이 있는 곳의 법원(민사소송법 제21조)
22. 상속(相續)에 관한 소송 또는 유증(遺贈), 그 밖에 사망으로 효력이 생기는 행위에 관한 소송을 제기하는 경우에는 상속이 시작된 당시 피상속인의 보통재판적이 있는 곳의 법원(민사소송법 제22조)
23. 상속채권, 그 밖의 상속재산의 부담에 관한 소송을 제기하는 경우(사망으로 효력이 생기는 행위에 관한 소송 제외) 상속재산의 전부 또는 일부가 상속이 시작된 당시 피상속인의 보통재판적이 있는 곳의 법원관할구역 안에 있으면 그

법원(민사소송법 제23조)

24. 특허권, 실용신안권, 디자인권, 상표권, 품종보호권(이하 "특허권등"이라 함)을 제외한 지식재산권과 국제거래에 관한 소를 제기하는 경우에는 「민사소송법」 제2조 내지 제23조의 규정에 따른 관할법원 소재지를 관할하는 고등법원이 있는 곳의 지방법원(민사소송법 제24조 제1항)
25. 특허권등의 지식재산권에 관한 소를 제기하는 경우에는 「민사소송법」 제2조부터 제23조까지의 규정에 따른 관할법원 소재지를 관할하는 고등법원이 있는 곳의 지방법원 또는 서울중앙지방법원(민사소송법 제24조 제2항·제3항)

※ 서울고등법원이 있는 곳의 지방법원은 서울중앙지방법원으로 한정(민사소송법 제24조 제1항·제2항 단서)

26. 하나의 소장에 여러 개의 청구를 하는 경우에는 여러 개 가운데 하나의 청구에 대한 관할권이 있는 법원(민사소송법제25조 제1항)
27. 여러 사람이 공동소송인으로서 당사자가 되는 경우에는 여러 소송인 가운데 한 명의 관할 법원(민사소송법 제25조제2항)

3. 재판장의 소장심사 및 보정명령

3-1. 소장심사 대상

① 소장의 기재사항

소장에는 당사자와 법정대리인, 청구 취지와 원인이 기재되어야 합니다(민사소송법 제249조 제1항).

② 보정명령

재판장은 소장심사를 한 후 다음과 같은 경우에는 상당한 기간을 정하고, 그 기간 이내에 흠을 보정하도록 명령합니다(민사소송법 제254조 제1항 및 제3항).

1. 소장에 기재사항이 제대로 기재되어 있지 않은 경우
2. 소장에 법률의 규정에 따른 인지를 붙이지 않은 경우
3. 소장에 인용한 서증(書證)의 등본 또는 사본을 붙이지 않 은 경우

③ 재판장은 필요하다고 인정하는 경우 원고가 청구하는 이유에 대응하는 증거방법을 구체적으로 적어 내도록 명할 수 있습니다(민사소송법 제254조 제3항).

3-2. 소장의 각하

① 원고가 정해진 기간 이내에 흠을 보정하지 않은 경우 재판장은 명령으로 소장을 각하합니다(민사소송법 제254조제2항).

② 각하명령에 대해서는 즉시항고를 할 수 있습니다(민사소송법 제254조 제3항).

4. 송달 및 주소보정

4-1. 소장부본의 송달

① 법원은 특별한 사정이 없으면 소장의 부본을 피고에게 바로 송달합니다(민사소송법 제255조 제1항 및 민사소송규칙 제64조 제1항).

② 소장 부본은 우편 또는 집행관에 의해 송달됩니다(민사소송법 제176조 제1항).

4-2. 주소보정

① 송달을 실시한 결과 다음과 같은 사유로 송달불능이 된 경우 신청인은 송달 가능한 주소로 보정을 해야 합니다.

1. 수취인불명 : 수취인의 주소나 성명의 표기가 정확하지 않은 경우
2. 주소불명 또는 이사불명 : 번지를 기재하지 않았거나, 같은 번지에 호수가 많아서 주소를 찾을 수 없는 경우 및 이사를 한 경우

② 신청인은 보정명령서를 받은 후 정확히 주소 등을 재확인해 보정서를 제출합니다.

③ 주소보정서 양식

주 소 보 정 서

사건번호 20 가 (차) [담당재판부 : 제 (단독)부]
원고(채권자)
피고(채무자)
위 사건에 관하여 아래와 같이 피고(채무자) 의 주소를 보정합니다.

주소변동 유무	□ 주소변동 없음	종전에 적어낸 주소에 그대로 거주하고 있음
	□ 주소변동 있음	새로운 주소 : (우편번호)
송달신청	□ 재송달신청	종전에 적어낸 주소로 다시 송달
	□ 특별송달신청	□ 주간송달 □ 야간송달 □ 휴일송달
		□ 종전에 적어낸 주소로 송달 □ 새로운 주소로 송달
	□ 공시송달신청	주소를 알 수 없으므로 공시송달을 신청함 (첨부서류 :)
20 . . . 원고(채권자) (서명 또는 날인) 법원 귀중		

[주소보정요령]

1. 상대방의 주소가 변동되지 않은 경우에는 주소변동 없음란의 □에 "✔" 표시를 하고, 송달이 가능한 새로운 주소가 확인되는 경우에는 주소변동 있음란의 □에 "✔" 표시와 함께 새로운 주소를 적은 후 이 서면을 주민등록등본 등 소명자료와 함께 법원에 제출하시기 바랍니다.
2. 상대방이 종전에 적어 낸 주소에 그대로 거주하고 있으면 재송달신청란의 □에 "✔" 표시를 하여 이 서면을 주민등록등본 등 소명자료와 함께 법원에 제출하시기 바랍니다.
3. 수취인부재, 폐문부재 등으로 송달되지 않는 경우에 특별송달(집행관송달 또는 법원경위송달)을 희망하는 때에는 특별송달신청란의 □에 "✔" 표시를 하고, 주간송달.야간송달.휴일송달 중 희망하는 란의 □에도 "✔" 표시를 한 후, 이 서면을 주민등록등본 등의 소명자료와 함께 법원에 제출하시기 바랍니다(특별송달료는 지역에 따라 차이가 있을 수 있으므로 재판부 또는 접수계에 문의바랍니다).
4. 공시송달을 신청하는 때에는 공시송달신청란의 □에 "✔" 표시를 한 후 주민등록말소자등본 기타 공시송달요건을 소명하는 자료를 첨부하여 제출하시기 바랍니다.
5. 지급명령신청사건의 경우에는 사건번호의 '(차)', '채권자', '채무자' 표시에 ○표를 하시기 바랍니다.
6. 소송목적의 수행을 위해서는 읍.면시무소 또는 동주민센터 등에 주소보정명령서 또는 주소보정권고 등 상대방의 주소를 알기 위해 법원에서 발행한 문서를 제출하여 상대방의 주민등록표 초본 등의 교부를 신청할 수 있습니다(주민등록법 제29조 제2항 제2호, 동법 시행령 제47조 제5항 참조).

④ 재송달

같은 주소지로 다시 송달을 하는 방법인 재송달을 신청하는 경우는 다음과 같습니다.

1. 수취인부재
2. 폐문부재
3. 수취인거절
4. 고의로 송달을 거부한 경우

※ 주민등록등본 등 소명자료와 함께 법원에 제출해야 합니다.

⑤ 특별송달

㉮ 특별송달은 주말송달, 야간송달, 휴일송달 등으로 송달하는 방법이며, 우편집배원이 아닌 법원의 집행관이 송달합니다.

㉯ 재송달을 했음에도 수취인부재, 폐문부재 등으로 송달되지 않는 경우에는 특별송달을 신청합니다.

㉰ 주민등록등본 등 소명자료와 함께 법원에 제출해야 합니다.

4-3. 공시송달

① 원고가 일반적인 통상의 조사를 다했으나 피고의 주소, 거소, 영업소, 사무소와 근무장소, 기타 송달장소 중 어느 한 곳도 알지 못해 송달이 불가능한 경우에 하는 송달 방법으로 다른 송달방법이 불가능한 경우에 한해 인정되는 최후의 송달방법입니다.

② 원고는 송달받을 사람의 최후 주소지를 확인할 수 있는 자료(주민등록 등·초본)와 신청인이 송달받을 사람의 주거 발견에 상당한 노력을 한 사실 및 그럼에도 불구하고 이를 찾아낼 수 없었던 사실에 관해 신빙성 있는 소명자료(집행관에 의한 특별송달 결과 등)를 첨부해 신청합니다.

③ 공시송달은 다음 중 어느 하나의 방법으로 그 사유를 공시하는 것을 말합니다(민사소송규칙 제54조 제1항).

1. 법원게시판 게시
2. 관보·공보 또는 신문 게재
3. 전자통신매체를 이용한 공시
4. 공시송달의 효력발생시기

④ 첫 공시송달은 실시한 날부터 2주가 지나야 효력이 생깁니다(민사소송법 제196조 제1항 본문). 다만, 같은 당사자에게 하는 그 뒤의 공시송달은 실시한 다음 날부터 효력이 생깁니다(민사소송법 제196조 제1항 단서).

⑤ 외국에 있는 상대방에 대한 공시송달은 2개월이 지나야 효력이 생깁니다(민사소송법 제196조2항).

5. 전자소송의 경우

5-1. 전자소송의 진행절차

① 전자소송에 대해서도 일반소송과 관할 등 일반적인 내용은 같습니다. 다만, 전자소송의 경우 문서의 제출, 송달 등이 전자적 방식으로 이루어지므로 전자소송의 특수성이 있습니다.

② 전자소송에서의 소제기는 다음과 같이 이루어집니다.

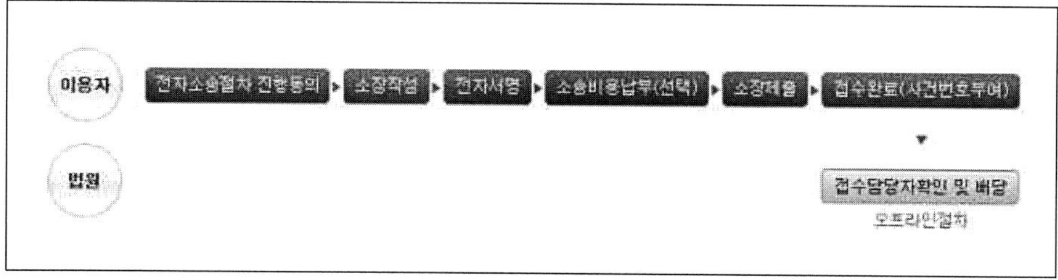

5-2. 전자문서의 작성·제출

① 등록사용자는 전자소송 홈페이지에서 요구하는 사항을 빈칸 채우기 방식으로 입력한 후, 나머지 사항을 해당란에 직접 입력하거나 전자문서를 등재하는 방식으로 소송서류를 작성·제출할 수 있습니다(민사소송 등에서의 전자문서 이용 등에 관한 법률 제8조, 민사소송 등에서의 전자문서 이용 등에 관한 규칙 제11조 제1항).

② 전자소송절차 진행에 동의한 등록사용자는 제출된 전자문서를 확인할 의무가 있습니다. 전자문서를 제출한 날부터 1주일이 경과하거나 기일이 끝날 때까지 이의를 제기하지 않은 경우에는 제출하고자 한 문서와 전자소송시스템에 등재된 전자문서 사이의 동일성에 관해 이의를 제기할 권리를 잃게 됩니다(민사소송 등에서의

전자문서 이용 등에 관한 규칙 제17조 제1항).

5-3. 전자문서의 접수

① 전산정보처리시스템을 이용하여 제출된 전자문서는 전산정보처리시스템에 전자적으로 기록된 때에 접수된 것으로 봅니다(민사소송 등에서의 전자문서 이용 등에 관한 법률 제9조 제1항).

② 법원사무관 등은 전자문서가 접수된 경우 즉시 그 문서를 제출한 등록사용자에게 접수사실을 전자적 방법으로 통지해야 합니다(민사소송 등에서의 전자문서 이용 등에 관한 법률 제9조 제2항).

5-4. 전자적 송달 또는 통지

① 전자적 송달 또는 통지는 다음과 같이 이루어집니다.

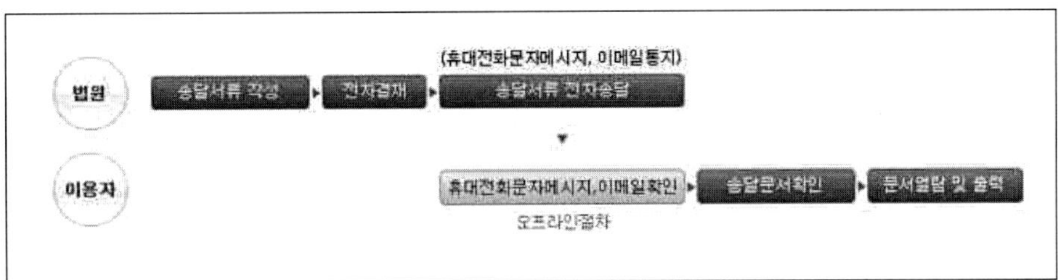

② 전자문서 등재사실의 통지는 등록사용자가 전자소송시스템에 입력한 전자우편주소로 전자우편을 보내고, 휴대전화번호로 문자메시지를 보내는 방법으로 합니다. 다만, 문자메시지는 등록사용자의 요청에 따라 보내지 않을 수 있습니다(민사소송 등에서의 전자문서 이용 등에 관한 규칙 제26조 제1항).

③ 전자적 송달은 송달받을 자가 등재된 전자문서를 확인한 때에 송달된 것으로 봅니다. 다만, 그 등재사실을 통지한 날부터 1주 이내에 확인하지 않는 경우에는 등재사실을 통지한 날부터 1주가 지난 날에 송달된 것으로 봅니다(민사소송 등에서의 전자문서 이용 등에 관한 법률 제11조 제4항).

④ 전산정보처리시스템의 장애로 인해 송달받을 자가 전자문서를 확인할 수 없는 기간은 위 기간에 산입하지 않습니다.(민사소송 등에서의 전자문서 이용 등에 관한 법률 제11조 제5항).

⑤ 통지를 받은 등록사용자는 전자소송시스템에 접속하여 등재된 전자문서를 확인 또는 출력할 수 있습니다(민사소송 등에서의 전자문서 이용 등에 관한 규칙 제26조 제4항). 또한, 전자소송시스템을 이용하여 송달한 전자문서 정본에 의해 출력한 서면은 정본의 효력이 있습니다(민사소송 등에서의 전자문서 이용 등에 관한 규칙 제26조 제5항).

⑥ 다음의 어느 한 경우에는 전자문서를 전산정보처리시스템을 통해 출력하고, 그 출력한 서면을 「민사소송법」에 따라 송달해야 합니다(민사소송 등에서의 전자문서 이용 등에 관한 법률 제12조 제1항, 민사소송 등에서의 전자문서 이용 등에 관한 규칙 제29조).

1. 군사용의 청사 또는 선박에 속하여 있는 사람 또는 교도소·구치소 또는 국가경찰관서의 유치장에 체포·구속 또는 유치된 사람에게 할 송달(민사소송법 제181조, 제182조)
2. 외국에서 해야 하는 송달(민사소송법 제192조)
3. 송달받을 자가 전자소송절차 진행동의를 하지 않았거나, 국가·지방자치단체·그 밖에 그에 준하는 자가 아닌 경우(민사소송 등에서의 전자문서 이용 등에 관한 규칙 제11조 제1항)
4. 전자소송시스템 등을 이용할 수 없는 경우(민사소송 등에서의 전자문서 이용 등에 관한 규칙 제14조)
5. 전자문서화가 곤란하거나 부적합한 경우(민사소송 등에서의 전자문서 이용 등에 관한 규칙 제15조)
6. 송달받을 자가 책임질 수 없는 사유로 전자소송시스템에 등재된 전자문서를 확인할 수 없다는 점을 소명하여 출력서면의 송달을 신청한 경우
7. 그 밖에 재판장 등(재판장, 수명법관, 수탁판사, 조정담당판사 또는 조정장)이 출력서면의 송달이 필요하다고 인정하는 경우

⑦ 법원사무관등은 전자문서를 출력한 서면을 전자우편(우체국 창구나 정보통신망을 통해 전자적 형태로 접수된 통신문 등을 발송인이 의뢰한 형태로 출력·봉함하여 수취인에게 배달하는 제도)을 이용해 송달할 수 있습니다(민사소송 등에서의 전자문서 이용 등에 관한 규칙 제29조 제4항).

5-5. 제출된 전자문서의 보완

① 재판장 등(재판장, 수명법관, 수탁판사, 조정담당판사 또는 조정장)은 전자문서로 변환·제출된 서류의 판독이 곤란하거나 그 밖에 원본을 확인할 필요가 있을 때에는 이를 제출한 자에게 상당한 기간을 정해 판독이 가능한 전자문서를 다시 제출하거나 원본을 제출할 것을 명할 수 있습니다(민사소송 등에서의 전자문서 이용 등에 관한 규칙 제18조 제1항).

② 보완명령에 따른 경우 최초에 전자문서를 제출했을 때에 전자문서가 제출된 것으로 보고, 이 명령에 따르지 않은 경우에는 해당서류를 제출하지 않은 것으로 봅니다(민사소송 등에서의 전자문서 이용 등에 관한 규칙 제18조 제2항).

③ 등록사용자가 전자소송시스템을 이용해 소송서류를 제출한 후에는 전자소송시스템에서 이를 삭제하거나 수정된 내용으로 다시 등재할 수 없습니다. 이 때 등록사용자는 법원사무관 등에게 해당 소송서류의 삭제나 등재사항의 수정을 요청할 수는 있습니다(민사소송 등에서의 전자문서 이용 등에 관한 규칙 제18조 제3항).

④ 전자소송에서 제출하는 전자문서의 파일형식, 구성방식, 용량, 전자적 송달을 받을 공공기관 및 지방공사 등에 관해 자세한 내용은 「민사소송 등에서의 전자문서 이용 등에 관한 업무처리지침」에서 볼 수 있습니다.

제2절 피고의 답변서 제출 및 반소제기

① 피고가 원고의 청구에 이의가 있어 소송을 진행하길 원할 경우 원고의 청구에 반박하는 내용을 기재해 법원에 제출하는 서류가 답변서 입니다.
② 법원은 피고가 답변서를 제출하지 않은 경우 청구의 원인이 된 사실을 자백한 것으로 보고 변론 없이 판결할 수 있습니다.

1. 피고의 답변서 제출

1-1. 답변서 제출통보

법원은 소장의 부본을 송달할 때에 피고가 원고의 청구에 이의가 있어 소송을 진행하길 원할 경우 답변서를 제출하라는 취지를 피고에게 알립니다(민사소송법 제256조 제2항).

1-2. 답변서의 작성

① 답변서에는 다음의 사항을 적어야 합니다(민사소송법 제256조 제4항, 제274조제1항, 제2항 및 민사소송규칙 제65조제1항).

1. 당사자의 성명·명칭 또는 상호와 주소
2. 대리인의 성명과 주소
3. 사건의 표시
4. 공격 또는 방어의 방법 : 주장을 증명하기 위한 증거방법
5. 상대방의 청구와 공격 또는 방어의 방법에 대한 진술 : 상대방의 증거방법에 대한 의견 기재
6. 덧붙인 서류의 표시
7. 작성한 날짜
8. 법원의 표시
9. 청구 취지에 대한 답변
10. 소장에 기재된 개개의 사실에 대한 인정 여부 및 증거방법
11. 항변과 이를 뒷받침하는 구체적 사실 및 증거방법

1-3. 답변서의 첨부서류

① 답변서에는 증거방법 중 입증이 필요한 사실에 관한 중요한 서증의 사본을 첨부해야 합니다(민사소송규칙 제65조 제2항).

② 당사자가 가지고 있는 문서로 답변서에 인용한 것은 그 등본 또는 사본을 붙여야 합니다(민사소송법 제256조 제4항 및 제275조 제1항).

③ 문서의 일부가 필요한 경우에는 그 부분에 대한 초본을 붙이고, 문서가 많을 때에는 그 문서를 표시하면 됩니다(민사소송법 제256조 제4항 및 제275조 제2항).

④ 첨부서류는 상대방이 요구하면 그 원본을 보여 주어야 합니다(민사소송법 제256조 제4항 및 제275조 제3항).

1-4. 답변서 제출기한

① 피고는 소장의 부본을 송달받은 날부터 30일 이내에 답변서를 제출해야 합니다(민사소송법 제256조 제1항 본문).

② 다만, 피고가 공시송달의 방법에 따라 소장의 부본을 송달받은 경우에는 그렇지 않습니다(민사소송법 제256조 제1항 단서).

1-5. 보정명령

재판장은 답변서의 기재사항 등이 제대로 기재되어 있지 않은 경우 법원서기관·법원사무관·법원주사 또는 법원주사보(이하 '법원사무관등'이라 한다)로 하여금 방식에 맞는 답변서의 제출을 촉구하게 할 수 있습니다(민사소송규칙 제65조 제3항).

1-6. 답변서의 송달

법원은 답변서의 부본을 원고에게 송달합니다(민사소송법 제256조 제3항).

1-7. 답변서 미제출의 효과

① 법원은 피고가 답변서를 제출하지 않은 경우 청구의 원인이 된 사실을 자백한 것으로 보고 변론 없이 판결할 수 있습니다(민사소송법 제257조 제1항 본문).

② 다만, 직권으로 조사할 사항이 있거나 판결이 선고되기까지 피고가 원고의 청구를 다투는 취지의 답변서를 제출한 경우에는 그렇지 않습니다(민사소송법 제257조 제1항 단서).

③ 자백하는 취지의 답변서 제출의 경우

피고가 청구의 원인이 된 사실을 모두 자백하는 취지의 답변서를 제출하고 따로 항변을 하지 않은 경우 법원은 변론 없이 판결할 수 있습니다(민사소송법 제257조 제2항).

④ 선고 기일 통지

법원은 피고에게 소장의 부본을 송달할 때에 변론 없이 판결을 선고할 기일을 함께 통지할 수 있습니다(민사소송법 제257조 제3항).

1-8. 답변서 작성례

답 변 서

사　건　　20○○가단○○○　건물 등 철거
원　고　　○○○
피　고　　◇◇◇

위 사건에 관하여 피고의 소송대리인은 아래와 같이 답변합니다.

청구취지에 대한 답변

1. 원고의 청구를 기각한다.
2. 소송비용은 원고가 부담한다.

라는 재판을 구합니다.

청구원인에 대한 답변

1. 사실관계의 정리

원고는 피고가 이 사건 건물의 소유자라고 주장하나 이는 사실과 다릅니다.

① 피고는 1984. 8. 24.경 소외 이00으로부터 이 사건 건물과 그 대지를 매수하기로 계약

하였습니다. (을 제1호증 매매계약서 참조)

② 당시 이 사건 건물은 위 이00이 신축하여 소유하고 있던 미등기 건물이었습니다.

③ 피고는 위 이00과의 위 매매계약에 기하여 이 사건 건물을 인도받아 현재까지 살고 있습니다.

④ 한편, 위 이00은 1995년 경 사망하였는바, 이 사건 대지는 위 이00의 직계비속인 소외 이@@이 상속하였고, 그 무렵 이 사건 건물 역시 위 이@@에게 상속되었다 할 것입니다.

⑤ 2004년 경 피고는 당시까지 토지와 건물에 대한 등기이전을 하지 못한 관계로 이 사건 건물을 보수하기 위하여 토지의 소유자로 등기되어있던 위 이@@의 승낙이 필요하였고, 위 이@@의 승낙을 받아 이 사건 건물을 개보수 하였습니다. {을 제2호증 확인서(이@@) 참조}

⑥ 그 이후 2013. 1. 14.경 이 사건 토지는 강제경매에 의해 원고가 매수하였습니다.

2. 원고 주장의 부당성

가. 관습법상 법정지상권의 존재

(1) 관습법상 법정지상권은 ① 토지와 건물이 동일인의 소유에 속하였다가, ② 그 토지소유자와 건물소유자가 다르게 되었을 경우, ③ 위 건물에 대한 철거 특약이 없을 것을 조건으로 성립하게 됩니다.

(2) 이 사건 건물의 경우 최초 이 사건 건물을 신축한 위 망 이00이 원시취득한 이래로 미등기상태로 계속 존재하고 있어 현재까지도 위 이00의 상속인인 위 이@@의 소유라 할 것이고, 이 사건 토지의 경우에도 위 이@@이 위 이00로부터 상속하여 소유하고 있다가 2013년 경 강제경매에 의해 원고에게로 소유권이 이전된 것이므로, 관습법상 법정지상권의 첫 번째 성립요건인 ① 토지와 건물이 동일인의 소유에 속하였다는 것과 ② 그 토지소유자와 건물소유자가 다르게 되었을 것이라는 요건을 충족한다 할 것입니다.

또한, 강제경매로 인하여 이 사건 토지의 소유권이 이전된 이상 건물소유자와 토지소유자 사이에 이 사건 건물에 대한 철거 합의가 있는 것을 불가능하므로, 이를 이유로 ③ 위 건물에 대한 철거 특약이 없을 것이라는 요건도 충족합니다.

(3) 따라서 이 사건 건물에 대하여 현재 법정지상권이 성립되어있다 할 것입니다.

나. 피고의 점유 권원

(1) 피고는 과거 이 사건 건물과 토지를 위 망 이00로부터 매수하기로 계약하였고, 현재까지 점유·사용하고 있으므로 소유권이전등기청구권의 소멸시효는 중단된 상태라 할 것입니다.

(2) 또한 소외 이@@은 위 망 이00의 상속인으로 피고와 위 망 이00 사이의 매매계약에 따른 채무를 승계하고 있다 할 것이고, 비록 이 사건 토지에 대한 소유권이전등기청구는 이행불능에 빠졌지만, 이 사건 건물에 대하여는 여전히 피고가 위 매매

계약에 따른 채권에 기하여 이 사건 건물을 점유·사용하고 있는 것인바, 민법 제213조 단서에 기하여 이 사건 건물 및 토지를 점유할 권리가 있다 할 것입니다.

다. 보론 - 피고의 관습법상 법정지상권 등기 및 이전 계획

(1) 현재 이 사건 건물의 대외적 소유권자는 위 이@@이라 할 것이고, 위 이@@은 이 사건 건물에 대한 관습법상 법정지상권을 취득한 상태입니다.

(2) 한편, 피고는 위 이@@로부터 이 사건 건물에 대한 소유권이전을 청구할 수 있는 채권을 보유하고 있고, 이 사건 건물의 유지를 위한 법정지상권도 함께 이전을 청구할 권리를 가지고 있습니다.

(3) 위와 같은 이유로 현재 피고는 이 사건 건물에 대한 소유권보존등기를 경료하여 위 이@@로부터 소유권이전을 받고, 아울러 관습법상 법정지상권까지 함께 등기하여 이전받을 계획에 있으나, 이 사건 건물이 장기간 미등기로 존재하고 있던 건물이어서 건축 허가 등의 업무처리에 어려움이 있어 지연되고 있는 상황입니다.

3. 맺음말

요컨대, 이 사건 건물과 토지는 위 이@@의 소유였다가 강제경매로 인하여 소유권자가 달라진 상황으로, 이 사건 건물에 대한 관습법상 법정지상권이 성립되어 있어, 원고의 이 사건 청구는 이유 없다 할 것입니다.

입 증 방 법

1. 을 제1호증　　매매차계약서 사본
1. 을 제2호증　　확인서(이@@)

첨 부 서 류

1. 위 입증방법　　각 1통
2. 위임장　　1통
3. 납부서　　1통
4. 소장부본　　1통

20○○. ○○. ○○.

위 피고　◇◇◇ (서명 또는 날인)

○○지방법원 제○○민사단독 귀중

1-9. 각종 답변서 작성례

① 답변서(수표금청구에 대한 부인)

답 변 서

사 건 20○○가소○○○○ 수표금
원 고 ○○○
피 고 ◇◇◇

위 사건에 관하여 피고는 아래와 같이 답변합니다.

청구취지에 대한 답변

1. 원고의 청구를 기각한다.
2. 소송비용은 원고의 부담으로 한다.

라는 판결을 구합니다.

청구원인에 대한 답변

1. 원고는 피고가 위 수표를 원고로부터 냉장고를 구입하고 그 대금으로 교부하였다고 주장하나, 피고는 원고로부터 냉장고를 구입한 사실도 없으며 원고에게 위 수표를 교부한 사실도 없습니다.
2. 원고가 주장하는 위 냉장고는 피고가 구입한 것이 아니고 소외 ◈◈◈가 구입한 것이고, 피고는 소외 ◈◈◈의 부탁에 의하여 원고가 운영하는 가게에 함께 동행한 것에 불과하며, 이 사건 수표의 배서도 소외 ◈◈◈가 한 것입니다.
3. 그럼에도 불구하고 이를 피고에게 청구하는 것은 부당하다고 할 것이며, 설령 피고가 위 수표를 교부하였다고 하여도 위 냉장고를 구입한 것은 19○○. ○. ○.이고 위 수표의 지급기일은 19○○. ○. ○.이므로 법률상 이미 그 소멸시효가 완성되어 피고가 이를 지급할 의무가 없다 할 것입니다.

입 증 방 법

1. 을 제1호증 물품계약서

첨 부 서 류

1. 위 입증방법 1통

20○○. ○. ○.
위 피고 ◇◇◇ (서명 또는 날인)

○○지방법원 제○○민사단독 귀중

■ **참 고** ■

※ (1) 제출법원 : 본안소송 계속법원

※ (2) 제출부수 : 답변서 1부 및 상대방 수만큼의 부본 제출

※ (3) 답변서의 제출 : ① 피고가 원고의 청구를 다투는 경우에는 소장의 부본을 송달 받은 날부터 30일 이내에 답변서를 제출하여야 합니다. 다만, 피고가 공시송달의 방법에 따라 소장의 부본을 송달 받은 경우에는 그러하지 아니합니다(민사소송법 제256조 제1항). 법원은 피고가 민사소송법 제256조 제1항의 답변서를 제출하지 아니한 때에는 청구의 원인이 된 사실을 자백한 것으로 보고 변론 없이 판결할 수 있습니다. 다만, 직권으로 조사할 사항이 있거나 판결이 선고되기까지 피고가 원고의 청구를 다투는 취지의 답변서를 제출한 경우에는 그러하지 아니합니다.

② 상고심에서 피상고인은 상고인의 상고이유서를 송달 받은 날부터 10일 이내에 답변서를 제출할 수 있습니다(민사소송법 제428조 제2항).

(관련판례 1)

당사자가 공시송달에 의하지 아니한 적법한 소환을 받고도 변론기일에 출석하지 아니하고 답변서 기타 준비서면마저 제출하지 아니하여 상대방이 주장한 사실을 명백히 다투지 아니한 때에는 그 사실을 자백한 것으로 간주하도록 되어 있으므로, 그 결과 의제자백(자백간주) 된 피고들과 원고의 주장을 다툰 피고들 사이에서 동일한 실체관계에 대하여 서로 배치되는 내용의 판단이 내려진다고 하더라도 이를 위법하다고 할 수 없다(대법원 1997. 2. 28. 선고 96다53789 판결).

(관련판례 2)

응소관할(변론관할)이 생기려면 피고의 본안에 관한 변론이나 준비절차에서의 진술은 현실적인 것이어야 하므로 피고의 불출석에 의하여 답변서 등이 법률상 진술 간주되는 경우는 이에 포함되지 아니한다(대법원 1980. 9. 26.자 80마403 결정).

(관련판례 3)

원고의 청구원인사실에 대한 주장을 부인하는 취지의 피고의 답변서가 진술되거나 진술 간주된 바 없으나 동 답변서가 제출된 점으로 미루어 변론의 전취지(변론 전체의 취지)에 의하여 원고의 청구를 다툰 것으로 볼 것이다(대법원 1981.7.7. 선고 80다1424 판결).

② 답변서(임차료청구에 대한 항변)

답 변 서

사 건 20○○가소○○ 임차료 등
원 고 ○○○
피 고 ◇◇◇

위 사건에 관하여 피고는 아래와 같이 답변합니다.

청구취지에 대한 답변

1. 원고의 청구를 기각한다.

2. 소송비용은 원고의 부담으로 한다.

라는 판결을 구합니다.

청구원인에 대한 답변

원고의 청구원인 사실 중,

1. 이 사건 건물이 원래 소외 김◉◉의 소유였다가 그 뒤 소외 ▣▣▣가 상속한 사실,

2. 또한 피고의 남편 망 이◈◈가 임대료 월 금 70,000원씩 주고 임차하여 사용하다가 사망한 뒤 그의 처인 피고가 계속 사용하고 있다는 원고의 주장은 이를 인정하나, 위 건물을 소외 제3자에게 전대하였다거나, 월 임차료가 10개월 연체되었다는 원고의 주장은 전혀 사실이 아니거나 피고가 모르는 사실입니다.

20○○. ○. ○.

위 피고인 ◇◇◇ (서명 또는 날인)

○○지방법원 제○○민사단독 귀중

③ 답변서(추심금청구에 대한 항변)

답 변 서

사 건 20○○가합○○○○ 추심금
원 고 ○○○
피 고 ◇◇◇

위 사건에 관하여 피고는 다음과 같이 답변합니다.

청구취지에 대한 답변

1. 원고의 청구를 기각한다.

2. 소송비용은 원고의 부담으로 한다.
라는 판결을 구합니다.

청구원인에 대한 답변

1. 피고와 소외 김◉◉는 19○○. ○. ○. 피고 소유의 ○○시 ○○구 ○○길 ○○ 소재 건물 1층을 임차보증금 30,000,000원, 월세 금 300,000원, 임차기간 1년으로 정하여 임대차계약을 체결하고 그 뒤 매년 갱신하여 오던 중 소외 김◉◉는 20○○. ○.경 피고에게 임대차계약서상의 명의를 소외 김◉◉의 채권자인 소외 이◉◉의 명의로 변경하여 줄 것을 요구하여 피고는 이를 변경하여 준 사실이 있습니다. 그 뒤 소외 김◉◉가 20○○. ○. ○. 갑자기 잠적하자 소외 이◉◉는 소외 김◉◉로부터 채권회수가 어렵게 되자 위 임대차계약서를 근거로 ○○지방법원 20○○가합○○○호로서 임차보증금반환청구의 소를 제기하여 위 소송에 원고도 보조참가하여 20○○. ○. ○. 소외 이◉◉의 일부승소판결이 선고되고 위 소송은 소외 이◉◉가 판결에 불복 항소하여 현재 항소심 계속 중에 있습니다.

2. 한편, 20○○. ○. ○. 원고는 소외 김◉◉를 채무자로 하여 임차보증금반환채권을 가압류하였고, 20○○. ○. ○. 소외 유◉◉도 소외 김◉◉를 채무자로 하여 위 채권을 가압류하였으며, 그 뒤 20○○. ○. ○. 원고가 채권압류 및 추심명령을, 같은 해 ○. ○. 소외 유◉◉도 채권압류 및 전부명령을 받아 각 명

령이 순차적으로 피고에게 송달이 되어 압류의 경합이 발생하였습니다.

3. 따라서 소외 이◉◉가 임차인으로서의 권리를 주장하며 소송 중에 있고, 그 뒤 원고와 소외 유◉◉와의 사이에는 압류의 경합과 추심명령에 의한 추심신고 전에 발한 전부명령에 의하여 배당요구의 법적 효력이 발생하였으므로, 이 사건 원고의 추심금청구는 부당하며 이 사건은 소외 이◉◉와의 소송결과에 따라 피고가 임차보증금을 집행공탁 하여야 할 사안입니다.

4. 그러므로 이 사건 원고의 추심금청구의 소송은 소외 이◉◉와 피고와의 소송이 종결되는 시점까지 연기되거나 압류경합의 사유로 원고의 청구가 기각되어야 할 것입니다.

입 증 방 법

1. 을 제1호증의 1, 2	각 부동산임대차계약서
1. 을 제2호증의 1, 2	각 채권가압류결정문
1. 을 제3호증	채권압류 및 전부명령
1. 을 제4호증	판결문
1. 을 제5호증	항소장

첨 부 서 류

1. 위 입증방법 1통

20○○. ○. ○.

위 피고인 ◇◇◇ (서명 또는 날인)

○○지방법원 제○민사부 귀중

④ 답변서(소유권이전등기청구에 대한 부인)

답 변 서

사 건 20○○가합○○○○ 소유권이전등기
원 고 ○○○
피 고 ◇◇◇

위 사건에 관하여 피고는 다음과 같이 답변합니다.

청구취지에 대한 답변

1. 원고의 청구를 기각한다.
2. 소송비용은 원고의 부담으로 한다.

라는 판결을 구합니다.

청구원인에 대한 답변

1. 원고와 피고가 20○○. ○. ○. 이 사건 부동산에 대한 매매계약을 체결한 사실만 인정하고 나머지 사실관계는 모두 부인합니다.
2. 원고는 이 사건 부동산의 매매대금 중 계약금 20,000,000원만 피고에게 지급한 뒤 중도금 및 잔금을 그 지급기한인 20○○. ○. ○○.을 넘은 시점인 현재까지 지급하지 않고 있습니다.
3. 원고가 중도금 및 잔금에 대해 채무를 이행하지 않는 이상 피고가 원고에게 이 사건 부동산에 대한 이전등기절차를 이행할 아무런 이유가 없는 것입니다. 따라서 원고의 청구를 기각하고 소송비용은 원고의 부담으로 하는 판결을 내려주시기 바랍니다.

20○○. ○. ○.

위 피고인 ◇◇◇ (서명 또는 날인)

○○지방법원 제○민사부 귀중

⑤ 답변서{손해배상(자)에 대한 항변}

답 변 서

사　건　20○○가단○○○○ 손해배상(자)
원　고　○○○
피　고　◇◇보험주식회사

위 사건에 관하여 피고는 원고의 청구에 대하여 아래와 같이 답변합니다.

청구취지에 대한 답변

1. 원고의 청구를 기각한다.

2. 소송비용은 원고의 부담으로 한다.

라는 재판을 구합니다.

청구원인에 대한 답변

1. 원고의 주장

원고는 20○○. ○. ○. ○○:○○경 소외 ◈◈◈ 운전의 경남 ○고○○○○호 승용차가 ○○시 ○○구 ○○길 소재 ○○숯불갈비 앞에서 공사용 가드레일을 들이받아 그 파편이 원고에게 튕기면서 다발성 좌상, 미골탈구, 추간판탈출증 등의 상해를 입게 하였으므로 위 승용차의 보험자인 피고로서는 원고의 손해를 배상할 책임이 있다고 주장하고 있습니다.

2. 채무의 부존재

가. 위와 같은 원고의 주장과는 달리 이 사건 사고로 인하여 원고가 입은 상해는 장기간의 치료를 요하거나 후유장해를 남기는 상해가 아니라 경미한 좌상에 불과하였습니다.

나. 이에 피고는 이 사건 소제기 전에 원고의 치료요청에 따라 원고가 입은 손해의

전부인 치료비 전액 금 3,133,970원을 지급함으로써 이 사건 사고로 인한 배상책임을 모두 이행하였습니다.
(피고는 추후 신체감정 및 형사기록이 송부되는 대로 원고가 주장하고 있는 사고발생 경위, 일실수입, 치료비 및 위자료에 대하여 적극적으로 다툴 예정입니다)

3. 결론
피고는 그 지급책임이 있는 범위내의 모든 채무를 이행하였으므로 원고의 이 사건 청구는 마땅히 기각되어야 할 것입니다.

20○○. ○. ○.

위 피고인 ◇◇보험주식회사
대표이사 ◇◇◇ (서명 또는 날인)

○○지방법원 제○○민사단독 귀중

⑥ 답변서(대여금청구에 대한 부인)

답 변 서

사 건 20○○가단○○○○ 대여금
원 고 ○○○
피 고 ◇◇◇

위 사건에 관하여 피고는 다음과 같이 답변합니다.

다 음

1. 기초적인 사실관계

가. 원고는 20○○. ○. ○. 피고에게 금 30,000,000원을 대여하였다고 주장하며 그 돈의 지급을 구하고 있으나 이는 사실과 다릅니다.

나. 원고와 피고는 평소 잘 알고 지내던 사이로서 소외 ◉◉◉는 피고의 매형입니다. 소외 ◉◉◉는 20○○. ○.경 사업문제로 인하여 급전이 필요하다고 하여 피고에게 돈을 빌릴 만한 사람이 없느냐고 물어왔고 피고는 잘 알고 있던 원고에게 혹시 여유 있는 돈이 있느냐고 물었더니 가능하다고 하여 피고는 원고를 소외 ◉◉◉에게 소개하여 주었던 것입니다.

다. 그 뒤 소외 ◉◉◉가 위 가항 일시에 원고로부터 금 30,000,000원을 차용한 것은 사실입니다.

2. 피고의 책임

비록 원고가 피고의 소개로 인하여 소외 ◉◉◉를 알게 되어 소외 ◉◉◉에게 돈을 대여하였다고는 하나 이는 피고와는 직접적인 관련은 없는 것으로서 피고가 위 대여금의 지급을 보증한 적은 없습니다.

원고는 피고가 위 대여일시에 동석하였다는 이유만으로 피고가 책임을 져야 한다는 취지로 주장하나 이는 타당하다고 볼 수 없으며, 어떠한 형태로든 피고가 위 지급의 보증의사를 표시한 적이 없으므로 피고가 이를 책임질 이유는 없다 할 것입니다.

3. 결론

원고는 소외 ◉◉◉로부터 대여금을 지급 받지 못하자 피고에게 소를 제기한 것으로서 위와 같이 원고의 청구는 타당하지 않으므로 이를 기각하여 주시기 바랍니다.

20○○. ○. ○.
위 피고인 ◇◇◇ (서명 또는 날인)

○○지방법원 제○○민사단독 귀중

⑦ 답변서(임차보증금반환청구에 대한 부인)

답 변 서

사 건 20○○가단○○○ 임차보증금반환
원 고 ○○○
피 고 ◇◇◇

위 사건에 관하여 피고는 다음과 같이 답변합니다.

청구취지에 대한 답변

1. 원고의 청구를 기각한다.
2. 소송비용은 원고의 부담으로 한다.

라는 판결을 구합니다.

청구원인에 대한 답변

1. 원고가 이 사건 건물의 임차인이었던 사실과 임대차계약기간이 종료한 사실은 인정하나 나머지 사실은 부인합니다.
2. 원고의 주장에 대한 검토
   가. 원고는 20○○. ○. ○. 소외 ◉◉◉와 이 사건 건물에 대하여 임차기간 2년, 임차보증금 30,000,000원으로 정하여 임대차계약을 체결하고 당일 주민등록전입신고를 한 대항력 있는 임차인이므로 소외 ◉◉◉로부터 이 사건 건물을 매수한 피고는 임차보증금을 지급할 의무가 있다고 주장하고 있습니다.
   나. 그러나 이 사건 건물에 대한 건축물대장의 기재에 의하면 다세대 주택임을 알 수 있습니다. 대법원의 판례에 의하면 다세대 주택의 경우에는 주민등록전입신고를 할 때 호수의 기재가 있어야 대항력 있는 유효한 주민등록이라고 보고 있습니다. 따라서 원고는 대항력이 없는 임차인이므로 피고에게는 임차보증금을 지급할 의무가 없다고 할 것입니다.
3. 결론
   이상과 같은 이유로 원고의 청구를 기각한다는 판결을 구합니다.

입 증 방 법

1. 을 제1호증 건축물대장등본
1. 을 제2호증 주민등록표등본(원고)

첨 부 서 류

1. 위 입증방법 각 1통

20○○. ○. ○.
위 피고인 ◇◇◇ (서명 또는 날인)

○○지방법원 제○○민사단독 귀중

⑧ 답변서(소유권이전등기청구에 대한 부인)

답 변 서

사 건 20○○가단○○○○ 소유권이전등기
원 고 ○○○
피 고 ◇◇◇

위 사건에 관하여 피고는 다음과 같이 답변합니다.

청구취지에 대한 답변

1. 원고의 청구를 기각한다.

2. 소송비용은 원고의 부담으로 한다.
라는 판결을 구합니다.

청구원인에 대한 답변

원고 주장사실 중, 피고와 소외 망 ◉◉◉는 19○○. ○. ○. 혼인신고를 한 법률상 부부였던 사실, 소외 망 ◉◉◉가 20○○. ○. ○. 사망한 뒤 피고는 상속인으로서 이 사건 각 부동산들을 각 3/13지분으로 상속한 사실만 인정하고 나머지 사실은 모두 부인합니다.

20○○. ○. ○.

위 피고인 ◇◇◇ (서명 또는 날인)

○○지방법원 제○○민사단독 귀중

⑨ 답변서(채무부존재확인)

답 변 서

사 건 20○○가단○○○ 채무부존재확인
원 고 ○○○생명보험주식회사
피 고 ◇◇◇

위 사건에 관하여 피고는 다음과 같이 답변합니다.

청구취지에 대한 답변

1. 원고의 청구를 기각한다.
2. 소송비용은 원고의 부담으로 한다.

라는 판결을 구합니다.

청구원인에 대한 답변

이 사건의 경위에 관하여는 추후 반소장을 제출하면서 자세히 설명하겠지만 아래에서는 본소에 관한 사항을 중심으로 답변하도록 하겠습니다.

1. 보험계약의 체결

   20○○. ○. ○. 피고는 노후 건강의 보장책으로 건강보험에 들기로 하고 원고회사의 보험설계사를 통하여 차후에 질병이 생기면 치료자금과 연금 등을 보장한다는 설명을 듣고 '○○ 건강보험 부부형'이라는 보험상품에 관하여 보험계약(다음부터 '이 사건 보험계약'이라 함)을 체결하였습니다.

2. 약관을 교부하거나 계약내용을 설명하였는지 여부

   피고는 당시 이 사건 보험계약의 보험금 지급요건이 되는 보험사고에 관하여 원고회사의 보험설계사로부터 이 사건 보험계약의 안내장(다음부터 '이 사건 안내장'이라 함)을 교부받아 그 보험사고범위를 확인하였습니다. 그런데 이 사건 안내장은 이 사건 보험이 우리나라 국민의 다수의 사망원인을 차지하는 암이나 순환기계 질환에 대비한 전문적인 건강보험으로서 일반보장 이외에 '특정질병보장'이라는 별도의 보험상품을 포함한 것에 그 특징이 있다고 설명하면서 위 특정질병으로 '암, 허혈성심질환, 뇌혈관질환'을 거시하고 있어서 일반적으로 노년기에 많이 문제되는 질병에 대한 대비차원에서 이 사건 보험계약을 체결하였습니다. 한편, 이 사건 안내장에는 위에 거시된 질병에 포함되는 질병 가운데 일부가 제외된다는 점에 관하여는 아무런 설명을 하지 않고 있으며, 원고회사주장의 약관(협심증 등을 제외하는 내용)에 관하여 피고는 그 약관을 교부받거나 당시 이에 관하여 설명을 들은 사실이 없습니다. 따라서 약관규정에 따라 이 사건 보험계약의 내용을 주장하는 원고회사의 주장은 부당하다고 할 것입니다.

3. 보험사고의 발생 및 보험회사측의 조치

가. 피고는 위와 같이 이 사건 보험에 가입하여 보험료를 납입하여 오던 중, 20○○. ○. ○. 가슴에 심한 통증을 느껴 ○○의료원에 입원하여 치료를 받게 되었는데, 당시 병명은 급성 인두염과 C형 간염으로 진단되어 치료를 받았습니다만 병세가 호전되지 않던 중, 20○○. ○. ○. 위 같은 병원에서 급성 결핵성 심낭염 및 협심증으로 재진단 받아 입원 및 통원치료를 받게 되었습니다.

나. 피고는 결핵성 심낭염 및 협심증이 발병하여 병원치료를 받게 되자 당시 치료가 일단락 될 즈음인 20○○. ○. 중순경에 원고회사에 이 사실을 신고하고 보험금의 지급을 청구하였습니다. 당시 위 발병에 관하여 보험금지급여부를 조사하기 위하여 원고회사의 ○○본사 심사부에서 일하는 소외 ◈◈◈라는 보험조사원이 ○○에서 ○○○로 내려와서 피고의 이전 병력 및 위 발병에 관한 사항을 병원과 피고 등을 상대로 조사한 사실이 있습니다. 당시 위 보험조사원은 피고에게 '이 병은 보험금지급대상이 되는 특정질병에 해당하므로 앞으로 보험금이 지급될 것이며, 이후의 보험료도 납입면제 될 것이다'라고 말하였고 위와 같이 말한 사실은 소외 ◈◈◈가 20○○. ○. ○.에 금융감독원의 분쟁조정과정에 출석하여 인정한 것이기도 합니다.

다. 그에 따라, 피고는 원고회사로부터 보험금이 지급되기를 기다리고 있던 중, 20○○. ○. ○.에 먼저 이 사건 보험계약과는 별도의 입원특약계약에 의한 보험금 341,280원을 우선하여 지급 받게 되었습니다. 이 당시까지도 원고회사는 특정질병보장에 관한 이 사건 보험계약에 의한 보험금의 지급에 관하여는 별다른 얘기를 해주지 않았기 때문에 피고로서는 보험금지급결정이 절차상 늦어지는 것으로 생각하고 그 결정과 지급을 기다리고 있었습니다.

4. 원고회사측의 실효처리

가. 그런데, 20○○. ○.경 원고회사로부터 보험금 지급에 관한 연락이 없어 본사로 연락을 하여보았더니 피고에게 발생한 질병은 보험대상 질병에 해당하지 아니하고 또한 이 사건 보험계약은 보험료의 2회 미납을 이유로 하여 20○○. ○. ○.자로 실효 되었으므로 해지환급금을 수령하여 가라는 답변을 하였습니다. 피고는 당시 20○○. ○. ○.까지의 보험료를 납부한 상태였고, 발병 이후 원고회사 보험조사원 소외 ◈◈◈의 말을 믿고 보험금의 지급을 기다리고 있었으며 원고회사에서 보험금지급이 결정되어 그 중 입원특약보험금이 우선 지급된 것으로 생각하여 이후의 보험료가 면제되는 것으로 알고 보험료를 납부하지 않았던 것입니다. 원고회사로부터는 피고에게 발병한 질병이 보험사고에 해당하지 아니한다는 설명이 없었고, 또한 보험료를 미납하고 있으니 보험료를 납부하라는 최고나, 납부하지 않으면 실효 된다는 통지 역시 없는 상태에서 일방적으로 실효 되었다는 답변만을 하여준 것입니다. 피고로서

는 원고회사측의 약관규정상 보험대상이 되지 않는다는 말을 당시로서는 믿을 수밖에 없었습니다. 다만, 피고는 보험료를 계속하여 납부할 것이니 이 사건 보험계약을 부활시켜 달라고 하였으나 원고회사측은 이 사건 보험계약은 이미 실효 되었으니 보험료를 내더라도 부활은 아니 된다고 하였으며, 일정한 기간이 지나면 해약환급금도 받아 갈 수 없으니 회사내 정해진 절차에 따라 환급금을 수령하여 가라고 하여 피고로서는 할 수 없이 해약환급금을 수령하였습니다.

나. 약관상 실효규정의 유효성

이에 관하여는 이후 반소장에서 자세히 밝히겠으나 원고회사측의 이 사건 보험계약에 대한 실효처리는 위 회사 약관규정에 의한 것으로 이는 계약내용에 포함되지 않을 뿐만 아니라 위 약관규정 자체가 상법규정에 위배되어 무효이므로 미납보험료에 대한 납부최고 및 해지절차를 거치지 않은 실효처분은 무효라고 할 것이어서 아직까지도 보험계약은 유효하게 존속되고 있다고 하여야 할 것입니다.

5. 보험금의 지급청구

피고는 위 원고회사측의 설명만 믿고 피고의 발병이 보험금 지급대상이 아니고 계약은 적법하게 실효 된 것으로만 생각하면서 지내던 중, 20○○. ○.경에 라디오에서 "계약자에 불리하게 작성된 약관은 효력이 없다"라는 뉴스를 듣고 혹시라도 보험금을 받을 수 있지 않을까 하는 생각에 여기저기 알아보고 난 뒤 원고회사측에 보험금의 지급을 청구하였으나 원고회사측은 이 사건 보험계약 당시의 약관에 의하여 보험금을 지급할 수 없다는 말만 되풀이하였습니다.

6. 원고회사의 소제기

피고는 이와 같은 원고회사측의 보험금 미지급과 보험계약실효처분이 부당하다고 느껴졌기에 계속하여 원고회사측에 보험금의 지급을 요구하였는바, 원고회사는 오히려 20○○. ○.경 귀원에 피고에 대하여 아무런 책임이 없다는 취지로 채무부존재확인소송을 제기하여 지금에 이르게 된 것입니다.

7. 결론

그렇다면 원고회사측 약관이 이 사건 보험계약의 내용이 됨을 전제로 한 원고회사의 주장은 부당하며 실효처리 또한 무효이기 때문에 이 사건 보험계약이 여전히 유효함을 전제로 하여 원, 피고간의 법률관계를 정리하여야 할 것입니다. 피고는 이에 관한 반소장을 곧 제출하도록 하겠습니다.

20○○. ○. ○.
위 피고인 ◇◇◇ (서명 또는 날인)

○○지방법원 제○○민사단독 귀중

⑩ 답변서(배당이의)

답 변 서

사 건 20○○가단○○○○ 배당이의
원 고 주식회사○○○○
피 고(선정당사자) ◇◇◇

위 사건에 관하여 피고(선정당사자)는 다음과 같이 답변합니다.

청구취지에 대한 답변

1. 원고의 청구를 모두 기각한다.

2. 소송비용은 원고의 부담으로 한다.
라는 판결을 구합니다.

청구원인에 대한 답변

1. 피고(선정당사자)는 원고의 청구원인 사실 중 '원고를 채권자로 소외 ◉◉◉외 1을 채무자로 하는 ○○지방법원 20○○타경○○○호 부동산경매 배당사건에 관하여 20○○. ○. ○. 같은 법원은 배당금 332,616,960원 중 원고 청구금액 금294,515,154원에 교부액 금 260,019,784원, 피고 ◇◇◇외 12명 임금 우선채권청구금액 금 67,597,125원에 교부액 금 67,597,125원의 배당표가 작성되었다'라는 부분만 인정합니다.

2. 상여금이 임금에 포함되는지 여부
 가. 근로기준법 제2조 1항 5호는 "이 법에서 '임금'이라 함은 사용자가 근로의 대상으로 근로자에게 임금, 봉급 기타 어떠한 명칭으로든지 지급하는 일체의 금품을 말한다"라고 규정하고 있습니다.
 나. 상여금도 취업규칙이나 단체협약 또는 근로계약상 그 지급시기, 액수 및 계산방법이 정해져 있으면 즉, 정기적, 제도적으로 지급되는 경우에는 단순히 의례적, 호의적으로 지급되는 것이라고 볼 수 없으므로 임금의 성질을 가진다고

볼 수 있습니다.

다. 소외 (주)■■건설의 취업규칙 제4장(급여) 제47조(상여금)는 상여금 지급기준에 대해 "3개월 이상 근무한 직원에게 기본급을 연 4회 분할하여 지급한다(400%)"라고 규정하고 있고(을 제1호증의 1 취업규칙), 실제로 피고(선정당사자)는 소외 (주)■■건설로부터 매년 2월, 5월, 9월, 12월에 정기적으로 상여금을 지급 받아 왔습니다(을 제2호증의 1 내지 7 근로소득원천징수영수증).

라. 따라서 피고(선정당사자)가 받을 200○. ○.분 상여금도 취업규칙에 그 지급근거가 있으므로 근로기준법 제2조의 임금에 당연히 포함된다 할 것입니다.

3. 결론

따라서 근로기준법 제38조 제2항의 임금에는 당연히 상여금도 포함된다고 볼 수 있고 피고(선정당사자)의 상여금도 최우선변제임금채권에 해당하므로 원고의 청구는 이유 없어 마땅히 기각되어야 할 것입니다.

입 증 방 법

1. 을 제1호증의 1 　　　　취업규칙
1. 을 제1호증의 2 　　　　취업규칙 신고서
1. 을 제1호증의 3 　　　　취업규칙 동의서
1. 을 제2호증의 1 내지 7 　　　　각 근로소득원천징수영수증

첨 부 서 류

1. 위 입증방법 　　　　각 1통

20○○. ○. ○.

위 피고인 ◇◇◇ (서명 또는 날인)

○○지방법원 ○○지원 제○민사단독 귀중

⑪ 답변서(건물 등 철거, 피고)

답 변 서

사 건 20○○가단○○○ 건물 등 철거
원 고 ○○○
피 고 ◇◇◇

위 사건에 관하여 피고의 소송대리인은 아래와 같이 답변합니다.

청구취지에 대한 답변

1. 원고의 청구를 기각한다.

2. 소송비용은 원고가 부담한다.
라는 재판을 구합니다.

청구원인에 대한 답변

1. 사실관계의 정리

원고는 피고가 이 사건 건물의 소유자라고 주장하나 이는 사실과 다릅니다.

① 피고는 1984. 8. 24.경 소외 이00으로부터 이 사건 건물과 그 대지를 매수하기로 계약하였습니다. (을 제1호증 매매계약서 참조)

② 당시 이 사건 건물은 위 이00이 신축하여 소유하고 있던 미등기 건물이었습니다.

③ 피고는 위 이00과의 위 매매계약에 기하여 이 사건 건물을 인도받아 현재까지 살고 있습니다.

④ 한편, 위 이00은 1995년 경 사망하였는바, 이 사건 대지는 위 이00의 직계비속인 소외 이@@이 상속하였고, 그 무렵 이 사건 건물 역시 위 이@@에게 상속되었다 할 것입니다.

⑤ 2004년 경 피고는 당시까지 토지와 건물에 대한 등기이전을 하지 못한 관계로 이 사건 건물을 보수하기 위하여 토지의 소유자로 등기되어있던 위 이@@의 승낙이 필요하였고, 위 이@@의 승낙을 받아 이 사건 건물을 개보수하였습니다. {을 제2호증 확인서(이@@) 참조}

⑥ 그 이후 2013. 1. 14.경 이 사건 토지는 강제경매에 의해 원고가 매수하였습니다.

2. 원고 주장의 부당성

가. 관습법상 법정지상권의 존재

(1) 관습법상 법정지상권은 ① 토지와 건물이 동일인의 소유에 속하였다가, ② 그 토지소유자와 건물소유자가 다르게 되었을 경우, ③ 위 건물에 대한 철거 특약이 없을 것을 조건으로 성립하게 됩니다.

(2) 이 사건 건물의 경우 최초 이 사건 건물을 신축한 위 망 이00이 원시취득한 이래로 미등기상태로 계속 존재하고 있어 현재까지도 위 이00의 상속인인 위 이@@의 소유라 할 것이고, 이 사건 토지의 경우에도 위 이@@이 위 이00로부터 상속하여 소유하고 있다가 2013년 경 강제경매에 의해 원고에게로 소유권이 이전된 것이므로, 관습법상 법정지상권의 첫 번째 성립요건인 ① 토지와 건물이 동일인의 소유에 속하였다는 것과 ② 그 토지소유자와 건물소유자가 다르게 되었을 것이라는 요건을 충족한다 할 것입니다.

또한, 강제경매로 인하여 이 사건 토지의 소유권이 이전된 이상 건물소유자와 토지소유자 사이에 이 사건 건물에 대한 철거 합의가 있는 것을 불가능하므로, 이를 이유로 ③ 위 건물에 대한 철거 특약이 없을 것이라는 요건도 충족합니다.

(3) 따라서 이 사건 건물에 대하여 현재 법정지상권이 성립되어있다 할 것입니다.

나. 피고의 점유 권원

(1) 피고는 과거 이 사건 건물과 토지를 위 망 이00로부터 매수하기로 계약하였고, 현재까지 점유.사용하고 있으므로 소유권이전등기청구권의 소멸시효는 중단된 상태라 할 것입니다.

(2) 또한 소외 이@@은 위 망 이00의 상속인으로 피고와 위 망 이00 사이의 매매계약에 따른 채무를 승계하고 있다 할 것이고, 비록 이 사건 토지에 대한 소유권이전등기청구는 이행불능에 빠졌지만, 이 사건 건물에 대하여는 여전히 피고가 위 매매계약에 따른 채권에 기하여 이 사건 건물을 점유.사용하고 있는 것인바, 민법 제213조 단서에 기하여 이 사건 건물 및 토지를 점유할 권리가 있다 할 것입니다.

다. 보론 - 피고의 관습법상 법정지상권 등기 및 이전 계획

(1) 현재 이 사건 건물의 대외적 소유권자는 위 이@@이라 할 것이고, 위 이@@은 이 사건 건물에 대한 관습법상 법정지상권을 취득한 상태입니다.

(2) 한편, 피고는 위 이@@로부터 이 사건 건물에 대한 소유권이전을 청구할 수 있는 채권을 보유하고 있고, 이 사건 건물의 유지를 위한 법정지상권도 함께 이전을 청구할 권리를 가지고 있습니다.

(3) 위와 같은 이유로 현재 피고는 이 사건 건물에 대한 소유권보존등기를 경료

하여 위 이@@로부터 소유권이전을 받고, 아울러 관습법상 법정지상권까지 함께 등기하여 이전받을 계획에 있으나, 이 사건 건물이 장기간 미등기로 존재하고 있던 건물이어서 건축 허가 등의 업무처리에 어려움이 있어 지연되고 있는 상황입니다.

3. 맺음말

요컨대, 이 사건 건물과 토지는 위 이@@의 소유였다가 강제경매로 인하여 소유권자가 달라진 상황으로, 이 사건 건물에 대한 관습법상 법정지상권이 성립되어 있어, 원고의 이 사건 청구는 이유 없다 할 것입니다.

입 증 방 법

1. 을 제1호증 매매차계약서 사본
1. 을 제2호증 확인서(이@@)

첨 부 서 류

1. 위 입증방법각 각 1통
2. 위임장 1통
3. 납부서 1통
4. 소장부본 1통

20○○. ○○. ○○.

위 피고인 ◇◇◇ (서명 또는 날인)

○○지방법원 제○○민사단독 귀중

⑫ 답변서{손해배상(자)}

답 변 서

사 건 20○○가단○○○ 손해배상(자)
원 고 ○○○
피 고 ◇◇◇

위 사건에 관하여 피고는 다음과 같이 답변합니다.

청구취지에 대한 답변

1. 원고의 청구를 기각한다.
2. 소송비용은 원고의 부담으로 한다.

라는 판결을 구합니다.

청구원인에 대한 답변

1. 원고의 주장사실 가운데 이 사건 사고발생사실과 원고가 교통사고로 상해를 입은 사실은 인정합니다.
2. 과실상계의 주장
   원고는 오토바이를 무면허로 운전하였고, 안전모를 착용하지 않았으며 사고발생시 과속운전을 한 사실로 보아 이 사건 사고발생에 원고의 과실이 경합하여, 원고의 손해발생과 손해범위의 확대에 기여하였으므로 손해배상액산정에 있어서 원고의 과실부분은 참작되어야 할 것입니다.
3. 채무의 부존재
   가. 원고의 주장과는 달리 이 사건 사고로 인하여 원고가 입은 상해는 장기간의 치료를 요하거나 후유장해를 남기는 상해가 아니라 단순 좌측 팔골절상에 불과하였습니다.
   나. 이에 피고는 이 사건 소제기 전에 원고의 치료 요청에 따라 원고가 입은 손해의 전부인 치료비 전액 금 ○○○원 및 위자료로 금 ○○○원을 지급함으로써 이 사건 사고로 인한 배상책임을 모두 이행하였습니다.
   (피고는 추후 신체감정 및 형사기록이 송부되는 대로 원고가 주장하고 있는 사고발생 경위, 일실수입, 치료비 및 위자료에 대하여 적극적으로 다툴 예 정입니다)
4. 결론
   피고는 피고에게 지급책임이 있는 범위내의 모든 채무를 이행하였으므로 원고의 이 사건 청구는 마땅히 기각되어야 할 것입니다.

20○○. ○. ○.
위 피고인 ◇◇◇ (서명 또는 날인)

○○지방법원 제○민사단독 귀중

1-10. 전자소송의 경우

① 전자소송에 대해서도 일반소송과 답변서 제출에 관한 일반적인 내용은 같습니다. 다만, 일반소송과 달리 답변서의 제출이 전자문서의 방식으로 이루어지므로 전자소송의 특수성이 있습니다.

② 전자소송에서의 답변서 제출은 다음과 같이 이루어집니다.

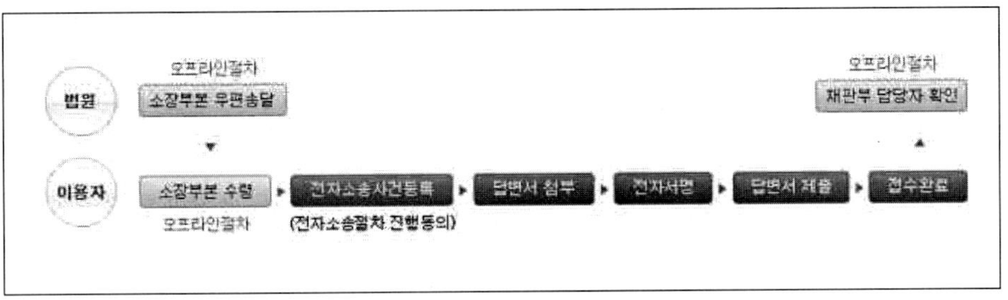

2. 피고의 반소 제기

① 반소란 소송의 계속 중에 피고가 원고에게 본소청구 또는 이에 대한 방어방법과 견련관계가 있는 새로운 청구를 하기 위해 동일한 절차에서 제기하는 소송을 말합니다.

② 반소가 원고의 청구기각신청 이상의 청구가 아닐 경우에는 반소로서의 청구 이익이 없어 각하될 수 있으니 주의하시기 바랍니다.

2-1. 반소의 개념

① '반소'란 소송의 계속 중에 피고가 원고에게 본소청구 또는 이에 대한 방어방법과 견련관계가 있는 새로운 청구를 하기 위해 동일한 절차에서 제기하는 소송을 말합니다.

② 예를 들면 A가 B에게 물품의 매매대금을 요구하는 소송을 제기했는데 물품을 받지 않은 B는 A에게 물품을 인도 받지 않았다고 주장하는 것이 방어 방법입니다. 그런데 반소는 물품을 받지 않은 B가 A에게 물품인도를 청구하는 소송을 제기해 본소와 함께 심판받도록 하는 것을 말합니다.

2-2. 반소의 요건

① 본소와의 관련성

㉮ 반소의 목적이 된 청구가 본소의 청구 또는 방어의 방법과 서로 관련이 있어야 합니다(민사소송법 제269조 제1항 단서).

그러나 원고가 본소로 대여금 청구를 했는데 반소로 바로 그 대여금의 부존재의 확인을 구하는 것과 같이 원고의 청구기각신청 이상의 아무런 적극적 내용이 포함되어 있지 않은 경우는 반소로서의 청구 이익이 없어 허용되지 않으므로 주의하시기 바랍니다.

㉯ 반소의 목적이 된 청구가 다른 법원의 관할에 속하지 않아야 합니다(민사소송법 제269조 제1항 단서).

② 본소 절차를 현저히 지연시키지 않을 것

피고는 소송절차를 현저히 지연시키지 않는 경우에만 반소를 제기할 수 있습니다(민사소송법 제269조 제1항 본문).

③ 본소의 변론종결 전일 것

피고는 변론 종결 때까지 본소가 진행 중인 법원에 반소를 제기할 수 있습니다(민사소송법 제269조 제1항 본문).

2-3. 반소장 작성례

반 소 장

사 건 20○○가소○○○ 손해배상(기)
피고(반소원고) ◇◇◇ (주민등록번호)
○○시 ○○구 ○○길 ○○(우편번호 ○○○-○○○)
전화.휴대폰번호:
팩스번호, 전자우편(e-mail)주소:
원고(반소피고) ○○주식회사
○○시 ○○구 ○○길 ○○(우편번호 ○○○-○○○)
대표이사 ◉◉◉
전화.휴대폰번호:
팩스번호, 전자우편(e-mail)주소:

위 사건에 관하여 피고(반소원고)는 아래와 같이 반소를 제기합니다.

퇴직금청구의 소

반 소 청 구 취 지

1. 원고(반소피고)는 피고(반소원고)에게 금 ○○○원 및 이에 대한 20○○. ○○. ○○.부터 20○○. ○○. ○○.까지는 연 6%의, 그 다음날부터 다 갚는 날까지는 연 20%의 각 비율에 의한 돈을 지급하라.
2. 소송비용은 원고(반소피고)가 부담한다.
3. 위 제1항은 가집행 할 수 있다.

라는 판결을 구합니다.

반 소 청 구 원 인

1. 피고(반소원고)는 ○○시 ○○구 ○○길 ○○-○에 소재한 원고(반소피고)회사에 20○○. ○. ○. 입사하여 20○○. ○○. ○. 퇴사할 때까지 ○○점 매장 및 ◎◎점 매장에서 의류를 판매하는 일에 종사하였습니다.
2. 피고(반소원고)는 매월 금 ○○○원 정도의 월급과 400%의 수당을 원고(반소피고)회사로부터 지급 받았습니다. 그리고 판매실적에 따라 판매수당을 지급 받았습니다.

3. 그러나 피고(반소원고)가 20○○. ○○. ○. 퇴직할 당시 원고(반소피고)회사로부터 퇴직금을 지급 받지 못하였으며, 그 퇴직금은 금 ○○○원입니다. 또한, 단체협약서에 퇴직금의 지급시기에 관하여 별도로 정해진 바가 없으며, 근로기준법 제37조 소정의 금품청산제도는 근로관계가 종료된 후 사용자로 하여금 14일 내에 근로자에게 임금이나 퇴직금 등의 금품을 청산하도록 하는 의무를 부과하는 한편, 이를 불이행하는 경우 형사상의 제재를 가함으로써 근로자를 보호하고자 하는 것이지 사용자에게 위 기간 동안 임금이나 퇴직금지급의무의 이행을 유예하여 준 것이라고 볼 수는 없으므로 피고(반소원고)는 퇴직금청구권을 퇴직한 다음날부터 행사할 수 있다고 봄이 타당합니다.
4. 따라서 피고(반소원고)는 원고(반소피고)회사에게 위 퇴직금 ○○○원 및 이에 대한 퇴직한 날의 다음날인 20○○. ○○. ○○.부터 20○○. ○○. ○○.까지는 상법에서 정한 연 6%의, 그 다음날부터 다 갚는 날까지는 근로기준법 제37조 및 동법 시행령 제17조에서 정한 연 20%의 각 비율에 의한 지연손해금의 지급을 구하기 위하여 이 사건 반소청구에 이르게 된 것입니다.

입 증 방 법

1. 을 제1호증　　　　단체협약서
1. 을 제2호증　　　　체불금품확인원

첨 부 서 류

1. 위 입증방법　　　　각 1통
1. 반소장부본　　　　1통
1. 송달료납부서　　　　1통

20○○. ○. ○.

위 피고(반소원고) ◇◇◇ (서명 또는 날인)

○○지방법원 ○○지원 제○○민사단독 귀중

2-4. 반소 제기 시의 비용 산정

2-4-1. 인지첩부

① 반소장에 첩부해야 할 인지액은 본소에 첩부하는 인지액과 같습니다(민사소송 등 인지법 제4조 제1항).

② 1심 소가에 따른 인지액

소 가	인 지 대
소가 1천만원 미만	소가 × 50 / 10,000
소가 1천만원 이상 1억원 미만	소가 × 45 / 10,000 + 5,000
소가 1억원 이상 10억원 미만	소가×40 / 10,000 + 55,000
소가 10억원 이상	소가× 35 / 10,000 + 555,000
※ 인지액이 1천원 미만이면 1천원으로 하고, 수수료 중 100원 미만은 계산하지 않습니다(「민사소송 등 인지법」 제2조제2항).	

2-4-2. 인지를 붙이지 않는 경우

① 본소와 소송목적이 동일한 경우에는 반소에 붙일 인지액에서 본소의 인지액을 뺀 금액을 붙이도록 되어 있습니다(민사소송 등 인지법 제4조 제2항 제1호).

② 예를 들어, 본소가 '소유권이전등기이행청구'이고 반소가 '소유권확인청구'와 같이 소송목적이 동일한 경우에는 인지를 붙이지 않아도 됩니다.

2-5. 송달료 납부

송달료는 민사 제1심 단독사건과 합의사건의 경우 당사자수 × 3,700원 × 15회분으로 계산해 납부하면 됩니다(송달료규칙의 시행에 따른 업무처리요령 별표 1).

2-6. 반소의 제기

① 반소장 제출

소송은 법원에 소장을 제출함으로써 제기됩니다(민사소송법 제248조 및 제270조).

② 이송

본소가 단독사건인 경우 피고가 반소로 합의사건에 속하는 청구를 한 때에는 법원은 직권 또는 당사자의 신청에 따른 결정으로 본소와 반소를 합의부에 이송해야 합니다(민사소송법 제269조 제2항 본문). 다만, 반소에 관해 피고가 관할위반이라고 항변하지 않고 변론하거나 변론준비기일에 진술하면 본소의 담당부가 관할권을 가집니다(민사소송법 제30조 및 제269조제2항 단서).

③ 취하

본소가 취하된 경우 피고는 원고의 동의 없이 반소를 취하할 수 있습니다(민사소송법 제271조).

제3절 변론절차

1. 쟁점정리기일 및 변론준비절차(입증책임)

① 쟁점정리기일은 변론준비절차 전에 사건의 쟁점을 확인하기 위해 정해지는 기일로 당사자 쌍방 본인이 법관 면전에서 사건의 쟁점을 확인하고 상호 반박하는 기회를 가질 수 있도록 마련된 제도입니다.

② 변론준비절차란 변론기일에 앞서 변론이 효율적이고 집중적으로 실시될 수 있도록 당사자의 주장과 증거를 정리해 소송관계를 명확하게 하는 절차로 서면에 의한 변론준비절차와 변론준비기일 방식으로 진행됩니다.

2. 쟁점정리기일

① '쟁점정리기일'이란 변론기일방식을 따르며 양쪽 당사자가 법관을 조기에 대면해 사건의 쟁점을 확인하는 날을 말합니다.

② 원칙적으로 재판장이 가능한 최단기간 안의 날로 쟁점정리기일(제1회 변론기일)을 지정해 쌍방 당사자 본인이 법관 면전에서 사건의 쟁점을 확인하고 상호 반박하는 기회를 가질 수 있도록 마련된 제도입니다.

③ 쟁점정리기일을 통해 양쪽 당사자가 서로 다투는 점이 무엇인지 미리 분명하게 밝혀지면, 그 이후의 증거신청과 조사는 그와 같이 확인된 쟁점에 한정해 집중적으로 이루어집니다.

④ 재판장은 쟁점정리기일 이후에 해당 사건을 변론준비절차에 회부할 수 있습니다. 이는 양쪽 당사자의 주장내용이나 증거관계가 매우 복잡하여, 별도의 준비절차를 통해 주장과 증거를 정리하고 앞으로의 심리계획을 수립하는 것이 필요하다고 판단되는 경우에 이루어집니다.

3. 변론준비절차

3-1. 개념

① '변론준비절차'란 변론기일에 앞서 변론이 효율적이고 집중적으로 실시될 수 있도록 당사자의 주장과 증거를 정리해 소송관계를 명확하게 하는 절차를 말합니다.

② 변론준비절차는 서면에 의한 변론준비절차와 변론준비기일 방식으로 진행됩니다.

3-2. 서면에 의한 변론준비절차

① 서면에 의한 변론준비절차는 기간을 정해 당사자에게 준비서면, 그 밖의 서류를 제출하게 하고 이를 교환해서 주장사실을 증명할 증거를 신청하게 하는 방법으로 진행합니다(민사소송법 제280조 제1항).

② 기간

서면에 의한 변론준비절차는 4개월을 넘지 못합니다(민사소송법 제282조 제2항).

3-3. 변론준비기일

① 변론준비기일은 변론준비절차를 진행하는 재판장, 수명법관, 촉탁판사(이하 "재판장등" 이라 한다)가 서면에 의한 변론준비절차가 진행되는 동안에 주장 및 증거를 정리하기 위해 필요하다고 인정하는 때에 당사자를 출석하게 해 최종적으로 쟁점을 정리하는 기일을 말합니다(민사소송법 제282조제1항).

② 당사자는 변론준비기일이 끝날 때까지 변론준비에 필요한 주장과 증거를 정리해 제출해야 합니다(민사소송법 제282조 제4항).

③ 변론준비절차를 진행하는 경우 재판장등은 법원사무관등으로 하여금 그 이름으로 준비서면, 증거신청서 및 그 밖의 서류의 제출을 촉구하게 할 수 있습니다(민사소송규칙 제70조의3 제1항).

④ 제3자의 출석

당사자는 재판장등의 허가를 얻어 변론준비기일에 제3자와 함께 출석할 수 있습니다(민사소송법 제282조 제3항).

⑤ 진행방법

㉮ 변론준비기일에는 당사자가 말로 변론의 준비에 필요한 주장과 증거를 정리해 진

술하거나, 법원이 당사자에게 말로 해당사항을 확인해 정리해야 합니다(민사소송규칙 제70조의2).

㉯ 법원은 다음과 같은 경우 원고 또는 피고가 제출한 소장·답변서, 그 밖의 준비서면에 적혀 있는 사항을 진술한 것으로 보고 출석한 상대방에게 변론을 명할 수 있습니다(민사소송법 제148조 제1항 및 제286조).

1. 원고 또는 피고가 변론준비기일에 출석하지 않은 경우
2. 출석하고서도 변론하지 않은 경우

㉰ 당사자가 변론준비기일에 상대방이 주장하는 사실을 명백히 다투지 않은 경우에는 그 사실을 자백한 것으로 봅니다(민사소송법 제150조 제1항 본문 및 제286조). 다만, 변론 전체의 취지로 보아 그 사실에 대해 다툰 것으로 인정되는 경우에는 그렇지 않습니다(민사소송법 제150조 제1항 단서 및 제286조).

㉱ 상대방이 주장한 사실에 대해 알지 못한다고 진술한 경우에는 그 사실을 다툰 것으로 추정됩니다(민사소송법 제150조 제2항 단서 및 제286조).

⑥ 기간

변론준비절차는 서면에 의한 변론준비절차까지 포함해 모두 6개월을 넘지 못합니다(민사소송법 제284조 제1항 제1호).

3-4. 종결

① 당사자가 정해진 기간 이내에 준비서면 등을 제출하지 않거나 증거의 신청을 하지 않은 경우 재판장등은 변론준비절차를 종결하고 변론기일을 지정할 수 있습니다(민사소송법 제284조 제1항 제2호 및 제2항).

② 당사자가 변론준비기일에 출석하지 않은 경우 재판장등은 변론준비절차를 종결하고 변론기일을 지정할 수 있습니다(민사소송법 제284조 제1항 제3호 및 제2항).

③ 다만, 변론의 준비를 계속해야 할 상당한 이유가 있는 경우에는 그렇지 않습니다(민사소송법 제284조 제1항 단서).

3-5. 종결의 효과

① 변론준비기일에 제출하지 않은 공격방어방법은 다음 중 어느 하나에 해당해야만 변론에서 제출할 수 있습니다(민사소송법 제285조 제1항).

1. 그 제출로 인해 소송이 현저히 지연되지 않는 경우
2. 중대한 과실 없이 변론준비절차에서 제출하지 못했다는 것을 소명한 경우
3. 법원이 직권으로 조사할 사항인 경우

② 그러나 소장 또는 변론준비절차 전에 제출한 준비서면에 적힌 사항은 변론준비기일에 제출하지 않았다 하더라도 변론에서 주장할 수 있습니다(민사소송법 제285조 제3항 본문).

③ 다만, 변론준비절차에서 철회되거나 변경된 경우에는 변론에서 주장할 수 없습니다(민사소송법 제285조 제3항 단서).

4. 입증책임

4-1. 개념

'입증책임'이란 소송에 나타난 일체의 증거자료에 의해서도 법원이 그 존부 여하를 결정할 수 없는 경우 이를 어느 당사자에게 불리하게 판단하지 않는 한 재판을 할 수 없게 됩니다. 이와 같은 경우에 당사자의 일방이 입을 불이익을 입증책임이라 합니다.

4-2. 입증책임의 분배

어느 당사자에게 불이익하게 그 사실의 존부를 인정할 것이냐의 결정을 입증책임의 분배라고 하는데, 일반적으로 권리관계의 발생·변경·소멸 등의 법률효과를 주장하는 자가 입증책임을 집니다.

4-2-1. 원고에게 입증책임이 있는 경우

① 사용자에게 손해배상 청구를 하기 위해서는 사용자가 해당 근로로 근로자의 신체상의 재해가 발생할 수 있음을 알았거나 알 수 있었음에도 불구하고 별다른 안전조치를 취하지 않은 과실이 인정되어야만 하고, 이러한 과실의 존재는 손해배상을 청구하는 근로자가 입증해야 합니다.

② 미성년자의 불법행위와 감독의무자의 의무위반이 상당인과관계가 있으면 감독의무자는 일반불법행위자로서 손해배상책임을 지지만, 이 경우에 그러한 감독의무위반

사실 및 손해발생과의 상당인과관계의 존재는 원고가 입증해야 합니다.

③ 대여금 청구소송에서 이혼에 따른 재산분할이 채권자에 대한 공동담보가 감소되는 결과가 되더라도 특별한 사정이 없는 한 사해행위로서 취소되어야 할 것은 아니므로, 재산분할이 상당한 정도를 벗어나는 과대한 것이라고 볼 만한 특별한 사정에 대한 입증책임은 채권자(원고)에게 있습니다.

④ 의료사고에 의한 손해배상 소송에서 의료상의 주의의무 위반과 손해의 발생이 있고 그 사이에 인과관계가 있어야 하므로, 먼저 환자측에서 일반인의 상식에 바탕을 두고 일련의 의료행위 과정에 의료상의 과실 있는 행위가 있었고 그 행위와 손해의 발생 사이에 다른 원인이 개재되지 않았다는 점을 입증해야 합니다.

⑤ 계약(기계공급계약)이 일단 성립한 후 그 해제원인의 존부에 대한 다툼(기계의 불량 등으로 계약의 해제를 원고가 주장)이 있는 경우 그 계약해제권을 주장하는 자(원고)가 이를 증명해야 합니다.

4-2-2. 피고에게 입증책임이 있는 경우

① 물건의 점유자(원고)는 소유의 의사로 점유한 것으로 추정되므로 점유자가 취득시효를 주장하는 경우 스스로 소유의 의사를 입증할 책임은 없고, 오히려 점유자의 취득시효의 성립을 부정하는 자(피고)에게 그 입증책임이 있습니다.

② 방송 등 언론매체가 사실을 적시하여 개인의 명예를 훼손하는 행위를 한 경우 그 목적이 오로지 공공의 이익을 위한 것일 때에는 적시된 사실이 진실이라는 증명이 있거나 그 증명이 없다 하더라도 행위자가 그것을 진실이라고 믿었고 또 그렇게 믿을 상당한 이유가 있으면 위법성이 없다고 보아야 할 것이나, 그에 대한 입증책임은 어디까지나 명예훼손 행위를 한 방송 등 언론매체(피고)에게 있습니다.

③ 원고가 망자의 대여금 채무를 상속인에게 청구한 경우 상속인이 한정승인을 할 수 있는 요건인'상속채무가 상속재산을 초과하는 사실을 중대한 과실 없이 상속개시가 있음을 안 날로부터 3개월 내에 알지 못하였다'는 점에 대한 입증책임은 상속인(피고)에게 있다고 할 것입니다.

④ 건물명도 청구소송에서 임대차계약의 성립 후 임대료를 지급했다는 입증책임은 임차인(피고)이 부담합니다.

⑤ 채무자가 자기의 유일한 재산인 부동산을 매각하여 소비하기 쉬운 금전으로 바꾸

거나 타인에게 무상으로 이전해 주는 행위는 특별한 사정이 없는 한 채권자에 대해 사해행위가 된다고 볼 것이므로 채무자(피고)의 사해 의사는 추정되고, 이를 매수하거나 이전 받은 자가 악의가 없었다는 입증책임은 수익자(피고)에게 있습니다.

(관련판례 1)

방송 등 언론매체가 사실을 적시하여 개인의 명예를 훼손하는 행위를 한 경우에도 그것이 공공의 이해에 관한 사항으로서 그 목적이 오로지 공공의 이익을 위한 것일 때에는 적시된 사실이 진실이라는 증명이 있거나 그 증명이 없다 하더라도 행위자가 그것을 진실이라고 믿었고 또 그렇게 믿을 상당한 이유가 있으면 위법성이 없다고 보아야 할 것이나, 그에 대한 입증책임은 어디까지나 명예훼손 행위를 한 방송 등 언론매체에 있고 피해자가 공적인 인물이라 하여 방송 등 언론매체의 명예훼손 행위가 현실적인 악의에 기한 것임을 그 피해자측에서 입증하여야 하는 것은 아니다(대법원 2004. 2. 27. 선고 2001다53387 판결).

(관련판례 2)

「민법」 제1019조 제3항은, " 제1항의 규정에 불구하고 상속인은 상속채무가 상속재산을 초과하는 사실을 중대한 과실 없이 제1항의 기간 내에 알지 못하고 단순승인(제1026조 제1호 및 제2호의 규정에 의하여 단순승인한 것으로 보는 경우를 포함한다.)을 한 경우에는 그 사실을 안 날부터 3월 내에 한정승인을 할 수 있다."고 규정하고 있고, 「민법」 부칙(2002. 1. 14.) 제3항은, "1998년 5월 27일부터 이 법 시행전까지 상속개시가 있음을 안 자 중 상속채무가 상속재산을 초과하는 사실을 중대한 과실 없이 제1019조 제1항의 기간 내에 알지 못하다가 이 법 시행 전에 그 사실을 알고도 한정승인 신고를 하지 아니한 자는 이 법 시행일부터 3월 내에 제1019조 제3항의 개정규정에 의한 한정승인을 할 수 있다."고 규정하고 있는바, 상속인이 상속채무가 상속재산을 초과하는 사실을 중대한 과실 없이 「민법」 제1019조 제1항의 기간 내에 알지 못하였다는 점은 위 법 규정에 따라 한정승인을 할 수 있는 요건으로서 그 입증책임은 채무자인 피상속인의 상속인에게 있다(대법원 2003. 9. 26. 선고 2003다30517 판결).

(관련판례 3)

미성년자가 책임능력이 있어 그 스스로 불법행위책임을 지는 경우에도 그 손해가 당해 미성년자의 감독의무자의 의무위반과 상당인과관계가 있으면 감독의무자는 일반불법행위자로서 손해배상책임이 있다 할 것이지만, 이 경우에 그러한 감독의무위반사실 및 손해발생과의 상당인과관계의 존재는 이를 주장하는 자가 입증하여야 한다(대법원 2003. 3. 28. 선고 2003다5061 판결).

(관련판례 4)

융통어음의 발행자는 피융통자로부터 그 어음을 양수한 제3자에 대하여는 선의이거나 악의이거나, 또한 그 취득이 기한 후 배서에 의한 것이라 하더라도 대가 없이 발행된 융통어음이라는 항변으로 대항할 수 없으나, 피융통자에 대하여는 어음상의 책임을 부담하지 아니한다 할 것이고, 약속어음금 청구에 있어 어음의 발행인이 그 어음이 융통어음이므로 피융통자에 대하여 어음상의 책임을 부담하지 아니한다고 항변하는 경우 융통어음이라는 점에 대한 입증책임은 어음의 발행자가 부담한다(대법원 2001. 8. 24. 선고 2001다28176 판결).

(관련판례 5)

채무자가 자기의 유일한 재산인 부동산을 매각하여 소비하기 쉬운 금전으로 바꾸거나 타인에게 무상으로 이전하여 주는 행위는 특별한 사정이 없는 한 채권자에 대하여 사해행위가 된다고 볼 것이므로 채무자의 사해의 의사는 추정되는 것이고, 이를 매수하거나 이전 받은 자가 악의가 없었다는 입증책임은 수익자에게 있다(대법원 2001. 4. 24. 선고 2000다41875 판결).

(관련판례 6)

이혼에 따른 재산분할은 혼인중 쌍방의 협력으로 형성된 공동재산의 청산이라는 성격에 상대방에 대한 부양적 성격이 가미된 제도임에 비추어, 이미 채무초과 상태에 있는 채무자가 이혼을 하면서 배우자에게 재산분할로 일정한 재산을 양도함으로써 결과적으로 일반 채권자에 대한 공동담보를 감소시키는 결과로 되어도, 그 재산분할이 「민법」 제839조의2 제2항의 규정 취지에 따른 상당한 정도를 벗어나는 과대한 것이라고 인정할 만한 특별한 사정이 없는 한, 사해행위로서 취소되어야 할 것은 아니라고 할 것이고, 다만 상당한 정도를 벗어나는 초과부분에 대하여는 적법한 재산분할이라고 할 수 없기 때문에 이는 사해행위에 해당하여 취소의 대상으로 될 수 있을 것이고, 위와 같이 상당한 정도를 벗어나는 과대한 재산분할이라고 볼 만한 특별한 사정이 있다는 점에 관한 입증책임은 채권자에게 있다고 보아야 할 것이다(대법원 2001. 2. 9. 선고 2000다63516 판결).

(관련판례 7)

의료행위에 있어서의 잘못을 원인으로 한 불법행위책임이 성립하기 위하여서도 일반적인 경우와 마찬가지로 의료상의 주의의무 위반과 손해의 발생이 있고 그 사이에 인과관계가 있어야 하므로, 환자가 진료를 받는 과정에서 손해가 발생하였다면 의료행위의 특수성을 감안하더라도 먼저 환자측에서 일반인의 상식에 바탕을 두고 일련의 의료행위 과정에 의료상의 과실 있는 행위가 있었고 그 행위와 손해의 발생 사이에 다른 원인이 개재되지 않았다는 점을 입증하여야 한다(대법원 1999. 4. 13. 선고 98다9915 판결).

5. 준비서면

5-1. 개념

'준비서면'이란 당사자가 변론에서 하고자 하는 진술사항을 기일 전에 예고적으로 기재해 법원에 제출하는 서면을 말합니다.

5-2. 준비서면 작성례

준 비 서 면

사 건 20○○가합○○○○○ 대여금
원 고 ○○○
피 고 ◇◇◇

위 사건에 관하여 원고는 다음과 같이 변론을 준비합니다.

다 음

1. 사실관계의 정리

가. 대여금 액수에 대하여

피고는 ○○구 ○○동에서 '○횟집'을 운영하였습니다. 그러던 중, 피고는 원고로부터 19○○년경 금 2,500만원, 19○○년경 금 3,500만원 합계 금 6,000만원을 빌렸습니다.

나. 다툼 없는 사실의 정리

피고는 19○○년경 금 2,500만원을 빌렸다는 것을 인정하고 있으나, 19○○년경 금 3,500만원을 빌렸다는 사실은 이를 부인하고 있으며, 피고가 오히려 원고에게 금 80,919,000원을 원금과 이자 조로 변제하였다고 주장하고 있습니다.

다. 따라서 이 사건의 쟁점은 피고가 19○○년경 금 3,500만원을 빌린 사실이 있는지, 피고가 원고에게 이자 및 원금의 상환조로 준 돈이 얼마인지라고 하겠습니다.

2. 금 3,500만원의 대여여부에 관하여

가. 피고의 주장

피고는 원고가 19○○년경 위 횟집의 전세보증금으로 투자한 금 2,800만원과 권리금 1,000만원을 합한 금액에서 금 300만원을 뺀 금 3,500만원에 이 사건 횟집을 인수하기로 피고와 합의하였으나 이를 이행하지 않았으므로, 결과적으로 피고는 채무를 지지 않고 있다는 것입니다.

나. 피고 주장의 부당성

원고는 피고가 먼저 빌려간 금 2,500만원의 원금은커녕 이자의 지급마저 게을리 하고 있자, 이를 독촉하던 차에 피고가 자신에게 금 3,500만원을 추가로 빌려준다면 소외 ◉◉◉에게 들고 있던 계금 5,400만원의 명의를 원고에게 이전시켜 주겠다고 기망하였습니다. 이에 원고는 소외 ◉◉◉로부터 피고가 위 계원으로 있는지 확인(수사기록 78면, 진술조서)을 하였고, 기존에 빌려주었던 금 2,500만원까지 확보하겠다는 욕심에 친구로부터 금 4,000만원을 차용하여 피고에게 금 3,500만원을 빌려 주었던 것입니다.

그러나 피고는 위 계금을 성실히 납부하지 않았고 원고는 빌려준 금 3,500만원을 위 계금으로 충당하지 못하게 된 것입니다.

3. 피고가 이자 및 원금상당의 금원을 변제하였는지

가. 피고의 주장

피고는 19○○. ○.경부터 19○○. ○.경까지 총액 금 80,919,000원을 갚았고 이것으로 이자뿐만이 아니라 원금까지 변제되었다고 주장하고 있습니다.

나. 피고 주장의 부당성

그러나 피고는 증거로 장부를 제출하고도 도대체 어느 부분이 피고의 주장 사실에 부합하는지 특정도 하지 않았으며, 게다가 위 장부와 사실확인서는 객관성도 없습니다.

원고는 총액 금 1,500여만원 정도를 피고로부터 받은 사실은 있으나 이는 어디까지나 이자조로 받은 것이지 원금이 상환된 것도 아닙니다. 이것은 각서상으로도 분명히 인정되고 있습니다.

4. 결 론

결국 피고의 주장은 어느 것도 이를 인정할 만한 정도로 입증되지 않은 허위의 진술에 지나지 않습니다. 오히려 원고는 금 6,000만원이나 되는 거금을 빌려주고도 6년이 지난 현재까지 원금은커녕 이자도 제대로 받지 못하였습니다. 특히 원고가 빌려준 금 3,500만원은 원고가 친구인 소외 ◎◎◎로부터 차용한 돈입니다. 원고는 친구의 빚 독촉에 못 이겨 동생 소외 ■■■의 집을 저당잡혀 위 돈을 변제한 상태이며(수사기록 45면, 금전소비대차약정서), 생활고로 하루 하루 어려운 생활을 하던 중 자살까지 기도하였습니다. 따라서 원고의 권리회복을 위해 조속히 원고의 청구를 인용하여 주시기 바랍니다.

20○○. ○. ○.

위 원고 ○○○ (서명 또는 날인)

○○지방법원 제○○민사부 귀중

5-3. 기재사항

① 준비서면에는 다음의 사항을 적고, 당사자 또는 대리인이 기명날인 또는 서명해야 합니다(민사소송법 제274조 제1항 및 제2항).

1. 당사자의 성명·명칭 또는 상호와 주소
2. 대리인의 성명과 주소
3. 사건의 표시
4. 공격 또는 방어의 방법: 주장을 증명하기 위한 증거방법
5. 상대방의 청구와 공격 또는 방어의 방법에 대한 진술: 상대방의 증거방법에 대한 의견 기재
6. 덧붙인 서류의 표시
7. 작성한 날짜
8. 법원의 표시

② 첨부서류

㉮ 당사자가 가지고 있는 문서로서 준비서면에 인용한 것은 그 등본 또는 사본을 붙여야 합니다(민사소송법 제275조 제1항).

㉯ 문서의 일부가 필요한 경우에는 그 부분에 대한 초본을 붙이고, 문서가 많을 때에는 그 문서를 표시하면 됩니다(민사소송법 제275조 제2항).

㉰ 첨부서류는 상대방이 요구하면 그 원본을 보여주어야 합니다(민사소송법 제275조 제3항).

㉱ 외국어로 작성된 문서에는 번역문을 붙여야 합니다(민사소송법 제277조).

③ 준비서면의 분량

㉮ 준비서면의 분량은 30쪽을 넘어서는 안 됩니다(민사소송규칙 제69조의4 제1항 본문).

㉯ 재판장 등은 위를 어긴 당사자에게 해당 준비서면을 30쪽 이내로 제출하도록 할 수 있습니다(민사소송규칙 제69조의4 제2항). 다만, 재판장 등이 당사자와 준비서면의 분량에 관한 합의가 이루어진 경우에는 그렇지 않습니다(민사소송규칙 제69조의4 제1항 단서 및 제70조 제4항).

㉰ 준비서면에는 소장, 답변서 또는 앞서 제출한 준비서면과 중복·유사한 내용을 불필요하게 반복 기재해서는 안 됩니다(민사소송규칙 제69조의4 제3항).

5-4. 제출

① 새로운 공격방어방법을 포함한 준비서면은 변론기일 또는 변론준비기일의 7일 전까지 상대방에게 송달될 수 있도록 적당한 시기에 제출해야 합니다(민사소송법 제273조 및 민사소송규칙 제69조의3). 법원은 상대방에게 그 부본을 송달합니다(민사소송법 제273조).

② 요약준비서면

㉮ 재판장은 당사자의 공격방어방법의 요지를 파악하기 어렵다고 인정하는 경우 변론을 종결하기에 앞서 당사자에게 쟁점과 증거의 정리 결과를 요약한 준비서면을 제출하도록 할 수 있습니다(민사소송법 제278조).

㉯ 위에 따른 요약준비서면을 작성할 때에는 특정 부분을 참조하는 뜻을 적는 방법으로 소장, 답변서 또는 앞서 제출한 준비서면의 전부 또는 일부를 인용해서는 안 됩니다(민사소송규칙 제69조의5).

5-5. 준비서면의 기재 효과

① 준비서면에 기재하지 않은 사실은 상대방이 출석해야 변론에서 주장할 수 있습니다(민사소송법 제276조 본문).

② 다만, 서면으로 변론을 준비하지 않는 단독사건의 경우에는 상대방이 출석하지 않아도 변론에서 주장할 수 있습니다
(민사소송법 제276조 단서).

5-6. 각종 준비서면 작성례

① 준비서면(보험금, 피고)

준 비 서 면

사 건 20○○가단○○○○ 보험금
원 고 ○○농업협동조합
피 고 ◇◇보증보험(주)

위 사건에 관하여 피고는 다음과 같이 변론을 준비합니다.

다 음

1. 원고의 주장
원고는 원고와 피고 사이에 체결된 20○○. ○. ○.자 이행(지급)보증보험계약에 근거하여 이 사건 보험금을 청구한다는 취지입니다.
2. 원고의 주장에 대한 검토
가. 이 사건 보증보험계약의 체결
20○○. ○. ○. 원고와 피고는 소외 ■■산업 ■■■의 원고에 대한 "외상물품대금"을 지급보증하기로 하는 보증보험계약을 보험기간을 20○○. ○. ○.부터 20○○. ○○. ○.로 하여 체결한 바 있습니다.(갑 제2호증의 1 참조.)
나. 보증보험약관의 규정
위 보증보험보통약관 제1조(보상하는 손해)의 규정에 의하면 피고는 채무자인 보험계약자가 보험증권에 기재된 계약(다음부터 주계약이라 함)에서 정한 채무(이행기일이 보험기간 안에 있는 채무에 한함)를 이행하지 아니함으로써 채권자(다음부터 '피보험자'라 함)가 입은 손해를 보험증권에 기재된 사항과 위 약관에 따라 보상하기로 되어 있습니다.
다. 일부채권의 이행기일이 보험기간을 도과함
1) 그런데 원고 제출의 갑 제7호증의 1(판매 미수금원장) 중 제3매째 미수금원장 기재를 보면 상환기일이 위에서 본 보험기간 만료일인 20○○. ○○. ○. 후로 된 부분이 있어 이는 이행기일이 보험기간을 넘어섰기 때문에 위 약관규정에 따라 피고는 보험금을 지급할 의무가 없습니다.
2) 이에 대하여 원고측 증인 ◎◎◎도 무이자 외상기간 30일을 인정한 것으로 증언하여 위 백미대금의 이행기일이 보험기간을 넘어선 것임이 명백합니다.
3. 결론
따라서 원고의 청구는 이유 없으므로 기각되어 마땅합니다.

20○○. ○. ○.
위 피고인 ◇◇보증보험(주)
대표이사 ◈◈◈ (서명 또는 날인)

○○지방법원 제○○민사단독 귀중

■ 참 고 ■

제출법원	본안소송 계속법원	제출기간	제소 후 변론종결 전까지
제출부수	준비서면 1부 및 상대방 수만큼의 부본 제출	제출의무	지방법원 합의부와 그 이상의 상급 법원에서는 반드시 준비서면을 제출하여 변론을 준비하여야 함(민사소송법 제272조 제2항).
의 의	준비서면이란 당사자가 변론에서 하고자 하는 진술사항을 기일 전에 예고적으로 기재하여 법원에 제출하는 서면을 말함.		
기재사항	<민사소송법 제274조 제1항에 법정되어 있음> 1. 당사자의 성명.명칭 또는 상호와 주소 2. 대리인의 성명과 주소 3. 사건의 표시 4. 공격 또는 방어의 방법 5. 상대방의 청구와 공격 또는 방어의 방법에 대한 진술 6. 덧붙인 서류의 표시 7. 작성한 날짜 8. 법원의 표시		
효 과	자백간주이익(민사소송법 제150조 제1항), 진술의제의 이익(민사소송법 제148조 제1항), 실권효의 배제(민사소송법 제285조 제3항), 소의 취하 동의권(민사소송법 제266조 제2항)		

② 준비서면(대여금, 원고)

준 비 서 면

사 건 20○○가합○○○○○ 대여금
원 고 ○○○
피 고 ◇◇◇

위 사건에 관하여 원고는 다음과 같이 변론을 준비합니다.

다 음

1. 사실관계의 정리

가. 대여금 액수에 대하여

피고는 ○○구 ○○동에서 '○횟집'을 운영하였습니다. 그러던 중, 피고는 원고로부터 19○○년경 금 2,500만원, 19○○년경 금 3,500만원 합계 금 6,000만원을 빌렸습니다.

나. 다툼 없는 사실의 정리

피고는 19○○년경 금 2,500만원을 빌렸다는 것을 인정하고 있으나, 19○○년경 금 3,500만원을 빌렸다는 사실은 이를 부인하고 있으며, 피고가 오히려 원고에게 금 80,919,000원을 원금과 이자 조로 변제하였다고 주장하고 있습니다.

다. 따라서 이 사건의 쟁점은 피고가 19○○년경 금 3,500만원을 빌린 사실이 있는지, 피고가 원고에게 이자 및 원금의 상환조로 준 돈이 얼마인지라고 하겠습니다.

2. 금 3,500만원의 대여여부에 관하여

가. 피고의 주장

피고는 원고가 19○○년경 위 횟집의 전세보증금으로 투자한 금 2,800만원과 권리금 1,000만원을 합한 금액에서 금 300만원을 뺀 금 3,500만원에 이 사건 횟집을 인수하기로 피고와 합의하였으나 이를 이행하지 않았으므로, 결과적으로 피고는 채무를 지지 않고 있다는 것입니다.

나. 피고 주장의 부당성

원고는 피고가 먼저 빌려간 금 2,500만원의 원금은커녕 이자의 지급마저 게을리 하고 있자, 이를 독촉하던 차에 피고가 자신에게 금 3,500만원을 추가로 빌려준다면 소외 ◉◉◉에게 들고 있던 계금 5,400만원의 명의를 원고에게 이전시켜 주겠다고 기망하였습니다. 이에 원고는 소외 ◉◉◉로부터 피고가 위 계원으로 있는지 확인(수사기록 78면, 진술조서)을 하였고, 기존에 빌려주었던 금 2,500만원까지 확보하겠다는 욕심에 친구로부터 금 4,000만원을 차용하여 피고에게 금 3,500만원을 빌려 주었던 것입니다.

그러나 피고는 위 계금을 성실히 납부하지 않았고 원고는 빌려준 금 3,500만원을 위 계금으로 충당하지 못하게 된 것입니다.

3. 피고가 이자 및 원금상당의 금원을 변제하였는지

가. 피고의 주장

피고는 19○○. ○.경부터 19○○. ○.경까지 총액 금 80,919,000원을 갚았고 이것으로 이자뿐만이 아니라 원금까지 변제되었다고 주장하고 있습니다.

나. 피고 주장의 부당성

그러나 피고는 증거로 장부를 제출하고도 도대체 어느 부분이 피고의 주장사실에 부합하는지 특정도 하지 않았으며, 게다가 위 장부와 사실확인서는 객관성도 없습니다.

원고는 총액 금 1,500여만원 정도를 피고로부터 받은 사실은 있으나 이는 어디까지나 이자조로 받은 것이지 원금이 상환된 것도 아닙니다. 이것은 각서상으로도 분명히 인정되고 있습니다.

4. 결론

결국 피고의 주장은 어느 것도 이를 인정할 만한 정도로 입증되지 않은 허위의 진술에 지나지 않습니다. 오히려 원고는 금 6,000만원이나 되는 거금을 빌려주고도 6년이 지난 현재까지 원금은커녕 이자도 제대로 받지 못하였습니다. 특히 원고가 빌려준 금 3,500만원은 원고가 친구인 소외 ◎◎◎로부터 차용한 돈입니다. 원고는 친구의 빚 독촉에 못 이겨 동생 소외 ▣▣▣의 집을 저당 잡혀 위 돈을 변제한 상태이며(수사기록 45면, 금전소비대차약정서), 생활고로 하루 하루 어려운 생활을 하던 중 자살까지 기도하였습니다. 따라서 원고의 권리회복을 위해 조속히 원고의 청구를 인용하여 주시기 바랍니다.

20○○. ○. ○.

위 원고 ○○○ (서명 또는 날인)

○○지방법원 제○○민사부 귀중

③ 준비서면(임차보증금반환, 원고)

준 비 서 면

사 건 20○○가합○○○○ 임차보증금반환
원 고 ○○○
피 고 ◇◇◇

위 사건에 관하여 원고는 다음과 같이 변론을 준비합니다.

다 음

1. 피고 주장에 대한 답변
가. 피고는 원고가 이 사건 주택을 피고로부터 임차한 것이 아니라 이 사건 주택에 대해여 아무런 권한이 없는 소외 ◉◉◉와 사이에 임대차계약을 체결하였으므로 피고는 원고의 임차보증금반환청구에 응할 수 없다고 합니다.
나. 그러나 원래 피고는 19○○. ○. ○. 소외 ◉◉◉에게 금 504,000,000원에 이 사건 주택이 포함된 연립주택(○○빌라) 건물의 신축공사를 도급하였는바, 그 공사가 완공된 뒤에도 그 공사대금 중 금 273,537,400원을 지급하지 못하게 되자 20○○. ○. ○. 위 연립주택 중 제101호(이 사건 주택)와 제102호에 대하여 소외 ◉◉◉에게 피고를 대리하여 이를 분양하거나 임대할 권리를 부여하고 그 분양대금으로 공사비에 충당하기로 약정하였던 것인데, 원고는 소외 ◉◉◉와 사이에 이 사건 주택에 대하여 20○○. ○. ○. 임대차기간 2년, 임대차보증금은 금 ○○○원으로 하는 임대차계약을 체결하고 그 임대보증금을 완불한 뒤 20○○. ○. ○.에 이 사건 주택에 입주하고 있는 것입니다.
2. 표현대리
가. 설사 소외 ◉◉◉에게 피고를 대리하여 이 사건 주택을 매각할 권리만 있을 뿐이고 이를 임대할 대리권이 없다고 하더라도 ①소외 ◉◉◉에게 기본대리권이 존재하고, ②상대방으로서는 대리인에게 대리권이 있다고 믿고 또한 그렇게 믿을 만한 정당한 이유가 있는 경우라면 민법 제126조 표현대리가 성립되어 이 사건 임대차계약의 효력은 피고에게 미친다고 할 것입니다.
나. 즉, 피고는 소외 ◉◉◉에게 이 사건 주택의 분양대리권을 준 것이고 분양대리권에는 당연히 임대할 대리권도 포함하는 것이 일반적이라고 할 것인바, 피고는 소외 ◉◉◉에게 분양권을 주는 각서를 만들어 교부하였고 소외 ◉◉◉는 자신에게 임대할 권리가 있다고 말하였는바, 위 인증서를 확인한 원고로서는 소외 ◉◉◉에게 이 사건 주택을 임대할 대리권이 있다고 믿음에 아무런 과실이 없다고 할 것인즉, 소외 ◉◉◉의 대리행위가 설사 무권대리라고 할지라도 권한을 넘는 표현대리로서 유효하다고 할 것입니다.

20○○. ○. ○.
위 원고 ○○○ (서명 또는 날인)

○○지방법원 제○민사부 귀중

④ 준비서면(건물인도, 피고)

준 비 서 면

사 건 20○○가단○○○○ 건물인도
원 고 ○○○
피 고 ◇◇◇

위 사건에 관하여 피고는 다음과 같이 변론을 준비합니다.

다 음

1. 주식회사■■가 이 사건 부동산을 취득하기까지의 과정

이 사건 부동산은 소외 망 ◈◈◈(피고의 아버지)의 소유였던 것으로 소외 망 ◈◈◈는 20○○.경 사업이 어려워져 소외 ◎◎보증보험주식회사, 소외 ◎◎상호저축은행 등에 상당한 부채를 지게 되었습니다. 그러다가 소외 ◎◎보증보험주식회사가 근저당권실행을 위한 경매신청을 하자 소외 망 ◈◈◈는 이 사건 부동산의 피담보채권액이 너무 많다고 판단하여 이 사건 부동산을 포기하고 경매절차에 넘어가는 것을 내버려두게 되었습니다.

때마침 소외 망 ◈◈◈의 동서이자 주식회사■■(다음부터 소외회사라고 함)의 대표이사인 소외 ■■■는 사업상의 이유로 부동산의 매수가 필요하게 되었습니다. 즉, 사업을 운영하는 데 필요한 자금을 은행 등으로부터 차용하는데 제공할 담보가 필요하였던 것이며 주거래은행인 소외 ◉◉은행에서 이를 적극 권유하며 소외 ■■■가 부동산을 매수할 경우 매수자금의 대여를 약속하였던 것입니다.

따라서 위와 같은 경매소식을 들은 소외 ■■■는 소외 망 ◈◈◈와 협의하여 이 사건 부동산을 소외회사가 매수하기로 하되, 소외 ■■■는 이 사건 부동산에 거주할 이유가 없으므로 소외 망 ◈◈◈의 가족의 편의를 위하여 그들이 계속 거주할 수 있도록 이 사건 부동산을 피고에게 비교적 저렴한 가격에 임대하기로 하였던 것입니다.

그리하여 피고는 20○○. ○. ○. 소외회사가 경매절차의 매수인이 되자, 이 사건 부동산을 임차하기로 확정하고 20○○. ○. ○○. 계약을 체결하고 계약서를 작성하였으며 당일 계약금으로 금 15,000,000원을 지급하였습니다. 이와 같이 임차보증금을 일부 지급한 이유는 소외회사가 경매절차에서 매수하여 별 문제가 없으면 소유권자가 될 것이지만, 만약의 경우를 대비하여 소외회사 명의로 등기가 될 때까지 기다린 것입니다. 결국 소외회사는 20○○. ○○. ○. 매각대금을 완납하여 이 사건 부동산의 소유권자가 되었고, 피고는 위 사실을 확인한 뒤 잔금 35,000,000원을 지급하였습니다.

2. 임차보증금의 수수에 관하여

위와 같이 피고는 소외회사로부터 이 사건 부동산을 임차한 것인바, 원고는 피고가 소외회사의 대표이사인 소외 ▣▣▣와 친척관계에 있다는 이유만으로 위 임대차계약이 허위라고 주장하고 있습니다. 원고주장의 요지는 결국 위 경매 당시 비교적 어린 나이였던 피고에게 위 임대차보증금을 지급할 만한 자력이 있었는가 하는 것과 20○○. ○○.경 ◉◉은행소속 직원인 소외 □□□이 임대차관계를 조사하러 왔을 때 피고의 어머니가 임대차관계가 없다는 확인서를 작성하여 주었다는 것인바, 우선 피고의 자력에 대하여 살펴보도록 하겠습니다.
물론 27세에 불과한 청년이 금 50,000,000원이라는 거금을 가지고 있었다는 사실은 사회적으로 볼 때 흔한 일은 아니라고 볼 수 있습니다. 그러나 이는 피고에게는 아버지인 소외 망 ◈◈◈가 있었다는 매우 당연하고도 간단한 사실만 고려한다면 충분히 이해가 갈 수 있는 것입니다. 피고의 아버지인 소외 망 ◈◈◈는 소외 ◎◎기업과 소외 ◎◎산업이라는 두 회사를 가지고 있었으며 소외 ◎◎산업의 대표이사로는 아들인 피고를 취임시킨 것입니다. 따라서 피고는 자연히 한 회사를 운영하는 재력가가 될 수 있었으며, 실제 이 사건 부동산의 임차보증금을 지급할 자력이 없었던 것은 아니었습니다. 원고측은 소외 망 ◈◈◈가 소외 ◎◎보증보험주식회사에 금 1,000여 만원을 변제하지 못하여 이 사건 부동산이 경매에 넘어간 상황에서 금 5,000만원이라는 금액을 소유할 수는 없던 것이라는 취지의 주장을 하고 있으나, 전술했던 바와 같이 이 사건 부동산에는 소외 ◎◎상호저축은행에 채권최고액 금 1억 8,000만원의 근저당권 등이 설정되어 있어 소외 망 ◈◈◈으로서는 차라리 이 사건 부동산을 포기하는 것이 나을 것이라는 판단을 내리게 된 것이고, 금 1,000여 만원도 없어 이 사건 부동산이 경매에 넘어가는 것을 지켜볼 수밖에 없었던 것이 아닙니다. 원고측은 경매를 신청한 소외 ◎◎보증보험주식회사의 청구금액이 금 1,000여 만원이라는 이유만으로 마치 금 1,000만원만 있었으면 이 사건 부동산이 경매에 넘어가지 않았을 것인데 그 금액도 없어 경매절차가 진행된 것이므로 금 5,000만원의 임차보증금이 있다는 것은 이해할 수 없는 것이라는 것처럼 주장하나 이는 사실관계를 오도하는 것에 불과하며, 사업체를 운영하는 소외 망 ◈◈◈으로서는 당시 사업이 어려워지고 있던 상태였으므로 만약을 위해 전세라도 얻을 만한 돈을 확보하여 놓을 수밖에 없었고, 그 돈을 피고가 관리하고 있었던 것입니다. 소외 망 ◈◈◈가 자신의 채무를 다 변제하지 못한 상황에서 위와 같이 돈을 빼돌린 것은 도덕적으로는 비난받을 만한 것이지만 실제로 사업이 부도날 위기에 처한 사람들이 이와 같이 적은 금액을 빼돌리는 것은 사회적으로 빈발하는 일인바, 이 사건에 있어서도 피고가 위 임차보증금정도를 확보하고 있던 것은 어찌 보면 너무도 당연한 것이라 할 수 있습니다. 또한 이 사건 부동산의 당시 임대시가는 금 7,000만원 정도였던 바, 만약 피고가 정말로 임대차계약서를 허위로 작성하여 그 금액을 편취하려 한 것이라면 그보다 훨씬 적은 금액인 금 5,000만원을 임대차보증금으로 할 이유는 전혀 없으며 이 또한 피고의 주장을 뒷받침한다 할 것입니다.

3. 임대차관계확인서에 관하여

원고측은 임대차관계확인서를 근거로 피고측이 허위로 이 사건 부동산의 임대차계약을 체결한 것이라고 하고 있습니다. 그러나 위 확인서는 소외 □□□가 20○○. ○○. ○.경 피고의 어머니 소외 ◆◆◆가 혼자 집에 있는 것을 기화로 임의로 작성한 것입니다.

통상 금융기관의 임대차관계조사는 대출 및 근저당설정 이전에 이루어지고 있습니다. 그래야만 임차보증금을 고려하여 대출금을 결정할 수 있기 때문입니다. 그러나 소외 □□□는 임대차관계조사를 누락하였고, 결국 임차인이 없는 것을 전제하여 20○○. ○○. ○. 이 사건 부동산에 관하여 근저당설정등기가 이루어지자 뒤늦게 자신의 실수를 깨달은 것입니다. 따라서 소외 □□□는 위 실수를 만회하기 위하여 이보다 뒤인 20○○. ○○. ○○.에 노인인 소외 ◆◆◆가 혼자 집에 있는 시간인 한낮에 방문하여 소외 ◆◆◆에게 확인서를 들이밀고 "여기 산다는 내용이니 도장 좀 찍어달라"고 하여 소외 ◆◆◆로 하여금 날인하도록 하였습니다. 소외 ◆◆◆는 시각장애인으로서 글씨를 눈앞에 들이대도 잘 읽지 못하는바, 소외 □□□의 말만 믿고 날인하여 주었습니다. 따라서 위 임대차관계확인서는 허위로 작성된 것으로 신빙할 수 없는 것이라 할 것입니다.

4. 결론

결국 원고측의 주장을 입증할 수 있는 자료로는 위 임대차관계확인서와 소외 망 ◈◈◈에게 채무가 많았다는 사실 정도가 있을 뿐입니다. 그러나 소극적 재산이 많다는 사실은 적극적 재산 또한 전혀 없다는 사실로 반드시 이어지는 것은 아니며 임대차관계확인서 또한 위와 같은 과정을 거쳐 작성된 것인바, 확정일자까지 받은 이 사건 부동산의 임대차계약서의 증명력을 깨뜨릴 수는 없다 할 것이며, 결국 이 사건 부동산의 임대차계약은 유효하여 피고는 임차보증금을 반환 받기 전에는 이 사건 부동산을 인도 할 의무가 없다고 할 것입니다.

20○○. ○. ○.

위 피고 ◇◇◇ (서명 또는 날인)

○○지방법원 제○○민사단독 귀중

⑤ 준비서면{손해배상(자), 원고}

준 비 서 면

사　　건　20○○가단○○○○ 손해배상(자)
원　　고　황○○ 외 2
피　　고　◇◇화재해상보험주식회사

위 사건에 관하여 원고들은 다음과 같이 변론을 준비합니다.

다　　음

1. 원고 황○○의 과실이라고 주장하는 부분에 관하여
   피고는 '이 사건 교통사고에서 택시운전자 소외 김◈◈를 비롯하여 원고와 같이 택시에 승차하였던 소외 이◉◉, 소외 박◉◉ 등은 경미한 부상을 입은 점, 피해차량의 파손부분 등 대물손해가 손해인 점에도 불구하고 원고 황○○는 전치 4주간의 요추부 등의 수핵탈출증의 중상해를 입은 점에 비추어 볼 때 그 스스로의 안전을 게을리 하였다고 추정된다 할 것'이라고 주장하며 원고 황○○의 과실비율은 20%를 상회한다는 취지로 주장합니다.
   황○○의 전치 4주의 상해에 비해 소외 이◉◉의 전치 3주의 상해(갑 제7호증의 4 범죄인지보고 참조)가 도대체 어떠한 근거에서 경미한 부상이라고 주장하는지, 그리고 금 426,690원의 차량손괴가 어떠한 근거에서 소액이라는 것인지를 알 수 없다는 사실은 차치 하더라도, 피고의 위와 같은 주장은 탑승위치에 따라서 그 부상의 정도가 크게 차이가 날 수 있다는 사실을 알지 못하고, 만연이 원고 황○○의 상해정도가 다른 탑승인에 비해 심하다는 사실로부터 원고 황○○에게도 과실이 있다는 식으로 추론을 하여 버림으로서 그 추론에 있어서 논리적 과오를 범하고 있는 것입니다.
2. 손익공제 주장에 관하여
   피고는 원고 황○○의 치료비로 ○○병원 등에 합계 금 13,848,270원을 지급하였으므로 이를 공제하여야 한다고 주장합니다.
   그러나 원고들은 그 치료비의 청구에 있어서 피고가 이미 지급한 치료비를 공제하고 원고들 자신이 지급한 치료비만을 청구하고 있으므로 피고의 위 주장은 이유 없는 주장이라 할 것입니다.

20○○. ○. ○.
위　원고　1. 황○○ (서명 또는 날인)
　　　　　2. 정○○ (서명 또는 날인)
　　　　　3. 황①○ (서명 또는 날인)

○○지방법원 제○○민사단독　귀중

⑥ 준비서면(계약금 등 반환, 원고)

준 비 서 면

사 건 20○○가단○○○○ 계약금 등 반환
원 고 ○○○
피 고 ◇◇◇

위 사건에 관하여 원고는 다음과 같이 변론을 준비합니다.

다 음

1. 중도금수령거절
피고는 원고가 중도금을 약정한 시기에 지급하지 아니하므로 계약해제 할 수밖에 없었다고 주장하나 이는 사실이 아닙니다.
원고와 피고는 20○○. ○. ○. 피고 소유의 ○○시 ○○동 ○○ 대 166㎡ 및 지상 주택을 대금 1억 2,000만원에 매매하기로 계약하고, 원고는 같은 날 피고에게 계약금 1,000만원을 지급하였고 같은 해 ○. ○○. 약속대로 피고의 집을 방문하여 중도금 5,000만원을 지급하려고 하였으나 집이 비어있는 관계로 중도금을 지급하지 못하였고, 피고의 처 소외 ◈◈◈가 운영하는 같은 동 소재 ○○갈비집으로 찾아가 중도금의 지급의사를 밝혔으나 피고의 처 소외 ◈◈◈는 피고가 중도금을 수령하지 말라고 했다면서 수령을 거부하였습니다.
2. 계약금의 반환
피고는 20○○. ○○. ○. 원고에게 전화로 부동산가격이 올랐으므로 매매가격을 조정할 것을 요청하였으며, 원고가 이에 대한 거부의사를 표시하자 원고가 중도금을 제때 지급하지 아니한다는 이유로 20○○. ○○. ○○. 계약금 중 금 500만원을 반환하며 계약해제의 의사표시를 하였습니다.
3. 위약금의 지급책임
이 사건 매매계약해제의 원인이 원고가 중도금을 약정된 시기에 지급하지 아니하였기 때문이라는 피고의 주장은 사실과 다르므로 부인합니다. 피고는 원고와는 무관하게 일방적으로 부동산가격의 상승을 이유로 중도금의 수령을 거부하고 계약해제통지를 하였으므로 피고가 이 사건 부동산매매계약의 해제로 인한 위약의 책임을 부담하여야 하며 위약의 책임범위는 피고가 지급 받은 계약금 1,000만원 중 원고에게 반환하지 아니한 금 500만원 이외에도 계약서상 명시된 대로 매도인이 계약해제한 경우에 지급하기로 되어있는 계약금에 해당하는 금 1,000만원을 위약금으로 추가 지급하여야 할 것입니다

20○○. ○. ○.
위 원고 ○○○ (서명 또는 날인)

○○지방법원 제○민사단독 귀중

⑦ 준비서면(건물인도, 피고)

준 비 서 면

사 건 20○○가단○○○○ 건물인도
원 고 ○○○
피 고 ◇◇◇

위 사건에 관하여 피고는 다음과 같이 변론을 준비합니다.

다 음

1. 이 사건의 쟁점
원고가 이 사건 건물의 인도를 구하는 이 사건에서 피고가 점유하고 있는 임대차목적물의 용도가 주거용인지 비주거용인지가 쟁점이라 할 것입니다.

2. 피고는 이 사건 임대차목적물을 주거용으로 사용하고 있습니다.
가. 피고가 이 사건 임대차목적물을 임차한 목적
피고는 19○○. ○. ○. 당시 이 사건 건물의 소유자였던 소외 이◉◉와 이 사건 임대차목적물에 관하여 임대차계약을 체결하였는바, 그 계약서상에 임차목적물이 '점포, 방'으로 기재되어 있을 뿐만 아니라 임대인은 준공검사 후 부엌을 해주기로 하는 약정이 있습니다{을 제1호증의 1(부동산전세계약서) 참조}. 위와 같은 약정은 이 사건 임대차목적물이 주거용으로 사용하기 위하여 임차된 것이라는 것을 입증하는 것이라 할 것입니다.
또한, 피고는 현재 이 사건 임대차목적물에서 문방구를 운영하고 있지만 위 문방구를 개업한 시기는 19○○. ○. ○.이고{을 제5호증(사업자등록증) 참조}, 피고가 이 사건 임대차목적물을 처음 임차한 시기는 19○○. ○. ○.입니다{을 제1호증의 1(부동산전세계약서) 참조}. 이는 피고가 문방구를 운영하기 위하여 이 사건 임대차목적물을 임차한 것이 아니고 위에서 본 바와 같이 주거용으로 사용하기 위하여 임차하였다가 부업으로 문방구를 운영하게 된 것이라는 것을 입증하는 것이라 할 것이므로, 피고가 현재 문방구를 운영하고 있다는 사실만으로 이 사건 임대차목적물이 주거용 건물이 아니라고 볼 수는 없을 것입니다.
나. 이 사건 건물의 공부상의 용도
이 사건 건물의 용도는 공부상 지층, 1층의 일부는 근린생활시설이고, 1층의 일부와 2층, 3층은 다가구주택으로 되어 있습니다{갑 제2호증(건축물대장등본) 참조}. 즉, 피고가 임차하고 있는 부분은 이 사건 건물의 1층 부분인바, 피고가 임차하고 있는 부분의 용도는 일부는 근린생활시설이고 일부는 다가구주택이라고 할 것이므로 공부상의 용도만을 보더라도 이 사건 건물의 전체적인 용도는 주거용이라 할 것이고 이 사건 임대차목적물은 단지 일반 상가로 사용되기 위하여 건축된 것이라고는 볼 수 없다 할 것입니다.

다. 이 사건 임대차목적물의 구조 및 이용관계

원고가 준비서면에 첨부한 현황측량도를 보면 이 사건 임대차목적물이 점포와 방만으로 구성되어 있는 것으로 되어 있으나, 실제로는 이 사건 임대차목적물의 방 뒷편으로는 주거생활에 필요한 부엌과 피고 가족이 사용하는 화장실이 설치되어 있을 뿐만 아니라 문방구로 사용하는 면적과 주거생활을 하는 방과 부엌을 합한 면적은 비슷합니다(증인 ◎◎◎의 증언 참조).

또한, 피고는 이 사건 임대차목적물 이외에는 다른 거처가 없어 그 곳에서 피고의 유일한 가족인 딸과 함께 주거생활을 영위한 지가 약 8년 정도 되었고 이 사건 임대차 목적물의 일부인 살림방에는 TV, 피고의 딸이 사용하는 학생용 책상, 장롱 등 일상생활에 필요한 가구들이 비치되어 있으며 피고의 딸도 이 사건 임대차목적물이 위치하고 있는 곳과 가까운 ○○초등학교에 다니고 있습니다(위 증인의 증언 참조).

라. 이 사건 건물의 주변상황

이 사건 건물의 주변상황은 노면을 따라 한산한 상권이 이루어져 있고 후면은 학교 및 주택지역이며{을 제7호증의 7(감정평가서) 참조}, 이 사건 건물이 위치하고 있는 지역의 용도는 일반주거지역{갑 제4호증(토지이용계획확인원) 참조}인 점에 비추어 보더라도 이 사건 임대차목적물이 주거용으로 사용되었음을 알 수 있을 것입니다.

마. 경매절차에서의 피고의 임대차관계에 대한 평가

이 사건 건물 및 대지는 귀원 20○○타경○○호 부동산경매사건으로 경매신청되어 감정가 금 278,195,000원으로 평가되었고 소외 ◈◈◈가 20○○. ○. ○. 금 195,550,000원에 매수하여 같은 날 원고에게 그 소유권을 이전해주었습니다.

이 사건 건물 및 대지에 관하여 경매절차가 진행될 당시 경매지에서는 피고를 이 사건 건물의 대항력 있는 임차인으로 평가하고 있고{을 제6호증의 1, 2(경매지 표지 및 내용) 참조}, 귀원에서 작성한 이해관계인표에서도 피고가 주민등록전입신고는 19○○. ○. ○.에, 확정일자는 19○○. ○. ○○.에 받아 피고에게 배당을 할 수는 없으나 대항력 있는 임차인에 해당한다는 표시를 하고 있습니다{을 제7호증의 9(이해관계인표) 참조}.

바. 원고가 제출한 참조판례에 관하여

원고는 원고의 주장을 뒷받침하기 위하여 대법원 1996. 3. 12. 선고 95다51953 판결을 참조판례로 제출하고 있는바, 위 판결의 사실관계는 임대차계약서상에 용도 다방, 유익비 청구 포기 등의 약정이 있고 위 사건의 임차인은 사건 건물에 항시 거주하였던 것이 아니었다는 것인바, 이는 이 사건의 사실관계와 현격히 다른 점이 있다 할 것이므로 이 사건에 적용할 만한 판례가 아니라 할 것입니다.

오히려 대법원 1988. 12. 27. 선고 87다카2024 판결에 의하면, 임차목적물의 용도가 공부상 근린생활시설 및 주택용 4층 건물이고 주거 및 상업 목적으로 사용하기 위하여 자녀를 데리고 입주하였으며 사건 건물의 소유자는 건물의 뒷편에 가건물로 부엌을 설치하여 주었고 장독대와 공동으로 사용하고 있는 화장실이 있는 경우 임차인이 임차하고 있는 건물은 주거용 건물에 해당한다고 판시하고 있습니다. 위 판례는 이 사건 사실관계와 아주 흡사한 경우로서 이 사건에 있어서도 적용될 수 있다고 할 것입니다.

3. 결론

위에서 본 바와 같이 피고는 이 사건 임대차목적물을 주거용으로 사용하고 있어 주택임대차보호법상의 대항력 있는 임차인이라 할 것이므로, 피고는 임차보증금 33,000,000원(피고가 지급한 임차보증금은 금 36,000,000원이지만 금 3,000,000원은 이 사건 건물에 대한 경매절차를 통하여 배당 받은 제1순위 근저당권이 설정된 뒤에 증액된 것이어서 금 33,000,000원만이 대항력을 가진 임차보증금이라 할 것입니다)을 반환 받지 않는 이상 피고가 임차하고 있는 이 사건 임대차목적물을 원고에게 인도 할 의무가 없다 할 것입니다.

첨 부 서 류

1. 참고판례(대법원 1988. 12. 27. 선고 87다카2024 판결)

20○○. ○. ○.

위 피고인 ◇◇◇ (서명 또는 날인)

○○지방법원 제○민사단독 귀중

⑧ 준비서면(구상금, 피고)

준 비 서 면

사　건　20○○나○○○○ 구상금
원　고　○○○화재해상보험주식회사
피　고　김◇◇ 외 1

위 사건에 관하여 피고들은 다음과 같이 변론을 준비합니다.

다　　음

1. 공동불법행위자 김◇◇의 과실비율

이 사건 가해자 소외 최◈◈의 보험자인 원고에 대한 손해배상소송에서 법원에서 인정한 피고 김◇◇의 30%의 과실비율은 피고 김◇◇와 소외 최◈◈와의 사이에서 손해배상금액을 산정함에 있어 참작된 것일 뿐 위 피고 김◇◇와 같은 이◇◇가 공동의 불법행위로 소외 박◉◉에게 손해를 입혔는지를 판단함에 있어서는 위 과실비율이 그대로 적용될 수 없는 것입니다.

판례도 "트럭운전자 '갑'이 과속으로 중앙선을 침범하여 앞서 가던 오토바이를 추월하려 하다가 때마침 좌회전하는 오토바이를 들이받아 오토바이 운전자인 '을'을 사망하게 하고 이로 인하여 도로 좌측 가의 가로수 밑에서 서있던 '병'을 트럭으로 충격하여 사망하게 한 사고에 있어 피해자 '을'이 안전모를 착용하지 않은 점과 트럭의 동태를 잘 살피지 않은 채 좌회전을 한 점을 과실로 보아 그 과실비율을 30%로 인정한 다음, 제3의 피해자인 '병'에 대한 '을'의 '갑'과의 공동불법행위자로서의 책임비율을 위 과실비율과 같이 본 원심판결에 대하여, '을'의 위 과실 중 안전모를 착용하지 않은 과실은 자신의 손해발생과 손해확대에 관련이 있을 뿐 '병'의 손해발생에 대하여는 인과관계가 있는 과실이라고 볼 수 없다"고 판시하고 있습니다.(대법원 1992. 3. 10. 선고 91다43459판결 참조)

소외 최◈◈는 술에 취한 상태에서 중앙선을 침범하여 운행하다가 이 사건 사고를 일으킨 것이고 피고 김◇◇는 단지 안전모를 착용하지 아니하고 운전면허가 없었다는 것인데 이는 피고 김◇◇ 자신이 입은 손해에 대한 과실비율로 참작될 수는 있을지언정 소외 박◉◉가 입은 손해에 대한 과실비율로 인정할 수는 없다고 할 것입니다. 따라서 소외 박◉◉가 이 사건 사고로 인하여 입은 손해는 소외 최◈◈의 일방적인 과실로 인한 것이며 그렇지 않다 하더라도 피고 김◇◇의 과실비율은 극히 미미하다고 할 것입니다.

2. 구상권행사요건으로서의 현실적인 출재여부

○○우체국에 대한 사실조회회보결과에 의하면 19○○. ○. ○.에 소외 박◉◉의 아버지 소외 박◎◎의 계좌에 금 100,000,000원이 입금된 사실은 인정되나, 을 제12호증의 4(영수증)와 같이 같은 해 ○. ○.에 금 167,000,000원이 입금되었다는 회보는 없습니다.

위 금액은 거액으로서 피고측에서 소외 박◉◉에게 위 금액을 현실적으로 수령하였는지 문의하였는바, 금 100,000,000원에 대하여는 이를 인정하면서도 나머지 금 167,000,000원에 대하여는 대답을 하지 않고 회피하고 있습니다.

원고가 지출하였다고 주장하는 소외 박◉◉와의 합의금 275,000,000원은 사망한 소외 망 김◆◆의 손해배상액이 금 105,887,602원에 불과한 점에 비추어 과다한 금액인바, 원고는 위 금액을 지출하여 소외 박◎◎가 현실적으로 수령하였다는 것을 입증하여야 할 것입니다.

20○○. ○. ○.

위 피고인 1. 김◇◇ (서명 또는 날인)
2. 이◇◇ (서명 또는 날인)

○○고등법원 제○민사부 귀중

⑨ 준비서면(어음금, 피고)

준 비 서 면

사 건 20○○가합○○○○ 어음금
원 고 ○○새마을금고
피 고 ◇◇◇

위 사건에 관하여 피고는 아래와 같이 변론을 준비합니다.

아 래

1. 원고금고의 20○○. ○. ○.자 소변경신청서의 대출금청구 가운데 20○○. ○. ○.에 2회에 걸쳐 금 150,000,000원씩 합계 금 300,000,000원을 피고에게 대출하였다는 점만 부인합니다.

2. 원고금고는 원고금고의 직원 소외 ◎◎◎ 등이 피고의 명의를 도용하여 대출받는 방법으로 원고금고의 돈 370,000,000원을 횡령한 사실과 원고금고의 이사장 소외 ◉◉◉가 위 횡령금을 책임지고 상환하기로 약속한 사실은 시인하면서도, 소외 김◎◎가 부정대출 받은 돈 가운데 금 147,000,000원을 변제하고 나머지 금 240,000,000원은 소외 ◎◎◎가 원고금고로부터 대출 받아 정리하였으며, 위 20○○. ○. ○.자 금 300,000,000원의 대출금은 위 부정대출금과는 무관하다고 주장하고 있습니다(20○○. ○. ○.자 원고대리인의 준비서면 6의 다항 참조).

3. 피고는 사업에 실패하여 원고금고에 대한 채무 외에도 많은 빚을 지고 있고 그 때문에 피고의 주택 등 전 재산이 압류 또는 가압류된 상태여서 빚 정리를 하고 나면 한푼도 남지 않는 처지인데(오히려 부족함), 그러한 사정을 잘 알고 있는 원고금고가 피고 명의의 당좌수표(갑 제2호증 및 4호증)를 소지하고 있음을 기화로(피고로서는 위 금 300,000,000원이 아니더라도 어차피 남는 재산이 없다는 점에 착안하여), 위 부정대출금 정리를 위해 소외 ◉◉◉ 명의로 대출한 금 240,000,000원을 일부라도 환수할 작정으로 이 사건 소제기에 이른 것으로 보입니다.

4. 피고가 위 당좌수표 2매를 원고금고에게 교부한 것은 오로지 상부기관의 감사 때문에 필요하다는 원고금고의 간청에 따른 것인데, 원고금고의 허위주장을 그대로 인정해주면 다른 채권자들을 해치는 결과를 가져오기 때문에 다투고 있을 뿐입니다.
   피고가 원고의 무리한 간청을 거절하지 못했던 것은, 피고가 사업을 하는 동안 원고금고의 이사장 소외 ◉◉◉와 과장 소외 ◎◎◎(실무 책임자로서 현재 ○○교도소 수감중임)로부터 어음할인 및 대출 등의 많은 도움을 받았고, 위 부정대출금에 대하여는 소외 ◉◉◉가 원고금고의 이사장 자격으로 책임을 지겠다는 각서(갑 제10호증의 1)까지 써 주었기 때문입니다.

5. 원고는 위 당좌수표에 대하여 소장에서는 수표금으로 청구를 하고, 원고금고의 상근이사 소외 ▣▣▣는 증인으로 출석하여 위 당좌수표를 '피고가 할인하여 갔다'라고 진술한 바 있습니다.
   그런데 위 수표금청구를 대여금청구로 변경하면서, 20○○. ○. ○. 차용금한도 금 800,000,000원, 거래기간 20○○. ○. ○.부터 20○○. ○. ○.까지' 라는 취지의 어음거래약정을 피고와 체결하고 그에 따라 약속어음 또는 당좌수표를 담보로 대출해준 돈이라고 주장합니다. 그러나 위 어음거래약정서(갑 제9호증의 1)는 원고금고가 감사대비를 위하여 필요한 서류라고 하면서 날인을 부탁하여서 '채무자본인'난에 피고가 서명 날인만 해준 것이고, 출금전표 이면(갑 제9호증의 3 및 제9호증의7)에도 역시 원고의 부탁대로 서명날인을 해준 것이지 실제로 위 금 300,000,000원을 대출 받거나 수령한 것이 아닙니다.

6. 피고가 원고에게, 위 금 300,000,000원 대출금에 대한 담보조로 받은 것이 약속어음인지 당좌수표인지를 밝혀달라고 석명을 구하자, 원고는 처음 대출 당시에는 액면 금 150,000,000원 짜리 약속어음 2매(자가○○○○○○○○ 및 자가○○○○○○○○)를 받았는데, 위 자가○○○○○○○○ 약속어음은 20○○. ○. ○. 갑 제4호증 당좌수표(마가○○○○○○○○, 액면 금 150,000,000원)와 교환하고, 위 자가○○○○○○○○ 약속어음은 피고가 20○○. ○. ○○.에 금 10,000,000원을 변제하여서 같은 해 ○○. ○. 액면 금 140,000,000원의 당좌수표(갑 제2호증)와 교환하여 위 2매의 당좌수표를 소지하게 되었다고 합니다.
   가. 피고는 우선 원고에게, 약속어음을 당좌수표로 교환하게 된 이유가 무엇인지를 묻습니다. 그리고 원금 중 금 10,000,000원을 20○○. ○. ○○.에 변제받았다는데 그 돈은 현금인지 수표인지, 수표라면 그 일련번호는 무엇인지 밝혀주실 것을 요구합니다(피고는 위 금 10,000,000원을 변제한 사실이 없습니다). 담보로 제공받는 약속어음은 일자를 백지로 하는 것이 통례이고, 위 당좌수표에 대해서도 원고금고는 발행일자를 후에 보충하였다고 진술하고 있

습니다.

나. 원고금고의 주장대로 피고가 위 자가○○○○○○○○ 약속어음을 담보로 금 150,000,000원을 대출 받고 200○. ○. ○.부터 같은 해 ○. ○○.까지의 선이자 금 2,663,013원을 납부했다면, 대출 받은 지 5일밖에 안된 ○. ○○.에 굳이 원금 가운데 금 10,000,000원을 변제한다는 것도 극히 이례적인 일이라 하겠습니다. 위 금 10,000,000원은 소외 ◉◉◉이사장이나 소외 ◎◎◎과장이 원고금고에 상환한 돈이 아닌가 생각합니다.

다. 원고가 대출금에 대한 담보로 받았다고 주장하는 위 2매의 약속어음은 그 액면 금액부터 사실과 다릅니다.

위 자가○○○○○○○○ 약속어음은 액면 금액이 금 150,000,000원이 아니라 금 50,000,000원으로(을 제2호증의 1 참조) 피고가 20○○. ○. ○.경 발행하여 건축업을 하는 소외 ◈◈◈에게 빌려주었던 것이고, 위 자가○○○○○○○○ 약속어음(을 제2호증의 2)은 피고가 같은 해 ○. ○.경 건축업자인 소외 ◈◈◈에게 액면 금액을 금 150,100,000원으로 기재하여 발행하였다가, 소외 ◈◈◈이 사용하기 편리하도록 액면 금액을 금 50,000,000원으로 쪼개어 발행해달라고 요구하여서 위 어음의 금액 금 150,000,000원을 지우고 그 위 여백에다가 '一金 오천만원' 이라고 고쳐 써 주었더니 보기에 지저분하다고 하여서 새 어음용지로 발행해주고, 위 약속어음은 (어음용지가 아깝기 때문에) 액면 금액을 3,824,850원으로 다시 고쳐서 건축공사장 식대 지급에 사용하였습니다. 원고금고 주장의 허구성이 명백히 드러나는 대목입니다.

원고금고의 주장대로, 설사 위 금 300,000,000원에 대하여 피고와의 사이에 금전소비대차계약이 유효하게 성립되었다 하더라도, 소외 ◉◉◉이사장이나 소외 ◎◎◎과장 이를 전액 변제하였으므로 피고의 채무는 이미 소멸하였습니다.

20○○. ○. ○.

위 피고인 ◇◇◇ (서명 또는 날인)

○○지방법원 ○○지원 제○민사부 귀중

⑩ 준비서면(토지인도 등, 피고)

준 비 서 면

사 건 20○○가단○○○○ 토지인도 등
원 고 ○○○
피 고 ◇◇◇

위 사건에 관하여 피고는 다음과 같이 변론을 준비합니다.

다 음

1. 인정하는 사실

○○ ○○군 ○○면 ○○리 산 ○○-○ 임야 4,637㎡(다음부터 이 사건 토지라고 함)에 관하여 1983. 10. 29. ○○지방법원 ○○등기소 접수 제○○○호 피고 앞으로 소유권이전등기가 된 뒤 1998. 10. 12. 같은 등기소 접수 제21135호로 피고 소유이던 이 사건 토지에 관하여 1994. 12. 20. 같은 등기소 접수 제○○○호로 소외 ▣▣▣▣양계협동조합을 근저당권자로 한 근저당권설정등기가 되고(채권최고액 금 179,530,000원 채무자 소외 ◉◉◉), 같은 날 같은 등기소 접수 제○○○호로 소외 ▣▣▣▣양계협동조합을 지상권자로 하는 지상권설정등기가 되어 있는 사실, 피고는 최소한 1994. 1. 10.경 이전 이 사건 토지에 원고 소장 청구취지 기재 각 건물(다음부터 이 사건 건물이라고 함)을 건축하여 자동화시설을 한 계사(鷄舍)등으로 사용하고 있으며 현재 건물부지 및 이 사건 토지를 피고가 점유.사용하고 있는 사실 및 이 사건 근저당채무자인 소외 ◉◉◉가 근저당권자인 소외 ▣▣▣▣양계협동조합에 대한 대출금을 변제하지 아니하여 소외 ▣▣▣▣양계협동조합이 경매신청을 하고 원고가 그 경매절차에서 매수하여 2000. 6. 7. 위 등기소 접수 제○○○호로서 소유권이전등기를 하여 원고가 이 사건 토지의 소유권을 취득한 사실은 모두 원고가 소장에서 주장한 내용 또는 그 취지와 대체로 같으며, 피고도 모두 인정하는 사실입니다.

2. 법정지상권의 성립

가. 원고는 이 사건 토지의 소유자로서 피고가 아무런 점유권원 없이 이 사건 건물을 불법사용하고 있으므로 그 철거 및 이 사건 토지의 인도와 임료 상당의 손해 또는 부당이득금의 지급을 구하고 있습니다.

나. 그러나 피고는 법정지상권자로서 이 사건 건물을 점유할 권원이 있습니다.

다. 소외 ▣▣▣▣양계협동조합이 이 사건 임야에 관하여 위와 같이 근저당권을 설정할 당시 이 사건 토지가 피고의 소유였던 사실은 명백합니다. 다만, 이 사건 건물이 과연 위 근저당권설정 당시 존재하였는지 여부가 문제인데, 이 사건 건물은 최소한 1994. 1. 10. 이전에 건축되었습니다. 이는 피고가 제출한 을 제4호증(견적청구서)에 비추어 알 수 있습니다.

라. 따라서 근저당권설정 당시 이 사건 건물 및 토지는 모두 피고의 소유였으므로 소외 ▣▣▣▣양계협동조합의 근저당권에 기한 경매실행으로 인하여 소유자가 달라지게 되었다고 할 것이므로 피고는 법정지상권을 취득하였다고 할 것입니다.

3. 임료에 관하여

원고는 이 사건 대지를 피고들이 권원 없이 사용하였으므로 부당이득으로서 매월 금 1,000,000원 상당의 임료를 청구하고 있습니다. 그러나 원고가 청구하는 임료는 주위 토지의 임료와 비교하여 너무 과다하므로 피고는 이에 응할 수 없습니다.

20○○. ○. ○.

위 피고인 ◇◇◇ (서명 또는 날인)

○○지방법원 ○○지원 제○○민사단독 귀중

⑪ 준비서면(근저당권설정등기말소, 원고)

준 비 서 면

사 건 20○○가단○○○○ 근저당권설정등기말소
원 고 ○○○
피 고 파산자 ◇◇신용협동조합
파산관재인 ◈◈◈

위 사건에 대하여 원고는 다음과 같이 변론을 준비합니다.

다 음

1. 이 사건 근저당권설정계약의 법적 성질

가. 원고는 1996. 3. 8. 소외 김◉◉가 피고조합으로부터 금 2000만원을 대출 받음에 있어 원고소유 부동산을 담보로 제공하기로 하고 피고조합과 근저당권설정계약을 체결하였습니다. 소외 김◉◉는 1999. 3. 9. 피고조합에 대한 위 대출금 채무를 모두 변제하였고, 이에 원고는 피고조합에게 원고소유 부동산에 설정되어 있는 근저당권설정등기의 말소등기에 협력하여 줄 것을 요구하였지만 피고조합은 이 사건 근저당권설정계약 이후인 1997. 5. 27. 소외 김◉◉가 소외 이◉◉의 대출금에 대한 보증채무를 부담하고 있다고 하여 원고의 요구에 응하지 않고 있습니다.

나. 근자당권설정계약서상 주채무자가 은행에 대한 현재 또는 장래의 모든 채무를 공동담보하기 위하여 계쟁부동산에 근정당권을 설정하는 것으로 부동문자로 인쇄되어 있으나 이는 예문에 불과하고 피담보채무가 특정채무로 한정된다고 본 사례(대법원 1992. 11. 27. 선고 92다40785 판결)도 있듯이, 위 문구는 예문에 불과하므로 단순히 피고조합이 주장하는 것처럼 포괄근저당이라고 할 수는 없습니다.

또한, 이 사건 계약서가 "현재 또는 장래에 부담하는 일체의 채무" "당좌대월계약 기타 여신거래로 부담하게 되는 채무" 등의 문언을 사용하여 채권자와 채무자 사이에 거래의 종류를 제한하지 않는 문언을 사용하지 않고 "--**채무자와 채권자와의 대출거래**--"라는 문언을 사용하여 '대출거래'로 특정하고 있는 점으로 보아 이 사건 근저당에 의하여 담보되는 채무는 대출거래로 인한 채무에 한정된다고 할 것입니다.

2. 이 사건 피담보채무의 범위

가. 이 사건 근저당권설정계약서 제1조 제1호는 '피담보채무의 범위'라는 제하에 "채무자가 채권자에 대하여 다음 약정서에 의한 거래로 말미암아 부담하고 있는 채무 및 그 이후 채무자와 채권자와의 대출거래로 인하여 부담하는 채무"라고 규정하고 있습니다.

따라서 이 사건 근저당에 의하여 담보되는 채무는 '김◉◉가 피고조합으로부터 돈을 대출 받아 부담하게 되는 대출금상환채무"에 한정된다고 할 것입니다.

나. 피고조합은 이에 대하여 제3자의 대출을 위하여 보증을 서는 경우도 대출거래에 해당하므로 이 사건 근저당권설정등기를 말소할 의무가 없다고 주장하나, 이는 부당합니다.

왜냐하면, 피고조합은 이 사건 근저당권설정계약을 포괄근저당이라고 주장하고 있지만, 위에서 보았듯이 이 사건 근저당권은 포괄근저당이라 할 수 없으므로 이 사건 대출금채무에 한정되어야 할 것이기 때문입니다.

또한, 피고조합이 주장하는 대로 해석하면, 이 사건 근저당권설정 이후인 1997. 5. 7. 소외 이◉◉가 피고조합으로부터 금 1,000만원을 대출 받음에 있어 보증인인 소외 김◉◉의 신용상태를 판단함에 있어 그 이전인 1996. 3. 9. 이 사건 근저당권을 설정한 원고의 신용상태까지 참작한다면 이는 정상적인 법 감정에 비추어 보더라도 이는 원고에게만 지나치게 불리한 해석입니다.

그리고 피고조합은 이 사건 근저당권설정 당시 채권최고액을 금 2,600만원으로 하였는데 이는 통상 대출금의 130%를 채권최고액으로 하고 있는 대출관행에 비추어 보더라도 이 사건 피담보채무는 이 사건 대출금에 한정되어야 할 것이며, 이 사건 대출 이후의 소외 이◉◉의 보증까지 담보하는 것으로 해석하는 것은 지나친 확장해석에 불과합니다.

3. 결론

그렇다면 소외 김◉◉는 1999. 3. 9. 이 사건 차용금 채무를 모두 변제하였으므로, 피고조합은 이 사건 소장부본 송달일자 해지를 원인으로 한 근저당권말소등기절차를 이행하여야 할 것입니다.

20○○. ○. ○.

위 원고 ○○○ (서명 또는 날인)

○○지방법원 ○○지원 제○민사단독 귀중

⑫ 준비서면(임금, 원고)

준 비 서 면

사　　　　　건　20○○가소○○○○○ 임금
원고 (선고당사자)　○○○
피　　　　　고　1. ◇①◇
　　　　　　　　2. ◇②◇

위 사건에 대하여 원고는 다음과 같이 준비서면을 제출합니다.

다　　음

1. 소외 노동부에서 사실관계를 조사하여 발급한 체불임금확인서에 의하면 소외 ◉◉산업의 명의대표자는 피고 ◇①◇, 실질적인 사용주는 피고 ◇②◇로 되어 있으나 노동부 조사과정에서 원고가 알게 된 바에 의하면 피고 ◇①◇는 개인기업인 ◉◉산업의 대표로서 제조공구업을 하는 사업자이고, 피고 ◇②◇는 개인기업인 ◎◎농산의 대표자로서 ◎◎농산은 톱밥을 공급하는 회사로 피고들은 각자 다른 사업체로서 사업자등록증을 필하였으나 원고인 선정당사자 및 선정자들은 ◉◉산업에 고용되어 근로한 근로자이나 사업장에서 실질적으로 작업감독 및 지시를 한 것은 피고 ◇①◇입니다.(갑 제1호증 - 체불금품확인원)

가. 원고인 ○○○(선정당사자) 및 선정자들이 근무한 ○○ ○○시 ○○○면 ○○리 ○○○-○ 소재 ◉◉산업의 건물에는 유일한 간판으로 ◉◉산업이라는 간판이 붙어 있으며 (위 주소지에 ◎◎농산과 같은 사업장의 간판은 건물 어디에도 없음) 근무할 당시에 직원들에게 외부에서 걸려오는 전화를 받을 때에 "◉◉산업입니다."라고 말하게 하였습니다.(갑 제2호증 - 소외 ▣▣▣의 사실확인서)

나. 또 원고인 ○○○(선정당사자) 및 선정사늘이 톱밥운반 일을 할 당시에 피고 ◇②◇가 거래처에 주도록 지시한 거래명세표를 보면 분명히 ◉◉산업 사업자 피고 ◇①◇라고 적혀 있거나 또는 ◉◉산업의 사업자 ◇②◇라고 적혀 있지 ◎◎농산이라는 상호는 거래명세표 어디에서도 볼 수가 없습니다.(갑 제3호증- 거래명세표)

따라서 원고는 명의대표자나 실질사용자에 관계없이 A산업의 근로자이지 B 농산의 근로자는 아닙니다.

2. 그리고 피고가 톱밥운반일을 시킬 때 거래처에 주도록 지시한 거래명세표를 다시 한번 살펴보면 이 거래명세표에서 ◉◉산업의 사업자가 피고 ◇①◇로 되어있는 것이 있는가 하면 또 다른 거래명세표에는 사업자가 분명히 피고 ◇②◇로 되어있음을 통하여 형식적인 사업자등록 여부와 관계없이 ◉◉산업은 남매지간인 피고 ◇①◇와 피고 ◇②◇의 공동사업체임을 알 수 있습니다.

3. 그렇다면 원고인 선정당사자 및 선정자들은 남매지간인 피고들이 공동운영하는 A산업의 근로자로 근무하였으며 선정당사자 및 선정자 중 그 누구도 피고들로부터 현재에 이르기까지 노동부 발급 체불임금확인서에 나와 있는 바와 같은 체불임금을 지급 받은 바 없으므로 피고들은 연대하여 원고의 체불임금을 지급할 의무가 있다고 할 것입니다.

20○○. ○. ○.

위 원고 ○○○ (서명 또는 날인)

○○지방법원 ○○지원 제○○민사단독 귀중

6. 증거의 신청 및 조사

① 증거란 법원이 법률의 적용에 앞서서 당사자의 주장사실의 진위를 판단하기 위한 재료를 말하고, 이 증거를 제출하는 것이 입증입니다.

② 증거의 입증방법으로 서증, 증인, 당사자 본인신문, 감정, 검증, 문서송부촉탁, 사실조회촉탁, 증거보전, 녹음녹취 등이 있습니다.

6-1. 증거 등의 신청

6-1-1. 개념

① '증거'란 법원이 법률의 적용에 앞서서 당사자의 주장사실의 진위를 판단하기 위한 재료를 말합니다.

② '입증'이란 원고의 주장이나 피고의 항변을 증명할 수 있는 증거를 제출하는 것을 말합니다.

③ 입증의 방법에는 여러 가지가 있으나 서증, 증인, 당사자 본인신문, 감정, 검증, 문서송부촉탁, 사실조회촉탁, 증거보전, 녹음녹취 등이 많이 사용됩니다.

6-1-2. 증거가 필요하지 않은 사실

① 법원에서 당사자가 자백한 사실과 뚜렷한 사실은 증명을 필요로 하지 않습니다(민사소송법 제288조 본문).

② 다만, 진실에 어긋나는 자백은 그것이 착오로 인한 것임을 증명한 경우에는 취소할 수 있습니다(민사소송법 제288조 단서).

6-1-3. 신청시기

① 당사자는 변론준비기일이 끝날 때까지 증거를 정리해 제출해야 합니다(민사소송법 제282조 제4항).

② 증거를 신청할 때에는 증거와 증명할 사실의 관계를 구체적으로 밝혀야 합니다(민사소송규칙 제74조).

6-1-4. 사실조회촉탁신청

'사실조회촉탁신청'이란 당사자가 법원에 사실조회신청서를 제출하면 법원이 공공기관·학교, 그 밖의 단체·개인 또는 외국의 공공기관에게 그 업무에 속하는 사항에 관해 필요한 조사 또는 보관 중인 문서의 등본·사본의 송부를 촉탁하는 것을 말합니다(민사소송법 제294조).

※ 사실조회신청서 양식

사실조회신청서

사　건　　20　가　　　　　[담당재판부 : 제　　(단독)부]
원　고
피　고

위 사건에 관하여 주장사실을 입증하기 위하여 다음과 같이 사실조회를 신청합니다.

(예시)
1. 사실조회의 목적
본건 지역의 벼농사가 피고 회사 제조공장 설치 후 그 공장에서 흘러나오는 폐유에 의하여 소장 청구원인 제3항에 기재와 같이 수확이 감소된 사실을 명백히 함에 있다.
2. 사실조회 기관
농림수산부 농산물검사소
3. 사실조회 사항
가. 경기도 부천군 소래면 서부지구에 있어서 2000년 이전의 평년작 마지기당 수확량
나. 위 지역에 있어서 1998년도 및 1999년도의 각 마지기당 수확량

20 .　.　.

신청인 원(피)고　　(날인 또는 서명)
(연락처)

○○지방법원 귀중

6-1-5. 증인신청

① 법원은 특별한 규정이 없으면 누구든지 증인으로 신문할 수 있습니다(민사소송법 제303조).

② 증인신문은 부득이한 사정이 없는 한 일괄하여 신청해야 합니다(민사소송규칙 제75조 제1항).

③ 당사자신문을 신청하는 경우에도 일괄하여 신청해야 합니다(민사소송규칙 제75조 제1항).

④ 증인신문을 신청할 경우에는 증인의 이름·주소·연락처·직업, 증인과 당사자의 관계, 증인이 사건에 관여하거나 내용을 알게 된 경위, 증인신문에 필요한 시간 및 증인의 출석을 확보하기 위한 협력방안을 밝혀야 합니다(민사소송규칙 제75조제2항).

※ 증인신청서 양식

증 인 신 청 서

1. 사건 : 20 가

2. 증인의 표시

이 름	○ ○ ○					
생년월일	1964. 1. 1.					
주 소	서울 ○○구 ○○동 123 4통 5반					
전화번호	자택	(02)555 - 777×	사무실	(02)777 - 999×	휴대폰	(010)1234 -4567
원·피고와의 관계	원고 처의 친구(고등학교 동창)					

3. 증인이 이 사건에 관여하거나 그 내용을 알게 된 경위

   이 사건 임대차계약을 체결할 당시 원고, 원고의 처와 함께 계약현장에 있었음

4. 신문할 사항의 개요

   ① 이 사건 임대차계약 당시의 정황

   ② 임대차 계약서를 이중으로 작성한 이유

   ③

5. 희망하는 증인신문방식(해당란에 "v" 표시하고 희망하는 이유를 간략히 기재)

☑ 증인진술서 제출방식 ㅁ증인신문사항 제출방식 ㅁ서면에 의한 증언방식

이유 : 원고측과 연락이 쉽게 되고 증인진술서 작성 의사를 밝혔음

6. 그 밖에 필요한 사항

20 . . .

○고 소송대리인 ○○○ ㊞

○○지방법원 제○부 앞

1. 증인이 이 사건에 관여하거나 그 내용을 알게 된 경위는 구체적이고 자세하게 적어야 합니다.
2. 여러 명의 증인을 신청할 때에는 증인마다 증인신청서를 따로 작성하여야 합니다.
3. 신청한 증인이 채택된 경우에는 법원이 명하는 바에 따라 증인진술서나 증인신문사항을 미리 제출하여야 하고, 지정된 신문기일에 증인이 틀림없이 출석할 수 있도록 필요한 조치를 취하시기 바랍니다.

6-1-6. 증언에 갈음하는 서면

① 법원은 증인과 증명할 사항의 내용 등을 고려해 상당하다고 인정하는 경우에는 출석·증언에 갈음해 증언할 사항을 적은 서면을 제출하게 할 수 있습니다(민사소송법 제310조 제1항).

② 법원은 상대방의 이의가 있거나 필요하다고 인정하는 경우에는 증언에 갈음해 증언할 사항을 적은 서면을 제출한 증인에게 출석하여 증언하게 할 수 있습니다(민사소송법 제310조제2항).

6-1-7. 증인진술서

① 법원은 효율적인 증인신문을 위해 필요하다고 인정하는 경우에는 증인을 신청한 당사자에게 증인진술서를 제출하게 할 수 있습니다(민사소송규칙 제79조 제1항).

② 증인진술서에는 증언할 내용을 그 시간 순서에 따라 적고, 증인이 서명날인 해야 합니다(민사소송규칙 제79조 제2항).

6-1-8. 증인진술서 부본의 제출

증인진술서의 제출명령을 받은 당사자는 법원이 정한 기한까지 원본과 함께 상대방의

수에 2(다만, 합의부에서는 상대방의 수에 3)를 더한 만큼의 사본을 제출해야 합니다(민사소송규칙 제79조 제3항).

6-1-9. 증인진술서 부본 송달

법원서기관·법원사무관·법원주사 또는 법원주사보(이하 '법원사무관등'이라 한다)는 증인진술서 사본 1통을 증인신문기일 전에 상대방에게 송달해야 합니다(민사소송규칙 제79조 제4항).

6-1-10. 증인신문사항

① 증인신문을 신청한 당사자는 증인신문사항을 적은 서면을 제출해야 합니다(민사소송규칙 제80조 제1항 본문).

② 다만, 증인진술서를 제출하는 경우로 법원이 증인신문사항을 제출할 필요가 없다고 인정하는 때에는 제출하지 않아도 됩니다(민사소송규칙 제80조 제1항 단서).

③ 재판장은 제출된 증인신문사항이 다음에 해당하는 경우 증인신문사항의 수정을 명할 수 있습니다(민사소송규칙 제80조제3항 본문 및 제91조부터 제95조까지). 다만, 증인을 모욕하거나 증인의 명예를 해치는 내용의 신문이 포함된 경우를 제외하고 정당한 사유가 있는 경우에는 수정을 명하지 않을 수 있습니다(민사소송규칙 제80조 제3항 단서).

1. 개별적이고 구체적이지 않은 경우
2. 증인을 모욕하거나 증인의 명예를 해치는 내용의 신문이 포함된 경우
3. 유도신문이 포함된 경우
4. 반대신문의 경우 재판장의 허가없이 주신문에 나타나지 않은 사항에 관한 신문이 포함된 경우
5. 재주신문(再主訊問)의 경우 재판장의 허가없이 반대신문에 나타나지 않은 사항에 관한 신문이 포함된 경우
6. 증언의 증명력을 다투기 위한 신문에서 증인의 경험·기억 또는 표현의 정확성 등 증언의 신빙성에 관련된 사항 및 증인의 이해관계·편견 또는 예단 등 증인의 신용성에 관련된 사항과 무관한 내용의 신문이 포함된 경우

7. 의견 진술을 요구하는 신문
8. 증인이 직접 경험하지 않은 사항에 관한 진술을 요구하는 신문

6-1-11. 증인신문사항 부본의 제출

증인신문을 신청한 당사자는 법원이 정한 기한까지 상대방의 수에 3(다만, 합의부에서는 상대방의 수에 4)을 더한 통수의 증인신문사항의 기재서면을 제출해야 합니다(민사소송규칙 제80조 제1항 본문).

6-1-12. 증인신문사항 부본 송달

법원사무관등은 증인신문사항의 기재서면 1통을 증인신문기일 전에 상대방에게 송달해야 합니다(민사소송규칙 제80조 제2항).

6-2. 감정신청

① 감정을 신청할 경우 감정신청서와 감정을 요구하는 사항을 적은 서면을 함께 제출해야 합니다(민사소송규칙 제101조 제1항 본문).

② 다만, 부득이한 사유가 있는 경우에는 재판장이 정하는 기한까지 제출하면 됩니다(민사소송규칙 제101조 제1항 단서).

※ 감정신청서 양식

감 정 신 청

사 건 20○○가합○○○○ 손해배상(기)
원 고 ○○○
피 고 ◇◇◇

위 사건에 관하여 원고는 그 주장사실을 입증하기 위하여 다음과 같이 감정을 신청합니다.

다 음

1. 감정의 목적

이 사건 건물의 지반을 원상복구하고 파손된 건물을 원상회복하는데 소요되는 비용을 명백히 함에 있다.

2. 감정목적물

○○시 ○○구 ○○동 ○○ 지상 원고소유 건물

3. 감정사항

이 사건 건물 파손부분을 원상대로 복구하고 내려앉은 지반과 건물경사 상태를 원상회복하기 위하여 소요되는 경비

4. 감정인 선임의견

법률에 의하여 등록하여 개업하고 있는 공인감정사를 선임하여 주시기 바랍니다.

20○○. ○. ○.

위 원고 ○○○ (서명 또는 날인)

○○지방법원 제○민사부 귀중

6-2-1. 감정신청서 등의 송달

① 법원은 감정신청서와 감정을 요구하는 사항을 적은 서면을 상대방에게 송달해야 합니다(민사소송규칙 제101조 제2항 본문).

② 다만, 그 서면의 내용을 고려해 법원이 송달할 필요가 없다고 인정하는 경우에는 그렇지 않습니다(민사소송규칙 제101조 제2항 단서).

6-2-2. 상대방의 의견서 제출

① 상대방은 신청인의 감정신청서와 감정을 요구하는 사항을 적은 서면에 관해 의견이 있는 경우 의견을 적은 서면을 법원에 제출할 수 있습니다(민사소송규칙 제101조 제3항 전단).

② 재판장은 미리 의견 제출기한을 정할 수 있습니다(민사소송규칙 제101조 제3항 후단).

6-2-3. 법원의 감정사항 결정

① 법원은 신청인의 감정신청서와 감정을 요구하는 사항을 적은 서면을 토대로 하되, 상대방이 의견서를 제출한 경우에는 그 의견을 고려해 감정사항을 정해야 합니다. 이 경우 법원이 감정사항을 정하기 위해 필요한 경우 감정인의 의견을 들을 수 있습니다(민사소송규칙 제101조 제4항).

② 법원은 감정에 필요한 자료를 감정인에게 보낼 수 있으며, 당사자는 감정에 필요한 자료를 법원에 내거나 법원의 허가를 받아 직접 감정인에게 건네줄 수 있습니다(민사소송규칙 제101조의2 제1항 및 제101조의2 제2항).

③ 감정인은 부득이한 사정이 없으면 위의 자료가 아닌 자료를 감정의 전제가 되는 사실 인정에 사용할 수 없습니다(민사소송규칙 제101조의2 제3항)

④ 법원은 감정인의 의견진술이 있는 경우 당사자에게 기한을 정해 그에 관한 의견을 적은 서면을 제출하게 할 수 있습니다(민사소송규칙 제101조의3 제1항)

⑤ 법원은 감정인의 서면 의견진술이 있는 경우에 말로 설명할 필요가 있다고 인정되면 감정인에게 법정에 출석하게 할 수 있습니다(민사소송규칙 제101조의3 제2항).

6-3. 문서제출신청

① 문서제출신청은 당사자가 법원에 문서를 제출하는 방식 또는 문서를 가진 사람에게 그것을 제출하도록 명할 것을 요청하는 신청을 말합니다(민사소송법 제343조).

② 문서제출신청은 서면으로 해야 하고, 서면에는 다음의 사항을 기재해야 합니다(민사소송법 제345조, 민사소송규칙 제110조제1항).

1. 문서의 표시
2. 문서의 취지
3. 문서를 가진 사람
4. 증명할 사실
5. 문서를 제출해야 하는 의무의 원인

6-3-1. 문서제출신청서 양식

문 서 제 출 명 령 신 청

사 건 20○○가합○○○ 손해배상(기) 등
원 고 ○○○
피 고 ◇◇◇

위 사건에 관하여 원고의 주장사실을 입증하기 위하여 아래의 문서에 대하여 제출명령을 하여 줄 것을 신청합니다.

1. 문서의 표시 및 소지자
피고가 소지하고 있는 원고와 피고간에 20○○. ○. ○. 체결한 물품매매계약서 1통
2. 문서의 취지
20○○. ○. ○. 원고가 피고로부터 방망이 등 물품을 금 500만원을 주고 매수하였을 때 피고는 방망이 등을 매매대금과 동시이행으로 제공하기로 하는 내용의 계약문서입니다.
3. 입증취지
이 사건 매매계약에 의하여 원고는 매수인으로서 매매대금을 지급하였으므로 매도인인 피고의 의무불이행으로 인하여 원고에게 손해가 발생하였음을 입증하고자 합니다.

20○○. ○. ○.
위 원고 ○○○ (서명 또는 날인)

○○지방법원 ○○지원 제○민사부 귀중

6-3-2. 문서제출의무

다음의 경우 문서를 가지고 있는 사람은 그 제출을 거부하지 못합니다(민사소송법 제344조 제1항 제1호, 제2호, 제3호 본문 및 제2항).

1. 당사자가 소송에서 인용한 문서를 가지고 있는 경우
2. 신청자가 문서를 가지고 있는 사람에게 그것을 넘겨 달라고 하거나 보겠다고 요구할 수 있는 사법상의 권리를 가지고 있는 경우
3. 문서가 신청자의 이익을 위해 작성된 경우
4. 신청자와 문서를 가지고 있는 사람 사이의 법률관계에 관해 작성된 경우
5. 오로지 문서를 가진 사람이 이용하기 위한 문서가 아닌 경우

6-3-3. 법원의 문서제출명령을 거부할 수 있는 경우

다음의 경우에는 법원의 문서제출명령을 거부할 수 있습니다(민사소송법 제344조 제1항 제3호 단서).

1. 공무원 또는 공무원이었던 사람이 그 직무와 관련해 보관하거나 가지고 있는 문서
2. 대통령·국회의장·대법원장 및 헌법재판소장 또는 그 직책에 있었던 사람을 증인으로 하여 직무상 비밀에 관한 사항을 신문한 내용을 기재한 문서로 증인의 동의를 받지 않은 문서
3. 국회의원 또는 그 직책에 있었던 사람을 증인으로 하여 직무상 비밀에 관한 사항을 신문한 내용을 기재한 문서로 국회의 동의를 받지 않은 문서
4. 국무총리·국무위원 또는 그 직책에 있었던 사람을 증인으로 하여 직무상 비밀에 관한 사항을 신문한 내용을 기재한 문서로 국무회의의 동의를 받지 않은 문서
5. 공무원 또는 공무원이었던 사람을 증인으로 하여 직무상비밀에 관한 사항을 신문한 내용을 기재한 문서로 그 소속관청 또는 감독 관청의 동의를 받지 않은 문서
6. 문서를 가진 사람이나 다음에 해당하는 사람이 공소 제기되거나 유죄판결을 받을 염려가 있는 사항 또는 자기나 그들에게 치욕이 될 사항이 기재된 문서

가. 문서를 가진 사람의 친족 또는 이런 관계에 있었던 사람
나. 문서를 가진 사람의 후견인 또는 문서를 가진 사람의 후견을 받는 사람

7. 변호사·변리사·공증인·공인회계사·세무사·의료인·약사, 그밖에 법령에 따라 비밀을 지킬 의무가 있는 직책 또는 종교의 직책에 있거나 이러한 직책에 있었던 사람의 직무상 비밀에 속하는 사항이 적혀 있고 비밀을 지킬 의무가 면제되지 않은 문서
8. 기술 또는 직업의 비밀에 속하는 사항이 적혀 있고 비밀을 지킬 의무가 면제되지 않은 문서

6-3-4. 문서목록의 제출

법원은 필요하다고 인정하는 경우 상대방 당사자에게 신청내용과 관련해 가지고 있는 문서 또는 신청내용과 관련해 서증으로 제출할 문서의 표시와 취지 등을 적어 내도록 명할 수 있습니다(민사소송법 제346조).

6-4. 문서송부촉탁신청

① 문서송부촉탁신청은 당사자가 법령에 의해 문서의 정본 또는 등본을 청구할 수 없는 경우 법원이 직접 문서를 가지고 있는 사람에게 그 문서를 보내라는 촉탁을 하도록 요청하는 신청을 말합니다(민사소송법 제352조).

② 제3자가 가지고 있는 문서를 서증으로 신청할 수 없거나 신청하기 어려운 사정이 있는 경우 법원은 촉탁신청을 받아 조사할 수 있습니다(민사소송규칙 제112조제1항).

③ 법원·검찰청, 그 밖의 공공기관이 보관하고 있는 기록의 불특정한 일부에 대해서도 촉탁을 신청할 수 있습니다(민사소송규칙 제113조제1항).

※ 문서송부촉탁신청서 양식

문 서 송 부 촉 탁 신 청

사　건　2015가소○○○　손해배상
원　고　이○○
피　고　정○○

위 사건에 관하여 원고는 다음과 같이 문서송부촉탁을 신청합니다.

1. 입증 취지
원고에게 손해배상 채무를 지고 있는 피고가 사망하였으므로 그 상속인을 파악하여 피고의 표시를 정정하기 위함입니다.

2. 문서의 보관처
부천시청
주소 : (우편번호) 부천시 원미구 길주로 210(중동 1156)
연락처 : 032-320-3000

3. 송부촉탁할 문서의 표시
별지와 같음

2015.　.　.
위 원고　이○○

인천지방법원 부천지원 민사과 민사○단독(소액)　귀 중

[별지]

송부촉탁할 문서의 표시
(부천시청)

1. 귀 관내에 주소지를 두고 있는 아래 사람은 인천지방법원 부천지원 2015가소 ○○○ 손해배상 사건의 피고이나 현재 사망하였습니다.

　성　　　명 : 정○○
　주민등록번호 : 470707-*******
　주　　　소 : 부천시 오정구 ○○○

2. 위 정○○의 상속인을 확인하고자 하오니 다음의 자료를 송부하여 주시기 바랍니다.
　가. 위 사람의 **폐쇄가족관계증명서**
　나. 위 사람의 **배우자, 자녀의 각 주민등록표 초본**

끝.

6-5. 검증신청

① 검증이란 법관이 다툼이 있는 사실을 판단하기 위해 사람의 신체 또는 현장 등 그 사실에 관계되는 물체를 자기의 감각으로 스스로 실험하는 증거조사를 말합니다.

② 당사자가 검증을 신청할 경우에는 검증의 목적을 표시하여 신청해야 합니다(민사소송법 제364조).

※ 검증신청서 양식

검 증 신 청 서

사 건 20○○가단○○○○(본소), 20○○가단○○○○(반소)
원 고(반소피고) ○○○
피 고(반소원고) (주)◇◇◇

위 사건에 관하여 원고(반소피고)는 주장사실을 입증하기 위하여 아래와 같이 검증신청을 합니다.

\- 아 래 -

1. 검증장소
   ○○시 ○○구 ○○길 ○○(피고회사 본사 사무실)
2. 검증의 목적물
   ○피고가 원고에게 20○○. ○. ○. 우편으로 송부한 이 사건 웹사이트 및 관리프로그램의 검수용 컴팩트디스크(CD)
   ○원고 보관중이며 검증기일에 현장에서 제출할 예정임
3. 검증에 의하여 명확하게 하려는 사항
   원고가 이 사건 용역계약의 해제통보 후 피고가 우편으로 송부한 위 검증 목적물도 이 사건 용역계약에 따른 완성품이 아니라는 사실
4. 첨부 : 검증장소약도

20○○. ○. ○.
위 원고(반소피고) ○○○ (서명 또는 날인)

○○지방법원 제○○민사단독 귀중

6-6. 그 밖의 증거신청

그 밖의 증거는 도면·사진·녹음테이프·비디오테이프·컴퓨터용 자기디스크, 그 밖에 정보를 담기 위해 만들어진 물건 등을 말합니다(민사소송법 제374조).

6-6-1. 자기디스크 등의 증거신청

① 컴퓨터용 자기디스크·광디스크, 그 밖에 이와 비슷한 정보저장매체(이하 "자기디스크등"이라 한다)에 기억된 문자정보, 도면, 사진을 증거자료로 하는 경우에는 읽을 수 있도록 출력한 문서, 도면, 사진을 제출할 수 있습니다(민사소송규칙 제120조 제1항 및 제3항).

② 자기디스크등에 기억된 문자정보, 도면, 사진에 대한 증거조사를 신청한 당사자는 법원이 명하거나 상대방이 요구하면 자기디스크등에 입력한 사람과 입력한 일시, 출력한 사람과 출력한 일시를 밝혀야 합니다(민사소송규칙 제120조 제2항 및 제3항).

6-6-2. 녹음테이프 등의 증거신청

① 녹음·녹화테이프, 컴퓨터용 자기디스크·광디스크, 그 밖에 이와 비슷한 방법으로 음성이나 영상을 녹음 또는 녹화(이하 "녹음등"이라 한다)해 재생할 수 있는 매체(이하 '녹음테이프등'이라 한다)에 대한 증거조사를 신청하는 경우 음성이나 영상이 녹음등이 된 사람, 녹음등을 한 사람 및 녹음등을 한 일시·장소를 밝혀야 합니다(민사소송규칙 제121조 제1항).

② 녹음테이프등에 대한 증거조사는 녹음테이프등을 재생해 검증하는 방법으로 합니다(민사소송규칙 제121조 제2항).

③ 녹음테이프등에 대한 증거조사를 신청한 당사자는 법원이 명하거나 상대방이 요구하면 녹음테이프등의 녹취서, 그 밖에 그 내용을 설명하는 서면을 제출해야 합니다(민사소송규칙 제121조 제3항).

6-7. 전자소송의 경우

6-7-1. 전자문서에 대한 증거조사의 신청

① 전자문서에 대한 증거조사의 신청은 다음의 방법으로 합니다(민사소송 등에서의 전자문서 이용 등에 관한 규칙 제31조제1항).

② 전자문서가 전자소송시스템에 등재되어 있는 경우에는 그 취지를 진술합니다.

③ 전자문서가 자기디스크 등에 담긴 경우에는 이를 제출합니다.

④ 다른 사람이 전자문서를 가지고 있을 경우에는 그것을 제출하도록 명할 것을 신청합니다.

⑤ 다음의 경우에는 증거신청을 하는 전자문서를 자기디스크 등에 담아 제출할 수 있습니다(민사소송 등에서의 전자문서 이용 등에 관한 규칙 제31조 제2항).

1. 전자문서에 대한 증거조사를 신청하는 자가 전자소송시스템을 이용한 소송의 진행에 동의하지 아니한 경우
2. 전자소송시스템 등을 이용할 수 없는 경우(민사소송 등에서의 전자문서 이용 등에 관한 규칙 제14조 제1항)
3. 전자소송시스템의 장애가 언제 제거될 수 있는지 알 수 없는 경우
4. 전자소송시스템의 장애가 제거될 시점에 서류를 제출하면 소송이 지연되거나 권리 행사에 불이익을 입을 염려가 있는 경우
5. 등록사용자가 사용하는 정보통신망의 장애가 제거될 시점에 서류를 제출하면 소송이 지연되거나 권리 행사에 불이익을 입을 염려가 있는 경우

⑥ 다음에 해당하는 서류가 전자문서로 작성되어 있을 경우(민사소송 등에서의 전자문서 이용 등에 관한 규칙 제15조 제1항 제3호 및 제4호)

1. 서류에 당사자가 가지는 「부정경쟁방지 및 영업비밀보호에 관한 법률」 제2조제2호에 규정된 영업비밀에 관한 정보가 담겨 있는 경우
2. 사생활 보호 또는 그 밖의 사유로 필요하다고 인정하여 재판장 등(재판장, 수명법관, 수탁판사, 조정담당판사 또는 조정장을 말함)이 허가한 경우

⑦ 전자문서에 대한 증거조사를 신청하는 때에는 전자문서의 내용에 따라 다음의 내용을 밝혀야 합니다(민사소송 등에서의 전자문서 이용 등에 관한 규칙 제31조 제3항).

1. 전자문서가 문자, 그 밖의 기호, 도면, 사진 등에 관한 정보인 경우 : 전자문서

의 명칭과 작성자 및 작성일(전자문서로 변환하여 제출된 경우에는 원본의 작성자와 작성일을 말함)

2. 전자문서가 음성·음향이나 영상정보인 경우 : 음성이나 영상에 녹음 또는 녹화된 사람, 녹음 또는 녹화를 한 사람 및 그 일시·장소, 음성이나 영상의 주요내용, 용량, 입증할 사항과 음성·음향이나 영상정보와의 적합한 관련성

6-7-2. 전자문서에 대한 증거조사

① 전자문서에 대한 증거조사는 다음의 방법으로 할 수 있습니다(민사소송 등에서의 전자문서 이용 등에 관한 법률 제13조 제1항).

1. 문자, 그 밖의 기호, 도면·사진 등에 관한 정보에 대한 증거조사 : 전자문서를 모니터, 스크린 등을 이용하여 열람하는 방법
2. 음성이나 영상정보에 대한 증거조사 : 전자문서를 청취하거나 시청하는 방법

② 전자문서에 대한 증거조사는 그 성질에 반하지 않는 범위에서 「민사소송법」의 규정을 준용합니다(민사소송 등에서의 전자문서 이용 등에 관한 법률 제13조 제2항).

7. 변론기일 및 집중증거조사기일

① 변론기일은 법원, 당사자, 그 밖의 소송관계인이 모이는 날로 변론준비절차에서 정리된 결과를 발표하고 증거조사를 합니다.

② 집중증거조사기일이란 당사자의 주장과 증거를 정리한 뒤 증인신문과 당사자신문이 집중적으로 이루어지는 기일을 말합니다.

7-1. 변론기일

7-1-1. 개념

① '변론기일'이란 소송행위를 하기 위해 법원, 당사자, 그 밖의 소송관계인이 모이는 일자를 말합니다.

② 재판장은 다음의 경우 바로 변론기일을 정해야 합니다(민사소송법 제258조).

1. 피고가 답변서를 제출한 경우(다만, 사건을 변론준비절차에 부칠 필요가 없는 경우에 한함)
2. 변론준비절차가 끝난 경우

7-1-2. 진행

① 당사자는 변론준비기일을 마친 뒤의 변론기일에 변론준비기일의 결과를 진술해야 합니다(민사소송법 제287조 제2항).

② 법원은 변론기일에 변론준비절차에서 정리된 결과에 따라서 바로 증거조사를 해야 합니다(민사소송법 제287조 제3항).

7-1-3. 전자문서에 의한 변론 방법

① 전자문서에 의한 변론은 다음과 같은 방식으로 합니다(민사소송 등에서의 전자문서 이용 등에 관한 규칙 제30조 제1항).

- 소장, 답변서, 준비서면 그 밖에 이에 준하는 서류가 전자문서로 등재되어 있는 경우 : 당사자가 말로 중요한 사실상 또는 법률상 사항에 대하여 진술하거나 법원이 당사자에게 말로 해당사항을 확인하는 방식

② 전자문서에 의한 변론은 컴퓨터 등 정보처리능력을 갖춘 장치에 전자문서를 현출한 화면에서 필요한 사항을 지적하면서 할 수 있습니다(민사소송 등에서의 전자문서 이용 등에 관한 규칙 제30조 제2항).

③ 멀티미디어 방식의 자료에 따른 변론은 컴퓨터 등 정보처리능력을 갖춘 장치에 의하여 재생되는 음성이나 영상 중 필요한 부분을 청취 또는 시청하는 방법으로 합니다(민사소송 등에서의 전자문서 이용 등에 관한 규칙 제30조 제3항).

④ 다음의 경우에도 위의 변론절차 진행방법과 같이 진행합니다(민사소송 등에서의 전자문서 이용 등에 관한 규칙 제30조제4항).

1. 변론준비기일에서 당사자가 변론의 준비에 필요한 주장과 증거를 정리하는 경우
2. 변론기일에서 변론준비기일의 결과를 진술하는 경우
3. 항소심에서 제1심 변론결과를 진술하는 경우

7-1-4. 증거조사

① 기일통지

증거조사의 기일은 신청인과 상대방에게 통지해야 합니다. 다만, 긴급한 경우에는 그렇지 않습니다(민사소송법 제381조).

② 증거 조사를 하는 경우

법원은 당사자가 신청한 증거에 의해 심증을 얻을 수 없거나, 그 밖에 필요하다고 인정한 경우에는 직권으로 증거조사를 할 수 있습니다(민사소송법 제292조).

③ 증거 조사를 하지 않는 경우

㉮ 법원은 당사자가 신청한 증거가 소송상 필요하지 않다고 인정한 경우에는 조사하지 않을 수 있습니다(민사소송법 제290조 본문). 다만, 그것이 당사자가 주장하는 사실에 대한 유일한 증거인 경우에는 그렇지 않습니다(민사소송법 제290조 단서).

㉯ 법원은 증거조사를 할 수 있을지, 언제 할 수 있을지 알 수 없는 경우에는 그 증거를 조사하지 않을 수 있습니다(민사소송법 제291조).

7-1-5. 종결

법원은 변론준비절차를 마친 경우 첫 변론기일을 거친 뒤 바로 변론을 종결할 수 있도록 해야 하며, 당사자는 이에 협력해야 합니다(민사소송법 제287조 제1항).

7-1-6. 변론기일 불출석의 처리

① 한 쪽 당사자가 출석하지 않은 경우

㉮ 법원은 다음에 해당하는 경우라도 원고 또는 피고가 제출한 소장·답변서, 그 밖의 준비서면에 적혀 있는 사항을 진술한 것으로 보고 출석한 상대방에게 변론을 명할 수 있습니다(민사소송법 제148조 제1항).

1. 원고 또는 피고가 변론기일에 출석하지 않은 경우
2. 출석하고서도 본안에 관해 변론하지 않은 경우

㉯ 당사자가 변론기일에 출석하지 않은 경우 상대방이 주장하는 사실을 명백히 다투지 않는 것으로 보아 자백한 것으로 간주됩니다(민사소송법 제150조 제1항 및

제3항 본문). 다만, 공시송달의 방법으로 기일통지서를 송달받은 당사자가 출석하지 않은 경우에는 그렇지 않습니다(민사소송법 제150조 제3항 단서).

② 양 쪽 당사자가 출석하지 않은 경우

㉮ 다음의 경우 재판장은 다시 변론기일을 정해 양 쪽 당사자에게 통지해야 합니다(민사소송법 제268조 제1항).

1. 양 쪽 당사자가 변론기일에 출석하지 않은 경우
2. 출석하고서도 변론하지 않은 경우

㉯ 새 변론기일 또는 그 뒤에 열린 변론기일에도 양 쪽 당사자가 변론기일에 출석하지 않거나 출석하고서도 변론하지 않은 경우 당사자가 1개월 이내에 기일지정신청을 하지 않으면 소는 취하한 것으로 봅니다(민사소송법 제268조 제2항).

㉰ 기일지정신청에 따라 정한 변론기일에도 양 쪽 당사자가 변론기일에 출석하지 않거나 출석하고서도 변론하지 않은 경우 소는 취하한 것으로 봅니다(민사소송법 제268조 제3항).

7-2. 집중증거조사기일

7-2-1. 개념

'집중증거조사기일'이란 당사자의 주장과 증거를 정리한 뒤 증인신문과 당사자신문을 집중적으로 조사하기 위한 기일을 말합니다(민사소송법 제293조).

7-2-2. 증인신문

① 증인확인

재판장은 증인이 출석한 경우 증인으로부터 주민등록증 등 신분증을 제시받거나 그 밖의 적당한 방법으로 증인임이 틀림없음을 확인해야 합니다(민사소송규칙 제88조).

② 선서

재판장은 증인에게 신문에 앞서 선서를 하게 해야 합니다. 다만, 특별한 사유가 있는 때에는 신문한 뒤에 선서를 하게 할 수 있습니다(민사소송법 제319조).

③ 신문의 순서

㉮ 증인의 신문은 다음의 순서를 따릅니다. 다만, 재판장은 주신문에 앞서 증인에게 그 사건과의 관계와 쟁점에 관해 알고 있는 사실을 개략적으로 진술하게 할 수 있습니다(민사소송규칙 제89조 제1항).

1. 증인신문신청을 한 당사자의 신문(주신문)
2. 상대방의 신문(반대신문)
3. 증인신문신청을 한 당사자의 재신문(재주신문)

㉯ 순서에 따른 신문이 끝난 후에는 재판장의 허가를 받은 때에만 당사자가 다시 신문할 수 있습니다(민사소송규칙 제89조제2항).

㉰ 재판장은 언제든지 신문할 수 있고, 알맞다고 인정하는 때에는 당사자의 의견을 들어 신문의 순서를 바꿀 수도 있습니다(민사소송법 제327조 제3항 및 제4항).

㉱ 다음의 경우 재판장은 당사자의 신문을 제한할 수 있습니다(민사소송법 제327조 제5항).

1. 당사자의 신문이 중복되는 경우
2. 쟁점과 관계가 없는 경우
3. 그 밖에 필요한 사정이 있는 경우

④ 비디오 등 중계장치에 의한 증인신문

㉮ 법원은 다음의 어느 하나에 해당하는 사람을 증인으로 신문하는 경우 상당하다고 인정하는 때에는 당사자의 의견을 들어 비디오 등 중계장치에 의한 중계시설을 통해 신문할 수 있습니다(민사소송법 제327조의2 제1항).

1. 증인이 멀리 떨어진 곳 또는 교통이 불편한 곳에 살고 있거나 그 밖의 사정으로 말미암아 법정에 직접 출석하기 어려운 경우
2. 증인이 나이, 심신상태, 당사자나 법정대리인과의 관계, 신문사항의 내용, 그 밖의 사정으로 말미암아 법정에서 당사자 등과 대면하여 진술하면 심리적인 부담으로 정신의 평온을 현저하게 잃을 우려가 있는 경우

㉯ 비디오 등에 따른 증인신문은 증인이 법정에 출석하여 이루어진 증인신문으로 봅니다(민사소송법 제327조의2 제2항).

㉱ 위에 따른 증인신문의 절차와 방법, 그 밖에 필요한 사항은 「민사소송규칙」으로

정합니다(민사소송법 제327조의2 제3항).

⑤ 불출석의 경우

㉮ 주신문을 할 당사자가 출석하지 않은 경우

증인신문을 신청한 당사자가 신문기일에 출석하지 않은 경우 재판장이 그 당사자에 갈음해 신문을 할 수 있습니다(민사소송규칙 제90조).

㉯ 증인의 불출석

증인이 출석요구를 받고 기일에 출석할 수 없을 경우에는 바로 그 사유를 밝혀 신고해야 합니다(민사소송규칙 제83조).

㉰ 서면에 의한 증언

법원은 증인과 증명할 사항의 내용 등을 고려해 상당하다고 인정하는 경우 출석·증언에 갈음하여 증언할 사항을 적은 서면을 제출하게 할 수 있습니다(민사소송법 제310조 제1항).

㉱ 위반 시 제재

1. 증인이 정당한 사유 없이 출석하지 않은 경우 법원은 결정으로 증인에게 이로 말미암은 소송비용을 부담하도록 명하고 500만원 이하의 과태료를 부과합니다(민사소송법 제311조1항).
2. 법원은 증인이 과태료의 재판을 받고도 정당한 사유 없이 다시 출석하지 않은 경우 결정으로 증인을 7일 이내의 감치(監置)에 처합니다(민사소송법 제311조 제2항).
3. 법원은 정당한 사유 없이 출석하지 않은 증인을 구인하도록 명할 수 있습니다(민사소송법 제312조제1항).

7-2-3. 당사자신문

① 법원은 직권으로 또는 당사자의 신청에 따라 당사자 본인을 신문할 수 있고, 이 경우 당사자에게 선서를 하게 해야 합니다(민사소송법 제367조).

② 법원은 다음의 경우 신문사항에 관한 상대방의 주장을 진실한 것으로 인정할 수 있습니다(민사소송법 제369조).

1. 당사자가 정당한 사유 없이 출석하지 않은 경우

2. 선서 또는 진술을 거부한 경우

③ 위반 시 제재

선서한 당사자가 거짓 진술을 한 경우 법원은 결정으로 500만원 이하의 과태료를 부과합니다(민사소송법 제370조제1항).

제 7장
소송은 어떻게 종결되는가?

제7장 소송은 어떻게 종결되는가?

① 소송은 종국판결, 청구의 포기 · 인낙, 화해권고결정, 소장각하명령, 소의 취하로 종결됩니다.
② 판결에는 종국판결(전부, 일부, 추가판결)과 중간판결이 있고, 변론이 종결된 날부터 2주 이내에 판결을 선고해야 하며, 선고로 판결의 효력이 발생합니다.

1. 소송의 종결사유

1-1. 종국판결

① '종국판결'이란 소송 또는 상소의 제기에 의해 소송이 진행된 사건의 전부 또는 일부를 현재 계속하고 있는 심급에서 완결시키는 판결을 말합니다.
② 판결은 소송이 제기된 날부터 5개월 이내에 선고해야 합니다(민사소송법 제199조).

1-2. 청구의 포기, 인낙

1-2-1. 개념

① '청구의 포기'란 원고가 변론 또는 변론준비기일에 소송물인 권리관계의 존부에 대한 자기 주장을 부정하고 그것이 이유없다는 것을 자인하는 법원에 대한 소송상의 진술을 말합니다.
② '청구의 인낙'이란 피고가 권리관계의 유무에 관한 원고의 주장을 이유있다고 인정하는 법원에 대한 진술을 말합니다.

1-2-2. 효력

청구의 포기·인낙을 변론조서·변론준비기일조서에 적은 경우 그 조서는 확정판결과 같은 효력을 가집니다(민사소송법 제220조).

1-3. 화해권고결정

① '화해권고결정'이란 법원·수명법관 또는 수탁판사가 소송이 진행 중인 사건에 대해

직권으로 당사자의 이익, 그 밖의 모든 사정을 참작하여 청구의 취지에 어긋나지 않는 범위 안에서 사건의 공평한 해결을 위해 화해를 권고하는 결정을 말합니다(민사소송법 제225조).

② 효력

화해권고결정은 다음 중 어느 하나에 해당하면 확정판결과 같은 효력을 가집니다(민사소송법 제231조).

1. 결정서의 정본을 송달받은 날부터 2주 이내에 이의신청이 없는 경우
2. 이의신청에 대한 각하결정이 확정된 경우
3. 당사자가 이의신청을 취하하거나 이의신청권을 포기한 경우

1-4. 소장각하명령

① 소장에 흠이 있어 보정명령을 내렸음에도 기간 이내에 흠을 보정하지 않은 경우 재판장은 명령으로 소장을 각하해야 합니다(민사소송법 제254조 제1항 및 제2항).

② 소장각하명령에 대해서는 즉시항고 할 수 있습니다(민사소송법 제254조 제3항).

1-5. 소송의 취하

① 소송이 제기된 후 원고가 법원에 소송의 전부 또는 일부를 철회하는 소송행위를 말합니다.

② 소송을 취하하면 소송은 당초 제기하지 않은 것과 동일한 상태로 돌아가게 됩니다.

2. 판결의 종류

2-1. 종국판결

① 전부판결

'전부판결'이란 소송계속이 되고 있는 사건의 전부를 동시에 재판하는 종국판결을 말합니다.

② 일부판결

'일부판결'이란 소송사건의 일부를 다른 부분과 분리해 독립적으로 재판할 수 있는 상태에 이르렀을 때 그 부분만을 재판하는 종국판결을 말합니다(민사소송법 제200조). 예를 들어 본소와 반소가 진행되던 중 본소만을 먼저 판결하는 경우를 말합니다.

③ 추가판결

'추가판결'이란 법원이 청구의 일부에 대해 재판을 누락한 경우 그 청구부분에 대해서만 재판하는 종국판결을 말합니다(민사소송법 제212조). 판결은 법원의 판단을 분명하게 하기 위해 결론을 주문에 기재하도록 되어 있으므로 재판의 누락이 있는지 여부는 우선 주문의 기재에 의해 판단해야 합니다.

2-2. 중간판결

① '중간판결'이란 소송의 진행 중 문제가 되었던 실체상 또는 소송상의 각 쟁점을 미리 판단하고 해결하여 종국판결을 준비하기 위해 행하는 판결을 말합니다.

② 법원은 다음의 해당 부분에 대해 중간판결을 할 수 있습니다(민사소송법 제201조).

1. 독립된 공격 또는 방어의 방법

※ 예를 들어 소유권확인소송에서 소유권취득원인에 대해 주장하는 것은 독립된 공격방법으로 먼저 소유권취득원인에 대한 판결을 할 수 있습니다.

2. 그 밖의 중간의 다툼에 대해 필요한 경우

※ 예를 들어 원고는 소송의 당사자가 아니라거나, 관할이 잘못되었다는 등과 같이 소송요건에 대한 다툼이 있을 경우 이를 먼저 판단하는 것을 말합니다.

3. 청구의 원인과 액수에 대해 다툼이 있는 경우 그 원인에 대한 부분

※ 예를 들어 매매대금청구소송에서 피고가 매매대금 뿐만 아니라 매매계약 자체의 무효를 주장하는 경우 매매계약이 유효한지의 여부를 먼저 판단하는 것을 말합니다.

③ 중간판결의 효력

㉮ 중간판결을 선고하면 그 법원은 이에 구속되고, 종국판결에서는 이 중간판결의 판단을 기초로 재판합니다.

㉯ 중간판결은 독립적으로 상소할 수 없고, 종국판결에 대한 상소에 의해 함께 상급심의 판단을 받습니다.

3. 판결의 선고 및 효력

3-1. 판결의 선고

판결은 재판장이 판결원본에 따라 주문을 읽어 선고하며, 필요한 경우에는 이유를 간략히 설명할 수 있습니다(민사소송법 제206조).

3-2. 선고기일

① 판결은 변론이 종결된 날부터 2주 이내에 선고해야 합니다(민사소송법 제207조 제1항).

② 복잡한 사건이나 그 밖의 특별한 사정이 있는 경우에도 변론이 종결된 날부터 4주를 넘겨서는 안 됩니다(민사소송법 제207조 제1항).

③ 판결은 당사자가 출석하지 않아도 선고할 수 있습니다(민사소송법 제207조 제2항).

3-3. 판결의 효력

판결은 선고로 효력이 생깁니다(민사소송법 제205조).

3-4. 판결문의 송달

법원서기관·법원사무관·법원주사 또는 법원주사보는 판결서를 받은 날부터 2주 이내에 당사자에게 판결서 정본을 송달해야 합니다(민사소송법 제210조).

3-5. 판결의 경정

① 판결에 잘못된 계산이나 기재, 그 밖에 이와 비슷한 잘못이 있음이 분명한 경우 법원은 직권으로 또는 당사자의 신청에 따라 경정결정(更正決定)을 할 수 있습니다(민사소송법 제211조 제1항).

② 경정결정은 판결의 원본과 정본에 덧붙여 적습니다(민사소송법 제211조 제2항 본문). 다만, 정본에 덧붙여 적을 수 없을 경우에는 결정의 정본을 작성해 당사자에게 송달합니다(민사소송법 제211조 제2항 단서).

③ 법원사무관 등은 전자문서로 작성한 조서(화해·조정 조서, 청구의 포기·인낙 조서 제외)에 잘못이 있는 경우 전자소송시스템을 이용해 다음의 예에 따라 바로잡을 수 있습니다(민사소송 등에서의 전자문서 이용 등에 관한 규칙 제21조 제1항).

1. 전산등재 과정에서의 잘못 등으로 효력이 없음이 분명한 경우 : 폐기
2. 잘못된 계산이나 기재 등이 있음이 분명한 경우 : 정정

④ 법원은 폐기 또는 정정에 대해 당사자의 이의가 있는 경우 폐기 또는 정정 전의 조서 또는 재판서를 확인할 수 있도록 해야 합니다(민사소송 등에서의 전자문서 이용 등에 관한 규칙 제21조제4항).

3-6. 판결의 확정

① 종국판결은 판결서가 송달된 날부터 2주 이내에 항소를 하지 않으면 확정됩니다(민사소송법 제396조 제1항).

② 그 외에 다음과 같은 경우 확정됩니다.

1. 패소한 당사자가 항소에 이어 상고까지 한 경우 대법원에서 판결을 선고한 때
2. 항소나 상고 후 취하한 때
3. 항소권이나 상고권을 포기한 때

3-7. 확정 판결서의 열람·복사

① 해당 소송관계인이 동의하지 않는 경우 당사자나 이해관계를 소명한 제3자를 제외한 자에게 소송기록을 열람할 수 없도록 한 「민사소송법」 제162조에도 불구하고, 누구든지 판결이 확정된 사건의 판결서(소액사건심판법이 적용되는 사건의 판결서와 상고심절차에 관한 특례법 제4조 및 이 법 제429조 본문에 따른 판결서는 제외)를 인터넷, 그 밖의 전산정보처리시스템을 통한 전자적 방법 등으로 열람 및 복사할 수 있습니다(민사소송법 제163조의2 제1항 본문).

② 다만, 변론의 공개를 금지한 사건의 판결서로서 대법원규칙으로 정하는 경우에는 열람 및 복사를 전부 또는 일부 제한할 수 있습니다(민사소송법 제163조의2 제1항 단서).

③ 법원사무관등이나 그 밖의 법원공무원은 열람 및 복사에 앞서 판결서에 기재된 성명 등 개인정보가 공개되지 아니하도록 보호조치를 해야 합니다(민사소송법 제

163조의2 제2항).

(관련판례 1)

판결에는 법원의 판단을 분명하게 하기 위하여 결론을 주문에 기재하도록 되어 있으므로 재판의 탈루가 있는지 여부는 우선 주문의 기재에 의하여 판정하여야 하고, 주문에 청구의 전부에 대한 판단이 기재되어 있으나 이유 중에 청구의 일부에 대한 판단이 빠져 있는 경우에는 어쨌든 주문에는 청구의 전부에 대한 판시가 있다고 할 수 있으므로 이유를 붙이지 아니한 위법이 있다고 볼 수 있을지언정 재판의 탈루가 있다고 볼 수는 없다(대법원 2002. 5. 14. 선고 2001다73572 판결).

(관련판례 2)

근저당권설정등기의 말소를 명하는 판결을 함에 있어 그 의무자인 당사자의 주소를 표시하면서 이와 다른 등기부상의 주소를 명시하지 아니하였다 하여 그 판결에 명백한 오류가 있다고 할 수 없으므로 판결경정사유에 해당하지 않는다(대법원 1994.8.16. 자 94그17 결정 판결경정).

제 8장
상소 및 재심은 어떻게 진행되는가?

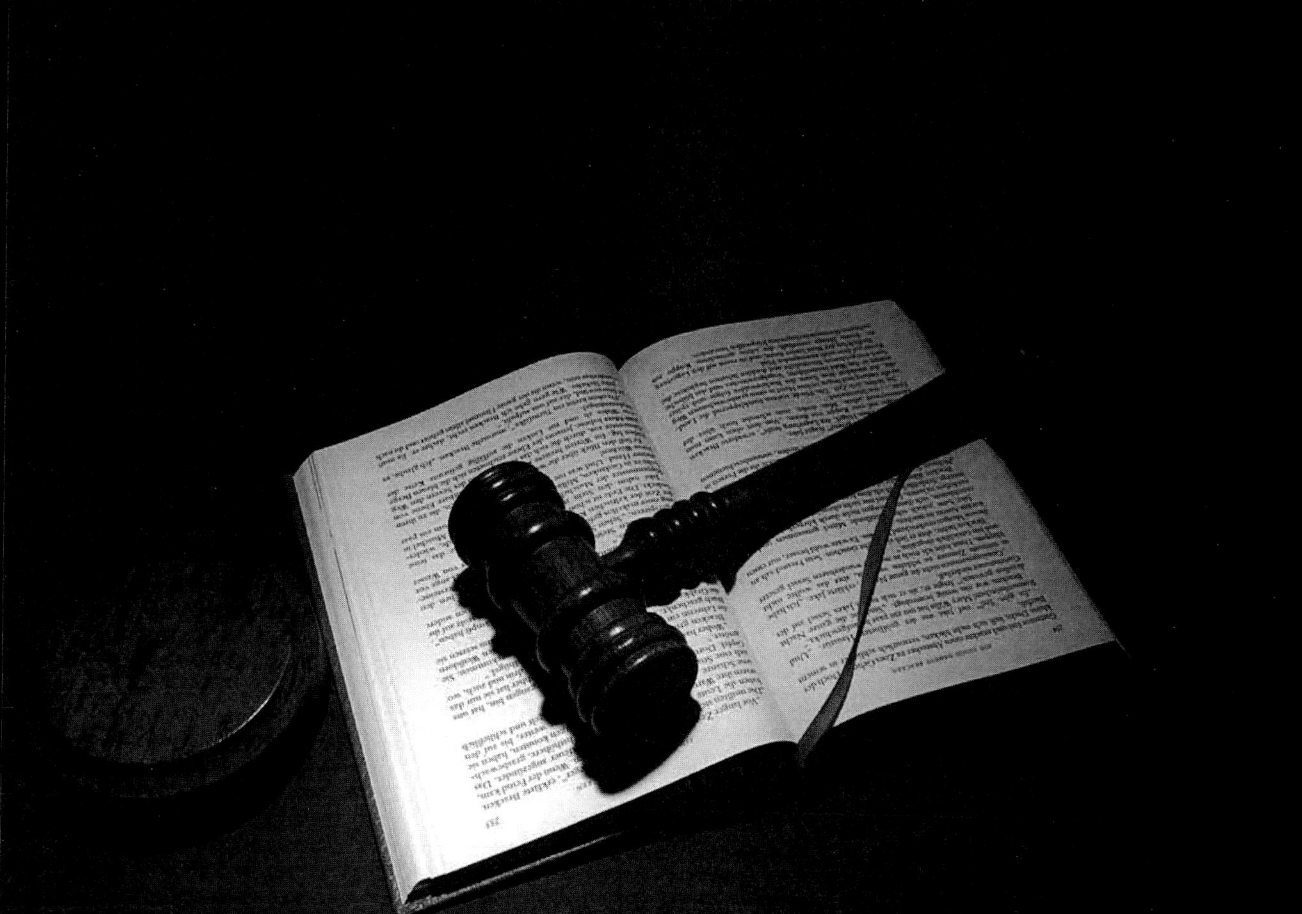

제8장 상소 및 재심은 어떻게 진행되는가?

제1절 상소

① 상소란 미확정인 재판에 대해 상급법원에 불복신청을 하여 구제를 구하는 절차를 말하고, 판결에 대한 불복절차는 항소와 상고가 있으며, 결정·명령에 대한 불복절차는 항고와 재항고가 있습니다.

② 상소를 하기 위해서는 ㉮불복신청이 허용되는 경우일 것, ㉯상소권을 포기하지 않았을 것, ㉰기간을 준수할 것, ㉱상소의 이익이 있을 것의 요건을 갖추어야 합니다.

1. 상소의 개념

'상소'란 미확정인 재판에 대해 상급법원에 불복신청을 하여 구제를 구하는 절차를 말합니다.

2. 상소의 종류

2-1. 항소

① '항소'란 제1심의 종국판결에 대해 불복이 있는 당사자가 사실 또는 법률에 관해 상급법원에 심사를 청구하는 제도를 말합니다.

② 추완항소

'추완항소'란 당사자가 책임질 수 없는 사유로 항소 제기기간을 넘긴 경우 그 사유가 없어진 날부터 2주 이내에 항소를 제기하는 것을 말합니다(민사소송법 제173조제1항).

③ 부대항소

'부대항소'란 항소인의 불복에 부수해 피항소인이 자기의 패소부분에 대해 제기하는 항소를 말합니다. 즉 원판결에 불복이 있는 자가 상대방의 항소로 개시된 절차에 편승하여 자기에게 유리하도록 항소범위를 확장하기 위해 제기하는 것을 말합니다.

2-2. 상고

① ‘상고’란 고등법원이 선고한 종국판결과 지방법원 본원 합의부가 2심으로 선고한 종국판결에 대해 대법원에 불복하는 상소를 말합니다.

② 상고심에서는 원심판결의 법령위반만을 심사대상으로 하기 때문에 당사자는 법적 평가에 한해 불복을 신청할 수 있어 보통 상고심을 법률심이라고 합니다.

2-3. 항고

‘항고’란 판결 이외의 재판인 결정·명령이 위법임을 주장하고 그 취소 또는 변경을 구하는 독립의 상소방법을 말합니다.

2-4. 재항고

‘재항고'란 항고법원, 고등법원 또는 항소법원의 결정 및 명령이 헌법·법률·명령 또는 규칙을 위반했음을 이유로 대법원에 하는 항고를 말합니다.

3. 상소의 요건

3-1. 불복신청이 허용되는 경우일 것

① 판결의 경정(민사소송법 제211조제1항), 재판의 누락(민사소송법 제212조), 중간판결(민사소송법 제201조) 등은 다른 불복방법이 있으므로 항소가 허용되지 않습니다.

② 소송비용 및 가집행에 관한 재판은 독립하여 항소를 하지 못하고(민사소송법 제391조), 본안 재판에 대한 불복신청을 할 경우에만 함께 항소가 가능합니다.

3-2. 상소권을 포기하지 않았을 것

① 항소권 포기

㉮ 항소권은 포기할 수 있습니다(민사소송법 제394조).

㉯ 항소권의 포기는 항소를 하기 이전에는 제1심 법원에, 항소를 한 뒤에는 소송기록이 있는 법원에 서면으로 해야 합니다(민사소송법 제395조 제1항).

㉰ 항소를 한 뒤의 항소권의 포기는 항소 취하의 효력도 가집니다(민사소송법 제395조 제3항).

② 불상소 합의

㉮ 종국판결 뒤에 양 쪽 당사자가 상고할 권리를 유보하고 항소를 하지 않기로 합의한 경우에는 항소를 할 수 없습니다(민사소송법 제390조제1항).

㉯ 그러나, 불상소 합의를 했다 하더라도 제1심 종국판결에 대해 대법원에 상고할 수 있습니다(민사소송법 제422조 제2항). 다만, 상고는 원심판결의 법령위반만을 심사대상으로 하므로 불상소 합의로 인한 제1심 상고의 경우에도 법령위반만을 판단받을 수 있습니다.

3-3. 기간을 준수할 것

① 항소는 판결서가 송달된 날부터 2주 이내에 해야 하고, 즉시항고는 재판이 고지된 날부터 1주 이내에 해야 합니다(민사소송법 제396조 제1항 본문 및 제444조 제1항).

② 항소는 판결서 송달 전에도 할 수 있습니다(민사소송법 제396조 제1항 단서).

3-4. 상소의 이익이 있을 것

① 상소는 자기에게 불이익한 재판에 대해 유리하게 취소, 변경을 구하는 것이므로 전부승소 판결에 대한 상고는 상고를 제기할 대상이나 이익이 전혀 없어 허용될 수 없습니다.

② 재판이 상소인에게 불이익한 것인지 여부는 원칙적으로 재판의 주문을 표준으로 판단해야 하는 것이어서, 재판의 주문상 청구의 인용부분에 대해 불만이 없다면 비록 그 판결이유에 불만이 있더라도 이는 상소의 이익이 없습니다.

(관련판례 1)

상소는 자기에게 불이익한 재판에 대하여 자기에게 유리하게 취소, 변경을 구하는 것이므로 전부승소 판결에 대한 상고는 상고를 제기할 대상이나 이익이 전혀 없으므로 허용될 수 없다(대법원 2002. 6. 14. 선고 99다61378 판결).

(관련판례 2)

상고는 자기에게 불이익한 재판에 대하여 자기에게 유리하게 취소·변경을 구하기 위하여 하는 것이고, 재판이 상소인에게 불이익한 것인지 여부는 원칙적으로 재판의 주문을 표준으로 하여 판단하여야 하는 것이어서, 재판의 주문상 청구의 인용부분에 대하여 불만이 없다면 비록 그 판결이유에 불만이 있더라도 그에 대하여는 상소의 이익이 없다(대법원 1994.12.27. 선고 94므895 판결).

제2절 항소(제1심 판결 불복절차)

① 항소는 판결서가 송달된 날부터 2주 이내에 항소장을 제1심 법원에 제출하면 제기 되며, 지방법원본원합의부나 고등법원이 심리합니다.

② 항소심의 소송절차는 특별한 규정이 없으면 제1심 소송절차에 준해 진행되고, 변론은 당사자가 제1심 판결의 변경을 청구하는 한도 내에서 해야 하며, 판결 또한 그 불복의 한도 내에서 바꿀 수 있습니다.

1. 항소 절차

1-1. 항소 제기

① 항소는 판결서가 송달된 날부터 2주 이내에 해야 합니다(민사소송법 제396조 제1항).

② 항소는 항소장에 다음의 사항을 적어 제1심 법원에 제출하면 제기 됩니다(민사소송법 제397조).

1. 당사자와 법정대리인
2. 제1심 판결의 표시와 그 판결에 대한 항소의 취지

1-2. 관할

① 2억원 이하의 민사사건으로 지방법원 단독판사가 심판한 소송의 판결·결정·명령에 대한 항고사건은 지방법원합의부에서 제2심으로 심판합니다. 다만, 「법원조직법」 제28조의4제2호에 따라 특허법원의 권한에 속하는 사건은 제외합니다(법원조직법

제32조 제2항 및 민사 및 가사소송의 사물관할에 관한 규칙 제2조 참조).

② 2억원을 초과하는 민사사건으로 지방법원합의부가 제1심으로 심판한 소송의 판결·결정·명령에 대한 항고사건은 고등법원에서 제2심으로 심판합니다. 다만, 「법원조직법」 제28조의4제2호에 따라 특허법원의 권한에 속하는 사건은 제외합니다(법원조직법 제28조 제1호 및 민사 및 가사소송의 사물관할에 관한 규칙 제2조).

소송목적의 값	1심	2심
2억원 이하 민사사건	지방법원 및 지방법원지원 단독판사	지방법원합의부
2억원 초과 민사사건	지방법원합의부	고등법원

1-3. 원심재판장의 항소장 심사

① 다음의 경우 원심재판장은 항소인에게 상당한 기간을 정해 그 기간 이내에 흠을 보정하도록 명해야 합니다(민사소송법 제399조 제1항).

1. 항소장에 ㉮ 당사자와 법정대리인, ㉯ 제1심 판결의 표시와 그 판결에 대한 항소의 취지가 제대로 기재되어 있지 않은 경우
2. 항소장에 법률의 규정에 따른 인지를 붙이지 않은 경우

② 원심재판장의 각하명령

다음의 경우 원심재판장은 항소장을 각하합니다(민사소송법 제399조 제2항).

1. 보정기간 내에 보정을 하지 않은 경우
2. 항소기간을 넘겨 항소를 제기한 경우

③ 원심재판장의 항소각하명령에 대해서는 즉시항고를 할 수 있습니다(민사소송법 제399조 제3항).

1-4. 항소기록의 송부

① 항소장이 각하되지 않은 경우 원심법원의 법원서기관·법원사무관·법원주사 또는 법원주사보(이하 '법원사무관등'이라 한다)는 항소장이 제출된 날부터 2주 이내에 항소기록에 항소장을 붙여 항소법원으로 보내야 합니다(민사소송법 제400조 제1항).

② 원심재판장 등의 보정명령이 있는 경우에는 당사자가 보정을 한 날부터 1주 이내에 항소기록을 보내야 합니다(민사소송법 제400조 제2항).

③ 전자소송에서 심급사이 또는 이송결정에 따른 전자기록 송부는 전자적 방법으로 합니다. 다만, 전자문서가 아닌 형태로 제출되어 별도로 보관하는 기록 또는 문서는 그 자체를 송부합니다(민사소송 등에서의 전자문서 이용 등에 관한 규칙 제40조 제1항).

1-5. 항소장 부본의 송달

법원은 항소장의 부본을 피항소인에게 송달해야 합니다(민사소송법 제401조).

1-6. 항소심재판장의 항소장 심사

① 다음의 경우 항소심재판장은 항소인에게 상당한 기간을 정해 그 기간 이내에 흠을 보정하도록 명해야 합니다(민사소송법 제402조 제1항).

1. 항소장에 ㉮ 당사자와 법정대리인, ㉯ 제1심 판결의 표시와 그 판결에 대한 항소의 취지가 제대로 기재되어 있지 않았음에도 원심재판장이 보정명령을 하지 않은 경우
2. 피항소인에게 항소장의 부본을 송달할 수 없는 경우

② 항소심재판장의 각하명령

㉮ 다음의 경우 항소심재판장은 항소장을 각하합니다(민사소송법 제402조 제2항).

1. 보정기간 내에 보정을 하지 않은 경우
2. 항소기간을 넘겨 항소를 제기한 것이 확실함에도 원심재판장이 항소장을 각하하지 않은 경우

㉯ 항소심재판장의 항소각하명령에 대해서는 즉시항고를 할 수 있습니다(민사소송법 제402조 제3항).

1-7. 본안 심리

① 항소심의 소송절차는 특별한 규정이 없으면 제1심 소송절차에 준해 진행됩니다(민사소송법 제408조).

② 변론의 범위

㉮ 변론은 당사자가 제1심 판결의 변경을 청구하는 한도 내에서 해야 하며, 판결 또한 그 불복의 한도 내에서 바꿀 수 있습니다(민사소송법 제407조 제1항 및 제415조).

㉯ 당사자는 제1심 변론의 결과를 진술해야 하는데 그 방식은 다음과 같습니다(민사소송법 제407조 제2항 및 민사소송규칙제127조의2).

1. 당사자가 사실상 또는 법률상의 주장, 정리된 쟁점 및 증거조사 결과의 요지 등을 진술하는 방식
2. 법원이 당사자에게 해당사항을 확인하는 방식

③ 준비서면 등 제출

㉮ 항소인은 항소의 취지를 분명하게 하기 위해 항소장 또는 항소심에서 처음 제출하는 준비서면에 다음의 사항을 적어야 합니다(민사소송규칙 제126조의2 제1항).

1. 제1심 판결 중 사실을 잘못 인정한 부분 또는 법리를 잘못적용한 부분
2. 항소심에서 새롭게 주장할 사항
3. 항소심에서 새롭게 신청할 증거와 그 입증취지
4. 항소심에서 새롭게 제기하는 주장과 증거를 제1심에서 제출하지 못한 이유

㉯ 재판장 등은 피항소인에게 상당한 기간을 정해 제1심 판결 중 사실을 잘못 인정한 부분 또는 법리를 잘못 적용한 부분에 따른 항소인의 주장에 대한 반박내용을 기재한 준비서면을 제출하게 할 수 있습니다(민사소송규칙 제126조의2 제2항).

1-8. 항소심 종결

① 항소각하

부적법한 항소로서 흠을 보정할 수 없으면 변론 없이 판결로 항소는 각하됩니다(민사소송법 제413조).

② 항소기각

항소법원이 다음과 같이 판단하면 항소는 기각됩니다(민사소송법 제414조).

1. 제1심 판결을 정당하다고 인정한 경우
2. 제1심 판결의 이유가 정당하지 않더라도 다른 이유에 따라 그 판결이 정당하다고 인정되는 경우

③ 항소인용

㉮ 다음과 같은 경우 제1심 판결은 취소됩니다(민사소송법 제416조 및 제417조).

1. 항소법원이 제1심 판결을 정당하지 않다고 인정한 경우
2. 제1심 판결의 절차가 법률에 어긋난 경우

㉯ 소송이 부적법하다고 각하한 제1심 판결을 취소하는 경우 항소법원은 사건을 제1심 법원에 환송(還送)합니다(민사소송법 제418조 본문).

㉰ 다만, 제1심에서 충분히 심리가 되어 항소법원이 이를 토대로 본안판결을 할 수 있을 정도로 심리가 된 경우나 당사자의 동의가 있는 경우, 항소법원은 스스로 본안판결을 할 수 있습니다(민사소송법 제418조 단서).

㉱ 불이익변경금지의 원칙

불이익변경금지의 원칙은 원고만이 항소를 한 경우(즉, 상대방의 항소나 부대항소가 없는 경우) 항소심의 판결이 제1심 판결보다 원고에게 불리하게 판결되어서는 안 된다는 원칙입니다.

2. 항소장 작성

① 항소장에 첩부할 인지액은 항소로써 불복하는 범위의 소가를 기준으로 산정하므로, 전부 불복인 경우는 제1심 소가와 같고, 일부 불복인 경우에는 불복하는 부분에 대해 소가를 산정하면 됩니다.

② 항소 시 인지대는 소가에 따른 인지대 계산방법으로 계산하면 되고, 인지액이 1,500원 미만이면 그 인지액은 1,500원으로 합니다.

2-1. 항소장 양식

항 소 장

항소인(원,피고) (이름)
(주소)
(연락처)

피항소인(원,피고) (이름)
(주소)

위 당사자 사이의 ○○지방법원 20 가 호 ○○금 청구사건에 관하여 원(피)고는 귀원이 20 . . . 선고한 판결에 대하여 20 . . . 송달받고 이에 불복하므로 항소를 제기합니다.

원판결의 표시

항소취지

항소이유

첨부서류

1. 납부서
2. 항소장 부본

20 . . .

항소인(원,피고) (서명 또는 날인)

휴대전화를 통한 정보수신 신청

위 사건에 관한 재판기일의 지정.변경.취소 및 문건접수 사실을 예납의무자가 납부한 송달료 잔액 범위 내에서 아래 휴대전화를 통하여 알려주실 것을 신청합니다.

■ **휴대전화 번호** :

20 . . .

신청인 항소인 (서명 또는 날인)

※ 종이기록사건에서 위에서 신청한 정보가 법원재판사무시스템에 입력되는 당일 문자메시지로 발송됩니다(전자기록사건은 전자소송홈페이지에서 전자소송 동의 후 알림서비스를 신청할 수 있음).

※ 문자메시지 서비스 이용금액은 메시지 1건당 17원씩 납부된 송달료에서 지급됩니다(송달료가 부족하면 문자메시지가 발송되지 않습니다).

※ 추후 서비스 대상 정보, 이용금액 등이 변동될 수 있습니다.

※ 휴대전화를 통한 문자메시지는 원칙적으로 법적인 효력이 없으니 참고자료로만 활용하시기 바랍니다.

○○지방법원 귀중

◇유의사항◇

1. 연락처에는 언제든지 연락 가능한 전화번호나 휴대전화번호를 기재하고, 그 밖에 팩스번호, 이메일 주소 등이 있으면 함께 기재하기 바랍니다.
2. 양식 중 원고, 피고의 해당란에 ○표를 하기 바랍니다.
3. 이 신청서를 접수할 때에는 당사자 1인당 12회분의 송달료를 송달료 수납은행에 **예납**하여야 합니다. 다만, 송달료 수납은행이 지정되지 아니한 시.군법원의 경우에는 송달료를 우편으로 납부하여야 합니다.

2-2. 항소장 작성례

① 항소장에 첩부할 인지액은 항소로써 불복하는 범위의 소가를 기준으로 산정하므로, 전부 불복인 경우는 제1심 소가와 같고, 일부 불복인 경우에는 불복하는 부분에 대해 소가를 산정하면 됩니다.

② 항소 시 인지대는 소가에 따른 인지대 계산방법으로 계산하면 되고, 인지액이 1,500원 미만이면 그 인지액은 1,500원으로 합니다.

① 항소장(대여금, 전부불복, 항소이유서 추후제출의 경우)

항 소 장

항소인(원고) ○○○
○○시 ○○구 ○○길 ○○(우편번호)
전화.휴대폰번호:
팩스번호, 전자우편(e-mail)주소:
피항소인(피고) ◇◇◇
○○시 ○○구 ○○길 ○○(우편번호)
전화.휴대폰번호:
팩스번호, 전자우편(e-mail)주소:

대여금청구의 항소

위 당사자간 ○○지방법원 20○○가단○○○ 대여금청구사건에 관하여 항소인(원고)은 같은 법원의 20○○. ○○. ○. 선고한 판결에 대하여 전부 불복이므로 이에 항소를 제기합니다(항소인은 위 판결정본을 20○○. ○○. ○○.에 송달 받았습니다).

원판결의 주문표시

1. 원고의 청구를 기각한다.

2. 소송비용은 원고의 부담으로 한다.

항 소 취 지

1. 원판결을 취소한다.

2. 피고(피항소인)는 원고(항소인)에게 금 15,000,000원 및 이에 대한 20○○. ○. ○.부터 다 갚는 날까지 연 15%의 비율에 의한 돈을 지급하라.

3. 소송비용은 1, 2심 모두 피고(피항소인)의 부담으로 한다.

라는 판결을 구합니다.

항 소 이 유

추후 제출하겠습니다.

첨 부 서 류

1. 항소장부본 각 1통
1. 송달료납부서 1통

20○○. ○○. ○○.

위 항소인(원고) ○○○ (서명 또는 날인)

○○지방법원 귀중

■ 참 고 ■

※ (1) 관 할

1. 고등법원 관할 사건
   - 지방법원합의부의 판결(법원조직법 제28조 제1호)
2. 지방법원합의부 관할사건 : 지방법원 단독판사의 제1심 판결

※ (2) 인 지

항소장에는 소송목적의 가액(소가)에 민사소송등인지법 제2조 제1항 각 호에 따른 금액의 1.5배액의 인지를 붙여야 합니다(민사소송등인지법 제3조). 다만, 대법원 규칙이 정하는 바에 의하여 인지의 첩부에 갈음하여 당해 인지액 상당의 금액을 현금으로 납부하게 할 수 있는바, 현행 규정으로는 인지첩부액이 1만원 이상인 경우에 현금 납부(민사소송등인지규칙 제27조 제1항)

② 항소장(채무부존재확인 등, 전부불복, 항소이유서 추후제출의 경우)

항 소 장

항소인(피고, 반소원고) ◇◇◇
○○시 ○○구 ○○길 ○○(우편번호)
전화.휴대폰번호:
팩스번호, 전자우편(e-mail)주소:
피항소인(원고, 반소피고) ○○○
○○시 ○○구 ○○길 ○○(우편번호)
전화.휴대폰번호:
팩스번호, 전자우편(e-mail)주소:

위 당사자간 ○○지방법원 20○○가단○○○(본소), 20○○가단○○○○(반소) 채무부존재확인청구 등 사건에 관하여 같은 법원에서 20○○. ○○. ○. 판결선고 하였는바, 항소인(피고, 반소원고)은 위 판결에 불복하고 다음과 같이 항소를 제기합니다(판결정본 수령일:20○○. ○. ○○.)

원판결의 주문표시

1. 20○○. ○. ○. 11: 30경 ○○시 ○○구 ○○길 4거리 교차로 상에서 원고(반소피고) 소유의 광주○무○○○○호 승용차와 피고(반소원고) 운전의 광주○마○○○○호 오토바이가 충돌한 교통사고에 관하여 원고(반소피고)의 피고(반소원고)에 대한 손해배상금지급채무가 존재하지 아니함을 확인한다.

2. 피고(반소원고)의 반소청구를 기각한다.

3. 소송비용은 피고(반소원고)의 부담으로 한다.

불복의 정도 및 항소를 하는 취지의 진술

항소인(피고, 반소원고)은 위 판결의 피고(반소원고) 패소부분에 대하여 불복이므로 항소를 제기합니다.

항 소 취 지

1. 원심판결 중 피고(반소원고) 패소부분을 취소하고, 원고(반소피고)는 피고(반소원고)에게 금 33,116,065원 및 이에 대한 20○○. ○. ○.부터 이 사건 소장부본 송달일까지는 연 5%의, 그 다음날부터 다 갚는 날까지는 연 15%의 각 비율에 의한 돈을 지급하라.
2. 소송비용은 제1, 2심 모두 원고(반소피고)의 부담으로 한다.

라는 판결을 구합니다.

항 소 이 유

추후 제출하겠습니다.

첨 부 서 류

1. 항소장부본 각 1통
1. 송달료납부서 1통

20○○. ○○. ○○.
위 항소인(피고, 반소원고) ◇◇◇ (서명 또는 날인)

○○지방법원 귀중

③ 항소장{손해배상(산), 모두 불복, 항소이유 기재}

항 소 장

항소인(원고) 1. ○○○
2. ◉◉◉
3. ○①○
원고들 1 내지 3 주소 ○○시 ○○구 ○○길 ○○(우편번호)
원고3 ○①○은 미성년자이므로 법정대리인
친권자 부 ○○○, 모 ◉◉◉
전화.휴대폰번호:
팩스번호, 전자우편(e-mail)주소:
4. ○②○
5. ○③○
원고들 4, 5 주소 ○○시 ○○구 ○○길 ○○○(우편번호)
전화.휴대폰번호:
팩스번호, 전자우편(e-mail)주소:

피항소인(피고) ◇◇◇
○○시 ○○구 ○○길 ○○(우편번호)
전화.휴대폰번호:
팩스번호, 전자우편(e-mail)주소:

위 당사자간 ○○지방법원 20○○가단○○○ 손해배상(산)청구사건에 관하여 같은 법원에서 20○○. ○○. ○. 판결선고 하였는바, 원고는 위 판결에 모두 불복하고 다음과 같이 항소를 제기합니다(원고는 위 판결정본을 20○○. ○○. ○○. 송달 받았습니다).

제1심판결의 표시

주문 : 원고들의 청구를 모두 기각한다.
소송비용은 원고들의 연대 부담으로 한다.

불복의 정도 및 항소를 하는 취지의 진술

항소인(원고)들은 위 판결에 모두 불복하고 항소를 제기합니다.

항 소 취 지

1. 원심판결을 취소한다.
2. 피고(피항소인)는 원고(항소인) ○○○에게 금 78,800,411원, 원고(항소인) ◉◉◉에게 금 5,000,000원, 원고(항소인) ○①○, 원고(항소인) ○②○, 원고(항소인) ○③○에게 각 금 2,500,000원 및 위 각 금액에 대하여 20○○. ○. ○.부터 이 사건 제1심 판결선고일까지는 연 5%의, 그 다음날부터 다 갚는 날까지는 연 15%의 각 비율에 의한 돈을 지급하라.
3. 소송비용은 1, 2심 모두 피고(피항소인)의 부담으로 한다.
4. 위 제2항은 가집행할 수 있다.

라는 판결을 구합니다.

항 소 이 유

1. 이 사건 사고의 원인에 관하여

제1심 판결은 이유 1의 다항에서 원고(항소인, 다음부터 원고라고만 함) ○○○가 로울러에 감긴 틀줄이 서로 엉키게 되자 이를 풀기 위해 로울러의 작동을 멈추었다가 로울러가 거꾸로 회전하도록 클러치를 작동하는 순간 틀줄이 끊어지면서 오른손이 틀줄과 함께 로울러에 빨려 들어가 우측 제2, 3, 4, 5 수지 절단창을 입게 되었다고 판시하였습니다. 그렇다면 제1심 판결도 이 사건 사고가 틀줄이 서로 엉키게 되었음에 기인함을 인정하였다고 할 것입니다.

로울러의 한가운데가 마모되어 홈이 패어 있음은 을 제1호증(사진), 갑 제5호증의 9(소외 선장 김■■의 진술), 갑 제5호증의 17(소외 이■■의 진술)에 의하여 인정할 수 있습니다. 그리고 이처럼 패여진 로울러의 홈이 틀줄을 엉키게 하는 하나의 원인이 되었다고 보아야 할 것입니다.

그런데 제1심 판결은 틀줄이 엉키게 된 원인에 대하여는 아무런 설시도 없이 이 사건 사고에 대하여 피의자로서 조사를 받았던 소외 선장 김■■와 피고(피항소인, 다음부터 피고라고만 함)의 남편인 소외 이■■의 증언을 기초로 하여 원고(항소인) ○○○의 과실로 이 사건 사고가 발생한 것처럼 설시하고 있습니다.

그러나 제1심 판결이 설시하고 있는 원고 ○○○의 과실은 사실과 다를 뿐 아니라 부득이 사실로 인정된다고 하더라도 그 내용이 틀줄을 여러 번 감아 말뚝에 감아놓고 앉아서 작업하던 중 로울러를 역회전시키다가 틀줄이 끊어져 사고를 당하였다는 것으로서 과실상계로서 참작됨은 별론으로 하고 피고를 면책하도록 할 정도에 이른다고는 할 수 없는 것입니다.

2. 안전교육에 관하여

증인 박▣▣는 선원들에게 조심하여 일하라고 할 뿐 정기적으로 안전교육을 실시하지는 아니한다고 증언하였습니다.

산업안전보건법 제3조 제1항, 같은 법 시행령 제2조의2 제1항의 별표1에 따르면 어업에도 같은 법을 일부 적용하도록 되어 있습니다.

같은 법 제14조에 의하면 사업주는 당해 사업장의 관리감독자에게 당해 직무와 관련된 안전·보건상의 업무를 수행하도록 하여야 한다고 하며, 같은 법 제31조 제1항에 의하면 사업주는 당해 사업장의 근로자에 대하여 노동부령이 정하는 바에 의하여 정기적으로 안전·보건에 관한 교육을 실시하여야 한다고 합니다.

같은 법 시행규칙 제33조 제1항의 별표8에 의하면 매월 2시간이상의 정기교육을 하여야 한다고 하며 별표8의2에 의하면 산업안전보건법령에 관한 사항, 작업공정의 유해·위험에 관한 사항, 표준안전작업방법에 관한 사항 등을 교육내용으로 하여야 한다고 합니다.

사업주인 피고는 물론 관리감독자라 할 수 있는 소외 선장 김▣▣도 근로자인 원고 ○○○에게 위와 같은 정기적인 안전교육을 실시하지 아니하여 안전배려의무를 다하지 아니하였으므로 이 사건 사고에 대하여 책임을 져야 할 것입니다.

첨 부 서 류

1. 항소장부본 각 1통
1. 송달료납부서 1통

20○○. ○○. ○○.

위 항소인(원고) 1. ○○○ (서명 또는 날인)

2. ◉◉◉ (서명 또는 날인)

3. ○①○

원고3 ○①○은 미성년자이므로

법정대리인 친권자 부 ○○○ (서명 또는 날인)

모 ◉◉◉ (서명 또는 날인)

4. ○②○ (서명 또는 날인)

5. ○③○ (서명 또는 날인)

○○지방법원 귀중

④ 추완항소장(항소인 책임질 수 없는 사유로 항소기간 지난 경우)

추 완 항 소 장

항 소 인(피고) ◇◇◇
○○시 ○○구 ○○길 ○○(우편번호 ○○○-○○○)
전화.휴대폰번호:
팩스번호, 전자우편(e-mail)주소:
피항소인(원고) ○○○
○○시 ○○구 ○○길 ○○(우편번호 ○○○-○○○)
전화.휴대폰번호:
팩스번호, 전자우편(e-mail)주소:

계금청구 추완항소사건

위 당사자간 ○○지방법원 20○○가단○○○ 계금청구사건에 관하여 같은 법원에서 20○○. 7. 21. 판결선고 하였는바, 항소인(피고)은 위 판결에 전부불복하고 다음과 같이 항소를 제기합니다.

원판결의 주문표시

1. 피고는 원고에게 금 10,659,023원 및 이에 대하여 19○○. 5. 7.부터 20○○. 3. 9.까지는 연 5%의, 그 다음날부터 다 갚는 날까지는 연 ○○%의 각 비율에 의한 돈을 지급하라.
2. 소송비용은 피고의 부담으로 한다.
3. 위 제1항은 가집행 할 수 있다.

항 소 취 지

1. 원심판결을 취소한다.
2. 원고의 청구를 모두 기각한다.
3. 소송비용은 제1, 2심 모두 원고의 부담으로 한다.

라는 판결을 구합니다.

소송행위추완에 대한 주장

1. 원심판결은 20○○. 8. 6.에 공시송달의 방법에 의하여 20○○. 8. 21.에 항소인(피고)에게 송달된 것으로서 송달의 효력이 발생되어 20○○. 9. 5.에 형식상 확정되었습니다.
2. 그런데 항소인(피고)는 제1심 법원으로부터 항소인(피고)의 주소지인 ○○ ○○구 ○○동 ○○○ ○○아파트 ○○○동 ○○○호에서 이 사건 소장부본 및 최

초의 변론기일소환장을 송달 받고 그 변론기일에 출석한 이후 변호사의 도움 없이 직접 소송을 수행하면서 변론기일에 한 번도 빠짐없이 출석하여 소송을 회피하거나 지연하려는 행위를 한 적이 없었는데, 제3차 변론기일에서 변론이 종결되고 판결선고기일이 20○○. 7. 7.로 고지되었습니다.

그 뒤 제1심 법원은 변론종결 당시 고지한 선고기일에 판결선고를 하지 않고 직권으로 선고기일을 연기하면서 다음 선고기일에 대한 기일소환을 하지 아니한 채 20○○. 7. 21.에 당사자 쌍방이 출석하지 아니한 가운데 판결선고를 하였고, 그 뒤 판결정본을 즉시 송달하지 아니하고 그로부터 10일이나 경과한 20○○. 7. 30.에야 이를 발송함으로써 마침 항소인(피고)이 휴가를 가서 주소지에 거주하고 있지 아니한 기간인 20○○. 8. 3.부터 3일간 집배원의 3차에 걸친 배달시에 모두 폐문부재로 송달불능 되자 20○○. 8. 6. 판결정본을 공시송달 하여 20○○. 8. 21.에 피고에게 송달된 것으로서 송달의 효력이 발생되어 20○○. 9. 5.에 형식상 확정된 것입니다.

3. 그러나 제1심 법원은 한여름 휴가철인 8. 3.부터 8. 5. 사이에 판결정본의 송달이 불능으로 되었다면 피고가 여름 휴가철로 집을 비웠을 가능성을 고려하여 보충송달 등의 방법으로 재송달 하였어야 할 것인데 별다른 조치를 취하지 아니한 채 바로 공시송달결정을 하였으므로, 제1심 법원의 이 사건 공시송달결정은 요건을 결여한 부적법한 것이고, 피고는 제1심 판결이 이러한 부적법한 공시송달의 방법에 의하여 송달된 사실을 모르고 있다가 시일이 오래 지나도록 판결문이 송달되지 않자 20○○. 9. 9.에야 직접 원심법원을 찾아가 기록을 열람해 보고 판결문을 수령한 것입니다.
4. 그렇다면 피고는 위와 같은 피고가 책임질 수 없는 사유로 항소기간을 준수할 수 없었던 것이므로 피고의 이 사건 추완항소는 적법하다고 할 것입니다.

항 소 이 유

추후 제출하겠습니다.

입 증 방 법

1. 을 제3호증 주민등록표등본
1. 을 제4호증 판결등본교부신청증명

첨 부 서 류

1. 위 입증방법 각 1통
1. 추완항소장부본 1통
1. 송달료납부서 1통

20○○. ○○. ○○.

위 항소인(피고) ◇◇◇ (서명 또는 날인)

○○지방법원 귀중

⑤ 부대항소장(원고, 부대항소이유 추후 제출)

부 대 항 소 장

부대항소인(원고, 피항소인) ○○○
○○시 ○○구 ○○길 ○○(우편번호)
전화.휴대폰번호:
팩스번호, 전자우편(e-mail)주소:
부대피항소인(피고, 항소인) ◇◇◇
○○시 ○○구 ○○길 ○○(우편번호)
전화.휴대폰번호:
팩스번호, 전자우편(e-mail)주소:

손해배상(기)청구 부대항소

위 당사자간 귀원 20○○나○○○ 손해배상(기)청구 항소사건에 관하여 부대항소인(원고, 피항소인)은 위 항소에 부대하여 위 항소사건의 제1심 판결(○○지방법원 20○○. ○. ○. 선고 20○○가합○○○) 가운데 원고패소부분에 대하여 불복이므로 부대항소를 제기합니다.

부 대 항 소 취 지

1. 원심판결 중 원고의 패소부분을 취소한다.
2. 피고는 원고에게 금 20,000,000원 및 이에 대하여 20○○. ○. ○.부터 20○○. ○. ○○.까지는 연 5%의, 그 다음날부터 다 갚는 날까지는 연 15%의 각 비율에 의한 돈을 지급하라.
3. 소송비용은 제1, 2심 모두 피고들의 부담으로 한다.
4. 위 제2항은 가집행 할 수 있다.

라는 판결을 구합니다.

부 대 항 소 이 유

추후 제출하겠습니다.

첨 부 서 류

1. 부대항소장부본 각 1통
1. 송달료납부서 1통

20○○. ○○. ○○.
위 부대항소인(원고, 피항소인) ○○○ (서명 또는 날인)

○○고등법원 제○민사부 귀중

⑥ 부대항소장(원고, 부대항소이유 기재)

부 대 항 소 장

부대항소인(원고, 피항소인) ○○○
○○시 ○○구 ○○길 ○○(우편번호)
전화.휴대폰번호:
팩스번호, 전자우편(e-mail)주소:

부대피항소인(피고, 항소인) 1. ◇①◇
○○시 ○○구 ○○길 ○○(우편번호)
전화.휴대폰번호:
팩스번호, 전자우편(e-mail)주소:

2. ◇②◇
○○시 ○○구 ○○길 ○○(우편번호)
전화.휴대폰번호:
팩스번호, 전자우편(e-mail)주소:

손해배상(기)청구의 부대항소

위 당사자간 귀원 20○○나○○○ 손해배상(기)청구항소사건에 대하여 부대항소인(원고, 피항소인)은 위 항소에 부대하여 위 항소사건의 제1심 판결(○○지방법원 ○○지원 20○○. ○. ○. 선고 20○○가단○○○) 가운데 원고패소부분에 대하여 불복이므로 아래와 같이 부대항소를 제기합니다.

부 대 항 소 취 지

1. 원심 판결 중 원고의 패소부분을 취소한다.
2. 피고들은 각자 원고에게 금 ○○○원 및 이에 대하여 20○○. ○. ○.부터 이 사건 제2심 판결선고일까지는 연 5%의, 그 다음날부터 다 갚는 날까지는 연 15%의 각 비율에 의한 돈을 지급하라.
3. 소송비용은 제1, 2심 모두 피고들의 부담으로 한다.
4. 위 제2항은 가집행 할 수 있다.

라는 판결을 구합니다.

부 대 항 소 이 유

1. 원심은 비록 원고가 만 66세의 고령으로 부동산의 권리관계에 대하여 잘 알지 못하였다고 하더라도 원고는 이 사건 계약체결 이전에 2-3회에 걸쳐 이 사건 부동산을 답사한 바 있어 이 사건 부동산에 다수의 임차인들이 거주하고 있음을 알 수 있었으므로, 그렇다면 원고로서도 모르는 사람과 고액의 보증금을 지급하고 전세계약을 체결함에 있어 단지 중개업자의 말만 믿고 계약을 체결할 것이 아니라 스스로 임차인의 수 및 보증금의 합산 액에 대하여 문의하는 등 전세금의 반환이 충분히 담보될 수 있는지 여부를 확인하고 계약을 체결함으로써 이 사건과 같은 손해를 방지하였어야 함에도 불구하고 만연이 피고들의 말만을 믿고 섣불리 계약을 체결한 과실이 있고, 이러한 과실이 이 사건 손해발생 및 확대의 한 원인이 되었음을 전제로 피고들의 책임비율을 50%만 인정하였습니다.
2. 그러나 이 사건은 단순히 피고들이 부동산중개업자로서 중개의뢰인에게 중개목적물에 대한 권리관계를 성실.정확하게 설명하여야 할 업무상 주의의무를 위반한 것에 그치지 않고, 임대인인 소외 최▣▣에 대한 자신들의 채권을 변제받을 목적으로, 원고의 전세보증금반환이 보장될 수 없음을 충분히 인식하면서도 고의적으로 고령에 아무것도 모르는 원고를 이용했다는 특별한 사정이 있으므로 원심이 인정한 피고들의 책임비율 50%는 너무 적고, 70%가 합당하다 할 것입니다.
3. 이에 원고는 부대항소취지와 같은 판결을 구하기 위하여 이 사건 부대항소에 이르렀습니다.

첨 부 서 류

1. 부대항소장부본　　　　각 1통
1. 송달료납부서　　　　　1통

20○○. ○○. ○○.

위 부대항소인(원고, 피항소인) ○○○ (서명 또는 날인)

○○지방법원 제○민사부 귀중

⑦ 항소이유서

항 소 이 유 서

사　　건　20○○나○○○○ 임대차보증금
원고(항소인)　○○○
피고(피항소인) ◇◇◇외 1인

위 사건에 관하여 원고(항소인)는 다음과 같이 항소이유를 제출합니다.

다　　음

1. 원고(항소인, 다음부터는 원고라고만 함)는 20○○. ○. ○. ○○시 ○○구 ○○길 ○○-○ 소재 소외 ◈◈◈와 피고 ◇◇◇의 공동소유(이 당시 소외 ◈◈◈와 피고 ◇◇◇은 법률상 부부였음)로 되어 있던 주택 중 방 1칸을 피고 ◇◇◇의 동의를 받은 소외 ◈◈◈와 임차보증금 8,000,000원에 같은 해 5. 10.부터 20○○. ○. ○○.까지 2년간 임차하기로 계약하고 계약 당일 계약금 600,000원을 지급하고, 같은 해 5. 10. 잔금 7,400,000원을 지급하였으며 20○○. ○. ○. 전입신고를 하고 사용 중 소외 ◈◈◈는 피고 ◇◇◇와 이혼하고 자신의 위 주택의 소유지분을 20○○. ○. ○. 피고 ◇◇◇ 누나의 딸인 피고 ◆◆◆에게 소유권이전등기를 하였습니다.
2. 결국 소외 ◈◈◈는 피고 ◇◇◇의 위임을 받아 이 사건 임대차계약을 체결한 것이고, 피고 ◆◆◆는 위 임대차계약의 임대인의 지위를 승계 하였기 때문에 피고 ◇◇◇와 피고 ◆◆◆는 모두 위 임차보증금 8,000,000원을 반환할 의무가 있습니다.
3. 결국 원심 판결은 이러한 사실관계에 오인이 있어 판결을 그르친 위법이 있다고 하겠습니다.

첨 부 서 류

1. 항소이유서 부본　　　　1통

20○○. ○○. ○○.
위 원고(항소인)　○○○ (서명 또는 날인)

○○지방법원 제○민사부　귀중

⑧ 불상소합의서

불 상 소 합 의 서

사　　건　20○○가단○○ 대여금
원　　고　○○○
피　　고　◇◇◇

위 사건에 관하여 원, 피고 양당사자는 제1심 판결에 관하여 불복하지 않기로 합의합니다. 따라서 제1심 판결이 선고되면 당사자 사이에서 그 판결은 그대로 확정되는 것으로 합니다.

20○○. ○○. ○○.
위 원고　○○○ (서명 또는 날인)
위 피고　◇◇◇ (서명 또는 날인)

○○지방법원 귀중

■ 참 고 ■

의　　의	불상소의 합의는 미리 상소를 하지 않기로 하는 소송법상의 계약으로 구체적인 사건의 심급을 제1심에 한정하기로 하는 당사자 쌍방의 합의임. 이는 상고할 권리를 유보하고 항소만 하지 않기로 하는 불항소의 합의{비약상고의 합의(민사소송법 제390조의 제1항 단서)}와는 구별됨.
성립요건	가. 서면에 의하여야 하고, 나. 구체적인 일정한 법률관계에 기인한 소송에 관한 합의라야 하며, 다. 당사자가 임의로 처분할 수 있는 권리관계에 한하기 때문에, 그 제한이 따르는 직권탐지주의에 의하는 소송에서는 허용될 수 없고, 라. 당사자쌍방이 모두 각각 상소하지 않기로 하는 것이므로, 일방만이 상소하지 않기로 하는 합의는 공평에 반함. 마. 합의는 제1심 판결선고전이라도 할 수 있는 것으로 보아야 함. 왜냐하면, 항소권발생 후에는 합의가 없어도 일방적으로 항소권을 포기할 수가 있기 때문임.
기　　타	적법한 불상소의 합의가 판결선고 전에 있으면 소송은 그로써 완결되고 판결은 선고와 동시에 확정됨. 판결선고 후의 합의는 그 성립과 동시에 판결을 확정시킴. 불상소의 합의를 어기고 항소를 제기하면 부적법 각하하여야 함.

2-3. 소가 산정

① 항소장에 첩부할 인지액은 항소로써 불복하는 범위의 소가를 기준으로 산정하므로(민사소송 등 인지규칙 제25조), 전부 불복인 경우는 제1심 소가와 같고, 일부 불복인 경우에는 불복하는 부분에 대해 소가를 산정하면 됩니다.

② 확인소송의 소가는 확인할 물건 및 권리의 종류에 따라 산정된 금액입니다.

③ 예를 들어 유가증권의 채무부존재 확인소송의 경우 소가는 유가증권의 액면금액이 됩니다.

④ 일부승소 또는 일부패소로 항소를 제기하는 경우의 소가 산정방법

㉮ 예를 들어, 원심에서 원고가 3,000만원을 청구했는데 1,000만원만을 인정받아 항소를 하는 경우 항소심의 소가는 불복하는 금액인 2,000만원 입니다.

㉯ 예를 들어, 원심에서 피고가 일부 패소해 2,000만원을 원고에게 주어야 하는 경우, 이에 불복해 항소를 제기하면 2,000만원이 소가가 됩니다. 전부 패소한 경우에는 원고가 청구한 총 금액이 소가가 됩니다.

2-4. 1심 소가에 따른 인지액

소 가	인 지 대
소가 1천만원 미만	소가 × 50 / 10,000
소가 1천만원 이상 1억원 미만	소가 × 45 / 10,000 + 5,000
소가 1억원 이상 10억원 미만	소가×40 / 10,000 + 55,000
소가 10억원 이상	소가×35 / 10,000 + 555,000
※ 항소 시 인지액이 1,500원 미만이면 그 인지액은 1,500원으로 하고, 1,500원 이상이면 100원 미만은 계산하지 않습니다(「민사소송 등 인지법」 제2조제2항 및 제3조).	

※ 항소 시 인지액 : 1심 소가에 따른 인지액 × 1.5

위 사안의 경우 소가가 3,000만원 이므로, {(30,000,000× 45 / 10,000) + 5,000}× 1.5 = 210,000원이 인지액이 됩니다.

2-4. 인지액의 납부방법

2-4-1. 현금납부

① 소장에 첩부하거나 보정해야 할 인지액(이미 납부한 인지액이 있는 경우에는 그 합산액)이 1만원 이상인 경우에는 그 인지의 첩부 또는 보정에 갈음해 인지액 상당의 금액 전액을 현금으로 납부해야 합니다9민사소송 등 인지규칙 제27조 제1항).

② 인지액 상당 금액을 현금으로 납부할 경우에는 송달료 수납은행에 내야 합니다(민사소송 등 인지규칙 제28조).

2-4-2. 신용카드납부

① 신청인은 인지액 상당의 금액을 현금으로 납부할 수 있는 경우 이를 수납은행 또는 인지납부대행기관의 인터넷 홈페이지에서 인지납부대행기관을 통해 신용카드·직불카드 등(이하 “신용카드등”이라 한다)으로도 납부할 수 있습니다(민사소송 등 인지규칙 제28조의2 제1항).

② "인지납부대행기관"이란 정보통신망을 이용해 신용카드등에 의한 결제를 수행하는 기관으로서 인지납부대행기관으로 지정받은 자를 말합니다(민사소송 등 인지규칙 제28조의2 제2항).

③ 인지납부대행기관은 신청인으로부터 인지납부 대행용역의 대가로 납부대행수수료를 받을 수 있고, 납부대행수수료는 전액 소송비용으로 봅니다(민사소송 등 인지규칙 제28조의2 제4항 및 제5항).

2-4-3. 인지납부일

① 인지액 상당의 금액을 신용카드등으로 납부하는 경우에는 인지납부대행기관의 승인일을 인지납부일로 봅니다(민사소송 등 인지규칙 제28조의2 제3항).

② 신청인은 수납은행이나 인지납부대행기관으로부터 교부받거나 출력한 영수필확인서를 소장에 첨부하여 법원에 제출해야 합니다(민사소송 등 인지규칙 제29조 제2항).

2-5. 송달료 납부

민사항소사건의 송달료는 당사자수 × 3,700원 × 12회분입니다(송달료규칙의 시행에 따른 업무처리요령 별표 1).

2-6. 항소장부본

항소장 제출 시 송달에 필요한 수의 부본을 함께 제출해야 합니다(민사소송규칙 제48조 제1항 및 제128조).

3. 상고(제2심 판결 불복절차)

① 상고절차는 고등법원이 선고한 종국판결과 지방법원 합의부가 제2심으로서 선고한 종국판결에 대한 불복절차로 법령위반만을 심사대상으로 대법원이 판결하는 최종심입니다.

② 상고이유로는 제2심 판결이 헌법 · 법률 · 명령 또는 규칙의 위반한 일반적인 상고이유와 제2심 판결이 법률에 따라 판결법원을 구성하지 않았거나 판결의 이유를 밝히지 않거나 이유에 모순이 있는 경우 등의 절대적 상고이유가 있습니다.

3-1. 상고의 대상

① 상고는 고등법원이 선고한 종국판결과 지방법원 합의부가 제2심으로서 선고한 종국판결에 대해 할 수 있습니다(민사소송법 제422조 제1항).

② 제1심 종국판결 뒤에 양 쪽 당사자가 상고할 권리를 유보하고 항소를 하지 않기로 합의한 경우 제1심 종국판결에 대해 상고(비약적 상고)를 할 수 있습니다(민사소송법 제422조 제2항).

③ 다만 비약적 상고의 경우 대법원은 법령위반만을 심사대상으로 하므로 원심판결의 사실 확정이 법률에 어긋난다는 것을 이유로 그 판결을 파기하지 못합니다(민사소송법 제433조).

3-2. 상고의 이유

3-2-1. 일반적 상고이유

① 상고는 판결에 영향을 미친 헌법·법률·명령 또는 규칙의 위반을 이유로 드는 경우에만 할 수 있습니다(민사소송법 제423조).

② 원심판결이 적법하게 확정한 사실은 상고법원을 기속하므로(민사소송법 제432조), 상고심에서 새로운 청구를 하거나 사실심리에 대한 판단을 요청할 수 없습니다.

3-2-2. 절대적 상고이유

① 판결에 다음 중 어느 하나의 사유가 있는 경우 상고에 정당한 이유가 있다고 봅니다(「민사소송법」 제424조).

1. 법률에 따라 판결법원을 구성하지 않은 경우
2. 법률에 따라 판결에 관여할 수 없는 판사가 판결에 관여한 경우
3. 전속관할에 관한 규정에 어긋난 경우
4. 법정대리권·소송대리권 또는 대리인의 소송행위에 대한 특별한 권한의 수여에 흠이 있는 경우(보정된 당사자나 법정대리인이 이를 추인한 경우 제외)
5. 변론을 공개하는 규정에 어긋난 경우
6. 판결의 이유를 밝히지 않거나 이유에 모순이 있는 경우

3-2-3. 상고이유의 기재례

① 법리오해

법리오해는 법령 해석의 잘못, 법령 적용의 잘못 등이 있는 경우에 기재합니다.

② 채증법칙위반

채증법칙이란 증거를 채택·결정함에 있어 법관이 지켜야 할 논리적이고 경험칙에 합당하게 사실관계를 확정하는 것을 말합니다. 이는 법관에게 부여된 권한인 자유심증주의와 관련이 있는데 법관이 경험칙에 반해 합리성을 잃어버린 경우 채증법칙위반으로 상소이유를 기재합니다.

③ 이유불비

이유불비는 이유를 전혀 기재하지 않은 경우, 이유의 일부를 빠뜨리거나 이유의 어느

부분이 불명확한 경우 등에 기재합니다.

④ 이유모순

이유모순은 판결이유의 문맥에 모순이 있어 일관성이 없는 경우 등에 기재합니다.

⑤ 심리미진

법령의 해석 등에 필요한 심리를 다하고 선고를 했어야 하는데 이를 다 하지 않은 경우 등에 기재합니다. 즉 "원심은 그 판시와 같은 이유만으로 피고인에게 판시 범죄사실에 대한 고의가 있다고 보았으니, 이는 법리를 오해하여 심리를 다하지 않은 위법이 있다"라고 판시하는 경우를 말합니다.

3-3. 상고 절차

3-3-1. 상고 제기

① 상고는 판결서가 송달된 날부터 2주 이내에 해야 합니다(민사소송법 제396조 제1항 및 제425조).

② 상고는 상고장에 다음의 사항을 적어 원심(항소심) 법원에 제출하면 제기 됩니다(민사소송법 제397조 및 제425조).

1. 당사자와 법정대리인
2. 제2심 판결의 표시와 그 판결에 대한 상고의 취지

3-3-2. 관할

대법원은 다음의 사건을 최종심으로 심판합니다(법원조직법 제14조 제1호 및 제3호).

1. 고등법원 또는 항소법원·특허법원의 판결에 대한 상고사건
2. 다른 법률에 따라 대법원의 권한에 속하는 사건

3-3-3. 원심(항소심)재판장의 상고장 심사

① 다음의 경우 항소심 재판장은 상고인에게 상당한 기간을 정해 그 기간 이내에 흠을 보정하도록 명해야 합니다(민사소송법 제399조 제1항 및 제425조).

1. 상고장에 당사자와 법정대리인, 제2심 판결의 표시와 그 판결에 대한 상고의 취지가 제대로 기재되어 있지 않은 경우

2. 상고장에 법률의 규정에 따른 인지를 붙이지 않은 경우

② 항소심 재판장의 각하명령

㉮ 다음의 경우 항소심 재판장은 상고장을 각하합니다(민사소송법 제399조 제2항 및 제425조).

1. 보정기간 내에 보정을 하지 않은 경우
2. 상고기간을 넘겨 상고를 제기한 경우

㉯ 항소심 재판장의 상고각하명령에 대해서는 즉시항고를 할 수 있습니다(민사소송법 제399조 제3항 및 제425조).

3-4. 상고기록의 송부

① 상고장이 각하되지 않은 경우 항소심 법원의 법원서기관·법원사무관·법원주사 또는 법원주사보(이하 '법원사무관등'이라 한다)는 상고장이 제출된 날부터 2주 이내에 상고기록에 상고장을 붙여 대법원으로 보내야 합니다(민사소송법 제400조제1항 및 제425조).

② 항소심 재판장의 보정명령이 있는 경우에는 당사자가 보정을 한 날부터 1주 이내에 상고기록을 보내야 합니다(민사소송법 제400조 제2항 및 제425조).

③ 전자소송에서 심급사이 또는 이송결정에 따른 전자기록 송부는 전자적 방법으로 합니다. 다만, 전자문서가 아닌 형태로 제출되어 별도로 보관하는 기록 또는 문서는 그 자체를 송부합니다(민사소송 등에서의 전자문서 이용 등에 관한 규칙 제40조 제1항).

④ 이유를 적지 않은 판결은 그 원본을 법원서기관, 법원사무관, 법원주사 또는 법원주사보(이하 '법원사무관등'이라 한다)에게 교부하며, 법원사무관등은 즉시 이를 받은 날짜를 덧붙여 적고 도장을 찍은 후 당사자에게 송달해야 합니다(상고심절차에 관한 특례법 제5조 제3항). 전자소송의 경우 이러한 판결 원본의 교부, 영수일자의 부기와 날인, 송달은 전자적 방법으로 합니다(민사소송 등에서의 전자문서 이용 등에 관한 법률 제14조 제1항).

⑤ 「상고심절차에 관한 특례법」 제6조제2항에 정해진 4개월의 기간은 상고사건이 대법원에 전자적인 방법으로 이관된 날부터 기산합니다(민사소송 등에서의 전자문서 이용 등에 관한 법률 제14조 제2항).

⑥ 사건기록을 송부할 때 「상고심절차에 관한 특례법」 제6조제2항에 정해진 기간은 대법원이 마지막으로 기록을 받은 날부터 진행합니다(민사소송 등에서의 전자문서 이용 등에 관한 규칙 제40조 제2항).

3-5. 소송기록 접수의 통지

상고법원의 법원사무관등은 항소심 법원의 법원사무관등으로부터 소송기록을 받은 때에 바로 그 사유를 당사자에게 통지해야 합니다(민사소송법 제426조).

3-6. 상고심 재판장의 상고장 심사

① 다음의 경우 상고심 재판장은 상고인에게 상당한 기간을 정해 그 기간 이내에 흠을 보정하도록 명해야 합니다(민사소송법 제402조 제1항 및 제425조).

1. 상고장에 당사자와 법정대리인, 제2심 판결의 표시와 그 판결에 대한 상고의 취지가 제대로 기재되어 있지 않았음에도 항고심 재판장이 보정명령을 하지 않은 경우
2. 피상고인에게 상고장의 부본을 송달할 수 없는 경우

3-7. 상고심 재판장의 각하명령

① 다음의 경우 상고심 재판장은 상고장을 각하합니다(민사소송법 제402조 제2항 및 제425조).

1. 보정기간 내에 보정을 하지 않은 경우
2. 상고기간을 넘겨 상고를 제기한 것이 확실함에도 항고심 재판장이 상고장을 각하하지 않은 경우

② 상고심 재판장의 상고각하명령에 대해서는 즉시항고를 할 수 있습니다(민사소송법 제402조 제3항 및 제425조).

3-8. 상고이유서 제출 및 송달

① 상고이유서의 제출

상고장에 상고이유를 적지 않은 경우 상고인은 소송기록 접수의 통지를 받은 날부터

20일 이내에 상고이유서를 제출해야 합니다(민사소송법 제427조).

② 송달

㉮ 상고이유서를 제출받은 상고법원은 바로 그 부본이나 등본을 상대방에게 송달해야 합니다(민사소송법 제428조 제1항).

㉯ 상대방은 상고이유서의 부본이나 등본을 송달받은 날부터 10일 이내에 답변서를 제출할 수 있습니다(민사소송법 제428조 제2항).

㉰ 상고법원은 상대방이 제출한 답변서의 부본이나 등본을 상고인에게 송달해야 합니다(민사소송법 제428조 제3항).

3-9. 상고심의 심리

① 상고법원은 상고장·상고이유서·답변서, 그 밖의 소송기록에 의해 변론 없이 판결할 수 있습니다(민사소송법 제430조 제1항).

② 상고법원은 소송관계를 분명하게 하기 위해 필요한 경우 특정한 사항에 관해 변론을 열어 참고인의 진술을 들을 수 있습니다(민사소송법 제430조 제2항).

③ 상고법원은 상고이유에 따라 불복신청의 한도 안에서 심리합니다(민사소송법 제431조).

④ 상고심의 소송절차는 특별한 규정이 없으면 제1심 소송절차에 준해 진행됩니다(민사소송법 제408조 및 제425조).

3-10. 상고심 종결

3-10-1. 상고각하

부적법한 상고로서 흠을 보정할 수 없으면 변론 없이 판결로 상고는 각하됩니다(민사소송법 제413조 및 제425조).

3-10-2. 상고기각

① 상고심 법원이 다음과 같이 판단하면 상고는 기각됩니다(민사소송법 제414조 및 제425조).

1. 제2심 판결을 정당하다고 인정한 경우

2. 제2심 판결의 이유가 정당하지 않더라도 다른 이유에 따라 그 판결이 정당하다고 인정되는 경우

② 상고이유서를 제출하지 않은 경우

1. 상고인이 가한 내에 상고이유서를 제출하지 않은 경우 상고법원은 변론 없이 판결로 상고를 기각합니다(민사소송법 제429조 본문).
2. 다만, 직권으로 조사해야 할 사유가 있는 경우에는 그렇지 않습니다(민사소송법 제429조 단서).

3-10-3. 심리불속행

① 대법원은 상고이유에 관한 주장이 다음 중 어느 하나의 사유를 포함하지 않으면 심리를 하지 않고 판결로 상고를 기각합니다(상고심절차에 관한 특례법 제4조 제1항).

1. 원심판결이 헌법에 위반되거나, 헌법을 부당하게 해석한 경우
2. 원심판결이 명령·규칙 또는 처분의 법률위반 여부에 대해 부당하게 판단한 경우
3. 원심판결이 법률·명령·규칙 또는 처분에 대해 대법원 판례와 상반되게 해석한 경우
4. 법률·명령·규칙 또는 처분에 대한 해석에 관해 대법원 판례가 없거나 대법원 판례를 변경할 필요가 있는 경우
5. 그 외에 중대한 법령위반에 관한 사항이 있는 경우
6. 법률에 따라 판결법원을 구성하지 않은 경우
7. 법률에 따라 판결에 관여할 수 없는 판사가 판결에 관여한 경우
8. 전속관할에 관한 규정에 어긋난 경우
9. 법정대리권·소송대리권 또는 대리인의 소송행위에 대한 특별한 권한의 수여에 흠이 있는 경우
10. 변론을 공개하는 규정에 어긋난 경우

② 대법원은 상고이유에 관한 주장이 다음의 사유를 포함하는 경우에도 심리를 하지 않고 판결로 상고를 기각합니다(상고심절차에 관한 특례법 제4조 제3항).

1. 그 주장 자체로 보아 이유가 없는 경우
2. 원심판결과 관계가 없거나 원심판결에 영향을 미치지 않는 경우

3-10-4. 상고인용

① 파기환송 또는 이송

㉮ 상고법원은 상고에 정당한 이유가 있다고 인정할 경우 원심판결을 파기하고 사건을 원심법원에 환송하거나, 동등한 다른 법원에 이송합니다(민사소송법 제436조 제1항).

㉯ 사건을 환송받거나 이송받은 법원은 다시 변론을 거쳐 재판을 해야 합니다. 이 경우 사건을 환송받거나 이송받은 법원은 상고법원이 파기의 이유로 삼은 사실상 및 법률상 판단에 기속됩니다(민사소송법 제436조 제2항).

㉰ 원심판결에 관여한 판사는 환송받거나 이송되어 이루어지는 재판에 관여하지 못합니다(민사소송법 제436조 제3항).

② 파기자판

다음의 경우 상고법원은 사건을 파기환송 또는 이송을 시키지 않고 상고법원 스스로 종국판결을 할 수 있습니다(민사소송법 제437조).

1. 확정된 사실에 대해 법령적용이 어긋난다 하여 판결을 파기할 때 이미 제1, 2심을 통해 충분히 판결이 이루어져 그 사실을 바탕으로 재판하기 충분한 경우
2. 사건이 법원의 권한에 속하지 않아 판결을 파기하는 경우

(관련판례 1)

덤프트럭 운전자인 피고인이 도로법상의 축 하중 제한기준(10t) 및 총 중량 제한기준(40t)을 초과하여 모래를 적재한 상태로 위 차량을 운행하다가 과적으로 단속된 사안에서, 출발 당시의 총 중량 계측결과(39.870t), 축 중량 및 총 중량 초과 정도가 크지 않은 점 등의 사정을 종합할 때, 피고인이 제한기준 초과 상태로 운행한다는 인식을 가지고 있었다고 보기는 어려움에도, 이와 달리 본 원심판단에 법리오해 및 심리미진의 위법이 있다(대법원 2010.7.22. 선고 2010도6960 판결).

(관련판례 2)

「민사소송법」 제344조 제1항 제1호, 제374조를 신청 근거 규정으로 기재한 동영상 파일 등과 사진의 제출명령신청에 대하여, 동영상 파일은 검증의 방법으로 증거조사를 하여야 하므로 문서제출명령의 대상이 될 수는 없고, 사진의 경우에는 그 형태, 담겨진 내용 등을 종합하여 감정·서증·검증의 방법 중 가장 적절한 증거조사 방법을 택하여 이를 준용하여야 함에도, 제1심법원이 사진에 관한 구체적인 심리 없이 곧바로 문서제출명령을 하고 검증의 대상

인 동영상 파일을 문서제출명령에 포함시킨 것이 정당하다고 판단한 원심의 조치에는 문서제출명령의 대상에 관한 법리를 오해한 잘못이 있다(대법원 2010.7.14. 자 2009마2105 결정).

(관련판례 3)

원고의 청구를 일부 인용하는 제1심판결에 대하여 원고는 항소하였으나 피고들은 항소나 부대항소를 하지 아니한 경우, 제1심판결의 원고 승소 부분은 원고의 항소로 인하여 항소심에 이심은 되었으나, 항소심의 심판범위에서는 제외되었다 할 것이고, 따라서 항소심이 원고의 항소를 일부 인용하여 제1심판결의 원고 패소 부분 중 일부를 취소하고 그 부분에 대한 원고의 청구를 인용하였다면, 이는 제1심에서의 원고 패소 부분에 한정된 것이며 제1심판결 중 원고 승소 부분에 대하여는 항소심이 판결을 한 바 없어 이 부분은 피고들의 상고대상이 될 수 없으므로, 원고 일부 승소의 제1심판결에 대하여 아무런 불복을 제기하지 않은 피고들은 제1심판결에서 원고가 승소한 부분에 관하여는 상고를 제기할 수 없다(대법원 2009.10.29. 선고 2007다22514,22521 판결).

(관련판례 4)

판결에 이유를 기재하도록 하는 법률의 취지는 법원이 증거에 의하여 인정한 구체적 사실에 법규를 적용하여 결론을 도출하는 방식으로 이루어진 판단과정이 불합리하거나 주관적이 아니라는 것을 보장하기 위하여 그 재판과정에서 이루어진 사실인정과 법규의 선정, 적용 및 추론의 합리성과 객관성을 검증하려고 하는 것이므로, 판결의 이유는 그와 같은 과정이 합리적·객관적이라는 것을 밝힐 수 있도록 그 결론에 이르게 된 과정에 필요한 판단을 빠짐없이 기재하여야 하고, 그와 같은 기재가 누락되거나 불명확한 경우에는 「민사소송법」 제424조 제6호의 절대적 상고이유가 된다(대법원 2005. 1. 28. 선고 2004다38624 판결).

3-11. 상고장 작성 예시

① 상고장에 첩부할 인지액은 상고로써 불복하는 범위의 소가를 기준으로 산정하므로, 전부 불복인 경우는 제1심 소가와 같고, 일부 불복인 경우에는 불복하는 부분에 대해 소가를 산정하면 됩니다.

② 상고 시 인지대는 소가에 따른 인지대 계산방법으로 계산하면 되고, 인지액이 2,000원 미만이면 그 인지액은 2,000원으로 합니다.

3-11-1. 상고장 양식

상 고 장

상고인(원,피고) (이름)
(주소)
(연락처)
피상고인(원,피고) (이름)
(주소)

위 당사자 사이의 귀원 20 나 호 ○○금 청구사건에 관하여 원(피)고는 귀원이 20 . . . 선고한 판결에 대하여 20 . . . 송달받고 이에 불복하므로 상고를 제기합니다.

제2심판결의 표시

상고취지

상고이유

첨부서류

1. 납부서
2. 상고장 부본

20 . . .

상고인(원,피고) (서명 또는 날인)

휴대전화를 통한 정보수신 신청

위 사건에 관한 재판기일의 지정.변경.취소, 종국결과 및 문건접수 사실(민사본안만 해당)을 예납의무자가 납부한 송달료 잔액 범위 내에서 아래 휴대전화를 통하여 알려주실 것을 신청합니다.

■ **휴대전화 번호** :

20 . . .

신청인 상고인 (서명 또는 날인)

※ 종이기록사건에서 위에서 신청한 정보가 법원재판사무시스템에 입력되는 당일 문자메시지로 발송됩니다(전자기록사건은 전자소송홈페이지에서 전자소송동의 후 알림서비스를 신청할 수 있음).
※ 문자메시지 서비스 이용금액은 메시지 1건당 17원씩 납부된 송달료에서 지급됩니다(송달료가 부족하면 문자메시지가 발송되지 않습니다).
※ 추후 서비스 대상 정보, 이용금액 등이 변동될 수 있습니다.
※ 휴대전화를 통한 문자메시지는 원칙적으로 법적인 효력이 없으니 참고자료로만 활용하시기 바랍니다.

○○고등법원 귀중

◇유의사항◇

1. 연락처에는 언제든지 연락 가능한 전화번호나 휴대전화번호를 기재하고, 그 밖에 팩스번호, 이메일 주소 등이 있으면 함께 기재하기 바랍니다.
2. 양식 중 원고, 피고의 해당란에 ○표를 하기 바랍니다.
3. 이 신청서를 접수할 때에는 당사자 1인당 8회분의 송달료를 송달료 수납은행에 **예납**하여야 합니다.
4. 상고장에 상고이유를 적지 아니한 때에 상고인은 대법원으로부터 소송기록접수통지를 받은 날부터 20일 안에 상고이유서 1통과 그 부본(상대방수+6통)을 대법원에 제출하여야 하고, 만약 위 기간 안에 상고이유서를 제출하지 않으면 상고가 기각될 수 있습니다.

3-11-2. 상고장 작성례

① 상고장(상고이유서 추후 제출 - 손해배상(자)청구)

상 고 장

원고(상고인) 1. ○○○
2. ◎◎◎
3. ◉◉◉
원고들 주소 ○○시 ○○구 ○○길 ○○(우편번호 ○○○-○○○)
전화.휴대폰번호:
팩스번호, 전자우편(e-mail)주소:

피고(피상고인) 1. ◇◇◇
○○시 ○○구 ○○길 ○○(우편번호 ○○○-○○○)
전화.휴대폰번호:
팩스번호, 전자우편(e-mail)주소:
2. ◆◆상운주식회사
○○시 ○○구 ○○길 ○○(우편번호 ○○○-○○○)
대표이사 ◆◆◆
전화.휴대폰번호:
팩스번호, 전자우편(e-mail)주소:
3. ◈◈택시운송사업조합연합회
○○시 ○○구 ○○길 ○○(우편번호 ○○○-○○○)
대표자 회장 ◈◈◈
전화.휴대폰번호:
팩스번호, 전자우편(e-mail)주소:

손해배상(자)청구의 상고

위 당사자간 ○○지방법원 20○○나○○○ 손해배상(자)청구사건에 관하여 원고들은 20○○. ○. ○. 선고한 판결에 대하여 불복이므로 상고를 제기합니다.

제2심판결의 표시

1. 원고들의 항소를 기각한다.

2. 항소비용은 원고들의 부담으로 한다.
(위 판결정본을 20○○. ○. ○○. 수령하였습니다.)

불복정도 및 상고범위

원고들은 원심판결에 관하여 전부 불복입니다.

상 고 취 지

원심판결을 파기하고 이 사건을 ○○지방법원으로 환송한다.
라는 판결을 구합니다.

상 고 이 유

추후 제출하겠습니다.

첨 부 서 류

1. 상고장부본 각 1통
1. 송달료납부서 1통

20○○. ○○. ○○.

위 상고인(원고) 1. ○○○ (서명 또는 날인)
2. ◎◎◎ (서명 또는 날인)
3. ◉◉◉ (서명 또는 날인)

대법원 귀중

제출법원	제2심법원(민사소송법 제397조 제1항, 제425조)	제출기간	판결서가 송달된 날부터 2주 이내(민사소송법 제396조 제1항, 제425조)
제출부수	상고장 및 상대방수만큼의 부본 제출	관할법원	대법원
비 용	.인지액 : ○○○원(☞산정방법) ※ 아래(1)참조 .송달료 : ○○○원(☞적용대상사건 및 송달료 예납기준표)		
기 타	.상고는 고등법원이 선고한 종국판결과 지방법원 합의부가 제2심으로서 선고한 종국판결에 대하여 할 수 있으며(민사소송법 제422조 제1항), 종국판결 뒤에 양쪽 당사자가 상고(上告)할 권리를 유보하고 항소를 하지 아니하기로 합의한 때에는 제1심의 종국판결에 대하여 상고할 수 있음(민사소송법 제422조 제2항, 제390조 제1항 단서). .상고는 판결에 영향을 미친 헌법.법률.명령 또는 규칙의 위반이 있다는 것을 이유로 드는 때에만 할 수 있음(민사소송법 제423조). .상고법원의 법원사무관등은 원심법원의 법원사무관등으로부터 소송기록을 받은 때에는 바로 그 사유를 당사자에게 통지하여야 하고(민사소송법 제426조), 상고장에 상고이유를 적지 아니한 때에 상고인은 위의 통지를 받은 날부터 20일 이내에 상고이유서를 제출하여야 함(민사소송법 제427조).		
	.법률심인 상고심에서 승계인의 소송참가는 허용되지 아니함(대법원 2002. 12. 10. 선고 2002다48399 판결). .원심에서 주장한 바 없이 상고심에 이르러 새로이 하는 주장은 원심판결에 대한 적법한 상고이유가 될 수 없음(대법원 2002. 9. 24. 선고 2001다9311 판결). .원심은 원고의 청구원인사실을 모두 인정한 다음 피고의 상계항변을 받아들여 상계 후 잔존하는 원고의 나머지 청구부분만을 일부 인용하였는데, 이 경우 피고들로서는 원심판결 이유 중 원고의 소구채권을 인정하는 전제에서 피고의 상계항변이 받아들여진 부분에 관하여도 상고를 제기할 수 있고, 상고심에서 원고의 소구채권 자체가 인정되지 아니하는 경우 더 나아가 피고의 상계항변의 당부를 따져볼 필요도 없이 원고 청구가 배척될 것이므로, 결국 원심판결은 그 전부에 대하여 파기를 면치 못함(대법원 2002. 9. 6. 선고 2002다34666 판결). .주위적 청구를 배척하면서 예비적 청구에 대하여 판단하지 아니한 판결은 예비적 병합의 제도취지에 반하여 위법하게 되고 상고에 의하여 주위적 청구와 예비적 청구가 함께 상고심에 이심되는 것이며 예비적 청구부분의 소송의 재판 탈루가 되는 것은 아님(대법원 2002. 9. 4. 선고 98다17145 판결).		

※ (1) 인 지

상고장에는 소송목적의 가액(소가)에 민사소송등인지법 제2조 제1항 각 호에 따른 금액의 2배액의 인지를 붙여야 함(민사소송등인지법 제3조). 다만, 대법원규칙이 정하는 바에 의하여 인지의 첩부에 갈음하여 당해 인지액 상당의 금액을 현금으로 납부하게 할 수 있는바, 현행 규정으로는 인지첩부액이 1만원 이상인 경우에 현금납부(민사소송등인지규칙 제27조 제1항).

② 상고장(상고이유 기재)

상 고 장

상고인(원고) ○○○
○○시 ○○구 ○○길 ○○(우편번호 ○○○-○○○)
전화.휴대폰번호:
팩스번호, 전자우편(e-mail)주소:
피상고인(피고) ◇◇◇
○○시 ○○구 ○○길 ○○(우편번호 ○○○-○○○)
전화.휴대폰번호:
팩스번호, 전자우편(e-mail)주소:

소유권이전등기청구의 상고

위 당사자간 ○○고등법원 20○○나○○○○ 소유권이전등기청구사건에 관하여 같은 법원에서 20○○. ○○. ○. 판결선고 하였는바, 원고는 위 판결에 모두 불복하고 다음과 같이 상고를 제기합니다.

항소심판결의 표시

주문 : 원고의 항소를 기각한다.
항소비용은 원고의 부담으로 한다.
* 원고는 위 판결정본을 20○○. ○○. ○○. 송달 받았습니다.

불복의 정도 및 상고를 하는 취지의 진술

원고는 위 판결에 모두 불복하고 상고를 제기합니다.

상 고 취 지

1. 원심판결을 취소한다.

2. 주위적으로, 피고는 원고에게 별지목록 기재 각 부동산에 관하여 20○○. ○. ○. 취득시효완성을 원인으로 한 소유권이전등기절차를 이행하라.

예비적으로, 피고는 원고에게 별지목록 기재 각 부동산에 관하여 이 사건 변론 종결일 취득시효완성을 원인으로 한 소유권이전등기절차를 이행하라.

3. 소송비용은 제1, 2, 3심 모두 피고의 부담으로 한다.
라는 재판을 구합니다.

상 고 이 유

1. 법령위반 (이유불비)

원고는 이 사건 소로써 원고의 시아버지 소외 망 ◉◉◉가 1946. 일자 불상경 소외 망 ◉◉◉로부터 이 사건 토지를 매수하여 소유의 의사로 평온, 공연하게 점유하기 시작하였고, 원고의 남편 소외 망 ◎◎◎가 소외 망 ◉◉◉의 점유를, 원고가 소외 망 ◎◎◎의 점유를 각 승계 하여 이 사건 토지를 20여년간 점유하였으므로 취득시효완성을 원인으로 한 소유권이전등기절차이행을 소외 망 ◉◉◉의 상속인 피고에게 구하고 있습니다.

원고는 이 사건 제1심 소송절차에서 증거서류일체(갑 제1호증부터 갑 제8호증까지)를 제출하고 증인 ◑◑◑, ◐◐◐의 증인신문을 마쳤고 이 사건 제2심 소송절차에서는 증인 ▣▣▣의 증인신문을 하였습니다.

그런데 이 사건 제2심 판결은 증인 ▣▣▣의 증언을 인용증거로서 거시하지도 아니하고 배척증거로서 거시하지도 아니하여 아무런 판단을 하지 아니하고 있습니다. 이는 이 사건 제2심 판결이 증인 ▣▣▣의 증언을 간과한 것으로 보여집니다.

증인 ▣▣▣는 원고의 집 바로 뒷집에서 1946년경부터 현재까지 농사를 지으면서 거주하였으며 소외 망 ◎◎◎과 형님 아우하면서 절친하게 지내오던 사이였습니다. 증인 ▣▣▣는 소외 망 ◎◎◎의 생전에 그로부터 소외 망 ◎◎◎가 이 사건 토지를 매수하였다는 말을 여러 번 들었고 원고의 집안에서 타인에게 이 사건 토지의 사용료를 지급하지 아니하였다는 취지의 증언을 하였습니다.

따라서 증인 ▣▣▣의 증언은 원고의 주장을 뒷받침하는 유력한 증거임에도 제2심 판결이 이에 관한 아무런 판단을 하지 아니한 것은 이유불비로서 중대한 법령위반에 해당한다 할 것입니다.

2. 채증법칙위배

제2심 판결은 피고측 증인 ◑◑◑, ◐◐◐의 각 증언 등에 의하여 "이 사건 부동산의 소유자로서 서울에 살고 있던 소외 망 ◉◉◉는 ○○군 일대에 이 사건 부동산이외에도 상당히 많은 토지를 소유하고 있었던 터라 김포에 살고 있던 친척인 소외 망 ◈◈◈, 망 ◆◆◆에게 ○○군 일대 토지의 관리를 맡겼고, 이에 따라 소외 망 ◈◈◈가 1970년대 초반까지 원고의 집에 와서 이 사건 부동산에 관한 임료를 받아 소외 망 ◉◉◉에게 전달하였는데, 소외 망 ◉◉◉이 질병으로 병원에 여러 차례 입원하고(1975년 사망), 소외 망 ◈◈◈의 기력도 쇠하여지자(1979년 사망) 점차 이 사건 부동산에 관한 임료를 받지 못하게 되었다."는 사실인정하에 이 사건 부동산에 관한 점유는 그 시초에 타주점유라고 할 것이므로 자주점유임을 전제로 한 원고의 점유취득시효주장은 이유없다고 판시하고 있습니다.

그러나 원고의 점유는 자주점유로서 추정되는 것인바, 과연 피고측에서 그 추정을 깨뜨릴만한 입증을 하였는지에 관하여는 의문스럽다 할 것입니다.

(1) 증인 ◑◑◑의 증언에 관하여

먼저, 증인 ◑◑◑는 2년 전 피고로부터 들어서야 이 사건 토지에 관하여 알게 되었다고 진술하고 있으므로 그 증언내용은 피고 자신의 진술 이상의 증거가치가 있다고 하기 어렵다고 할 것입니다.

(2) 증인 ◐◐◐의 증언에 관하여

다음으로, 증인 ◐◐◐는 자신의 아버지 소외 망 ◈◈◈가 피고의 아버지 소외 망 ◉◉◉ 소유인 이 사건 토지를 포함한 ○○군 일대의 토지를 관리하는 일을 맡아 하였던 관계로 소외 망 ◈◈◈로부터 들어서 소외 망 ◈◈◈이 1970년대 초반까지 이 사건 토지의 사용료를 받았다는 사실을 알고 있다고 증언하였습니다. 그러나 증인 ◐◐◐의 증언내용을 정사하여 볼 때 그 신빙성은 희박하다 할 것입니다.

증인 ◐◐◐의 증언에 의하면 소외 망 ◈◈◈은 ○○군 일대에 100여만평의 토지를 소유하던 지주였다고 합니다. 그리고 증인 ◐◐◐의 증언에 의하면 소외 망 ◈◈◈는 소외 망 ◈◈◈, 소외 망 ◆◆◆로 하여금 ○○군 일대의 토지를 관리하도록 맡기고 그 사용료를 받아왔다고 합니다. 그렇다면 소외 망 ◈◈◈가 관리한 토지가 아무리 적다 하여도 수십만평에 이를 것으로 보여집니다.

이 사건 토지는 2필지로서 합계 182평에 불과합니다. 그런데 증인 ◐◐◐는 소외 망 ◈◈◈의 아들로서 그로부터 전해 들어서 소외 망 ◈◈◈가 이 사건 토지의 사용료를 받아 왔다고 증언하고 있습니다. 소외 망 ◈◈◈가 증인 ◐◐◐에게 수십만평에 이르는 토지 가운데 얼마 되지 아니하는 이 사건 토지에 관하여 알려주었다는 것도 의문이거니와 증인 ◐◐◐는 소외 망 ◉◉◉의 토지를 관리한 바도 없음에도 얼마 안 되는 이 사건 토지에 관하여 기억하고 있다는 것도 쉽사리 납득하기 어렵다 할 것입니다.

더욱이 피고측은 증인 ◑◑◑에 대한 증인신문에 있어서는 소외 망 ◈◈◈가

이 사건 토지를 관리하여 왔다는 내용의 신문을 전혀 하지 아니하였습니다. 이는 소외 망 ◈◈◈가에 관한 주장이 증인 ◐◐◐의 증언에 이르러 급조된 것이 아닌가 하는 의심도 품게 하고 있습니다.

원고는 증인 ◐◐◐의 증언의 소외 망 ◉◉◉에 관한 위와 같은 주장을 이미 제2심 소송절차에서 하였습니다. 그런데 피고는 이에 대하여 제2심의 마지막 준비서면에서 증인 ◐◐◐가 이 사건 토지를 포함한 여러 필지의 토지를 관리하고 그 사용료를 받아 소외 망 ◉◉◉에게 전달하여 이 사건 토지에 관하여 잘 알고 있다는 취지의 주장을 하고 있는바, 이는 증인 ◐◐◐에 대한 반대신문 3의 가항 "증인이 이 사건 토지를 관리한 것은 아니다."라는 증언과 정면으로 배치되어 증인 ◐◐◐의 증언의 신빙성에 대한 의구심을 더욱 짙게 하고 있습니다.

따라서 신빙성이 희박한 증인 ◐◐◐의 증언에 의한 사실인정하에 판시된 이 사건 제2심 판결은 채증법칙위배에 해당된다 할 것입니다.

첨 부 서 류

1. 상고장부본	각 1통
1. 송달료납부서	1통

20○○. ○○. ○○.

위 상고인(원고) ○○○ (서명 또는 날인)

대법원 귀중

[별 지]

부동산의 표시

1. ○○시 ○○구 ○○동 ○○ 전 307.4㎡
2. 위 같은 동 ○○의○ 대 299.2㎡. 끝.

③ 상고장(상고이유 추후 제출 – 부당이득금반환청구)

상 고 장

상고인(원고) ○○○
○○시 ○○구 ○○길 ○○(우편번호 ○○○-○○○)
전화.휴대폰번호:
팩스번호, 전자우편(e-mail)주소:
피상고인(피고) ◇◇◇
○○시 ○○구 ○○길 ○○(우편번호 ○○○-○○○)
전화.휴대폰번호:
팩스번호, 전자우편(e-mail)주소:

부당이득금반환청구의 상고

위 당사자간 ○○지방법원 20○○나○○○ 부당이득금반환청구사건에 관하여 원고는 20○○. ○. ○. 선고한 판결에 대하여 불복이므로 상고를 제기합니다.

제2심판결의 표시

1. 제1심 판결을 취소하고, 원고의 청구를 기각한다.
2. 소송총비용은 원고의 부담으로 한다.

(위 판결정본을 20○○. ○. ○. 수령하였습니다.)

불복정도 및 상고범위

원고는 원심판결 전부에 관하여 불복입니다.

상 고 취 지

원 판결을 파기하고 사건을 ○○지방법원으로 환송한다.
라는 판결을 구합니다.

상 고 이 유

추후 제출하겠습니다.

첨 부 서 류

1. 상고장부본 각 1통
1. 송달료납부서 1통

20○○. ○○. ○○.
위 상고인(원고) ○○○ (서명 또는 날인)

대법원 귀중

④ 상고이유서(부당이득금반환)

상 고 이 유 서

사 건 20○○다○○○ 부당이득금반환
원 고(상 고 인) ○○○
피 고(피상고인) ◇◇◇

위 사건에 관하여 원고(상고인)는 아래와 같이 상고이유서를 제출합니다.

- 아 래 -

1. 상고이유 제1점

원심판결에는 주택임대차보호법상 우선변제권이 있는 임차인이 배당요구는 하였으나 배당기일에 불참하는 바람에 배당이의를 하지 못한 경우 부당이득반환 청구권의 존부에 관하여 대법원 판례에 상반되는 판단을 함으로써 판결에 영향을 미친 잘못이 있습니다.

가. 원심은 "이 사건 청구원인으로, 원고는 소외 ◈◈◈로부터 그 소유의 이 사건 주택 중 2층 방 1칸을 임대차보증금 19,000,000원을 전액 지급하고 임차한 뒤 이주하여 주민등록전입신고까지 마친 주택임대차보호법 제8조, 같은 법 시행령 제4조 소정의 우선변제권이 있는 소액임차인이나, 위 현황조사 당시 신혼여행 중이어서 그 조사에 제대로 응하지 못한 바람에 위 임대차보증금에 관하여 배당요구를 하였음에도 경매법원으로부터 소액임차인으로서의 지위를 인정받지 못하였다고 주장하면서, 피고에 대하여 원고가 배당 받아야 할 같은 법 시행령 제3조 소정의 금 12,000,000원 중 금 6,005,133원을 부당이득으로 원고에게 반환할 것을 구한다. 살피건대 앞서 본 바와 같이 원고는 위 경매절차에서 위 임대차보증금에 관하여 배당요구를 하여 적법한 소환을 받고도 그 배당기일에 불출석함으로써 배당에 관한 이의를 하지 아니하였는바, 배당요구 채권자에게는 배당표의 확정에 관한 처분권한이 인정되고, 배당절차에서 자신의 이해관계를 주장하고 나아가 배당이의 및 배당이의 소송을 통해 권리를 구제할 수 있는 기회가 보장되어 있으며, 적법한 소환을 받고도 배당기일에 출석하지 아니한 배당요구 채권자는 배당표의 실시에 동의한 것으로 간주되므로, 확정된 배당표에 의하여 배당이 실시된 이상 이를 법률상 원인이 없는 부당이득이라고 볼 수 없다 할 것이다"라고 하고 있습니다.

나. 그러나 이와 관련한 대법원 판례를 보면,

대법원 1997. 2. 14. 선고 96다51585 판결은 "확정된 배당표에 의하여 배당을 실시하는 경우 실체법상의 권리를 확정하는 것이 아니므로 배당을 받아야 할 자가 배당을 받지 못하고 배당을 받지 못할 자가 배당을 받은 경우에는 배당을 받지 못한 우선채권자는 배당을 받은 자에 대하여 부당이득반환청구권이 있다고 함이 당원의 확립된 견해이다."라고 하고 있고, 1996. 12 .20. 선고 95다28304 판결도 같은 취지의 판결입니다.

더욱이 대법원 1988. 11. 8. 선고 86다카2949 판결에서는 임금 및 퇴직금채권자로서 배당기일에 이의가 없다고 진술까지 한 경우에도 부당이득반환청구권을 인정하고 있습니다.

다. 따라서 원심 판결은 위와 같이 배당요구는 하였으나 배당이의를 하지 못한 주택임대차보호법상 우선채권자의 부당이득반환청구에 관한 법리를 오해하여 대법원판례와 상반되는 판단을 함으로써 판결에 영향을 미친 잘못이 있으므로 파기됨이 마땅합니다.

2. 상고이유 제2점

원심 판결은 채증법칙 위배로 인한 사실 오인과 심리미진의 잘못으로 판결에 영향을 미친 잘못이 있습니다.

가. 원심은 "원고가 19○○ .6. 19. 이 사건 주택의 소재지인 ○○시 ○○구 ○○길 ○○에 주민등록전입신고를 마친 사실은 앞서 인정한 바와 같으나, 피고가 소외 ◈◈◈로부터 위 임차하였다는 원고의 주장사실에 부합하는 갑 제1호증(전세계약서), 갑 제2호증(임대차보증금 영수증), 갑 제6호증(원고와 소외 ◈◈◈ 사이의 임대차보증금에 관한 조정결정), 갑 제7호증(인근주민들의 거주확인서)의 각 기재는, 위 현황 조사당시 소외 ◈◈◈의 처 소외 ◎◎◎ 등이 원고가 소외 ◈◈◈와 임대차계약을 체결한 것은 아니라고 진술하고 있는 점, 원고가 당심에 이르기까지 위 현황조사 당시 실제로 신혼여행을 가는 바람에 위 임차목적물에 부재중이었음을 인정할 만한 증거를 제출하지 못하고 있는 점, 원고가 위 경매절차에서 이 사건 주택의 임차인이라고 주장하면서 위 임대차보증금에 관하여 배당요구를 하였음에도 적법한 소환을 받은 뒤 정작 그 배당기일에는 출석하지 않음으로써 정당한 임차인이었다면 마땅히 행사하였을 배당이의 등에 관한 권리를 전혀 행사하지 아니한 점 등에 비추어 선뜻 믿기 어렵고, 달리 이를 인정할 증거가 없으므로 원고의 주장은 어느 모로 보나 이유 없다."라고 하고 있습니다.

나. 그러나 원고는 이 사건 임차목적물의 임대인인 소외 ◈◈◈와 아무런 친인척 관계가 없는 사이입니다. 그리고 원고는 이 사건 임대차보증금에 관하여 소

외 ◈◈◈를 상대로 소송을 제기하여 조정에 갈음하는 결정을 받은 증거(갑 제6호증), 19○○. 6. 10. 이 사건 임대차계약을 체결하고 같은 달 14일 입주한 뒤 같은 달 19일 주민등록전입신고를 마치고 계속 이 사건 임차목적물에 거주한 사실을 입증하는 증거 (갑 제3호증의 1, 2(주민등록등본 및 등본 주소변경)와 같이 원고의 주장사실을 입증하는 객관적으로 명백한 증거가 있습니다.

그 뿐만 아니라 원고와 결코 이해관계를 같이 한다고 볼 수 없는 이 사건 임차목적물(다가구 주택임)의 세입자 10가구 중 5가구의 사실확인서(갑 제7호증)도 증거로 제출한 바 있습니다. 위 확인서의 서명날인한 사람 중 ▣▣▣는 갑 제5호증(배당표)에 기재된 바와 같이 이 사건 배당절차에서 배당을 받은 임차인으로서 원고와의 이해관계를 고려해볼 때 허위로 원고를 임차인이라고 사실확인을 해줄 사람이 결코 아닙니다.

다. 원고는 위 증거 외에도 증인 등 추가 입증방법이 있었음에도 불구하고 제1심 소송절차에서 위와 같은 증거만으로도 충분하고 추가 입증의 필요성은 없다고 하여 더 이상 입증을 하지 않았습니다.

그리고 제1심에서 원고가 승소한 뒤 제1심 공동피고 ◆◆◆는 항소를 포기하고 피고(◇◇◇)만 항소를 제기하였는데, 피고는 항소를 제기한 뒤 항소이유서를 제출하지 않아 재판이 계속 공전되었습니다. 그러는 동안 피고는 재판외에서 원고에게 피고 ◆◆◆가 허위채권으로 이 사건 법원 배당금을 받아 갔으니 원고는 물론 피고 자신도 피해자라고 할 수 있다며 위 피고 ◆◆◆로부터 돈을 받아 낼 수 있도록 공동으로 노력하자는 등의 제의를 하였으며, 피고가 뒤늦게 항소심 법원에 제출한 항소이유서에서도 원고가 적법한 임차인이 아니라는 취지로 다투는 내용도 없었고 항소취지도 명확하지 않았을 뿐만 아니라 아무런 추가 입증도 하지 않았으므로 피고가 항소이유서를 진술한 당일 재판이 결심되었던 것입니다.

당시 원고 입장에서는 항소인인 피고가 추가 입증이나 주장은커녕 항소이유조차 명확히 밝히지 못하였고 법원에서도 원고에게 적법한 임차인인 사실에 대한 추가 입증을 촉구하거나 이에 대해 언급한 사실도 없었기 때문에 결심에 이의가 없었던 것입니다.

라. 원심은 판결이유에서 원고가 경매법원의 조사기간 중 신혼여행을 가는 바람에 이 사건 임차목적물에 부재중이었음을 인정할 만한 증거를 제출하지 못하고 있는 점이나 배당기일에 출석하지 않은 사실 등을 문제삼고 있으나 원고는 당시 신혼여행을 간 사실을 입증하지 못한 것이 아니라 다른 증거에 의하여 임차인인 사실이 명백하게 입증되므로 굳이 신혼여행 간 사실에 대한 증거까지 제출할 필요성을 느끼지 못해 입증을 하지 않았던 것이고, 배당기일

에 불출석한 것은 당시 원고가 직장에 급한 사정이 생겨 부득이 배당기일에 불출석한 것으로서 원고로서는 자신이 배당에서 누락될 것을 예상하지 못했기 때문에 자신이 불참하더라도 법원에서 잘 알아서 배당해줄 것으로 믿고 있었습니다. 또한 적법한 임차인이라 하더라도 부득이한 사유로 배당기일에 불참하는 사례는 종종 있으므로 배당기일에 불참하였다고 적법한 임차인이 아니라고 보는 경험칙은 없다 할 것입니다.

마. 위와 같이 원심 판결은 채증법칙 위반 및 심리미진으로 인한 사실오인의 잘못이 있다 할 것인 바, 원심은 상고이유 제1점과 같은 법리 오해의 관점을 전제로 하였기 때문에 위와 같은 심리미진 등의 잘못을 범한 것으로 보이므로 위 채증법칙위반 및 심리미진의 잘못도 위 법리오해의 잘못과 연계하여 상고이유로 채택됨이 마땅하다 사료됩니다.

3. 이상의 이유로 상고하였으니 상고이유를 면밀히 검토하시어 원심판결을 파기하여 주시기 바랍니다.

첨부 : 대법원 판례 3부

20○○. ○○. ○○.

위 원고(상고인) ○○○ (서명 또는 날인)

대법원 제○부(○) 귀중

⑤ 상고이유서{손해배상(자)}

상 고 이 유 서

사 건 20○○다○○○ 손해배상(자)
원 고(상 고 인) ○○○ 외2
피 고(피상고인) ◇◇◇ 외2

위 사건에 관하여 원고(상고인)는 아래와 같이 상고이유서를 제출합니다.

- 아 래 -

1. 상고이유 제1점

원심은 자동차손해배상보장법에 의한 자동차손해배상책임에 있어 면책사유에 관한 입증책임의 법리를 오해한 위법이 있습니다.

가. 자동차손해배상보장법 제3조에 의하면 자기를 위하여 자동차를 운행하는 자는 그 운행으로 인하여 다른 사람을 사망하게 하거나 부상하게 한 때에는 그 손해를 배상할 책임을 진다고 규정하면서 단서로서 다만, 승객이 아닌 자가 사망하거나 부상한 경우에 있어서 자기와 운전자가 자동차의 운행에 관하여 주의를 게을리 하지 아니하고, 피해자 또는 자기 및 운전자 외의 제3자에게 고의 또는 과실이 있으며, 자동차의 구조상의 결함 또는 기능에 장해가 없었다는 것을 증명한 때에 한하여 면책되도록 규정하고 있습니다.

따라서 이 사건 사고의 가해차량인 서울○○사○○○○호 택시의 소유자인 피고 ◈◈상운(주)는 자동차손해배상보장법상의 "자기를 위하여 자동차를 운행하는 자"로서 위 택시의 운행으로 인하여 원고 ○○○을 부상하게 하였으므로 위 법 제3조에 의한 손해배상책임이 있다고 할 것이고 그 책임을 면하기 위해서는 위 법 제3조 단서의 면책조항에 해당하는 사유를 입증할 책임이 있다고 할 것이고 위 피고와 공제계약을 체결한 피고 ◆◆택시운송사업조합연합회에게도 같은 법리가 적용된다 할 것입니다.

나. 그러나 원심판결은 "원고들은 먼저, 이 사건 교통사고는 피고 ◇◇◇가 위 3거리 교차로에서 정지신호를 무시한 채 좌회전한 과실로 인하여 발생하게 된 것이라고 주장하나, 이에 부합하는 갑 제6호증의 1, 갑 제7, 11호증의 각 기재는 갑 제6호증의 2, 3, 갑 제8, 9, 12호증의 각 기재에 비추어 믿지 아니하고 달리 이를 인정할 증거가 없어 위 주장은 이유 없다."는 이유로 원고들의 주장을 배척하였습니다.

따라서 원심은 원고들이 자동차손해배상보장법상의 손해배상책임을 묻고 있는 피고 ◈◈상운(주)와 피고 ◆◆택시운송사업조합연합회에 대해서도 원고들에게 피고 ◇◇◇의 과실에 관한 입증책임이 있음을 전제로 하여 원고들이 그 입증을 다하지 못하였다는 취지로 판시한 것이므로 자동차손해배상보장법상 자동차운행자의 손해배상책임에 관한 입증책임의 법리를 오해한 위법이 있고, 이는 판결결과에 영향을 미쳤음이 분명하다 할 것입니다.

2. 상고이유 제2점

원심판결은 채증법칙을 위배하여 사실을 오인한 위법이 있습니다.

가. 원심은 원고들의 예비적 주장에 대하여 판단하면서 갑 제6호증의 2, 3, 갑 제 8, 9, 12호증의 각 기재에 변론의 전취지를 종합하여 "이 사건 교통사고 당시는 위 교차로의 신호체계상 ○○로타리 방면에서 ○○교 및 ○○대학교 방면으로 직진 및 좌회전신호가 진행 중이다가 ○○대학교 방면에서 ○○교 방면으로 좌회전 신호가 시작되는 시점으로서 위 시내버스(원고 ○○○의 오토바이와 약 3-4m 간격으로 선행하던 번호 불상 시내버스)는 그 진행 방향의 신호가 계속하여 정지신호임에도 불구하고 이른 새벽으로 ○○대학교에로 좌회전하여 들어가는 차량이 없게 되자 그대로 직진하였고, 원고 ○○○ 역시 신호를 제대로 살피지 아니한 채 만연이 위 버스를 따라 그대로 위 교차로에 진입하였던 것으로 보여진다."라고 인정하여 이 사건 사고가 원고 ○○○의 전적인 신호위반으로 인하여 발생한 것으로 인정하였습니다.

나. 그러나

(1) 원심이 채택한 증거를 보면 갑 제6호증의 2, 3은 피고 ◇◇◇에 대한 형사판결이고, 갑 제8, 12호증은 피고 ◇◇◇에 대한 수사기관의 피의자신문조서이며 갑 제9호증은 도로교통안전협회 사고 조사과에서 작성한 교통사고 종합 분석서입니다.

그런데 갑 제8, 12호증은 피고 ◇◇◇의 일방적 진술을 기재한 조서이므로 객관성이 없고, 갑 제9호증은 그 결론이 목격자 ◑◑◑의 진술에 사고장소의 신호체계를 고려하면 피고 ◇◇◇의 택시가 신호위반 하였을 가능성이 높다는 것이므로 오히려 원고들 주장에 부합하는 증거라 할 것입니다.

따라서 원심은 피고 ◇◇◇에 대한 형사확정판결을 주된 증거로 한 것으로 보이나, 위 형사판결은 원고 ○○○의 오토바이가 교차로에서 신호위반을 하였다는 명백한 증거를 기초로 한 판결이 아니라 피고 ◇◇◇가 교차로에서 신호위반을 하였다고 볼 신빙성 있는 증거가 없다는 이유로 무죄를 선고한 판결입니다.

대법원 1996. 3. 8. 선고 95도3081 판결에 의하면 "형사재판에 있어서 공소된 범죄사실에 대한 거증책임은 검사에게 있는 것이고, 유죄의 인정은 법관으로 하여금 합리적인 의심을 할 여지가 없을 정도로 공소사실이 진실한 것이라는 확신을 가지게 하는 증명력을 가진 증거에 의하여야 하므로 그와 같은 증거가 없다면 설령 피고인에게 유죄의 의심이 간다고 하더라도 피고인의 이익으로 판단할 수밖에 없으며, 민사재판이었더라면 입증책임을 지게 되었을 피고인이 그 쟁점이 된 사항에 대하여 자신에게 유리한 입증을 하지 못하고 있다 하여 위와 같은 원칙이 달리 적용되는 것은 아니다."라고 한 바 있고 유사 판례가 다수 있습니다.

따라서 피고 ◇◇◇에 대한 형사판결은 위와 같은 판례의 입장에서 이루어진 것이므로 피고 ◇◇◇가 무죄판결을 받았다고 하여 그 무죄판결이 이 사건 교통사고가 원고 ○○○의 신호위반으로 인하여 발생한 사실에 대한 증거가 될 수는 없다 할 것입니다.

(2) 위와 같이 원심이 설시한 증거는 이 사건 교통사고가 원고 ○○○의 신호 위반으로 인하여 발생한 사실을 명백하고 객관적으로 밝혀 주는 증거라 할 수 없으며, 달리 원고 ○○○의 신호위반사실을 입증하는 증거도 없다 할 것입니다.

오히려 원고들 주장에 부합하는 명백한 증거로 사고 목격자 ◑◑◑의 진술이 있고(갑 제11호증), 목격자 ◑◑◑의 진술과 이 사건 사고장소의 신호체계를 고려하면 피고 ◇◇◇가 신호위반 하였을 가능성이 높다는 교통사고 종합 분석서(갑 제9호증)가 있습니다.

(3) 목격자 ◑◑◑는 피고 ◇◇◇에 대한 항소심 형사재판에서 직접 증인으로 출석하여 동일한 진술을 한 사실이 있으며{갑 제6호증의 3(항소심 판결)} 원고들이 이 사건 민사 항소심 재판에서도 증인으로 신청하였으나 사고시로부터 오랜 기간이 지나 연락이 단절되는 바람에 절차를 밟지 못해 증인으로 출석시키지 못한 사실이 있습니다.

따라서 비록 목격자 ◑◑◑가 민사재판에서는 증인으로 출석한 사실은 없다 하더라도 수사기관에서 진술하고 형사재판에 증인으로 출석한 사실이 있고 그 진술내용에 비추어 이 사건 교통사고의 가장 결정적인 증인이라 할 것임에도 원심판결은 물론 제1심 판결에서도 목격자 ◑◑◑의 진술을 배척하는 합리적인 이유를 설시한 사실이 없습니다.

피고 ◇◇◇에 대한 형사판결에서는 목격자 ◑◑◑가 원고 ○○○과 같은 공사현장에서 일하는 관계로 평소 잘 아는 사이인 데다가 같은 사고 목격자인 소외 ◐◐◐가 자신이 사고현장에 처음 도착하였음에도 사고현장을 떠날 때까지 목격자 ◑◑◑가 운전하여 온 오토바이를 보지 못하였다는 이유로 목격자 ◑◑◑의 진술을 믿기 어렵다고 되어 있으나, 원고 ○○○ 및 목격자 ◑◑◑ 모두 공사판을 전전하며 일하는 일용노동자들이므로 같은 공사장에서 일을 한다고 하여 위증을 할 만큼 서로간에 끈끈한 친분관계는 없는 사이입니다.

그리고 갑 제10호증에 의하면 목격자 ◑◑◑는 당시 사고현장에 자신 외에 몇 명 더 있었다고 진술한 사실이 있고 갑 제8호증에 의하면 피고 ◇◇◇도 사고현장에 목격자 ◑◑◑와 자신을 포함하여 4명이 더 있었다고 진술한 사실이 있음에 비추어 볼 때 목격자 ◑◑◑가 사고현장에 있었을 가능성이 높다고 할 것이고, 사람이 택시에 받쳐 중상을 입고 쓰러져 있는 상황에서는 사람들이 그 부상자에 집중하기 마련이고 그 주변에 다른 사람이나 그 사람이 타고 온 오토바이까지 관심을 가지는 사람은 없으므로 소외 ◐◐◐가 목격자 ◑◑◑가 타고 온 오토바이를 현장에서 본 사실이 없다고 진술한다고 하여 그 자리에 목격자 ◑◑◑가 없었다고 보는 것은 무리한 추측입니다.

(4) 원심은 이 사건 사고 당시 원고 ○○○가 약 3-4m의 간격을 두고 버스를 뒤따라가는 상황이었으므로 버스에 가려 위 교차로상의 신호등을 보기 어려웠을 것이라고 하고 있어 그 사실을 전제로 주행방향 신호가 녹색등에서 황색등으로 교체되는 순간 교차로에 진입하였다는 원고의 주장이 신빙성이 없다고 본 것 같습니다.

그러나 원고 ○○○는 ○○교 방면에서 ○○로터리 방면으로 편도 3차로 중 3차로를 따라 시속 30㎞로 주행하다가 이 사건 사고장소인 교차로 부근 한양대학교 정문 횡단보도 바로 앞 도로변에 번호 불상의 택시가 정차하고 있어 2차로로 진로를 변경하여 횡단보도에 이르렀을 때 횡단보도 바로 위에 설치된 차량신호등이 황색으로 바뀌었으나 달리는 탄력으로 인하여 즉시 정차하지 못하고 앞서가던 시내버스를 3-4m 간격으로 계속 뒤따라 교차로로 진행하다가 ○○대학교 쪽에서 신호를 위반하여 좌회전하던 피고 ◇◇◇ 운전의 택시와 충돌한 것으로 수사기관에서부터 진술해왔습니다. 따라서 위 진술내용에 비추어 보면 원고 ○○○는 이 사건 교차로 부근 황단보도 직전까지는 시야의 장애가 없는 상태에서 3차로로 주행하였으므로 교차로 신호등을 확인할 수 있었다고 할 것이고 3차로에서 주행할 때 교차로 신호가 녹색등이었으므로 신호가 바뀌기 전에 교차로를 통과하기 위해 2차로로 차선변경을 하여 교차로 진입을 시도하였다고 봄이 경험칙에 합당합니다.

만약 원심이 인정한 바와 같이 이 사건 사고발생 순간 피고 ◇◇◇의 진행방향이 좌회전신호라면 신호체계상 원고 ○○○의 진행방향은 피고 ◇◇◇의 진행방향신호가 좌회전 신호로 변경된 이후는 물론 변경되기 이전에도 12초동안 정지신호이므로 원고 ○○○가 3차로로 진행하고 있을 때부터 그 진행방향신호는 이미 정지신호였다고 할 것입니다. 따라서 원고 ○○○로서는 그가 3차로로 진행할 때 이미 교차로 신호가 정지신호 상태였고 그래서 교차로부근 횡단보도 앞에 택시가 정차중인 것이었다면 원고 ○○○ 본인도 그 차선에서 정지하였지 2차로로 차로를 변경하여 버스를 뒤따라 무리하게 교차로 진입을 시도할 리가 없다고 보는 것이 경험칙에 합당한 추정입니다.

(5) 또한, 피고 ◇◇◇에 대한 형사재판 항소심에서 증인으로 나왔다는 소외 ◉◉◉의 진술은 원고 ○○○의 주행방향과 같은 방향으로 택시를 타고 가던 중 위 교차로 앞 횡단보도에 이르러 앞서가던 승용차 2대를 뒤따라 정차하는데 곧이어 '탕'하는 사고 소리가 났다는 것이므로(갑 제6호증의 2), 위 진술에 의해 명확히 입증되는 사실은 이 사건 원고 ○○○의 오토바이와 피고 ◇◇◇의 택시가 충돌하는 순간 원고 ○○○의 진행방향신호가 정지신호였다는 사실뿐입니다.

그런데 원고 ○○○의 주장도 이 사건 충돌 순간 원고 ○○○의 진행방향신호는 정지신호일 가능성이 있다는 것은 인정하고 있으므로(왜냐하면 원고 ○○○의 주장은 자신의 진행방향신호가 녹색등에서 황색 등으로 바뀌는 순간 교차로에 진입하였다는 것이므로) 소외 ◉◉◉의 진술은 결코 위 원고 주장에 대한 반증이라고 할 수 없습니다.

다. 따라서 이 사건 교통사고가 원고 ○○○의 일방적인 신호위반으로 인하여 발생하였다고 인정한 원심판결에 채증법칙 위배로 인한 사실오인의 위법이 있고 이는 판결에 영향을 미쳤다고 할 것입니다.

3. 결론

위와 같은 이유로 원심판결의 파기를 바라와 이 사건 상고에 이르렀는바, 원고들은 원고 ○○○가 이 사건 교통사고로 중상을 입고 아무런 손해배상을 받지 못하는 바람에 그 치료비 등으로 가정이 파탄상태에 이르렀으므로 원심기록 및 상고이유를 면밀히 검토하시어 원심판결을 파기하여 주시기 바랍니다.

20○○. ○○. ○○.

위 원고(상고인) 1. ○○○ (서명 또는 날인)
2. ○①○ (서명 또는 날인)
3. ○②○ (서명 또는 날인)

대법원 제○부(○) 귀중

⑥ 답변서(어음금)

답 변 서

사건 20○○다○○○ 어음금
원고(피상고인) ○○○
피고(상 고 인) ◇◇◇

위 사건에 관하여 원고(피상고인)는 아래와 같이 상고이유에 대한 답변을 제출합니다.

- 아 래 -

상고취지에 대한 답변

1. 피고의 상고를 기각한다.
2. 상고비용은 피고의 부담으로 한다.

라는 판결을 구합니다.

상고이유에 대한 답변

1. 상고이유 제1점(약속어음의 무효)에 대하여
   피고는 이 사건 약속어음이 발행일 기재가 없어 무효의 어음이라고 주장하나, 이 사건 약속어음에는 발행일이 20○○. ○. ○.로 기재되어 있으므로 발행일 누락을 전제로 한 피고의 무효주장은 일고의 가치도 없는 주장입니다.
   이 사건 약속어음은 발행일 기재 위에 지급지 관련 기재가 겹쳐 그 사본으로 볼 때는 발행일이 명확하게 드러나지 않고 희미하게 보이는 정도이나, 원본에는 발행일 기재가 식별이 가능한 정도로 나타나 있습니다.
   따라서 원심판결에서 이 사건 약속어음의 발행일을 20○○. ○. ○.로 인정하였던 것입니다.

2. 상고이유 제2점(원고의 악의)에 대하여
   가. 피고의 상고이유 제2점을 보면 이 사건 약속어음에 피고를 대리하여 배서한 제1심 공동피고 ◈◈◈의 대리행위가 무권대리행위이고, 원고도 그런 사실을 잘 알고 있었으므로 악의의 원고를 보호해줄 이유가 없다는 내용으로서 그 취

지가 다소 불분명하나, 제1심 공동피고 ◈◈◈에 의한 피고명의 배서를 적법한 대리권에 기한 것으로 인정한 원심판결이 부당하다는 취지로 일응 해석됩니다.

나. 그런데 제1심 공동피고 ◈◈◈에게 피고를 대리하여 이 사건 약속어음에 배서할 적법한 권한이 있었는지 여부는 사실인정의 문제이므로 상고이유가 될 수 없을 뿐만 아니라, 원심의 사실인정에는 채증법칙위배의 잘못도 전혀 없습니다.

3. 상고이유 제3점(표현대리 문제) 및 제4점(사용자 책임문제)에 대하여
피고는 이 사건 약속어음의 배서와 관련하여 표현대리 책임이나 사용자책임이 없다는 취지의 주장을 하고 있는바, 원심은 피고에게 표현대리책임이나 사용자책임을 인정한 사실이 없으므로 피고의 위 주장은 상고이유가 될 수 없습니다.

4. 위와 같이 피고의 상고이유는 모두 이유 없으므로 기각됨이 마땅합니다.

첨 부 서 류

1. 답변서부본 6통

20○○. ○○. ○○.
위 원고(피상고인) ○○○ (서명 또는 날인)

대법원 제○부(○) 귀중

■ **참 고** ■

※ (1) 제출부수 : 답변서를 제출할 때에도 상고이유서를 제출할 때와 마찬가지로 상대방의 수에 6을 더한 수의 부본을 첨부

※ (2) 제출기간 : 상고이유서를 제출 받은 상고법원은 바로 그 부본이나 등본을 상대방에게 송달하여야 하고, 상대방은 상고이유서를 송달 받은 날부터 10일 이내에 답변서를 제출할 수 있습니다(민사소송법 제428조 제1항, 제2항).

⑦ 상고취하서

상 고 취 하 서

사 건 20○○다○○○○ 대여금
상 고 인(원고) ○○○
피상고인(피고) ◇◇◇

위 사건에 관하여 상고인(원고)은 상고인(원고)이 제기한 상고를 모두 취하합니다.

20○○. ○○. ○○.
위 상고인(원고) ○○○ (서명 또는 날인)

대법원 제○부(○) 귀중

■ 참 고 ■

※ (1) 제출기간 : 상고심의 종국판결이 있기 전까지(민사소송법 제393조, 제425조)
※ (2) 제출부수 : 취하서 1부 및 상대방 수만큼의 부본 제출
※ (3) 상고취하로 인해 상고는 소급적으로 그 효력을 잃고 상고심절차는 종결됨. 원판결을 소급적으로 소멸시키는 소의 취하와 달리 상고의 취하는 원판결에 영향을 미치지 않으며 그에 의해 원판결은 확정됩니다.

(관련판례 1)

상고인 자신이 상고취하서에 그 인장을 날인하여 소외인에게 교부하였다면 위 상고취하서가 그 제출에 관하여 위 소외인과의 사이에 이루어진 약속이 이행되지 않은 채 제출되었다 하더라도 이를 상고인의 의사에 반하여 제출된 것이라고는 할 수 없다(대법원 1970. 10. 23. 선고 69다2046 판결).

(관련판례 2)

민법상의 법률행위에 관한 규정은 특별한 사정이 없는 한 민사소송법상의 소송행위에는 그 적용이 없으므로, 소송행위에 조건을 붙일 수 없고, 상고를 취하하는 소송행위가 정당한 당사자에 의하여 이루어진 이상 기망을 이유로 이를 취소할 수 없으며, 적법하게 제출된 상고취하의 서면을 임의로 철회할 수도 없다(대법원 2007. 6. 15. 선고 2007다2848 판결).

⑧ 취하증명원

취 하 증 명 원
사　　　건　20○○다○○○ 대여금 상 고 인(원고)　○○○ 피상고인(피고)　◇◇◇
위 당사자간의 귀원 20○○다○○○ 대여금청구사건은 취하되었음을 증명하여 주시기 바랍니다.
20○○.　○○.　○○.
위 상고인(원고) ○○○ (서명 또는 날인)
대법원 제○부(○)　귀중

3-12. 소가 산정

① 상고장에 첩부할 인지액은 상고로써 불복하는 범위의 소가를 기준으로 산정하므로(민사소송 등 인지규칙 제25조), 전부 불복인 경우는 제1심 소가와 같고, 일부 불복인 경우에는 불복하는 부분에 대해 소가를 산정하면 됩니다.

② 확인소송의 소가는 확인할 물건 및 권리의 종류에 따라 산정된 금액입니다. 예를 들어 유가증권의 채무부존재 확인소송의 경우 소가는 유가증권의 액면금액이 됩니다.

③ 일부승소 또는 일부패소로 상고를 제기하는 경우의 소가 산정방법

㉮ 제2심에서 원고가 3,000만원을 청구했는데 1,000만원만을 인정받은 경우 상고심에서 불복하는 금액인 2,000만원이 소가가 됩니다.

㉯ 제2심에서 피고가 일부 패소해 2,000만원을 원고에게 주어야 하는 경우, 피고가 2,000만원에 대해 상고를 제기한 경우 이 금액이 소가가 됩니다. 전부 패소한 경우에는 원고가 청구한 총 금액이 소가가 됩니다.

3-13. 1심 소가에 따른 인지액

소 가	인 지 대
소가 1천만원 미만	소가 × 50 / 10,000
소가 1천만원 이상 1억원 미만	소가 × 45 / 10,000 + 5,000
소가 1억원 이상 10억원 미만	소가×40 / 10,000 + 55,000
소가 10억원 이상	소가×35 / 10,000 + 555,000
※ 상고 시 인지액이 2천원 미만이면 그 인지액은 2천원으로 하고, 2천원 이상이면 100원 미만은 계산하지 않습니다(「민사소송 등 인지법」 제2조제2항 및 제3조).	

※ 상고 시 인지액 : 1심 소가에 따른 인지액 × 2

√ 위 사안의 경우 소가가 3,000만원 이므로, {(30,000,000× 45 / 10,000) + 5,000}× 2 = 280,000원이 인지액이 됩니다.

3-14. 인지액의 납부방법

3-14-1. 현금납부

① 소장에 첩부하거나 보정해야 할 인지액(이미 납부한 인지액이 있는 경우에는 그 합산액)이 1만원 이상인 경우에는 그 인지의 첩부 또는 보정에 갈음해 인지액 상당의 금액 전액을 현금으로 납부해야 합니다(민사소송 등 인지규칙 제27조 제1항).

② 인지액 상당 금액을 현금으로 납부할 경우에는 송달료 수납은행에 내야 합니다(민사소송 등 인지규칙 제28조).

3-14-2. 신용카드납부

① 신청인은 인지액 상당의 금액을 현금으로 납부할 수 있는 경우 이를 수납은행 또는 인지납부대행기관의 인터넷 홈페이지에서 인지납부대행기관을 통해 신용카드·직불카드 등(이하 "신용카드등"이라 한다)으로도 납부할 수 있습니다(민사소송 등 인지규칙 제28조의2 제1항).

② '인지납부대행기관'이란 정보통신망을 이용해 신용카드등에 의한 결제를 수행하는 기관으로서 인지납부대행기관으로 지정받은 자를 말합니다(민사소송 등 인지규칙 제28조의2 제2항).

③ 인지납부대행기관은 신청인으로부터 인지납부 대행용역의 대가로 납부대행수수료를 받을 수 있고, 납부대행수수료는 전액 소송비용으로 봅니다(민사소송 등 인지규칙 제28조의2 제4항 및 제5항).

3-14-3. 인지납부일

① 인지액 상당의 금액을 신용카드등으로 납부하는 경우에는 인지납부대행기관의 승인일을 인지납부일로 봅니다(민사소송 등 인지규칙 제28조의2 제3항).

② 신청인은 수납은행이나 인지납부대행기관으로부터 교부받거나 출력한 영수필확인서를 소장에 첨부하여 법원에 제출해야 합니다(민사소송 등 인지규칙 제29조 제2항).

3-15. 송달료 납부

민사상고사건의 송달료는 당사자수 × 3,700원 × 8회분입니다(송달료규칙의 시행에 따른 업무처리요령 별표 1).

3-16. 상고장부본

상고장 제출 시 송달에 필요한 수의 부본을 함께 제출해야 합니다(민사소송규칙 제48조 제1항 및 제135조).

4. 항고 및 재항고(결정 · 명령 불복절차)

① 항고는 소송절차에 관한 신청을 기각한 결정이나 명령에 대한 불복절차이고 재항고는 최초의 항고에 대한 항고법원 · 고등법원 또는 항소법원의 결정 및 명령에 대한 불복절차를 말합니다.

② 항고는 항소절차에 준해 진행되고, 재항고는 상고절차에 준해 진행됩니다.

4-1. 항고의 종류

4-1-1. 최초의 항고 및 재항고

① '최초의 항고'란 소송절차에 관한 신청을 기각한 결정이나 명령에 대해 처음으로 하는 항고를 말합니다(민사소송법 제439조).

② '재항고'란 최초의 항고에 대한 항고법원·고등법원 또는 항소법원의 결정 및 명령에 대한 항고를 말합니다(민사소송법 제442조).

4-1-2. 통상항고 및 즉시항고

① '통상항고'란 항고제기 기간에 제한이 없는 항고로, 항고의 이익이 있는 한 언제든지 제기할 수 있는 항고를 말합니다(민사소송법 제444조 참조).

② '즉시항고'란 고지된 날부터 1주일 이내에 제기해야 하는 항고를 말합니다(민사소송법 제444조).

4-1-3. 준항고 및 특별항고

① '준항고'란 수명법관 또는 수탁판사의 재판에 대해 불복이 있는 당사자가 수소법원에 신청하는 이의를 말합니다.

② '특별항고'란 불복신청을 할 수 없는 결정·명령이 다음에 해당하는 경우 대법원에 하는 항고를 말합니다(민사소송법 제449조 제1항).

1. 재판에 영향을 미친 헌법위반이 있는 경우
2. 재판의 전제가 된 명령·규칙·처분의 헌법 또는 법률의 위반 여부에 대한 판단이 부당한 경우

4-2. 항고 절차

4-2-1. 항고 제기

① 항고는 항고장에 다음의 사항을 적어 원심법원에 제출하면 제기 됩니다(민사소송법 제397조, 제443조 및 제445조).

1. 항고인과 법정대리인
2. 항고 대상이 되는 결정 또는 명령의 취지

② 즉시항고가 제기되면 항고의 대상이 된 결정이나 명령의 집행이 정지됩니다(민사소송법 제447조).

4-2-2. 관할

① 항고사건

㉮ 2억원 이하의 민사사건으로 지방법원 단독판사가 심판한 소송의 판결·결정·명령에 대한 항고사건은 지방법원합의부에서 제2심으로 심판합니다. 다만, 「법원조직법」 제28조의4제2호에 따라 특허법원의 권한에 속하는 사건은 제외합니다(법원조직법 제32조 제2항 및 민사 및 가사소송의 사물관할에 관한 규칙 제2조 참조).

㉯ 2억원을 초과하는 민사사건으로 지방법원합의부가 제1심으로 심판한 소송의 판결·결정·명령에 대한 항고사건은 고등법원에서 제2심으로 심판합니다. 다만, 「법원조직법」 제28조의4제2호에 따라 특허법원의 권한에 속하는 사건은 제외합니다(법원조직

법 제28조 제1호 및 민사 및 가사소송의 사물관할에 관한 규칙 제2조).

소송목적의 값	1심	2심
2억원 이하 민사사건	지방법원 및 지방법원지원 단독판사	지방법원합의부
2억원 초과 민사사건	지방법원합의부	고등법원

② 재항고사건 및 특별항고사건

항고법원·고등법원 또는 항소법원·특허법원의 결정·명령에 대한 재항고사건 및 특별항고사건은 대법원에서 심사합니다(민사소송법 제449조 제1항 및 법원조직법 제14조 제2호).

4-2-3. 원심재판장의 항고장 심사

① 다음의 경우 원심재판장은 항고인에게 상당한 기간을 정해 그 기간 이내에 흠을 보정하도록 명해야 합니다(민사소송법 제399조 제1항 및 제443조 제1항).

1. 항고장에 당사자와 법정대리인, 제1심 결정·명령의 표시와 그에 대한 항고의 취지가 제대로 기재되어 있지 않은 경우
2. 항고장에 법률의 규정에 따른 인지를 붙이지 않은 경우

4-3. 원심재판장의 각하명령

① 다음의 경우 원심재판장은 항고장을 각하합니다(민사소송법 제399조 제2항 및 제443조 제1항).

1. 보정기간 내에 보정을 하지 않은 경우
2. 항고기간을 넘겨 항고를 제기한 경우

② 원심재판장의 항고각하명령에 대해서는 재항고를 할 수 있습니다(민사소송법 제399조 제3항 및 제443조 제1항).

4-4. 항고기록의 송부

① 원심재판장 등의 보정명령이 있는 경우에는 당사자가 보정을 한 날부터 1주 이내에 항고기록을 보내야 합니다(민사소송법 제400조 제2항).

② 특별항고가 제기된 경우 원심법원은 항고기록을 대법원으로 보내야 합니다(민사소송법 제400조 제1항, 제445조 및 제449조 제1항).

③ 전자소송에서 심급사이 또는 이송결정에 따른 전자기록 송부는 전자적 방법으로 합니다. 다만, 전자문서가 아닌 형태로 제출되어 별도로 보관하는 기록 또는 문서는 그 자체를 송부합니다(민사소송 등에서의 전자문서 이용 등에 관한 규칙 제40조 제1항).

4-5. 심리

① 항고심의 소송절차는 특별한 규정이 없으면 항소심 소송절차에 준해 진행됩니다(민사소송법 제443조 제1항).

② 범위

심리는 불복의 한도 안에서 이루어 집니다(민사소송법 제407조 제1항 및 제443조 제1항).

③ 변론을 열 것인지 여부 결정

㉮ 결정으로 완결할 사건에 대해서는 법원이 변론을 열 것인지 아닌지를 정합니다(민사소송법 제134조 제1항 단서).

㉯ 법원은 변론을 열지 않더라도 당사자와 이해관계인, 그 밖의 참고인을 심문할 수 있습니다(민사소송법 제134조 제2항).

4-6. 항고심 종결

① 항고각하

부적법한 항고로서 흠을 보정할 수 없으면 변론 없이 결정으로 항고는 각하됩니다(민사소송법 제413조 및 제443조제1항).

② 항고기각

항고법원이 다음과 같이 판단하면 항고는 기각됩니다(민사소송법 제414조 및 제443

조 제1항).

1. 항고 대상이 된 결정 또는 명령이 정당하다고 인정한 경우
2. 항고 대상이 된 결정 또는 명령의 이유가 정당하지 않더라도 다른 이유에 따라 그 결정이 정당하다고 인정되는 경우

③ 항고인용

원심법원이 항고에 정당한 이유가 있다고 인정하는 경우에는 그 결정·명령을 경정해야 합니다(민사소송법 제446조).

5. 재항고 절차

재항고는 최초의 항고에 대한 항고법원·고등법원 또는 항소법원의 결정 및 명령에 대한 항고로서 상고심 소송절차에 준해 진행됩니다(민사소송법 제442조 및 제443조 제2항).

(관련판례)

소장 또는 상소장에 관한 재판장 또는 원심 재판장의 인지보정명령은 「민사소송법」에서 일반적으로 항고의 대상으로 삼고 있는 같은 법 제409조 소정의 '소송절차에 관한 신청을 기각하는 결정이나 명령'에 해당하지 아니하고 또 이에 대하여 불복할 수 있는 특별규정도 없으므로 인지보정명령에 대하여는 독립하여 이의신청이나 항고를 할 수 없고 다만 보정명령에 따른 인지를 보정하지 아니하여 소장이나 상소장이 각하되면 이 각하명령에 대하여 즉시항고로써 다툴 수밖에 없다(대법원 1987.2.4. 자 86그157 결정).

6. 즉시항고장 작성

항고 시의 인지액은 ① 파산신청 등에 대한 항고: 60,000원, ② 즉시항고로 불복을 신청할 수 있는 결정 또는 명령이 확정된 경우에 하는 준재심에 대한 항고: 4,000원, ③ 그 외의 항고: 2,000원 등 항고의 종류에 따라 60,000원부터 1,000원까지 다양하게 책정되어 있으므로 개별적으로 확인해야 합니다.

6-1. 즉시항고장 양식

즉 시 항 고 장

항고인(원고) (이름) 김 철 수 (주민등록번호 ○○○○○○ - ○○○○○○○)

(주소) ○○시 ○○구 ○○동 ○○ (연락처)

서울중앙지방법원 2010가합1234 건물명도 청구신청의 각하결정에 대해 불복하고 즉시항고를 제기합니다.

원 결 정 의 표 시

건물명도 청구신청을 각하한다.
(피고는 위 판결정본은 2010. 11. 20. 송달받았음)

항 고 취 지

항고인이 판결받기 원하는 내용을 기재합니다.

원결정을 취소하고 다시 적절한 재판을 구합니다.

항 고 이 유

항고를 하게 된 이유를 최대한자세히 기재합니다.

신청인은 2010. 10. 1. 인지보정명령을 받았으나, 보정해야 할 인지액이 신청인으로서는 너무 과다할 뿐만 아니라 「민사소송 등 인지법」에 따라 계산한 금액과 너무도 상이하여 납득할 수 있는 금액이 아니었습니다. 이에 기한 내에 인지액을 보정하지 못해 신청이 각하되었으나, 이는 심히 부당한 결정이므로 원 판결을 취소하고 다시 적절한 재판을 받도록 해 주시기 바랍니다.

첨 부 서 류

1. 송달료납부서 1통

2010. 12. 1.

위 항고인(원고) 김 철 수 (서명 또는 날인)

서울중앙지방법원 귀중

6-2. 즉시항고장 작성례

① 즉시항고장(이송신청 기각결정에 대한)

즉 시 항 고 장

사 건 20○○카기○○○ 소송이송
항고인(피고) ◇◇◇ (주민등록번호)
○○시 ○○구 ○○길 ○○(우편번호 ○○○-○○○)
전화.휴대폰번호:
팩스번호, 전자우편(e-mail)주소:

위 항고인은 ○○지방법원 20○○가단○○○ 손해배상(자) 청구사건에 관하여 항고인이 같은 법원 20○○카기○○○호로 제기한 소송이송신청에 대하여 같은 법원이 20○○. ○. ○.자로 한 이송신청 기각결정에 대하여 불복이므로 즉시항고를 제기합니다.

원 결 정 의 표 시

주문 : 피고의 이 사건에 대한 이송신청을 기각한다.
(항고인이 결정문을 송달 받은 날 : 20○○. ○. ○.)

항 고 취 지

1. 원 결정을 취소한다.
2. 이 사건을 ◎◎지방법원으로 이송한다.

라는 결정을 구합니다.

항 고 이 유

이 사건은 원고가 교통사고의 피해자로서 손해배상을 청구하고 있는 사건인바, 이 건 교통사고의 발생지도 ◎◎시이고, 피고의 주소지도 ◎◎시이므로 ◎◎지방법원에 관할권이 있다고 할 것이고, 또한 ◎◎지방법원에서 재판하는 것이 소송의 지연.손해를 피하기 위하여 필요하다고 할 것이므로 원 결정을 취소하고 소송이송 결정을 하여 주시기 바랍니다.

첨 부 서 류

1. 송달료납부서 1통

20○○. ○. ○.
위 항고인(피고) ◇◇◇ (서명 또는 날인)

○○지방법원 항소부 귀중

② 즉시항고장(법관제척신청 기각결정에 대한)

즉 시 항 고 장

사　　건　20○○카기○○　법관제척
항 고 인　○○○ (주민등록번호)
　　　　　○○시 ○○구 ○○길 ○○(우편번호 ○○○-○○○)
　　　　　전화.휴대폰번호:
　　　　　팩스번호, 전자우편(e-mail)주소:

위 항고인은 ○○지방법원 20○○가합○○ 소유권이전등기말소청구사건에 관하여 같은 법원 20○○카기○○호로 판사 □□□에 대한 제척신청을 하였으나 20○○. ○. ○. 같은 법원이 기각결정을 하였는바, 항고인은 이에 불복하고 민사소송법 제47조 제2항에 의하여 즉시항고를 제기합니다.

원 결 정 의 표 시

주문 : 이 사건 제척신청은 기각한다.
　　(항고인이 결정문을 송달 받은 날 : 20○○.　○.　○.)

항 고 취 지

1. 원 결정을 취소한다.

2. 판사 □□□를 ○○지방법원 20○○가합○○ 소유권이전등기말소청구사건의 직무집행으로부터 제척한다.

라는 재판을 구합니다.

항 고 이 유

항고인은 피고 ◇◇◇에 대하여 ○○지방법원 20○○가합○○ 소유권이전등기말소청구의 소를 제기하여 심리 중 같은 사건의 재판장 판사 □□□는 피고와 5

촌인 혈족이라는 사실을 알게 되어 재판의 공정성을 해할 수 있다고 사료되어 민사소송법 제41조 제2호의 규정에 의하여 20○○. ○. ○. 그 제척신청을 하였는바, 같은 법원은 항고인의 제척신청을 기각하여 항고인은 이에 불복이므로 이 사건 항고에 이른 것입니다.

소 명 방 법

1. 족보사본 1통

첨 부 서 류

1. 송달료납부서 1통

20○○. ○. ○.

위 항고인 ○○○ (서명 또는 날인)

○○고등법원 귀중

③ 즉시항고장(보조참가신청을 불허)

즉 시 항 고 장

항 고 인 ◈◈◈ (주민등록번호)
○○시 ○○구 ○○길 ○○(우편번호 ○○○-○○○)
전화.휴대폰번호:
팩스번호, 전자우편(e-mail)주소:

위 항고인은 ○○지방법원 20○○가합○○○ 대여금청구사건에 관하여 같은 법원에서 20○○년 ○월 ○일 피고보조참가를 불허하는 결정을 하였으나 같은 결정에 대하여 불복이므로 다음과 같이 항고를 제기합니다.

원결정의 표시

피고보조참가인의 보조참가를 불허한다.
(항고인이 결정문을 송달 받은 날 : 20○○. ○. ○.)

항 고 취 지

1. 원 결정을 취소한다.
2. 피고보조참가인의 보조참가를 허가한다.

라는 재판을 구합니다.

항 고 이 유

항고인은 ○○지방법원 20○○가합○○○ 대여금청구사건에 관하여 피고를 돕기 위하여 피고보조참가의 신청을 하였는데, 원고의 이의의 진술만을 믿은 같은 법원은 항고인의 피고보조참가는 이를 허가하지 않는다는 결정을 하였습니다.

그러나 항고인은 위 사건의 차용증서에 서명.날인한 피고 ◇◇◇의 보증인으로서 피고의 승패에 대하여 법률상 이해관계를 가진 자인바, 항고인의 소송참가는 불허한다는 결정은 부당하므로 이 사건 항고에 이르렀습니다.

첨 부 서 류

1. 송달료납부서 1통

20○○. ○. ○.
위 항고인 ◈◈◈ (서명 또는 날인)

○○고등법원 귀중

④ 즉시항고장(소송비용액확정결정신청사건)

즉 시 항 고 장

항고인(피신청인, 피고) ◇◇◇ (주민등록번호)
○○시 ○○구 ○○길 ○○(우편번호 ○○○-○○○)
전화.휴대폰번호:
팩스번호, 전자우편(e-mail)주소:

○○지방법원 20○○카기○○○ 소송비용액확정결정신청사건에 관하여 20○○. ○. ○. 같은 법원이 소송비용액확정을 명한 결정을 하였으나, 항고인은 위 결정에 대하여 불복하므로 민사소송법 제110조 제3항에 의하여 즉시항고를 제기합니다.

원결정의 표시

○○지방법원 20○○가합○○○ 청구이의사건의 판결에 의하여 피신청인이 상환하여야 할 소송비용액은 금 884,580원(팔십팔만사천오백팔십원)임을 확정한다.(항고인은 위 결정정본을 20○○. ○. ○. 송달받았습니다.)

항 고 취 지

원 결정을 취소하고 다시 적절한 재판을 구합니다.

항 고 이 유

항고인(피신청인, 피고)이 부담한 감정료를 포함하여 상환을 결정한 원 결정은 부당하므로 이에 대한 취소를 구하기 위하여 이 건 즉시항고에 이른 것입니다.

20○○. ○. ○.
위 항고인(피신청인, 피고) ◇◇◇ (서명 또는 날인)

○○고등법원 귀중

6-3. 인지첨부

항고 시 인지액은 다음과 같습니다(민사소송등인지법 제11조).

1. 채권자가 하는 파산신청, 회생절차개시신청, 개인회생절차 개시신청에 대한 항고 : 60,000원
2. 부동산의 강제경매신청, 담보권 실행을 위한 경매신청, 그 밖에 법원에 의한 경매신청에 대한 항고 : 10,000원
3. 강제관리신청이나 강제관리 방법으로 하는 가압류집행신청에 대한 항고 : 10,000원
4. 채권압류명령신청, 그 밖에 법원에 의한 강제집행신청에 대한 항고 : 4,000원
5. 가압류·가처분신청이나 가압류·가처분 결정에 대한 이의 또는 취소신청에 대한 항고 : 4,000원
6. 집행정지신청, 가처분명령신청, 그 밖에 등기 또는 등록에 관한 가등기 또는 가등록의 가처분명령신청에 대한 항고 : 4,000원
7. 즉시항고로 불복을 신청할 수 있는 결정 또는 명령이 확정된 경우에 하는 준재심신청에 대한 항고 : 4,000원
8. 공시최고신청, 비송사건신청, 재산명시신청이나 채무불이행자명부 등재신청 또는 그 말소신청에 대한 항고 : 2,000원
9. 이외의 각종 신청에 대한 항고 : 1,000원
10. 그 외의 항고 : 2,000원

6-4. 인지액의 납부방법

6-4-1. 현금납부

① 소장에 첩부하거나 보정해야 할 인지액(이미 납부한 인지액이 있는 경우에는 그 합산액)이 1만원 이상인 경우에는 그 인지의 첩부 또는 보정에 갈음해 인지액 상당의 금액 전액을 현금으로 납부해야 합니다(민사소송 등 인지규칙 제27조 제1항).

② 인지액 상당 금액을 현금으로 납부할 경우에는 송달료 수납은행에 내야 합니다(민사소송 등 인지규칙 제28조).

6-4-2. 신용카드납부

① 신청인은 인지액 상당의 금액을 현금으로 납부할 수 있는 경우 이를 수납은행 또는 인지납부대행기관의 인터넷 홈페이지에서 인지납부대행기관을 통해 신용카드·직불카드 등(이하 "신용카드등"이라 한다)으로도 납부할 수 있습니다(민사소송 등 인지규칙 제28조의2 제1항).

② '인지납부대행기관'이란 정보통신망을 이용해 신용카드등에 의한 결제를 수행하는 기관으로서 인지납부대행기관으로 지정받은 자를 말합니다(민사소송 등 인지규칙 제28조의2 제2항).

③ 인지납부대행기관은 신청인으로부터 인지납부 대행용역의 대가로 납부대행수수료를 받을 수 있고, 납부대행수수료는 전액 소송비용으로 봅니다(민사소송 등 인지규칙 제28조의2 제4항 및 제5항).

6-5. 인지납부일

① 인지액 상당의 금액을 신용카드등으로 납부하는 경우에는 인지납부대행기관의 승인일을 인지납부일로 봅니다(민사소송 등 인지규칙 제28조의2 제3항).

② 신청인은 수납은행이나 인지납부대행기관으로부터 교부받거나 출력한 영수필확인서를 소장에 첨부해 법원에 제출해야 합니다(민사소송 등 인지규칙 제29조 제2항).

6-6. 송달료 납부

민사항고사건의 송달료는 당사자수 × 3,700원 × 5회분입니다(송달료규칙의 시행에 따른 업무처리요령 별표 1).

제3절 재심

① 재심이란 통상의 방법으로는 상소를 할 수 없게 된 확정판결에 중대한 오류가 있을 경우 당사자의 청구에 의해 그 판결의 당부를 다시 재심하는 절차를 말합니다.
② 재심은 재심을 제기할 판결을 한 법원이 관할하지만, 심급을 달리하는 법원이 같은 사건에 대해 내린 판결에 대한 재심은 상급법원이 관할합니다.

1. 재심이란 ?

① '재심'이란 통상의 방법으로는 상소를 할 수 없게 된 확정판결에 중대한 오류가 있을 경우 당사자의 청구에 의해 그 판결의 당부를 다시 재심하는 절차를 말합니다.
② '준재심'이란 변론조서·변론준비기일조서와 즉시항고로 불복할 수 있는 결정이나 명령이 확정된 경우 재심사유가 있을 때 재심소송에 준해 재심을 제기하는 것을 말합니다(민사소송법 제461조).

2. 재심 절차

2-1. 재심 제기

① 재심은 재심소장에 다음의 사항을 적어 재심을 제기할 판결을 한 법원에 제출하면 제기됩니다(민사소송법 제453조 제1항 및 제458조).

1. 당사자와 법정대리인
2. 재심할 판결의 표시와 그 판결에 대해 재심을 청구하는 취지
3. 재심의 이유

② 첨부서류
재심소장에는 재심의 대상이 되는 판결 사본을 붙여야 합니다(민사소송규칙 제139조).

2-2. 관할

① 심급을 달리하는 법원이 같은 사건에 대해 내린 판결에 대한 재심은 상급법원이 관할합니다(민사소송법 제453조 제2항 본문).

② 다만, 항소심판결과 상고심판결에 각각 독립된 재심사유가 있는 경우에는 그렇지 않습니다(민사소송법 제453조 제2항 단서).

2-3. 재심제기기간

① 재심 소송은 당사자가 판결이 확정된 뒤 재심사유를 안 날부터 30일 이내에 제기해야 합니다(민사소송법 제456조 제1항).

② 판결이 확정된 뒤 5년이 지난 때에는 재심 소송을 제기하지 못합니다(민사소송법 제456조 제3항).

③ 판결이 확정된 뒤에 재심 사유가 생긴 경우 5년의 기간 산정은 그 사유가 발생한 날부터 계산합니다(민사소송법 제456조 제4항).

④ 다음의 경우에는 재심을 제기하는 기간의 제한을 받지 않습니다(민사소송법 제457조).

1. 대리권에 흠이 있는 것을 이유로 재심을 신청하는 경우
2. 재심을 제기할 판결이 전에 선고한 확정판결에 어긋나는 경우

2-4. 재심사유

① 다음 중 어느 하나에 해당하면 확정된 종국판결에 대해 재심소송을 제기할 수 있습니다. 다만, 당사자가 상소로 그 사유를 주장했거나, 이를 알고도 주장하지 않은 경우에는 그렇지 않습니다(민사소송법 제451조 제1항 및 제2항).

1. 법률에 따라 판결법원을 구성하지 않은 경우
2. 법률상 그 재판에 관여할 수 없는 법관이 관여한 경우
3. 법정대리권·소송대리권 또는 대리인이 소송행위를 하는 데에 필요한 권한의 수여에 흠이 있는 경우(보정된 당사자나 법정대리인이 이를 추인한 경우 제외)
4. 재판에 관여한 법관이 그 사건에 관해 직무에 관한 죄를 범한 경우 : 법관이 이로 인해 유죄 판결이나 과태료부과가 확정된 경우 또는 증거부족 외의 이유로

유죄의 확정판결이나 과태료부과의 확정재판을 할 수 없을 경우에 한합니다.

5. 형사상 처벌을 받을 다른 사람의 행위로 자백을 했거나 판결에 영향을 미칠 공격 또는 방어방법의 제출에 방해를 받은 경우 : 자백을 한 다른 사람이 이로 인해 유죄 판결이나 과태료부과가 확정된 경우 또는 증거부족 외의 이유로 유죄의 확정판결이나 과태료부과의 확정재판을 할 수 없을 경우에 한합니다.
6. 판결의 증거가 된 문서, 그 밖의 물건이 위조되거나 변조된 것인 경우 : 위조 또는 변조한 사람이 이로 인해 유죄 판결이나 과태료부과가 확정된 경우 또는 증거부족 외의 이유로 유죄의 확정판결이나 과태료부과의 확정재판을 할 수 없을 경우에 한합니다.
7. 증인·감정인·통역인의 거짓 진술 또는 당사자신문에 따른 당사자나 법정대리인의 거짓 진술이 판결의 증거가 된 경우 거짓진술을 한 사람이 이로 인해 유죄 판결이나 과태료부과가 확정된 경우 또는 증거부족 외의 이유로 유죄의 확정판결이나 과태료부과의 확정재판을 할 수 없을 경우에 한합니다.
8. 판결의 기초가 된 민사나 형사 판결, 그 밖의 재판 또는 행정처분이 다른 재판이나 행정처분에 따라 바뀐 경우
9. 판결에 영향을 미칠 중요한 사항에 관해 판단을 누락한 경우
10. 재심을 제기할 판결이 전에 선고한 확정판결에 어긋나는 경우
11. 당사자가 상대방의 주소 또는 거소를 알고 있었음에도 있는 곳을 잘 모른다고 하거나 주소나 거소를 거짓으로 해 소송을 제기한 경우

② 항소심에서 본안판결을 한 경우는 제1심 판결에 대해 재심소송을 제기하지 못합니다(민사소송법 제451조 제3항).

2-5. 심리

① 재심 변론과 재판은 재심청구이유의 범위 안에서 해야 합니다(민사소송법 제459조 제1항).

② 재심의 이유는 바꿀 수 있습니다(민사소송법 제459조 제2항).

③ 재심 소송은 제1, 2, 3심 절차 모두에서 제기할 수 있으므로 절차는 각 심급의 소송절차에 관한 규정을 준용합니다(민사소송법 제455조).

2-6. 재심 종결

2-6-1. 중간판결

① 법원은 재심 소송이 적법한지 여부와 재심사유가 있는지 여부에 관한 심리 및 재판을 본안에 관한 심리 및 재판과 분리해 먼저 시행할 수 있습니다(민사소송법 제454조제1항).

② 법원이 재심사유가 있다고 인정한 경우 그 취지의 중간판결을 한 뒤 본안에 관해 심리·재판을 합니다(민사소송법 제454조 제2항).

2-6-2. 재심인용

재심신청이 받아들여진 경우 소송은 변론종결 전의 상태로 돌아가 계속 심리하게 됩니다(민사소송규칙 제140조 참조).

2-6-3. 재심기각

재심사유가 있더라도 판결이 정당하다고 인정한 경우 법원은 재심청구를 기각합니다(민사소송법 제460조).

(관련판례)

① 「민사소송법」 제451조 제1항 단서에 따라 당사자가 상소에 의하여 재심사유를 주장하였다고 하기 위하여서는 단지 증거인 문서가 위조되었다는 등 제451조 제1항 각 호의 사실만 주장하는 것으로는 부족하고 재심의 대상이 되는 상태, 즉 유죄판결이 확정되었다거나 증거부족 외의 이유로 유죄판결을 할 수 없다는 등 같은 조 제2항의 사실도 아울러 주장하였어야 한다.

② 재심대상판결의 증거로 된 문서가 위조되었다 하여 재심원고가 위조한 사람을 고소하여 검사가 수사한 결과 위조사실이 인정되는지 여부에 관하여는 판단하지 아니한 채 공소시효 완성으로 인하여 공소권이 없다는 이유로 불기소처분을 한 경우 「민사소송법」 제456조 제1항의 재심의 제소기간은 문서위조 등 고소사실에 관하여 증거흠결 이외의 이유로 유죄의 확정판결을 할 수 없다는 사실을 안 날, 즉 공소시효의 완성으로 인한 검사의 불기소처분이 내려진 것을 안 날부터 진행한다(대법원 2006.10.12. 선고 2005다72508 판결).

3. 재심소장 작성

① 재심의 소가는 각 심급에 따라 기재했던 소가와 같습니다.

② 재심 시 인지대는 심급에 따라 산정한 소가에 해당하는 인지대와 같고, 재심대상 판결의 송달료도 재심을 신청하는 재판의 심급에 해당하는 송달료를 내면 됩니다.

3-1. 재심소장 양식

재 심 소 장

원고(재심피고) :
주 소 :
우편번호 :
전화번호 :

피고(재심원고) :
주 소 :
우편번호 :
전화번호 :

사건의 판결에 대한 재심

재심피고를 원고, 재심원고를 피고로 하는 귀원 가소(단, 합) 호 사건에 관하여 동원이 200 . . . 선고한 다음 판결에 재심사유가 있으므로 재심의 소를 제기합니다.

재심을 구하는 판결의 표시

재 심 청 구 취 지

재 심 청 구 원 인

200 . . .
위 재심원고 (인)

ㅇㅇㅇ법원 귀중

3-2. 재심소장 작성 예시

① 재심소장(소유권이전등기)

재 심 소 장

재심원고(피고) ◇◇◇(주민등록번호)
○○시 ○○구 ○○길 ○○(우편번호 ○○○-○○○)
전화.휴대폰번호:
팩스번호, 전자우편(e-mail)주소:
재심피고(원고) ○○○(주민등록번호)
○○시 ○○구 ○○길 ○○(우편번호 ○○○-○○○)
전화.휴대폰번호:
팩스번호, 전자우편(e-mail)주소:

위 당사자간의 귀원 20○○가합○○○ 소유권이전등기청구사건에 관하여, 20○○. ○. ○. 선고하고 20○○. ○. ○○. 확정된 아래의 판결에 대하여 재심원고(피고)는 다음과 같이 재심의 소를 제기합니다.

재심을 할 판결의 표시

주문 : 피고는 원고에게 ○○시 ○○구 ○○동 ○○ 대 200㎡에 관하여 20○○. ○. ○.자 매매를 원인으로 한 소유권이전등기절차를 이행하라.
소송비용은 피고의 부담으로 한다.

재 심 청 구 취 지

1. 원판결을 취소한다.
2. 원고청구를 기각한다.
3. 소송비용은 피고의 부담으로 한다.

라는 판결을 구합니다.

재 심 청 구 원 인

1. 민사소송법 제451조 제1호에서 제11호 사유를 기재.(제11호 사유를 예로 듬)

재심피고(원고)는 원래 소를 제기하기 이전에 재심원고(피고)와 이 사건 토지매매관계로 재심원고(피고)의 집에 여러 차례 왕래하고, 내용증명우편까지 교환하였던 관계로 재심원고(피고)의 주소를 잘 알고 있으면서도 고의로 재심원고(피고)의 주소를 허위주소로 하고, 소장을 허위주소에 송달되게 하고 소장을 위 주소지에 사는 소외 ▣▣▣라는 사람으로 하여금 마치 재심원고(피고)인 것처럼 행세하여 재심원고(피고)의 도장을 미리 조각하여 소지하게 하고 있다가 소송서류를 소외 ▣▣▣가 재심원고(피고)명의로 수령하게 하여 원판결을 확정되게 하였던 것입니다.

2. 재심원고(피고)는 위와 같은 사유를 20○○. ○○. ○. 우연히 법원에서 등기부등본을 열람하여본 결과 알게 되었습니다.
3. 따라서 재심원고(피고)는 민사소송법 제451조 제11호에 의하여 재심을 청구합니다.

입 증 방 법

1. 을 제1호증	판결등본
1. 을 제2호증	통고서(내용증명우편)
1. 을 제3호증	주민등록표등본
1. 을 제4호증	형사고소장

첨 부 서 류

1. 위 입증방법	각 1통
1. 재심소장부본	1통
1. 송달료납부서	1통

20○○. ○○. ○○.
위 재심원고(피고) ◇◇◇ (서명 또는 날인)

○○지방법원 귀중

■ **참 고** ■

※ (1) 제소기간
- 재심의 소는 당사자가 판결이 확정된 뒤 재심의 사유를 안 날부터 30일 이내

에 제기하여야 하고, 판결이 확정된 뒤 5년이 지난 때에는 재심의 소를 제기하지 못함(민사소송법 제456조).

- 다만, 대리권의 흠, 재심을 제기할 판결이 전에 선고한 확정판결에 어긋나는 때를 이유로 들어 제기하는 경우에는 언제라도 재심의 소를 제기할 수 있음(민사소송법 제457조).

※ (2) 제출부수 : 재심소장 1부 및 상대방 수만큼의 부본 제출

(관련판례 1)

민사소송법 제422조(현행 민사소송법 제451조) 제1항 제8호에 정하여진 재심사유인 「판결의 기초로 된 민사나 형사의 판결 기타의 재판 또는 행정처분이 다른 재판이나 행정처분에 의하여 변경된 때」라고 함은 그 확정판결에 법률적으로 구속력을 미치거나 또는 그 확정판결에서 사실인정의 자료가 된 재판이나 행정처분이 그 후 다른 재판이나 행정처분에 의하여 확정적이고 또한 소급적으로 변경된 경우를 말하는 것이고, 여기서 사실인정의 자료가 되었다고 하는 것은 그 재판이나 행정처분이 확정판결의 사실인정에 있어서 증거자료로 채택되었고 그 재판이나 행정처분의 변경이 확정판결의 사실인정에 영향을 미칠 가능성이 있는 경우를 말한다(대법원 2001. 12. 14. 선고 2000다12679 판결).

(관련판례 2)

민사소송법 제422조(현행 민사소송법 제451조) 제1항 제7호의 「증인의 허위진술 등이 판결의 증거로 된 때」라 함은 그 허위진술이 판결주문의 근거가 된 사실을 인정하는 증거로 채택되어 판결서에 구체적으로 기재되어 있는 경우를 말하므로, 증인의 진술이 증거로 채택되어 사실인정의 자료가 되지 않았다면, 그 진술이 허위이고 법관의 심증에 영향을 주었을 것으로 추측된다 하더라도 재심사유가 되지 않는다(대법원 2001. 5. 8. 선고 2001다11581 판결).

(관련판례 3)

민사소송법 제422조(현행 민사소송법 제451조) 제1항 제10호 소정의 재심사유는 재심의 대상이 되는 판결의 기판력과 전에 선고된 확정판결의 기판력과의 충돌을 피하기 위하여 마련된 것으로, 그 규정의 「재심을 제기할 판결이 전에 선고한 확정판결과 저촉되는 때」라고 함은 전에 선고한 확정판결의 효력이 재심대상판결의 당사자에게 미치는 경우로서 양 판결이 저촉되는 때를 말하고, 한편 확정판결의 기판력은 판결주문에서 결론적으로 판단된 부분에 한하여 생기는 것이므로 재심원고의 청구가 기각된 이유와 설명이 다를 수 있다고 하더라도 전후의 두 판결이 모두 재심원고의 청구를 기각한 것이라면 서로 저촉된다고 할 수 없다(대법원 2001. 3. 9. 선고 2000재다353 판결).

(관련판례 4)

민사소송법 제422조(현행 민사소송법 제451조) 제1항 제9호가 정하는 재심사유인 「판결에 영향을 미칠 중요한 사항에 관하여 판단을 유탈한 때」라고 함은 당사자가 소송상 제출한 공격방어방법으로서 판결에 영향이 있는 것에 대하여 판결이유 중에 판단을 명시하지 아니한 경우를 말하고, 판단이 있는 이상 그 판단에 이르는 이유가 소상하게 설시되어 있지 아니하거나 당사자의 주장을 배척하는 근거를 일일이 개별적으로 설명하지 아니하더라도 이를 위 법조에서 말하는 판단유탈이라고 할 수 없다(대법원 2000. 11. 24. 선고 2000다47200 판결).

(관련판례 5)

재심사건에 있어서 그 재심의 대상으로 삼고 있는 원재판은 민사소송법 제37조 (현행 민사소송법 제41조) 제5호의 「전심재판」에 해당한다고 할 수 없고, 따라서 재심대상 재판에 관여한 법관이 당해 재심사건의 재판에 관여하였다 하더라도 이는 민사소송법 제422조(현행 민사소송법 제451조) 제1항 제2호 소정의 「법률상 그 재판에 관여하지 못할 법관이 관여한 때」에 해당한다고 할 수 없다(대법원 2000. 8. 18. 선고 2000재다87 판결).

(관련판례 6)

민사소송법에서 법정대리권 등의 흠결을 재심사유로 규정한 취지는 원래 그러한 대표권의 흠결이 있는 당사자측을 보호하려는 데에 있으므로, 그 상대방이 이를 재심사유로 삼기 위해서는 그러한 사유를 주장함으로써 이익을 받을 수 있는 경우에 한하고, 여기서 이익을 받을 수 있는 경우란 위와 같은 대표권 흠결 이외의 사유로도 종전의 판결이 종국적으로 상대방의 이익으로 변경될 수 있는 경우를 가리킨다(대법원 2000. 12. 22. 선고 2000재다513 판결).

기 타	·민사소송법 제422조(현행 민사소송법 제451조) 제1항 제8호에 정하여진 재심사유인 「판결의 기초로 된 민사나 형사의 판결 기타의 재판 또는 행정처분이 다른 재판이나 행정처분에 의하여 변경된 때」라고 함은 그 확정판결에 법률적으로 구속력을 미치거나 또는 그 확정판결에서 사실인정의 자료가 된 재판이나 행정처분이 그 후 다른 재판이나 행정처분에 의하여 확정적이고 또한 소급적으로 변경된 경우를 말하는 것이고, 여기서 사실인정의 자료가 되었다고 하는 것은 그 재판이나 행정처분이 확정판결의 사실인정에 있어서 증거자료로 채택되었고 그 재판이나 행정처분의 변경이 확정판결의 사실인정에 영향을 미칠 가능성이 있는 경우를 말함(대법원 2001. 12. 14. 선고 2000다12679 판결). ·민사소송법 제422조(현행 민사소송법 제451조) 제1항 제7호의 「증인의 허위진술 등이 판결의 증거로 된 때」라 함은 그 허위진술이 판결주문의 근거가 된 사실을 인정하는 증거로 채택되어 판결서에 구체적으로 기재되어 있는 경우를 말하므로, 증인의 진술이 증거로 채택되어 사실인정의 자료가 되지 않았다면, 그 진술이 허위이고 법관의 심증에 영향을 주었을 것으로

	추축된다 하더라도 재심사유가 되지 않음(대법원 2001. 5. 8. 선고 2001다11581 판결). ·민사소송법 제422조(현행 민사소송법 제451조) 제1항 제10호 소정의 재심사유는 재심의 대상이 되는 판결의 기판력과 전에 선고된 확정판결의 기판력과의 충돌을 피하기 위하여 마련된 것으로, 그 규정의 「재심을 제기할 판결이 전에 선고한 확정판결과 저촉되는 때」라고 함은 전에 선고한 확정판결의 효력이 재심대상판결의 당사자에게 미치는 경우로서 양 판결이 저촉되는 때를 말하고, 한편 확정판결의 기판력은 판결주문에서 결론적으로 판단된 부분에 한하여 생기는 것이므로 재심원고의 청구가 기각된 이유와 설명이 다를 수 있다고 하더라도 전후의 두 판결이 모두 재심원고의 청구를 기각한 것이라면 서로 저촉된다고 할 수 없음(대법원 2001. 3. 9. 선고 2000재다353 판결). ·민사소송법 제422조(현행 민사소송법 제451조) 제1항 제9호가 정하는 재심사유인 「판결에 영향을 미칠 중요한 사항에 관하여 판단을 유탈한 때」라고 함은 당사자가 소송상 제출한 공격방어방법으로서 판결에 영향이 있는 것에 대하여 판결이유 중에 판단을 명시하지 아니한 경우를 말하고, 판단이 있는 이상 그 판단에 이르는 이유가 소상하게 설시되어 있지 아니하거나 당사자의 주장을 배척하는 근거를 일일이 개별적으로 설명하지 아니하더라도 이를 위 법조에서 말하는 판단유탈이라고 할 수 없음(대법원 2000. 11. 24. 선고 2000다47200 판결). ·재심사건에 있어서 그 재심의 대상으로 삼고 있는 원재판은 민사소송법 제37조 (현행 민사소송법 제41조) 제5호의 「전심재판」에 해당한다고 할 수 없고, 따라서 재심대상 재판에 관여한 법관이 당해 재심사건의 재판에 관여하였다 하더라도 이는 민사소송법 제422조(현행 민사소송법 제451조) 제1항 제2호 소정의 「법률상 그 재판에 관여하지 못할 법관이 관여한 때」에 해당한다고 할 수 없음(대법원 2000. 8. 18. 선고 2000재다87 판결). ·민사소송법에서 법정대리권 등의 흠결을 재심사유로 규정한 취지는 원래 그러한 대표권의 흠결이 있는 당사자측을 보호하려는 데에 있으므로, 그 상대방이 이를 재심사유로 삼기 위해서는 그러한 사유를 주장함으로써 이익을 받을 수 있는 경우에 한하고, 여기서 이익을 받을 수 있는 경우란 위와 같은 대표권 흠결 이외의 사유로도 종전의 판결이 종국적으로 상대방의 이익으로 변경될 수 있는 경우를 가리킴(대법원 2000. 12. 22. 선고 2000재다513 판결).

※ (1) 제소기간

- 재심의 소는 당사자가 판결이 확정된 뒤 재심의 사유를 안 날부터 30일 이내에 제기하여야 하고, 판결이 확정된 뒤 5년이 지난 때에는 재심의 소를 제기하지 못함(민사소송법 제456조).
- 다만, 대리권의 흠, 재심을 제기할 판결이 전에 선고한 확정판결에 어긋나는 때를 이유로 들어 제기하는 경우에는 언제라도 재심의 소를 제기할 수 있음(민사소송법 제457조).

② 재심소장(대여금 청구)

재 심 소 장

재심원고(본소피고) ◇◇◇(주민등록번호)
○○시 ○○구 ○○길 ○○(우편번호)
전화.휴대폰번호:
팩스번호, 전자우편(e-mail)주소:
재심피고(본소원고) ○○농업협동조합
○○시 ○○구 ○○길 ○○ (우편번호)
대표자 조합장 ◉◉◉
법률상대리인 상무 ◎◎◎

위 당사자간 ○○지방법원 20○○나○○○ 대여금청구 항소사건에 관하여, 같은 법원에서 20○○. ○. ○. 선고하고 20○○. ○. ○○. 확정된 아래의 판결에 대하여, 재심원고(피고)는 다음과 같은 재심사유가 있어 재심의 소를 제기합니다.

재심을 할 판결의 표시

주문 : 1. 피고 ◇◇◇의 항소를 기각한다
2. 피고 ◇①◇, ◇②◇에 대한 제1심 판결을 다음과 같이 변경한다.
피고 ◇①◇, 피고◇②◇는 피고 ◇◇◇와 연대하여 금 13,598,588원 및 이에 대한 20○○. ○. ○.부터 20○○. ○. ○○.까지는 연 18%의, 그 다음날부터 다 갚는 날까지는 연 15%의 각 비율에 의한 돈을 지급하라.
3. 소송비용은 제1, 2심 모두 피고들의 부담으로 한다.
4. 제2항의 금원 지급부분은 가집행 할 수 있다.

재 심 청 구 취 지

1. ○○지방법원 20○○나○○○○ 대여금청구 항소사건에 관하여, 20○○. ○. ○. 선고한 판결을 취소한다.
2. 재심피고(본소원고, 다음부터 재심피고라고만 함)의 원판결 청구를 기각한다.
3. 본안 및 재심 소송비용은 모두 재심피고의 부담으로 한다.

라는 판결을 구합니다.

재 심 청 구 원 인

1. 재심원고(본소피고, 다음부터 재심원고라고만 함)는 본안(○○지방법원 20○○나○○○○ 대여금청구 항소사건)소송에서 20○○. ○. ○. 패소의 판결을 받고 상고를 포기함으로서, 위 판결이 확정되었습니다.
2. 그런데 위 본안소송에서 재심피고가 진술한 청구원인은 재심원고가 20○○. ○. ○○. 재심피고와 대출한도 금 1,000만원, 거래기간은 20○○. ○. ○○.로 대출 약정을 하였고, 본안소송 피고 ◇①◇, 피고◇②◇는 연대보증인이므로 위 돈을 차용한 재심피고와 본안소송 피고들은 연대하여 위 돈과 이에 대한 이자를 지급해야 하나 거래기간이 종료되었음에도 변제하지 않으므로 합계 금 13,598,588원을 구한다는 것이었습니다.
3. 그러나 재심원고는 위와 같은 대출약정이 소외 ■■■가 재심원고 ◇◇◇의 명의를 이용하여 대출관계서류를 위조한 것이라고 항변하며 재심피고의 주장을 다투었으나 이것이 배척되고 위와 같이 재심피고에게 승소의 판결을 한 것입니다.
4. 재심원고는 자신과 전혀 상관없는 대출이 이루어진 것에 대하여 이 사건 대출의 주역인 소외 ■■■와 당시 담당직원들을 고소하였고, 소외 ■■■는 20○○. ○. ○. ○○지방법원 ○○지원에서 이 사건과 관련하여 재심원고의 명의를 이용하여 사문서위조, 위조사문서행사 및 사기의 죄명으로 실형을 선고받아 피고인의 항소포기로 위 판결은 확정되었습니다.
5. 위와 같은 실정이므로 재심피고의 위 ○○지방법원 판결에는 민사소송법 제451조 제1항 제6호에 의하여 재심사유가 있다고 생각되므로 이 사건 재심의 소에 이른 것입니다.

첨 부 서 류

1. 소장부본	각 1통
1. 판결등본	1통
1. 송달료납부서	1통

20○○. ○○. ○○.
위 재심원고(본소피고) ◇◇◇ (서명 또는 날인)

○○지방법원 귀중

③ 준재심소장(제소전화해에 대한 준재심, 피신청인)

준 재 심 소 장

준재심원고(피신청인) ◇◇◇(주민등록번호)
○○시 ○○구 ○○길 ○○(우편번호 ○○○-○○○)
전화.휴대폰번호:
팩스번호, 전자우편(e-mail)주소:
준재심피고(신 청 인) ○○○(주민등록번호)
○○시 ○○구 ○○길 ○○(우편번호 ○○○-○○○)
전화.휴대폰번호:
팩스번호, 전자우편(e-mail)주소:

위 당사자간의 귀원 20○○자○○○ 소유권이전등기청구 제소전화해신청사건에 관하여, 준재심원고(피신청인)는 20○○. ○. ○. 작성된 화해조서에 대하여 다음과 같이 준재심의 소를 제기합니다.

준재심 할 화해조서의 표시
(화 해 조 항)

피신청인은 신청인에게 별지기재 부동산에 관하여, 20○○. ○. ○○. 매매를 원인으로 하여 소유권이전등기절차를 이행한다.
화해비용은 각자 부담으로 한다.

준 재 심 청 구 취 지

1. 이 사건 화해조서를 취소한다.
2. 신청인의 청구를 기각한다.

라는 판결을 구합니다.

준 재 심 청 구 원 인

1. 민사소송법 제451조 제1항 제1호에서 제11호 사유를 구체적으로 기재.
2. 준재심원고가 준재심사유를 안 날에 대하여 설명

첨 부 서 류

1. 화해조서등본 각 1통
1. 형사고소장 1통
1. 준재심소장부본 1통
1. 송달료납부서 1통

20○○. ○○. ○○.
위 준재심원고(피신청인) ◇◇◇ (서명 또는 날인)

○○지방법원 귀중

■ **참 고** ■

※ (1) 제소기간(민사소송법 제461조에 의하여 재심제기의 기간이 준용됨)

- 재심의 소는 당사자가 판결이 확정된 뒤 재심의 사유를 안 날부터 30일 이내에 제기하여야 하고, 판결이 확정된 뒤 5년이 지난 때에는 재심의 소를 제기하지 못함(민사소송법 제456조).
- 다만, 대리권의 흠, 재심을 제기할 판결이 전에 선고한 확정판결에 어긋나는 때를 이유로 들어 제기하는 경우에는 언제라도 재심의 소를 제기할 수 있음(민사소송법 제457조).

※ (2) 준재심대상 : 민사소송법 제220조의 조서(화해조서·포기조서·인낙조서)와 즉시항고로 불복할 수 있는 결정·명령이 확정된 경우에 민사소송법 제451조 제1항에 규정된 사유가 있음을 이유로 다시 재판을 구하는 것을 말합니다(민사소송법 제461조).

(관련판례)

제소전화해에 있어서는 종결될 소송이 계속되었던 것이 아니고 종결된 것은 화해절차뿐이므로, 재심사유가 있어 준재심의 소에 의하여 제소전화해를 취소하는 준재심 판결이 확정된다 하여도 부활될 소송이 없음은 물론, 그 화해절차는 화해가 성립되지 아니한 것으로 귀착되어 그 제소전화해에 의하여 생긴 법률관계가 처음부터 없었던 것과 같이 되는 것뿐이다(대법원 1996. 3. 22. 선고 95다14275 판결).

④ 준재심소장(재판상화해에 대한 준재심, 원고)

준 재 심 소 장

준재심원고(원고) ○○○(주민등록번호)
○○시 ○○구 ○○길 ○○(우편번호)
전화.휴대폰번호:
팩스번호, 전자우편(e-mail)주소:
준재심피고(피고) ◇◇◇(주민등록번호)
○○시 ○○구 ○○길 ○○(우편번호)
전화.휴대폰번호:
팩스번호, 전자우편(e-mail)주소:

위 당사자간 귀원 20○○자○○○ 손해배상(산) 청구사건과 관련하여 준재심원고(원고)는 20○○. ○. ○○. 작성된 다음의 화해조서에 대하여 준재심을 청구합니다.

화 해 조 서 의 표 시

1. 피고는 원고에게 20○○. ○. ○○.까지 금 15,000,000원을 지급한다.
2. 만약 피고가 위 지급기일을 어길 때에는 20○○. ○. ○.부터 다 갚는 날까지 위 금액에 대하여 연 15%의 비율에 의한 지연손해금을 지급한다.
3. 원고의 나머지 청구는 포기한다.
4. 소송 및 화해비용은 각자 부담으로 한다.

준 재 심 청 구 취 지

이 사건 화해조서를 취소한다.
라는 재판과 기타 적절한 재판을 구합니다.

준 재 심 청 구 원 인

1. 준재심원고(원고, 다음부터 원고라고만 함)는 이 사건에 관하여 소외 ◉◉◉변호사를 소송대리인으로 선임하여 소송을 진행하였으나 소외 ◉◉◉변호사가 변론기일에 출석을 게을리 하는 등 성실한 변론을 하지 않고 청구금액 금 50,000,000원 중 금 1,5000,000원에 합의할 것을 계속적으로 종용하여 변호사수임계약을 합의해지 하였는데, 그 뒤 소외 ◉◉◉변호사는 원고와 이 사건 소송대리관계가 소멸되었음에도 불구하고 원고의 대리인 자격으로 법정에 출석하여 준재심피고(피고)와 사이에 위 화해조서와 같은 내용의 화해를 하였습니다.

2. 그러므로 이러한 사유는 민사소송법 제451조 제1항 제3호에 규정된 대리권에 흠이 있는 경우로서 원고는 청구취지와 같은 판결을 구하고자 이 사건 재심청구에 이른 것입니다.

3. 준재심원고가 준재심사유를 안 날 : 20○○. ○. ○○.

첨 부 서 류

1. 화해조서등본	각 1통
1. 준재심소장부본	1통
1. 송달료납부서	1통

20○○. ○○. ○○.

위 준재심원고(원고) ○○○ (서명 또는 날인)

○○지방법원 귀중

3-3. 소가 산정

① 재심의 소가는 각 심급에 따라 기재했던 소가와 같습니다(민사소송 등 인지법 제8조 제1항 참조).

② 금전지급 청구소송(제1심)의 경우 소가는 청구금액(이자는 불산입)입니다(민사소송 등 인지규칙 제12조제3호).

③ 일부승소 또는 일부패소로 항소 또는 상고를 제기해 받은 확정판결에 대해 재심을 청구하는 경우의 소가 산정방법

㉮ 예를 들어, 원심에서 원고가 3,000만원을 청구했는데 1,000만원 만을 인정받아 상소를 제기하는 경우의 소가는 2,000만원이고, 이 상소심의 확정판결에 대한 재심의 소가도 상소심의 소가와 같은 2,000만원 입니다.

㉯ 예를 들어, 원심에서 피고가 일부 패소해 2,000만원을 원고에게 주어야 하는 경우, 피고가 이에 불복해 상소를 제기한 금액인 2,000만원이 상소심의 소가이고, 이 상소심의 확정판결에 대한 재심의 소가도 2,000만원입니다.

3-4. 1심 소가에 따른 인지액

소 가	인 지 대
소가 1천만원 미만	소가 × 50 / 10,000
소가 1천만원 이상 1억원 미만	소가 × 45 / 10,000 + 5,000
소가 1억원 이상 10억원 미만	소가×40 / 10,000 + 55,000
소가 10억원 이상	소가×35 / 10,000 + 555,000
※ 인지액이 1천원 미만이면 그 인지액은 1천원으로 하고, 1천원 이상이면 100원 미만은 계산하지 않습니다(「민사소송 등 인지법」 제2조제2항).	

※ 항소 시 인지액 : 1심 소가에 따른 인지액 × 1.5

※ 상고 시 인지액 : 1심 소가에 따른 인지액 × 2

3-5. 인지액의 납부방법

재심소장에는 심급에 따라 산정한 소가에 해당하는 인지를 붙여야 합니다(민사소송 등 인지법 제8조 제1항).

3-5-1. 현금납부

① 소장에 첩부하거나 보정해야 할 인지액(이미 납부한 인지액이 있는 경우에는 그 합산액)이 1만원 이상인 경우에는 그 인지의 첩부 또는 보정에 갈음해 인지액 상당의 금액 전액을 현금으로 납부해야 합니다(민사소송 등 인지규칙 제27조 제1항).

② 인지액 상당 금액을 현금으로 납부할 경우에는 송달료 수납은행에 내야 합니다(민사소송 등 인지규칙 제28조).

3-5-2. 신용카드납부

① 신청인은 인지액 상당의 금액을 현금으로 납부할 수 있는 경우 이를 수납은행 또는 인지납부대행기관의 인터넷 홈페이지에서 인지납부대행기관을 통해 신용카드·직불카드 등(이하 "신용카드등"이라 한다)으로도 납부할 수 있습니다(민사소송 등 인지규칙 제28조의2 제1항).

② '인지납부대행기관'이란 정보통신망을 이용해 신용카드등에 의한 결제를 수행하는 기관으로서 인지납부대행기관으로 지정받은 자를 말합니다(민사소송 등 인지규칙 제28조의2 제2항).

③ 인지납부대행기관은 신청인으로부터 인지납부 대행용역의 대가로 납부대행수수료를 받을 수 있고, 납부대행수수료는 전액 소송비용으로 봅니다(민사소송 등 인지규칙 제28조의2 제4항 및 제5항).

3-6. 인지납부일

① 인지액 상당의 금액을 신용카드등으로 납부하는 경우에는 인지납부대행기관의 승인일을 인지납부일로 봅니다(민사소송 등 인지규칙 제28조의2 제3항).

② 신청인은 수납은행이나 인지납부대행기관으로부터 교부받거나 출력한 영수필확인서를 소장에 첨부하여 법원에 제출해야 합니다(민사소송 등 인지규칙 제29조 제2항).

3-7. 송달료 납부

재심대상 사건의 해당 송달료납부기준에 의합니다. 즉 제1심 판결에 대한 재심이면 제1심 송달료를 내면 되고, 상소심 판결에 대한 재심이면 그 심급에 해당하는 송달료를 내면 됩니다(송달료규칙의 시행에 따른 업무처리요령 별표 1).

사 건	송 달 료
민사 제1심 소액사건	당사자수 × 3,700원 × 10회분
민사 제1심 단독사건	당사자수 × 3,700원 × 15회분
민사 제1심 합의사건	당사자수 × 3,700원 × 15회분
민사 항소사건	당사자수 × 3,700원 × 12회분
민사 상고사건	당사자수 × 3,700원 × 8회분

■ 편 저 김만기 ■

- 전(前) 서울지방법원민사과장
- 전(前) 고등법원종합민원실장

- 저서 : 자동차사고의 법률적 해법과 지식(공저)
  법인등기실무
  의료사고의료분쟁속시원하게해결해드립니다(공저)
  채권채무 정석 요해
  채무 소액소장 사례실무
  이 정도도 모르면 대부업체 이용하지 마세요

유형별 해설과 서식, 사례
나홀로 민사소송 개시에서 종결까지

정가 70,000원

2024年 1月 05日 2판 인쇄
2024年 1月 10日 2판 발행
편 저 : 김 만 기
발 행 인 : 김 현 호
발 행 처 : 법률미디어
공 급 처 : 법문 북스

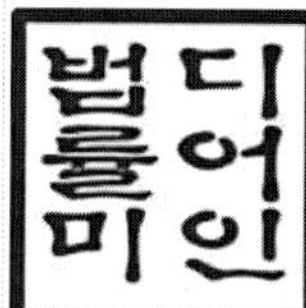

152-050
서울 구로구 경인로 54길4
TEL : 2636-2911-2, FAX : 2636-3012
등록 : 1979년 8월 27일 제5-22호
Home : www.lawb.co.kr

▌ISBN 978-89-5755-622-3 (93360)